Südengland

Ingrid Nowel

Inhalt

Wissenswertes über Südengland

Ferienglück für Individualisten	10
Steckbrief Südengland	12

Natur und Umwelt	14
Wirtschaft, Soziales und aktuelle Politik	18
Geschichte	20
Zeittafel	32
Gesellschaft und Alltagskultur	34
Englishness	34
Das Klassensystem	35
Country House und Country Life	38
Feste und Veranstaltungen	40
Architektur und Kunst	42
Frühzeit · Angelsächsisches und normannisches Erbe	42
Die gotischen Bauformen	45
Renaissancearchitektur in Tudor-England	46
Eleganz und Klassizismus	48
Victorian Age und 20. Jahrhundert	54
Literatur und Film	56

Essen und Trinken	58
Kulinarisches Lexikon	62

Wissenswertes für die Reise

Informationsquellen	66
Reise- und Routenplanung	72
Anreise und Verkehr	76
Unterkunft	82
Sport und Aktivurlaub	86
Einkaufen	89
Ausgehen	90
Gut zu wissen	91
Reisekasse und Reisebudget	93
Reisezeit und Reiseausrüstung	94
Gesundheit und Sicherheit	96
Kommunikation	97
Sprachführer	98

Unterwegs in Südengland

Kapitel 1 Der Osten – Kent, Sussex, Surrey

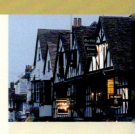

Auf einen Blick: Der Osten: Kent, Sussex, Surrey	104
Canterbury und Umgebung	106
Canterbury	106
Ausflug nach Chilham	115
Die Küste von Kent	116
Rund um Dover	116
Aktiv unterwegs: Golfen an der Royal Golf Coast	118
Dover	119
Aktiv unterwegs: Wanderung über die White Cliffs	120
Von Folkestone bis Dungeness	122
Aktiv unterwegs: Radtour zu den Kirchen in der Romney Marsh	124
Isle of Thanet	125
Im Landesinneren von Kent	126
Ashford	126
Maidstone und Umgebung	127
Royal Tunbridge Wells	130
Aktiv unterwegs: Zu Fuß nach Groombridge Place	132
Rundfahrt durch den High Weald	133
Weitere Ausflüge von Royal Tunbridge Wells	139
Entlang der Küste von Rye bis Brighton	145
Rye	145
Umgebung von Rye	148
Hastings und Umgebung	150
Eastbourne und Umgebung	154
Aktiv unterwegs: Auf dem South Downs Way zum Beachy Head und zu den Seven Sisters	156
Brighton	160
Ausflug nach Rottingdean	169
Im Inland von Sussex, Surrey	170
Lewes und Umgebung	170
Gärten in Midsussex	176
Arundel und Umgebung	179
Chichester und Umgebung	185
Surrey: Guildford und Umgebung	190

Inhalt

Kapitel 2 Hampshire, Isle of Wight, Wiltshire

Auf einen Blick: Hampshire, Isle of Wight, Wiltshire	196
Rund um Portsmouth, Isle of Wight, New Forest	198
Portsmouth	198
Southampton	207
In der Umgebung von Portsmouth, Winchester	209
Umgebung von Winchester · Im Norden von Hampshire	215
Isle of Wight	217
New Forest National Park	222
Aktiv unterwegs: Radtour im New Forest	223
Aktiv unterwegs: Wanderung am Fluss Beaulieu nach Buckler's Hard	226
Wiltshire	229
Salisbury	229
Umgebung von Salisbury	233
Stonehenge	237
Avebury	239
Marlborough	240
Longleat	241
Stourhead	245

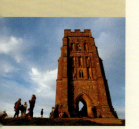

Kapitel 3 Somerset, Bath & Bristol, Dorset

Auf einen Blick: Somerset, Bath & Bristol, Dorset	250
Wells und die Mendip Hills	252
Wells	252
In den Mendip Hills	255
Glastonbury und Umgebung	256
Zwischen Taunton und Minehead	262
Taunton	262
Nach Dunster und Minehead	263
Aktiv unterwegs: Spaziergang durch die Hestercombe Gardens	264
Exmoor National Park	267
Bath und Umgebung	273
Bath	273
Ausflüge in die Umgebung von Bath	284
Bristol	288

Orientierung · Von Temple Meads zum alten Zentrum	288
Floating Harbour	290
Stadtteil Clifton	292

Dorsets Küste 297
Bournemouth, Poole und Umgebung 297
Aktiv unterwegs: Spaziergang durch Compton Acres 306
Die Jurassic Coast 307
Aktiv unterwegs: Wanderung von der Lulworth Cove
  zum Durdle Door 310
Aktiv unterwegs: Rundwanderung durch Abbotsbury 316
Ausflüge ins Landesinnere 321

Im Herzen von Dorset 322
Dorchester 322
Umgebung von Dorchester 325
Vom Cerne Valley nach Westen 329

Kapitel 4 West Country – Devon und Cornwall

Auf einen Blick: West Country – Devon und Cornwall 338
An der Nordküste von Devon 340
Entlang der Barnstaple Bay 340
Aktiv unterwegs: Radtour auf dem Tarka Trail 342
Die Hartland-Halbinsel 346

Exeter und das Dartmoor 349
Exeter und Umgebung 349
Im Dartmoor 356

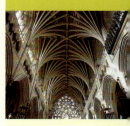

Devons Südküste von der Torbay bis Plymouth 366
Torbay – die ›englische Riviera‹ 366
Aktiv unterwegs: Mit Fähre, Dampfeisenbahn
  und Schiff rund um Dartmouth 368
Dartmouth und die South Hams 372
Plymouth 376
Rund um Plymouth 379

Cornwalls Westküste 384
Von Bude bis Newquay 384
Aktiv unterwegs: Klippenwanderung ab Tintagel 387
Newquay und Umgebung 393
St Ives 396

Inhalt

Rundfahrt auf der Penwith-Halbinsel	399
Penzance	406
Isles of Scilly	408
Cornwalls Südküste	412
Lizard Peninsula	412
Falmouth und Umgebung	413
Truro	416
St Austell und Umgebung	418
Fowey	422
ZwischenFowey und Tamar	424
Register	426
Zitatnachweis	431
Abbildungsnachweis/Impressum	432

Themen

Blaubarts zweite Frau – Anne Boleyn	26
»Alles Gärtnern ist Landschaftsmalerei«	50
Der National Trust	57
Mord im Dom	109
Luxus im alten Gewand – Hever Castle	138
The greatest Englishman of our time	141
›Prinny‹ Georg IV. in Brighton	167
Topografie der Liebe – Virginia, Vanessa und Co.	174
William Morris und der Landhausstil	180
Lord Louis, Earl Mountbatten of Burma	208
Giganten und Weiße Pferde	242
Artus, Merlin und Excalibur	260
Zeremonien der Eleganz	275
Magier der Schattenwelt	280
Juwel ohne Krone – Kingston Lacy	304
Geologische Funde und ihre Folgen	320
Thomas Hardys Wessex	324
Lawrence of Arabia	326
Glanz und Elend des Sir Walter Raleigh	331
Letterboxing – Wandern im Dartmoor	359
›Sea dogs‹ – Haudegen der See	380
Padstow – Fest für den Gaumen	391
Die königliche Geldbörse – The Duchy of Cornwall	395
Minen, Zinn und Methodismus	402
Daphne du Mauriers Cornwall	419

Alle Karten auf einen Blick

Der Osten – Kent, Sussex, Surrey: Überblick	105
Canterbury: Cityplan	113
Golfen an der Royal Golf Coast	118
Wanderung über die White Cliffs: Wanderkarte	120
Romney Marsh: Radkarte	124
Groombridge Place: Wanderkarte	132
Durch den High Weald	135
Auf dem South Downs Way: Wanderkarte	156
Brighton: Cityplan	164
Hampshire, Isle of Wight, Wiltshire: Überblick	197
Portsmouth: Cityplan	202
Winchester: Cityplan	210
Radtour im New Forest: Radkarte	223
Wanderung nach Buckler's Hard: Wanderkarte	227
Stourhead: Gartenplan	246
Somerset, Bath & Bristol, Dorset: Überblick	251
Hestercombe Gardens: Gartenplan	264
Exmoor-Küste	269
Bath: Cityplan	279
Ausflüge von Bath	287
Bristol: Cityplan	292
Bournemouth: Cityplan	298
Compton Acres (Gartenplan)	306
Wanderung Lulworth Cove–Durdle Door: Wanderkarte	310
Abbotsbury: Wanderkarte	316
Vom Cerne Valley nach Westen	329
West Country – Devon und Cornwall: Überblick	339
Radtour auf dem Tarka Trail: Radkarte	342
Exeter: Cityplan	352
Rund um Dartmouth	368
Plymouth: Cityplan	377
Wanderung Tintagel–Boscastle: Wanderkarte	387
Rundfahrt Penwith-Halbinsel	404

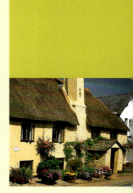

▶ Dieses Symbol im Buch verweist auf die Extra-Reisekarte Südengland

Wer sucht, der findet, im Labyrinth von Longleat

Wissenswertes über Südengland

Ferienglück für Individualisten

Südengland ist überraschend und beglückend vielfältig: herrliche weiße Klippen, lange Sandstrände, traditionsreiche Seebäder, malerische Fischerorte, fantastische Gärten, trutzige Burgen und extravagante Country Houses. Und überall und immer wieder: gemütliche Pubs, hübsche alte Dörfer und muntere Kleinstädte mit eindrucksvollen Kirchen.

Das Shakespeare-Zitat »Kleinod in die Silbersee gefasst« meint zwar Gesamtengland – auf den Süden der Insel trifft es jedoch ganz besonders zu. Von Kent bis Cornwall ist Südengland ein Urlaubsland voller Überraschungen, das gerade in seiner Vielfalt immer wieder verblüfft und begeistert. Entlang wilder Felsklippen führen grasfedernde Fernwanderwege. Großartig ist der South West Coast Path, der fast 1000 km lange Küstenwanderweg, in den man jederzeit ›ein- oder aussteigen‹ kann. In Devon und Cornwall bezaubern mediterran wirkende, romantische Fischerdörfer, deren steile Kopfsteinpflasterstraßen sich in den Hafen zu stürzen scheinen. Weite, leere Strände und hohe Dünungen an den nördlichen Küstenabschnitten sind ein Paradies für Surfer.

Frischer Wind in traditionsreichen Seebädern

Die liebenswert altmodischen Seebäder wie Eastbourne oder Weymouth wandeln sich zu schicken, anspruchsvollen Sommerfrischen, ohne auf ihre traditionellen Merkwürdigkeiten und Charakteristiken zu verzichten. Und St Ives, das Fischerdorf, das vor fast hundert Jahren schon mit seiner Künstlerkolonie berühmt wurde, ist schön und eigenwillig wie eh und je.

Überall entsteht etwas Neues: hier ein großzügiges Seefahrtsmuseum, wie in Falmouth, dort ein einzigartiges Gewächshausensemble in futuristischem Gewand – das Eden Project in Cornwall ist das größte Treibhaus der Welt. Auch die wenigen Großstädte putzen sich heraus: In Bristol ist das einstige Hafenareal zum pulsierenden Mittelpunkt geworden; Ziel aller Seefahrtbegeisterten in Portsmouth sind die unvergleichlichen historischen Dockanlagen. Und Bath mit seinem strahlenden Architekturensemble, UNESCO-Welterbe und für viele die schönste Stadt Großbritanniens, besitzt wieder ein luxuriöses Thermalbad. Auch das ›olle‹, viel geliebte Seebad Brighton zeigt sich wieder frisch und jung.

Reiches Erbe und üppige Gartenpracht

Im Inland sind es die großen UNESCO-Welterbestätten Stonehenge und Avebury, deren geheimnisvolle Würde seit der Steinzeit immer noch unangetastet ist. Grüne Hecken- und Feldermosaike, schmalbrüstige Landstraßen, gerahmt von Tunneln aus dichtem Laub, prägen das Bild. Dazwischen liegen reizende Dörfer wie aus dem Bilderbuch – mit Weiher, Kirche, Pub und altersmürben Steinhäusern.

Großartige Kathedralbauten wie in Wells, Salisbury oder Exeter, erheben sich auf offenem Rasengrün und mittelalterliche Abteiruinen wie beispielsweise in Glastonbury in saftigen Grasmulden. Dann die bezaubernden Gärten und Parkanlagen: Stourhead oder Heligan oder Sheffield Park oder Exbury oder Trebah – ob groß oder klein, sie sind einzigartig schön und überwältigen in ihrer verschwenderischen Fülle, mit Magnolienteppichen, Palmentälern, Azaleenhainen, Treppenkaskaden und abgesenkten Seenplatten.

Geschichte ganz persönlich

Den Spuren von Lawrence von Arabien gilt es zu folgen, den Bergarbeitern in Cornwall, den mutigen Seefahrern und abenteuerlichen Schmugglerbanden. Die Begegnung mit den Erinnerungen an Persönlichkeiten aus Literatur und Historie, wie Virginia Woolf oder Winston Churchill, an eigenwillige Künstler und bedeutende Zeitzeugen vermitteln ein ganz persönliches Universum.

Dutzende von Landhäusern, Schlössern, Wasserburgen und Herrensitzen warten auf Entdeckung – vom blumenüberwucherten elisabethanischen Cottage bis hin zum imperialen Privatpalast mit 300 Räumen, erlesener Kunst und hochadeligen, eigentümlichen Besitzern, die ihr Haus dem Publikum geöffnet haben: Country Houses wie Longleat, St Michael's Mount oder Beaulieu.

Die Country Houses und Landschaftsgärten sind es, die, wie es der Schriftsteller Evelyn Waugh formulierte, »die größte kulturhistorische Leistung der Nation darstellen«. In ihnen verschmelzen Architektur, Künste, gestaltete Natur und lebendige Familiengeschichte, Privatheit und Öffentlichkeit auf unnachahmliche Weise.

Und dann natürlich die Engländer selbst: Was wäre eine Reise durch dieses Land ohne die Begegnungen mit ihnen. Wolfgang Hildesheimer, Autor und Lyriker, der Südengland und die Engländer liebte, fasste seine Gedanken einmal so zusammen: »Dazu gibt es nichts mehr zu sagen.« Dem schließe ich mich an.

Der englische Hang zum Individualismus zeigt sich auch im Urlaub

Steckbrief Südengland

Daten und Fakten

Fläche: ca. 35 000 km², etwa ein Siebtel der Gesamtfläche von Großbritannien (insgesamt ca. 245 000 km²)
Einwohner: ca. 10,6 Mio.; The West oder West Country (Cornwall, Devon, Dorset, Somerset, Bristol und Wiltshire) 3,63 Mio.; The Southeast (Kent, Surrey, East Sussex, West Sussex, Berkshire und Hampshire) 6,4 Mio.

Größte Städte: Bristol mit 400 000 Einw., Plymouth mit 240 000 Einw., Bournemouth mit 160 000 Einw.
Bevölkerungswachstum: 0,5 % pro Jahr
Amtssprache: Englisch
Währung: Britisches Pfund (GBP oder £) mit 100 Pence (p)
Zeitzone: Greenwich Mean Time (GMT) mit Sommer- und Winterzeit. Das entspricht Mitteleuropäischer Zeit (MEZ) minus 1 Stunde.
Landesvorwahl: 00 44
Internetkennung: .uk

Landesflagge: Die englische Landesflagge ist der ›englische Teil‹ des Union Jack: ein rotes Kreuz auf weißem Grund. Das rote Kreuz ist das des Nationalheiligen St George. Der Union Jack ist die Zusammenstellung der englischen Flagge, der schottischen (weißes Andreaskreuz auf blauem Grund) und irischen (rotes Diagonalkreuz auf weißem Grund). Die Flagge von Cornwall ist ein weißes Georgskreuz auf schwarzem Grund. Schwarz und Weiß sind die keltischen Nationalfarben.

Geografie

Südengland, grob gesagt das Gebiet südlich der Autobahnstrecke London–Bristol, ist im Westen vom Atlantik und dem Bristol-Kanal, im Osten und Südosten vom Ärmelkanal und der Nordsee umgeben. In Ost-West-Richtung beträgt die Entfernung von Canterbury nach Penzance 552 km; von Bristol im Norden bis Weymouth im Süden sind es 110 km.

Die Küstenlandschaft ist variationsreich: Im Südosten dominieren Kreideformationen, Steilküsten und Klippen. Die Südküste wird durch z. T. tiefe, fjordähnliche Trichtermündungen der Flüsse gekennzeichnet, und es finden sich weite Strände. An der Küste von Devon und Cornwall wechseln sich liebliche Flussmündungen, Steilklippen und Strände ab. Die Nordküste von Devon und Cornwall ist rauer, kühler und dünner besiedelt.

Neben den Moor-, Heide- und Hochmoorgebieten ist das Landesinnere geprägt von lieblichen sanft geformten Hügeln; Äcker, Weiden und Baumgruppen prägen das Bild. Im Osten bilden der High Weald und die Downs mäßig hohe Hügelketten, in Wiltshire liegt die Ebene von Salisbury, ein weites Hochplateau. Das Landesinnere von Cornwall ist überwiegend bergig; das Bodmin Moor, Hochmoor- und Heidefläche, bildet ein Hochplateau.

Nationalparks: In Südengland liegen die drei Nationalparks Dartmoor, Exmoor und New

Forest, hinzu kommen viele Teilregionen und Küstenstriche, die unter Naturschutz stehen und als ›Areas of Outstanding Natural Beauty‹ oder ›Nature Reserve‹ gekennzeichnet sind.
Höchste Erhebung: High Willhays (622 m)

Geschichte

Ab dem 9. Jh., mit Alfred dem Großen als König von Wessex, ist England ein geeintes Königreich. Mit Wilhelm dem Eroberer setzt 1066 die normannische Herrschaft ein und mit ihr die Tradition der Krönung in der Westminster Abbey, London. Nach dem Eroberungsversuch der spanischen Armada 1588 hat es nie eine Invasion gegeben. Das Vereinigte Königreich Großbritannien entstand durch Eroberung von Wales unter Edward I. (1272–1307), die Eroberung Irlands durch Cromwell (17. Jh.) und durch die Vereinigung mit Schottland im Union Act 1707. Ende des 19. Jh. unter Queen Victoria war das British Empire das größte Kolonialreich der Erde.

Staat und Politik

The United Kingdom of Great Britain and Northern Ireland (offizielle Kurzform: Britain) mit den Landesteilen England, Wales, Schottland und Nordirland ist eine konstitutionelle Monarchie auf parlamentarisch-demokratischer Grundlage. Staatsoberhaupt ist Königin Elisabeth II. Das Parlament besteht aus zwei Kammern, Unter- und Oberhaus. Der amtierende Prime Minister steht der Regierung vor. Die größten Parteien: Konservative (Tories), Labour Party, Liberal-Demokraten. Hauptstadt mit Regierungssitz und Königshof ist London mit 7,5 Mio. Einwohnern.

Wirtschaft und Tourismus

Der Südosten, The Southeast, mit den Grafschaften Kent, Surrey, Sussex, Berkshire und Hampshire (und inklusive London) ist die wohlhabendste Region Großbritanniens. Er besitzt auch die beste Infrastruktur mit vier Flughäfen in und um London. Auch in der Wirtschaft dominiert der Südosten. Mit dem Tunnel unter dem Ärmelkanal, den Fährdiensten und Autobahnen ist er bestens an den europäischen Kontinent angebunden. Der Westen, mit Ausnahme von Plymouth und Bristol, gilt als traditionell strukturschwaches Gebiet. Hier ist jeder zehnte Arbeitsplatz vom Tourismus abhängig – Devon und Cornwall sind beliebte Ferienziele der Briten. Daneben sind Immobilien, Elektronikindustrie und Dienstleistungen außer den Hafenumschlagplätzen Bristol, Southampton und Portsmouth die wichtigsten Wirtschaftszweige. Fischerei und Landwirtschaft – Letztere ist hocheffizient – spielen eine geringe Rolle, obwohl sie immer schon und immer noch einen wesentlichen Teil der britischen Identität ausmachen.

Bevölkerung und Religion

In Großbritannien ist das Bevölkerungswachstum mit rund 300 000 Menschen pro Jahr, darunter viele Einwanderer, im europäischen Vergleich relativ hoch. Das gilt besonders für den Südosten (10 % Zuwachs in den letzten 20 Jahren), die am dichtesten besiedelte Region des Landes. Ethnische Minderheiten, insgesamt 9 % der Bevölkerung mit überwiegend afro-karibischer, asiatischer und afrikanischer Herkunft, spielen außerhalb der größeren Städte Südenglands keine Rolle. Etwa 60 % der Bevölkerung gehören nominell der anglikanischen Kirche, Church of England, an, den protestantischen Freikirchen (Methodisten, Unitarier, Baptisten etc.) ca. 1 Mio., der römisch-katholischen Kirche rund 4 Mio. Durch Einwanderung nimmt die Zahl der Muslime, Hindus und Sikhs zu.

Natur und Umwelt

Südengland bietet eine abwechslungsreiche Mischung: An den Küsten wechseln wilde Steilklippen und begrünte Hochufer ab mit tief eingeschnittenen Flusstälern und weiten Mündungstrichtern, Buchten und Stränden. Die zwei Hochmoorgebiete Dartmoor und Exmoor sowie das Bodmin Moor sind auch heute noch urwüchsig, einsam und rau.

Die Trennung der Insel vom europäischen Festland ist eine Folge des Meeresanstiegs nach dem Ende der Eiszeit vor knapp 12 000 Jahren. So finden sich in Südengland ähnliche geologische Strukturen wie in Nordwestfrankreich, Belgien und Norddeutschland.

Im Inland

Der Südosten mit den Grafschaften Kent, Surrey und Sussex ist durch drei Höhenzüge gekennzeichnet, den **High Weald,** die **North** und **South Downs.** Die weitausholenden, welligen Hügelketten und ›rollenden‹ Landstriche sind von Weiden, Äckern, Wäldchen unterbrochen, von Obstplantagen und Weinfeldern, Höfen und Country-House-Domänen. Die gewundenen engen Landstraßen sind oftmals dichtgrüne Tunnel unter zusammengewachsenen Baumkronen und Hecken. In Wiltshire bildet **Salisbury Plain,** die Hochebene von Salisbury, ein weites baumloses Hochplateau. Westlich davon, in Somerset und Dorset sowie auf dem in der Devonzeit vor ca. 350 Mio. Jahren aufgeworfenen

Heckenlandschaft bis zum Meer – im Exmoor National Park

Im Inland

Hochplateau von Devon (daher der Name) mit seiner rotschimmernden Erde, erstrecken sich wieder Weiden, gewelltes Land, Wiesen und Felder, die von Hecken und Steinmauern kleinteilig gegliedert werden. Weiter westlich, jenseits des Flusses Tamar, der die Grenze zwischen Cornwall und Devon bildet, erstreckt sich auf Granitgrund von Land's End bis zum Dartmoor das Moorland von Cornwall. Es barg reiche Zinn- und Kupferadern, die jahrhundertelang abgebaut wurden. Heute sind die Vorkommen erschöpft. Verwitterter Granit brachte in der Region um St Austell Kaolin hervor, das bis heute zur Porzellanherstellung genutzt wird. Infolge des milden Klimas finden sich hier tropische und subtropische Gartenlandschaften sowie mediterran wirkende Flussmündungen und Küstenstriche.

Parklandschaft statt Wald

Südengland war einmal wie die ganze Insel von Wald bedeckt. Als Folge von Ackerbau, Schiffbau und Industrialisierung ist vom Waldreichtum im Süden Englands nur der **New Forest** in seiner ursprünglichen Form erhalten geblieben, der im Jahr 2006 zum Nationalpark erklärt wurde. Wildponys, Schafe und Ziegen leben in der Heide, auf den Wiesen und in der trockenen Moorlandschaft. Laubwald aus Buchen, Eichen, Birken sowie Mischwald mit Eiben und Kiefern bilden das von Lichtungen durchsetzte größte Waldgebiet in Südengland.

Und immer wieder taucht auch die geordnete Natur der **Landschaftsgärten** auf (s. S. 50 f.), die in offenes, bewirtschaftetes Land übergehen. Hier finden sich dann oft auch die *woodlands,* Mischwälder und lichte Wäldchen, mit ihrem Licht- und Schattenspiel.

Dartmoor und Exmoor

Die zwei großen, landschaftlich geschützten Moorgebiete Dartmoor im Süden und Exmoor im Norden sind Nationalparks. Das **Dartmoor** in Süddevon ist ein Granitplateau mit zahlreichen kegelförmigen Gipfeln, den Tors; die höchste Erhebung ist der 622 m hohe High Willhays. Die Hochmoor- und Heidelandschaft **Exmoor** an der Grenze von Somerset und Norddevon ist auf mitteldevonischen Sandstein und Schiefer gegründet. Hier leben Rotwild und halbwilde Ponys zwischen Ginster, Heidekraut und Moorgras. Die Vogelwelt ist mit Bussarden, Falkenarten und Birkhühnern vertreten. Die Ausläufer des Exmoor besitzen dschungelähnlichen Charakter: stark bewaldete, dunkelgrüne Schluchten, die zur Küste hin abfallen, mit Baumtunneln, Riesenfarnen und Schlingpflanzen.

Mauern und Hecken

Ein urtümliches, wunderschönes Charakteristikum englischer Landschaften sind die alten Mauern aus kunstvoll geschichteten Natursteinen und die zum Teil übermannshohen dichtgrünen Hecken (*hedges)*, die Felder und Weiden einfassen – sie sind Teil der Siedlungs- und Kulturgeschichte der Insel. Allein in Cornwall ist ihr mäandernder Verlauf, der ein asymmetrisches Muster zwischen Feldern und Gemarkungen, Pfaden und Straßen bildet, insgesamt über 45 000 km lang. Der Ursprung dieser Strukturen lässt sich auf ein Alter von 2500 bis 5000 Jahre datieren! Manche der Natursteinmauern sind nur wenig durchgrünt, manche Gehölzhecken halten sich ohne Steinskelett.

Zwischen den Feldsteinspalten und im Heckendickicht sind über 7500 Spezies an Flora und Fauna angesiedelt. Bei Wanderungen oder direkt am Straßenrand erlebt man immer wieder die überwältigende Pflanzenfülle der Hecken. Darüber hinaus sind die Hecken Heimat von Schmetterlingen und zahllosen kleineren Vogelarten

Zahlreiche Organisationen befassen sich mit der Pflege und dem Schutz der Mauern und Hecken, kümmern sich um diesen wichtigen, ausdrucksstarken Landschafts- und Kulturraum – ein menschlicher Eingriff in die Natur mit ausschließlich positiver Wirkung. Der Schutz der *hedges* ist nötig: Vielerorts sind sie durch projektierte Flurbereinigungen, Verkehrs- und andere Baumaßnahmen bedroht. Aber für Südengland gilt doch überwiegend noch die Devise: Alles bleibt beim Alten, *keep our hedges happy!*

Natur und Umwelt
Küste und Meer

Die Weißen Klippen
Die Hügel und Erhebungen der South Downs zeigen an der Küste um Dover, wo sie durch den Ansturm der Wellen stark der Erosion ausgesetzt sind, ihr Inneres aus Kreidekalk. Die White Cliffs und weitere eindrucksvolle Felsgebilde prägen diesen Küstenstrich. **Beachy Head** bei Eastbourne ist mit ca. 170 m die höchste dieser Felsformationen.

Jurassic Coast
Weiter im Westen liegt die **Jurassic Coast.** Sie erstreckt sich von der Purbeck-Halbinsel in Dorset bis nach Exmouth in East Devon: rund 155 km lang. Dieser Küstenstrich wurde wegen seiner einmaligen Geologie, die Einblick gibt in die frühe Erdgeschichte, zum UNESCO-Welterbe erklärt. In den Gesteinsformationen aus Jura, Trias und Kreidezeit sind reichlich Fossilien aus prähistorischer Zeit eingeschlossen, und entlang der Klippen sind diese Versteinerungen von Tieren und Pflanzen oftmals mit bloßem Auge zu erkennen. Wild und zerklüftet sind die Abschnitte zwischen Lulworth Cove und Durdle Door. Vor der Halbinsel Portland liegt die 20 km lange Kiesbarriere **Chesil Beach.**

Die Klippen an der Küste Südenglands, besonders in Dorset, Devon und Cornwall, werden durch die großen fjordähnlichen Trichtermündungen der Flüsse Exe, Helford und Fal unterbrochen, und neben Felsbuchten und weiten Stränden finden sich liebliche, bewaldete Ufer kleinerer Wasserläufe. Die Nordküste ist wilder, zerklüfteter und dünner besiedelt.

In Südengland gibt es über 100 Vogelarten, darunter zahlreiche Seevögel, wie Papageientaucher, Watvögel oder Eissturmvögel: *Birdwatching*, die Beobachtung von Vögeln mit Geduld und Fernglas, ist bei den Engländern sehr beliebt. Seehunde tauchen vor der Küste auf, auch mal kleine Haie und Delfine.

Wild und blumig
Entlang der Steilküsten und an den Hochufern im Westen Südenglands, auf Feldern und in Hochmoorbereichen gedeiht eine außerordentliche Fülle an Wildblumen und anderen Gewächsen. Viele von ihnen haben sich erst in den letzten Jahren eingelebt, wie leuchtend pinkfarbene Orchideenarten, u. a. Geflecktes Knabenkraut, oder elegante, feingliedrige Farne. Zahlreiche botanische Institutionen widmen sich ihrem Erscheinen, suchen ihre Herkunft zu erklären. Sie führen langfristige Untersuchungen durch, registrieren die Flora und analysieren deren Vorkommen. In Wiesen und Äckern z. B. haben sich Klatschmohn und Ringelblumen deutlich vermehrt; die leuchtend blauen *bluebell*s (Hasenglöckchen), die in Wäldern und Hainen weit verbreitet sind, bringen als genetische Veränderungen auch weiß blühende Varian-

Umwelt

ten hervor. Alle diese Erscheinungen werden erfasst und ausgewertet von der übergeordneten Botanical Society of the British Isles (www.bsbi.org.uk), die sich auch für den Umweltschutz stark macht.

Der Frühling kommt früh: Ab Anfang März schon strahlen die Narzissenfelder, und im April/Mai sind die *bluebell woods,* die Teppiche mit Hasenglöckchen als Unterwuchs der Waldlandschaft, traumhaft schön.

Von Frühling bis Herbst blühen in den Gärten nacheinander Kamelien, Rhododendren, Azaleen, Rosen, Hibisken, Hortensien, Fuchsien und Staudengewächse; an der Südküste, von der englischen Riviera bis nach St Ives, wiegen sich an den Strandpromenaden die Palmen.

Verbot der Fuchsjagd

Die Fuchsjagd mit Hundemeute war jahrhundertelang Teil des englischen *way of life,* und der Landadel und die Oberschicht in ländlichen Regionen sehen in der Jagd nach wie vor eines der größten Vergnügen. Seit 2005 ist die Fuchsjagd nach langen, erbitterten Streitereien gesetzlich verboten.

Doch das Für und Wider tobt noch heute: Landbesitzer wollen weiterhin jagen, die Haltung von Pferden und Hundemeuten, das Fertigen und Verkaufen von Zubehör bieten zahllose Arbeitsplätze. Förster und Jagdexperten sind durchaus nicht geschlossen in der Ablehnung der Fuchsjagd.

Der Küstenwanderweg führt rund um die südenglische Küste – hier bei Fairfield

Wirtschaft, Soziales und aktuelle Politik

Der Wirtschaft Großbritanniens ging es während der letzten Jahrzehnte sehr gut; allerdings ist das Land hoch verschuldet, und das dynamische Identitätsbild, das die Labour Party hochgehalten hat, ist mit den Finanzkrisen seit 2008/09 im steilen Sinkflug begriffen. Von der neuen Koalitionsregierung der Konservativen und Liberaldemokraten (Mai 2010) erwarten die Briten einen radikalen Politikwechsel.

Wirtschaft

Große regionale Unterschiede

Der Wirtschaft Großbritanniens geht es nicht gut, und die Arbeitslosenquote (regional stark schwankend) die landesweit knapp unter 5 % lag, steigt. Im Südosten, der wohlhabendsten Region, beträgt sie um 2 %, im strukturschwachen Cornwall um 15 %. Neben den Hafenumschlagplätzen Southampton, Portsmouth und der Region um Dover liegt eine bedeutende Wirtschaftsregion bei Bristol mit Elektronik-, Luft- und Raumfahrtindustrie.

Wichtige Wirtschaftszweige

Im Dienstleistungssektor mit den Bereichen Handel, Banken, Versicherungen und Telekommunikation war Großbritannien schon immer stark. Heute werden knapp drei Viertel des Bruttoinlandprodukts damit erzielt; knapp 80 % der Beschäftigten arbeiten in Dienstleistungsberufen. Einzelhandel und Kleingewerbe, Nahrungsmittel-, Elektronik- und pharmazeutische Industrie folgen. Einst bedeutende Beschäftigungszweige wie Fischerei und Landwirtschaft bieten kaum noch Arbeitsplätze: In der hocheffizienten Landwirtschaft arbeiten noch 2 %, obwohl Großbritannien zwei Drittel seines Eigenbedarfs decken kann.

Tourismusboom

Dem Tourismus kommt eine bedeutende Rolle zu: Im Westen Südenglands ist jeder zehnte Arbeitsplatz an die Tourismusindustrie gebunden. Cornwall und Devon waren immer die beliebtesten Urlaubsregionen innerhalb Großbritanniens, aber auch die Kathedralstädte, Bath, Stonehenge und Brighton zählen zu den meistbesuchten Sehenswürdigkeiten.

Nach den Jahrzehnten der Urlaubsreisen in den europäischen Süden haben die Briten nun ihre eigene Südküste wiederentdeckt. Trendige Hotels und schicke Restaurants schießen aus dem Boden; die Küche hat sich zu einem erstaunlich hohen Niveau aufgeschwungen – Resopaltische, schlapper Tee und wässriges Gemüse sind nahezu verschwunden. Der Extremsport an der Küste und im Wasser boomt, und der Tourismus richtet sich zunehmend auf qualitätsbedachte, gut verdienende junge Eltern und Singles sowie muntere Old Agers ein.

Millenniumssegen

Nicht zuletzt haben die ›Millenniumsgelder‹ einen Schub an Optimismus und Wirtschaftskraft gebracht: Zur Jahrtausendwende wurden aus Lotteriegeldern, hohen Sponsorensummen von den Kommunen über 6 Milliarden Euro zusammengebracht, um regionale Entwicklungsprojekte zu fördern. Hinzu kamen und kommen projekt- und regional gebundene EU-Gelder. Es war die größte Summe an nichtstaatlichen Mitteln, die jemals im sozialen Bereich für kulturelle und kommunale Infrastrukturverbesserungen in

Großbritannien investiert wurde. So hat das spektakuläre Eden Project, das weltgrößte Gewächshaus, der verarmten Region um den ehemaligen Bergwerksort St Austell in Cornwall neue Impulse gegeben; zahllose Gemeinden und Städte konnten Hafenareale sanieren, neue Museen und Publikumsattraktionen präsentieren sowie ihre Infrastruktur attraktiver gestalten – und das kurbelt wiederum Tourismus und Immobilienwirtschaft an.

Die multiethnische Gesellschaft

Seit den 1950er-Jahren hat sich Großbritannien zu einer multiethnischen Gesellschaft entwickelt: Besonders London und die großen Industriestädte in Nord- und Mittelengland sind zu Schmelztiegeln der Ethnien und Kulturen geworden. Die Einwanderung erfolgte hauptsächlich aus den ehemaligen Kolonien in Afrika, Asien und der Karibik. Heute bilden die ethnischen Minderheiten mit der *Asian community* – hauptsächlich aus Indien, Pakistan, Bangladesh, aber auch aus Korea und Vietnam – insgesamt 9 % der Bevölkerung. In jüngster Zeit hat die Zahl der Osteuropäer aus EU-Staaten in Großbritannien zugenommen – die Praxis der Einreiseerlaubnis wird in Großbritannien liberaler gehandhabt als in den übrigen westlichen EU-Staaten. In Südengland leben die ethnischen Minderheiten überwiegend im wirtschaftlich boomenden Südosten, im weiteren Einzugsbereich Londons, und in den Großstädten Bristol, Southampton, Portsmouth und Plymouth.

Eden Project in Cornwall gab der Region um St Austell neuen Aufschwung

Geschichte

Von prähistorischen Zeugnissen über Burgruinen, grandiose Herrenhäuser und Schlösser bis zu bedeutenden Industriedenkmälern und kleinen Museen zur Lokalgeschichte: England bzw. Großbritannien besitzt eine reiche, dramatische Geschichte, deren Spuren auch die Landschaften im Süden des Landes prägen.

Die Frühzeit

Die ›eigentliche‹ Geschichte Großbritanniens beginnt mit dem Ende der Eiszeit, als vor etwa 12 000 Jahren das Eis schmolz, die Meeresspiegel anstiegen und England von Kontinentaleuropa getrennt wurde.

Steinkreise und Hügelfestungen

Zu den Fischern und Jägern, die sich überall Siedlungsgebiete geschaffen hatten, stießen Hirten- und Bauernvölker aus dem heutigen Westeuropa über den Ärmelkanal auf die Insel vor. Ihre Ansiedlungen und Monumente, wie Avebury und Stonehenge, zählen zu den bedeutenden Zeugnissen der Menschheitsgeschichte.

Die fruchtbaren Regionen Südenglands waren damals dicht besiedelt: Die riesigen Hügelanlagen, von konzentrischen Erdwällen und Gräben umgeben, die *causewayed camps,* und die Grabstätten, *barrows,* finden sich nirgendwo so zahlreich wie in Südengland. Silbury Hill oder Windmill Hill bei Avebury in Wiltshire, Maiden Castle in Dorset und Cissbury Ring in Sussex sind die größten Anlagen dieser Art. Während der Bronze- und Eisenzeit, bis etwa 100 v. Chr., wanderten Kelten, Gallier und Belger nach England ein; Ackerland wurde gepflügt, befestigte Siedlungen wurden angelegt und weitere Hügelforts gebaut. In Cornwall, Devon und auf den Scilly-Inseln wurden Zinn und Kupfer geschürft, und es wurde Handel getrieben. Eine der eindrucksvollsten prähistorischen Siedlungen ist in Chysauster, Cornwall, als Nachbau erhalten.

Albion – das römische Britannien

Im Jahr 55 v. Chr. landete Cäsar mit einem Expeditionstrupp in Deal, Kent. Der römische Konsul unterwarf einige Stämme und verschwand wieder; die systematische Eroberung Britanniens erfolgte erst knapp ein Jahrhundert später, als im Jahr 43 n. Chr. Kaiser Claudius mit seinen Truppen nach Norden vorstieß; sein Feldherr Vespasian unterjochte den Süden der Insel. Die Römer kamen, um zu herrschen, und Herrschaft braucht Strukturen der Macht: Sie gründeten Garnisonen, die später zu blühenden Städten anwuchsen, und schufen ein Netzwerk an Verbindungsstraßen. Londinium – das spätere London – war das Macht- und Handelszentrum; im Süden Englands wurden Chichester (Noviomagus), Winchester (Venta), Canterbury (Durovernum) und Bath (Aquae Sulis) zu lebhaften, rasterartig angelegten Städten. Exeter (Isca Dumnoniorum), heute Hauptstadt von Devon, bildete die westliche Grenzmarkierung des römischen Einflussbereiches – das wilde, unwirtliche Cornwall blieb den Kelten vorbehalten.

Im Süden hatten es die Römer leicht: Römische Gottheiten, keltische Glaubensformen und frühes Christentum existierten ne-

The Dark Ages

beneinander. Die meisten Stammesfürsten ließen sich von römischer Lebensart und Privilegien beeindrucken. Zahlreiche Villen zeugen heute noch von der Kultiviertheit und Eleganz, die die Pax Romana mit sich brachte; bedeutendstes Beispiel römischer Lebensart in Südengland sind die von heißen Quellen gespeisten Thermenanlagen in Bath.

Die Pax Romana währte etwa 400 Jahre lang; um 350 aber drangen im Norden Pikten und Scoten ein. Vom germanisch besiedelten Festland her begannen Angeln und Sachsen seit Beginn des 5. Jh. die Küsten unsicher zu machen, und die Römer bauten gewaltige Festungsanlagen direkt an der See, wie Reculver und Richborough in Kent, Pevensey in Sussex und Portchester in Hampshire. Das Ende der römischen Herrschaft war jedoch keine Überwältigung durch stärkere Gegner, sondern ein strategischer Rückzug: Rom, die Hauptstadt des Imperiums, musste verteidigt werden, und im Jahr 410 befahl Kaiser Honorius den Abzug aller römischen Truppen aus ihrer nördlichsten Provinz. Britannia war allein und ungeschützt.

The Dark Ages – das frühe Mittelalter

Angeln, Sachsen, Jüten

Sechs Jahrhunderte lang fiel die Insel in nur gelegentlich aufgehelltes historisches Dunkel, bis die Normannen unter Wilhelm dem Eroberer im Jahr 1066 Britannien eroberten. Die Dark Ages, wie sie in Großbritannien genannt werden, waren so düster und barbarisch nicht – der Begriff ›dark‹ (dunkel) bezieht sich auf die spärlichen historischen Quellen jener Zeit; die »Chronik des Beda« aus dem 7. Jh. und der »Anglo-Saxon Chronicle« aus dem 9. Jh. zählen zu den wenigen verlässli-

Rätselhaft, magisch und jahrtausendealt: Men-an-Tol in Cornwall

Geschichte

chen Quellen: Die romanisierte keltische Bevölkerung konnte den Invasoren, den Angeln, Sachsen und Jüten, nicht standhalten; sie zog sich in den Südwesten zurück, nach Devon und Cornwall. Aus diesen Rückzugsgefechten, die auch den Untergang einer eigenständigen Kultur und Religion mit sich brachten, entstand der Mythos um König Artus, der in sich sowohl christlich-römische als auch keltische Wesenszüge vereinigt.

Die Vorherrschaft im Inselreich war ungeklärt, und jeder bekämpfte jeden, Teilkönigreiche wurden gebildet, lösten sich wieder auf. Die Jüten siedelten schließlich in Kent, die Angeln in Anglia, die Sachsen teilten ihre Herrschaftsbereiche in Nord, Süd, Ost und West auf, und noch heute haben die Bezeichnungen Sussex, Essex, Wessex und Middlesex ihre Gültigkeit nicht verloren.

Unter Papst Gregor dem Großen ging es den nordischen Heiden an den Kragen, er entsandte christliche Mönche: Die irischen Mönche kamen von Nordwesten und bekehrten später auf dem Kontinent. 597 landete der Benediktiner Augustinus an der sächsischen Küste, bekehrte den König und gründete in Canterbury eine Klosterkirche, die zum ersten Bischofssitz des Landes wurde. Bis heute ist der Erzbischof von Canterbury der höchste kirchliche Würdenträger im Land.

Das angelsächsische Königreich

Durch die vorerst erfolgreiche Abwehr plündernder Wikinger aus Norwegen und Dänemark gelang es König Alfred von Wessex (871–899), die Teilkönigreiche zu befrieden und unter seine Herrschaft zu bringen. Die Dänen zogen sich in den Norden zurück. Im Süden gab es von nun an ein geeintes, angelsächsisches Königreich (ohne Schottland, Wales und Irland). Mit der Christianisierung ging die Alphabetisierung einher, und mit Alfred dem Großen erfolgte eine erste weltliche Neustrukturierung und regional organisierte Verwaltung auf der Grundlage eines schriftlich niedergelegten Gesetzescodex. König Alfred bestimmte Winchester neben London zu seiner Hauptstadt. Sein Reich teilte er in *shires* auf, die den heutigen Grafschaftsbereichen wie Wiltshire und Oxfordshire zugrunde liegen. Das urbar gemachte Land, die Dörfer und Marktflecken wurden von den Fürsten der *shires* kontrolliert. Die Angelsachsen haben die Landschaften, die Lebensformen und die Kultivierung der ländlichen sozialen Hierarchien am deutlichsten bestimmt: Die Struktur der Dörfer mit mehreren *common fields,* einem *village green,* Kirche und Kirchhof hat sich bis heute erhalten, wobei erst die Landreformen im 18. Jh. mit den *enclosures* den Gemeindebesitz stark reduzierten. Das Gewohnheitsrecht der Engländer, das Common Law, geht in Ansätzen auf die Angelsachsen zurück, und die großen nationalen Rituale, wie die Salbung des Monarchen, wurden von den Bischöfen der angelsächsischen Zeit festgelegt.

Die Dänen gaben nicht auf. 1016 besiegte der dänische Königssohn Canute, Knut, das uneinige Heer der Engländer unter Edmund Ironside und wurde damit König von ›England‹. Aber schon sein Sohn musste die Herrschaft an das wieder erstarkte Königshaus Wessex abtreten. Der letzte angelsächsische König, Eduard der Bekenner (Edward the Confessor, 1042–1066), war in der Normandie, der Heimat seiner Mutter, aufgewachsen und brachte von dort kulturelle Formen und Werte, natürlich auch die französische Sprache mit. Seinen Höflingen übertrug er die wichtigsten Staats- und Kirchenämter.

Die Cinque Ports

Um die Verteidigung der Küste zu gewährleisten, gründete Eduard der Bekenner, die Verbindung der Cinque Ports (›Fünf Häfen‹). Die Häfen Dover, Hastings, Sandwich, Hythe und Romney, später ergänzt um Rye und Winchelsea, erhielten bedeutende Privilegien und Vollmachten, später kamen weitere Orte hinzu. Dafür mussten sie im Gegenzug 57 Schiffe voll ausgerüstet bereithalten und einen Teil der laufenden Kosten tragen. So entstand im Kern die Tradition einer stets angriffsbereiten englischen Flotte, die von den Tudor-Herrschern ausgebaut wurde und die englische Weltherrschaft über die Meere möglich machte. Die Oberaufsicht unterstand dem so genannten Lord Warden, der auch immer das Amt des Festungsgouverneurs von Dover innehatte. Die Cinque Ports spielten noch eine wichtige Rolle im Hundertjährigen Krieg. Ihre Funktion erlosch zwar im ausgehenden Mittelalter, aber die zeremonielle Bedeutung hat sich bis heute erhalten.

Die Normannen – ›1066 and all that‹

Eduard der Bekenner starb 1066; gekrönt noch in Winchester, wurde er als erster englischer König in der Westminster Abbey beigesetzt. Zu seinem Erben und Nachfolger hatte er Wilhelm, Herzog der Normandie, bestimmt. Sein Schwager Harald setzte sich darüber hinweg, ließ sich zum König krönen und hoffte auf das Beste.

Die Schlacht von Hastings

Die Schlacht von Hastings am 14. Oktober 1066 entschied Wilhelm der Normanne für sich – König Harald wurde besiegt. Mit Wilhelm dem Eroberer, der sich am Weihnachtstag 1066 in Westminster Abbey krönen ließ, begann die Herrschaft der Normannen in England, zugleich die Tradition der Königskrönung in der Westminster Abbey und eine nachvollziehbar dokumentierte dynastische und realpolitische Geschichte.

Die Machtübernahme Wilhelms des Eroberers war die letzte erfolgreiche Invasion des Inselreichs – die Franzosen haben es immer wieder versucht, die Spanier wollten die Insel erobern, und noch Hitler plante eine Invasion auf dem Reißbrett.

Die einheimische Bevölkerung sah sich mit einer normannischen Herrschaftskaste konfrontiert, die das geistige, kulturelle und kirchliche Leben bestimmte. Hof und Klerus sprachen Latein und Französisch, die einheimische Bevölkerung Angelsächsisch.

Domesday Book

Mit Wilhelm dem Eroberer als Begründer der Normannendynastie beginnt die sichtbare Geschichte, deren Zeugnisse heute noch beredt und eindrucksvoll von dem Herrschafts- und Machtwillen des Monarchen Kenntnis geben, der die gesamte Gesellschaftsstruktur und das kulturelle Leben grundlegend veränderte. Er ließ Wehranlagen und Burgen wie Corfe Castle in Dorset oder Rochester Castle in Kent bauen und von seinen Kronvasallen schützen.

Mit dem »Domesday Book«, einem der größten Schätze englischer Sozialgeschichte, schuf ›Will the Conq‹ eine systematische Erfassung seines Herrschaftsgebietes. Im ersten Reichsgrundbuch werden über 13 000 Dörfer gezählt, Grundbesitz, Umfang der Güter, Zahl der Haushalte, Wassermühlen, Jagdgebiete, Walderträge – alles wird aufgeführt. Jeder Hof, jeder Marktflecken wird einem seiner normannischen Lehnsherren zugeordnet, und reist man heute in Südengland umher, besucht man die zahlreichen Country Houses, die Schlösser und Burgen, wird immer wieder mit Stolz die Herkunft der großen Familien auf die Gefolgsmänner von William the Conqueror zurückgeführt.

Die Anjou-Plantagenets

Magna Charta

Mit Heinrich II. (1154–1189) auf dem Thron folgte die Dynastie der Anjou-Plantagenets (1154–1399). Durch Erbschaft und Heirat mit Eleonore von Aquitanien verfügte Heinrich über die Hälfte Frankreichs. Sein Machtbereich erstreckte sich von der schottischen Grenze bis zu den Pyrenäen. Damit war die größte territoriale Ausdehnung Englands erreicht: Stein des Anstoßes für jahrhundertelange kriegerische Auseinandersetzungen mit Frankreich. Symbolisch gipfelte die Hybris von Heinrichs Machtansprüchen in der Ermordung seines einstigen Freundes und Vertrauten Thomas Becket im Jahr 1170, der sich als Erzbischof von Canterbury für die päpstliche Kirche und gegen die weltliche Dominanz des Königs entschieden hatte.

Der Sohn Heinrichs II., Johann I., verlor den Großteil der Besitzungen in Frankreich;

Geschichte

als Johann Ohneland ging er in die Geschichte ein, ein König, der einen Teil seiner Macht den erstarkten Baronen abtreten musste: Nach der Schlacht von Runnymede im Jahr 1215 erzwangen sie seine Unterzeichnung der Magna Charta, eines Dokumentes, das den Prozess des Parlamentarismus einleitete, den Baronen und Städten Mitspracherechte einräumte und England so den Weg zu einer der frühesten Demokratien der Welt ebnete. Als Grundlage der Rechtsstaatlichkeit in England müssen fortan die Könige schwören, die Bestimmungen der Magna Charta zu achten und sich selbst dem Gesetz zu unterstellen.

Hundert Jahre Krieg mit Frankreich

Die nächsten 200 Jahre wurden beherrscht von Kriegen, Mord, Verschwörung und hasserfüllten Kämpfen zwischen den um die Königsmacht buhlenden Häusern. Zuvor betrieb Eduard I. (1272–1307) eine zielbewusste Eroberungspolitik auf der Insel. Eduard nahm das eigenständige keltische Wales ein und gab seinem dort geborenen Thronfolger den Titel ›Prince of Wales‹ – eine Tradition, die bis heute fortlebt.

Der Hundertjährige Krieg zwischen England und Frankreich (1337–1453) brachte nach großen anfänglichen Erfolgen unter Eduard III. und seinem Sohn, dem Schwarzen Prinzen, den endgültigen Verlust der französischen Besitzungen – den Engländern blieb nur Calais.

Blut und Rosen – The War of the Roses

Noch während des Hundertjährigen Krieges begann die Pest in England zu wüten; knapp die Hälfte der Bevölkerung wurde ausgelöscht. Die Versuche, die wirtschaftliche Katastrophe durch höhere Besteuerung auszugleichen, führten zu Bauernaufständen und Bürgerkriegen, in denen sich auch die Adeligen gegen die Krone stellten. Ihre erstarkte Position mündete schließlich, unmittelbar nach Beendigung der Auseinandersetzungen mit Frankreich, im War of the Roses, dem Rosenkrieg (1455–1485). Shakespeare hat dieses finstere Kapitel in seinen grandiosen Königsdramen beschworen. Das Haus York mit dem Emblem der weißen Rose und das Haus Lancaster mit dem der roten Rose kämpften um den Thron.

Tudor-England

›Rosen‹-Hochzeit

In der Schlacht von Bosworth 1485 schließlich trug Heinrich Tudor den Sieg davon. Richard III., letzter König des Hauses York, Mörder der ›Kleinen Prinzen‹, die im Tower erwürgt wurden, fiel auf dem Schlachtfeld. Heinrich VII., der Sieger von Bosworth, heiratete Elisabeth aus dem verfeindeten Hause York und setzte damit ein Zeichen zur Beendigung aller Fehden. Mit der Tudor-Dynastie, in deren Wappen die beiden Rosen vereint sind, begann die Renaissance.

Der clevere Heinrich VII. aus dem Haus Tudor (1485–1603) brachte seine Außenverteidigung, seine Finanzen in Ordnung und stiftete innerhalb der Mauern Frieden und eine gesicherte wirtschaftliche Prosperität.

Heinrich VIII. – Bruch mit Rom, Auflösung der Klöster

Als strahlender Jüngling übernahm Heinrich VIII. den wohlbestellten Thron; als aufgeblähter schwer kranker Mann, der mit Flaschenzügen ins Bett gehievt werden musste, beendete er seine Herrschaft als Tyrann. Seine Regierungszeit markiert die größte strukturelle Veränderung im Inselreich – nach Heinrich VIII. war nichts mehr so wie vorher. Sein Bruch mit der römisch-katholischen Kirche schuf eine neue Kirche, die sich als anglikanische Staatskirche durchsetzte, mit dem Monarchen als weltlichem Oberhaupt, dem Erzbischof von Canterbury als Primas und geistlichem Oberhirten.

Zwischen 1536 und 1539 wurden die reichen Klöster, Kirchen und Kathedralen aufgelöst und zerstört. Ganze Landstriche wechseln im Zuge der *dissolution of the monasteries* den Besitzer. Diese Vermögensumver-

Tudor-England

Cleeve Abbey blieb Ruine nach der Auflösung der Klöster unter Heinrich VIII.

teilung war die größte in der englischen Geschichte; der neue Kronbesitz wurde verpachtet, verkauft, einbehalten, verschenkt. Einen Teil des immensen Vermögens steckte Heinrich in den Bau einer ersten großen Flotte und in die neuen Festungsbauten, die die Küste vor den Franzosen und Spaniern schützen sollten. Er legte den Grundstein für die spätere Vorherrschaft zur See und die Vernichtung der Armada.

Maria I., die Katholische, war die Tochter aus seiner ersten Ehe mit Katharina von Aragon. Sie, die mit Philipp II. von Spanien verheiratet war und früh starb, trachtete danach, das Land zu rekatholisieren, und schuf mit ihren Hinrichtungen einen erklecklichen Zugewinn protestantischer Märtyrer.

Das Elisabethanische Zeitalter

Unter der Herrschaft von Marias ›anglikanischer‹ Halbschwester Elisabeth I. stieg England zur Weltmacht auf und erlebte die große kulturelle Blüte, die das Elisabethanische Zeitalter zum Golden Age der britischen Geschichte machte. Die höfische Kultur war voll ausgebildet, glanzvoll und kultiviert; Künste und Theater blühten mit Shakespeare als dem hellsten Stern. Raleigh, Drake und Hawkins segelten unbekannten Welten entgegen und legten die Grundsteine für die überseeischen Besitzungen.

Die Königin war außerordentlich gebildet, klug und populär; sie taktierte jahrzehntelang, um einen Krieg mit der römisch-katholischen Allianz aus Papst und spanischem König zu verhindern. Ihre Freibeuter, Abenteurer zur See, Entdecker und Kapitäne reizten mit ihren Plünderzügen Philipp II. so sehr, dass er schließlich die Armada gegen England segeln ließ. Falsche Kampftaktiken, falsche Schiffe, falsches Wetter bereiteten der Armada ein kläglichen Ende – und aus der ›Virgin Queen‹ wurde ein Mythos.

Elisabeths Regentschaft brachte eine lange Friedenszeit, die Bevölkerungsdichte stieg, Handwerk und Zünfte blühten. Um die Alleinberechtigung der anglikanischen protestantischen Kirche zu schützen und den

Geschichte

Blaubarts zweite Frau – Anne Boleyn

Thema

Die tragische Liebesgeschichte der ›Anne of thousand days‹, des schönen, mutigen Mädchens aus dem Volk, das Königin wurde und nach 1000 Tagen wegen angeblichen Hochverrats von Heinrich VIII. abgeurteilt und im Tower hingerichtet wurde, ist oftmals verfilmt worden, und Hever Castle bildete natürlich den rechten historischen Hintergrund.

Heinrich VIII. war mit Katharina von Aragon noch verheiratet; aus acht Schwangerschaften ging ein Kind hervor: Maria, die später als ungeliebte katholische Königin fünf Jahre lang regierte. Heinrich brauchte einen männlichen Erben. Er verliebte sich in die 18-jährige Anne Boleyn und tauchte, nicht selten von Leeds Castle herüberreitend, verdächtig oft in Hever Castle auf, zum Leidwesen des Vaters, der auf solche formidablen Besuche nicht eingerichtet war.

Wie allseits bekannt, löste Heinrich seine Verbindungen zur päpstlichen Kirche Roms auf seine Weise, machte sich zum Oberhaupt der neuen anglikanischen Staatskirche, ließ sich von Katharina von Aragon scheiden und heiratete seine Anne im Januar 1533. Anne Boleyn hat von jeher die Fantasie der Engländer beschäftigt, nicht zuletzt, weil sie die Mutter von Elisabeth I. war, jener Königin, die England das goldene Zeitalter bescherte. Bittere Fußnote zu einer hässlichen Geschichte: Nachdem die Boleyns gründlich ruiniert waren, überschrieb Heinrich Hever Castle seiner Frau Nummer vier, Anna von Kleve – als Scheidungsbonbon.

Hier wohnte Anne, als Heinrich VIII. um sie freite: Hever Castle

Thronanspruch der katholischen Maria Stuart, Königin von Schottland, zu unterbinden, ließ Elisabeth ihre Rivalin lange Zeit inhaftieren, schließlich 1587 hinrichten.

Die Stuarts, Cromwell und Glorious Revolution

Auf dem Sterbebett erklärte Elisabeth I. den Sohn Maria Stuarts, König Jakob VI. von Schottland, zu ihrem Nachfolger und Thronerben. Als Jakob I. von England (James I.) war er der erste Monarch des Hauses Stuart (1603–1649 und 1660–1714) auf dem englischen Thron.

Unter Jakob I. verschärfte sich das politische Klima; unter seiner Herrschaft stärkte sich das Parlament als Widersacher autokratischer Regentschaft. Auch er versuchte sich an einer gemäßigten Rekatholisierung. Puritaner wanderten in Scharen in die Neue Welt aus, und die unter Elisabeth I. ins Land geflüchteten protestantischen Flamen und Niederländer brachten hoch entwickelte Webtechniken, die zur wirtschaftlichen Blüte beitrugen. Bis ins 18. Jh. hinein wurde immer mehr Land eingehegt und Ackerflächen in Weideland für Schafzucht umgewandelt. Diese *enclosures* sind Grundlage der kultivierten Naturlandschaft, die in Südengland seither den Charakter der Countryside bestimmt.

Bürgerkrieg und Restauration

Die Regentschaft Karls I. brachte einen Bürgerkrieg, der das Land in zwei Parteien spaltet: Die *cavaliers* standen auf der Seite des Königs, die puritanischen, republikanisch gesinnten *roundheads* sammelten sich um Oliver Cromwell; seine Truppen entschieden den Kampf für sich, auch in der gewalttätigen Unterjochung Irlands. Das von Cromwell gesäuberte Rumpfparlament verurteilte den König wegen Hochverrats zum Tode. Er wurde 1649 hingerichtet.

Während des republikanischen Intermezzos, des Commonwealth (1649–1658), regierte Lord Protector Cromwell mit eiserner Hand: Kirchenschätze, Burgen und Schlösser wurden geplündert, die Theater geschlossen, jedes Amusement unter hohe Strafen gestellt. England aber wollte seine Monarchen wiederhaben, Luxus, Lebensfreude, auch elitäre Symbole und eine aristokratische *ruling class.* Das Parlament rief schließlich den Sohn des hingerichteten Königs aus dem französischen Exil herbei. Er wurde als Karl II. inthronisiert (1660–1685).

Absolutismus und Glorious Revolution

Der verschwenderisch üppigen Zeit der Restauration mit dem ›merry monarch‹ Karl II. folgte die Regierung seines Bruders Jakob II. (James II., 1685–1688). Dieser pflegte die Attitüden eines absolutistischen Herrschers und versuchte erneut, den Katholizismus mit Brachialgewalt durchzusetzen. Hochadel, Klerus und parlamentarische Kräfte rieten dem König zur Abdankung und luden seinen protestantischen Schwiegersohn, Wilhelm von Oranien, Statthalter der Niederlande, zur Herrschaftsübernahme ein.

James II. floh nach Frankreich. Das neue Königspaar William und Mary unterzeichnete 1689 die Bill of Rights.

Bill of Rights

Die Glorious Revolution mit der vom Parlament dem Monarchen abgeforderten Bill (oder Declaration) of Rights legte einen weiteren wichtigen Grundstein für die Entstehung einer parlamentarischen Demokratie in England. Als Oberhaupt des Staates hat der Monarch exekutive Gewalt, über die Gesetze jedoch entscheidet das Parlament. Über Monarch und Parlament steht die unantastbare Autorität des Rechts (Rule of Law). Im Zeitalter des europäischen Absolutismus hatte England bahnbrechende politische Freiheiten erlangt. Im weiteren Geschichtsverlauf sollten sie eine blutige Revolution wie in Frankreich unnötig machen.

›Good Queen Anne‹

Während der Herrschaft der ›Good Queen Anne‹ (1702–14), der letzten Stuart-Regentin,

Geschichte

mauserte England sich zur Großmacht: Mit dem Union Act erfolgte 1707 die Vereinigung mit Schottland, aus England wurde Großbritannien, und der unbeschränkte Handel zu Lande und zur See ließ das United Kingdom – die vielen Handelskompanien in den überseeischen Kolonialgebieten im Rücken – stetig einflussreicher und stärker werden. Und mit Queen Anne begannen sich Eleganz, ein neuer Klassizismus und eine bürgerliche Kultur zu entwickeln.

Das Haus Hannover

Nach dem Tod von Queen Anne ging die englische Krone zur Gewährleistung der protestantischen Thronfolge auf den Kurfürsten von Hannover über, der 1714 als Georg I. den Thron bestieg. Neben »einer Reihe von teutonischen Langweilern« brachte er auch Georg Friedrich Händel mit, der in England rauschende Triumphe feierte und als britischer Staatsbürger hochgeehrt in London starb.

Viermal Georg

Die Nachfolger des ersten Hannoveraners auf dem englischen Thron waren drei weitere Georgs, die dem 18. Jh. ihren Stempel als Georgian Age aufdrückten. Im Grunde funktionierte das britische Staatswesen als inzwischen ausgeprägtes Zwei-Parteien-System mit den liberalen Whigs und den konservativen Tories fast schon von allein, und die Funktion des Prime Minister wurde immer bedeutsamer. Die vier Georges waren schwache, mit weltmännischer Klugheit nur marginal gesegnete Regenten: Georg I. hatte es nie für nötig befunden, die Landessprache zu erlernen – mit seinem Premierminister Robert Walpole verständigte er sich auf Französisch; Georg II. (1727–60) war politisch so grobschlächtig, dass er die nordamerikanischen Kolonien in den Unabhängigkeitskrieg trieb, der 1776 schließlich zur Gründung der Vereinigten Staaten führte; er war auch der letzte Monarch, der überhaupt aktiv am Kriegsgeschehen teilnahm. Georg III., nominell 60 Jahre lang auf dem Thron, fiel in geistige Umnachtung. Sein Sohn, 1810–1820 Prinzregent, bevor er nach dem Tod seines Vaters als Georg IV. den Thron bestieg, schadete dem Ansehen der Krone am meisten.

Aufstieg zur Kolonialmacht und Industrienation

1743 versuchte Bonnie Prince Charles, ein Nachkomme der Stuarts, die Macht in Schottland an sich zu reißen – mit seiner Niederlage in der Schlacht von Culloden endete dieses letzte Aufbäumen schottischer Unabhängigkeit. In Indien und Nordamerika kämpften Franzosen und Engländer um die Vorherrschaft in diesen riesigen und ressourcenreichen Gebieten; 1759 besiegte General Wolfe die Franzosen in Quebec – ein Großteil Kanadas wurde britisch –, und in Indien erfocht Clive of India 1757 in der Schlacht von Plassey die britische Vormachtstellung.

Am Ende der napoleonischen Ära stand Großbritannien als strahlende Siegermacht da, als Imperial Britain: Admiral Nelson hatte durch seinen Sieg in der Seeschlacht von Trafalgar und Wellington durch seine Siege zu Land dem Inselreich den Weg zur uneingeschränkten Seeherrschaft und zur imperialen Weltmachtstellung geebnet. Besonders die Person Nelsons entzündete patriotische Begeisterungswellen – er wurde zum romantischsten aller englischen Helden. Im letzten Drittel des 18. Jh. setzte die industrielle Revolution ein, die mit technischen Innovationen (Dampfkraft, Spinnereien, Eisenverarbeitung) aus dem Agrar- einen Industriestaat machte. Großbritannien wurde zur führenden Industrienation der Welt und fand mit ihrem Kolonialerwerb immer größere Absatzmärkte.

Das Viktorianische Zeitalter (1837–1901)

In Großbritannien gärte es: Die Industrielle Revolution beutete ihre Kinder aus; Massenelend und brutale Arbeitsbedingungen entluden sich in sozialen Unruhen und Aufständen. Die *ruling class* machte geschmeidig Zugeständnisse, und die lange anstehende große Wahlreform von 1832 konnte die innenpolitischen Wogen halbwegs glätten – sie gewährte zwar großen Teilen des Bürgertums das Wahlrecht, nicht aber den Arbeitern.

Mit der unverhofften Thronbesteigung der 18-jährigen Viktoria im Jahr 1837 begann das Viktorianische Zeitalter, die ›Umwertung aller Werte‹. Der Frivolität und verschwenderischen Sorglosigkeit bei Hofe setzten Viktoria und ihr deutscher Prinzgemahl Albert von Sachsen-Coburg-Gotha moralische Integrität und Familiensinn entgegen. Queen Victoria schuf eine öffentliche Stimmung, die von christlicher Rechtschaffenheit, einem strengen Arbeitsethos, abgrundtiefer Prüderie und Doppelmoral gekennzeichnet war.

›Two nations‹ – zwei Nationen

Die Städte quollen aus allen Nähten, London hatte 1870 über 3 Mio. Einwohner; die rußgeschwärzten Industriestädte in den Midlands, die Bergarbeitertäler in Wales, die Hafenstädte und Seebäder wurden durch Eisenbahnen miteinander verbunden. Hunderttausende *Victorian terraces,* einförmige Reihenhäuser, blähten die Städte auf, fraßen sich hinein in die Landschaften. In Cornwall dröhnten die Pumpen der Maschinenhäuser der Zinn- und Kupferbergwerke im 24-Stunden-Rhythmus, und in den unterirdischen Schächten schufteten Männer, Frauen und Kinder. In Bristol, Plymouth, Portsmouth und Southampton arbeiteten Zehntausende von Männern in den Dock- und Werftanlagen. Von hier aus gingen die Gefangenentransporte nach Australien ab; hier kamen die Beamten der *colonial office*s aus Indien, Afrika und Neuseeland an.

Die Seeleute und Fischer in den kleinen Fischerdörfern von Cornwall bis Kent mussten um ihr Überleben kämpfen. An der Seaside entstanden Urlaubsparadiese für den Mittelstand. Die Arbeiterbewegung, 1906 durch die Gründung der Labour Party mit einem offiziellen machtvollen Sprachrohr versehen, erkämpften einige Urlaubstage – man fuhr in die durch die Eisenbahn erschlossenen Badeorte wie Blackpool, Bognor Regis, Margate oder Westward Ho!

Das 20. Jahrhundert

In ihrem Mutterland herrschte die ›Great White Queen‹ und Kaiserin von Indien über *two nations.* Ihr Premierminister Benjamin Disraeli hatte um die Jahrhundertmitte die tiefe Spaltung des Landes konstatiert: Zwei getrennte Welten, die nichts miteinander gemein haben – die Armen und die Reichen –, der Begriff »the two nations« charakterisiert das 19. Jh. Auch Charles Dickens' Romane behandeln dieses Thema mit großer künstlerischer Kraft und Liebe zum Menschen.

›The Great White Queen‹

1897, Queen Victoria feierte ihr diamantenes Jubiläum, war das British Empire zum größten Imperium der Weltgeschichte angewachsen: Es umfasste ein Viertel der Erde, ca. 28,5 Mio. km^2 und etwa 372 Mio. Menschen jeglicher Hautfarbe, Rasse und Kultur – zusammengehalten durch die Monarchie, ein unerschütterliches Sendungsbewusstsein, das riesige Netz an Verkehrs- und Handelsverbindungen und die immergleichen Werte; getragen von Selbstsicherheit, *common sense* und einer Attitüde des Laisser-faire, die auch die kolonialen Verwaltungsstrukturen bestimmten, sowie dem Bewusstsein, als Inselreich mit der Beherrschung der Meere schicksalsträchtig und wesenhaft verbunden zu sein.

Das 20. Jahrhundert

Schon vor dem Eintritt ins 20. Jh. geriet Großbritanniens Spitzenposition als See- und Handelsmacht ins Wanken. Nicht nur die Vereinigten Staaten begannen Great Britain zu überflügeln, das kaiserliche Deutschland rüstete auf, entwickelte starke ökonomische Kräfte und übte sich in pompösem Konkurrenzgebaren. 1901 starb Queen Victoria als 81-Jährige. 40 Jahre lang hatte sie ohne ›dear Albert‹ leben müssen; sie zog sich immer mehr zurück, hielt sich am liebsten auf Schloss Balmoral in Schottland oder in Osborne House auf der Isle of Wight auf – in einer privaten, italianisierenden Villa, die kurz nach der Hochzeit von ihrem Albert entworfen worden war.

Geschichte

Das königliche Wappen an Admiral Nelsons Schiff ›Victory‹ in Portsmouth

Dem Rausch folgt der Kater: das Edwardianische Zeitalter

Viktorias Sohn, Eduard VII., gab dem Jahrzehnt vor dem Zweiten Weltkrieg seinen Namen: Im Edwardian Age blühten noch einmal Unbeschwertheit und Lebenslust. Die Aristokratie feierte rauschende Bälle und *weekend parties* in ihren Country Houses; die zu Wohlstand und Ansehen gelangte *gentry,* der Kleinadel und der gehobene Mittelstand, tat es ihnen begeistert nach, und dem Millionenheer der *lower middle classes,* den kleinen Angestellten, Kontoristen und Geschäftsleuten, bescherte die komfortable Behaglichkeit der edwardianischen Epoche winzige *terraces,* Reihenhäuser mit vorspringendem Erker und handtuchgroßem Garten in baumbestandenen, stillen Straßen.

Der Schock des Ersten Weltkriegs, in Großbritannien als Great War bezeichnet, machte jedermann deutlich, dass das Lebensgefühl eines ganzen Jahrhunderts zu Ende ging, und auch das Königshaus zog 1917 einen Strich unter seine so offensicht-

Das zweite elisabethanische Zeitalter

lich deutsch geprägte Geschichte: Das Haus Hannover-Sachsen-Coburg-Gotha wurde in Haus Windsor umbenannt. Hochadel und Aristokratie mussten um ihren opulenten Lebensstandard, um den Bestand ihrer *estates* kämpfen. Mittelstand und *working class* erlitten durch die Weltwirtschaftskrise, die Great Depression, große Not. Massenstreiks, Hungermärsche und Arbeitslosigkeit verdüsterten die Zwanzigerjahre.

Nach der kurzen Episode, die der ungekrönte Eduard VIII. 1936 als König einschob, übernahm schließlich sein Bruder Georg VI. das erdrückende Amt. Der sensible und schüchterne König und seine Queen Elizabeth, die Eltern der heutigen Queen, hatten die schwere Aufgabe, Großbritannien durch die Kriegszeit zu führen. Ihr unprätentiöses und herzliches Verhalten machte sie zu einem verehrten und viel geliebten Königspaar, und die Königinmutter (1900–2002) war das Rückgrat der Windsors und die beliebteste Person im Königshaus.

The Blitz, D-Day und VE-Day

Die Bombenangriffe der Deutschen, The Blitz, setzten im September 1940 ein und hielten bis zum Mai 1941 an. Der Ostteil Londons, zahllose Industrie- und Hafenstädte, besonders Coventry, in Südengland Dover, Plymouth, Southampton und Portsmouth mussten schwere Schäden hinnehmen und hatten Tausende von Toten zu beklagen.

Churchill hatte »nichts zu bieten als Blut, Mühsal, Tränen und Schweiß«, aber die Kriegsanstrengungen der gesamten Nation endeten mit dem triumphalen Sieg der Alliierten über Hitler-Deutschland. Entlang der gesamten Südküste, von Cornwall bis Kent, wurden die alliierten Truppen, vor allem die Amerikaner, auf den Tag der Befreiung, den D-Day, vorbereitet.

Die gesamte militärische Strategie und Kriegsrüstung war darauf abgestellt, und noch heute gibt es in jedem Fischerort, in jeder Hafenstadt, lebhafte Zeugnisse jener Zeit. Der 60. Jahrestag des VE-Day (Victory Europe Day) im Mai 2005 wurde heftig und mit wehmütiger Erinnerung an die historische Bedeutung des Inselstaats gefeiert. ›England's finest hour‹ war schwer erkämpft: Großbritannien war wirtschaftlich ruiniert, nach Kriegsende regierten die mageren Jahre.

Das zweite elisabethanische Zeitalter

Magere Nachkriegszeit

›The Age of Austerity‹, die mageren Jahre, wurde 1953 mit der Krönung Elisabeths II. durch festlichen Glanz und das Gefühl eines neuen Anfangs gelockert. Zu den Krönungsfeierlichkeiten wurde die Lebensmittelrationierung ausgesetzt, die Gefechtslinien in Korea stellten kurzfristig das Feuer ein, London badete zum ersten Mal seit Kriegsende im Glanz der Flutlichtanlagen, und in jedem Dorf, in jeder Stadt wurde gefeiert und auf ein zweites elisabethanisches Zeitalter angestoßen. Die Entlassung der Kolonien in die Unabhängigkeit brachte neue Probleme. Hunderttausende von Immigranten strömten in das Mutterland, und aus Großbritannien wurde ein multiethnischer Staat.

Die Ära Thatcher und New Labour

Aus dem von der Labour Party geschaffenen Sozialstaat, der sich vorgenommen hatte, die Klassenschranken auszugleichen, sind nach der Ära unter Premierministerin Margaret Thatcher (1979–90) und ihrer ›Unternehmens-Kultur‹ wiederum ›zwei Nationen‹ entstanden: Die Kluft zwischen Arm und Reich ist tief, und der wirtschaftliche Dauerboom, der die Ökonomie Großbritanniens unter New Labour charakterisierte, ist beendet.

Ab 2005 verlor Tony Blair als Premierminister an Popularität; der Hauptgrund ist in der Beteiligung Großbritanniens am Irak-Krieg an der Seite der USA zu suchen. Auf Tony Blair folgte 2007 Gordon Brown; seit Mai 2010 regiert nun eine Koalition der Konservativen und Liberaldemokraten.

Zeittafel

bis ca. 2000 v. Chr.	Steinkreise wie in Stonehenge und Avebury sowie Dolmen und Menhire werden errichtet; Ackerbau setzt sich durch.
ca. 600 v. Chr.	Keltische Besiedelung in Cornwall.
55 v. Chr.	Cäsar landet an der südenglischen Küste bei Deal. Britannien wird römische Provinz; Stadtgründungen, u. a. von Bath und Canterbury.
410	Die Römer verlassen die Provinz Britannia.
410–450	Einfälle der Angeln, Sachsen, Jüten. Britannien wird angelsächsisch.
579–597	Christianisierung durch Papst Gregor d. Gr. Klöster, Abteien und Kirchen wie in Canterbury und Glastonbury werden errichtet.
790–850	Dänen und Wikinger fallen auf der Insel ein.
899	König Alfred d. Gr. von Wessex macht Winchester zur Hauptstadt.
1042–1066	Eduard der Bekenner ist der letzte angelsächsische Herrscher.
1066	Schlacht von Hastings: Sieg des Herzogs der Normandie, Wilhelm. Er wird in Westminster Abbey zum englischen König gekrönt.
ab 1086	Wilhelm der Eroberer veranlasst die erste umfassende Bestandsaufnahme aller Güter im »Domesday Book«.
1170	Bischof Thomas Becket wird in seiner Kathedrale in Canterbury ermordet.
1215	Die Magna Charta wird König Johann I. abgerungen; sie sichert die Rechte des Individuums gegen Übergriffe der Krone.
1337–1453	am Ende des 100-jährigen Kriegs verliert England seine französischen Besitzungen.
1485	Heinrich VII. Tudor (Lancaster) besiegt Richard III. (York) und beendet die 30-jährigen Rosenkriege durch Heirat mit Elisabeth von York.
1536	Heinrich VIII. bricht mit dem Papst und macht sich zum Oberhaupt der anglikanischen Kirche; Auflösung der Klosterbesitzungen.

Unter Elisabeth I. (1558–1603) Sieg über die spanische Armada.	**1588**
Hinrichtung von König Karl I.; England wird Republik: Oliver Cromwell regiert als Lord Protector.	**1649**
Restauration: Das Parlament setzt als Monarchen Karl II. ein.	**1660**
Das neue Königspaar William und Mary unterzeichnet die Bill of Rights, Grundlage für den Parlamentarismus.	**1689**
Seeschlacht von Trafalgar: Die britische Flotte unter Admiral Nelson besiegt Spanien und Frankreich.	**1805**
Der Duke of Wellington und General Blücher besiegen Napoleon in der Schlacht bei Waterloo.	**1815**
Die Eisenbahn erschließt Küste und Seebäder für breite Schichten.	**ab ca. 1850**
Erster Weltkrieg: Das Königshaus Hannover-Sachsen-Coburg-Gotha benennt sich um in Haus Windsor.	**1917**
Zweiter Weltkrieg: Durch deutsche Bombenangriffe (The Blitz) gibt es schwere Zerstörungen und Verluste in Städten Südenglands.	**1940**
D-Day; Invasion der Alliierten an den Stränden der Normandie und Stationierung von 1,5 Mio. amerikanischen Soldaten in Südengland.	**6. Juni 1944**
Elisabeth II. besteigt den englischen Thron.	**1953**
Der Kanaltunnel wird eröffnet.	**1994**
Prinzessin Diana kommt bei einem Autounfall ums Leben.	**1997**
Kronprinz Charles heiratet zum zweiten Mal; seine Frau Camilla Parker-Bowles erhält den Titel Duchess of Cornwall.	**2005**
Tony Blair tritt ab; unter Premierminister Gordon Brown werden die Stimmenverluste von Labour immer höher.	**2007**
Im Mai 2010 nimmt die Koalitionsregierung aus Konservativen und Liberaldemokraten ihre Arbeit auf.	**2010**

Gesellschaft und Alltagskultur

Großbritannien, England, Südengland – das Inselreich ist trotz der Globalisierung immer noch ›ganz anders‹: Welches sind die Charakteristika dieses Landes, das südländisch und nordisch zugleich ist, kontrastreich, rückwärtsgewandt, doch mit bedeutendem Finanzmarkt und einer Mentalität, zu der gehört, dass man sich stets in geänderten, womöglich schlechteren Zuständen neu einzurichten weiß.

Englishness

Drei Dinge sind es, die das Selbstverständnis, das kollektive Bewusstsein, Geschichte, Wirtschaft und Gesellschaft Englands geprägt haben, und sie alle waren seit jeher eng miteinander verzahnt, haben innerlich und äußerlich die Konturen der Englishness geschaffen: die See, die Monarchie und die Klassenstruktur.

Die See

Schifffahrt, Seehandel und Entdeckungsreisen öffneten dem Inselreich die Tore zur Welt; gleichzeitig musste sich über Jahrtausende hin zwangsläufig ein insulares Bewusstsein entwickeln. Winston Churchill brachte es auf den Punkt: »Der Kanal ist keine Wasserstraße, sondern eine Weltanschauung.« Und selbst die rege Reisetätigkeit, der Kanaltunnel, der Tourismus mit Billigflügen hin und her – all das hat in England zwar kosmopolitische Elemente hervorgebracht und zugelassen, mit Ausnahme von London jedoch keine kosmopolitischen Attitüden. Engländer sind konservativ, lieben das, was immer war, eben auch die See, die wilden Küsten, die rauen Klippen, den Wind, den Meeresgeruch und das Herumdümpeln bei Ebbe und Flut, im Schlick und an den Felsentümpeln. Ihr Land belegen sie liebevoll mit dem weiblichen Pronomen ›sie‹ – Great Britain: »She is the jewel in the silver sea«, heißt es bei Shakespeare, und auch Schiffe werden als weibliche Wesen begriffen …

Die Monarchie

Über dem demokratisch verfassten *body politic,* dem Staatskörper, der Insel thront im wahrsten Sinne des Wortes die Monarchie; seit über 2000 Jahren wird England, Großbritannien, durch königliche Herrscherhäuser regiert und repräsentiert. Quer durch die Jahrhunderte war das Volk an die Monarchie gebunden – sie, die Bewohner der Insel, mussten in den Krieg ziehen, Steuern zahlen, Land beackern, wirtschaften und Handel treiben im Schatten der Königshäuser: Das bedeutete Not und Elend, Blut und Kriege, aber auch Romanze, Abenteuer, Zeremonien und Festivitäten. Die Monarchie war und ist überall präsent, und wenngleich der Tod von Prinzessin Diana eine schwere Krise im Hause Windsor auslöste und die Queen seitdem mehr Wert auf Volksnähe legt, ist die Monarchie bei der überwältigenden Mehrheit der Briten immer noch unantastbar.

Als 41. Herrscher nach Wilhelm dem Eroberer wurde im Jahr 1953 Elisabeth II. gekrönt: »… von Gottes Gnaden Königin von Großbritannien und Nordirland und Ihren anderen Königreichen und Gebieten, Oberhaupt des Commonwealth, Verteidigerin des Glaubens …«. Trotz der politischen Machtlosigkeit ist der Monarch das Oberhaupt des Staates, dem offiziellen Sprachgebrauch entsprechend, ist er der Staat, ist Teil der Legislative, Exekutive und Judikative. Er ist King/Queen in Parliament; jedes verabschiedete Gesetz wird, gemäß der Präambel, »durch Seine/Ihre Majestät erlassen«; alle öffentlichen Ämter, vom Lordkanzler bis zum Postboten auf den Äußeren Hebriden, sind Ämter der Krone; jeder behördliche Briefkopf trägt die Aufschrift »His/Her Majesty's Service«, alle großen Gerichtshöfe sind Crown Courts, alle Schiffe der Marine sind His/Her Majesty's Ship (H.M.S.), alle Statistiken, Untersuchungen, Regierungs- und Parlamentsveröffentlichungen stammen aus dem größten Verlagshaus Großbritanniens, His/Her Majesty's Stationary Office (H.M.S.O.). Der Monarch ist Oberhaupt der anglikanischen Staatskirche; er kann theoretisch Frieden schließen und Kriege erklären, die gesamte Regierung ernennen oder entlassen, und der Eröffnung der neuen Amtsperiode des Unterhauses steht die Queen vor, zumindest zeremoniell. Die Nationalhymne beschwört das königliche Wohlergehen, »God save the Queen«, und alle Briefmarken tragen, ohne Nennung des Staates, das Porträt der Monarchin, die roten Postautos der Royal Mail ziert das Wappen »E II R«: Das ›R‹ steht für das lateinische ›Regina‹ (Königin).

Die Queen erhebt verdiente Personen in den Adelsstand, ernennt die *life peers,* deren Ritter- oder Adelswürde mit ihrem Tod wieder verfällt; und Kaufleute, Firmen und Geschäfte werden für ihre untadeligen Produkte als Hoflieferanten innerlich und äußerlich durch das Prädikat »By Appointment of Her Majesty ...« beflügelt. Die zahllosen öffentlichen *engagements* der *family firm,* stets von The Times angekündigt, mögen schließlich auch den *lower classes* einen Blick auf ein Familienmitglied der Royals ermöglichen: Bei jährlich etwa 3000 Besuchen, Empfängen, Eröffnungen, Wohltätigkeitsveranstaltungen und anderen Zeremonien sind die *ruling royals* in der Tat nahezu allgegenwärtig.

In einem Land, das einen Großteil seines nationalen Selbstverständnisses aus dem spielerischen Umgang und der Aufrechterhaltung nur halb definierter, quasi-fiktiver gesellschaftlicher Grundwerte und Verhaltensweisen bezieht, in einem Staat, der in all seinen kulturellen Erscheinungsformen die Neigung zum Kompromiss, zum *muddling through,* zur individualistischen Anverwandlung gezeigt hat, stößt Kritik an dem Prinzip einer nach außen scheinbar funktionslosen Monarchie letztlich immer noch auf taube Ohren bzw. abwehrende Gemüter – obwohl Tony Blair das House of Lords in seinem Existenzrecht arg zusammengestutzt hat.

Heute gibt sich die ›Firma‹ der Windsors recht offen; auch die Presse reißt sich zusammen. Das Goldene Thronjubiläum der Queen im Sommer 2002 wurde überall enthusiastisch gefeiert, und auch die Heirat von Prinz Charles und Camilla fanden über 60 % der Bevölkerung in Ordnung.

Das Klassensystem

Mit der Monarchie kamen die *ruling classes,* die Höflinge, die Berater und Getreuen, die Lehnsherren, die Kaste des Hochadels. Aus Spielernaturen und Abenteurern wurden die Ausgezeichneten und Privilegierten – die titulierten Landbesitzer. Die Burg/das Schloss, das *house* bildete das wirtschaftliche und gesellschaftliche Zentrum der ländlichen Bereiche, hinzu kamen juristische Funktionen des Lord of the Manor, dem neben Haus, Park und Gärten auch das Dorf oder die Dörfer, das Ackerland, zum Teil ganze Landstriche und Grafschaften gehörten. Unter Wilhelm dem Eroberer wurde England zum ersten Mal derartig aufgeteilt; die größte, neue Umverteilung des Landbesitzes erfolgte mit der Auflösung der Klöster durch Heinrich VIII.

Landbesitz und Country Houses

Diese Besitzstrukturen haben nicht nur das äußere Bild der Landschaften bestimmt, sondern auch die sozialen Gemeinschaften, die gesellschaftlichen Hierarchien und das englische Selbstverständnis bis auf den heutigen Tag geprägt. Über die Jahrhunderte hin hat sich die *nobility,* die *upper class,* immer äu-

Gesellschaft und Alltagskultur

ßerst geschmeidig, anpassungsfähig und durchlässig gezeigt. Als sie noch die Fäden der großen Politik in der Hand hatte, wusste sie mit kalkulierter Wendigkeit und immer in letzter Minute die soziale Revolution durch Reformen zu kappen. Sich ständig durch die Verbindungen mit Bourgeoisie und Geldadel jung haltend und mit nonchalantem Understatement lebenstüchtig, hat die *upper class* munter überlebt – und ist gesellschaftlich immer noch ohne jede Einschränkung tonangebend, obwohl es insgesamt nur 900 *peers and peeresses of the realm* und deren Familienangehörige gibt, darunter der Hochadel mit 26 Herzogtiteln.

Ihre Häuser auf dem Land, die Country Houses, und ihre Domänen bilden das Rückgrat ihrer Vermögen, ihres Ansehens und ihrer Überlebensfähigkeit. So sind gewaltige Teile Südenglands in Privatbesitz, Prince Charles gehört das gesamte Herzogtum Duchy of Cornwall.

Der zahlenmäßig so geringfügigen *upper class* stehen die *middle classes* gegenüber, 80 % der etwa 60 Mio. Einwohner Großbritanniens. Hinzu kommt die immer noch mit ihren Werten präsente *working class*.

Feine Unterschiede

Die Briten beschäftigen sich mit ausdauernder, geradezu obsessiver Begeisterung mit sich selbst und ihrem Klassensystem. Es ist außerordentlich kompliziert, und da Physiognomie, Kleidung, Gestik, vor allem aber Aussprache, Akzent und Wortwahl unweigerlich die Klassenzugehörigkeit verraten, kann ihm absolut niemand entgehen. Die jeweiligen Klassen, die sich wiederum in zahlreiche ›Unterabteilungen‹ auffächern, führen völlig unterschiedliche Lebensweisen in abgeschlossenen Zirkeln, die allerdings nach oben hin durchlässig sind. Besonders die *middle classes* wissen genau, wie's geht, die gesellschaftliche Leiter hinaufzuklimmen. Es erfordert schon besondere Fähigkeiten, von der dritten Stufe der *lower-lower-middle class* bis zur achten Stufe der *upper-middle class* vorzudringen, wenn schon die Anzahl der Knöpfe am Jackett oder die Wortwahl genauestens Auskunft über die Herkunft bietet. Es gibt eine Reihe von humorvollen und spitzzüngigen Büchern, die dieses Phänomen beleuchten. Berühmt wurde Nancy Mitfords Schlagwort von »U and Non-U« – *upper class* und *non upper class*: U ist das Wort *loo* für ›Klo‹, die *middle class* sagt ›*lavatory*‹ und die *working class* ›*toilet*‹.

Die ›Upper Crust‹

All unsere Vorurteile, unser gesammeltes Halbwissen über die Engländer, stimmen im Großen und Ganzen – und dann auch wieder nicht. Die *upper class* liebt gut eingetragene, durchgewalkte Tweedbekleidung und besitzt formvollendete Manieren, die mit größter Selbstsicherheit in stilvolle Exzesse der Taktlosigkeit und des Leichtsinns gedreht werden können. Möbel kauft man nicht, man hatte sie schon immer und vererbt sie weiter, und tatsächlich sitzen zahlreiche Vertreter der *landed gentry* zwischen verblichener Pracht in zugigen Herrenhäusern und führen ihre Hunderudel spazieren. Um das undichte Dach notdürftig reparieren zu lassen, verkaufen sie drei weitere Van Dycks. Nasale Verschleifungen bei der Aussprache führen dazu, dass jedermann aufmerksam lauschen muss, um alles zu verstehen, und der exzessive Gebrauch der Passivform ist gleichsam der klassenspezifische Zeigefinger. Auf der anderen Seite ist die *upper class* dadurch gekennzeichnet, dass sie sich völlig selbstgewiss, deutlich und raumfüllend auch über delikateste Themen äußert – die Prüderie und Ziererei war immer schon ein Zeichen der eher puritanischen *middle classes*.

Die Macher – *the middle classes*

Die *middle classes* sind die ›Nestbauer‹, sorgfältig, moralisch, zurückhaltend. Sie lieben Designerküchen, modische Kleidung, die richtigen Schulen für ihre Kinder, und sie sind es, die am wenigsten an ihrem Akzent zu erkennen sind, der oftmals der gesellschaftlichen Mobilität wegen weggeschliffen und aberzogen wurde. Sie sind es, die sich den Traum vom Landleben erfüllen möchten, die

Das Klassensystem

in den *home counties* um London herum die Ameisenschar der Pendler bilden. Sie reisen am weitesten, sind am aufgeschlossensten; sie bestimmen Handel, Wirtschaft und Politik, und ihrer eher optimistischen Zukunftsorientiertheit ist die Hinwendung zu Europa zu verdanken.

Die früher starke *working class* ist genauso unbefangen wie die gesellschaftliche Elite. Der Freitagabend im Pub, das Dartsspiel, Wettbüros, Fernsehen, Fish and Chips, enge Röcke, hochhackige Pumps und Freizeitparks sind ihre Vergnügungen, denen sie laut und selbstsicher nachgeht.

Das Wir-Gefühl

Allen Gesellschaftsschichten gemeinsam ist ein unverdrossenes Beharrungsvermögen auf ihren Werten, ein ausgeprägter Individualismus, der mit einer überwiegend tiefsitzenden Toleranz einhergeht, die eben deshalb als Grundrecht praktiziert werden kann, weil sie durch die geradezu manische Zurückhaltung und Höflichkeit dem anderen gegenüber geschützt wird. Ausgeprägt sind auch Humor, Selbstironie und eine Art ›mentale Sanftheit‹, sich mit dem zu begnügen, was ist – die Klassengesellschaft ist akzeptiert, und jeder wurstelt neidlos vor sich hin. Allen gemeinsam ist auch die Höflichkeit, die Liebe zu ihrem Land, zu großen Familien, frischer Luft, kalten Schlafzimmern, zum Eigenheim, zur Königsfamilie, zu den Sonntagszeitungen, zu Roastbeef und Yorkshire Pudding, zu Gärten und Pflanzen, zu hinreißend albernen Maskeraden und Gesellschaftsspielen sowie ein Sinn für Zeremonien und Rituale.

Und noch eins: Sind Sie im Inselreich angekommen, werden Sie unweigerlich innerhalb der ersten paar Stunden auf eine Frau stoßen, die selbst bei Hagelschauern mit bloßen Beinen in Riemchensandalen herumstakst, und auf einen Mann in sommerlichen Hemdsärmeln – das entspricht dem Hang der Engländer, die Unbilden des Wetters schlichtweg nicht zur Kenntnis zu nehmen. Schließlich wurden diese ja über Jahrhunderte hinweg auch beim Häuserbau ignoriert.

Sehr britisch: Picknicken beim Oldtimertreffen

Gesellschaft und Alltagskultur

Country House und Country Life

Jeder Engländer sieht sich im Grunde seines Herzens als *country gentleman,* und die innere Übereinstimmung und Verbundenheit mit dem Country Life, dem Leben auf dem Land, hat sich durch die Jahrhunderte hindurch widergespiegelt in Lebensstil, Einrichtungsformen, in Kunst, Literatur, Architektur und Sprachgebrauch.

Inbegriff individueller Lebensführung

Die Country Houses in Großbritannien repräsentieren Rang, Einfluss, elegante Lebensart, Kunstsinn, persönliche Freiheit und bis zu ausschweifender Exzentrik reichende individuelle Lebensführung. Die *upper class* hat im Grunde auch die typisch englische Countryside hervorgebracht: die kultivierte Natur, in der Weideland, Wiesen, Äcker mit der Gartenlandschaft verschmelzen, die mit ihren lockeren Baumgruppen, Flüsschen, den weiten, ›rollenden‹ Rasenflächen und den gewundenen Seen irgendwann mit Dorf, Farm und Landwirtschaft in der Ferne verschwindet.

Alles war und ist eine Durchdringung von Privateigentum und Gemeindeland, und jeweiliger Mittelpunkt dieser großen und kleinen *estates* ist das Country House, das Machtzentrum der Region. Aber es war nicht nur das wirtschaftliche Herz der Umgebung, sondern immer auch Heimat: Nicht umsonst werden die Anwesen des Hoch- oder kleinen Landadels als *homes* bezeichnet, als das Zuhause; das Stadthaus in London war immer nur zweitrangige Notwendigkeit. Nur während der Parlaments- und Gerichtssaison, zwischen Mai und August, die die gesellschaftliche Saison, den Reigen der Bälle und Festivitäten mit einschloss, verlegte man den gesamten Haushalt in die Hauptstadt – auch heute noch.

Stately Homes

Hinter dem Sammelbegriff Country House verbergen sich mit britischem Understatement Schlösser, Burgen, Herrensitze und Paläste, die ihrer historischen Entstehungsgeschichte gemäß so verschiedene Bezeichnungen wie *manor, abbey, mansion, villa, hall, castle* oder *palace* in ihrem Namen tragen. Deren anerkannt prachtvollste werden als Stately Homes bezeichnet. Es gibt, die genaue Zahl steht nicht fest, eben weil sie privat sind, ca. 4500 Landhäuser in England, Schottland und Wales; etwa 2000 von ihnen sind auf unterschiedlichste Weise der Öffentlichkeit zugänglich.

Der Sonntagsausflug zu einem der Country Houses gehört heute zu den größten Vergnügungen der Bevölkerung. Allein in den National-Trust-Besitzungen trotten in manchen Jahren mehr als 13 Mio. Besucher durch Saalfluchten, betrachten Kunstwerke, nehmen einen Herzog in Augenschein, veranstalten Picknicks im Landschaftsgarten und trinken Tee in Küchenkatakomben.

Der Traum vom Leben auf dem Lande

Noch heute ist es Ziel jeden Städters, auf dem Land zu leben, zahlreiche Kinder und Hunde zu haben, angeln, reiten und jagen zu gehen und übers Weekend Gäste bei sich aufzunehmen. Gut verdienende Londoner, Medienstars, Fußballer, ›Kulturschaffende‹ und andere Prominente haben sich aufs Land zurückgezogen, zudem erlauben moderne Kommunikationsstrukturen dezentrales Arbeiten.

Die Country Houses beeindrucken mit der Pracht und Fülle der Innenausstattungen – Mobiliar, Silber, Porzellan, Skulpturen und exquisite Gemäldesammlungen, die in passend rekonstruierten Räumlichkeiten glänzen. Die Kostbarkeit und kunsthistorische Bedeutung dieser Sammlungen können mühelos mit den größten Museen der Welt wetteifern.

All das macht die Faszination erst erklärlich, die das englische Landhaus ausstrahlt: die kollektive Identifikation mit dem ›nationalen Erbe‹, die Verknüpfung, auch Idealisierung, der handgreiflichen Geschichte einzelner Familien mit den eigenen Wünschen nach bescheidenem Glück zwischen Rasen und Blumenrabatte.

Country House und Country Life

Mit der edwardianischen Ära ging nach dem Ersten Weltkrieg auch das glanzvolle, üppig-legere Gesellschaftsleben der Landaristokratie – Wochenendpartys mit zehn bis 40 Hausgästen, großen Jagden und Bällen – zu Ende. Die drastischen Erhöhungen der Erbschaftssteuer nahmen für die Landhausbesitzer lebensbedrohliche Formen an: Zwischen 1918 und 1945 mussten 485 Häuser aufgegeben, z. T. abgerissen werden. Während des Zweiten Weltkriegs wurde nahezu jedes Country House für gemeinnützige Zwecke requiriert. Ein erklecklicher Teil des Kleinadels nahm nach außen hin die Züge der noblen Verarmung an. Die Söhne sahen sich tatsächlich gezwungen, eine berufliche Tätigkeit auszuüben oder sich irgendwie über die Runden zu bringen.

Die Heritage Industry

Die großen *estates* jedoch fanden neue Lösungen, die die kunsthistorischen Schatzhäuser erst ins Licht der Öffentlichkeit und die Manie der Landhausbesichtigungen ins Rollen brachten: Um den Erhalt der Familienanwesen zu sichern, trat eine gewaltige Reduzierung der Erbschaftssteuern erst dann in Kraft, wenn sich die Besitzer der Country Houses und Stately Homes verpflichteten, ihre Häuser der Öffentlichkeit zugänglich zu machen – für mindestens 30 Tage im Jahr –, daher auch die entnervend variationsreichen Öffnungszeiten der Häuser und Gärten.

Nancy Mitford bietet in ihrem Roman »Englische Liebschaften« einen köstlichen Einblick in den exzentrischen, chaotischen Haushalt eines verarmten Landadeligen.

Der Marquis von Bath war der erste, der im Jahr 1949 sein Erbe Longleat (s. S. 241 ff.), eines der ältesten und prachtvollsten ›Häuser‹ Großbritanniens, in großem Stil dem breiten Publikum öffnete. Ein damals unerhörter Skandal, der seine Adelskollegen schockierte. Dennoch folgte 1952 Lord Montagu mit seinem Sitz Beaulieu (s. S. 227 f.) und 1955 der Herzog von Bedford mit Woburn Abbey: die Anfänge der zu einem bedeutenden Wirtschaftsfaktor angewachsenen Heritage Industry.

Der Herzog als Manager seines Anwesens

Aus der Not machten die Betroffenen eine Tugend – sie inszenierten einfach sich selbst mit Ironie und stilvollem Unernst als Manager ihrer eigenen geschichtsträchtigen Häuslichkeiten – und waren damit außerordentlich erfolgreich.

Der Duke of Bedford hatte gar ein witzigironisches Buch mit dem Titel »How to run a Stately Home« (»Wie man ein Stately Home betreibt«) veröffentlicht. Als Retter aus der Not tritt in solchen Situationen auch immer wieder einmal der National Trust (s. S. 57) auf den Plan.

Wie sagte der Duke of Bedford: »People have cars, they want to drive them, they want to drive them somewhere. If you provide excellent loos, good teas und sufficient car parks, something to look at is an advantage, preferably something large – possibly even a vast edifice. A stately home is excellent for this purpose. And it helps to be a Duke … I do not doubt that I owe my good fortune to those who come to see my garden, my game reserve, my house, my pictures. On top of it all, they say they are grateful to me. ›But for you we could never have seen these pictures …‹ I always reply: ›I thank you. But for you I could not go on seeing these pictures myself.‹« (»Die Leute haben Autos. Sie möchten damit fahren. Sie möchten damit irgendwohin fahren. Wenn man hervorragende Klos, guten Tee und ausreichend Parkplätze bereitstellt, ist etwas zum Anschauen von Vorteil, vorzugsweise etwas Großes, möglicherweise sogar ein riesiges Gebäude. Das Stately Home erfüllt diesen Zweck auf das Beste. Und es ist durchaus hilfreich, Herzog zu sein … Zweifellos schulde ich meinen schönen Besitz denjenigen, die meinen Garten besichtigen, meine Jagd, mein Haus, meine Bilder. Zu allem Überfluss bedanken sie sich bei mir. ›Aber wenn Sie nicht wären, hätten wir niemals diese Bilder zu Gesicht bekommen …‹ Ich sage darauf immer: ›Ich danke Ihnen. Denn wenn Sie nicht wären, würde ich diese Bilder selbst nicht mehr zu Gesicht bekommen.‹«)

Gesellschaft und Alltagskultur
Feste und Veranstaltungen

Fairs, County Shows, Kulinarisches

Die regionalen Fairs und County Shows sind traditionelle Feste mit Messecharakter und Jahrmarktsrummel: Landwirtschaftsausstellungen mit unzähligen Attraktionen, Pferden, Schafen, Marktbuden, Musikkapellen, merkwürdigsten Wettbewerben, an denen sich alle beteiligen können, und Vorführungen für Hausfrauen und Farmer. Die gesamte ländliche Bevölkerung der Umgebung pilgert hin, und das Ganze ist äußerst vergnüglich.

Festivals oder Shows sind jahrmarktähnliche örtliche Straßenfeste, an denen die ganze Gemeinde mitmacht. Die Straßen und Häuser sind festlich geschmückt, und wenn man Glück hat, gibt's abends ein Tanzvergnügen. Festivals in größeren Orten und Städten beinhalten immer auch eine Reihe von besonderen kulturellen Veranstaltungen. Besonders schön sind die überall stattfindenden Flower Festivals – ebenfalls viel harmloser, hübscher Rummel mit Zurschaustellung und Verkauf von Blumen und Pflanzen. Oftmals ist damit ein lokaler Wettbewerb des schönsten (Vor)gartens verbunden.

Charity

In Großbritannien sind die sozialen Bindungen stark, und *charity,* Wohltätigkeit, wird groß geschrieben. In jedem Dorf, in jeder Stadt gibt es immer wieder unterschiedliche Wohltätigkeitsbasare – mit Trödelverkäufen, Kuchen, Tee und Gartenbesuchen *(bazar, jumble sale).* Die Pfarrei spielt dabei eine we-

Traditionell: *Morris dancers* beim Winchester Festival

Feste und Veranstaltungen

sentliche Rolle; an der Küste sind auch die Lebensrettungsgesellschaften mit dem lokalen *life boat* von großer Bedeutung.

Februar/März: Auch in England wird Karneval, *carnival,* gefeiert, jedoch weniger aufwendig. Kleine Umzüge finden in fast allen Gemeinden und Orten statt. Shrove Tuesday (Fastendienstag) ist der Höhepunkt.

Mai: Devon County Show, Exeter (dritte Woche); Furry Dance (historische Kostümumzüge mit Tanz), Helston, Cornwall (8. Mai)

Juli: Kent County Show, Maidstone (Monatsmitte)

August: Arundel Festival, Arundel, Volksfest mit Musik und Tanz (bis September)

September: English Wine Festival, Alfriston (erste Woche); Hop Festival, Faversham (erstes Wochenende), Hopfenfest

Oktober: Exmoor Food Festival (zweite Woche)

November: Guy Fawkes Day – jedes Jahr am 5. November werden überall Feuerwerke abgebrannt. Guy Fawkes war einer der Verschwörer, die König Jakob I. und sein Parlament in die Luft jagen wollten, aber rechtzeitig entdeckt wurden. Jahrmarktsatmosphäre mit großen Feuern, in denen Strohpuppen verbrannt werden.

Kunst-, Kultur-, Musikfestivals

Festlich und doch relaxed sind die Musik- und Kunstfestivals, Kinderpartys und auch die zahllosen Vergnügungen, die in den Country Houses und Gärten vom Frühjahr bis in den Herbst in Szene gesetzt werden.

Mai: Theaterfestspiele in Chichester (bis September); Brighton Festival mit Theater, Musik, Tanz, Performance und Büchern (zweitletzte Woche); Opernfestspiele, Glyndebourne (bis September); Bath International Festival of Music & the Arts; Minack Theatre Festival, Porthcurno (bis September), Open-Air-Theater; Salisbury Festival mit Musik, Tanz, Theater (Ende Mai/Anfang Juni)

Juni: Dickens Festival, Rochester, mit historischen Kostüm-Umzügen (Anfang Juni); Battle Festival, Battle, mit Comedy, Satire, Arts and Crafts Fair (Anfang Juni); Glastonbury Festival zweite Junihälfte, berühmtes Rockfestival; in Avebury und Stonehenge

Staatliche Feiertage

Neujahr (New Year's Day)
Karfreitag (Good Friday)
Ostersonntag, Ostermontag (Easter)
1. Mai (May Day oder Labour Day)
Pfingstsonntag, Pfingstmontag (Whit)
Erster und Zweiter Weihnachtsfeiertag (Christmas Day, Boxing Day)

Zusätzlich gibt es die Bank-Holiday-Tage, allgemeine Feiertage, die die Gewerkschaften erkämpft haben. An diesen langen Wochenenden ist die ganze Nation unterwegs:

Spring Bank Holiday, der letzte Montag im Mai
Summer Bank Holiday, der letzte Montag im August

Veranstaltungen spiritueller Art, Höhepunkt ist *summer solstice (*Sommersonnenwende 21. Juni); Dickens Festival (mit historischen Kostümen), Broadstairs (zweite Junihälfte)

Juli: Exeter Festival mit Musik und Theater (drei Wochen lang im Juli); Minehead & Exmoor Festival, Minehead (zweite und dritte Woche); Isle of Wight Festival, mit Rock, Folk und Popmusik (Ende Juli); Hat Festival, Winchester (Ende Juli)

August. Sidmouth Folk Week mit Folkmusik (erste Hälfte)

Oktober: Canterbury Festival (zwei Wochen lang, zweite Monatshälfte)

Militär- und Sportereignisse

Juni: Hastings Direct International Championships, Internationales Damentennis in Eastbourne (dritte Woche); Round the Island Yacht Race, Cowes, Isle of Wight, berühmte Segelregatta (Ende des Monats)

Juli: Glorious Goodwood, Pferderennen (letzte Woche)

August: Cowes Week (Segelregatten und High Class Social Life), Isle of Wight (erste oder zweite Woche); Bournemouth Regatta (erste Woche); Navy Days, in Portsmouth und Plymouth, Militärparaden und Vorführungen der britischen Marine (am letzten Wochenende, dem Bank Holiday Weekend)

Architektur und Kunst

Die großartigen Kathedralen von Canterbury, Wells, Salisbury oder Exeter, die Burgen, Schlösser und Country Houses zeugen vom architektonischen Reichtum Englands. Anregend und interessant ist die Architektur selbst im kleinsten Dorf: Sie besitzt einen eigenständigen Charakter, der sich von ›kontinentalen‹ Strömungen unterscheidet.

Frühzeit

Stonehenge und Avebury

Im Neolithikum, der Jungsteinzeit, wurden die gigantischen Kultanlagen errichtet, die noch heute nichts von ihrer geheimnisvollen Magie verloren haben: Stonehenge und Avebury in Wiltshire – beide Stätten gehören zum UNESCO-Welterbe. Avebury gilt als größter Steinkreis Europas, ausgeführt zwischen 2500 und 2000 v. Chr. von den *beaker people*, den Menschen der Becher-Kultur, deren Name sich von den Keramikfunden ableitet. Der Steinkreis von Stonehenge ist die berühmteste Kultanlage in Großbritannien; die Bauphasen zogen sich über ein ganzes Jahrtausend hin (ca. 2800 v. Chr.–ca. 1500 v. Chr.); Sinn und Funktion dieser Zeremonienstätte beschäftigt die Wissenschaft noch heute.

Kultur der Römerzeit

Ab 43 n. Chr. begann die systematische Eroberung Britanniens durch die Römer. Sie schufen Handelsstraßen, ein Verkehrsnetz und geometrische Straßen- und Platzanlagen in Städten wie Chichester (Noviomagus), Winchester (Venta), Canterbury (Durovernum) und Bath (Aquae Sulis). Exeter (Isca Dumnoniorum), heute Hauptstadt von Devon, bildete die westliche Grenzmarkierung des römischen Einflussbereiches – das wilde, unwirtliche Cornwall blieb den Kelten vorbehalten. Herausragende Zeugnisse römischer Kultur sind die Thermen in Bath, die Römervillen Fishbourne Palace und Bignor Villa bei Chichester oder das Roman Painted House in Dover. Gegen die Überfälle der Sachsen und Angeln im 5. Jh. errichteten die Römer Festungsbauten an der Küste, wie Reculver und Richborough in Kent, Pevensey in Sussex und Portchester in Hampshire – sie existieren heute noch als machtvolle Ruinen.

Angelsächsisches und normannisches Erbe

Die Zeugnisse aus angelsächsischer Zeit sind rar. Die Bauten – Kirchen, Wehrtürme, Abteien – waren größtenteils aus Holz errichtet, und die repräsentativen Gebäude, die Kathedralen und Königspaläste aus jener Zeit, wurden um- und ausgebaut, völlig verändert, und nur hin und wieder finden sich vereinzelte Ruinenteile und Restmauern, die ihren angelsächsischen Ursprung verraten.

Hauptmerkmale sind die schweren, kräftigen Mauern, niedrige Fenster mit Bogenabschluss und das sogenannte *long and short work:* versetztes Steinwerk an Mauerabschlüssen und Kanten, um die Ecken zu verstärken. Die Kirche St Mary-in-Castro in der Burganlage von Dover ist sächsischen Ursprungs. Der Kirchturm von Sompting, Sussex, besitzt einen berühmten pyramidalen Helm aus sächsischer Zeit.

Mit den Normannen setzte im 11. Jh. die erste große Blütezeit in der englischen Archi-

Angelsächsisches und normannisches Erbe

tektur ein. Begonnen hat die Bautätigkeit mit Eduard dem Bekenner: In London hatte er eine große Abtei für die Benediktinermönche bauen lassen – die erste, im normannischen Stil errichtete Westminster Abbey; er selbst verlegte seine Residenz dorthin, und seither bilden Abtei und Königspalast von Westminster eine Einheit. Als Eduard 1066 starb, wurde er als erster englischer König in der Westminster Abbey beigesetzt.

Unter Wilhelm dem Eroberer begann eine rege Bautätigkeit – Herrschafts- und Machtwillen des Monarchen drücken sich u. a. im gewaltigen Dover Castle aus. Darüber hinaus ließ er noch zahllose Wehranlagen und Burgen bauen, z. B. in Launceston und Restormel in Cornwall, deren Instandhaltung und Verteidigung seinen Kronvasallen oblag. Die Mauern von Corfe Castle in Dorset hielten noch im Bürgerkrieg des 17. Jh. stand und wurden erst danach von Cromwells Truppen geschleift. Rochester Castle in Kent ist eine der besterhaltenen normannischen Wehrbauten in Großbritannien.

Norman Style

Die Normannendynastie regierte ein knappes Jahrhundert; während dieser zwei, drei Generationen setzte sich der französisch inspirierte, romanische Baustil durch, der Norman Style. Die großen Abteikirchen und Kathedralneubauten wurden entweder im normannischen Stil begonnen und vollendet oder später, in der Phase der Gotik, weiterentwickelt und dabei Schicht um Schicht den neuen bautechnischen Möglichkeiten angepasst. Die Kathedralen von Winchester, Rochester und Canterbury nahmen Gestalt an, ebenso die Abteikirchen und Klöster von Glastonbury in Somerset, Sherborne und Cerne Abbas in Dorset sowie von Buckland und Buckfast in Devon.

Geballte Normannenmacht in Stein: Dover Castle

Im Kathedralbau sind die Neuerungen beeindruckend: Das sächsische schachtelförmige Langschiff wird um Seitenschiffe ergänzt; die Arkaden türmen sich zwei- oder dreigeschossig übereinander. Die Säulen und Würfelkapitelle zieren schlichte Band-, Zickzack- und *dog-tooth*-(›Hundezahn‹)-Muster, die Bögen, mehrfach aneinander gereiht, sind rund, massig und reich ornamentiert. Zwei der schönsten normannischen Torbögen finden sich im Tympanon der Kirche von Barfreston in Kent und im Südportal der Malmesbury Abbey in Wiltshire.

Die Übergangszeit, Transitional Style, ist durch leichte Spitzbögen gekennzeichnet – Hinführung zur Gotik. Die zumeist tonnenförmigen Holzdecken wurden abgelöst durch Kreuzgratgewölbe, mit denen eine völlig neue Ästhetik und Bautechnik möglich wurde. Romsey Abbey und Christchurch Priory, die Kathedrale von Chichester, die Krypta der Kathedrale von Canterbury und das Kapitelhaus in der Kathedrale von Bristol bieten herausragende Beispiele.

Die hölzernen sächsischen Dorfkirchen wurden ersetzt durch Miniausgaben der normannischen Kathedralbauweise – kleine, massige Gebäude mit plumpen Arkaden und anrührenden, naiv wirkenden Schmuckformen. Besonders schön sind die Dorfkirche von St Margaret's-at-Cliffe und einige der Romney-Marsh-Kirchen.

Normannische Burgen

Bei den Normannenburgen und -wehranlagen dominiert der *keep,* ein massiger, rechteckiger Zentralturm mit dicken Wänden, winzigen Fensterschlitzen in den Obergeschossen und ohne sichtbare Eingänge. Der *keep* war Zufluchtsort des Lords, seiner Familie, seiner Abhängigen, und erst im Innenhof wird man der noblen Eleganz einer frühen Wohnarchitektur gewahr: übereinander getürmte massige Galerien mit Rundbogenfenstern und Rundportalen. Zwischen dem Zentralturm und den wuchtigen, drohend hochge-

Canterbury Cathedral

Die gotischen Bauformen

mauerten Außenwällen, den *curtain walls,* befanden sich Freiflächen, *baileys,* in denen die Wirtschafts- und Vorratstrakte gruppiert waren.

Diese Form der Wehranlage ist im 13./14. Jh. modifiziert worden: Die Gräben werden zu Wassergräben, der rechteckige Grundriss des *keep* wird für die Gesamtanlage beibehalten; die *curtain walls* werden von zinnenbekrönten Rundtürmen flankiert, die den Geschosskugeln weniger Angriffsfläche bieten. Die Zugbrücke mit Fallgatter *(portcullis)* führt in den ersten Innenhof. Eines der schönsten und vollendetsten Beispiele ist das aus dem 13. Jh. stammende Bodiam Castle in Sussex. Die letzten, nach dem damals neuesten Stand der Militärtechnik errichteten Wehrburgen ließ Heinrich VIII. entlang der Küste bauen: Deal und Walmer Castle sind rosettenförmige Kunstwerke, die nie zum Einsatz kamen.

Die gotischen Bauformen

Die Verfeinerung, schließlich Ablösung des Norman Style durch gotische Bauprinzipien, die Kunst der himmelwärts gerichteten Umrisse, Linien und Formen, wird in England in drei aufeinanderfolgende Stilrichtungen eingeteilt. Die drei Ausformungen der englischen Gotik in ihrer Gesamtheit lassen sich zeitlich den dynastischen Geschichtsepochen der Anjou-Plantagenets sowie den Häusern Lancaster und York zuordnen: mit Heinrich VII. (1485–1509), dem ersten Tudor-Monarchen, hat die englische Spätgotik ihre Vollendung erreicht, und die Kunst der italienischen Renaissance macht sich zum ersten Mal kraftvoll bemerkbar.

Early English Style

Während der Herrschaftszeit der Plantagenets entfaltete sich der gotische Baustil in England. Die erste Phase, Early English (ca. 1190–1300), lässt noch normannische Züge erkennen, aber die Säulen und Arkaden werden höher, schmaler, die Kapitelle mit Blattwerk verziert – die Steinmetzarbeiten haben

Architektur und Kunst

durch den Gebrauch des neuartigen Meißels an Kunstfertigkeit und Präzision eine ausdrucksvolle Individualität erhalten. Fenster, lang und schmal, werden durch zierliches Maßwerk in Reihen miteinander verbunden und laufen in Spitzbogen aus; Fensterglas, ab etwa 1200 eingesetzt, wird zu einem künstlerischen Bestandteil und ermöglicht Licht und Helle: Das Lanzettfenster ist geboren. Gewölbe schwingen sich höher auf, Kreuzrippen werden kunstvoll miteinander verbunden. Die Türme der Kirchen und Kathedralen sind durch Helme bekrönt und lösen den flachen normannischen Turm ab. Der Marienverehrung Ausdruck verleihend, schließt nun die Lady Chapel, die Marienkapelle, den Chor ab. Schönste Beispiele sind die kühle, lichte Großzügigkeit der Kathedrale von Salisbury, der Chor der Kathedrale von Canterbury und das Mittelschiff sowie die Westfassade der Kathedrale von Wells.

Decorated Style

Dem Decorated Style (ca. 1300–1400) liegt die Beherrschung der technischen, statischen und handwerklichen Aspekte der Sakralbaukunst zugrunde: die Lust am Ornament, an einer konvex-konkaven Linienführung, der so genannten Ogee-line, die es nur in England gibt, an Fialen, an Blatt- und Blütenwerk, an riesigen Buntglas- und Rosettenfenstern. Die Deckengewölbe spannen sich in netz- und fächerförmiger Gliederung mit zierlich ausgearbeiteten Schlusssteinen in unendlich scheinender Reihung über Arkaden und Bündelpfeiler. Die Kathedrale von Exeter ist ein herausragendes Beispiel, ebenso das Kapitelhaus von Wells Cathedral, besonders dort auch die einzigartigen scherenförmigen Vierungsbögen.

Perpendicular Style

Der Perpendicular Style, die unnachahmliche, typisch englische Ausprägung der Spätgotik, bezeichnet den Höhepunkt und die Endphase der Gotik bis zum Ende des 15. Jh. Die Überbetonung des Dekorativen weicht einer strengeren Linienführung, die die Vertikale betont; die Ornamentik ist stilisierter, zurückgenommener, die Umrisse sind klarer und schlichter. Die absolute Krönung der englischen Spätgotik stellt die Deckengewölbe. In ihnen konzentriert sich das meisterhafte Können: Trompeten- und tropfenförmige, spinnwebzarte Filigranarbeiten scheinen in unendlicher Reihung wie im Tanz erstarrt. Die Kathedralen von Winchester und Bath strahlen in festlichem steinernem Glanz. Mit den Kathedralen in kunstvollem Schmuck konkurrieren die überdimensioniert großen *wool churches* in Somerset, Dorf- und Stadtkirchen, Zeugnis des aus dem Wollhandel erzielten Reichtums dieser Region.

Burgen ohne Wehrcharakter

Schon im 15. Jh. begann im Burgenbau eine Romantisierung, man nutzte Versatzstücke, die keinerlei militärische Funktionen mehr hatten: Herstmonceux Castle in East Sussex spielt mit den Elementen der Burg – roter Backstein ist kaum geeignet, Kanonenkugeln abzuwehren. Fachwerk, Ziegelstein, eine Abfolge mehrerer offener Innenhöfe, *courtyards*, wie sie auch in den neu gegründeten Colleges in Oxford und Cambridge zu finden sind, löst die kompakte Form des früheren Wohnhauses ab.

In Knole reihen sich sieben *courtyards* hintereinander, die das gesamte Farm-, Dorf- und Wirtschaftsleben in sich vereinigten. Die Great Hall wurde zum allgemeinen Versammlungsort, in der Gallery speiste der Hausherr zum Klang der Laute; sein Gefolge saß in langen Reihen vor dem gewaltigen steinernen Kamin. Besonders die *hammerbeam roofs,* die meisterhaft gestalteten Stichbalkendecken, zeugen von Geschmack, Reichtum und unkriegerischen Lebensformen – die Hallen von Penshurst in Kent oder Cotehele in Cornwall sind die schönsten Beispiele.

Renaissancearchitektur in Tudor-England

Unter Heinrich VIII. wechselten im Zuge der Auflösung der Klöster ganze Landstriche den Besitzer. Diese Vermögensumverteilung war

Renaissancearchitektur

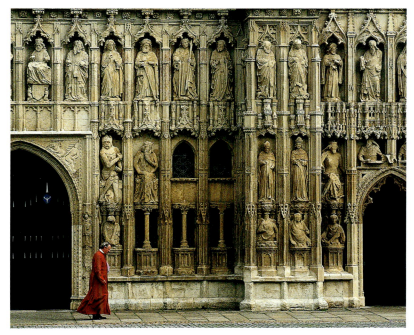

Stilprinzip englischer Gotik ist die Reihung: Exeter Cathedral

die größte innerhalb der englischen Geschichte; der neue Kronbesitz wurde verpachtet, verkauft, einbehalten, verschenkt, und die damals geschaffenen Besitzverhältnisse haben im Großen und Ganzen bis in die Gegenwart hinein ihre Gültigkeit behalten. Das Bild, das uns Südengland heute bietet: die überaus zahlreichen, prachtvollen Landhäuser, die einmal Klöster waren, wie z. B. Beaulieu in Hampshire, die in grünen Wiesen hochaufragenden, imposanten Ruinen einstiger Kirchen und Kathedralen. Bedeutendstes Beispiel in Südengland ist Glastonbury – dieses Bild hat uns Heinrich VIII. hinterlassen.

Ein Goldenes Zeitalter

Kluge Machtpolitik, politischer Einfluss und kulturelle Blüte gingen im elisabethanischen Zeitalter Hand in Hand. Die höfische Kultur war voll ausgebildet, glanzvoll und kultiviert; Sir Philip Sidney und Edmund Spenser waren die Meister zeitgenössischer Dichtkunst, Christopher Marlowe und Ben Jonson schrieben aufregende Dramen, die in den Theatern Tausende von lärmenden Zuschauern aus allen Schichten anlockten, und Shakespeares Stern leuchtete als hellster über allen.

Berühmtester höfischer Maler der Tudorzeit war Hans Holbein d. J. (1497–1543), der am Hof Heinrichs VIII. tätig war und die Porträtkunst ein Jahrhundert lang beeinflusste. In realistischer Manier arbeitete auch der Miniaturenmaler Nicholas Hilliard (1547–1619), der in meisterlicher, poetischer Überhöhung winzige, detailreiche Darstellungen höfischer Charaktere schuf.

Paläste statt Abteien

Nach der Auflösung der Klöster und der Umverteilung von Landbesitz zielte die gesamte fieberhafte Bautätigkeit auf das Wohnhaus ab, auf Paläste und repräsentative Stadt-

Architektur und Kunst

bauten. Heinrich VIII. residierte außer in seinen Londoner Palästen auch im üppig ausgestatteten Leeds Castle. Seine Höflinge, Minister und verdiente Adelige begannen mit den Um- und Ausbauten ihrer neuen, ehemals klösterlichen Besitztümer.

Reichtum, Macht und Geschmack wurden überall im Inselreich vorgezeigt. Unter Elisabeth I. und ihrem Nachfolger Jakob I. entstanden die großartigen *prodigy houses,* diese neuartigen Wunderwerke (heute als Stately Homes in Scharen besucht), deren Umfang und Herrschaftlichkeit die Königsschlösser bei weitem in den Schatten stellten. Englische Bautradition wurde mit italienischen Zitaten versetzt; die Lust am Experimentieren, die Freude an Pomp und Bombast paarten sich mit technisch genialer Baukunst. Das erste dieser Häuser war Longleat, auch Lacock Abbey und Montacute House entstanden in jener Zeit mit charakteristischen Merkmalen: ein lang gestreckter Baukörper, riesige Fensterpartien, Terrakottazierrat, der erste sorglose Gebrauch der klassischen Säulenordnungen, übertragen auf einen großzügigen E- oder H-Grundriss, der das Obergeschoss in den Blickpunkt rückte und die Long Gallery ins Leben rief.

Die State Apartments waren für den Besuch des Monarchen vorgesehen, die Gärten der italienischen Kunst der Renaissance entlehnt. Sie verbanden sich mit den englischen Kloster- und Küchengärten, wie in Petworth, Goodwood oder Forde Abbey.

Parham House, Sherborne Castle oder Killerton House sind fast schon ›bescheidene‹ Beispiele: Häuser für den Kleinadel und die zahllosen, reich gewordenen Abenteurer und Kaufleute, die nun all ihren Stolz in Bauwerken ausdrücken.

Den gewaltigen elisabethanischen Palästen – »mehr Glas als Wand« – folgten die gemäßigten Bauten der jakobäischen Epoche. Die politische Isolation vom Kontinent hatte zur Folge, dass die Renaissance-Architektur nur vermittelt bekannt wurde; Fantasie und Einfallsreichtum schufen den typisch englischen Stil, der eben nicht durch puristische Exaktheit der Nachahmung gekennzeichnet ist, sondern durch ingeniöse Adaption und Anverwandlung: Eines der schönsten Beispiele ist Montacute House in Somerset.

Tudor-Fachwerk
Auch die Marktstädte und größeren Dörfer in Tudor-England putzten sich heraus. Die *black and white*-Fachwerkhäuser mit vorkragenden Obergeschossen wurden errichtet. Alles geht: reich ornamentierter Ziegelstein, Korkenzieher-Schornsteine, die den Grad des Komforts anzeigen – je mehr Kamine, desto mehr Schornsteine –, durch große Fenster gegliederte Prachtbauten aus honigfarbenem Stein mit Säulen, Balustraden, Simsen und Terrakotta-Schnickschnack.

Eleganz und Klassizismus

Höfischer Prunk
Das 17. Jh., in dem das Haus Stuart an der Macht war, ist als Zeitalter des aufkommenden Klassizismus und der Eleganz in die Kultur- und Architekturgeschichte eingegangen.

Der ›merry monarch‹ Karl II., seine zahllosen Mätressen, der strahlend luxuriöse und aufwendige Lebensstil der höfischen Gesellschaft, glanzvolle Feste und Hunderte von noblen, schimmernden Van-Dyck-Porträts der Mitglieder der Aristokratie künden von einer bewegten Epoche.

Inigo Jones und der Palladianismus
Hatten die Bauherren im späten Tudor-England mit Versatzstücken italienischer Renaissance-Architektur getändelt, machte nun ein Mann Ernst mit der Hinwendung zu klassisch-antiken Vorbildern, die über die Werke des italienischen Baumeisters Andrea Palladio auf Umwegen England erreichen. **Inigo Jones** (1573–1652), einer der wenigen Baumeister seiner Zeit, der lange Zeit in Italien verbrachte und die italienische Baukunst in situ studieren konnte, schuf zwischen 1616 und 1640 eine Reihe von Bauten, die klassischen Harmonieprinzipien folgten und die dem Zeitgeist mit ihrer strengen, durchkom-

Eleganz und Klassizismus

ponierten Symmetrie weit voraus waren, u. a. Wilton House mit dem herrlichen Doppelkubus-Raum, den durchdachten und funktional angewandten Säulenordnungen, paarigen Treppenläufen und palladianischer Eleganz.

Sir Christopher Wren: Klassizismus und ›Barock‹

England war verblüfft über die merkwürdigen Novitäten, »this curious device by Inigo Jones«. Die Liebe zum Wirrwarr aneinandergeschmiegter Steildächer, zu Schornsteinregimentern und Buntglasscheiben erhielt einen Dämpfer, aber mehr vorerst nicht. Der Palladianismus wurde für etwa 100 Jahre wieder eingeschläfert, bis er dann seinen Siegeszug antreten konnte und alles andere überrannte.

Der wohl größte und genialste Baumeister, den England hervorgebracht hat, **Christopher Wren** (1632–1723), der in London die St Paul's Cathedral baute, wusste sich die klassizistischen Prinzipien abwandelnd anzuzeigen – seine Beherrschung sämtlicher Baustile, gepaart mit ungeheurer Innovationskraft, zeigt sich an den 51 (!) Kirchen, die er nach dem großen Brand von London (1665) entwarf. Sein virtuoser Umgang mit den Elementen der Klassik hatte viel zum Siegeszug des *classicism* in England beigetragen. Der Barock hat sich in England nicht durchgesetzt; die ostentative Wucht, die ›katholische‹ Schwere und Großartigkeit entsprachen nicht dem britischen Geschmack mit seinem Hang zum Understatement.

Queen Anne Style

Die neue Sprache der Architektur ließ sich nicht mehr zurückdrängen und nahm, eingebettet in die geometrische Pracht französischer Gartenanlagen, allerlei Formen an: Die holländisch-flämischen Einflüsse drückten sich im so genannten Queen Anne Style aus (Antony House, Cornwall, Uppark, West Sussex), der nie versiegte Hang zur Gotik wird immer wieder vorherrschend, und da die klassizistische Reinheit meistens auch mit dem schlichtweg Vorhandenen zusammengebracht wird, trägt jeder Bau völlig individuelle Züge und bezaubert gerade durch seine eigenwillige, fehlbare Schönheit.

The Georgian Age: elegante Stadtarchitektur

Das georgianische Jahrhundert war das Zeitalter der kultivierten Eleganz: Der Palladianismus feierte nun als Neoklassizismus Triumphe. Zur Erziehung eines jeden Gentleman gehörte die Italienreise; die *dilettante* – Kunstsammler, Connaisseurs, Amateur-Archäologen, Mäzene, Bauherren und Gartenschöpfer – lassen sich von italienischer Kunst und Kultur inspirieren. Die geschmacks- und tonangebende Gesellschaftsschicht ließ überall nach italienischem Vorbild bauen, wobei die Antike mit griechischen, römischen, später auch etruskischen Elementen immer detailliertere Konturen gewann. Der Earl of Burlington, William Kent, William Chambers und Colen Campbell setzten die Maßstäbe. The Vyne und Broadlands in Hampshire, Prior Park bei Bath sind nur einige der herausragenden Beispiele.

Die Stadtarchitektur entwickelte die *Georgian terrace,* den *square,* den *circus:* Eine feingliedrige, zurückhaltende Reihung variabler Einzelbestandteile, die durch Symmetrie und harmonische Fassadengestaltung den Höhepunkt des klassisch inspirierten Geschmacks bildet. In Bath sind es die **John Wood**s (Vater und Sohn), in London **Robert Adam** und später **John Nash,** die die strahlend weißen, geschwungenen Häuserreihen schaffen, festlich und unübertroffen elegant.

Blüte der Malerei

Im 18. Jh. entfaltete sich die englische Malerei zu voller Blüte. Einer der berühmtesten Landschaftsmaler Englands ist **John Constable** (1776–1837). Bekannt ist er für seine auf Naturbeobachtung beruhenden realistischen Gemälde. Darunter sind auch zahlreiche Ansichten von Salisbury und seiner Kathedrale. Constables Spezialität sind in ein mildes Licht getauchte pastorale Landschaften, die heute in allen großen Museen der Welt hängen.

Architektur und Kunst

»Alles Gärtnern ist Landschaftsmalerei«

Die herrlichen Gartengestaltungen gehören zu den größten Kulturleistungen im Inselreich; sie waren Vorbilder weltweit, und sie sind es heute noch in ihrer verschwenderischen Üppigkeit – überall, in jedem Country House, jedem Dorf, jeder Stadt, ist die Gartenleidenschaft der Briten sichtbar.

Anfang des 18. Jh. war der französische, barocke Gartenstil en vogue: ein Regelgarten, wie er in Versailles in höchster Form zum Ausdruck kam, Spiegelbild der hierarchischen Gesellschaftsstrukturen des Absolutismus.

In Großbritannien, mit seiner frühen Ausformung eines selbstbewussten Bürgertums, erfolgte ein radikale Umkehr: Aufgeklärte und liberale Denker setzten die Idee der Demokratie und die ästhetischen Leitbilder der Antike in einer neuen Gartenform um. Der Philosoph und Dichter Alexander Pope war der erste, der in Twickenham bei London den schon in der Antike beschworenen Genius Loci, das Wesen, den Geist eines Ortes, durch die helfende Hand der Gestaltung ›freisetzte‹. Der Earl of Burlington schloss sich ihm an. Zusammen mit dem Architekten William Kent schuf der Earl of Burlington exquisite Villen in pastoralen Landschaftsszenen, und in Stowe kreierte der Architekt Bridgeman einen antikisierenden Paradiesgarten, der bis heute nichts von seiner überwältigenden Anmut verloren hat.

Die herkömmliche Trennung zwischen repräsentativen, geometrisch angelegten Terrassen, dem Nutzgartenbereich und dem weiter entferntem Park, in dem das Wild für die Jagd gehalten wurde, wird aufgegeben. Garten und Park gehen ineinander über, und selbst die landwirtschaftlich genutzten Weiden und Felder können durch einen ingeniösen Trick in die neue Komposition einbezogen werden: Der *ha-ha,* ein schmaler Graben

Stourhead in Wiltshire gilt als Musterbeispiel des englischen Landschaftgartens

Der englische Landschaftsgarten

Thema

oder eine stufenförmige, scharfkantige Absenkung im Gelände, erlaubt die optische Verquickung von Rasen und Weiden, ohne dass der weit ausschweifende Blick durch unschöne Zäune irritiert wird. Schaf- und Rinderherden beleben das ungezwungene Naturensemble, ohne direkt vor den Fenstern des Hauses herumtrotten zu können.

Diese Gärten setzten neue Maßstäbe, die von den gebildeten Landbesitzern und kultivierten Amateuren, den *dilettante*, wie beispielsweise den Hoares in Stourhead, mit leidenschaftlicher Hingabe aufgegriffen wurden.

Die Grand Tour spielte dabei eine große Rolle – in Italien studierte man die antiken Bauwerke, las die klassischen Autoren, besonders Vergil, ließ sich von der schönen Melancholie der Ruinen einhüllen, bewunderte die Kunst und Architektur der italienischen Renaissance, schwelgte in den Veduten der römischen Campagna.

Die stimmungsvollen Gemälde von Künstlern wie Nicolas Poussin oder den Brüdern Claude und Gaspard Lorrain entsprachen dem Ideal der arkadischen Landschaft. Sie waren die Vorlage für die malerisch *(picturesque)* gestalteten Landschaftsgärten. Die künstlerische Aufgabe, eine arkadische Landschaft zu kreieren, die die Natur befreite und ihr ›zu sich selbst‹ verhalf, schloss ganz bestimmte Elemente ein: Täler, Wiesen, Hänge, gewundene, ›natürliche‹ Pfade, die geschwungenen Umrisse eines Sees, locker gesetzte Baumgruppen und abwechslungsreiche, überraschende Ausblicke: die Vistas. Diese durch ihre Komposition herausgehobenen, ständig wechselnden Ansichten und Aussichten luden zur Kontemplation ein – Tempel, Grotten, Obeliske, Mausoleen und Eremitagen – und schufen in natura verwirklichte, begehbare Landschaftsbilder, die den betrachtenden Spaziergänger in heroischer oder empfindsamer Pose zum Teilnehmer machten.

In dieser ersten Phase der Geschichte des *landscape garden* wird u. a. in Stowe, in Petworth (s. S. 183 f.) und in Stourhead (s. S. 245 ff.) die Landschaft zwar ›freigesetzt‹, aber gleichzeitig in antikisierende Bilder verwandelt, deren Ränder in die landwirtschaftlich genutzte Umgebung übergehen, in die natürliche, gewachsene Umgebung – das Haus ist dabei nicht Mittelpunkt. Erst Capability Brown reduziert in der zweiten Phase den Landschaftsgarten auf die grundsätzlichen Elemente Bäume, Wiesen, See und führt die Rasenflächen bis an die Türen des Hauses heran, schafft lockere, weite Parkareale als Ausdruck einer wie natürlich erscheinenden, kultivierten Natur.

Die Geschichte der englischen Landschaftsgärten ist eine komplexe Verknüpfung ganz unterschiedlicher Faktoren: politische, philosophische, ästhetische Theorien und ein gewandelter Naturbegriff spielten eine Rolle. (Bücher zum Thema s. Lesetipps, S. 69 ff.).

Architektur und Kunst

Thomas Gainsborough (1727–1788), in Suffolk geboren, war der begehrteste Porträtist des Adels, aber auch ein bedeutender Maler des Landlebens, der in seinen Gemälden die Verknüpfung von Geschmack, Kultur, Reichtum und natürlicher Umgebung meisterlich darstellte und einen vollkommenen Ausdruck des Lebensgefühls der ›besitzenden Stände‹ schuf. Seine Karriere hatte er in Bath begonnen; er schuf Hunderte von Porträts, die noch heute zu den geheiligten Familienbesitztümern des Hoch- und Landadels gehören und in zahllosen Landhäusern hängen. Ein wichtiger Porträtmaler war auch **Sir Joshua Reynolds** (1723–92), der Gründungspräsident der Royal Academy of Arts in London.

George Stubbs (1724–1806) ist als herausragender Pferde- und Tiermaler bekannt, und **William Hogarth** (1697–1764), der geniale Kupferstecher, hat als kritisch-satirischer Beobachter Bilderfolgen hinterlassen, mit denen er erbarmungslos die Sünden und Verfehlungen, die Eitelkeit und das Elend seiner Epoche geißelte.

Seiner Zeit weit voraus, ein genialer Maler des Lichts, war **William Turner** (1775–1851). Mit seinen spannungsreichen Farb- und Lichtfantasien nahm er die Kunst des Impressionismus vorweg. Turner wie auch Reynolds und Constable lebten längere Zeit in Petworth House in Sussex; der dritte Earl of Egremont war einer der wichtigsten Kunstkenner und Mäzene seiner Zeit – heute lässt sich in Petworth eine der größten Turner-Privatsammlungen der Welt bewundern.

Country House und Landschaftsgarten

Portikus, kassettierte Stuckdecken, überkuppelte Hallen, wunderbare Treppenläufe und zarte Schmuckelemente, Urnen, Statuen und die Möbel von Cheraton und Hepplewaithe verschmelzen zur raffinierten Noblesse des palladianischen Country House, dessen höchste Vollendung die Werke von **Robert Adam** bilden, wie Saltram House bei Plymouth, Bowood House (Wiltshire) und Hatchlands (Surrey). Sie liegen eingebettet in neugestalteten, arkadisch-traumhaften Landschaftsgärten (s. S. 50 f.), die sich von der Ästhetik des Pittoresken (z. B. Stourhead, Wiltshire) hinwenden zu den grandiosen, offenen, künstlerisch gestalteten ›Naturlandschaften‹ von **Capability Brown** u. a. in Petworth House, Longleat House, Broadlands, Sherborne Park.

Gleichzeitig blüht und gedeiht, gleichsam als geschmackliche Gegenströmung, nicht

Eleganz und Klassizismus

nur die gotisierende Rückbesinnung auf das Mittelalter, wie sie in der Gigantomanie von Fonthill Abbey zum Ausdruck kommt, deren Auftraggeber William Beckford in fiebriger Übersteigerung schwelgte, sondern auch die Chinoiserie und das *cottage ornée*. Eremitagen, romantischer Ruinenkult und orientalische Fantasien, wie der üppig schwelgende, kostbar-prachtvolle Brighton Pavilion von **John Nash,** finden ihre Liebhaber und Nachahmer. Und die kühle Strenge der georgianischen Stadtarchitektur wird in der Epoche des **Regency,** in der Ära des Prinzregenten (1810–1820), des späteren Königs Georg IV., durch filigranes Schmiedeeisen, bauchige Tonnenerker und verspielte Ornamentik aufgelockert. Schöne Beispiele dafür finden sich u. a. in The Pantiles in Royal Tunbridge Wells oder an der Marine Parade im Seebad Brighton.

Diese Ansicht der Kathedrale von Salisbury malte John Constable um 1822

Architektur und Kunst
Victorian Age und 20. Jahrhundert

Zeitgeist und Lebensgefühl des Viktorianismus schlagen sich ab Mitte des 19. Jh. in einem radikalen Wandel der Ästhetik nieder: Man schließt sich ein, man schließt sich ab: *My home is my castle*. Die lichte Helligkeit klassizistischer Interieurs weicht dunklen, samtschweren Höhlen, überwuchert von Ornamentik, vollgestopft mit gedrechseltem Mobiliar und Nippes, schwerfällig und aufgebläht.

Blüte des Historismus
Während die Sakralbauten in neogotischer Rückbesinnung der viktorianischen Vorstellung vom Mittelalter angepasst werden, etwa die Kathedrale von Truro in Cornwall, schießen Zweckbauten überall aus dem Boden: Bahnhöfe, Hotels, Banken, die ersten gigantischen Kaufhäuser und Bürogebäude. Sie alle verbergen ihre neuartigen Funktionen, die den Bedürfnissen einer industrialisierten Massengesellschaft entsprechen, hinter dem schönen Schein der Andersartigkeit.

Die viktorianischen Architekten schufen viele Masken. Die Lust am Ornament, an überbordender Dekoration nimmt sich aus der Baugeschichte, was immer ihr gefällt: italienische Neorenaissance-Palazzi neben holländisch inspirierten Backsteinvillen. Neogotische Visionen, wie die neuen Houses of Parliament von Charles Barry, finden ihr ländliches Pendant in pompösen Country Houses wie Highclere Castle in Hampshire oder in mittelalterlichen Schwärmereien wie Arundel Castle.

Der Artus-Mythos war bevorzugtes Sujet des Präraffaeliten Edward Burne-Jones

Victorian Age und 20. Jahrhundert

Die Fülle unterschiedlichster Stilrichtungen ist die vehemente Gegenreaktion auf die strenge georgianische Bauweise: Die *Georgian terraces* gelten nun als unerträglich einförmig und bis zur Bewusstlosigkeit langweilig. Und trotzdem reihen sich Miniaturausgaben der großen *estates*, mit *circus, square, crescent* und *terrace* in den neuen Wohnsiedlungen des Kleinbürgertums hunderttausendfach im Land aneinander.

Anstöße aus der Industriearchitektur

Neue Anstöße in der Architektur kommen vom Gartenbau: Die riesigen gusseisernen Glaskonstruktionen, die als Gewächshäuser in die Welt gesetzt wurden und heute noch durch ihre Schönheit begeistern, bringen Glas, Licht und Luft in die Repräsentationsarchitektur – und der Wintergarten, *conservatory*, beginnt seinen Siegeszug in der häuslichen Sphäre. Die aufregendste, innovativste Architektur spiegelt sich in Industriebauten und technischem Design wider: **Isambard Kingdom Brunel** revolutioniert den Schiffs- und Brückenbau. Seine schnellen, gusseisernen Schiffe und die herrlichen, weit ausholenden Brückenkonstruktionen in Bristol und Plymouth sind heute noch atemberaubend schön.

Präraffaeliten und Arts & Crafts

An den Präraffaeliten scheiden sich auch in Großbritannien die Geister – ihre Werke werden oft als plakativ und oberflächlich angesehen. Die Gruppe von Malern, Dichtern und Kunsthandwerkern, die sich Mitte des 19. Jh. unter dem Namen ›Pre-Raphaelite Brotherhood‹ zusammengetan hatte, wollte die erstarrte Kunst der Akademiemalerei revolutionieren und eine Kunstauffassung wiederbeleben, die auf die Zeit vor Raffael mit ihrer Reinheit und Naturhaftigkeit bezogen wurde.

Dante Gabriel Rossetti (1828–1882), William Holman Hunt (1827–1910) und John Everett Millais (1829–1896) malten in klaren, satten Farben, sie malten in der Natur und sie wählten Sujets aus der Bibel, aus mittelalterlichen Epen und der romantischen Dichtung.

Die herausragende Figur war **William Morris** (1834–1896), der die Kunst der Bruderschaft zur Arts & Crafts-Bewegung hinführte (s. S. 180 f.). Als Protest gegen die industrielle Produktion schuf er häusliche Gesamtkunstwerke. Seine Möbel, Teppiche, Stoffe und Dekore sind heute zum ›Landhausstil‹ mutiert – er hat die Ästhetik des Wohnens in Großbritannien über ein Jahrhundert lang beeinflusst.

Auch die Architekten Charles Voysey, Philip Webb und der berühmte **Edwin Lutyens** (1869–1944) kreieren im Wohnhausbereich einen neuen Stil, der Elemente der heimischen Tudor-Architektur mit der handwerklichen Meisterschaft der Arts & Crafts-Bewegung verbindet und großzügige, komfortable und anheimelnde Villen in bunten bäuerlichen Gärten schafft. Auch die Lust an der vollendeten Maskerade kennzeichnet das erste Drittel des 20. Jh.: Castle Drogo in Dartmoor inszeniert eine bautechnisch perfekte Wehrburg mit männlichem, strengem Gestus, und Hever Castle, von den Astors für Millionen restauriert, erstrahlt seitdem in liebreizenden, opulentesten Mittelalter-Fantasien.

Bloomsbury Group und St Ives

Im frühen 20. Jh. wirkten die ›**Bloomsburys**‹ – die Gruppe um Vanessa Bell, die Schwester von Virginia Woolf (s. S. 174 f.). Man malte, schrieb und diskutierte, organisierte eine der wichtigsten großen Ausstellungen zur abstrakten Kunst. In St Ives in Cornwall lebten viele Maler und Künstler – auch die Bildhauerin **Barbara Hepworth** (1903–1975), eine der wichtigsten Vertreterinnen der abstrakten Moderne. Heute bietet die Tate Gallery St Ives einen umfassenden Überblick. Einer der weltweit bedeutendsten Bildhauer ist **Henry Moore** (1898–1986), einige seiner auf organische Formen reduzierten Skulpturen sind in Südengland zu sehen. Einen repräsentativen Überblick zur Skulptur der Gegenwart mit Arbeiten von Anthony Caro, Rachel Whiteread oder Antony Gormley bieten kommerzielle Skulpturengalerien in herrlicher Landschaft wie z. B. Sculpture at Goodwood.

An der Wende zum 21. Jh. hielt in der Architektur die Hightech-Moderne in Südeng-

Architektur und Kunst

land Einzug: Herausragend sind das Opernhaus in Glyndebourne von Michael Hopkins, die Tate Gallery in St Ives und die transparenten Folienwaben der Gewächshauskugeln des Eden Project in St Austell, Cornwall: Mit ihnen schuf Nicholas Grimshaw eine außergewöhnliche Architektur.

Literatur und Film

Südengland ist eng mit der Literatur verwoben, mit Romanen und Romanpersonen, mit Autoren und Schriftstellern, die das Bild der Landschaft und seiner Menschen mitgeformt haben. Hier eine kleine Auswahl:

Schauplätze der Weltliteratur von Canterbury bis Cornwall

Mit **Geoffrey Chaucer** (1340–1400) und seinen »Canterbury Tales«, deftigen und lebensprallen Erzählungen einer bunt zusammengewürfelten Pilgerschar auf dem Weg von London nach Canterbury, beginnt die erzählende Literatur in englischer Sprache. Der große realistische Roman hat sich in England ab Mitte des 18. Jh. entwickelt; die fein gesponnenen, psychologisch raffinierten Gesellschaftsromane von **Jane Austen** (1775–1817), wie »Stolz und Vorurteil«, »Sinn und Sinnlichkeit« oder »Mansfield Park« sind Weltklassiker und werden immer wieder mit großem Erfolg verfilmt. Neben Charles Dickens, Wiliam Makepeace Thackeray und George Eliot ist **Thomas Hardy** (1840–1920) aus Dorchester einer der großen Romanautoren des 19. Jh. (s. S. 322). Das ländliche ›Wessex‹ seiner Romane betört auch heute noch (»Am grünen Rand der Welt«, »Der Bürgermeister von Casterbridge«). Die Verfilmung von »Tess« mit Nastassja Kinski aus den 1980er-Jahren ist unvergessen.

Einer der berühmtesten Romane von **Virginia Woolf** (1882–1941), »Zum Leuchtturm«, verarbeitet Erinnerungen an den Ferienort ihrer Kindheit – St Ives. Mit »Orlando« schrieb sie einen zärtlich fantasievollen Roman, dessen schillernde Hauptperson eine Hommage an **Vita Sackville-West** (1892–1962) ist. Die wiederum schuf mit »Schloss Chevron« eine Liebeserklärung an ihren prachtvollen Familiensitz Knole in Kent. In Sissinghurst kreierte sie gemeinsam mit ihrem Mann einen der schönsten Gärten des 20. Jh., nachzulesen in »Porträt eines Gartens«.

Der berühmte, zauberschöne Roman Alice im Wunderland (1865) von **Lewis Carroll**, wurde als Kinofilm (2009) ein Welterfolg. Gedreht wurde er in Antony House bei Plymouth (s. Abb. S. 57).

Kriminalfälle und Romanzen

Arthur Conan Doyle (1859–1930), mit Sherlock Holmes und Dr. Watson unsterblich geworden, hat in seinem Krimi »Der Hund von Baskerville« das düstere Dartmoor verewigt. Jeder kennt **Agatha Christie** (1890–1976). Die Mutter der Crime Stories lebte in Torquay; bei ihrem Roman »Das Böse unter der Sonne« war Burgh Island Vorbild.

Alle Romane von **Daphne du Maurier** (1907–1989; s. S. 419) mit ihrer hintergründigen Spannung, beklemmenden Stimmung spielen in Cornwall: »Jamaica Inn«, »Meine Cousine Rachel« und »Rebecca«, 1938 erschienen, von Hitchock verfilmt und weltberühmt. Der Schauplatz »Manderley«, eigentlich das Wohnhaus der Autorin bei Fowey, ist in die Literaturgeschichte eingegangen.

Anspruchsvolle, meisterliche Unterhaltungsliteratur schrieb **John Fowles** (1926–2005), der in Lyme Regis lebte, wo auch sein berühmter Roman »Die Geliebte des französischen Leutnants« spielt, der mit Meryl Streep verfilmt wurde.

Ein zeitgenössisches Literatur- und Medienphänomen sind die Romane und Fernsehverfilmungen von **Rosamunde Pilcher,** (geb. 1924). Zahllose Orte sowie Country Houses in Privatbesitz oder in der Hand des National Trust wurden und werden zu Locations und bilden den Rahmen für ihre milden, detailreichen Liebes- und Familienfilme. Die Engländer waren überrascht über den Ansturm deutscher Reisegruppen, die auf den Pilcher-Spuren unterwegs sind. In ihrem schönsten Roman, »Die Muschelsucher«, bildet St Ives den Hintergrund.

Der National Trust — Thema

Der National Trust (NT) ist eine gesetzlich verankerte, auf Spenden und Mitgliedsbeiträgen gegründete Denkmalschutzgesellschaft. Neben Krone und Kirche ist er mit rund 250 000 ha der größte Landbesitzer Großbritanniens. Er übernimmt die »Pflege und Erhaltung« kulturhistorisch bedeutender Landhäuser, Landschaftsgärten und Naturgebiete.

2005 feierte man den 110. Geburtstag des National Trust, dessen Macht und Beliebtheit weltweit geneidet wird. Ihm gehören über 500 Country Houses, ganze Dörfer, Landstriche und Küstengebiete – der Trust pflegt sowohl das Elternhaus von Paul McCartney in Liverpool als auch das UNESCO-Welterbe Jurassic Coast in Dorset. Die Mitgliederzahl (3 Mio.) ist doppelt so hoch wie die aller britischen Parteien. Zahlreichen unbewohnten Herrensitzen und Schlössern hat der Trust neues Leben eingehaucht. In Kingston Lacy (s. S. 303 f.) wird dem Besucher die mühselige und sorgfältige Arbeit des Trust und seiner Spezialisten auf spannende Weise vor Augen geführt.

Mit den Besitzern der Anwesen, die sie dem National Trust überantworten müssen oder wollen, werden individuelle Verträge ausgehandelt, die in jedem Fall aber vererbbares Bleiberecht einräumen – wie beim Besitzer von St Michael's Mount (s. S. 407 f.). Auf diese Weise werden Tradition und Kontinuität gewahrt – und die private, intime Atmosphäre eines Familienbesitzes: Dies macht den großen Charme und unverwechselbaren Reiz der englischen Landhäuser aus.

Wichtig für Besucher: Wer mehrere Sehenswürdigkeiten anschauen möchte, ist mit dem ›Great British Heritage Pass‹ (s. S. 91) gut bedient, der nicht nur für alle NT-Besitzungen, sondern auch für die Objekte der zweiten großen Denkmalschutzgesellschaft, English Heritage, gilt. Schon bei fünf Besuchen lohnt sich der Pass.

Antony House, Cornwall, wird vom National Trust verwaltet

Essen und Trinken

Die englische Küche ist besser als ihr Ruf: Zahlreiche hervorragende Köche zwischen Kent und Cornwall verarbeiten fangfrische Meeresfrüchte, üppige Milchprodukte, zartes Lamm und Rind, knackige Gemüse mit Liebe und Sorgfalt, ob im Pub oder im Sterne-Restaurant. Traditionelle Gerichte und die moderne, kreative Fusion-Küche bieten deftige oder feine Genüsse – ein Fest für den Gaumen.

Typische Gerichte

Das englische Frühstück

Im Hotel und selbstverständlich auch beim ›B&B‹ wird Ihnen ein English Breakfast angeboten – ein englisches Frühstück, das durchaus bis in den Nachmittag hinein sättigt. Es ist ein richtiges kleines Menü, beginnend mit der Wahl zwischen Fruchtsaft oder *cereals,* d. h. verschiedenen Sorten Müsli oder Cornflakes mit Milch. Das vorher bestellte ›gekochte Frühstück‹ besteht dann aus Spiegeleiern mit Schinken und dicken kleinen Würstchen oder gegrillten Tomaten oder Rühreiern oder pochierten Eiern. Und danach folgt ein Gang mit Toast und Marmelade. Dazu sollten Sie Tee trinken: Der morgendliche Kaffee ist nur in den besten Hotels erträglich.

Wenn Sie nicht nach Ihren Frühstückswünschen gefragt werden, heißt das, dass Sie Spiegeleier bekommen. Continental Breakfast besteht nur aus gekochtem Ei, Toast und Kaffee/Tee. Das ist inzwischen auch das übliche Frühstück der Engländer zu Hause; nur noch sonntags oder im Hotel wird der heimischen Tradition des *cooked breakfast* gefrönt.

Im Tea Room

Die zahllosen Tea Rooms haben an viel besuchten Orten meistens auch über Mittag geöffnet, ansonsten öffnen sie ihre Pforten, wenn der Pub sich zur Nachmittagsruhe begibt. Und auch hier regiert oftmals noch ein altertümlicher Charme: Kuchen und Gebäck auf mehrgeschossigen Drehscheiben, viel Rüschen, blumig Gemustertes und das Flair eines privaten Wohnzimmers. Unsere Kalorienbomben, die Torten mit Schlagsahne oder Creme, heißen in England *gateaux*. Ganz köstlich und immer frisch sind die so genannten Cream Teas: ein Gedeck mit Tee oder Kaffee und noch warmen, süßen *scones*, Rosinenbrötchen ähnlich, dazu *clotted cream,* eine dicke, fast butterige Sahne und (meist hausgemachte) Marmelade *(jam)*.

Sunday roast

Probieren sollten Sie auch unbedingt einen traditionellen Sunday Lunch, der in vielen Lokalen sonntags mittags angeboten wird; am Sonntagabend bleiben viele Pubs und Restaurants geschlossen. Er besteht aus einem Braten, *roast,* meistens Roastbeef, also vom Rind, und Yorkshire Pudding: dicke Bratenscheiben mit zwei oder drei Gemüsen, gerösteten Kartoffeln und den luftigen, windbeutelartigen Teigbällchen, die Yorkshire Pudding genannt werden. Die Engländer essen auch gern Lamm. Lammkoteletts *(lamb chops)* werden traditionell mit Minzsauce und, wenn gut zubereitet, mit knackigem, frischem Gemüse der Saison gereicht.

Desserts und Käse

Die Desserts sind köstlich und sehr kalorienhaltig: Torten, Varianten der französischen *tartes* mit Früchten, *apple crumble* (Apfelkompott mit heißen Butterstreuseln), zahlreiche Obst-*pies* aus Mürbeteig und nach alter Art im Wasserbad gekochte *puddings*.

Wenn Sie Glück haben, werden Ihnen – bestellen Sie *cheese and bisquits* – ein alter Stilton-Käse oder regionale Käsespezialitäten serviert, dazu ein guter Rotwein.

Verhalten im Restaurant

Lunch im Restaurant

Der Lunch, die Mittagsmahlzeit, besteht meistens aus nur zwei Gängen. In sehr guten Restaurants bietet er dem Küchenchef eine Möglichkeit, seine Kunst zu günstigeren Preisen anzubieten. Ein Lunch kann auch, wenn Sie wollen, aus einem Salat mit Kaffee oder einem *pot of tea*, einer Kanne Tee, bestehen; beim Dinner wäre das out. Traditionell jedoch zieht sich ein Lunch, auch ein Business-Lunch, mit Wein oder Bier gern in die Länge.

Ausgehen zum Dinner

Zum Dinner, dem Abendessen, geht man entweder in ein Pub, Gastro-Pub oder Restaurant. Ausgesprochene Restaurants sind meist sehr teuer. Das Dinner im Restaurant, auch im hoteleigenen, ist eine genüssliche Angelegenheit, ein mehrgängiges Vergnügen, das vom Personal mit lässigem, freundlichem Schwung zelebriert wird. Fast immer, und das gilt auch für den Gastro-Pub, gibt es eine Bar oder einen kleinen Lounge-Bereich, in den Sie als Erstes gelotst werden. Dort wählen Sie bei einem Aperitif anhand der Speisekarte Ihr Gericht aus und bestellen. Erst nachdem der Tisch für Sie bereit ist, werden Sie mit Ihren Drink hinübergebeten.

Wenn man abends ausgeht oder im Hotel das Dinner einnimmt, sind meist drei Gänge vorgesehen; auch der Wein kommt nicht zu kurz. Der abschließende Coffee oder Espresso, Brandy oder Port wird Ihnen, wenn es sehr voll ist oder wenn Sie im Hotel sind, dann wieder an der Bar oder in den Lümmelsesseln der Lounge serviert. Dort ist meist Rauchen erlaubt, im Dining Room nicht.

Dresscode und Trinkgeld im Restaurant

Einen festen Dresscode beim Dinner gibt es nicht, aber jeder zieht sich nett an – junge Engländerinnen auch gerne *very sexy*. In guten bis sehr guten Country House Hotels sollte der Mann nicht im Freizeit-Look auftreten; *tie,* also Schlips – Jackett auf jeden Fall – sind erwünscht, aber kein Zwang. Trinkgeld, *service charge,* ist in der Rechnung enthalten; aber wie bei uns gibt man ein Trinkgeld in bar *(tip)*, bis zu 10 %.

Gastro-Pubs, Fish & Chips, asiatische Küche

Gastro-Pubs sind ein recht neues Phänomen. Sie bieten hervorragende, oft fantasievolle Küche in entspannter, traditioneller Pub-Atmosphäre; meistens gibt es einen eigenen Restaurant-Bereich, der dann abends zum Dinner proppenvoll ist und wie im Restaurant vorgebucht werden sollte.

Asiatisch

Auch die asiatischen Restaurants, die sich in jedem Ort niedergelassen haben, sind eine Kostprobe wert. Deren authentische Küche ist oft nach Regionen unterschieden, die Gerichte sind vielfältig, die Zutaten oft nicht vorgefertigt, die Gemüse frisch und knackig. Unter diesen Restaurants setzt sich eine moderne, helle, durchgestylte Variante durch.

Fisch

Zahlreiche sehr gute Fischrestaurants bieten eine breite Auswahl an Fisch- und Meeresfrüchten. Die Varianten der Fish & Chips-Buden, die sich bis zur Imbissstube emporarbeiten, sollten Sie ebenfalls ausprobieren.

Der Pub

Der Pub ist eine wunderbare Institution, das erweiterte Wohnzimmer aller Engländer. Jung und Alt aus sämtlichen sozialen Schichten treffen hier aufeinander, und jeder hat seinen

Essen und Trinken

Lieblings-Pub. Das ›*Pub-crawling*‹, das Von-Kneipe-zu-Kneipe-ziehen, ist sehr beliebt in größerer Runde.

Das Pub-Ritual

Wenn Sie mit Engländern zusammen in den Pub gehen oder dort mit Leuten ins Gespräch kommen, spielt sich folgendes Ritual ab: Einer oder derjenige, der sich als Gastgeber fühlt, bezahlt die erste Runde für alle. Cheers! Und dann sind Sie natürlich auch einmal für alle dran: ›*It's my turn now.*‹ Und so geht's weiter, bis dann der Wirt die letzte Bestellung mit einem ›*last orders, please*‹ ankündigt. Danach stolpert dann die ganze Gesellschaft zusammen aus dem Pub. Alleingänge beim Bestellen sind ›schlechte Schule‹ und verraten den Fremdling.

Getränke

Bier des vom Kontinent bekannten Typs heißt *lager;* das englische Bier hat weniger Schaum und wird randvoll eingeschenkt. Gezapftes Bier nennt sich *draught.* Pubs, die an keine Brauerei gebunden sind, tragen die Bezeichnung *free house,* und dort wird man mit einer Riesenauswahl an Biersorten, *ales, bitters* und *light & bitters* überrascht.

Der offene Wein in Pubs ist ordentlich bis gut, manchmal ist die Auswahl überraschend vielfältig: einem *glass of dry white* oder *red* können Sie durchaus trauen. Oder probieren Sie die zahlreichen *Cider*-Sorten aus: alkoholhaltiger Apfelmost, der sehr erfrischend ist – es gibt ihn in den Varianten mild-süß *(medium, sweet)* und herb *(dry).*

Pub Lunch

Um zur mittäglichen Pause eine Kleinigkeit, *savouries,* oder einen *light lunch* zu essen, eignet sich der Pub ganz vorzüglich. Er bietet meistens, wie auch der Inn, eine Auswahl an kalten und warmen Gerichten. Entweder gibt es eine Essenstheke oder eine Tageskarte.

Viele Restaurants stellen bei schönem Wetter Tische nach draußen

Im Pub müssen Sie an der Theke bestellen und dort das Essen oft sofort bezahlen. Dann wanken Sie mit übervollen Gläsern und heißen Tellern zum Tisch und balancieren alles gekonnt auf den Knien aus. Oder Sie erhalten für das Essen eine Nummer, die ausgerufen wird. In etwas förmlicheren Pubs und Gastro-Pubs wird das Essen an den Tisch gebracht.

Typische Pub-Gerichte

Ploughman's lunch und *Fisherman's lunch* sind sehr beliebte Gerichte im Pub: ein ordentliches Stück Käse oder Räucherfisch mit *Pickles* (in Malzessig süß-sauer eingelegte Gemüse) und frischem Baguette. Überall werden auch *salads* angeboten, als *ham salad* (gekochter Schinken) oder *beef salads* (Rindfleischsalat) eine durchaus sättigende kalte Mahlzeit. Der Salat ist in der Regel nicht angemacht, und nur auf besonderen Wunsch gibt es ein Dressing dazu.

Curries sind ebenfalls beliebt zum Lunch. Ja, und dann die *pies:* Unter der knusprigen heißen Teighaube sind verschiedene Ragouts versteckt, die Sie alle einmal probieren sollten: *Steak & Kidney Pie,* eine Art Rindfleisch- und Nieren-Gulasch in einer Teighülle. *Shepherd's Pie* ist Hackfleischauflauf mit überbackenem Kartoffelpüree. Nicht zu verwechseln mit der kalten *Pork Pie,* die man nicht unbedingt zu kennen braucht.

Dann gibt es noch verschiedene Gemüseaufläufe mit Käse überbacken und die unentbehrlichen *Sausages* (oder *Bangers*) *and Mash* – Würstchen mit Kartoffelbrei. Viele Pubs bieten wirklich einfallsreiche und sehr gute Küche zum Lunch – hier aufgeführt ist nur, was in jedem Pub umgangssprachlich als *pub grub* auf alle Fälle und fast immer zu bekommen ist.

Trinkgeld und Öffnungszeiten im Pub

Im Pub geht man immer davon aus, dass der *publican,* der Wirt selbst, hinter der Theke steht; und selbst wenn das nicht der Fall ist, gibt man an der Theke niemals Trinkgeld. Obwohl die Deregulierung der strengen Öffnungszeiten gesetzlich in Kraft getreten ist, halten es doch die meisten Wirte mit den alten Traditionen: Geöffnet ist 11–14 oder 14.30 Uhr, dann wieder 17–23 Uhr; in belebten touristischen Orten ist auch über Nachmittag geöffnet.

Abends ändert der Pub seinen Charakter: Meistens ist dann – falls vorhanden – der separate Restaurantteil geöffnet, oder es sind einige Tische zum Essen hergerichtet, die nicht direkt im Schankraumgewühl stehen.

Vielleicht finden Sie Pubs, die noch an der traditionellen Unterteilung ihrer Galerie festhalten: Früher war der *saloon* der ›gemeine‹ Schankraum, die *lounge* oder *lounge bar* war für gehobenere Ansprüche da und immer ein wenig teurer – hier wurden auch die Damen hergeführt!

Preisniveau

In Pubs und Inns isst man ordentlich bis gut oder sehr gut und bewegt sich noch in der unteren bis mittleren Preiskategorie. Im Hotel oder in Ihrem Privatquartier wird man Ihnen gute Pubs empfehlen. Die kleineren Restaurants und Bistros bieten meistens gute häusliche, auch französisch inspirierte Küche an; sie erkennt man oft an den handgeschriebenen Speisekarten.

Die sehr gute Küche hat allerdings auch ihren Preis – das gilt ebenfalls auf dem Land. Exzellente Küche geht häufig mit einem besonders schönen und gepflegten Country-House-Hotel einher. Diese Häuser sind eine Institution mit unvergleichlichem Flair und Komfort; einige zählen zu den schönsten Hotels der Welt, wie Gidleigh Park in Chagford, Devon (s. S. 360) oder Chewton Glen in New Milton, Hampshire (s. S. 222). Aber auch junge, lässige Restaurants bieten inzwischen hervorragende Küche, sei es italienisch, asiatisch-orientalische Fusion, oder neobritisch-französische Küche.

Sehr empfehlenswert sind jährlich erscheinende Hotel- und Restaurantführer wie der »Michelin«, der AA-Führer »Best Restaurants in Britain« und der »Good Food Guide«.

Kulinarisches Lexikon

Im Restaurant

Ich würde gerne reservieren.	I would like to book a table.
Die Speisekarte, bitte.	The menu, please.
Ich möchte bezahlen.	The bill, please.
Wo sind bitte die Toiletten?	Where are the toilets, please?
Appetithappen	savouries
Mittagessen	lunch
Abendessen	dinner
Beilagen	side dishes
Vorspeisen	starters
Hauptgericht	main course
Suppe	soup
Dessert, Nachtisch	dessert
Weinkarte	wine list

Frühstück

bacon	Schinken
boiled egg	gekochtes Ei
cereals	Getreideflocken
cooked breakfast	Englisches Frühstück
fried eggs	Spiegeleier
jam	Marmelade (alle außer Orangenmarmelade)
marmalade	(ausschließlich) Orangenmarmelade
scrambled eggs	Rühreier

Zubereitung, Spezialitäten

deep-fried	frittiert
hot	heiß (oder: scharf!)
medium	medium gebraten
mustard	Senf
pepper	Pfeffer
pickled	sauer eingelegt
rare	roh (Fleisch)
roast	im Ofen gebraten
salt	Salz
smoked	geräuchert
spices	Gewürze
vinegar	Essig
well done	gut durchgebraten (Fleisch)

Fisch und Meeresfrüchte

brill	Butt
cockles	Herzmuscheln
cod	Kabeljau
crab	Krebs
hake	Seehecht
halibut	Heilbutt
lobster	Hummer
mussels	Miesmuscheln
oyste	Auster
plaice	Scholle
prawns	Garnelen
red mullet	Seebarbe
salmon	Lachs
scallops	Jakobsmuscheln
seabass	Seebarsch
shrimps	Krabben
(Dover) sole	Seezunge
smoked salmon	Räucherlachs

Fleisch

beef	Rindfleisch
chicken	Huhn
breast of chicken	Hühnerbrust
duck	Ente
fillet	Filet
game	Wild
goose	Gans
gravy	Sauce
lamb	Lamm
kidney	Niere
liver	Leber
minced meat	Gehacktes
mutton	Hammel
pork	Schweinefleisch
pork chop	Kotelett
pheasant	Fasan
poultry	Geflügel
rabbit	Kaninchen
roast	Braten
roast beef	Rinderbraten
sausage	Wurst, Würstchen
turkey	Pute
veal	Kalbfleisch
venison	Reh

Gemüse und Kräuter

asparagus	Spargel
basil	Basilikum
beetroot	Rote Beete
Brussels sprouts	Rosenkohl
cabbage	Kohl
carrots	Mohrrüben
cauliflower	Blumenkohl
celery	Sellerie
courgette	Zucchini
cucumber	Gurke
French beans	Bohnen
garlic	Knoblauch
herbs	Kräuter
horseradish	Meerrettich
leek	Lauch, Porree
lettuce	Kopfsalat
mash	Pürre
mint	Minze
mushrooms	Pilze (Champignons)
onion	Zwiebel
parsley	Petersilie
parsnip	Pastinake
peas	Erbsen
pepper	Paprika
potato	Kartoffel
red cabbage	Rotkohl
spinach	Spinat

Obst

apple	Apfel
blackberry	Brombeere
blackcurrant	schwarze Johannisbeere
cherries	Kirschen
gooseberry	Stachelbeere
grapes	Weintrauben
lemon	Zitrone
peach	Pfirsich
pear	Birne
plum	Pflaume
raspberry	Himbeere
redcurrant	rote Johannisbeere
rhubarb	Rhabarber
strawberry	Erdbeere

Süßes, Gebäck, Nachspeisen

biscuits	Kekse
bread	Brot
bun	süßes Brötchen
cake	Kuchen
cheesecake	Käsekuchen
chocolate	Schokolade
cream	Sahne
crumble	Streuselkuchen
custard	Pudding
fudge	Karamellbonbon
gateaux	Torte
ginger cake	Ingwerkuchen
icecream	Speiseeis
meringue	Baiser
muffins	Rührteigküchlein
pancake	Pfannkuchen
pie	Teigtasche
roll	Brötchen
scone	Rosinenbrötchen
tart	Mürbeteigkuchen
wafer	Waffel
whipped cream	Schlagsahne
shortbread	Mürbeteiggebäck

Getränke

alcoholics	alkoholische Getränke
(real) ale	Bier mit Fassgärung
beer	Bier (allgemein)
champagne	Sekt, Champagner
cider	Cidre, Apfelwein
coffee	Kaffee
draught	Fassbier
fizzy	prickelnd
fruit juice	Fruchtsaft
ice (cube)	Eiswürfel
juice	Saft
lager	Bier kontinentaler Art
milk	Milch
mineral water (sparkling)	Mineralwasser (mit Kohlensäure)
soft drinks	alkoholfreie Getränke
spirits	Spirituosen
stout	dunkles Starkbier
wine	Wein

Abendliche Begegnung am Strand von Weymouth

Wissenswertes für die Reise

Informationsquellen

Südengland im Internet

Jede größere Gemeinde, Stadt und Ferienregion stellt sich im Internet vor, die überregionalen Portale teilweise auch in deutscher Sprache. Fast alle bieten eine Mischung aus allgemeinen Informationen und unterschiedlichen Suchmöglichkeiten für Sehenswürdigkeiten, Ausflüge, Übernachtung, Essen und Trinken. Meistens sind auch weiterführende Links genannt. Die wichtigsten und informativsten Internetadressen sind unten aufgeführt.

Reisen in Großbritannien

www.visitbritain.de
Die offizielle Webseite des Fremdenverkehrsamts VisitBritain; mit zahlreichen Adressen, Tipps und Kurzbeschreibungen. Auch Unterkünfte mit Onlinebuchung (auf Deutsch).

www.visitbritaindirect.com
Die ergänzende Homepage von VisitBritain; mit Bücherkauf, Broschürenanforderung, Informationen zu Verkehr, Anreise, Ticketbestellung, Sightseeingpässen (auf Deutsch).

www.enjoyengland.com
Von Urlaubsideen und Reiseplanung bis zu detaillierten Informationen über die Regionen, mit Sehenswürdigkeiten, Wanderrouten und Unterkünften (auch auf Deutsch).

www.information-britain.co.uk
Sehr gutes Portal für Gesamtengland; Regionen, Sehenswürdigkeiten, Unterkünfte, Aktivitäten (auf Englisch).

Regionen

www.visitsoutheastengland.com
Das Portal des Dachverbands der Tourismusregion Südost (Kent, Sussex, Surrey, Hampshire, Berkshire, Oxfordshire, Isle of Wight und Buckinghamshire) bietet einen Überblick über die Regionen, Sehenswürdigkeiten, Neuigkeiten, Events. Auch Routenplanung, Übernachtungen, ausgewählte Gastronomie. Mit weiterführenden Links.

www.visitsouthwestengland.com
Dieses Reiseportal informiert Sie über Bristol, Bath, Somerset, Wiltshire, Dorset, Devon und Cornwall. Alles auch in deutscher Sprache: Sehenswürdigkeiten und Naturschönheiten, Übernachten, Essen, Trinken, sowie Angebote für Kinder. Mit weiterführenden Links.

www.visitsussex.org
Die Website behandelt ganz Sussex.

www.visitkent.co.uk
Die gesamte Grafschaft Kent – alles Wissenswerte, Routenvorschläge, gute Datenbank, auch auf Deutsch.

www.visit-hampshire.co.uk
Deckt ganz Hampshire ab, etwas knapp, Unterkunftsvermittlung, Link zu den Touristeninformationsstellen, Hinweise zu Sportmöglichkeiten und -veranstaltungen sowie Restauranttipps.

www.visit-dorset.com
Dorset einschließlich Jurassic Coast und New Forest, auch auf Deutsch.

www.ruraldorset.com
Beschränkt sich auf das Binnenland ohne Küste, übersichtlich.

www.visitwiltshire.co.uk
Alle Infos über Wiltshire; gute Datenbank, deutsch nur als Google-Übersetzung: lustig!

www.visitsomerset.co.uk
Somerset komplett, mit guter Datenbank.

www.westdorset.com
Alle Infos, etwas umständlich, deutschsprachige PDF-Broschüre vorhanden.

www.visitsouthwest.co.uk
Devon, Dorset, Somerset, Wiltshire, Cornwall, Bath, Bristol, übersichtlich, viele Links.

www.cornwall-devon.com
Die Seite informiert über die beiden West-Country-Grafschaften, auch in deutscher Fassung (aktuelle Inhalte teils nur auf Englisch).

www.visitdevon.co.uk
Ganz Devon, gute Seite, reichhaltige Infos, Übernachten, Aktivitäten, Restaurants etc.

www.visitcornwall.com
Das Portal informiert über Geschichte, Veranstaltungen, Sehenswürdigkeiten, Reiserouten, Übernachtungsmöglichkeiten, Essen und Trinken, Gärten und Country Houses. Mit zahlreichen weiterführenden Links.

Aktivitäten
www.swcp.org.uk
Die Homepage für den Fernwanderweg South West Coast Path. Mit Beschreibungen; Routenabschnitten, Unterkünften, weiterführenden Links.
www.ramblers.org.uk
Die Homepage der britischen Wandervereinigung Ramblers' Association. Mit verschiedenen Suchfunktionen, Routenvorschlägen, weiterführenden Links.

Unterkunftssuche
www.farmstayuk.co.uk
Sehr schön! Nach Regionen geordnet, mit unterschiedlichen Suchfunktionen und detaillierten Homepages der ländlichen Unterkünfte; mit Anfahrtsrouten und Onlinebuchung.
www.bbgl.co.uk
Sehr hilfreiche, interessante Seite über Gärten und Unterkünfte in deren Nähe (B&B for garden lovers, nur auf Englisch).

Sehenswürdigkeiten
www.nationaltrust.org.uk
Die größte Stiftung ihrer Art weltweit besitzt und betreut ganze Landstriche, Country Houses, Schlösser und architektonische Denkmäler, Gärten. Mit Suchfunktionen, Beschreibungen, Anfahrtsrouten, Öffnungszeiten. Britains Erbe im Netz.
www.english-heritage.org.uk
Die staatliche Behörde für Denkmalpflege mit ihren Burgen, Schlössern, archäologischen Stätten in Einzelbeschreibungen. Mit praktischen Tipps, Routen, Öffnungszeiten.
www.gardensofcornwall.com
Die schönsten Gärten in Cornwall zusammengefasst, mit Beschreibungen, Anfahrtsrouten, weiterführenden Links.

Tageszeitungen
Alle unten aufgeführten Tageszeitungen sind überregional und bieten auf ihren Webseiten neueste Nachrichten, Informationen zu Politik, Wirtschaft, Tipps zu Reisen, Sport, Literatur, Kultur. Zur Zeitungslandschaft s. auch S. 97.
www.times.co.uk – The Times
www.independent.co.uk – The Independent
www.guardian.co.uk – The Guardian
www.mirror.co.uk – Daily Mirror
www.sun.co.uk – The Sun

Orientierung
www.multimap.com
Stadtpläne, Straßenkarten, Adressensuche.
www.visitmap.com
Der Straßenatlas ›Britain Visitor Atlas‹ nach Orten und Städten von A bis Z.

Fremdenverkehrsämter

In Deutschland
VisitBritain Urlaubsservice
Britain Visitor Centre
Dorotheenstr. 54
10177 Berlin
www.visitbritain.de
Es gibt kein Service-Telefon und direkte Mails mehr: alles nur über die Website. Im Visitor Centre erhält man Auskünfte, Prospektmaterial, Routenvorschläge, sowie Broschüren über alle Regionen, alle Sportarten, Sprachschulen, Hotels, Hotelgruppen, Campingferien, Radtouren. Unterkunftsverzeichnisse und englische Reiseliteratur sind auch erhältlich bei:
Britain Direct GmbH
Ruhbergstraße 8
69242 Mühlhausen
Tel. 062 22-67 80 50

Fax 062 22-678 05 19
info@visitbritaindirect.com
www.visitbritaindirect.com

In der Schweiz
British Tourist Authority
Badener Strasse 21
CH-8004 Zürich
Tel. 08 44-00 70 07 (Ortstarif)
Fax 043-322 20 01
www.visitbritain.com/chde
oder über die Zentrale Visit Britain Urlaubsservice in Berlin (s. o.).

In Österreich
Britain Visitor Centre
c/o British Council
Siebensterngasse 21
A-1070 Wien
Tel. 08 00-15 01 70 (kostenfrei)
Fax 01-533 26 16 85
a-info@visitbritain.org
www.visitbritain.com/at

In London
British Visitor Centre (BLVC)
1 Regent Street
London SW1Y 4XT
(200 m südl. vom Piccadilly Circus)
Mo–Fr 9.30–18.30, Sa/So 10–16 Uhr
blvcinfo@visitbritain.org
www.visitbritain.com
www.visitlondon.com
Das Britische Reisezentrum erteilt Auskünfte über ganz Großbritannien, bucht Bahn-/Busreisen, Unterkünfte, Tickets für Veranstaltungen und wechselt Geld. Broschüren aus allen Regionen, Shop für Karten, Reiseführer, Bücher, Souvenirs.

In Südengland
Die zwölf Grafschaften Südenglands sind in verschiedenen Dachverbänden zusammengefasst, die zahlreiche, sehr gute Veröffentlichungen anbieten und die regionalen Informationszentren betreuen. Ihre geografischen Zuständigkeitsbereiche überschneiden sich in den Grenzgebieten, so dass die muntere Konkurrenz durchaus zu einer Belebung des Geschäfts beiträgt.

In den örtlichen Tourist Information Centres (TICs) liegt eine Fülle an Informationsmaterial aus; u. a. Wanderkarten und Tourenvorschlägen. Dort können Sie auch Unterkünfte buchen lassen; gegen geringen Aufpreis kann eine Vorbestellung für die kommende Nacht am anderen Ort gebucht werden.

Tourism South East
40 Chamberlayne Road
Eastleigh,
Hampshire SO50 5JH
Tel. 023-80 62 54 00
www.visitsoutheastengland.com

Tourism Southwest
Woodwater Park
Exeter, Devon EX2 5WT
Tel. 018 70-442 08 80
www.visitsouthwestengland.com

Cornwall Tourist Board
Pydar House, Pydar Street
Truro, Cornwall TR1 1EA
Tel. 018 72-32 29 00
Fax 018 72-32 28 95
www.visitcornwall.com

Diplomatische Vertretungen

Deutsche Botschaft
23 Belgrave Square,
London SW1
Tel. 02 07-824 13 00
Fax 02 07-824 14 35
www.german-embassy.org.uk und
www.london.diplo.de

Schweizer Botschaft
16–18 Montagu Place, London W1
Tel. 02 07-61 60 00
www.swissembassy.org.uk

Österreichische Botschaft
18 Belgrave Mews West, London SW1
Tel. 02 07-235 37 31
Fax 02 07-344 02 92
www.austria.org.uk

Karten

Marco Polo Autokarte plus Reiseguide Großbritannien, 1 : 750 000, MAIRDUMONT, Ostfildern. RV-Länderkarte Großbritannien, Blatt 1/2: England Südost / England Südwest, 1 : 300 000, RV-Verlag, Ostfildern.

Die größte kartografische Gesellschaft des Landes, Ordnance Survey (OS), publiziert in verschiedenen Maßstäben »Ordnance Survey Maps«. Für Autofahrer eignet sich die Route-Master Series, für Wanderer ideal sind die topografischen Karten der OS Landranger Series (1 : 50 000) oder OS Pathfinder Series.

Lesetipps

Land und Leute
Bryson, Bill: Reif für die Insel. Goldmann 2007. Böse, liebevoll, aufs Genaueste beobachtend und überaus humorvoll ist das Reisebuch des Amerikaners quer durch Great Britain. Großartige Charakterstudie der *Brits* und ihrer Merkwürdigkeiten.

Hildesheimer, Wolfgang: Zeiten in Cornwall. (Insel 1998, vergriffen). Ein junger Klassiker aus den 1960er-Jahren.

Ishiguro, Kazuo: Was vom Tage übrigblieb. BTB 2005. Eindringlich und dicht: ein alt ge-

Nicht immer reicht die Beschilderung aus, um sich zurechtzufinden

wordener, von den Zwängen seiner Rolle innerlich erstarrter Butler in Darlington Hall lässt sein Leben an sich vorüberziehen.

Kößling, Elke: Gebrauchsanweisung für Südengland. Piper 2002. Über Merkwürdigkeiten und liebe Gewohnheiten der Bewohner Südenglands, über Geschichte und Charakteristika gibt die Autorin amüsant Auskunft.

Naipaul, V.S.: Das Rätsel der Ankunft. List TB 2005. Der Nobelpreisträger schildert in seinem ruhig hinfließenden, autobiografischen Roman-Essay seine Entwicklung vom jungen Mann aus Trinidad zum gereiften, bei Salisbury lebenden Schriftsteller, der sich engagiert dem Fremden wie dem Alltagsleben seiner Nachbarn annähert.

Seal, Jeremy: Das Wrack. Klett-Cotta 2003. Die spannende Suche eines glänzend schreibenden Journalisten nach den Rätseln eines versunkenen Schiffes im Norden von Cornwall.

Somerville, Christopher: Coast. BBC-Books 2005 (englisch). Ein Riesenerfolg als Begleitbuch einer BBC-Serie: eine Reise rund um die Küsten Großbritanniens mit vielen Abbildungen.

Theroux, Paul: Kingdom by the sea. Penguin 2002 (englisch). Ein böses, depressives Bild aus der Thatcher-Ära hat der große Reiseschriftsteller mit seinen Eindrücken und Begegnungen entlang der Küsten Großbritanniens entworfen.

Landeskunde, Geschichte

Gelfert, Hans-Dietrich: Typisch englisch. Wie die Brieten wurden, was sie sind. 5. Auflage 2005, Beck.

Hamilton, Ronald: Now I remember. All the English History You'll ever need. Chatto & Windus 1998. ›Klassischer‹ satirischer und hochamüsanter Abriss monarchischer Geschichte – so was gibt's nur in England.

Händel, Heinrich/Gossel, Daniel: Großbritannien. Beck'sche Länderreihe 2002. Ein konziser, klarer Überblick über Geschichte, Politik, Wirtschaft und Kultur.

Paxman, Jeremy: The English. Penguin 2007. Anregendes Portrait der Briten, glänzend geschrieben.

Architektur und Kunst

Compton, Susan (Hg.): Englische Kunst im 20. Jahrhundert. Prestel 1987 (vergriffen). Ein gewaltiger Bildband, hervorragende Darstellung der Malerei und Plastik.

Dimbleby, David: A picture of Britain. Tate Publishing 2005 (englisch). Englands Kulturgeschichte erzählt und erläutert anhand britischer Malerei.

Girouard, Mark: Das feine Leben auf dem Lande. Campus 1998 (vergriffen). Für den Country-House-Fan ein Muss ist der leider vergriffene, üppig bebilderte und kurzweilige Band zu Architektur, Kultur und Geschichte der englischen Oberschicht. Es gibt nichts Vergleichbares.

Jenkins, Simon: England's 1000 best houses. Penguin 2003 (englisch). Der populäre Journalist und Kunsthistoriker beschreibt die schönsten und bedeutendsten Country Houses und ihre Schätze.

Pevsner, Nikolaus: Das Englische in der Englischen Kunst. Prestel 1974 (vergriffen; engl.: The Englishness of English Art). Die beste Architekturgeschichte, glänzend geschrieben: Der berühmte, nach England emigrierte Wiener Kunsthistoriker beschrieb auch in 40 Bänden »The Buildings of England« die gesamte Architekturgeschichte Englands im Detail – dafür wurde er geadelt.

Englische Literatur auf Deutsch

S. auch S. 56

Austen, Jane: Stolz und Vorurteil. Aufbau TB 2005. Diesen Roman muss man einfach gelesen haben! Ein großer Gesellschaftsroman, geistreich, humorvoll und psychologisch ausgefeilt.

Beckford, William: Vathek. Suhrkamp 2002. Großartiger Schauerroman, geschrieben vom geheimnisumwitterten reichsten Mann seiner Zeit (s. S. 270 f.).

Chaucer, Geoffrey: Die Canterbury-Erzählungen. Goldmann 2006. Mit diesen lebensprallen Erzählungen hat die englische Literaturgeschichte im 14. Jh. begonnen.

Christie, Agatha: Das Böse unter der Sonne. Fischer TB 2006. Gerade wieder aufgelegt, ein Klassiker. Burgh Island war Vorbild und Hintergrund.

Follett, Ken: Die Säulen der Erde. Lübbe 1992. Ein Mittelalter-Panorama über den Bau der großen Kathedrale von Salisbury vom internationalen Bestseller-Autor.

Ders.: Die Tore der Welt. Bastei Lübbe 2008. Fortsetzung des Megasellers ab dem 14. Jahrhundert.

Fowles, John: Die Geliebte des französischen Leutnants. List Tb 2006. Der Roman spielt in Lyme Regis, dem Wohnort des 2005 verstorbenen Autors. Berühmte Verfilmung mit Meryl Streep.

Gregory, Philippa: Die Schwester der Königin. Rütten & Loening 2006. Lebendiger und spannender Roman um Anna Boleyn, ihre Schwester und Heinrich VIII.

Greene, Graham: Am Abgrund des Lebens. Zsolnay 1994 (engl.: Brighton Rock, London 2004). Ein moderner Klassiker, der in Brighton spielt.

Hardy, Thomas: Am grünen Rand der Welt. dtv 2002. Der Originaltitel lautet »Far from the madding Crowd« – Hardys berühmtester Roman.

Lawrence, T. E.: Die sieben Säulen der Weisheit. dtv 2005. Einer der großen Romane in englischer Sprache, Vorlage für den Film »Lawrence von Arabien«.

du Maurier, Daphne: Mein Cornwall. Schönheit und Geheimnis. Schöffling & Co. 2006.

dies.: Jamaica Inn. Fischer 2005. Historischer Roman – seither ist der Jamaica Inn ein Ausflugsziel im Bodmin Moor.

dies.: Rebecca. Fischer TB 2005. Der moderne Klassiker, mehrfach verfilmt, ein Dauerbrenner. Mit diesem psychologisch raffinierten Roman wurde die Autorin weltberühmt.

Mitford, Nancy: Englische Liebschaften. Rowohlt 1990 (vergriffen). Witzig und selbstbewusst: Roman aus den 1930er-Jahren über die exzentrische Familie eines englischen Landadeligen.

Pepys, Samuel: Die Geheimen Tagebücher. Hg. Volker Kriegel und Roger Willemsen. Eichborn 2004. Einzigartiges Zeugnis vom berühmtesten Tagebuchschreiber der englischen Literatur – ein großartiges Panorama des 17. Jh.

Pilcher, Rosamunde: Die Muschelsucher. Rowohlt 2006. Der beste Roman für alle Pilcher-Fans, spielt mit dem Thema der Künstler in St. Ives.

Powys, John Cowper: Wolf Solent. dtv 2006. Etwas esoterisch und sehr episch: die Geschichte und Geschichten aus einer Kleinstadt in Dorset in den 1930er-Jahren.

Sackville-West, Vita: Schloß Chevron. Fischer TB 1985. Liebeserklärung Vitas an ihren prachtvollen Familiensitz Knole in Kent.

Sackville-West, Vita /Nicolson, Harold: Sissinghurst. Porträt eines Gartens. Hg. von Julia Bachstein. Insel TB 2006. Briefe, Tagebücher zur Entstehung des Gartentraums.

Tóibín, Colm: Porträt des Meisters in mittleren Jahren. Hanser 2005. Glänzend geschriebene Romanbiografie mit langen Kapiteln über Henry James' Leben in Südostengland.

Twain, Mark: Ein Yankee aus Connecticut an König Artus Hof. dtv 2004. Als Parodie auf den hehren Artus-Mythos ist dieses Buch unübertroffen.

Zimmer Bradley, Marion: Die Nebel von Avalon. Fischer 2000. Die spannende Trilogie zum Reich von König Artus.

Woolf, Virginia: Zum Leuchtturm. Fischer TB 2007. Einer der berühmtesten Romane von Virginia Woolf mit St Ives und Umgebung als Hintergrund.

Reise- und Routenplanung

Südengland als Reiseland

Es ist die Mischung, die die wiederkehrenden Urlauber an Südengland so lieben: zum einen die Naturschönheiten der Küstenregionen, die Felsformationen, die Buchten, Häfen und weiten Mündungsdeltas der Flüsse. Das Klima ist mild, tropische Pflanzen wuchern in Hülle und Fülle. An den Nordküsten geht es rauer zu, urtümlicher; hier sind Surfen und Wandern die beliebtesten Aktivitäten.

Zum anderen sind es die Kulturschätze, die großen Schlösser, Burgen, Country Houses als Gesamtkunstwerke von Architektur und Parkgestaltung mit bedeutenden Kunstschätzen und ihrem individuellen, einzigartigen Charme.

Und dann die Gärten: Sie sind wirklich eine Reise wert, und in jedem lässt sich wunderbar ein Tag mit Picknick verbringen. Auch Kinder finden Attraktionen. Prähistorische Zeugnisse und römische Funde regen an, auf Spurensuche zu gehen, nach König Artus und anderen mythischen Gestalten.

Die Dörfer und Fischerorte sind idyllisch und in ihrer traditionellen Gestalt erhalten – auch das ist eine Reise wert. In den Seebädern und Hafenstädtchen kann man herrlich herumtrödeln, und an den ausgewiesenen Stränden ist das Baden im Meer möglich. Brighton oder St Ives, Truro oder Eastbourne bieten Bummel- und Shoppingerlebnisse, Kunst und eine junge Atmosphäre. Die Stadt Bath ist UNESCO-Welterbe und lohnt als Ensemble aus Architektur, Kultur und Lebenslust unbedingt einen Abstecher.

Aufregend und spannend kann Seefahrtsgeschichte sein: In den historischen Dockyards in Portsmouth liegen die legendären Kriegsschiffe, Segler und Eisenschiffe vor Anker, mit der modernen Flotte der Royal Navy im Hintergrund, und die Museen und Erlebniszonen lassen die dramatische Geschichte der Seefahrernation wieder lebendig werden.

Für Wanderer, Golfer und Wassersportler ist Südengland Paradies und Herausforderung zugleich. Die Nationalparks – New Forest, Dartmoor, Exmoor – verführen zu ausgedehnten Wanderungen. Und ganz großartig ist der die gesamte Küste umrundende Coast Path – ein Fernwanderweg, den Sie auf jeden Fall auf einer Teilstrecke kennenlernen sollten.

Besondere Schwerpunkte

Gärten und Parks

Wer der Gartenleidenschaft verfallen will, kann die Reise auch ausschließlich auf Gärten hin organisieren. Gartenführer wie »The Gardener's Guide to Britain« oder »The National Trust Gardens Handbook« sind dabei behilflich. In den nach Grafschaften eingeteilten Broschüren, wie »National Gardens Scheme«, »Gardens of Kent« etc., die man in den lokalen Tourismusbüros erhält, sind auch die jährlichen Öffnungszeiten der Privatgärten verzeichnet.

Spezielle Gartenreisen von Deutschland aus werden u. a. angeboten von:

Garten Reisen Baur GmbH
Tel. 075 55-92 06 11/12
Fax 075 55-92 06 22
www.baur-gartenreisen.de

ELK Tours
Tel. 089-84 05 09 05
Fax 089-84 05 09 14
www.elktours.de

Ein besonderes Erlebnis sind die Arbeits- und Aktivurlaube für Gartenliebhaber: Die Royal Horticultural Society (RHS) und der National Trust bieten Kurse, Workshops und aktive Mit-Arbeit an – eine großartige Erfahrung für ›Grünfinger‹.

Garten- und Wanderreisen in Cornwall, auch Tagestouren unterschiedlichster Art mit deutschsprachigen Führern bietet an:

Curtis Beard
77 Birch Avenue
Great Bentley, Essex
Tel. 012 55-86 30 05
www.curtisbeardwalks.com

Herrenhäuser

Planen Sie eine Reise, die stark kunst- und kulturhistorisch ausgerichtet ist, also viele Burgen, Schlösser und vor allen Dingen Landhäuser einschließen soll, müssen Sie gut planen. Gegen Ende September reduzieren sich die **Öffnungszeiten** drastisch, und ab Oktober ist es unmöglich, Häuser, Museen und Sehenswürdigkeiten nacheinander anzusehen. Die **Eintrittspreise** von ca. 5–20 £ sind angemessen, wenn man bedenkt, dass sowohl der National Trust als auch die Privatbesitzer von Landhäusern und Gärten zum Erhalt ihrer *property* darauf angewiesen sind, und zahllose Country Houses, Schlösser und Gärten einen Ganztagesbesuch lohnen.

Wanderreisen

Deutsche Unternehmen bieten Wanderreisen nach Südengland in unterschiedlichen Zusammenstellungen an, u. a.:

Heideker Reisen
Dottinger Str. 55
72525 Münsingen
Tel. 073 81-939 50
Fax 073 81-93 95 25
www.heideker.de

Wikinger Reisen
Kölner Str. 20
58135 Hagen
Tel. 023 31-90 47 42
Fax 023 31-90 47 04
www.wikinger.de

Wechselnde Öffnungszeiten: Die Landhäuser und Gärten, privat oder vom National Trust unterhalten, sind sehr individualistisch, und wenn Sie sich bestimmte Häuser und Gärten ansehen wollen, müssen Sie dementsprechend Ihre Reiseroute planen. Oftmals liegen drei herrliche Country Houses dicht nebeneinander – aber alle haben z. B. nur 14–17.30 Uhr geöffnet, eines davon nicht am Donnerstag, das andere nicht am Mittwoch! Da ist generalstabsmäßige Vorbereitung nötig, sonst gibt es Enttäuschungen.

Routenvorschläge

Eine vielfältige Mischung aus Landschaft, Natur, Kunst und Kultur, aus weltberühmten und wenig bekannten Sehenswürdigkeiten finden Sie nachfolgend stichwortartig zusammengestellt. Die Vorschläge eignen sich für etwa ein, zwei oder drei Wochen intensiven Sightseeings, und sollten Sie Ruhephasen einlegen wollen, müssen Sie leider Abstriche machen und eine weitere Selektion vornehmen.

7–10 Tage im Südosten

Ausgangs-/Endpunkt: London oder Dover und mit kleinem Radius: der Osten Südenglands mit Canterbury, Rye, Beachy Head, Brighton, Charleston Farmhouse, Nymans Garden, Sheffield Park, Standen, Chartwell, Hever Castle, Penshurst Place, Knole und Sissinghurst.

14 Tage in der Mitte

Dieser Routenvorschlag beinhaltet mehr architektonische Höhepunkte und hat einen größerem Radius: der Mittelbereich Südenglands mit Avebury, Bath, Wells, Montacute House, Weymouth, Longleat, Stourhead, Salisbury, Stonehenge, Broadlands, Beaulieu, Portsmouth, Petworth House und Parham House.

14 Tage im Westen

Oder Sie reisen zuerst nach Cornwall und dann gemächlich bis zum Ausgangspunkt London/Dover zurück. Von dort führt die Rundreise direkt nach Cornwall, z. B. nach Penzance oder St Ives. Land's End oder Lizard Point, Falmouth Bay, Mevagissey, St Austell mit Eden Project, Lost Gardens of Heligan, Truro, Padstow, Tintagel, Dartmoor, Exeter, Jurassic Coast, Montacute House, Glastonbury, Wells, Longleat, Portsmouth, Salisbury, Stonehenge und Bath.

Drei Urlaubswochen im Westen

Diese längere Tour führt ebenfalls bis nach Cornwall: Exmoor, Clovelly, Hartland, Tintagel, St Ives, St Michael's Mount, Minack Theatre, Trebah und Glendurgan Garden, St Just in Roseland, das Eden Project in St Austell, Polperro, Dartmoor, Castle Drogo, Dartington Hall, Exeter, Knightshayes Court, A la Ronde und Abbotsbury.

Variante mit drei Wochen Dauer

Wenn Sie hauptsächlich Küsten, Wind, Wasser, Badebetrieb mit wenig Sightseeing möchten, dann fahren Sie gleich durch bis Exeter in Devon oder Plymouth in Cornwall. Reisen Sie im Uhrzeigersinn weiter. Zur englischen Riviera mit Torquay, nach Dartmouth, an die fjordähnlichen Mündungsdeltas der Flüsse, deren Bild sich mit den Gezeiten der See immer wieder verwandelt, sowie nach Fowey und Mevagissey, an den Helford River, nach Penzance und nach St Ives mit seinem mittelmeerischen Licht und weiten Stränden. Die Strände von Newquay bis Bude sind das Mekka der Surfer.

Reisen mit Handicap

In nahezu allen Sehenswürdigkeiten, Country Houses und öffentlichen Gebäuden sind die Eingänge und Wege rollstuhlgerecht eingerichtet. Selbst in größeren Parkanlagen gibt es speziell ausgeschilderte rollstuhlgerechte Wegeführungen. Auf den Webseiten oder in den Broschüren der Sehenswürdigkeiten wird unter dem Stichwort ›access‹ auf die Möglichkeiten für Behinderte hingewiesen. Bei den öffentlichen Verkehrsmitteln ist in dieser Hinsicht noch viel zu tun; Busfahren auf regionalen Routen ist nahezu unmöglich.

Sehr viele B&Bs, Pensionen und Hotels weisen explizit auf behindertengerechte Zimmer hin. VisitBritain hält eine allgemeine Broschüre zu dem Thema bereit (s. S. 67).

Die Organisationen Tourism for All und Holiday Care bieten Reisenden mit Behinderungen Hilfe, u. a. bei der Reiseplanung, Hotelinformationen oder Buchung:

Tourism for All/Holiday Care Service
The Hawkins Suite, Enham Place
Enham Alamein. Andover SP11 6JS
Info-Tel. (nur innerhalb UK) 08 45-124 99 71
info@tourismforall.org.uk
www.holidaycare.org.uk

Reisen mit Kindern

Die Briten sind sehr kinderfreundlich – ›A day out for all the family‹ oder ›Family entertainment‹ – diese Hinweise finden sich bei zahllosen Sehenswürdigkeiten und Attraktionen. In vielen Landhäusern gibt es herrliche Abenteuerspielplätze; kleine und z. T. riesige Vergnügungs- und Erlebnisparks sorgen vor allem an der Küste für Spaß bei Kindern.

Besondere Attraktionen

Die Dampfeisenbahnen machen Kindern große Freude, und in Museen, den National Trust-Besitzungen, selbst in Kathedralen gibt es buntes Anschauungsmaterial, das extra für Kinder konzipiert ist; *brass rubbing,* das Durchpausen von schönen alten Messinggrabplatten lockt nicht nur Kinder in die Kathedralen. An den Stränden finden sich überall Kinderanimateure, und die zahlreichen *fun fairs,* mit Jahrmarktbuden, Jongleuren, Miniatureisenbahnen, historischen Tableaux mit sprechenden Puppen und viel elektronischem Zauberzeug, sind für Kinder das reinste Entzücken. Selbst Orte und Themen, die eigentlich für Kinder eher langweilig wären, werden in Multimediashows äußerst plastisch, unterhaltsam und lehrreich zugleich lebendig gemacht.

Unterkünfte

In Hotels, Pensionen, privaten B&Bs gibt es auch Family Rooms mit Kinderbett(en). Manchmal sind Kleinkinder aber auch nicht so gern gesehen – auf den Webseiten oder den Broschüren wird dann darauf hingewiesen, und es kann schon vorkommen, dass in formellen Dining Rooms nach 20 Uhr die Erwachsenen ›unter sich‹ sein wollen. Dabei haben sie immer noch das herkömmliche Modell der Kinderschwester, der Nanny, im Kopf, die die Kleinen separat betreut. Vor allem an der Küste, besonders in den teureren Häusern, gibt es wunderbare Betreuungsangebote vom Babysitting bis zu Spiel- und Animationsprogrammen oder betreuten Kinderabendessen für alle Altersgruppen.

Kinder im Pub

Ins Pub dürfen Kinder erst ab 14 Jahren. Wird aber Essen bestellt, können Kinder dabei sein. Viele Pubs haben Gärten und Terrassen – hier können sich auch Familien mit Kindern aufhalten.

Sprachkurse

Die Hochburgen der Sprachschulen sind Brighton und Eastbourne. Aber auch in anderen Seebädern und größeren Städten gibt es viele Sprachschüler, die neben der Sprache den *English way of life* kennenlernen. Die Angebote sind verwirrend vielfältig, und man sollte Wert darauf legen, zertifizierte Schulen oder solche mit Gütesiegel zu buchen. Von Kursen für Kleinkinder über Schüler bis zu speziellen Business-Kursen gibt es alles.

Eine dicke Broschüre über das Angebot an Sprachkursen unterschiedlichster Art ist über VisitBritain erhältlich oder bei:

Allgemeine Informationen
British Council
Alexanderplatz 1, (gegenüber Weltzeituhr)
10178 Berlin
Tel. 030-311 09 90, Infoline: 030-31 10 99 11
Fax 030-31 10 99 20
information@britishcouncil.de
www.britishcouncil.org/english/ukstudies.htm

… im Internet
www.englishinbritain.co.uk

Anbieter in Deutschland
Auch zahllose Unternehmen in Deutschland sind spezialisiert auf die Organisation von Sprachreisen. Speziell für Jugendliche:
Euro-Partner Reisen Walter Beyer GmbH
Auf dem Rügge 9
33181 Bad Wünnenberg
Tel. 029 53-980 50, Fax 029 53-98 05 98
www.europartner-reisen.de

Um das genau Passende aus dem riesigen Angebot herauszufinden, z. B. Sprachaufenthalte für Zehnjährige, für Familien mit Kindern, für Leute, die Business-Englisch brauchen, etc., und um bei der Wahl der zu erreichenden Sprachzertifikate zu helfen, erhält man Beratung bei folgender Adresse:
D. Baruch – Language Training Consultant
Fichardstraße 38
60322 Frankfurt
Tel. 069-597 04 11
Fax 069-95 52 94 61
www.business-english.net

Anreise und Verkehr

Einreise- und Zollbestimmungen

Einreisebestimmungen
Reisende aus Deutschland, Österreich und der Schweiz brauchen nur einen Personalausweis; Kinder unter 16 Jahren müssen im Ausweis eines Elternteils eingetragen sein oder einen Kinderausweis besitzen. Kinder aus der Schweiz brauchen einen eigenen Identitäts- oder Reisepass. Wollen Sie länger als drei Monate bleiben, wird der Reisepass verlangt, und zum Autofahren brauchen Sie Ihren Führerschein, den Kraftfahrzeugschein und die grüne Versicherungskarte.

Zollfreimengen
Natürlich darf man auch ins United Kingdom all das nicht mitnehmen, was auch sonst überall verboten ist. Aus einem EU-Land ist die Mitnahme von Lebensmitteln (außer Rohmilch) für den privaten Gebrauch gestattet. Bei Fleisch-und Milchprodukten sind 10 kg pro Person zulässig. Auch die Mitnahme von Spirituosen, Wein oder Bier ist erlaubt: 10 l Spirituosen, 90 l Wein, 110 l Bier. Zigaretten ebenfalls für Privatverbrauch für die Länge des Aufenthalts – Zigaretten sind in Großbritannien sehr teuer!

Einreise mit Haustieren
Ob Hund oder Katze – Ihr Haustier *(pet)* darf mit – aber welch Hürden müssen überwunden werden! Nötig sind sechs Monate Planungszeit, eingepflanzte Chips, Blutprobe und EU-Heimtierausweis. Im Internet gibt es Auskunft auf Deutsch: www.britischebotschaft.de/de/embassy/agriculture/pets sowie beim zuständigen Ministerium: www.defra.gov.uk/animalhealth.

Anreise

Mit dem Auto/der Fähre
Die Zahl der Fährverbindungen zwischen dem Kontinent und Englands Südküste ist groß. Die kürzesten Verbindungen (die Fahrzeit beträgt weniger als 1 Std.) existieren zwischen Calais oder Boulogne (Frankreich) und Dover. Dover ist der größte Fährhafen Europas. Weitere Fährverbindungen bestehen von Hoek van Holland (Niederlande) nach Harwich, von Oostende (Belgien) nach Ramsgate, von Le Havre, Caen, St Malo und Cherbourg (Frankreich) nach Portsmouth, von Cherbourg nach Poole und von Roscoff nach Plymouth. Auf der Route Calais–Dover fahren die Schiffe regelmäßig während des ganzen Jahres. Diese Fährverbindung ist für den Urlaub in Südengland am günstigsten (mit P& O Ferries, Seafrance, Hoverspeed).

Stena Line
Tel. 02 11-905 50, Fax 02 11-905 51 09,
www.stenaline.de

P & O Ferries
Tel. 0180-500 94 37, Fax 0180-500 98 82,
www.poferries.com

Hoverspeed
Tel. 008 00-12 11 12 11 (kostenfrei),
Fax 008 00-09 08 09 08,
www.hoverspeed.com

Seafrance
Tel. 061 96-94 09 11, Fax 061 96-48 30 15
www.seafrance.com

Transeuropa Ferries
Slijkensesteenweg 2, B-8400 Oostende
Tel. 00 32 (0) 59 34 02 60
Fax 00 32 (0) 59 34 02 61
www.transeuropaferries.com

DFDS Seaways
Infoline: 018 05-30 43 50

Spartipp: In den Sommermonaten sollte man die Überfahrt vorzeitig buchen; Frühbucher erhalten Rabatt. Die Preise variieren nach Aufenthaltsdauer und/oder Personenzahl.

www.dfdsseaways.de
dreimal wöchentlich über Nacht von Esbjerg (Dänemark) nach Harwich und zurück

Durch den Tunnel
Die 53 km lange Kanaltunnelverbindung zwischen Calais und Folkestone (35 Min. Reisezeit) ist für den Fernlastverkehr, für Pkw und Zugreisende in Betrieb. Die Autozüge verkehren zwischen Calais und Folkestone; der französisch-britische Hochgeschwindigkeitszug Eurostar verbindet Brüssel oder Paris mit London und umgekehrt. Auf der britischen Seite fährt er bis London (Bahnhof St Pancras). Tickets können vorbestellt oder vor Ort gekauft werden. Die Tunnelzüge, Le Shuttle, auf die die Fahrzeuge verladen werden, verkehren rund um die Uhr. Tickets sind an den Bahnhöfen erhältlich, in der Ferienzeit ist es aber sinnvoll, vorab zu buchen.

Eurotunnel-Infoline und Tickets
Tel. 01 80-500 02 48 (kostenfrei)
Fax 00 44-13 03-28 86 75
www.eurotunnel.com

Mit der Bahn
Die schnellste Verbindung nach London führt mit dem Eurostar durch den Kanaltunnel, von Brüssel in 2 Std. 40 Min., von Paris in 3 Std. Der Thalys-Hochgeschwindigkeitszug (von Köln) hat in Brüssel Anschluss an den Eurostar. Auskunft und Buchung im Reisebüro.
Eurostar
Tel. 01 80-521 82 38 oder 00 33-892-35 35 39
www.eurostar.com, www.raileurope.de
www.sncf.com
Keine Fahrradmitnahme!

Sie sollten sich gut überlegen, ob Sie bis London fahren oder zwischendurch aus- oder umsteigen. Der neue Verkehrsknotenpunkt

Sherborne Castle liegt an der Bahnstrecke London–Exeter

Gepäck: Sind Sie in Südengland mit öffentlichen Verkehrsmitteln unterwegs, gibt es immer wieder Bahnhöfe und Busbahnhöfe, die keine Schließfächer oder Gepäckaufbewahrungen *(left luggage)* haben; die Aufbewahrung wird oftmals entweder am Bahnhof oder nahebei von einem Kleinunternehmer abgewickelt. Man sollte also immer erst nach den Piktogrammen Ausschau halten – die Regelungen sind nicht einheitlich und vielleicht haben Sie Glück.

In der Regel steuert man Südengland über einen der Flughäfen rund um London an. Nimmt man einen Linienflug nach London, auch als Spar- und Urlaubsangebot, landet man in Heathrow; von dort gibt es Inlandsflüge nach Bristol, Plymouth oder Newquay. Charterflüge fliegen hauptsächlich Gatwick an – dieser Flughafen liegt schon in Südengland. Daher bietet British Airways auch zahlreiche Flüge täglich von vielen deutschen Flughäfen nach Gatwick an. Billigflieger landen auch in Luton oder Stansted.

zwischen Kanalküste und London ist Ashford – von hier aus können Sie Richtung Südwesten weiterfahren, wenn Sie den Großraum London vermeiden wollen (zum Bahnverkehr innerhalb Großbritanniens s. S. 79).

Bei Vorausbuchungen gibt es Urlaubssondertarife und **Sparangebote der britischen Eisenbahnen.** Die Brit-Rail- und London-Plus-Pässe werden für einen bestimmten Zeitraum und unterschiedliche Regionen ausgestellt. Sie sind nur vorab erhältlich – in England selbst können sie nicht erworben werden. Das gilt auch für Point-to-Point-Tickets (Rückfahrkarten ab London zu bestimmten Orten in England). Darüber geben Reisebüros oder VisitBritain (s. S. 67) Auskunft.

Mit dem Bus

Von den meisten Großstädten in Deutschland verkehren regelmäßig Fernbusse nach Großbritannien; die Fahrten sind preislich günstiger als die Bahn. Auskünfte bei:
Winkelmann-Reisen
Tel. 051 43-9 34 34
winkelmann-reisebuero@t-online.de
www.reisebuerowinkelmann.de
Deutsche Touring GmbH
Tel. 069-790 32 40, www.touring.de

Mit dem Flugzeug

Von Frankfurt/Main und München fliegt British Airways (BA-connect) auch Bristol an.

Webseiten der wichtigsten Fluglinien:
British Airways: www.britishairways.com
Lufthansa: www.lufthansa.com
Austrian Airlines: www.aua.com
Swiss: www.swiss.com
Eurowings: www.eurowings.de
Ryanair: www.ryanair.com
Easyjet: www.easyjet.com
Air Berlin: www.airberlin.com
Germanwings: www.germanwings.com
Hapag Lloyd Express: www.hlx.com

Weiterreise ab London

Kommen Sie in London an, wird die Weiterfahrt per Zug ein bisschen knifflig. Von den Flughäfen Heathrow, Gatwick, Luton und Stansted gibt es Schnellverbindungen ins Zentrum. Von dort geht es weiter per Zug:

… ab Heathrow: U-Bahnnetz, z. B. bis Central London ca. 55 Min.; Heathrow Express bis Bahnhof Paddington (Züge Richtung Südengland bis Cornwall) 30 Min.; Airport Bus bis Central London ca. 60–70 Min. Infos: www.heathrow-airport-guide.co.uk.

… ab Gatwick: mit dem Zug Gatwick Express nach London Victoria ca. 35 Min.; mit Bus ca. 90 Min.; Züge nach Brighton, Eastbourne, Portsmouth. Infos: www.gatwickairport.com

… ab Luton: mit dem Bus nach Central London ca. 80 Min. oder nach Flughafen Heathrow; mit dem Zug nach London King's Cross

ca. 30 Min.; Züge direkt nach Brighton. Infos: www.luton-airport-guide.co.uk
... ab Stansted: mit dem Zug Stansted Express nach London Liverpool Street oder Victoria Station ca. 45 Min.; mit National Express Bus nach Central London ca. 80 Min. oder Brighton. Infos: www.stanstedairport.com

Wer mit dem Tunnelzug Eurostar anreist, landet am Bahnhof St. Pancras. Wenn Sie mit der Bahn weiterwollen, müssen Sie meist zu einem anderen Bahnhof. Alle Fernbahnhöfe Londons sind mit der U-Bahn Circle Line untereinander verbunden – das ist die schnellste Verbindung.
Paddington: Bath, Bristol, Plymouth und Cornwall bis Penzance
Waterloo: Portsmouth, Southampton
Victoria: Brighton, Dover, Ramsgate, Canterbury (hier nicht Hastings)
King's Cross: Brighton
Charing Cross: Ramsgate, Dover, Canterbury, Hastings

Verkehrsmittel im Land

Bahn

Bei der Bahn, immer noch BR, British Rail genannt, geht's sehr gemischt zu: Die Bahnlinien sind privatisiert, so dass ca. 25 Bahngesellschaften, eine Gesellschaft für die Gleisanlagen und eine weitere für die Waggons und Loks zuständig sind. Grundsätzlich sind Bahnfahrten teurer als Fernbusse, und oft liegen die Bahnhöfe nicht direkt im Zentrum. In Deutschland gekaufte Angebote wie Brit-Rail-Pässe oder Brit-Rail-Flexi-Pässe und Point-to-Point-Tickets sind günstiger. Im Land selbst gibt es nur – wie in vielen Ländern üblich – komplizierte Sparangebote.

Infos und Verkauf in Deutschland:
Britain Direkt
Ruhbergstraße 8, 69242 Mühlhausen

Cornish Riviera Express: Landschaftlich reizvoll, entspannend und fast beschaulich ist die Zugfahrt mit dem »Cornish Riviera Express«, dem Great Western Train, der ab Bahnhof Paddington bis nach Penzance an den äußersten Zipfel Südenglands führt. (ca. 5 Std.; www.great-western-trains.co.uk).

Tel. 062 22-67 80 50, Fax 062 22-678 05 19
info@britain.direct.com
www.britaindirect.com, www.britrail.com

www.thetrainline.com
Günstige Zugangebote und Fahrkarten online
www.traveline.org.uk
Öffentliche Verkehrsmittel in Großbritannien
www.nationalrail.co.uk
Verkehrsverbindungen, Fahrplanauskunft und Links zu allen öffentlichen Verkehrsmitteln
Telefonische Infos zu Bahnverbindungen
Tel. 084 57-48 49 50

Bus

Fern- oder Überlandbusse sind in Großbritannien überaus beliebt, preiswert und ihr Streckennetz ist riesig. Die komfortabel ausgestatteten weißen **Überlandbusse** des **National Express** fahren fast jede Stadt an, im Sommer auch die Badeorte an der Küste, oft mehrmals am Tag. Regionale Verbindungen mit dem Bus kommen hinzu. Besonders angenehm, weil die Busstationen immer im Zentrum liegen; in den Badeorten wird man meistens direkt an der Promenade abgesetzt.

Sprachliche Feinheiten: Im Englischen wird unterschieden zwischen *coach*, dem Überlandbus, und dem innerstädtischen *bus*. Also auch *Coach station* für den (Fern-)Busbahnhof und *Bus station* und *Bus stop* für innerstädtischen Busverkehr.

Die Fahrkarten für **National Express** kann man auch im Voraus buchen; sie sind in den Busbahnhöfen oder lokalen, extra benannten Verkaufsbüros erhältlich. Für ausgedehnte Busreisen empfiehlt sich die **Brit-Express Card,** die aber vor Reiseantritt (in den Reisebüros) gekauft werden muss:
National Express (Hauptbüro)
Landesweite Info-Tel. 09 90-80 80 80
Infos, Planung, Fahrkarten:
www.nationalexpress.co.uk/tourist
Weitere Möglichkeiten, Verbindungen und Auskünfte: www.gobycoach.com

Auto/Leihwagen
In Großbritannien herrscht **Linksverkehr**. Mieten Sie einen Leihwagen, fällt die Umstellung nicht so schwer, da sich das Steuer auf der rechten Seite befindet. Mit dem eigenen Wagen können Probleme auftreten: Sie sehen schlechter, das Überholen ist unangenehm, und Sie werden – besonders bei der Auffahrt auf verkehrsfreie Straßen – dazu tendieren, rechts zu fahren. Die großen Leihwagenfirmen, die über ein internationales Vertriebsnetz verfügen, sind beim Preisvergleich immer günstiger, wenn Sie Ihre Buchung in Deutschland vornehmen – die jeweiligen Länderzentralen wirtschaften selbstständig und passen sich dem Preisniveau des Landes an.

Zeitplanung: Sie werden sich wundern auf den Straßen Südenglands: Auf dem *motorway* und den Straßen der Kategorie A kommen Sie schnell voran, und Ihre Fahrtziele sind schnell erreicht. Dafür geht es auf den Landstraßen, die ja oftmals einspurig sind, nur im Schneckentempo voran. Besonders wenn Sie direkt an der Küste sind, müssen Sie wegen der Flusstäler und/oder der breiten Mündungen und Stichstraßen oft im Zickzack fahren – und jede Fahrt dauert länger, als Sie sie eingeplant haben.

Im Straßenverkehr
Das englische Autobahnnetz ist nicht so dichtmaschig wie das deutsche; daher sind die wenigen Autobahnen stark befahren. Ihre Kennzeichnung ist ein weißes ›M‹ (für *motorway*) auf blauem Grund. Den deutschen Bundesstraßen entspricht in Großbritannien die Straßenkategorie ›A‹. Diese Straßen sind oft vierspurig angelegt *(dual carriageway)*. Landstraßen sind auf Verkehrsschildern und Straßenkarten mit einem ›B‹ vor der Nummer markiert.

Die **Nebenstraßen** sind – schon ab Kent und ganz besonders, je weiter Sie nach Westen kommen – meistens verschlungen, steil und eng. Viele von ihnen sind nur einspurig mit Ausweichstellen. Flurbegradigungen hat es kaum gegeben, oftmals mäandern die Straßen meilenweit durch Baumtunnel, oder die viel geliebten natürlichen Hecken bilden eine beidseitige, lange grüne Schlucht. An der Küste sind es nur schmale Stichstraßen, die in die Fischerdörfer, die kleineren Orte und Badebuchten führen. Viele Sträßchen enden als Sackgasse mitten in der Landschaft, und auch die Tankstellen machen sich rar. Aber schließlich sind wir in England, wo alles sehr viel gemächlicher zugeht, dem Prinzip Chaos noch eine Chance gegeben wird. Wenn Sie also mit dem Wohnmobil oder Wohnwagen unterwegs sind, müssen Sie vorab die Straßenkarte wälzen, oder Sie bekommen als Fahrer Schweißausbrüche!

Maut in London
Wer mit dem Wagen in Südengland unterwegs ist, sollte **London** umgehen, was auf dem Autobahnring um die Stadt problemlos möglich ist. In Central London ist an Werktagen eine **Congestion Charge,** eine Mautgebühr, zu zahlen (7 £ pro Tag).

Verkehrsregeln
Die Meile (mile) ist das Maß der Dinge. Geschwindigkeit und Entfernungen werden in Meilen gemessen: 1 mile (m) = 1,609 km.

Die **Höchstgeschwindigkeiten** betragen auf *motorways* und *dual carriageways* 70 mph (miles per hour) = 112 km/h; auf Landstraßen 60 mph = 95 km/h; in geschlossenen Ortschaften und Städten 30 mph = 48 km/h. Für Wohnmobile und Wohnwagengespanne gelten auf der Autobahn 60 mph (95 km/h), auf Landstraßen 50 mph (75 km/h) und in geschlossenen Ortschaften 30 mph (48 km/h).

In Großbritannien liebt man den **Kreisverkehr** anstelle von Ampelkreuzungen. Der *roundabout* funktioniert prächtig: Es gilt immer rechts vor links, d. h. im Kreis selbst hat man Vorfahrt. Bei großen Kreuzungsanlagen gibt es auch die Variation mehrerer *roundabouts,* die direkt hintereinander gekoppelt sind. Besonders rührend sind die Exemplare, die ohne ersichtliche Straßenkreuzung mitten in die leere Landschaft gesetzt wurden. Bei der Ausschilderung sind die Fernverbindungen auf grünem Schild als erste Information angegeben, dann erst folgen die lokalen Richtungsanzeigen auf separatem weißem Schild.

Parken: Ein Halteverbot wird durch eine doppelte gelbe Linie am Bordstein markiert, Parkverbot durch eine einfache. Das Parkverbot bezieht sich meistens auf die Zeit zwischen 8 und 18 Uhr. Weiße Zickzacklinien am Straßenrand bedeuten strenges Park- und Halteverbot, verbunden mit einem Überholverbot! Sie markieren auch den Zebrastreifen, wo Fußgänger absolut immer Vorrang haben! In den meisten kleineren und mittelgroßen Ortschaften und Städten gibt es ausreichend Parkplätze am Rand des Kernbereiches; im Automaten kauft man ein Ticket und heftet es an die Windschutzscheibe. Entlang der Küste, in allen kleineren Fischer- und Badeorten, an Buchten und den Hochufern vor den Stränden sind die Zufahrtsstraßen oft abenteuerlich steil und engbrüstig, so dass man die gebührenpflichtigen Auffangparkplätze vor dem Ortseingang nutzen muss.

Nachtfahrten: Um blendfrei zu fahren, müssen Sie im mitgebrachten Auto den Einschliff in der Mitte der Frontscheinwerfer mit Isolierband abkleben.

Promillegrenze: Die Grenze liegt bei 0,8 Promille; bei Verstößen drohen Führerscheinentzug und hohe Geldstrafen.

Tanken

An den Autobahnen sind Tankstellen relativ dicht gesät; ansonsten muss man schauen, dass man einen etwas größeren Ort erreicht. An Landstraßen gibt es wenig Tankstellen. Übrigens ist Dieseltreibstoff teurer als bei uns; der Preis entspricht in etwa dem Preis für Superbenzin bleifrei. Super bleifrei = Unleaded, 95 octane; Super plus bleifrei = Super Unleaded, 98 octane; Diesel = Diesel

Automobilclubs

Die britischen Automobilclubs AA (Automobile Association) und RAC (Royal Automobile Club) haben mit dem ADAC und AVD Hilfsvereinbarungen auf Gegenseitigkeit abgeschlossen – in Notfällen reicht meist schon die Plakette an der Windschutzscheibe, um versorgt zu werden; einen von den Automobilclubs ausgestellten Auslandsschutzbrief sollten Sie trotzdem mitführen. Die Fahrzeuge der Pannenhilfe tauchen überall auf, und auf den Autobahnen finden Sie auch Telefonnotrufsäulen. Der AA veröffentlicht Karten- und Informationsmaterial, hat zahlreiche Niederlassungen, arbeitet Reiserouten aus und bietet variabel einlösbare Hotelgutscheine an.

Automobile Association (AA):
Tel. 08 70-606 03 71, www.theaa.com
Royal Automobile Club (RAC):
Tel. 08 70-572 27 22, www.rac.co.uk
Unfall oder Panne
Bei jedem Unfall müssen Sie die Polizei benachrichtigen, landesweit: **Tel. 999**
Pannendienst (Breakdown Service)
AA: Tel. 08 00-88 77 66,
RAC: Tel. 08 00-82 82 82 (innerhalb GB).

Unterkunft

Ein breites Spektrum

Als Ferienland bietet Südengland natürlich ein breit gefächertes Angebot an Übernachtungsmöglichkeiten. Vom Fünf-Sterne-Hotel direkt an der Strandpromenade oder hoch auf den Klippen gelegen, von durchgestylten ›Boutique-Hotels‹ über eine Riesenauswahl an zauberhaften Landhaushotels in gepflegten Parkanlagen, kleinen Familienhotels bis hin zu der am weitesten verbreiteten Übernachtungsform in England, Bed & Breakfast (B&B) in Privathaushalten, Pensionen, den Guesthouses oder Inns. In ländlichen Gegenden wird die Privatunterkunft, oft herrlich komfortabel, als ›Farmhouse Accommodation‹ angeboten. Und Farmhouses entpuppen sich oftmals als prächtige Landsitze mit Park und Garten!

Ausstattung und Preise

Die Qualitätskriterien für Hotels und B&Bs sind unterschiedlich; sie werden entweder durch Sterne, Kronen oder Rhomben gekennzeichnet, die vergleichbar sind. Bei landesüblichen Hotelführern kann man in Unterkünften der Kategorie ab drei Sternen bzw. Kronen bzw. Rhomben aufwärts Zimmer mit eigenem Bad (Dusche) voraussetzen. Die unterschiedlichen Beurteilungskategorien sollen im Lauf der nächsten Jahre durch ein einheitliches System vereinfacht werden.

Hin und wieder jedoch kann man beim Übernachten noch so manch altertümlich Interessantes erleben: abenteuerliche Elektroinstallationen, fünf verschiedene Teppichböden und zahlreiche Formen, mit Heißwasser und Duschen *nicht* befriedigend zu-

Es muss ja nicht gleich eine Suite im Grand Hotel sein

rechtzukommen. Aber Sie sind schließlich im Urlaub und in einem fremden Land, wo eben nicht alles so ist wie zu Hause. Wichtig bei der Buchung von Unterkünften in schöner Lage ist es, genau anzufragen, ob die jeweiligen Zimmer eben diese Aussicht auch bieten oder zur Straße bzw. zum Hof hin liegen.

Wie auch in anderen Urlaubsregionen üblich, variieren die Preise je nach Dauer des Aufenthalts, d. h. preiswertere Angebote gibt es oft ab 3 Nächten, 1 Woche etc. Es kommt ebenfalls vor, dass an Wochenenden Zimmer lediglich für 2 Nächte oder einen längeren Aufenthalt gebucht werden können. Stark unterschiedlich sind zum Teil auch die Preise zwischen Winter- Neben- und Hauptsaison. Die Preisangaben im Reiseteil gelten i. d. R. für ein Doppelzimmer und 2 Personen mit Frühstück in den Monaten Juli und August.

Preisangaben: Bei der Wahl von Unterkünften achten Sie bitte darauf, ob die angegebenen Preise für ein Zimmer *per room* oder für eine Person (p.p.p.n. – *per person per night*) gelten, denn die Preisunterschiede sind bei ähnlichen Leistungen manchmal enorm!

Unterkunftsmöglichkeiten

Hotelgruppen und Anbieter

Viele der exklusiven Landhaushotels oder ländlichen Luxushotels haben sich zu kleineren Gruppen zusammengeschlossen, z. B. den Pride of Britain-Hotels, Prestige-Hotels, der Relais & Chateau-Gruppe.

Sehr interessant sind auch die stattlichen Privathäuser, die sich als Wolsey Lodges zusammengeschlossen haben. Das Besondere daran: In historisch bedeutsamen und besonders traditionsreichen Häusern werden Sie von den Eigentümern wie Privatgäste aufgenommen, und das kann auch heißen, dass Sie an einer großen gemeinsamen Tafel das Dinner einnehmen. Alle Broschüren sind in den Tourist Information Centres erhältlich.

Auch der National Trust bietet Hotels und Inns an; die Broschüren kann man beim Trust (s. S. 85) anfordern.

Hotelführer

Bei VisitBritain gibt es kostenlose Broschüren zu Hotels, B&B, Urlaub auf dem Bauernhof, Campingplätzen und Jugendherbergen. Ein nützlicher und schöner deutschsprachiger Führer, der im Buchhandel erhältlich ist, heißt »Kleine Hotels mit Charme – England, Schottland und Irland«. Die dort aufgeführten kleinen, privat geführten Hotels, B&Bs und Farmhäuser bieten einen hohen Standard und eine angenehme, private Atmosphäre.

Der »Michelin Great Britain & Ireland« ist der Klassiker, der »AA Hotel Guide Britain« ist verlässlich; er wird von der Automobile Asso-

> **Doppelzimmer:** Bei Doppelzimmern (DZ) unterscheiden die Briten zwischen *twin beds* oder *twin room* mit getrennten Betten und dem *double* oder *double room,* dem Doppelbett. *Private facilities* oder *ensuite* bedeutet Zimmer mit Toilette und Dusche.

ciation, AA, dem größten britischen Automobilclub, herausgegeben.

Bed & Breakfast (B&B)
In sämtlichen Urlaubsregionen stoßen Sie ständig auf die Schilder am Straßenrand mit der Aufschrift »B&B« oder »Accommodation«, die eine Unterkunft anzeigen. Das Schild ›Vacancies‹ kündigt freie Betten an. Sicherer und vielleicht auch bequemer ist die Nachfrage in einem Tourist Information Centre: Dort kann man auch gegen eine geringe Bearbeitungsgebühr eine Unterkunft für die folgende Nacht an einem anderen Ort buchen (Book a bed ahead). In entlegeneren Privatunterkünften oder auf Farmen können Sie oftmals auch ein Dinner erhalten *(e/m* oder *evening meal),* und wenn Ihnen Haus und Gastgeber gefallen, dürfen Sie auch auf einen anregenden Abend zählen. Beim B&B ist alles möglich: vom Luxusminihotel bis zur schlichten Schlafstatt.

Guesthouses und Inns
Ein **Guesthouse** entspricht einer Pension, wie wir sie aus dem deutschsprachigen Raum kennen, meistens in Badeorten: Es ist privat geführt, wie ein B&B, bietet aber mehrere Zimmer, einen Frühstücks- und Aufenthaltsraum, variable Preise je nach Aufenthaltsdauer. Liegt das Guesthouse außerhalb, kann man voraussetzen, dass auch ein Abendessen, Evening Meal angeboten wird. In kleineren Häusern nimmt man oftmals Frühstück und/oder Dinner an einem großen Tisch zusammen ein.

Inn bezeichnet eine ehemalige Kutschen- und Poststation an einem lokal oder überregional wichtigen Verkehrsknotenpunkt – das mag sich heute aber mit dem ausgebauten Verkehrsnetz geändert haben. Es ist meist ein altes, traditionelles Haus, vielleicht noch ein Fachwerkbau oder um- und ausgebaut zum bürgerlich-stattlichen Gasthof. In einem Inn kann man immer auch Zimmer erwarten; in seltenen Fällen ist nur der Namen erhalten und eine Übernachtungsmöglichkeit gibt es nicht mehr; sehr oft aber ist der Inn zu einem behaglichen komfortablen Hotel geworden.

Bauernhöfe/Farmen
Ferien auf dem Bauernhof/der Farm sind in Südengland sehr zu empfehlen: Es sind nicht nur Bauernhofgebäude, sondern zum Teil elegante, stattliche Anwesen in herrlichen Gärten und von eigenem Land umgeben. Von der Tierhaltung ist oftmals nichts zu sehen; dafür gibt es Gärten, komfortabel bis luxuriös ausgestattete Zimmer und meist sehr gutes Frühstück, oft mit eigenen Produkten.

Ferienhäuser und -wohnungen
Der Service VisitBritain bietet Broschüren an, in denen *holiday homes* (Ferienhäuser) aufgeführt sind. Abgesehen von Einzelhäusern gibt es natürlich auch Wohnungen, *holiday flats,* und das Ganze wird oft unter der Bezeichnung *selfcatering accommodation* geführt (Unterkünfte für Selbstversorger).

Anbieter in Deutschland
Ferienhausvermittler in Deutschland
Ferienhäuser am Atlantik U. Neukirchen
Altenberger Straße 21, 48161 Münster
Tel. 025 33-93 13-0, Fax 025 33-93 13 25
info@goto-britain.de
www.goto-britain.de
www.ferienhaus-neukirchen.de
London & Cornwall B&B Agentur
Felsbergstrasse 22 B, 64625 Bensheim

Tel. 062 51-70 28 22, Fax 062 51-70 28 75
http://bed-breakfast.de
Cornwall B&B Agency
Buchungsservice: Susanne Weichselberger
Bachwiesenstraße 43, 69469 Weinheim
Tel. 062 09-79 55 16
sweichselberger@yahoo.com
www.bed-breakfast.de,
www.b-b-cornwall.de
Cottages, Herrenhäuser oder kleine Hotels mit B&B.
Anbieter in Großbritannien
Die größte Zusammenfassung der Unterkünfte in Farmhäusern finden Sie auf der Website **www.farmstayuk.co.uk**

Wenn Sie eine besondere Unterkunft möchten, z. B. schöne alte Cottages in naturgeschützter Umgebung, in Mühlen, Pfarrhäusern oder Ferien in Herrenhäusern:
Landmark Trust
Shottisbrooke
Maidenhead, Berkshire
Tel. 016 28-82 59 25, Fax 016 28-82 54 17
www.landmarktrust.org.uk

National Trust Holiday Cottage Booking
PO Box 536
Melksham, Wiltshire
Tel. 0 870-458 44 11, Fax 0 870-458 44 00
cottages@nationaltrust.org.uk
www.nationaltrustcottages.co.uk

Distinctly Different
4 Mason's Lane
Bradford-on-Avon, Wiltshire
Tel. 0 12 25-86 68 42, Fax 0 12 25-86 66 48
enquiries@distinctlydifferent.co.uk
www.distinctlydifferent.co.uk

Jugendherbergen/Backpacker

Youth Hostels sind in England sehr beliebt; auch Erwachsene können dort übernachten. Der Besitz eines Jugendherbergsausweises ist Voraussetzung. Die Youth Hostels müssen vorbestellt werden. VisitBritain verschickt eine Liste aller Jugendherbergen, die Sie auch direkt anfordern können bei:
Youth Hostel Association
Trevelyan House
Matlock, Derbyshire
Tel. 0 16 29-59 27 00, Fax 0 16 29-59 27 02
Reservierungen in England:
Tel. 08 70-770 61 13
customerservices@yha.org.uk
www.yha.org.uk
Die Backpacker-Unterkünfte werden immer beliebter. Oft gibt es interessante Häuser und eine relaxte, internationale Atmosphäre.
Website: www.backpackers.co.uk

Camping

Campingplätze sind in großer Zahl vorhanden. Planen Sie einen Camping- oder Wohnwagenurlaub im Juli oder August, sollten Sie unbedingt vorher buchen. Die Automobilclubs, Camping- und Caravanclubs, sowie Visit Britain bieten die entsprechenden Führer jährlich neu an. Von VisitBritain erhalten Sie die kostenlose Broschüre »Camping & Caravan Parks in Britain«. Es ist ratsam, den Empfehlungen der Clubs oder Broschüren zu folgen, weil es zahllose eher schreckliche Camping- und Caravan-Sites gibt, die nur von Dauercampern als Wohnungsersatz genutzt werden.

Camping and Caravaning Club
Greenfield House, Westwood Way
Coventry CV4 8JH
Tel. 08 45-130 76 31, Fax 02 47-647 54 17
www.caravanandcampingclub.co.uk

Caravan Club
East Grinstead House
East Grinstead, West Sussex
Tel. 013 42-32 69 44
Fax 013 42-41 02 58
www.caravanclub.co.uk

Sport und Aktivurlaub

In Südengland mit Küsten, Hochufern, Stränden und Buchten, mit dem schönen hügeligen Inland und vielen Flussläufen ist (fast) alles möglich: Angeln, Reiten, Schwimmen, Segeln, Tauchen, Surfen, Tennis, natürlich auch Golfen auf traumhaft gelegenen Plätzen. VisitBritain hält ein breites Sortiment an speziellen Informationsbroschüren wie »Riding Holidays«, »Golfing Holidays« usw. bereit, und auf den Webseiten sind Infos und Adressen zu allen Sportarten aufgeführt.

Angeln/Fischen

Einen Angelschein müssen Sie besitzen, bevor Sie in den zahlreichen Seen und Flüssen angeln und fischen können. In den örtlichen Postämtern kann man den Angelschein *(rod fishing licence)* erwerben. Immer beliebter werden das Fischen im Meer und das Hochseeangeln, mit Tagesexkursionen aufs Meer. Auskünfte erteilen die lokalen Tourist Information Centres (TIC).

Golf

Das Golfen wird in Großbritannien als Volkssport betrieben, und weil das so ist, gibt es eine Fülle an großartigen öffentlichen und privaten Clubanlagen, die auch von Urlaubern genutzt werden können. VisitBritain (s. S. 67) hält eine Extrabroschüre bereit. Im Internet können Sie sich informieren unter: www.golfcourses.org oder für Golf-Ferienangebote unter www.golfvacations.com.

Radfahren

Eher für Fortgeschrittene: Im Westen, in Cornwall und Devon, ist die Landschaft bergig; die Straßen sind schmal, und die hohen Hecken behindern die Sicht. In den örtlichen Tourist Information Centres finden Sie Broschüren und ausgearbeitete Tourenvorschläge. Zahlreiche Fahrradstrecken wurden neu erstellt, die oft ehemalige Treidelpfade an Kanälen oder stillgelegte Bahnstrecken nutzen. Von allen ausgewiesenen Fahrradstrecken in Großbritannien (10 000 Meilen) sind zwei Drittel allgemeine Landstraßen und ein Drittel extra gebaute Fahrradwege.

Am Urlaubsort ist es oft nett und nützlich, das Umfeld mit dem Rad zu erkunden; Fahrradverleihangebote und Kartenmaterial gibt es in fast allen Urlaubsorten. Nützliche Informationen für Radler bei VisitBritain oder CTC – Cyclists' Touring Club (Tel. 08 70-873 00 60, www.ctc.org.uk), Sustrans – National Cycle Network (Tel. 08 45-113 00 65, www.sustrans.org.uk

Neben zahllosen lokalen Radstrecken gibt es folgende schöne, markierte Radrouten in Südengland, die auf der Webseite von Sustrans vorgestellt werden:

Avon Cycleway: 120 km rund um Bristol
Camel Trail: ca. 30 km auf einstiger Bahntrasse in Nordcornwall
Dartmoor & Süddevon: 300 km Rundstrecke
Devon Coast to Coast: 150 km von Plymouth bis Ilfracombe
Isle of Wight: ca. 100 km rund um die Insel
North Dorset Cycle Way: von Shaftesbury aus 100 km Rundtour

Reiten

Der klassische Sport im Land der weiten Hügel und grünen Täler, der Hochmoore und Heideflächen wie im Exmoor, Dartmoor oder im New Forest ist Reiten. Die Reitsportzentren sind zahlreich. Dort kann man Pony-Trekking, Ausritte und begleitete Touren buchen und Reitunterricht nehmen. In den Tourist Information Centres und auf den Webseiten der Regionen sind Adressen aufgeführt.

Strände

›The beach‹ meint in England vieles, nicht immer jedoch einen weißen, feinen, sauberen Sandstrand. *Pebble beaches* sind Kieselsteinstrände, und in zahlreichen Badeorten herrschen sie vor, was aber niemanden vom Strandleben oder Baden abhält. Selbst dann nicht, wenn die Steine schon Findlingsgröße erreicht haben. Besonders in Cornwall gibt es viele versteckte *coves,* Buchten, die schöne Sandstrände haben, oft aber nur über wild verwachsene Klippenpfade zu erreichen sind. Ebbe und Flut treiben ein Versteckspiel: Viele Buchten und Strände sind bei Flut verschwunden, und bei Ebbe ist die Wassergrenze ganz weit weg ...

Auf den meisten Landkarten sind die sicheren, bewachten Badestrände gelb markiert; hier gibt es Bademeister, und Flaggen kennzeichnen die sicheren Bereiche. Bei roten Flaggen niemals baden! Das Strandleben selbst ist bunt, freundlich und bescheiden: keine Strandburgen, keine Gebietsabgrenzungen, sondern Liegestühle, Handtücher und kleine Erfrischungsbuden.

Die bekanntesten weißen (!) und weiten Badestrände liegen in und um Ilfracombe, Bude, Newquay, St Ives, Torquay, Weymouth, Bournemouth, Eastbourne und Ramsgate, auf den Isles of Scilly und der Isle of Wight.

Wandern

Die Engländer wandern gern und viel – das Wetter ist nicht so wichtig, wohl aber gutes Schuhwerk, regenfeste Kleidung, Karte und Kompass, Rucksack auf dem Buckel. Es gibt wunderbare Wandergebiete, z. B. die South Downs in Kent und Sussex mit dem South Downs Way (ca. 140 km), die Quantock Hills, die Mendips und besonders die Moore: Exmoor, Bodmin Moor und Dartmoor – einsam, wild und manchmal windzerzaust.

Fernwanderwege

Der **Two Moors Way** zieht sich vom südlichen Dartmoor bis zum nördlichen Exmoor. Nahezu die gesamte Küste lässt sich auf dem **South West Coast Path** (knapp 1000 km, s. S. 266) erwandern. Die einzelnen Teilstrecken sind nach geografischen Abschnitten benannt: Der Somerset & North Devon Coast Path fängt bei Minehead an, geht in den Cornwall North Coast Path über und führt bis nach Penzance. Dort beginnt der Cornwall South Coast Path, der hinter Plymouth in den Devon South Coast Path übergeht, vom gleichnamigen Wanderweg in Dorset abgelöst wird und in Poole endet. Viele Wanderer nehmen sich im Urlaub jeweils einen Teilabschnitt vor, irgendwann ist dann einmal alles geschafft.

Zu allen Strecken gibt es Wanderführer und reichlich Infomaterial, das Sie in den Informationsbüros oder lokalen Buchhandlungen finden. Viele Landstriche und Küstenabschnitte stehen unter Naturschutz und/oder werden vom National Trust (NT) gepflegt. Hinweisschilder machen dies immer deutlich. Auskünfte und Routenvorschläge erteilt auch der britische Wanderverband:
Rambler's Association
Tel. 02 07-339 85 00, Fax 02 07-339 85 01
www.ramblers.org.uk
VisitBritain und jede Tourist Information vor Ort halten Infomaterial zum Thema »Walking« bereit, und auch der National Trust gibt eine Broschüre über »Country Walks« in seinen Gebieten heraus.

Das Wegerecht

Seit 2005 gibt es ein neues Gesetz, das *open access,* freien Zugang u. a. für Wanderer, Reiter und Radler, auch auf ausgedehntem Privatbesitz erlaubt – allerdings mit Einschränkungen, z. B. an privaten Küstenstrichen, in Wäldern und an Flussufern. In den neuen Ordnance-Survey-Karten oder den regionalen Karten der Tourist Information Centres sind die *open access*-Bereiche ausgewiesen.

Der **Public Footpath** ist ein öffentlicher Fußweg und überwiegend ausgeschildert. Das Wegerecht bezieht sich immer nur auf den Weg, nicht auf die umliegenden Wiesen, Felder oder Wälder. Wenn ein *footpath* durch privates Grundstück führt, müssen vorhandene Gatter wieder geschlossen werden. Oftmals führen *turnstiles,* kleine hölzerne Treppchen, über geschlossene Abzäunungen. Der *footpath* ist am gelbem Pfeil zu erkennen.

Bridleways wurden für Pferdefuhrwerke genutzt; heute ist hier Wandern, Reiten und Radeln erlaubt (mit blauem Pfeil markiert). Ein **Byway** ist mit rotem Pfeil gekennzeichnet und auch für Autofahrer offen. Ein **Concessionary path** ist weiß markiert: er ist nicht öffentlich, die Nutzung aber erlaubt.

Organisierte Wanderungen

Zahlreiche regionale oder lokale Kleinunternehmen bieten geführte Wanderungen, sei es für drei Stunden oder mehrere Tage, an. Wenn Sie ausreichend Zeit haben, ist das ist eine sehr empfehlenswerte Art, eine Teilregion, Naturschönheiten, Flora, Fauna, Lokalgeschichte und natürlich andere Leute näher kennenzulernen.

Footpath Holidays
16 Norton Bavant
Warminster, Wiltshire BA12 7BB
Tel. 019 85-84 00 49
www.footpath-holidays.com

Hidden Cornwall
5 Perhaver Park, Gorran Haven
St Austell, Cornwall PL26 6NZ
Tel. 017 26-84 22 59
www.walkingcornwall.co.uk

Wassersport

Bei über 1000 km Küste ist Wassersport in all seinen Formen das schönste und vielfältigste Vergnügen für Einheimische und Urlauber. Segeln, Motorboot, Kanu- oder Kajakfahren, Surfen und Windsurfen. Voll im Trend liegen die Extremsportarten, oft in aufregenden Mischformen: ›Abseiling‹, Klettern, Abseilen, Schwimmen, Tauchen, Höhlentauchen, Kitesurfen. Alles hintereinander oder getrennt.

Segeln
Das Mekka der Segler ist die Isle of Wight mit den umliegenden Gewässern. Der beste und berühmteste Club: UK Sailing Academy, Cowes, Tel. 019 83-29 49 41, www.uk-sail.org.uk.

Surfen
Surfen, Windsurfen und Kitesurfen mit den entsprechenden Schulen ist entlang der gesamten Küste sehr beliebt, besonders an der Westküste von Cornwall um St Ives und Newquay bis hinauf nach Bude. Dort finden sich auch die Extremsportschulen. Newquay ist das absolute Nonplusultra aller Surfer, die Buchten ringsum bieten Kurse und Ausrüstungsverleih an. Das allerwichtigste Ausstattungsstück: der Neoprenanzug. Infos unter: www.britsurf.co.uk.

Wellness

Kureinrichtungen, Kurbäder oder Wellnessangebote auch in Hotels tragen im Englischen die Bezeichnung ›Spa‹. Auch in den Erlebnisbädern, die gern Namen tragen wie ›waterworld‹, sind unterschiedlichste Wellnessangebote vorhanden.

Saunabesuch
Sowohl in Hotels als auch beim Besuch von öffentlichen Saunen ist es in Großbritannien üblich, Badebekleidung zu tragen. Wenn Sie nackt in die Sauna spazieren, outen Sie sich als unmögliche(r), rücksichtslose(r) Deutsche(r).

Einkaufen

Öffnungszeiten

Die Öffnungszeiten der Geschäfte sind unterschiedlich. In den ›High Streets‹ generell Mo–Sa 8–18 Uhr; in größeren Städten auch So 11–16 Uhr. Supermärkte sind oftmals tgl. bis 22 Uhr geöffnet, in großen Städten auch rund um die Uhr. In kleinen Orten haben die Geschäfte über Mittag geschlossen.

Kulinarisches und Lebensmittel

Wer gern kocht und neugierig ist auf die Nahrungs- und Lebensmittel, auf Supermärkte und kleine Delikatessenläden des Landes, wird freudig überrascht sein: In den letzten Jahren hat allerorten eine Gourmetrevolution stattgefunden, und auch Südengland hat Aufregendes zu bieten. Erzeuger und Verbraucher legen viel Wert auf Frische, regionale Produkte, und artgerechte Tierhaltung.

Die Supermärkte – allen voran Marks & Spencer, Sainsbury's und Tesco – bieten fantastische Fertig- und Halbfertiggerichte an, appetitanregende Salate, Vorspeisen, Kleinigkeiten und variationsreiche Sandwich-Pakete – da werden Sie sicher fündig. Besonders interessant sind die Käse, vom Cheddar angefangen. Reizvoll sind auch die Farmer's Markets, die Bauernmärkte, die in nahezu jeder Kleinstadt regelmäßig abgehalten werden.

Kunsthandwerk

Die *Crafts,* das Kunsthandwerk, hat in England eine lange, große Tradition, und besonders in Kunst-und Kulturzentren, in Museen, Galerien und unzähligen kleinen Geschäften werden Sie eine reiche Wahl an schönen Dingen finden. Töpferwaren, das hauchdünne *Bone China*-Porzellan, Wohn- und Modeaccessoires, die im englischen Landhausstil schwelgen, feine Papierwaren. Immer einen Besuch wert sind die Shops in den Gärten, Parks und Country Houses mit ihren individuellen Produktreihen wie Seifen, Marmeladen, Süßigkeiten und Schreibwaren. Dort sind auch die Gartenzentren üppige Fundgruben und das Glück aller Gartenbesitzer.

Shopping in der High Street

Jeder Ort, jede Stadt hat eine ›High Street‹, und in Großbritannien ist daraus eine feste Redewendung geworden, die vor allem die Modemarken, die Filialen, Läden und Banken bezeichnet, die landesweit verbreitet sind. Viele der großen Modelabels, die wir kennen, sind natürlich auch in England präsent. Die britischen Mode-, Kaufhaus-, Drogerie- und Supermarktketten verführen aber doch sehr zum Stöbern, weil sie eben andere Artikel haben, Neues und Ungewohntes. Marks & Spencer, Next, Monsoon, Dorothy Perkins, die Drogeriekette Boot's – alles macht neugierig.

Märkte und Fairs

Besonders anregend sind die Wochenmärkte *(markets)*, außerdem die Trödelmärkte, die vielerorts abgehalten werden. In den Dörfern finden *bazars* oder *jumble sales* statt, die von kirchlichen oder wohltätigen Organisationen abgehalten werden. Sie bieten einen wunderbaren Einblick ins ländliche Leben. Mit selbst gebackenen Kuchen und natürlich *a cup of tea*. Eine County oder Country Fair dürfen Sie keinesfalls verpassen: eine groß angelegte Landwirtschaftsmesse mit Wettbewerb um die schönsten Schafe oder Rinder, mit Ständen voller Outdoor-Kleidung, Reitturnieren, Musik, Tanz, Schauveranstaltungen der British Army und meistens auch mit einer Brautmesse!

Ausgehen

Kulturelle Veranstaltungen

Die spektakulären kulturellen Highlights in Südengland sind die Operninszenierungen in Glyndebourne und die Freilichtspiele am Meer im Minack Theatre bei Penzance. Dann lohnt sich natürlich Brighton mit seinem reichen kulturellen Angebot, die Seebäder Bournemouth und Eastbourne mit Symphonieorchestern und Theatern, und die experimentierfreudige Theaterstadt Chichester.

Wunderbare Theater-, bzw. Konzertaufführungen finden auch während der Sommermonate in vielen Country Houses und Stately Homes statt – mit Picknick, Feuerwerk und viel Freude.

Pubs und Inns

Der Pub ist die gute Stube der Ortsansässigen, der *locals* – wenn es denn ein gemütlicher alter Pub ist. In ländlichen Regionen finden sich sehr schöne Exemplare dieser Art mit rußgeschwärzten Balken und niedrigen Decken, viel Blumenschmuck und meistens einem Garten oder einer großen Terrasse zum Draußensitzen.

In größeren Städten und Touristenhochburgen finden sich aber auch Pubs und Inns,

Schankzeiten: Die rigiden Ausschankbegrenzungen und Öffnungszeiten für Pubs und Bars – für alle Lokale mit Alkoholausschank – wurden 2005 gesetzlich aufgehoben. Der Pub-Eigentümer *(publican)* kann im Prinzip seitdem auch nach 23 Uhr noch geöffnet haben – das heißt aber nicht, dass er dazu auch Lust hat. So bleiben auch weiterhin viele Pubs, vor allem auf dem Land, bei den alten Öffnungszeiten: Mo–Sa 11–23, So 12.30–23 Uhr.

die das traditionelle Flair nicht mehr besitzen und mit einem Pseudostil daherkommen. Wie der Pub geistert auch der Inn, früher einmal die Kutschenstation mit Übernachtungsmöglichkeit und heute meist Hotel, mit seiner Schankstube als Urbild britischen Wohlbehagens durch die Kultur- und Sozialgeschichte. Meistens ist es ja auch noch so, aber gerade Pubs und Inns, die keine unabhängigen Häuser sind, sondern großen Brauereiketten angehören, sind oftmals wenig stilvoll modernisiert worden.

Mittags kann man in Pubs und Inns kleine Mahlzeiten einnehmen; viele Pubs haben auch einen eigenen Restaurantteil. Wie Pilze aus dem Boden geschossen sind die sogenannten Gastro-Pubs, die besonderen Wert auf gute Küche legen und es da zu erstaunlicher Meisterschaft bringen (s. S. 59).

In größeren Orten ist in manchen Pubs am Wochenende *binge drinking* angesagt: Trinken bis zum Umfallen und Randalieren.

Clubs, Bars, Discos

Brighton und Newquay sind die Hochburgen der Party- und Clubszene, auch Bournemouth und Eastbourne halten gut mit. Brighton hat eine rege Schwulenszene, in Newquay toben sich die Surfer aus. Von Großdiskotheken bis zu schrillen oder coolen Lounges und Clubs ist alles zu finden. Das »Bingedrinking« (Komasaufen) ist bei jungen Leuten am Wochenende leider sehr beliebt – meistens in großen Pubs, die im Reisetext nicht aufgenommen sind. Auch bei Ankündigungen von »Stag & Hen-Parties«, den Junggesellen- und gesellinnen-Festen vor einer Hochzeit, ist Vorsicht geboten: da geht es auch meistens heftig zu. In kleinen Hafen- und Fischerorten, in Dörfern und mitten im Ländlichen gibt es hin und wieder Disco Dance, Haupttreffpunkt jedoch sind die Bars im alteingesessenen Hotel, Pub und Inn.

Gut zu wissen

Alkohol

In den meisten Orten findet sich ein *off-licence*-Geschäft: Dort wird Alkohol verkauft. Die Öffnungszeiten entsprechen in etwa denen der Pubs. In großen Supermärkten ist die *off-licence*-Abteilung integriert. Über die Fußangeln beim Pub-Besuch: s. S. 60.

Besichtigung von Kirchen und Kathedralen

Die Kathedralen und Kirchen in Südengland sind generell tagsüber geöffnet (kostenlose Führungen finden jeweils um 11 Uhr statt). In jedem Gotteshaus werden Sie eine freundliche Aufforderung zum Spenden bemerken: Die anglikanische Kirche zieht keine Kirchensteuern ein, und jede Gemeinde muss sich um den Unterhalt ihrer Kirche selbst bemühen.

Elektrizität

Deutsche bzw. europäische Stecker passen nicht in die englischen dreipoligen Steckdosen, und nur für Rasierapparate gibt es in England die für uns ›richtigen‹ Steckdosen, meist neben dem Spiegel am Waschbecken. Aber der Föhn würde in der eben genannten Steckdose nicht funktionieren, weil es in jeder englischen Steckdose eine kleine Sicherung, *fuse*, gibt, die nur auf die geringe Ampèrezahl der Rasierapparate ausgerichtet ist. Kaufen Sie sich vorab in England einen beweglichen **Zwischenstecker** mit einer fuse von mindestens fünf Ampère – damit können Sie dann jede beliebige Steckdose benutzen.

Brennt die Nachttischlampe im Hotelzimmer nicht? Kommt der Wasserkessel nicht zum Kochen? Dann verfolgen Sie einmal die Schnur bis zur **Steckdose**. Sie hat im Sockel einen Kippschalter, der angestellt sein muss. Diese Sicherheitsmaßnahme steht in auffälligem Gegensatz zu oftmals abenteuerlichen Elektroarrangements!

Great British Heritage Pass

English Heritage (EH), die staatliche Behörde für Denkmalpflege mit über 400 historischen Stätten, und National Trust (NT), der Welt größter Denkmalpflegeverein mit Hunderten von Country Houses und Gartenanlagen (s. S. 57), geben zusammen den Great British Heritage Pass heraus. Mit dem Pass bekommt man Zutritt zu allen Anlagen dieser beiden Organisationen sowie zu den Einrichtungen einiger kleinerer Denkmalpflegevereine, ohne eine weitere Eintrittsgebühr zu entrichten.

Der Pass für vier, sieben, 14 Tage oder einen Monat kostet zwischen 38 und 97 £ pro Person (auch Familienrabatt). Schon bei fünf Besuchen von Häusern, Burgen oder Gärten ist der Sieben-Tage-Pass bezahlt. Zu erwerben ist der Pass beim VisitBritain-Besucherzentrum in Berlin (s. S. 67), in größeren Tourist Information Centres in Südengland oder über:

Britain Direct GmbH
Ruhbergstraße 8
69242 Mühlhausen
Tel. 062 22-67 80 50, Fax 062 22-678 05 19,
www.britaindirect.com

Darüber hinaus besteht noch die Möglichkeit einer Jahresmitgliedschaft entweder bei English Heritage oder National Trust. Man kann sie an jedem beliebigen Besichtigungsort erwerben. Bei einem reichen Besichtigungsprogramm ist das Angebot sehr günstig und zu empfehlen! Nähere Informationen sowie aktuelle Öffnungszeiten und Veranstaltungen:
www.english-heritage.org.uk
www.nationaltrust.org.uk

Maße und Gewichte

Die europäischen metrischen Maße und Gewichte sind inzwischen üblich, aber aus Gewohnheit werden gern noch *mile, stone, yard* und *acre* angegeben, auch in Zeitungen. Die wichtigsten englischen Maßeinheiten und ihre deutschen Entsprechungen sind:

1 inch (in) – 2,54 cm
1 foot (ft) – 30,48 cm
1 yard (yd) – 91,4 cm
1 mile (mi) – 1,61 km
1 acre (ac) – 4046,8 m^2
1 pint (pt) – 0,57 l
1 gallon (gl) – 4,55 l
1 ounce (oz) – 28,35 g
1 pound (lb) – 453,6 g
1 stone (st) – 6,35 g

Die Maßeinheit *acre* lag schon dem »Domesday Book«, dem Reichsgrundbuch aus dem 11. Jh., zugrunde: 1 acre ist die Ackerfläche, die ein Mann an einem Tag pflügen kann.
1 acre – 4047 m^2 – weniger als 0,5 ha
1000 acres – 4 km^2 – 400 ha

Öffnungszeiten

Herrenhäuser, Gärten und Parks haben oft sehr spezielle Öffnungszeiten (s. S. 73).

Rauchen

In Bussen und Bahnen herrscht in England Rauchverbot, ebenso in allen Geschäften. Inzwischen ist in Hotels und Restaurants das Rauchen entweder nicht gestattet oder auf bestimmte Zonen beschränkt; in Hotelzimmern darf überwiegend nicht geraucht werden. In Pubs und Inns ist das Rauchen meistens erlaubt oder zumindest in einem Bereich gestattet.

Umgangsformen

Im Gespräch geht es tatsächlich erst einmal um das Wetter – die übliche Art, um einen kleinen Austausch einzuleiten. Die Briten hatten die Konversation immer schon zu einer hohen Kunstform des Alltags entwickelt; sie können sehr lange über sehr wenig reden, und meistens bleibt es bei allgemeinen, unverfänglichen Themen – vor allem sind Politik und Kirche als Gesprächsthemen tabu.

Sagen Sie lieber einmal zu viel »thank you«, »please« oder »sorry« als einmal zu wenig – das würde man Ihnen übelnehmen in einem Land, wo jeder simple Kaufakt mindestens drei Dankeschön verlangt und in dem die Bedienung »thank you« sagt, wenn sie Ihnen das Verlangte an den Tisch bringt. Im Übrigen hat man sich in England, jedwedes Fettnäpfchen vermeidend, darauf geeinigt, Kellner und Serviererinnen als geschlechtliche und gesellschaftliche Wesen zu neutralisieren und ihnen mit lieb gewordener Unbestimmtheit zu begegnen: Will man auf sich aufmerksam machen, ruft man möglichst unauffällig: »Excuse me, please«.

Höfliches und rücksichtsvolles Verhalten ist in England immer noch die Regel, auch das legendäre Schlangestehen. Wer sich vordrängelt, wird als Rüpel eingestuft.

Zeit

In Großbritannien gilt GMT, Greenwich Mean Time, die der mitteleuropäischen Zeitrechnung MEZ um eine Stunde hinterherhinkt.

In England sagt man nicht 18 Uhr etc., sondern markiert Tag- und Nachtwende. Zeitangaben zwischen Mitternacht und 12 Uhr sind mit ›a.m.‹ markiert (ante meridiem), zwischen Mittag und Mitternacht mit ›p.m.‹ (post meridiem).

11 a.m. = 11 Uhr (morgens)
11 p.m. = 23 Uhr

Reisekasse und Reisebudget

Währung und Geldumtausch

Geld und Umtauschkurs

Das englische Pfund Sterling (£) hat 100 pence (p; umgangssprachlich: ›pii‹). Auf Münzen und Scheinen ist nirgendwo der Landesname zu sehen, sondern nur das Porträt der Queen. Der Kurs liegt mit geringen Schwankungen Mitte 2010 bei 1 £ = ca. 1,20 €/2 CHF.

Banken

Den besten Wechselkurs für Bargeld erhält man in Banken (Mo–Fr meistens 9.30–16.30 Uhr). Die fünf größten Banken in England, Barclay's, Midland, National Westminster (Nat West), Lloyd's und HSBC, haben in fast jedem Ort eine Filiale, die sogenannte ›high street branch‹.

Bargeld wird überall umgetauscht, und auch die Scheckkarte Ihrer Bank wird von den EC-Automaten angenommen. Hin und wieder werden Sie auch mal schottische Banknoten erhalten – sie sind überall gültig.

Kreditkarten

In England wird sehr viel mit Kreditkarten bezahlt; am weitesten verbreitet sind Visa und Mastercard. In Hotels und größeren Restaurants, Kaufhäusern, Tankstellen und Supermärkten können Sie gut mit Kreditkarte bezahlen; in B&B-Unterkünften, Pubs und kleineren Geschäften muss Bargeld her.

Preise und Reisekasse

Reisen in England ist teuer: Auch Bed & Breakfast-Unterkünfte sind kaum mehr unter 30 € pro Person zu haben; das reiche und vielfältige Angebot an komfortablen Hotels, die bei uns das mittlere Preissegment abdecken, bewegt sich in Südengland zwischen 90 und 150 £ pro Nacht für zwei Personen. Spartipp: Wie in anderen Ferienregionen staffeln sich die Preise für Übernachtungen je nach Saison und Aufenthaltsdauer. Wenn Sie vorab buchen und länger als zwei Nächte bleiben, reduzieren sich die Preise ebenfalls.

Spartipp: In Restaurants und Bistros sind die Mittagsmenüs oft viel günstiger als das abendliche Dinner – und in der Regel genauso gut.

Auch Verkehrsmittel, Bahn und Bus, sind im Euro-Vergleich nicht billig. Essen und Trinken, besonders in guten Restaurants, belasten ebenfalls die Reisekasse; sogar der Einkauf von Lebensmitteln im Supermarkt ist etwas teurer als von zu Hause gewohnt.

Für all das, was ein Urlaubsreisender gern sieht und tut, muss meistens auch ordentlich in die Tasche gegriffen werden: Die Eintrittsgelder läppern sich ordentlich zusammen, und in allen kleinen Orten an der Küste, den Hafen- und Fischerdörfern, muss Parkplatzgebühr bezahlt werden.

Wer mehrere Schlösser, Burgen und Gärten anschauen möchte, ist gut bedient mit dem Great British Heritage Pass (s. S. 91), der gemeinsam vom National Trust und English Heritage herausgegeben wird und die Eintrittspreise erheblich reduziert.

Sperrung von EC- und Kreditkarten bei Verlust oder Diebstahl*:

0049-116 116

oder 0049-30 4050 4050
(* Gilt nur, wenn das ausstellende Geldinstitut angeschlossen ist, Übersicht: www.sperr-notruf.de)
Weitere Sperrnummern:
– MasterCard: 0049-69-79 33 19 10
– VISA: 0049-69-79 33 19 10
– American Express: 0049-69-97 97 2000
– Diners Club: 0049-69-66 16 61 23
Bitte halten Sie Ihre Kreditkartennummer, Kontonummer und Bankleitzahl bereit!

Reisezeit und Reiseausrüstung

Reisezeit und Wetter

Die Jahreszeiten

Wer nicht unbedingt die hochsommerliche Jahreszeit zum Reisen wählen möchte, kann sehr schön ab März bzw. zu Ostern nach Südengland fahren. Landschaft und Gärten sind schon frühlingshaft grün und bunt; es kann aber vorkommen, dass die eine oder andere Sehenswürdigkeit noch geschlossen ist. Generell jedoch sind ab Ostern die Rollladen hochgezogen, und alles blitzt und blinkt zum Saisonbeginn.

Mai und Juni sind herrliche Reisemonate: Die Gärten stehen in üppigster Blüte, die Rasen sind knackig grün, und das Wetter ist meistens besser, als es unsere Vorurteile vermuten lassen. Juli und August können sehr heiß und trocken, aber auch feucht und stürmisch sein – der englische Sommer ist eben unberechenbar. Der September ist ein sehr angenehmer Reisemonat, meist ist es noch spätsommerlich warm, und Sie können in Hemdsärmeln draußen vor den Pubs sitzen. Doch gegen Ende des Monats kann es in den Küstenregionen abends schon kühl sein.

Reisesaison und Öffnungszeiten

Im Juli, August und der ersten Septemberwoche sind in Großbritannien Schulferien, und es herrscht überall, besonders an der Seaside, reger Andrang. Besonders in der auf den freien Montag, Bank Holiday Monday, Ende Mai und Ende August/Anfang September folgenden Woche ist jeweils alles ausgebucht, dann verlangen Hotels und andere Unterkünfte Höchstpreise. Doch schon gegen Ende September herrscht in den großen Hotels gähnende Leere, und auch die Öffnungszeiten der Sehenswürdigkeiten künden die Vorbereitung auf den Winterschlaf an.

Das Wetter

Das Vorurteil über das nasse und feuchte Klima in England müssen Sie unbedingt ad acta legen – es stimmt nicht. So fällt in Barcelona im Durchschnitt mehr Regen als in London.

Die Südküste reicht im Süden bis zum 50. Breitengrad, etwa auf die Höhe von Mainz. Gerade Südengland ist in den letzten Jahren im Sommer immer wieder von Dürreperioden heimgesucht worden. Die Nähe des Golfstroms beschert der Region milde und feuchte Winter ohne tiefe Minustemperaturen. Auch in England macht sich der Klimawandel bemerkbar: Seit Jahren wird im dicht besiedelten Südosten im Sommer das Trinkwasser knapp, über Wochen regnet es nicht, und Gartenbesitzer dürfen ihre Rasen nicht mehr mit Leitungswasser sprengen.

Die Engländer sind kalte Wassertemperaturen gewohnt, und ab April kann man schon viele Kinder in knallbunten Neoprenanzügen am oder im Wasser herumdümpeln sehen, Surfer und Wassersportler sowieso. An der Nordküste Südenglands, in Devon und Cornwall, steigt die Wassertemperatur langsamer;

Klimadaten Bournemouth

Die Magie der Steine schützt auch vor den Unbilden des englischen Wetters

im Juli und August bietet das Meer immer noch Erfrischung, wenn es in mediterranen Gefilden Badewannentemperatur hat.

Zum Regen: Natürlich kann es regnen, oftmals sind es kurze Schauer, und es kommt vor, dass es zweimal am Tag eine schnelle Regendusche gibt. Aber grundsätzlich ist das Wetter sehr viel besser als sein Ruf. Einen Schirm sollte man schon mitnehmen – aber meistens braucht man ihn nicht.

Bekleidung, Ausstattung

Der ›Lagen-Look‹ ist genau das Richtige, dann sind Sie für alle Wetterlagen gerüstet. Einen dünnen Anorak mit Kapuze oder Regenmantel und einen Fleece-Pulli sollten Sie im Gepäck haben, sowie feste Schuhe.

Wenn Sie wandern wollen, brauchen Sie ordentliche Wanderstiefel. Soll es eine Moorwanderung sein, sind Gummistiefel unerlässlich. Die Bekleidungsgeschäfte in England sind allerdings gut sortiert, und gerade in Wandergebieten finden Sie an Ort und Stelle alles Notwendige für eine zünftige Ausstattung in ausgezeichneter Qualität.

Ansonsten kleiden Sie sich so wie zu Hause. Sonnencreme und Sonnenbrille müssen unbedingt mit ebenso wie eine angemessene Kopfbedeckung (Sonnenhut oder eine Schirmkappe).

In Hotels und Restaurants erwartet man, dass sich die Gäste zum Dinner nett kleiden: Flip-Flops und Shorts sind absolut tabu. Krawatte, zumindest ein Jackett für den Herrn und adrette Kleidung für die Dame werden selbst in guten Gastro-Pubs erwartet.

Wer mit dem eigenen Auto unterwegs ist, sollte Picknickutensilien nicht vergessen – ein schönes Picknick auf dem Rasen gehört zu einer England-Reise einfach dazu.

Gesundheit und Sicherheit

Apotheken

Die Apotheke, *chemist* oder *pharmacy,* ist entweder wie bei uns ein separat geführter Laden, oder er ist Teil der Drogerien. Medikamente gibt es auch in vielen Supermärkten und sie sind vergleichsweise preiswert. ›Boots‹, die größte Drogeriekette in Großbritannien, ist in nahezu jeder Kleinstadt präsent. Vom Arzt ausgestellte Rezepte heißen *prescriptions*.

Ärztliche Versorgung

Die Leistungen des staatlichen englischen Gesundheitswesens ›National Health Service (NHS)‹ sind auch für ausländische Besucher zugänglich. Die ambulante Notfallversorgung bei niedergelassenen Ärzten oder bei den Unfallstationen der Krankenhäuser ist kostenlos. Es ist ratsam, eine Europäische Krankenversicherungskarte bei sich zu haben. Ein Facharztbesuch muss bar bezahlt werden, und diese Leistungen werden nicht immer in voller Höhe in Deutschland rückerstattet. Auch stationäre Behandlungen müssen bezahlt werden, wenn man nicht als EU-Bürger eine Krankenversicherungskarte besitzt und mit sich führt.

In jedem Fall sollte man eine Reisekrankenversicherung abschließen, die im Notfall einen Rücktransport oder Privatbehandlungen einschließt.

> **Notruf**
> Landesweit, der Anruf ist gratis: **Tel. 999 für Polizei, Feuerwehr, Krankenwagen**

Sicherheit

Das Reisen in Südengland bietet keine Probleme. Mit den sozialen Brennpunkten, die es wie überall in Großstädten gibt, werden Sie als Reisender kaum in Berührung kommen, und in den Amüsiervierteln der Großstädte oder den größeren Badeorten ist die Kriminalitätsrate ähnlich wie sonst in Westeuropa. Und wie überall sollten Sie im Auto auf dem Parkplatz keine Wertsachen zurücklassen.

Eine Apotheke, *pharmacy,* findet man in fast jedem Ort

Kommunikation

Internet

In zahlreichen Hotels, Inns, oftmals auch in B&Bs finden sich Internetanschlüsse im Zimmer oder in der Lounge. Auch Internetcafés oder ›Cybercafés‹ gibt es in größeren Orten.

Post

Post (Royal Mail) und Telefon sind in Großbritannien getrennte Institutionen. Die Postämter *(post offices)* sind Mo–Fr 9–17.30, Sa 9–12.30 Uhr geöffnet. In kleinen Dörfern befindet sich der Postschalter meist im einzigen Laden, der über Mittag ein Päuschen einlegt.

Die Briefmarken, *stamps*, tragen nur das Porträt der Queen als Erkennungszeichen. Sie werden auch in Zeitschriften- und Souvenirläden verkauft. Porto für Postkarten und Briefe (bis 20 g) innerhalb Europas: 42 p.

Radio und Fernsehen

Mutter aller Radio- und Fernsehkanäle ist die BBC (British Broadcasting Corporation). BBC 1, BBC 2, Channel 4, Channel 5 sind die staatlich geförderten Fernsehkanäle mit anspruchsvollem Profil, natürlich auch mit Unterhaltung, Comedy und seichten Serien. Wichtigste Nachrichtensendung bei der BBC ist »News at Ten« (tgl. 22 Uhr). ITV ist der beste Privatsender mit seriösen Nachrichtensendungen, Politik und Wirtschaft. Hinzu kommen mehrere Privatsender und regionale Stationen von BBC und ITV. Neben den verschiedenen Radiosendern der BBC besitzt jede Region ihre eigenen Privatsender.

Telefon

Die staatliche Telefongesellschaft ›British Telecom‹ hat schon viele der alten, roten Telefonhäuschen gegen schlicht-graue Boxen ausgetauscht. Sie funktionieren z. T. auch mit Münzen *(coins)*. Die weit verbreiteten Telefonkarten *(phonecards)* erhält man in Drogerien, Postämtern und an Zeitungskiosken.

Vorwahlnummern
Vorwahl nach Großbritannien: 0044; Vorwahl nach Deutschland: 0049, in die Schweiz: 0041, nach Österreich: 0043. Bei der Ortsvorwahl lässt man die erste Null weg. Vermittlung: Tel. 100 (kostenlos); Auskunft Inland: 11 85 00; Auskunft Ausland: 11 85 05.

Handy
Wer mit seinem Handy *(mobile phone)* im Land telefonieren will, braucht keine Landesvorwahl zu wählen. Wer vom Kontinent aus anruft, muss die britische Vorwahl voranstellen. Das Telefonieren ist unkompliziert, der Netzempfang deckt alle Landesteile ab.

Zeitungen

The Times, Financial Times, The Guardian und The Independent sind die großen überregionalen Tagesblätter; am Sonntag gibt's die fetten Sonntagszeitungen, die alle mit bunten Magazinen locken: Sunday Times, Observer, Sunday Telegraph etc. Die Sun ist das meistverkaufte Tagesblatt im Inselreich und führt die gnadenlose Regenbogenpresse an – sonntags heißt die Sun News of the World.

Der Sonntagvormittag steht bei den Engländern zum Zeitunglesen an: Man schlurft zum nächsten Kiosk, kauft seine Lieblingsblätter und taucht bei Tee oder Kaffee bis zum Mittag ab. Das kann am Strand sein, auf der Hafenmole, der Parkbank oder der Wiese.

Deutsche Zeitungen und Zeitschriften sind in größeren Orten und Städten erhältlich; in allen Ferienorten gibt es auf jeden Fall Bild, Brigitte und überregionale Tageszeitungen.

Sprachführer

Allgemeines
Danke	Thank you
Gern geschehen	My pleasure, you're welcome
Wie bitte?	Pardon?
Guten Morgen	Good morning
Guten Tag	Good afternoon
Guten Abend	Good evening
Auf Wiedersehen	Goodbye
Wann?	When?
Wie?	How?

Unterwegs
vierspurige Straße	dual carriageway
Autobahn	motorway
einspurige Straße	single track road
Tankstelle	petrol station
Benzin	petrol
(Auto-)Werkstatt	garage
Bahnhof	railway station
Busbahnhof	bus/coach station
Flughafen	airport
Touristeninformation	tourist information
Kirche	church
Museum	museum
Platz	square, place
Strand	beach
rechts	right
links	left
geradeaus	straight ahead, straight on
ein Auto/ ein Fahrrad mieten	rent a car/ a bike
eine Fahrkarte nach	a ticket to …
einfach	single
hin und zurück	return

Zeit
3 Uhr (morgens)	3 a.m.
15 Uhr (nachmittags)	3 p.m.
Stunde	hour
Tag	day
Woche	week
Monat	month
Jahr	year
Montag	Monday
Dienstag	Tuesday
Mittwoch	Wednesday
Donnerstag	Thursday
Freitag	Friday
Samstag	Saturday
Sonntag	Sunday
Feiertag	public holiday
Winter	winter
Frühling	spring
Sommer	summer
Herbst	autumn
heute	today
morgen	tomorrow
gestern	yesterday

Notfall
Hilfe	help
Notfall	emergency
Polizei	police
Unfall	accident
(Auto-)Panne	breakdown
Arzt	doctor
Zahnarzt	dentist
Medikamente	medicine, drugs
Apotheke	pharmacy
Krankenhaus	hospital
Rettungswagen	ambulance
Schmerzen	pain

Übernachten
Hotel	hotel
Einzelzimmer	single room
Doppelzimmer	double room
… mit zwei Betten	… with twin beds
… mit Bad	… with bathroom
… mit Dusche	… with shower
… mit WC	… ensuite
Frühstück	breakfast
Halbpension	half board
Gepäck	luggage

Einkaufen
Geschäft/Laden	shop
Bäckerei	bakery

Lebensmittel	foodstuffs
geöffnet	open
geschlossen	closed
Briefmarken für einen Brief/ eine Postkarte nach … Deutschland/ … Österreich/ … in die Schweiz	stamps for a letter/ a postcard to … Germany/ … Austria/ … Switzerland
Geldautomat	cash machine
Kreditkarte	credit card
bar	cash
teuer/billig	expensive/cheap
Quittung	receipt
kaufen	buy
bezahlen	pay
Wie viel?	How many, how much?

Zahlen

1	one	18	eighteen
2	two	19	nineteen
3	three	20	twenty
4	four	25	twenty-five
5	five	30	thirty
6	six	40	fourty
7	seven	50	fifty
8	eight	60	sixty
9	nine	70	seventy
10	ten	80	eighty
11	eleven	90	ninety
12	twelve	100	one hundred
13	thirteen	150	one hundred and fifty
14	fourteen		
15	fifteen	200	two hundred
16	sixteen	1000	a thousand
17	seventeen	2000	two thousand

Die wichtigsten Sätze

Allgemeines

Entschuldigen Sie!	Excuse me/Pardon!
Sprechen Sie deutsch?	Do you speak German?
Ich spreche kein Englisch.	I do not speak English.
Bis bald (später)	See you soon (later)
Ich heiße …	My name is …
Wie heißen Sie?	What's your name?
Ich komme aus …	I come from …
Wie geht's?	How are you?
Danke, gut.	Thanks, fine.
Schön, Sie zu sehen.	Nice to see you.

Unterwegs

Wo ist …?	Where is …?
Wie komme ich nach …?	How do I get to …?
Wo finde ich …?	Where can I find …?

Notfall

Können Sie mir helfen?	Could you help me?
Ich brauche einen Arzt.	I need a doctor.
Hier tut es weh.	I feel pain here.

Übernachten

Haben Sie ein freies Zimmer?	Do you have any vacancies?
Wie viel kostet es pro Nacht?	How much is it per night?
Ich habe ein Zimmer bestellt.	I have booked a room.
Ich möchte abreisen.	I want to leave.
Die Rechnung bitte.	The bill, please.

Einkaufen

Ich möchte Geld wechseln.	I would like to change money.
Wo kann man … kaufen?	Where can I buy …?
Wie viel kostet das?	How much is …?
Ich brauche …	I need …
Wann öffnet/ schließt …?	When does … open/ close …?

Spektakulärer Höhepunkt an Englands Südküste: Seven Sisters bei Eastbourne

Unterwegs in Südengland

Blütenzauber in Kent: Sissinghurst Castle Garden

Kapitel 1

Der Osten – Kent, Sussex, Surrey

Die Grafschaften Kent, Sussex und Surrey mit ihren lieblichen, hügeligen Landschaften, Wiesen, Obstgärten und Schafweiden, mit felsigen Küstenstrichen und beliebten Badeorten bieten eine überraschende Vielfalt an Naturschönheiten und Sehenswürdigkeiten.

Kent galt immer schon als der ›Garten Englands‹. Die einstigen Hopfendarren mit ihren spitzen Helmen sind überall zu sehen. Hier liegen einige der schönsten Sehenswürdigkeiten Südenglands: die Kathedralstadt Canterbury, die Wiege des englischen Christentums, grandiose Schlösser und Gärten, die sich abwechseln mit lieblichen alten Dörfern und hübschen Kleinstädten wie Cranbrook oder Tenterden in der Hügellandschaft des High Weald. Royal Tunbridge Wells besitzt noch das elegante Flair des Kurorts aus georgianischer Zeit.

Leeds Castle, das Schloss Knole bei Sevenoaks oder auch Hever Castle, Bodiam und Arundel Castle sind ganz unterschiedlich in ihrer Art – doch sind sie allesamt grandiose Zeugnisse eines machtvollen, immer noch sehr lebendigen Adels.

An der Küste bildet Dover mit seinen White Cliffs, den Kreidefelsen, das legendäre Eingangstor zum Inselreich. Hier machen sich der Einzugsbereich Londons und der Kanaltunnel als Verkehrsschneise bemerkbar, doch im Landesinnern breitet sich rasch ländliche Stille aus. Um Haywards Heath im Inland reiht sich eine Kette herrlichster Landschaftsgärten aneinander, u. a. Sheffield Park und Nymans Garden.

In dieser Gegend kann man auf den Spuren großer Persönlichkeiten der englischen Geschichte und Kultur wandeln: Die eindrucksvollen Wohnhäuser von Rudyard Kipling, Winston Churchill oder Virginia Woolf lohnen einen Besuch.

Entlang der Küste zeigt sich ein vielfältiges Bild: Kreidefelsen, lange einsame Kieselstrände wechseln ab mit blumengeschmückten, bunten Seebädern wie Eastbourne oder dem pulsierenden, ewig jungen Brighton.

Auf einen Blick
Der Osten – Kent, Sussex, Surrey

Sehenswert

1 Canterbury: Die Kathedrale, UNESCO-Welterbe und Zentrum der anglikanischen Kirche, bildet das Herzstück der wuseligen mittelalterlichen Fachwerkstadt (s. S. 106).

2 Rye: Das zauberhafte geschichtsträchtige Städtchen liegt hoch über der Marsch, eine blumengeschmückte, kopfsteingepflasterte und viel besuchte Idylle (s. S. 145).

3 Brighton: ›London an der See‹ ist lebhaft, jung, überaus beliebt mit seinem prächtigen, orientalisch anmutenden Royal Pavilion, einem Vergnügungspier am langen Strand, mit viel Kultur, Trödelviertel und Szenekneipen (s. S. 160).

Schöne Routen

Rundfahrt durch den High Weald: Eine Runde durch die liebliche Landschaft östlich von Royal Tunbridge Wells führt zu Schlössern, Hopfendarren und Weingütern (s. S. 133).

Durch die Gärten von Midsussex: Vier grandiose Garten- und Parkanlagen betören alle Sinne: Nymans Garden, Borde Hill, Wakehurst Place und der einzigartige Sheffield Park liegen dicht beieinander (s. S. 176).

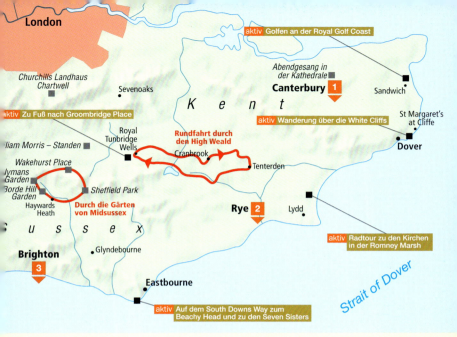

Meine Tipps

Abendgesang in der Kathedrale von Canterbury: Ein großes Erlebnis ist der Evensong in der Kathedrale mit dem wunderbar klaren Gesang des Knaben- und Männerchors (s. S. 108 und S. 111).

Churchills Landhaus Chartwell: Das Anwesen des bedeutendsten Engländers des 20. Jh. ist von der starken Persönlichkeit Churchills und seinem Familienleben geprägt (s. S. 141).

Standen: Der Idealtyp eines familiären Landhauses der Arts & Crafts-Bewegung stammt von William Morris, dessen Ornamentik und Design noch heute produziert und hoch geschätzt werden (s. S. 180).

aktiv unterwegs

Golfen an der Royal Golf Coast: Rund um Sandwich liegen drei herausfordernde, berühmte Golfplätze (s. S. 118).

Wanderung über die White Cliffs: Hoch über der See erleben Sie die Schönheit der Klippen von Dover (s. S. 120).

Radtour zu den Kirchen in der Romney Marsh: Ungewöhnliche alte Kirchen in amphibischer Landschaft (s. S. 124).

Zu Fuß nach Groombridge Place: Eine Wanderung von Royal Tunbridge Wells führt zu einem faszinierenden Garten (s. S. 132).

Auf dem South Downs Way zum Beachy Head und zu den Seven Sisters: Der Langstreckenwanderweg bringt die Landschaft Kents aufs Schönste zur Geltung (s. S. 156).

Canterbury und Umgebung

Canterbury ist Höhepunkt einer Reise durch Kent: Die Wiege des englischen Christentums, mit seiner großartigen Kathedrale Welterbe der UNESCO, war es seit jeher spiritueller Mittelpunkt Großbritanniens. Die Stadt betört durch ihr mittelalterliches Flair. Ein relativ kurzer Ausflug führt aus der Stadt ins Dorf Chilham.

Canterbury ▶ M 18

Cityplan: S. 113

Kompakt präsentiert sich die Altstadt innerhalb der Stadtmauern mit ihren Pilgerherbergen und Klöstern, Inns und Collegebauten, buntem Fachwerk und buckeligen Häusern. Trotzdem ist die Stadt mit ihren 40 000 Einwohnern jung und modern: Ein immerwährender Strom aus Touristen (2,5 Mio. jährlich!), Shoppern aus dem Umland und vielen Studenten macht Canterbury lebendig.

In Canterbury steht die älteste Kirche des Inselreichs, Canterbury ist die Wiege des englischen Christentums; seine Kathedrale als Sitz der erzbischöflichen Diözese war seit jeher der spirituelle Mittelpunkt Großbritanniens. Und seitdem Heinrich VIII. mit dem Papst und der römisch-katholischen Kirche in Rom brach, sich selbst als *defender of the faith* (›Verteidiger des Glaubens‹) zum Oberhaupt der Staatskirche ernannte, ist der Erzbischof von Canterbury der Primas der anglikanischen Kirche. Er allein hat das Recht und die Pflicht, die Monarchen zu krönen und sie damit in ihrem Herrschaftsanspruch zu legitimieren. Seine Kathedrale ist die Mutterkirche von weltweit 70 Mio. anglikanischen Gläubigen.

Die Geschichte der Kathedrale, neben Westminster Abbey in London das schönste sakrale Bauwerk in Großbritannien, spiegelt die großen, bedeutsamen Wendepunkte in der Geschichte der englischen Königshäuser wider. Sie war Zeuge des feigen Mordes an Erzbischof Thomas Becket; sie hat den Bußgang eines Monarchen erlebt, Könige und Heilige sind hier begraben, und Hunderttausende von Pilgern haben die Stufen zum Heiligtum mürbe werden lassen. 1986 unterzeichneten dort Margaret Thatcher und François Mitterrand den Vertrag zum Bau des Kanaltunnels.

Canterbury hat sein festlich herausgeputztes mittelalterliches Gewand nie abgelegt, und obwohl die Stadt im Zweiten Weltkrieg schwere Bombenschäden hinzunehmen hatte, sind Stimmung und Atmosphäre von ihrer Geschichte, ihren Traditionen und Überlieferungen bestimmt. Doch ist die Zeit hier keineswegs stehen geblieben: Die Stadt ist modern und quirlig; sie ist das Zentrum der Region. Dreh- und Angelpunkt der englischen Geschichte ist die normannische Eroberung, so auch hier: Die Stadtmauern wurden in dieser Zeit angelegt. Sie sind z. T. noch begehbar und umgeben die Altstadt mit einem nahezu perfekten Ring. Die lange Schneise der Hauptstraße teilt Canterbury von Osten nach Westen, der Flusslauf des Stour bildet die Nord-Süd-Achse, und innerhalb dieses Fadenkreuzes, eingebettet in das Rund der Stadtmauern, nimmt die Domfreiheit nahezu ein Viertel ein.

Umzug von Marineveteranen vor der Kathedrale in Canterbury

Canterbury und Umgebung

Tipp: Mit dem Pkw nach und in Canterbury

Es gibt viel zu sehen in Canterbury und es lohnt sich, mindestens eine Nacht hier zu verbringen. Vor den Stadtmauern sind zahlreiche Langzeitparkplätze eingerichtet und davon sollte man Gebrauch machen: Der Kernbereich der Stadt ist überschaubar, die Stadtmitte ist Fußgängerzone, und das verbleibende Straßennetz ist ein labyrinthisches Einbahnsystem.

Bevor wir mit der Besichtigung der Kathedrale beginnen, macht uns ein erster Rundgang durch die Stadt mit der Vielfalt der schönen Bauten vertraut, die alle mit der Kathedrale von Canterbury, ihrer einst bedeutenden weltlichen Macht und geistlichen Dominanz, verbunden sind.

Vom West Gate zur Kathedrale

Wenn Sie es den mittelalterlichen Pilgern gleichtun wollen, dann betreten Sie Canterbury durch das imposante West Gate. Von hier aus begleitet Sie der Anblick der Kathedrale auf Schritt und Tritt.

Das **West Gate 1**, das um 1380 vom königlichen Baumeister Yevele errichtet wurde, bevor er der Kathedrale ein neues Längsschiff schenkte, ist mit seinen zwei kraftvollen Rundtürmen, mit Zugbrücke und Fallgatter eines der besterhaltenen Stadttore Englands. Es diente lange als Gefängnis und beherbergt heute das **West Gate Museum** mit Waffensammlung und schönen Nachbildungen unterschiedlichster Ritterrüstungen (Mo–Sa 11–12.30, 13.30–15.30 Uhr).

An der **Guildhall 2** vorbei, die aus der Kirche Holy Cross entstanden ist, wandern wir die lange High Street entlang, die hier St Peter's Street heißt. Sehr romantisch neben der Eastbridge gelegen, überblicken die Weberhäuser aus dem 14. Jh. den Stour. In den spitzgiebeligen Fachwerkbauten der **Weavers' Houses 3** fanden die flämischen und französischen Hugenotten eine neue Heimat. Da sie hervorragende Handwerker waren und ihre Webkunst sehr begehrt war, nahm man sie gern auf. In den vorkragenden, lichtdurchfluteten Obergeschossen stehen noch die alten Webstühle.

Da nicht nur die Klöster, sondern auch die Stadt für die nie abreißenden Fluten der Pilger zu sorgen hatte – sie waren schließlich die Haupterwerbsquelle neben der Tuchherstellung –, stoßen wir überall auf Hospize, Armenhäuser *(almshouses)* und Stiftsgebäude, in denen die Pilger Unterkunft fanden. Den Weberhäusern gegenüber steht z. B. das **Eastbridge Hospital 4**, dessen Gründung auf das Jahr 1070 zurückgeht. Hier nächtigten die Pilger und erhielten ihre Mahlzeiten. Nach der Reformation wurde ein Armenhaus daraus. Die schönen Gebäude mit der Master's Lodge, Kapellen, Gewölben und einem Refektorium sind zu besichtigen.

Den reizenden Gärten entlang des Stour folgend, an den Klosterruinen der **Grey Friars 5**, der Franziskaner, vorbei, stoßen wir auf das **Museum of Canterbury 6**, das im mittelalterlichen Poor Priest Hospital untergebracht ist. Das Gebäude mit der großen blauen Uhr über dem Eingangsportal ist exzellent restauriert, und das überaus lebendig gestaltete, interaktive Museum führt durch die Geschichte der Stadt von der Römerzeit bis heute. Es zeigt u. a. den berühmten Silberlöffelschatz aus der Römerzeit, Pilgerabzeichen aus dem Mittelalter sowie die erste Dampfmaschine von Stephenson (1830). Es besitzt zudem eine Teddybärenabteilung (www.canterbury-museums.co.uk, Mo–Sa 11–16, Juni–Sept. auch So 13.30–16 Uhr).

Wieder in der High Street geht man vorbei an dem schönen Fachwerkbau, in dem Königin Elisabeth I. einmal genächtigt hat, **Queen Elizabeth's Guest Chamber 7**.

The Canterbury Tales 8 in der St Margaret's Street bietet ein prächtig-buntes historisches Spektakel: Hier wird die Pilgerfahrt von London nach Canterbury lebendig, in audiovisuellen Vorführungen nehmen wir an Chaucers lebensprallen Erzählungen aus dem 14. Jh. teil, mit denen sich die Pilger gegenseitig unterhielten (www.canterburyta

Mord im Dom

Thema

Der Mord an Thomas Becket war eine Ungeheuerlichkeit, die die gesamte Christenheit zutiefst erschütterte – der Erzbischof wurde in seiner eigenen Kathedrale, dem geheiligten Ort Gottes, hinterrücks erstochen!

Becket, der von Jugend an mit König Heinrich II. befreundet war, sein Vertrauter, sein Kanzler, hatte das ihm angebotene Amt des Erzbischofs nur zögernd angenommen – wusste er doch, dass der Konflikt zwischen Kirche und Staat, zwischen den autokratischen Machtansprüchen des Königs und der Eigengesetzlichkeit der römisch-katholischen Kirche zu einem Bruch mit dem König führen musste. Becket, dessen Gewissensentscheidung eindeutig für die Kirche sprach, machte sich damit zum Feind Heinrichs II., und vier Höflinge, die dessen Zornesausbruch gegen den Erzbischof für bare Münze nahmen, machten sich auf, um den Primas zu ermorden. Er starb am 29. Dezember 1170. Becket wurde zum Märtyrer, er wurde 1174 heilig gesprochen, der Papst verhängte den Kirchenbann gegen Heinrich II. – und damit gegen sein ganzes Land. Der König musste Abbitte tun. Nach der Heiligsprechung Beckets trat Heinrich seinen Bußgang an und empfing vor dem Hochaltar die öffentlichen Geißelschläge.

Ein Fenster in der Kathedrale von Canterbury zeigt das Attentat auf den Bischof

Canterbury und Umgebung

les.org.uk, tgl. 10–16.30 Uhr). Die Geschichten, die sich die bunt zusammengewürfelte Pilgerschar auf dem Weg von London nach Chanterbury erzählte, hat Geoffrey Chaucer (1340–1400) zu einem Lebenspanorama des Mittelalters verdichtet – sein Werk nimmt neben dem von William Shakespeare den höchsten Rang in der englischen Kultur- und Literaturgeschichte ein (s. S. 56).

In der Butchery Lane liegt das unterirdische **Roman Museum** 9 mit den Überresten eines römischen Stadthauses, ausdrucksvollen Mosaiken und einem rekonstruierten Marktplatz (www.canterbury-museums.co.uk, Mo–Sa 10–17, Juni–Okt. auch So 13.30–17 Uhr).

Buttermarket und Christ Church Gate

Dann stoßen wir auf die Straße Burgate, deren Hauptanziehungskraft und Mittelpunkt der zauberhafte, intime **Buttermarket** bildet – ein Gewirr aus anmutigen Fachwerkbauten, zusammengewürfelten Bürgerhäusern aus allen Epochen, einem Marktkreuz in der Mitte und dem prachtvollen, üppig ornamentierten **Christ Church Gate** 10. Der Haupteingang zur Domfreiheit wurde von Heinrich VII. begonnen, in festlichem Erinnern an die Hochzeit seines Sohnes Prinz Artur mit der spanischen Königstochter Katharina von Aragon. Artur starb als 16-Jähriger, Heinrich VII. hatte nach dem Tod seines Sohnes das Interesse an dem Bauwerk verloren. Erst sein zweitgeborener Sohn ließ als Heinrich VIII. das Portal fertig stellen und vermählte sich selbst mit Arturs Witwe.

Canterbury Cathedral 11

Der erste normannische Erzbischof Langfranc ließ um 1070 einen großen Dom errichten, der im Lauf der folgenden Jahrhunderte der **Canterbury Cathedral**, wie wir sie heute vor uns sehen, weichen musste. Der erste Bauabschnitt fällt in den Beginn des 12. Jh.: Unter Langfrancs Nachfolger, dem später heiliggesprochenen Erzbischof Anselm, entstanden die einzigartig schöne normannische Krypta, der Chor und die östlichen Querschiffe. Der Chor brannte aus und wurde von dem Franzosen Guillaume de Sens ab 1175 neu gestaltet. Für die zweite große Bauphase war William the Englishman verantwortlich, der den Chor um die Trinity Chapel und die herr-

In den Obergeschossen der Weavers' Houses stehen noch Webstühle

Tipp: Abendandacht in der Kathedrale

Der Anblick der Kathedrale ist grandios; nehmen Sie sich Zeit für einen Spaziergang durch das geschützte Refugium mit seinen Nebengebäuden, dem Kreuzgang, der Bibliothek, dem weitläufigen Ensemble der berühmten King's School, dem Kapitelhaus.

Alles in saftiges Rasengrün eingebettet, eine Welt für sich, die auf die Kathedrale einstimmt. Unvergesslich ist eine Abendandacht (Mo–Fr 17.30, Sa 15.15, So 15.30 Uhr) mit Chorgesang, wenn sich die Kathedrale in ihrer Pracht und Schönheit in festlichen, mystischen Glanz hüllt. Der ›Evensong‹ ist in jeder Kathedrale Englands fester Bestandteil des Gemeinschaftslebens. Die Choristen, Knaben der Domschule und altgediente Sänger, ziehen in einer Prozession in die Kirche ein, und der Gesang der reinen Stimmen steigt hoch bis in den Himmel des Kirchenschiffs. Die jungen Chorsänger sind allesamt Schüler der angrenzenden geschichtsträchtigen Privatschule King's School: Hier läuft die künftige Elite des Landes mit wehenden Roben umher.

Wenn die letzte Messe beendet ist, die letzten Kerzen verloschen sind, in den Wohnzimmern und Studierstuben der Domfreiheit die Lichter angehen, senkt sich Stille herab, und das Christ Church Gate wird abgeschlossen, um Punkt 21 Uhr.

---

liche Apsis, die sogenannte Corona oder Beckets Krone, erweiterte.

Über 200 Jahre lang tat sich dann nichts. Der Ostteil der Kathedrale erstrahlte in prächtigstem Early English Style, die Querschiffe und das Langschiff stammten noch von Langfranc. Der Schrein des Heiligen Thomas Becket war in dieser Zeit eines der wichtigsten Pilgerziele Nordeuropas, und der Strom der Pilger riss erst mit seiner Zerstörung im Jahr 1538 ab. Erzbischof Sudbury schließlich machte der Zwittergestalt der Kathedrale ein Ende: In seinem Auftrag errichtete Henry Yevele zwischen 1391 und 1405 das Hauptschiff und die zwei mit dem Chor abschließenden Querschiffe im Perpendicular Style. Der königliche Steinmetz Yevele, der auch die Westminster Hall und das Langhaus der Westminster Abbey in London schuf, gilt als der größte englische Baumeister in der Zeit der Kathedralen. Damit war der Baukörper der Kathedrale fertiggestellt. Der zartgliedrig ornamentierte Vierungsturm im Perpendicular Style, die Krönung der Kathedrale und Bindeglied, das West- und Ostteile kunstvoll miteinander verschmilzt, entstand 100 Jahre später, zwischen 1493 und 1505.

Rund 500 Jahre etwa hatte es gebraucht, bis die Kathedrale in ihrer vollen Schönheit erblüht war; 33 Lebensjahre wurden ihr vergönnt, bis ihre Schätze von Heinrich VIII. geplündert oder zerstört wurden: Für ihn verkörperte die Person Thomas Becket den Widerstand gegen den Absolutheitsanspruch der Monarchie. Er ließ den kostbaren geschmückten Schrein zerstören, die Juwelen wurden nach London geschafft, die Gebeine des Heiligen in alle Winde verstreut.

Der erste, von Heinrich VIII. als Primas der anglikanischen Kirche eingesetzte Erzbischof Cranmer führte 1549 das »Book of Common Prayer« ein, das bis heute seine religiöse Bedeutung nicht verloren hat. Im Bewusstsein der Briten, die zwar noch lange in ein katholisches und ein anglikanisches Lager gespalten waren, blutige Aufstände und kriegerische Auseinandersetzungen führten, ist über die Jahrhunderte hinweg in ihrer Fähigkeit zum Kompromiss beides miteinander verschmolzen: Die anglikanische Kirche hat seit langem ihre Heiligen, und Thomas Becket ist auch für die englischen Katholiken einer der großen Märtyrer geworden.

Im Innern der Kathedrale

Betritt man die aus grauem Caen-Stein errichtete Kathedrale, öffnet sich der Blick durch das lange, raffiniert schlichte Schiff im Perpendicular Style mit seinen schlanken, hoch aufschießenden Pfeilern bis zur steiner-

Canterbury

Sehenswert
1. West Gate
2. Guildhall
3. Weavers' Houses
4. Eastbridge Hospital
5. Grey Friars
6. Museum of Canterbury
7. Queen Elizabeth's Guest Chamber
8. The Canterbury Tales
9. Roman Museum
10. Christ Church Gate
11. Canterbury Cathedral
12. St Martin's Church
13. St Augustine's Abbey

Übernachten
1. Abode Canterbury
2. The Falstaff Hotel
3. Ebury Hotel
4. Cathedral Gate Hotel
5. Great Field Farm
6. Canterbury Youth Hostel

Essen & Trinken
1. Goods Shed
2. Lloyd's
3. Augustine's Restaurant
4. Tuo e Mio
5. Wagamama

Einkaufen
1. Straßenmarkt

Abends & Nachts
1. Marlowe Theatre
2. Bar-Kandi
3. Bell & Crown
4. Miller's Arms
5. Alberry's Winebar

Aktiv
1. Cycles UK
2. Downland Cycle

---

nen **Chorschranke**, die aus dem 14. Jh. stammt und mit zahlreichen Königsstatuen geschmückt ist.

In der Vierung schaut man hinauf in das wunderbar zart ausgestaltete Fächergewölbe des **Bell Harry Tower**, dessen Name auf die Glocke im Turm zurückgeht. Links davon, im nördlichen Vierungsbereich, liegt das **Martyrdom**: An dieser Stelle wurde Thomas Becket am 29. Dezember 1170 ermordet. Vor der Gedenkplatte knieten auch Papst und Erzbischof im Jahr 1982 nieder, als Geste der Aussöhnung der beiden Kirchen, die so lange verfeindet waren. An der Vierung steigen die **Pilgrim's Steps**, am Hochaltar vorbei, zur Trinity Chapel, der Dreifaltigkeitskapelle, hinauf. Hinter dem Hochaltar steht Augustinus' Thron, ein weißer Marmorsitz, auf dem die Erzbischöfe von Canterbury als Primas von »all England« inthronisiert wurden und werden. Besonders schön und kostbar sind die Fenster des Chors: Sie stammen aus dem 12. Jh. und illustrieren als ›Bibel der Armen‹ Szenen des Alten Testaments. Sie gehören zu den großen Schätzen europäischer Glasmalerei.

In der **Trinity Chapel**, in dem wunderbar gegliederten Halbrund, das in der Corona seinen Abschluss findet, stand der Schrein von Becket. Zur Linken liegt die Votivkapelle Heinrichs IV. mit herrlichem Fächergewölbe. Er und seine Königin Katharina von Navarra sind die einzigen Monarchen, die in der Kathedrale begraben sind; ihr prachtvolles Grabmal auf der Nordseite der Dreifaltigkeitskapelle stammt von 1437. In den blau schimmernden Fenstern in der **Corona** – kostbare Arbeiten, die um 1200 entstanden sind – werden die Wunder geschildert, die dem Becket-Schrein zugeschrieben werden.

Auf der Südseite, im Umgang der Trinity Chapel, stoßen wir auf das Grabdenkmal einer der legendären Personen der englischen Historie. Unter einem Baldachin ruht der **Sarkophag des Schwarzen Prinzen**. Die bronzene Gestalt zeigt ihn in voller Rüstung; er war einer der letzten Ritter der europäischen Geschichte, gefürchtet im Westen Frankreichs, ›the flower of English chivalry‹ (›die Blüte des englischen Rittertums‹). Dreißig Jahre lang zog er für seinen Vater, Eduard III., im Hundertjährigen Krieg gegen Frankreich zu Felde, er starb 1376.

Die Krypta

Die **Krypta** ist ein wahres Wunderwerk: Die niedrigen, kräftigen Gewölbe in normannischem Stil werden von einem Wald aus Säulen getragen, deren Kapitelle und Schäfte über und über mit Mustern, Ornamenten, Blattmotiven, köstlichen kleinen Fabelwesen und fröhlich-derbem Mannsvolk geschmückt sind; orientalische und byzantinische Stileinflüsse verbinden sich hier zu einzigartiger Individualität. Diese Krypta gehört zu den

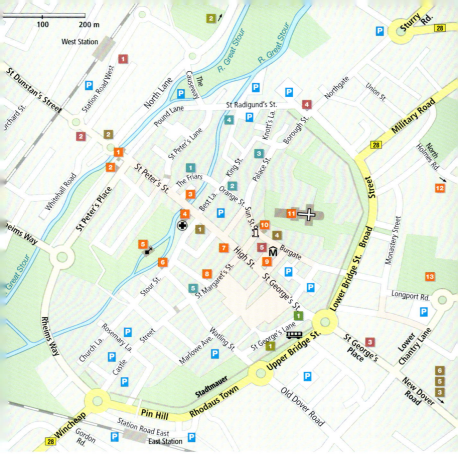

schönsten und lebendigsten Zeugnissen des normannischen Erbes in Großbritannien (www.canterbury-cathedral.org, Mo–Sa 8.45–19, So 12.30–14.30, 16.30–17.30 Uhr, Evensong: Mo–Fr 17.30, Sa 15.15, So 15.30 Uhr).

Außerhalb der Altstadt

Canterbury ist eine römische Stadtgründung, und die älteste Kirche der Insel geht auf römisch-christliche Ursprünge zurück. Der Überlieferung nach soll in der kleinen gedrungenen **St Martin's Church** 12, die heute zum UNESCO-Welterbe gehört, König Ethelbert von Kent als erster christlicher König vom heiligen Augustinus im Jahr 597 getauft worden sein. Sein Reich Kent war damit zum Christentum bekehrt, und Augustinus wurde in der vom König errichteten Kathedrale der erste Erzbischof von Canterbury (North Holmes Road, Di, Do, Sa 11–16 Uhr).

Von der Abtei, die Augustinus nicht weit entfernt 597 gründete und die bis ins 11. Jh. hinein Zentrum Canterburys und Ziel aller Pilger war, sind nur noch die Grundmauern erhalten: **St Augustine's Abbey** 13 steht ebenfalls unter dem Schutz des UNESCO-Welterbes. Das Torhaus des St Augustine's College stammt noch aus dem 12. Jh., alle anderen Gebäude sind Ergänzungen im neogotischen Stil aus späterer Zeit (Longport, März–Juni Mi–So 10–17, Juli, August tgl. 10–17, Okt.–Feb. So 11–17 Uhr).

Canterbury und Umgebung

> **Tipp: Lesefutter**
>
> Im Hotel könnte man mit Muße in Chaucers »Canterbury Tales« (s. S. 71) schmökern – und dann vielleicht weiterlesen: »Mord im Dom« von T. S. Eliot oder »Becket oder die Ehre Gottes« von Jean Anouilh.

Infos
Tourist Information Canterbury: 12–13 Sun Street, Buttermarket, Tel. 012 27-37 81 00, Fax 012 27-37 81 01, www.canterbury.co.uk

Übernachten
Sehr chic ▶ Abode Canterbury (The County Hotel) 1: 30–33 High Street, Tel. 012 27-82 66 76, www.abodehotels.co.uk. Sehr chic und elegant in einem denkmalgeschützten Bau mitten im Zentrum: ein ›Boutique-Hotel‹ mit persönlicher Ausstrahlung, im Juni 2006 eröffnet. Sehr gute moderne Küche in Bistro-Bar und Gourmet-Restaurant. DZ ab 140 £ ohne Frühstück.

Charmant ▶ The Falstaff Hotel 2: 8–10 St Dunstan's Street, Tel. 08 70-609 61 02, Fax 012 27-46 35 25, www.thefalstaffincanterbury.com. In verwinkeltem Fachwerkhaus mit Butzenscheiben und niedrigen Decken, altmodischer Charme in der ehemaligen Poststation aus dem 16. Jh. DZ 80–120 £.

Mit Pool ▶ Ebury Hotel 3: 65–67 New Dover Road, Tel. 012 27-76 84 33, Fax 012 27-45 91 87, www.ebury-hotel.co.uk. Viktorianisches Haus in schönem Garten, 10 Min. Fußweg zum Zentrum. Mit Schwimmbad und angenehm großzügigen Zimmern. Gutes Restaurant. DZ 70–135 £.

Gemütlich ▶ Cathedral Gate Hotel 4: 36 Burgate, Tel. 012 27-46 43 81, Fax 012 27-46 28 00, www.cathgate.co.uk. Mittendrin, gleich neben dem Cathedral Gate. Schon Pilger haben hier übernachtet. Kuschelig, klein, z.T. ohne Bad/WC. DZ 50–90 £.

Moderne Farm ▶ Great Field Farm 5: Misling Lane, Stelling Minnis, Canterbury, Tel./Fax 012 27-70 92 23, www.great-field-farm.co.uk. 12 km südl. von Canterbury. Ein modernes Farmhaus in schöner Umgebung. Großzügige Zimmer, vermietet wird auch eine Ferienwohnung. Sehr gutes Frühstück mit eigenen Produkten. DZ 50–70 £.

Günstig ▶ Canterbury Youth Hostel 6: Ellerslie, 54 New Dover Road, Tel. 012 27-46 29 11, Fax 012 27-47 07 52, canterbury@yha.org, www.yha.org.uk. 85 Betten in alter Villa südöstlich der Innenstadt. Erw. 18,50 £/Bett.

Essen & Trinken
Frisch vom Produzenten ▶ Goods Shed 1: Station Road West, Tel. 012 27-45 91 53, Di–Sa 9–19, So 10–16 Uhr. Kreative Küche mit tagesfrischen Produkten in alter Farm-Markthalle nicht weit vom Bahnhof Canterbury West Station. Menü 27 £, Lunch ab 5 £.

Modern British ▶ Lloyd's 2: 89–90 St Dunstan's Street, Tel. 012 27-76 82 22, tgl. geöffnet. In einem ehemaligen Bankgebäude auf zwei Etagen, moderne britische Küche, sorgfältig, gut. 2-Gänge-Menü ca. 25 £.

Chic und trendy ▶ Augustine's Restaurant 3: 1–2 Longport, Tel. 012 27-45 30 63, So, Mo geschl. Sehr chic und trendy mit kreativer moderner Crossover-Küche. Reservierung nötig. 2-Gänge-Menü ca. 25 £.

Immer gut ▶ Tuo e Mio 4: 16 The Borough, Tel. 012 27-76 14 71, Mo/Di mittags geschl. Sehr guter familiärer Italiener. 2-Gänge-Menü um 18 £.

In coolem Design ▶ Wagamama 5: Longmarket, Tel. 012 27-45 43 07, www.wagamama.com, So–Do 12–22 Uhr, Fr, Sa 12–23 Uhr. Der große Hit in ganz England nun auch hier: asiatische bzw. japanische Nudelküche,

> **Tipp: Preiswertes Wohnen**
>
> Die University of Canterbury bietet in den Semesterferien Anfang April und zwischen Juli und September günstige Übernachtungsmöglichkeiten in ihren Studentenwohnheimen an. Informationen bei Canterbury University: Conference Office, Tanglewood, Tel. 012 27-82 80 00, Fax 012 27-82 80 19, B&B in Einzel- oder Doppelzimmern ab 25 £ p.P, www.kent.ac.uk/hospitality.

schnell, knackfrisch, sehr gut und günstig. Hauptgericht ab 8 £.

Einkaufen
Straßenmarkt ▶ Markt 1**:** St George's Street und George's Lane, Mi und Fr 8–17 Uhr.

Abends & Nachts
Da der Church of England große Teile der Innenstadt gehören, kann sie auch den Daumen auf das Nachtleben drücken. Nach der Schließung der Pubs ist bis auf die Hotelbars alles mucksmäuschenstill.
Theater ▶ Marlowe Theatre 1**:** The Friars, Tel. 012 27-78 77 87, www.marlowetheatre.com. Vielfältiges, abwechslungsreiches Programm, auch Konzerte, in renommiertem Haus.
Hipper Club ▶ Bar-Kandi 2**:** 4-6 Orange Street, Tel. 012 27-45 45 10. Endlich ein Lokal für Studenten und Junggebliebene mit Livemusik und DJ am Wochenende, tgl. 12–23 Uhr, Fr, Sa bis 2 Uhr.
Traditionsreich ▶ Bell & Crown 3**:** 10 Palace Street. Ein enger, gemütlicher Pub mit langer Geschichte.
Gartenpub ▶ Miller's Arms 4**:** Mill Lane. Hier kann man nett draußen sitzen.
Gute Atmosphäre ▶ Alberry's Winebar 5**:** 38 St Margaret's Street, Tel. 012 27-45 23 78, www.alberrys.co.uk, bis 24 Uhr, Fr, Sa bis 2 Uhr. Große Weinauswahl und kleine Snacks.

Aktiv
Fahrradverleih ▶ Cycles UK 1**:** City Wall, St George's Lane, Tel. 012 27-45 79 56, www.cyclesuk.com; **Downland Cycle** 2**:** The Malt House, St Stephens Road, Tel. 012 27-47 96 43, www.downlandcycles.co.uk. Die schöne Fahrradroute »Crab and Winkle« führt von Canterbury nach Whitstable.

Termine
Canterbury Mystery Plays (Juli/Aug.): Mysterienspiele.
Canterbury Festival (Okt.): Kunstausstellungen, Konzerte, Theater (www.canterburyfestival.co.uk).

Verkehr
Züge: Canterbury besitzt zwei Bahnhöfe. Vom Hauptbahnhof East Station in der Station Road East fahren Züge nach London Victoria Station, Dover, Folkestone. Von der West Station in der Station Road West geht es nach London Charing Cross, zur Isle of Thanet, nach Rye sowie nach Hastings.
Busse: Fernbusbahnhof in St George's Lane, Tel. 012 27-76 65 67. Mit National-Express-Linien an die Südostküste, nach London, Dover, Folkestone, Ramsgate.

Ausflug nach Chilham
▶ **M 18**

Chilham liegt knapp 10 km südwestlich von Canterbury und ist ein zauberhaft stiller, lieblicher Ort, der die typischen Charakteristika des englischen Landlebens in sich vereint: ein kleiner Marktplatz, von einem anmutigen Sammelsurium blumengeschmückter, winkliger Häuser der unterschiedlichsten Stilepochen umfangen. Auf jede Ecke des Square läuft eine Straße zu, die Schulter an Schulter von bunten Cottages gesäumt ist.

An der einen Seite des Platzes wacht die Dorfkirche; über die Rasenflächen des Friedhofs neigen sich alte Bäume. Gegenüber dann, auf der Stirnseite, liegt hinter dem hochherrschaftlichen Portal der **Landschaftspark** von **Chilham Castle** – ein kleineres, malerisch gelegenes Anwesen mit Burgruine, Herrenhaus, frei herumstolzierenden Pfauen, italienischen Terrassengärten und herrlichem Ausblick auf die fernen Weiden, Wiesen, Täler und Felder, die unmerklich mit der Gartenlandschaft verschmelzen (Chilham Castle Park, April–Mitte Okt. bei Events geöffnet (www.chilham-castle.co.uk).

Übernachten, Essen
Altes Gasthaus ▶ Woolpack Inn: High Street, Tel. 012 27-73 02 08, www.woolpackchilham.co.uk. Wunderschönes Haus von 1422 mit Garten. Hübsche Zimmer, gute Küche mit lokalen Produkten und ganztägig geöffneter Pub. DZ ab 80 £.

Die Küste von Kent

An der Küste von Kent wechseln industrialisierte Verkehrsknotenpunkte mit Küstenstreifen voller holländisch anmutender, stiller, rückwärtsgewandter Idylle. Der Bau des Kanaltunnels führte zu gewaltigen Veränderungen der Infrastruktur. Zentrum ist aber immer noch Dover mit seiner fantastischen Burganlage.

Rund um Dover

Sandwich ▶ N 18

Sandwich, ein Ort mit großer Vergangenheit, hat sich ins Binnenland zurückgezogen: Der Hafen verlandete. Heute schmiegt sich das Städtchen in die romantische Schleife des Flusses Stour und bietet ein Bild Brueghel'scher, bunter Anmut in flacher Pastorallandschaft. Sandwich ist von allen Häfen der Cinque Ports der bescheidenste und anrührendste Ort ehemaliger Größe. Am Stour zieht sich eine baumbestandene, blumengeschmückte kleine Allee entlang, in unmittelbarer Nachbarschaft stehen schöne alte Bauten, eine Zugbrücke und das eindrucksvolle, im Schachbrettmuster gehaltene Barbican-Torhaus aus dem 16. Jh. Bis 1975 wurde hier noch Brückenzoll gefordert.

Sandwich, heute mit 4000 Einwohnern, hat seinen mittelalterlichen Charakter bewahren können. Die **Wallanlagen**, *butts,* aus dem 14. Jh. umgeben die kopfsteingepflasterten Gassen mit ihrem schönen Sammelsurium unterschiedlichster Wohnhäuser aus mehreren Jahrhunderten. Die **Guildhall** aus elisabethanischer Zeit ist sehenswert, ebenso **Weaver's House** mit vorkragendem Obergeschoss, in dem einst flämische und hugenottische Weber ihrem Handwerk nachgingen.

Und natürlich stammt der Sandwich aus Sandwich! Vom gleichnamigen vierten Earl ist überliefert, dass er ein spannendes Kartenspiel nicht wegen eines langwierigen Essen unterbrechen wollte und sich ein Stück Fleisch zwischen zwei Brotscheiben bringen ließ – so simpel, so genial.

In der weiten Dünenlandschaft, die Sandwich mit dem Meer verbindet, sind drei berühmte Golfplätze versteckt. Hier werden internationale Turniere ausgetragen. Ein langer Küstenstreifen wird von einer gebührenpflichtigen Stichstraße erschlossen, die zur **Sandwich Bay** führt, einem isolierten Refugium mit teuren Ferienvillen der Golfer.

Infos

Sandwich Tourist Information: Guildhall, Tel. 013 04-61 35 65, www.whitecliffscountry.org.uk, April–Okt. tgl. geöffnet.

Essen & Trinken

Direkt am Fluss ▶ **Fisherman's Wharf:** Quayside, Tel. 013 04-61 36 36, www.fishermanswharfrestaurant.co.uk, schönes Haus am Fluß mit reizendem Innenhof. Gute Fischküche. 2-Gänge-Lunch 9.95 £.

Lokal mit Nostalgischem Flair ▶ **George & Dragon Inn:** 24 Fisher Street, Tel. 013 04-61 31 06. Alter Pub mit Garten. Täglich frischer Fisch. Tagesgerichte ab 9 £.

Deal und Walmer ▶ N 18

Deal und Walmer, die neben Sandwich einst wichtige und große Hafenstädte waren und als weitere Mitglieder der Cinque Ports von nationaler Bedeutung, sind sanft in die Geschichte zurückgefallen und verbringen ihren Lebensabend nun in beschaulicher, friedfer-

Rund um Dover

tiger Stimmung. Deal und Walmer gehen ineinander über: ein breiter, flacher Kieselstrand mit aufgebockten kleinen Booten, ein schmaler Pfad als Promenade unmittelbar an der Straße, eine bunte Häuserzeile und zwei einzigartige Festungsbauten. Auf diesem flachen Steinstrand ist wohl Julius Caesar gelandet.

Die drei Festungsanlagen zwischen Walmer und Deal – Walmer Castle, Deal Castle und Sandown Castle – sollten das breite Band offener, hafenähnlicher Seefläche schützen, den größten Ankerplatz der Flotte im Südosten Englands, der zwischen den Küstenstädten und den gefährlichen und berüchtigten Goodwin Sands lag – eine Sandbank mit tückischer Strömung und saugenden Wirbeln, das Grab tausender Schiffe und Seeleute. Noch heute ragen die Masten eines amerikanischen Cargofrachters, der hier 1946 aufgelaufen ist, aus dem Meer.

Walmer Castle und **Deal Castle** wurden zusammen mit der nur noch in Ruinen vorhandenen Burg von Sandown als Teil der küstenweiten Befestigungsanlagen für Heinrich VIII. gebaut. Der hatte ja, nach seiner Loslösung vom päpstlichen Rom, die großen römisch-katholischen Mächte vom Kontinent, Frankreich und Spanien, zu fürchten und eine gemeinsame Invasion unter dem Banner des Papstes: Knapp 50 Jahre später tauchte die Armada vor den Küsten Englands auf. Um seine Reichsautonomie zu wahren, steckte er einen Großteil des Geldes, das er durch den Verkauf der klösterlichen Besitzungen zusammengerafft hatte, in den Ausbau der Flotte und die Verteidigung der Küste.

Das Netzwerk der 20 Verteidigungsanlagen entlang der Küste reichte von Cornwall bis Kent; Walmer und Deal sind die ungewöhnlichsten Bauten und vollständig erhalten. Beide waren zur Zeit ihrer Errichtung völlig neuartige Glanzleistungen der Militärarchitektur und auf den Beschuss durch Artillerie und auf Geschützverteidigung hin konzipiert. Ihr Grundriss ist gleichartig: Beiden liegt das ausgeklügelte Spiel mit der Kreisform zugrunde, mit einem Doppelring halbmondförmiger Bastionen, die den Zentralturm umgeben. Die abgerundeten, glatten Flächen sollten dem Kanonenhagel Widerstand leisten; gleichzeitig zeichnen sie in ihrem Ausbau den Blütenkranz der Tudor-Rose nach. Stromlinienförmig, kompakt und doch zierlich präsentiert sich dieses jungfräuliche Geschwisterpaar dem heutigen Besucher, eine ganz erstaunliche Baukunst, deren Schönheit und Funktionalität den militärischen Charakter überspielt.

Walmer Castle ist schon zu Beginn des 18. Jh. zur Residenz, zum Wohnpalast des Lord Warden aus- und umgestaltet worden. Der Lord Warden war der höchste Würdenträger und oberste Befehlshaber (s. S. 145). Aus den Wallgräben und Erdwällen wurden romantische, friedliche Gartenanlagen, und die Innenräume können zwar ihre ursprüngliche Funktion nicht verleugnen, sind jedoch äußerst behagliche, erlesene Wohnräume, die von der erlauchten Schar der Lords Warden nur selten benutzt wurden. Wellington (1769–1852) hat ihnen seinen persönlichen Stempel aufgedrückt; der eiserne Duke ist hier auf seinem schmalen Feldbett gestorben. Eine Ausstellung, zahlreiche Gemälde und Memorabilia erinnern an ihn und die Besuche von Queen Victoria. Eigenwillig: Häuslichkeit in strenger Militärarchitektur! (Walmer Castle and Gardens, EH, www.english-heritage.org.uk, April– Okt. tgl. 10–18, Nov.–März Mi–So 10–16 Uhr).

Auch **Deal Castle** ist friedfertig, hat seine formidablen Eigenschaften als Artilleriebastion niemals unter Beweis stellen müssen. Beide Anlagen hätten sich auch gegenseitig verteidigen können – sie liegen in Sichtweite. Vom Charakter her ist Deal jedoch nüchterner, von stählernem Glanz umgeben. Aber selbst die größte der Festungsbauten Heinrichs VIII. besticht durch ihre perfekte Harmonie, die gelungene Kombination von Funktion und Schönheit. Auch in Deal finden wir die Form der Tudor-Rose, hier voll ausgereift, mit doppeltem, sechsblättrigem Blütenkranz, der das Rund des Zentralturms umschließt. In den Untergeschossen der halbkreisförmigen Segmente, die an sich schon sehenswert sind, wird die Geschichte der Küstenverteidi-

Die Küste von Kent

aktiv unterwegs

Golfen an der Royal Golf Coast

Tour-Infos
Allgemeine Infos und Hinweise zu preisreduzierten Angebotspaketen findet man z. B. unter www.golfinginkent.co.uk, www.uk-golfguide.com, www.golftoday.co.uk.
Royal Saint George's Golf Course: Sandwich Bay, Sandwich, Tel. 013 04-61 30 90, www.royalstgeorges.com. Besucher: Mo–Fr, Handicap-Nachweis, Tagespreis März–Okt. 180 £, Winter 90 £. Wegen Open Championship veränderte Öffnungszeiten zwischen Mai und Mitte Juli.
Prince's Golf Course: Sandwich Bay, Sandwich, Tel. 01304-613797, www.princesgolfclub.co.uk. Besucher: 1. Mai–Ende Sept. Mo–Fr pro Tag 75 £, Sa, So 85 £.Twilight Rounds 55 £, andere Monate Mo–Fr 40 £, Sa/So 50 £.
Royal Cinque Ports: Golf Road, Deal, Tel. 013 04-37 43 28, www.royalcinqueports.com. Besucher: April–Okt. Mo–Fr pro Tag 140 £, Sa/So 150 £. Nov.–März pro Tag 70 £. Twilight Rate: Mo–Fr nach 15.30 Uhr 60 £, Sa/So 80 £.
Walmer & Kingsdown Golf Club: The Leas, Kingsdown, Walmer, Tel. 01304- 373256, Buchungen: 013 04-36 301 7, www.kingsdowngolf.co.uk. Besucher: Mo–Fr ab 10 Uhr, Sa, So ab 13 Uhr; 18 Loch: Mo–Fr 32 £.

In den südenglischen Küstenregionen ist das Golfspielen äußerst beliebt und besonders schön: an Klippen, in Dünen, mit weiten Ausblicken aufs Meer und ins Land; als zusätzliche Herausforderung kommt die sanfte Meeresbrise oder die raue Windbö hinzu. Der Küstenabschnitt zwischen Ramsgate und Dover ist als »Royal Golf Coast« ein Begriff. Die Plätze um Sandwich gehören zu den anspruchsvollsten, schönsten und berühmtesten auf der Insel; die Clubs besitzen eine lange Tradition, und hier werden auch seit Jahrzehnten die Open Cham-

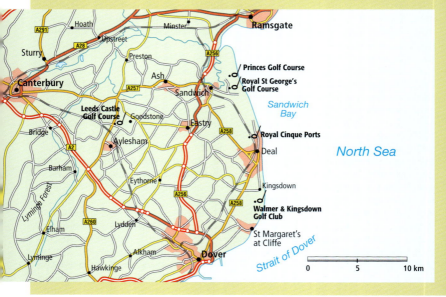

pionships und andere führende Wettbewerbe ausgetragen.

Insgesamt gibt es in Kent 99 (!) Plätze. Im 20-km-Radius um **Sandwich** sind allein neun weitere Golfclubs zu Hause: die Golfnation gibt sich die Ehre. Die prestigeträchtigsten Clubs sind die beiden Vereine in Sandwich, der **Royal Saint George's** und der **Prince's Golf Course;** bei Letzterem gibt es 27-Loch-Championship-Links hoch über der Pegwell Bay, und das Clubhaus ist so gelegen, dass man in 3 Loops je 9 Loch spielen kann. In Deal liegt der **Royal Cinque Ports.** Der 18-Loch-Parcours mit Dünen und Wasserhindernissen thront über den White Cliffs und bietet tolle Ausblicke auf den Ärmelkanal. So auch bei dem alteingesessenen **Walmer and Kingsdown Club.**

Gute Urlaubsstandorte für die Golf Coast sind Sandwich, Deal oder Canterbury. Mitreisende, die nicht Golf spielen, können derweil Küstenwanderungen machen, Deal und Walmer Castle oder Canterbury mit seinen vielfältigen Sehenswürdigkeiten erkunden. Für weniger leidenschaftlich sportliche Golfer und Nicht-Golfer gleichermaßen ideal ist der **Leeds Castle Golf Course:** Seine Kulisse mit der riesigen Burg zwischen grünen Hügeln ist fantastisch, und er eignet sich besonders für einen Schnupper-Tag ohne große Vorbereitungen. Der 9-Loch-Platz ist auf dem weitläufigen Gelände von Leeds Castle zu Hause; so führt der Parcours auch an den Burgmauern vorbei. Er wurde 1924 als Privatvergnügen für The Honourable Lady Baillie angelegt, der damaligen Besitzerin von Leeds Castle. Heute ist er ein »pay & play«-Club mit sehr günstigen Preisen pro Runde und einem vielfältigen Kursangebot (Leeds Castle, Hollingbourne bei Maidstone, Tel. 016 22-88 04 67, Buchungen: 016 22-76 78 28, www.leeds-castle.com, tgl. geöffnet, Mo–Fr 9 £ pro Runde, Sa, So 12 £; 18 Loch: Mo–Fr 16.50 £, Sa, So 19.50 £),

Dover

gung anschaulich dargestellt (Deal Castle, EH, www.english-heritage.org.uk, April–Okt. tgl. 10–18, sonst Mi–So 10–16 Uhr).

Am Nordende der Promenade von Deal sind am flachen Kieselstrand noch die Überreste von **Sandown Castle** zu sehen.

Essen & Trinken

Frische Fische ▶ **Dunkerley's:** 19, Beach Street, Deal, Tel. 013 04-37 50 16, www.dunkerleys.co.uk, tgl. geöffnet. Ausgezeichnetes, behagliches Hotel-Restaurant mit sehr guter Fischküche und erstaunlicher Weinauswahl. 2-Gänge-Menü ca. 30 £.

Traditionsreich ▶ **The Royal Hotel:** Beach Street, Deal, Tel. 013 04-37 55 55, Fax 013 04-37 22 70, www.theroyalhotel.com. Nicht zu verfehlen ist das stattliche Royal Hotel an der Promenade, in dem schon Admiral Nelson und Queen Victoria zu Gast waren. Komfortables Restaurant, Bar-Lounge, Terrasse mit Blick auf Strand und Meer. 2-Gänge-Menü ab ca. 20 £.

Modern British ▶ **The Bohemian Bar & Eatery:** 47 Beach Street, Tel. 013 04-37 48 43, www.bohemianbythesea.com. Sehr beliebt und gut, auf 2 Etagen. Große Auswahl an Real Ales, täglich wechselnde Gerichte, z. B. Fenchel- und Rucola-Frittata mit neuen Kartoffeln und Crème fraîche, 8 £.

Dover ▶ M 18

Dover lässt sich durch drei Stichworte kennzeichnen, die die Vergangenheit, Gegenwart, auch Zukunft der Stadt charakterisieren: die Weißen Klippen, die großartige, hoch über der Stadt thronende Burganlage und der Fährhafen, einer der wichtigsten Europas.

Die Kliffs

Die viel besungenen **White Cliffs of Dover,** die steil aufragenden schneeweißen Kreidefelsen, die Stadt und Hafen in ihrer Mitte beschützend einfassen, sind seit jeher Symbol des Inselreiches, seiner Isolation und stolzen Unabhängigkeit gewesen. Von der Seeseite her waren sie für Generationen von Englän-

Die Küste von Kent

aktiv unterwegs

Wanderung über die White Cliffs

Tour-Infos

Start: Market Square, Dover
Ende: von St Margaret's mit Bus zurück
Länge: 6 km, **Dauer:** 1,5–2 Std.
Schwierigkeitsgrad: leichte Steigungen
Wichtige Hinweise: Der Stagecoach-Bus Nr. 15 verkehrt zwischen Dover und Deal mit Halt in St. Margaret's, ca. alle 40 Min. Dort gibt es auch Möglichkeiten, in einen Pub oder ein Restaurant einzukehren. Vorsicht: Gehen Sie niemals zu nah an die Klippenkanten: Sie können jederzeit bröckeln.

Eine herrliche Strecke entlang des grünen Klippenvorlandes mit weiten Ausblicken auf das Meer führt von Dover über die Kreidefelsen zu dem 6 km nordöstlich gelegenen stillen und anmutigen Ort **St Margaret's-at-Cliffe** oberhalb der gleichnamigen Bucht. Am **Market Square** im Zentrum Dovers laufen wir Richtung Eastern Docks. Dort, wo das Hafen-

Dover

gelände beginnt, nehmen wir linker Hand die Straße **East Cliff**, die zur Sackgasse wird. Hier ist die Strecke ausgeschildert: **Footpath Cliff Top**. Es geht am Cliff vorbei, dann folgt der Hinweis Public Footpath mit dem Zeichen des gehörnten Helms für den **Saxon Shore Way**. Langsam wird es stiller, der Hafentrubel verebbt. Der Weg zieht sich nun an der Oberkante der Klippen entlang. Dass die Felsklippen so weiß bleiben, verdanken sie den Stürmen der See. Von hier aus kann man bei guter Sicht jenseits des Ärmelkanals die ca. 35 km entfernte Küste Frankreichs sehen. Das gesamte Küstenvorland wird vom National Trust betreut; das **Infozentrum Gateway to the White Cliffs** am Langdon Cliff ist täglich geöffnet; es informiert über Geologie und Botanik und bietet Kartenmaterial. Hinter der Küstenwache fällt das Gelände ab in die Langdon Bay, an deren Ende man die nächste Wegmarkierung sieht: den Leuchtturm **South Foreland**, der 1843 erbaut wurde, an der Stelle, wo seit über 350 Jahren Leuchttürme oder Leuchtfeuer standen, um den Seefahrern zu helfen, die legendär gefahrvollen Goodwin Sands zu umschiffen. Die Strecke führt mit kleineren Windungen geradewegs auf **St Margaret's** zu. An den Klippenkanten zur Bay hin sind Zäune angebracht. Wir gehen links, dann rechts, vorbei am Gelände des **Pines Garden.** Auf dem Hang verteilt liegen schon die Häuser; die Bucht trägt den gleichen Namen. Im Zentrum, dem westlichen Teil des Ortes, erinnert die schöne normannische Dorfkirche mit einem ihrer Fenster an die Fährschiffkatastrophe von 1988, bei der auch drei Seeleute aus St Margaret's den Tod fanden. Dargestellt ist das Schiff ›Harald of Free Enterprise‹, das von den Klippen aus den ausgestreckten Armen Christi entgegenfährt. In der High Street können Sie in einen der Pubs, z. B. den Hope Inn mit Terrasse, einkehren und den Bus Nr. 15 zurück nach Dover nehmen.

dern das erste sichtbare Zeichen der Ankunft, der Heimat. Über dem östlichen Kliff winkt die Burg. Die westliche Felsformation, das Shakespeare-Cliff, ist nicht nur Schauplatz des vierten Aktes von »King Lear«, sondern beschwört eines der berühmtesten und meist geliebten Shakespeare-Zitate herauf, das jedem Engländer geläufig ist und aus dem Königsdrama »Richard II.« stammt: »This precious stone set in the silver sea«, die Insel, »dies Kleinod, in die Silbersee gefasst«.

Dover Castle

Der Bergkegel an dieser Stelle wurde schon im Steinzeitalter durch Wallanlagen befestigt, von Sachsen und Römern ausgebaut, bis schließlich der Kern der Burganlage, so wie wir sie heute kennen, um 1180 von Heinrich II. errichtet wurde. **Dover Castle** ist neben dem Tower of London die größte und besterhaltene mittelalterliche Burganlage nicht nur des Inselreiches, sondern auch Europas. Der Constable von Dover Castle ist immer auch der Lord Warden der Cinque Ports gewesen und hatte damit militärisch und strategisch bedeutsame Schlüsselpositionen inne. An Dover Castle mit seinen doppelten Ringmauern, einer im 19. Jh. schaurig-schön restaurierten sächsischen Kirche, den Resten eines römischen Wehrturms und schließlich den Befestigungsanlagen aus napoleonischer Zeit lassen sich die Jahresringe der britischen Geschichte ablesen, und anregend dargebotene Ausstellungen führen durch deren große Epochen.

Besonders interessant sind die seit dem 13. Jh. existierenden **Geheimtunnel,** Secret Wartime Tunnels: Sie wurden während der napoleonischen Kriege erweitert und sind während des Zweiten Weltkriegs reaktiviert worden. Ein **Kommandozentrum** unter Admiral Ramsay hat von hier aus die Evakuierung der alliierten 300 000 Mann starken Truppenverbände aus Dünkirchen gesteuert. Von einem Felsenbalkon aus hat Churchill die Luftangriffe der deutschen Bomberpiloten verfolgt. Neben den Kommandozentralen in Whitehall, London, hatte Dover Castle eine wichtige Rolle in der ›Schlacht um England‹, der ›Battle of Britain‹, gespielt.

Die Küste von Kent

Die ungeheuren Anstrengungen, die England während des Zweiten Weltkriegs auf sich nahm und die ihm ökonomisch tatsächlich ja das Rückgrat brachen, werden hier, in Folkestone wie auch im D-Day Museum in Portsmouth noch einmal lebendig. Bis 1985 fielen die Anlagen noch unter das Geheimhaltungsgesetz des Kriegsministeriums. Film- und Wochenschaumaterial, Fotos und Landkarten illustrieren die beklemmende, heroische Zeit, die als ›Britain in her darkest hour‹ von keinem Engländer je vergessen wurde. Sehr sehenswert! (EH, www.english-heritage.org.uk/visits, April–Sept. tgl. 10–18, Okt. 10–17, Nov.–Jan. Do–Mo 10–16 Uhr).

Roman Painted House

Das **Roman Painted House,** in den 1970er-Jahren des 20. Jh. entdeckt, war um 200 n. Chr. als Gästevilla für Offiziere der römischen Flotte gebaut worden. Fünf Räume sind erhalten, besonders schön sind die Malereien in den farbigen Wandpaneelen (New Street, April–Sept. Di–Sa 10–17, So 14–17 Uhr).

St Edmund's Chapel

Nicht weit vom Roman Painted House entfernt steht an der Ecke zur Priory Road die **St Edmund's Chapel.** Nur 9 m lang und etwa 3,50 m breit ist dieses Minigotteshaus, das 1253 dem heiligen Edmund von Canterbury geweiht wurde. In den 1960er-Jahren restauriert, ist es die kleinste Kirche Englands, in der Gottesdienste abgehalten werden.

Infos

Tourist Information Dover: Old Town Goal, Biggin Street, Tel. 013 04-20 51 08, Fax 013 04-22 54 09, www.whitecliffscountry.org.uk, www.dover.uk.com

Übernachten

Wunderschön ▶ Wallett's Court: St Margaret's-at-Cliffe, 6 km nordöstl. von Dover, Tel. 013 04-85 24 24, Fax 013 04-85 34 30, www.wallettscourt.com. Wunderschön im Country-House-Stil. Rustikal-elegantes Refugium mit bester Küche und Bauerngarten. Es liegt, von Dover kommend, kurz vor dem Ortseingang von St Margaret's-at-Cliffe. DZ ab 120 £.
Preisgekrönt ▶ Alkham Court: Meggett Lane, South Alkam, 10 km westl. von Dover, Tel. 013 03-89 20 56, www.alkhamcourt.co.uk. In himmlischer Lage mit Blick auf Alkam Valley. Preisgekröntes B&B in wunderschöner Farm mit Tieren. Reizende Zimmer, Frühstück mit eigenen Produkten. DZ um 100 £.
Ordentlich ▶ Castle Guest House: 10 Castle Hill Road, Tel. 013 04-20 16 56, Fax 013 04-21 01 97, www.castle-guesthouse.co.uk. Direkt unterhalb der Burg, denkmalgeschütztes stattliches Haus mit kleinem Gartenhof. DZ ab 60 £.
Zentral ▶ Blakes of Dover: 52 Castle Street, Tel. 013 04-20 21 94, www.blakesofdover.co.uk; DZ ab 60 £. Ordentliches B&B mit Restaurant in netter Häuserzeile im Zentrum Dovers.

Verkehr

Züge: ab Dover Priory, dem Hauptbahnhof in der Folkestone Road, nach London Victoria und Charing Cross, Canterbury, Sandwich, Deal.
Busse: zu den Docks. Fernbusbahnhof in der Innenstadt, Pencester Road, Tel. 013 04-24 00 24. Nach London, Canterbury, Sandwich, Deal. Regionaler Busverkehr: www.stagecoachbus.com.
Fähren: Dover–Calais, ganzjährig, P&O Ferries, Tel. 087 05-98 03 33, www.poferries.com; SeaFrance, Tel. 08 70-870 10 20, www.seafrance.com; Dover–Dunkerque: Norfolk Line, Tel. 08 70-870 10 20, www.norfolkline.com; Dover–Boulogne: Speed Ferries, Tel. 08 70-22 00 570, www.speedferries.com.

Von Folkestone bis Dungeness

Folkestone ▶ M/N 18

Folkestone hatte sich mit der Ankunft der Eisenbahn zu einem beliebten viktorianischen Seebad gemausert; heute ist die Stadt durch

Von Folkestone bis Dungeness

den **Terminal des Kanaltunnels** bestimmt, ist nurmehr Durchgangsstation, als Personenfährhafen geschlossen und als Ferienort ins Abseits geraten.

Der alte Stadtkern liegt westlich des Hafens; besonders stolz ist die Stadt auf das elegante Wohngebiet **The Leas,** das von Decimus Burton Mitte des 19. Jh. angelegt worden war. Die *squares* und Reihenhäuser gehen über in eine hoch am Klippenrand platzierte Gartenanlage; weit unten erstreckt sich die Strandpromenade. Das Hafenareal wird als Kunst- und Kulturprojekt von einem Privatinvestor ausgebaut; im Sommer 2008 hat zum ersten Mal eine Kunst-Triennale stattgefunden.

Die größte britische Sammlung zur heroischen Luftschlacht um England im Zweiten Weltkrieg, mit der Hitler die Briten in die Knie zwingen wollte, stellt das **Kent Battle of Britain Museum** zur Schau: Flugzeuge, Ausrüstungen, das ganze Drum und Dran einer zerstörten Fliegerstaffel (Aerodrome Road, Hawkinge, Tel. 013 03-89 31 40, www.kbobm.org, Karfreitag–31. Okt. Di–So 10–17 Uhr).

Infos

Tourist Information Folkestone: Harbour Street, Tel. 013 03-25 85 94, Fax 013 03-25 97 54, www.folkestone.co.uk.

Romney Marsh ▶ N 18

Die Romney-Marsch galt ihren Bewohnern immer als ›fünfter Erdteil‹: fremd, einsam und leer. Die vorgeschobene Landzunge zwischen dem Städtchen Rye im Süden und Hythe im Norden wurde über Jahrhunderte der See abgezwungen, und das 20 000 ha umfassende Flachland liegt unterhalb des Meeresspiegels. Unendlich weit und geheimnisvoll breitet es sich aus: tiefe Himmel, Horizont, Flächen und Umrisse, Grau- und Grünschattierungen.

Die Romney-Marsch wird durchzogen von Deichen, Schleusen, Gattern, Kanälen, und Gräben, »von kleinen einsamen Farmen, ziegelrot und grau, kleinen mausfarbenen Kirchen, kleinen Dörfern, die nur für lange Schatten und Sommernachmittage gemacht zu sein scheinen«, wie Henry James (s. S. 147) schrieb. Neben Landschaften von strenger Naturschönheit und einem Vogelschutzgebiet finden sich hier zwei Atomkraftwerke und militärisches Sperrgebiet. Entlang der Stichstraßen zur Küste reihen sich sparsame Holzbungalows.

In den kargen Marschen lockt bei Hythe eine herrliche Gartenanlage mit Tierpark: **Port Lympne** (ausgesprochen: Limm) bezaubert nicht nur durch das alte Herrenhaus mit ter-

Eine einsame und stille Landschaft: Romney Marsh

Die Küste von Kent

aktiv unterwegs

Radtour zu den Kirchen in der Romney Marsh

Tour-Infos
Start: New Romney
Länge: ca. 25 km, **Dauer:** einen Tag
Wichtige Hinweise: Fahrradverleih: Romney Cycles, 77 High Street, Tel. 017 97-36 21 55, www.romneycycles.co.uk, 15 £/Tag. Eine Fahrradkarte zur Region ist in Pubs, den Tourist Informations und am Bahnhof New Romney erhältlich (4 £). Da die Kirchen auf schmalen geteerten Straßen ohne Steigungen erreichbar und die Wege gut ausgeschildert sind, ist die Rundstrecke einfach und leicht.

Still ist es in der Romney Marsh: Gräben, Deiche, Kanäle, offene Flächen, Wiesen, Wasserinseln; Geister- und Schmugglergeschichten, die über der Landschaft zu hängen scheinen. Sehr eindrucksvoll sind die 15 höchst individuellen, stämmigen und vom Wetter gezeichneten Kirchen als Besonderheit der Region: allesamt normannische und frühmittelalterliche Bauten, die gerade durch ›Runzeln und Falten‹, ihre Alterswürde und sparsamen Schönheiten so anrührend sind.

Nachfolgend ein Tourvorschlag zu einigen von ihnen: In **New Romney** lohnt die normannische **St Nicholas Church** aus dem 11. Jh. mit spätgotischen Umbauten einen Besuch. Als ›Kathedrale der Marschen‹ gilt die stattliche **All Saints Church** aus dem 13. Jh. mit ihrem hoch aufragendem Turm im Städtchen **Lydd**; die Reste einer kleinen Kirche aus sächsischer Zeit sind noch erhalten. **St Augustine** in **Brookland** ist wegen ihres separaten Glockenturms die bekannteste der Marsch-Kirchen: ein holzverschalter, dreigliedriger Spitzkegel. Die Kirche stammt aus dem 13. Jh., das Schiff ist unregelmäßig, sechs Arkaden auf der einen Seite, sieben auf der anderen, die Pfeiler sind schief von der Last, die sie zu tragen haben. Kostbar ist das runde, normannische Taufbecken, geschmückt mit der Abfolge aller Sternzeichen. **St Thomas Becket** in **Fairfield** ist die kleinste und abgelegenste der Kirchen. Von Weideland und Schafherden umringt, war sie die meiste Zeit des Jahres über nur mit dem Boot oder per Pferd zu erreichen. Ein tief heruntergezogenes Dach, roter und bläulicher Backstein sind ihre Kennzeichen. In **Snave** liegt die **St Augustine Church** oder besser umgekehrt: Bei der Kirche liegen die wenigen Häuser, die Snave ausmachen. Die Kirche selbst wird nicht mehr genutzt, aber gepflegt und bietet im Frühling, von Narzissen gerahmt, ein wunderschönes Bild. **St George** in **Ivychurch** ist für den kleinen Ort riesig mit ihrem über 40 m langen und sehr breiten Kirchenschiff – hier soll der Überlieferung nach Schmuggelgut verwahrt worden sein und ein Tunnel in den Pub führen. In **Old Romney** besichtigen Sie die Kirche **St Clement** und von hier geht es zurück nach New Romney.

rassierten Gärten, sondern gerade Kinder freuen sich auf den Spaziergängen durch die weitläufigen Freigehege an Löwen, Tigern, Gorillas, Büffeln und anderem Getier (Port Lympne Wild Animal Park & Gardens, Lympne, Tel. 013 03-26 46 47, www.aspinall foundation.org, ganzjährig tgl. 10–17 Uhr).

Einer der mächtigsten Dammbauten in Großbritannien, der schon von den Römern begonnen wurde, schützt die Küstenlinie zwischen **Hythe** und **Dymchurch,** eine endlose graue Mauer aus einbetonierten Kieselsteinen, an der sich der kleine bescheidene Badebetrieb von Dymchurch aufzureiben droht.

Nach Dungeness ▶ M 19

Zwischen Hythe und Dungeness folgt dem etwa 20 km langen Küstenbogen die winzige Schmalspureisenbahn **Romney, Hythe & Dymchurch Railway.** Sie ist die kleinste der Welt. Die Bahn ist ganzjährig in Betrieb und bereitet besonders Kindern ein großes Vergnügen (Tel. 017 97-36 23 53, www.rhdr. demon.co.uk, April–Sept. tgl., März, Okt. Sa/So und alle Ferienzeiten 9–18 Uhr).

New Romney ist die ›Hauptstadt der Marschen‹; ihre prachtvolle normannische Kirche St Nicholas aus dem 11. Jh. liest sich wie die Mustervorlage mittelalterlicher Steinmetzkunst. Hier wurden früher die Jahrestreffen der Mitglieder der Cinque Ports abgehalten.

Infos

New Romney Tourist Information: Church Approach, Tel. 017 97-36 40 44, www.shep way.gov.uk.

Übernachten

Sehr behaglich ▶ **Romney Bay House:** Coast Road, Littlestone, Tel. 0870-418 80 63 und 017 97-36 47 47, Fax 017 97-36 71 56. Wunderbare Strandlage zwischen Marsch und Meer. Kleines Landhotel mit Kamin, Terrasse, vielen Büchern, schönen Zimmern, guter Küche. DZ 60–130 £.
Stattliches Haus ▶ **B&B Haguelands Farm:** Burmarsh, Romney Marsh, nahe Dymchurch, Tel. 013 03-87 22 73, Fax 013 03-873 26. Großes B&B in gepflegten Gärten mit Farmbetrieb. Tolles Frühstück, nette Zimmer. DZ 60 £, Dinner möglich.

Dungeness und Prospect Cottage ▶ M 19

Die äußerste, weit ins Meer vorgeschobene Landspitze **Dungeness** kann man nur lieben oder hassen – eine moderate Haltung ist ausgeschlossen –, gehen hier doch brutale Umwelteingriffe und spröd este Naturlandschaft eine Art Notgemeinschaft ein, die ein suggestive Melancholie ausstrahlendes Niemandsland hervorbringt. Kieselsteinboden, baumlose Weite, karge Vegetation. Zwei Betonkästen der Atomkraftwerke Dungeness A und B, zwei Leuchttürme, Fischerhäuschen entlang der Küstenlinie, die früher *the cabins* hießen und auch so aussehen – that's Dungeness.

Eines der schwarz geteerten Fischerhäuschen an der Straße Richtung Lydd ist **Prospect Cottage**. Es gehörte dem Regisseur Derek Jarman (1942–94), der mit Filmen wie »Sebastiane«, »Caravaggio«(1986) und »Edward II.« (1991) Kinogeschichte geschrieben hat. Der Film »The Garden« (1990) ist hier gedreht worden. Jarmans Garten wächst aus dem kargen Boden heraus: Treibhölzer, Wildblumen, Steinkreise, die den ›trockenen‹ Kompositionen japanischer Ästhetik nahekommen. Das Cottage ist in Privatbesitz, aber da es frei in der Landschaft liegt, kann man das ungewöhnliche Ensemble mit Bewunderung anschauen.

Isle of Thanet ▶ N 18

Margate, Broadstairs und **Ramsgate** auf der Isle of Thanet im Nordostzipfel von Kent waren früher die beliebtesten Seebäder der Londoner; sie haben einen altmodischen, verwitterten Charme und machen sich gerade auf, ihr Image umzukrempeln.

Hier lassen sich wunderbare, ausgedehnte Strandspaziergänge unternehmen; die Orte selbst lohnen aber nur dann eine Extratour, wenn Sie in Sandwich entweder golfen oder eine kleine Besichtigung machen.

Im Landesinneren von Kent

Kent ist eine reiche Grafschaft. Als ›Garten Englands‹ besitzt sie eine lange Tradition. Obstplantagen, Hopfenfelder, Weideland und begrünte Hügel prägen das Landschaftsbild. Hineingewachsen sind einige der schönsten Burgen, Schlösser und Country Houses Englands. Den Charme reizvoller Dörfer und lebhafter Kleinstädte haben seit langem auch die London-Pendler entdeckt.

Ashford ▶ M 18

Dem kleinen, alten Ashford ist ein Zwilling zur Seite gestellt: die neue, rundum in Stahl und Glas errichtete Boomtown mit Gewerbebetrieben und Shoppingcentern. Ashford ist wichtigster Verkehrsknotenpunkt in der Wirtschaftszone Channel Tunnel Corridor und wird in Zukunft noch mehr Bedeutung gewinnen: Am International Terminal hält der Eurostar; mehrere regionale Bahnlinien kommen hinzu. An der Hochgeschwindigkeitsbahnstrecke nach London, die 5 Milliarden Pfund kostet, wird noch gebaut, so dass man ›Clondike City‹ nur als Durchgangs- und Shoppingadresse wahrnimmt, ringsum aber gleich in schöne Umgebung kommt.

Infos
Tourist Office: The Churchyard, Ashford, Tel. 012 33-62 91 65, www.ashford.gov.uk, www.visitkent.co.uk.

Typisch für Kent: Hopfendarren recken ihre Türme übers sanft gewellte Land

Einkaufen

Shoppingcenter ▶ Mc Arthur Glen: Kimberley Way, an der A 2042, abzweigend von Kreuzung 10, M 20, Tel. 012 33-89 59 00, www.mcarthurglen.com/ashford, Mo–Fr 10–20, Sa 10–19, So 10–17 Uhr. Bus von Ashford Centre. Das größte und meistbesuchte Designer-Outlet der Region verfügt über 80 Shops britischer und internationaler Designer sowie Markenstores von Austin Reed über Benetton bis Calvin Klein, außerdem gibt es diverse it Restaurants, Cafés und einen Kinderhort. Im Zentrum von Ashford kann man gleich weiter shoppen: im **Park Mall** und **County Square Shopping Centre,** beide von der High Street abzweigend.

Verkehr

Züge: Ashford ist Bahnknotenpunkt im Südosten. Der Bahnhof Ashford International Station liegt 5 Min. Fußweg südl. vom Stadtzentrum an der Ring Road. Von hier verkehrt der Eurostar u. a. nach Paris, Brüssel, Disney Land und London St Pancras Station. Mit einem Fußgängertunnel verbunden ist der Regionalbahnhof für South Eastern Trains: Züge nach Dover, Folkestone, Deal, Canterbury, Rye, Eastbourne, Brighton, London (Eurostar: www.directrail. com, South Eastern Trains: Tel. 084 57-48 49 50).

Maidstone und Umgebung

Maidstone ▶ M 18

Maidstone ist die geschäftige Hauptstadt von Kent sowie Verkehrsknotenpunkt, Verwaltungs- und Geschäftszentrum der gesamten Region.

Lohnend ist der Besuch im **Museum of Kent Life** 5 km nördlich von Maidstone, ein ausgezeichnetes Freilichtmuseum mit historischen Bauten wie Hopfendarren, mehreren bewirtschafteten Farmgebäuden, einem Kirchlein und schönen Bauerngärten. Mit Ausstellungen und Handwerksvorführungen wird das Leben in Kent vor rund 150 Jahren lebendig. Besondere Veranstaltungen und kleinere traditionelle Feste finden den ganzen Sommer hindurch statt. Sehr kurzweilig! (Lock Lane, Sandling, Tel. 016 22-66 20 24, www.kentlife.org.uk, Mitte Feb.–Nov. tgl. 10–17 Uhr).

Im Landesinneren von Kent

Infos
Maidstone Tourist Information: Town Hall, High Street, Tel. 016 22-60 21 69, www.tour-maidstone.com.

Übernachten
Es müssen ja nicht die großen, neuen Business-Hotels sein, die in jüngster Zeit in Maidstone eröffnet wurden:
Traumhaft ► **Merzie Meadows B&B:** Hunton Road, Marden nahe Maidstone. Tel. 016 22-82 05 00, Fax 016 22-820 50, www.merziemeadows.co.uk. Für Wochenend- und Ferienaufenthalte toll, mehrfach ausgezeichnet. Eingefasst von Bäumen, umgeben von Wiesen und Gärten. Ebenerdige Zimmer, Frühstück im Wintergarten, Pool. DZ 90–120 £.
Idyllisch ► **Reason Hill B&B:** Westhill Road, Linton, Maidstone, Tel. www.reasonhill.co.uk. DZ 85–95 £. Gepflegtes Farmhaus mit 3 reizenden, komfortablen Doppelzimmern, wunderschöne Lage mit weiten Ausblicken.

Leeds Castle ► M 18
Leeds Castle, 10 km östlich von Maidstone, ist atemberaubend schön, und vielen gilt die Burg als großartigste Südenglands. Auf zwei Inseln und vom natürlichen Wassergraben des Flusses Len umgeben, den die Enten und schwarze Schwäne entlanggleiten, ruht es majestätisch in weiten grünen Wiesenmulden mit alten Kastanien, Eichen und Buchen. In dem 200 ha großen Landschaftsgarten, von Capability Brown angelegt, findet man Seen, Wasserfälle, Blumengärten und Vogelgehege.

Die Burg war schon im Mittelalter königliche Residenz und Lieblingsort der Gemahlin von Eduard I., Eleonora von Kastilien, und der Witwe Heinrichs V., Katharina von Valois. Das Torhaus ist das einzige Zeugnis, das aus dem 13. Jh. erhalten ist. Heinrich VIII. ließ die Burg zu einer luxuriösen Residenz ausbauen. Die **Gloriette** auf der nördlichen Insel stammt aus dieser Zeit, ebenso der **Maiden's Tower** zwischen Hauptgebäude und Eingangstor. Heinrich VIII. hielt sich hier oft mit Katharina von Aragon auf bzw. hier ließ er sie allein, um nach Hever Castle (s. S. 138 f.) zu eilen, wo er Anne Boleyn in seine Fäden der Macht und Gelüste einspann.

Im **Hauptgebäude**, dem Stil der Gloriette nachempfunden, sind die gewaltige Bankett-halle Heinrichs VIII. und die Raumabfolge im Stil des 15. Jh. bemerkenswert.

Zur Beschaulichkeit der Region The Weald bedeutet Leeds Castle einen Kontrast – hier regiert *big business*: Als Konferenz- und Tagungszentrum, als Ziel vieler Busreisen, als Veranstaltungsort von mittelalterlichen Banketten, Sommerfesten, Konzerten, mit Tea Rooms und Restaurants und seinem fantastischen Golfplatz bietet Leeds nur in den Parkanlagen ein stilles Plätzchen – aber wenn Sie es endlich gefunden haben: welch grandiose Umgebung, welch einzigartiger Blick hinüber zum Schloss! (Tel. 016 22-76 54 00, www.leeds-castle.com, April–Okt. tgl. 10–17, Nov.–März 10–15.30 Uhr).

Übernachten
Wunderschön ► **Langley Oast B&B:** Langley Park, Langley, Maidstone. Tel. 016 22-86 35 23. Ein lässig-elegantes B&B in den Rundtürmen zweier restaurierter und umgebauter

---

Tipp: Zu Gast im Manor House

Wenn Sie sich herrschaftlich verwöhnen lassen wollen – auf der Strecke zwischen Tunbridge Wells und Canterbury liegt bei Boughton Lees nahe Ashford das prachtvolle Anwesen Eastwell Manor. Nach einer Fahrt über knirschende Kieswege durch den weiten, menschenleeren Eastwell Park sieht man erst im letzten Moment das Dächer- und Zinnengewirr vom Manor House, das heute ein hoch-elegantes Hotel ist – mit ausgezeichneter Küche, vielen Antiquitäten, einer grandiosen eichengetäfelten Halle, Laura-Ashley-Suiten und einem Billardraum, dessen Tisch die Ausmaße eines mittleren Sportplatzes besitzt. Auch die Spa-und Wellnesslandschaft ist großzügig und luxuriös (Eastwell Manor, Eastwell Park, Boughton Lees, Tel. 012 33-21 30 00, Fax 012 33-63 55 30, www.eastwellmanor.co.uk).

Maidstone und Umgebung

Hopfendarren. Herrliche Lage nahe Leeds Castle. DZ 60–80 £.

Termine
Sommerveranstaltungen, kleinere traditionelle Feste und Konzerte finden in Leeds Castle den ganzen Sommer hindurch statt.

Chatham und Rochester
▶ M 18

Für alle, die Seefahrt, Schiffe und maritimes Ambiente lieben, lohnt sich ein Tagesausflug nach Chatham und Rochester. Rochester, am Mündungstrichter des Medway in den Ärmelkanal, ist mit den umliegenden Städten zu einem Industriegebiet zusammengewachsen, und nur die historischen Werftanlagen und innerhalb Rochesters die Kathedrale, die Burg und die High Street mit dem Charles Dickens Centre sind sehenswert.

The Historic Dockyard, die königlichen Werftanlagen auf einem 32 ha großen Areal in **Chatham,** sind die weltweit am besten erhaltenen und ältesten Marine-Werftanlagen aus dem Zeitalter der Segelschiffe. Erst 1984 sind sie stillgelegt worden; über 400 Jahre lang wurden in den Royal Dockyards am Medway Kriegsschiffe gebaut. Ab 1547 unter Heinrich VIII. entwickelten sich die gewaltigen Werften, Dock- und Kaianlagen in Chatham, hier sind die großen Segler vom Stapel gelaufen, ausgerüstet und gewartet worden, und noch im Falkland-Krieg sind von hier aus Kriegsschiffe in See gestochen. Unter den hier gebauten Schiffen ist auch das Flaggschiff Lord Nelsons, die ›H.M.S Victory‹ (in schönster Pracht in Portsmouth zu bewundern, s. S. 198 f.).

Samuel Pepys, dessen wundervolle Tagebücher das gesamte aufregende 17. Jh. umfassen, ist hier als Inspektor der Admiralität herumstolziert, und auch der Vater von Charles Dickens hat in Chatham gearbeitet. Heute ist The Historic Dockyard Chatham – das auf der Vorschlagsliste zum UNESCO-Welterbe steht – als ›working museum‹ zu besichtigen, mit dem längsten Seilereigebäude der Welt und anderen Werkstätten, alten Seglern und modernen Kriegsschiffen in einmaliger Atmosphäre. Auch als Ankerpunkt der groß angelegten, ständig weiterentwickelten ›Europäischen Route der Industriekultur‹ wird Chatham gewürdigt. Einen halben Tag sollte man schon einplanen, um die Erlebnisreisen an Bord der Schiffe mitzumachen.

In der **Dickens World,** einem neu gestalteten Erlebniszentrum, werden die Lebenswelt von Charles Dickens und seine Romanfiguren multimedial lebendig. Dickens verbrachte außerhalb von Rochester seine letzte Lebenshälfte bis zu seinem Tod 1870 (tgl. 10–19 Uhr, www.dickensworld.co.uk; The Historic Dockyard, Tel. 016 34-82 38 07, www.chdt.org.uk, Mitte März–Okt. tgl. 10–18, Nov.–Mitte März Mo–Fr 10–16 Uhr, mit Shop, Restaurant, Café).

Hoch über Rochester (50 000 Einwohner) ließ Wilhelm der Eroberer zur Kontrolle des Medway die gewaltige Burganlage **Rochester Castle** errichten (ab 1077); Erbauer war Bischof Gundulf – von ihm stammt auch der White Tower in London. Mit seinem eindrucksvollen Bergfried ist die Burg eines der besterhaltenen Baudenkmäler aus normannischer Zeit (EH, April–Sept. tgl. 10–18, Okt.–März tgl. 10–16 Uhr). Gundulf war auch Baumeister der **Kathedrale,** die später im gotischen Stil um- und weitergebaut wurde. Bedeutend sind die romanische Westfassade, die Krypta sowie die über 800 Jahre alten Fresken (High Street, Ecke North Gate, tgl. 8.30–17 Uhr). In der wuseligen High Street mit ihrem bunten Gemisch aus alten Häusern, Cafés und Pubs liegt das Eastgate House, das in den »Pickwick Papers« als Westgate House auftaucht. In der High Street liegt auch das elegante Rathaus aus dem späten 17. Jh., die **Guildhall;** dort ist das **Guildhall Museum** einen Besuch wert, das mit Multimedia die alten Zeiten lebendig macht, einen Dickens-Room besitzt und zudem Fotografien aus dem 19. Jh. zeigt sowie die Medway-Gefängnisschiffe dokumentiert (tägl. 10–16 Uhr).

Infos
Medway Visitor Information: 95 High Street, Rochester, Tel. 016 34-33 81 41, www.medway.gov.uk.

Im Landesinneren von Kent

Termine
Dickens Festival (Ende Mai/Anfang Juni): sehr beliebt und viel besucht mit historischem Kostümumzug.

Verkehr
Züge: vom Bahnhof Rochester Station, High Street, nach London, Canterbury, Dover.
Busse: Verbindung nach Chatham ab Station oder nahe Tourist Information Centre, Corporation Street.
Mit dem Auto: Das östlich unmittelbar an Rochester anschließende Chatham mit Historic Dockyard ist ab Stadtzentrum Rochester und/oder den Ausfahrten auf der M 20 und M2 ausgeschildert.

Bluewater ▶ L 18
Wer aus dem deutschen Oberhausen kommt, braucht Bluewater nicht anzusteuern: Das ›Centro‹ dort hat sich an der Struktur von Bluewater orientiert. Nach dem Motto »shop till you drop« lockt Bluewater hinein in seine riesige Shopping- und Erlebniswelt mitten auf der grünen Wiese.

Bluewater ist eines der größten Shopping- und Freizeitzentren Großbritanniens, eine gigantische Kommerz- und Vergnügungsmaschinerie – mit 300 Geschäften, rund 40 Restaurants, Kneipen und Cafés, Kinder- und Abenteuerzonen, mit Wellnessarealen, Kino, Freizeit-›Dörfern‹ und Hotel. Damit man alles schafft, gibt's auch einen Fahrrad- und Tandemverleih!

Einkaufen
Einkaufszentrum ▶ Bluewater: Tel. 08 70-777 02 52, Kernöffnungszeiten der Geschäfte Mo–Fr 10–21, Sa 9–20, So 11–17 Uhr, www.bluewater.co.uk, s. o..

Verkehr
Züge: bis Bahnhof Greenhithe (Anschlussbus).
Busse: direkte Busverbindungen aus Rochester, Chatham, Maidstone, Sevenoaks und Tonbridge.
Mit dem Auto: Bluewater liegt in Greenhithe an der A 2, zwischen Gravesend und Dartford im Dunstkreis von Greater London. 16 km nordwestl. von Rochester auf der A 2 (Greenhithe und Bluewater sind ausgeschildert).

Royal Tunbridge Wells
▶ L 18

Tunbridge Wells, an der westlichen Grenze von Kent zu East Sussex, ist ein schöner Ausgangspunkt für Tagesausflüge. ›Royal‹ Tunbridge Wells – nur im offiziellen Sprachgebrauch findet sich noch das königliche Präfix, ansonsten heißt es nur ›Tunbridge Wells‹ – zieht als kulturelles Zentrum von Kent Besucher an und war als Kurort, als ›Spa‹, lange gesellschaftlicher Mittelpunkt. Die heilenden Quellen machen nichts mehr her, aber die Stadt ist mit ihren zierlichen Regency-Bauten hübsch und sehenswert.

Die Altstadt
Nachdem zu Beginn des 17. Jh. Heilquellen entdeckt worden waren, kam ab 1735 der große Boom zum Modebad, als der bewährte Zeremonienmeister ›Beau‹ Nash aus Bath, dem schönsten aller Kurorte (s. S. 273 ff.), herüberkam, um hier geordnete Verhältnisse zu schaffen. Zentrum des gesunden Vergnügens war eine 200 m lange Ladenallee, die **Pantiles.** Der Name bezieht sich auf die damalige Ziegelsteinpflasterung; heute bezeichnen die Pantiles das gesamte Altstadtareal. Die auf zwei Ebenen angelegten wunderschönen Häuserzeilen mit schattigen Wandelgängen, zierlichen Säulenarkaden und höchst individueller Fassadengestaltung stammen hauptsächlich aus dem 18., auch frühen 19. Jh. Bistros, Cafés und zahllose kleine Geschäfte tragen zu dem mediterran wirkenden Marktplatz-Ambiente bei.

Eindrucksvoll in ihrer georgianischen Zurückhaltung ist die elegante **Corn Exchange.** Der weiße, dreigeschossige Bau mit Säulenportikus wurde 1802 als Theater eingeweiht, 40 Jahre später zog die Getreidebörse ein. Gleich daneben steht das ehemalige **Royal Victoria Hotel** mit dem Wappen des Duke und der Duchess of Kent, den Eltern der spä-

Royal Tunbridge Wells

teren Königin Viktoria, die hier oftmals zu Gast waren. Die kleine Gasse **Pink Alley,** zwischen Fishmarket und Bath Square, ist eine Fundgrube für Antiquitätensammler. Spaziert man vorbei am Bath House, parallel zur London Road in nördliche Richtung durch schmale, lebhafte Gassen, stößt man auf eine der zahlreichen Park- und Gartenanlagen, die in den weiten Ring stiller Wohnstraßen übergehen, die *residential areas,* alle gepflegt, wohlhabend und von vielen Ex-Londonern bewohnt.

Infos

Tourist Information Tunbridge Wells: The Old Fishmarket, The Pantiles, Tel. 018 92-51 56 75, Fax 018 92-53 46 60, www.visittunbridgewells.com, www.visitkent.co.uk.

Übernachten

Lässig und edel ▶ **Hotel du Vin & Bistro:** Crescent Road, Tel. 018 92-52 64 55, Fax 018 92-51 20 44, www.hotelduvin.com. Ein elegant-behagliches georgianisches Townhouse-Hotel. Schöne individuelle Zimmer, Garten, sehr gutes Bistro. DZ ab 100 £.

Sehr gemütlich ▶ **Danehurst House B&B:** 41 Lower Green Road, Rusthall, 3 km westl. von Tunbridge, Tel. 018 92-52 77 39, www.danehursthouse.co.uk. Komfortables, preisgekröntes Haus mit sehr schönen, gut ausgestatteten sechs Zimmern, üppigem Frühstück und »home cooking«. DZ 70–100 £.

Großes Steincottage ▶ **Broadwater:** 24 Clarendon Way, Tel. 018 92-52 81 61. Am südlichen Stadtrand, im Wohngebiet gelegenes, mit 4 komfortablen Zimmern. DZ 60–70 £.

Wunderschönes Countryhouse ▶ **Old Parsonage:** Church Lane, Frant. 3 km südl. an der A 267 im winzigen Dorf Frant, Tel./Fax 018 92-75 07 73, Haus mit Garten und großzügigen Zimmern, Antiquitäten. DZ ab 65 £.

Essen & Trinken

Très chic ▶ **Thackeray's:** 85 London Road, Tel. 018 92-51 19 21, www.thackeraysres

Im Kurort Royal Tunbridge Wells

Im Landesinneren von Kent

aktiv unterwegs

Zu Fuß nach Groombridge Place

Tour-Infos
Start: Tunbridge Wells Common/The Pantiles
Ende: Groombridge Place
Strecke: ca. 5,5 km
Dauer: bis Groombridge Place ca. 2 Std.
Rückfahrt: mit dem stündlich verkehrenden Metrobus 291 von Groombridge Station Road zurück nach Tunbridge

Bekannt wurde das verwunschene, von einem Wassergraben umgebene Haus **Groombridge Place** als Drehort für Peter Greenaways geheimnisvollen Film »Der Kontrakt des Zeichners« (1982). Es diente auch als Location für die Jane-Austen-Verfilmung »Stolz und Vorurteil« (2005). Das Haus selbst ist zwar nicht zu besichtigen, aber die Gesamtanlage ist so fantasieanregend, dass schon Sir Arthur Conan Doyle seinen Sherlock-Holmes-Roman »The Valley of Fear« (dt. »Das Tal des Todes«) hier angesiedelt hat. Da liegt es, ein Kleinod in baulicher Vollkommenheit, in wunderschönen ummauerten Gartenanlagen mit Knot Garden, Oriental und Secret Garden, mit herumstolzierenden Pfauen, bizarren Baumschnitten und grasüberwachsenen Brunnen. Neu ist der Verzauberte Wald, der Enchanted Forest, der für Familien mit Kindern ein herrliches Vergnügen bietet, z. B. mit in Bäumen verankerten Riesenschaukeln. Ein Gartencenter und einen Tea Shop gibt es selbstverständlich auch (Tel. 018 92-86 14 44, www.groombridge.co.uk, Gärten: April–Okt. tgl. 10–17.30 Uhr, Erw. 9,95 £).

Der ausgeschilderte Fußweg auf kleinen Sträßchen und überwiegend Feldwegen nach Groombridge Place führt südwestlich aus **Tunbridge Wells** heraus; im Rücken der einstigen Station West, jetzt ein Restaurant, kommt der Bach **Groom** an die Oberfläche; er verbindet sich später mit dem Medway. Der Weg führt entlang der stillgelegten Bahnlinie durch **Friezland Wood**. Vorbei an den **High Rocks,** den höchsten Sandstein-Formationen der Region, werden die Schienen überquert. Weiter Richtung Groombridge Place kreuzen wir die mittelalterliche **Broom Lane,** und bis zum Übergang in das Estate von Groombridge Place gelangen wir noch an einige schöne Aussichtspunkte. Weiden und Äcker verquicken sich mit gestalteter Parklandschaft, einem See und dem Burggraben von Groombridge Place.

taurant.co.uk, Mo geschl. Mehrfach ausgezeichnete, moderne Küche in elegantem Haus mit großer Gartenterrasse. Französisch inspirierte Küche, 2-Gänge-Menü ab 30 £.
Lässig und gut ▶ Signor Franco: 5 High Street, Tel. 018 92-54 91 99, So geschl. Klassische italienische Küche, angenehme Atmosphäre. Hauptgang um 18 £.
Sehr gute Weinkarte ▶ Bistro du Vin: Crescent Road, Tel. 018 92-52 64 55, Reservierung nötig, tgl. geöffnet, Moderne europäische Küche. Hauptgang um 18 £.
Mitten drin ▶ Woods: 61 The Pantiles, Tel. 018 92-61 44 11, tgl. geöffnet. Hübsches Bistro-Restaurant mit Terrasse. Tagesgerichte ab 7 £.

Termine
›**Scandals at the Spa**‹ (fünf Tage im Juli): die ganze Stadt als Kulisse für historische Kostümfeste.
Sedan Chair Race (letzter Mo im Aug.): Sänftenrennen.

Verkehr
Züge: Der gewaltige Bahnhof am Südende der Innenstadt (Mount Pleasant Road) zeigt deutlich, dass Tunbridge Wells noch zum *stockbroker belt,* dem Einzugsbereich der London-Pendler, gehört. Zugverbindungen nach London Charing Cross, nach Maidstone und an die Küste von Kent.

Rundfahrt durch den High Weald ▶ L/M 18

Karte: S. 135
Im Herzen von Kent, umgeben von Hopfenfeldern, Obstwiesen und saftigem Weideland, zwischen sanft geschwungenen Tälern der fruchtbaren Landschaft, liegt der Weald oder **High Weald,** ein ehemals dichter Waldgürtel. Aus den Lichtungen, die in den Wald geschlagen wurden, entwickelten sich die Ortschaften und Dörfer, die uns heute so entzücken. Dorfkirche, Teich, Anger, eine High Street mit alten, gepflegten Häuserzeilen, Pubs, Teestuben, Antiquitätengeschäften – die malerischen, ruhevollen Weiler und Städtchen haben ihren Charme bewahren können. Vielleicht ist ›bewahren‹ nicht ganz der rechte Ausdruck: In der reichen Grafschaft Kent präsentieren sich die Ortschaften, Städtchen und Dörfer als harmonische, reizvolle Verbindung zwischen Traditionsreichtum und zeitgemäßem, unauffälligem Komfort.

Die zahlreichen Endungen der Namen auf ›den‹ (Lichtung), wie **Biddenden**, **Tenterden**, und ›hurst‹ (Wald), wie **Lamberhurst** und **Goudhurst**, erinnern an den früheren Waldreichtum. Kent wurde von Eisenhütten regiert, und die Schmelzöfen wurden mit Holzkohle befeuert.

Im Mittelalter wandelte sich der Weald zu einem Zentrum der Woll- und Tuchindustrie – viele der stattlichen Dorfkirchen sind damals mit dem ›neuen‹ Geld gebaut worden. Tonerde und Holz lieferten die Materialien für den charakteristischen regionalen Baustil: schönes Ziegelwerk, *tiles,* und pastellig gestrichene Holzverschalung. Helle, lichte Wälder sind immer noch Teil der Landschaft; hinter jeder Ecke bieten sich neue, überraschende Ausblicke auf weite Täler, Felder, Wiesen und mäandernde Flussläufe, und die spitzen, weißen Helme der Hopfendarren sind zum Wahrzeichen Kents geworden. Wenn die Apfel-, Birn- und Kirschbäume in Blüte stehen, liegen die Dörfer wie hingetupft zwischen weißen und roséfarbenen Blütenteppichen.

Noch in den 1950er-Jahren wurde Kent im Herbst von einer lärmenden, fröhlichen Invasion heimgesucht: Die Londoner aus dem geplagten Eastend kamen mit Opas, Tanten, Kindern, Hunden, Kanarienvögeln, Bettzeug und Kochtöpfen, um bei der Hopfenernte zu helfen. Sie kampierten in Zeltlagern und Scheunen, clanweise trafen sie sich jedes Jahr wieder: für sie ein knochenharter ›Urlaub‹, der ein wenig Geld einbrachte. George Orwell hat in den 1930er-Jahren die Stimmung beim »Hop-Picking« in Kent eingefangen. Und da sich nicht nur die Eastenders, sondern auch Tausende von Roma zum Hopfenpflücken einstellten, abends bei den Lagerfeuern Geschichten erzählt, gesungen und getanzt wurde, ist eine reiche Folklore

Im Landesinneren von Kent

entstanden, die heute mit Hop-Festivals und Weinfesten gefeiert wird.

Infos
Tourist Information High Weald: The Town Hall, High Street, Tenterden, Tel. 015 80-76 35 72, Fax 015 80-76 68 63, April–Okt., www.visitkent.co.uk, www.ashford.gov.uk.

Einkaufen
Antiquitäten und mehr ▶ In allen Orten lässt sich wunderbar in den zahlreichen **Antiquitäten- und Trödelläden** stöbern – auf Schnäppchen wird man aber nicht stoßen.

Scotney Castle Gardens 1
Die kleine Rundfahrt zu hübschen Dörfern, berühmten Gärten und Schlössern startet in Royal Tunbridge Wells. Östlich der Stadt erreicht man nach ca. 9 km **Scotney Castle Gardens**. Inmitten der bezaubernden Gartenanlagen blickt das neogotische Castle, zwischen 1837 und 1841 von Anthony Salvin erbaut, hinunter auf die romantische alte Burg – ganz wundervoll. Umgeben von einem Wassergraben, von herrlichen Baumgruppen, blühenden Sträuchern und Obstgärten, scheint der kreisrunde Turm aus dem 13. Jh., klein und kompakt, wie aus dem Märchen zu stammen. An den verwunschenen Turm schließen sich noch zwei Inselchen an, eines mit Bootshaus, das andere mit einer Skulptur von Henry Moore. Edmund Hussey ließ beim Bau seines Schlosses auch gleich noch das Gemäuer der alten Burg den Stilprinzipien des ›Pittoresken‹ gemäß umbauen und abtragen.

Die Gesamtkomposition des Gartens orientierte sich an den Vorbildern des 18. Jh. und schloss als krönende Vista das alte Schloss mit ein: Mittelachse und Zentrum eines begehbaren Landschaftsgemäldes (Scotney Castle Gardens, NT, Tel. 018 92-89 38 68, www.nationaltrust.org.uk, Gärten, Shop: 1. März–31. Okt. Mi–So 11–18 Uhr).

Goudhurst 2
Wenige Kilometer nördlich trifft man zwischen alten, knorrigen Wäldern und Obstplantagen auf **Goudhurst**. Die Hauptstraße mit Dorfteich wird von Fachwerkbauten oder holzverkleideten und bunt geschmückten Häusern gesäumt und steigt eine Anhöhe hinauf. Oben wacht die Dorfkirche St Mary über das romantische Ensemble. In 120 m Höhe über dem Meeresspiegel blickt man von hier aus an schönen, klaren Tagen weit ins Land hinein.

Cranbrook 3
Die kleine, L-förmig angelegte Marktstadt **Cranbrook** mit 6000 Einwohnern, früher einmal die ›Kapitale des Weald‹ und heute friedlich vor sich hindösend, ist ihrer Schönheit wegen tausendfach fotografiert worden. Ihr Wahrzeichen ist die schneeweiße Windmühle aus dem 19. Jh., die noch hin und wieder in Betrieb ist. Bemerkenswert ist auch die Dorfkirche St Dunstan aus dem 15. und 16. Jh., die nahezu vollständig erhalten ist.

Infos
Tourist Information Cranbrook: Vestry Hall, Stone Street, Tel. 015 80–71 56 86, www.cranbrook.org.

Übernachten
Ruhig und schön gelegen ▶ **Hallwood Farm Oast:** Hallwood Farm Lane, an der Hawkhurst Road A 229, Cranbrook (2 km bis Cranbrook Zentrum), Tel. 015 80-71 24 16, www.hallwoodfarm.co.uk. Großzügiges Landhaus mit Hopfendarre, charmante Atmosphäre. Zwei hübsche Zimmer, gutes Frühstück. DZ um 70 £.

Idyllisch ▶ **Millfields House:** The Hill, Cranbrook, Tel. 015 80-71 43 44, www.millfieldshouse.freeserve.co.uk. B&B, wunderschönes

---

Tipp: Lesefutter

Eine Sammlung von Vita Sackville-Wests Gartenkolumnen, die sie für den »Observer« schrieb, und die Entstehungsgeschichte von Sissinghurst sind auch auf Deutsch erschienen und als Taschenbuch erhältlich (s. Lesetipps S. 71).

Durch den High Weald

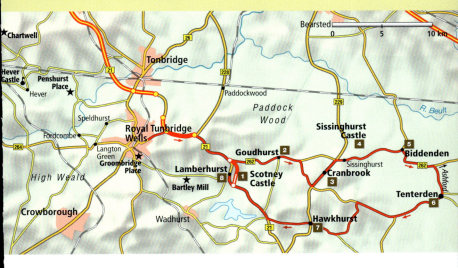

Haus mit Garten, komfortable Zimmer, freundlich. DZ 70 £.

Sehr komfortabel ▶ **Church Gates Historic B&B:** Stone Street, Cranbrook, Tel. 015 80-71 35 21, www.churchgates.com. Liebevoll geführtes, wunderschönes Tudor-Stadthaus, ausgestattet im Boutique-Style, exzellentes Frühstück. DZ um 70 £.

Essen & Trinken

Klassisch-modern ▶ **Apicius Restaurant:** 23 Stone Street, Tel. 015 80-71 46 66, www.restaurant-apicius.co.uk; Lunch: Mi–Fr, So 12–14 (letzte Bestellung), Dinner: Mi–Sa 19–21 Uhr (letzte Bestellung). In einem Manufakturbau aus dem 16. Jh. Beste regionale Produkte, klassisch-moderne Küche. Dinner 2-Gänge-Menü 27 £.

Behaglich ▶ **Oasis Tea Rooms:** High Street, Tel. 015 80-72 04 88, tgl. 9–16.30 Uhr. Im typisch englischen Tea Room sollten Sie unbedingt einen *cream tea* genießen: Scones (süße, warme Brötchen) mit dicker Sahne und Marmelade.

Sissinghurst Castle Garden

Sissinghurst 4 liegt nur einen Katzensprung vom Städtchen Cranbrook entfernt. Die Gärten und das Castle sind weltberühmt, Sissinghurst ist inzwischen der meistbesuchte Garten Englands (Abb. S. 137) und dementsprechend überlaufen – nach 16 Uhr ist es allerdings meist relativ ruhig. Vita Sackville-West (s. S. 174 f.) hatte das verfallene Anwesen, rund 30 km von Knole (s. S. 142 ff.) entfernt, 1930 mit entschlossener Zuversicht gekauft, um daraus ein Familiendomizil zu machen und ihrer Leidenschaft, dem Gärtnern, nachzugehen.

Sissinghurst war eine gemeinsame *love story* mit ihrem Mann Harold Nicolson. Aus einer Brennnesselwüste und mehreren Ruinen schufen Vita und Harold einen Paradiesgarten. Die separat liegenden Wohngebäude, die exakt den Bedürfnissen der Familie entsprachen, strahlen einen ungeheuren Charme aus, dem sich kein Besucher entziehen kann.

Nichts hat sich verändert. Ein weit gezogener Gebäudeflügel mit spitzgiebeligem Eingangsportal aus altersmürbem Ziegelstein bildet den Auftakt; in dem ehemaligen Stall, einem langen, schmalen, niedrigen Raum mit tief heruntergezogenen Balken, dessen anheimelndes Zwielicht von schrägen Sonnenstrahlen erhellt wird, ist die Bibliothek beheimatet. Perserteppiche, Sitzgruppen, viele Fotos und Gemälde. Hinter dem hoch auf-

Im Landesinneren von Kent

ragenden dreigeschossigen Turmbau mit seinen spitzen Helmen öffnet sich der Zehn-Zimmer-Garten in seiner Pracht.

Harold und Vita reizte es, »aus dem Nichts einen Garten, vielleicht sogar einen weltberühmten Garten zu schaffen«. Über jeden Schritt hat Vita Tagebuch geführt, und der Garten mit seiner ungewöhnlichen Architektur ist heute zu voller Schönheit gereift.

Die Ausgewogenheit ist beeindruckend: die Abstufung der Wuchshöhen der Sträucher, Büsche, Stauden, die Harmonie der Farbzusammenstellung. Gemäß den Jahreszeiten blühen immer einige der ›Zimmer‹: der Weiße Garten, der Rosengarten, der Cottage-Garten mit gelben und orangefarbenen Blüten. Eibensäulen, niedrige Ziegelmauern und Buchsbaumhecken schirmen die Gärten voneinander ab, so dass hinter jedem schmalen Durchgang eine neue Überraschung wartet. Vita war eine leidenschaftliche, sehr kenntnisreiche Gärtnerin, die 15 Jahre lang die wöchentliche Gartenkolumne im »Observer« schrieb und die Leser mit ihren Vorschlägen begeisterte.

Harold Nicolson, 1953 geadelt, hat zahllose Biografien, Essays, politische und historische Studien veröffentlicht. Vita heimste mit ihren Romanen »Schloss Chevron«, »Erloschenes Feuer« und dem langen Gedichtzyklus »The Land« ihre größten Erfolge ein. Ihr Leben als Schriftstellerin spiegelt sich in ihrem Arbeitszimmer hoch oben im Turm wider. Ein wunderbar altertümlicher, vollgestopfter, sehr intimer Raum, den Vita gerade eben erst verlassen zu haben scheint (Sissinghurst Castle Garden, NT, Cranbrook, Tel. 015 80-71 07 00, www.nationaltrust.org.uk, Mitte März–Okt. Fr–Di 11–18.30, Sa/So, Fei 10–18.30 Uhr, begrenzter Einlass, Wartezeiten sind möglich).

Biddenden und Tenterden

Das anmutige Städtchen **Biddenden** 5 verkörpert den kentischen, traditionellen *way of life*. Die High Street mit dicht gedrängten Häuserzeilen, alten Pubs, Antiquitätenläden, bunten Geschäften und der Kirche an einem Ende, sollte man in Muße entlangbummeln. Typisch sind die tonnenförmigen Erker zwischen weiß- und pastellfarbenen Fassaden mit Holzverschalung, *weatherboarding* und schönem Ziegelwerk, *tilehanging*.

Sie möchten den einheimischen Wein probieren? In Biddenden finden Sie das älteste Weingut von Kent, **Biddenden Vineyards and Cider Works** (Shop, Verkostungen, Tel. 015 80-29 17 26, www.biddendenvineyards.co.uk, März–Dez. Mo–Sa 10–17, So, Fei 11–17 Uhr). Es bietet erstaunlich gute Weißweine.

Genauso reizvoll ist die benachbarte Weinbaugemeinde **Tenterden** 6 (Tenterden Vineyard, Smalhythe, Tel. 015 80-76 30 33, www.newwavewines.com. Führungen durch die Weinberge, Kelter, Shop, Verkostungen ganzjährig tgl. 10–17 Uhr). Das größte Weingut in Großbritannien produziert hauptsächlich spritzige, frische Weißweine.

Übernachten

Familiengeführt und freundlich ▶ Collina House Hotel: 5 East Hill, Tenterden, Tel. 015 80-76 48 52, Fax 015 80-762 24, www.collinahousehotel.co.uk. Großzügige, in Weiß gehaltene Zimmer, nettes Restaurant. DZ ab 75 £.

Essen & Trinken

Feine Speisen ▶ The West House: 28 High Street, Biddenden, Tel. 015 80-29 13 41, www.thewesthouserestaurant.co.uk, mittags: Di–Fr, So 12–14, abends: Di–Sa 19–21.30 Uhr. Herausragende verfeinerte englische Küche in reizender Cottage-Atmosphäre. Dinnermenü ab 35 £.

Termine

Wine Festivals (im Okt.): Weinfeste der Winzer in Biddenden und Tenterden.
Hop Festival (1. Okt.-Wochenende), in Tenterden.

Farbsprühende Staudenpracht und immer wieder neue Gartenräume: Sissinghurst Castle Garden

Im Landesinneren von Kent

Luxus in altem Gewand – Hever Castle

Thema

Eine sehr, sehr reiche amerikanische Familie kauft eine der geschichtsträchtigsten Burgen Englands und lässt mit Hunderten von Arbeitern ein Dörfchen bauen, das Schloss umgestalten und die Gärten anlegen. Die Rede ist von den legendären Astors, die in den 1920er-Jahren den Ton in der High Society angaben.

Zu Beginn des 20. Jh. wurde Hever Castle von William Waldorf Astor aus dem Dornröschenschlaf geweckt. Astor stammte aus einer der reichsten Familien Amerikas, liebte England und wurde englischer Staatsbürger: »America is no longer a fit place for a gentleman to live.« (»Amerika ist kein Ort mehr für einen Gentleman.«). 1903 erwarb er Hever Castle (s. S. 139 f.) und das umliegende Land. Das Schloss sollte mit seiner Geschichte in neuem Glanz erstrahlen, gleichzeitig wollte er luxuriös und mit allem Komfort des 20. Jh. leben und seine Gäste in großem Stil bewirten. Das Schloss selbst war dafür zu klein! Als Lösung schufen er und sein Architekt F. L. Pearson ein neues ›altes‹ Tudor-Dorf direkt daneben. Der Flusslauf des Eden wurde korrigiert, die Landstraße verlegt. Jedes Cottage ist individuell gestaltet; jedes Haus scheint eine andere Geschichte, einen anderen Erbauer gehabt zu haben. Dächer, Fenster, Schornsteine, Ornamente und Materialien sind verschieden, und doch ist das ›Dorf‹ eine zusammenhängende, strukturierte Einheit mit über 100 Zimmern, Verbindungsfluren, Bädern, erlesenen Gästezimmern und weiträumigen Personalbereichen. Über 800 Arbeiter waren drei Jahre lang damit beschäftigt; die Neuanlage der Gärten, mit künstlichem See und über 500 000 Pflanzen, benötigte die Arbeitskraft weiterer 700 Männer.

Die Astors ließen die Burg völlig restaurieren, das Äußere detailgetreu rekonstruieren; im Innern schufen die besten Kunsthandwerker des Landes Schnitzarbeiten, Wand- und Deckenornamente, neue ›alte‹ Holzpaneele, Türen, Treppen, Steinkamine, Bleiglasfenster. Mr. Astor ließ weltweit nach passenden Kunstobjekten suchen, um den vorhandenen traditionsreichen Bestand zu ergänzen. Gleichzeitig wurden die Notwendigkeiten edwardianischen Komforts eingeschmuggelt: Bäder, elektrisches Licht, versteckte Heizungen. Um die gewaltigen Kabelstränge, die Heißwasserboiler, die Wasserrohre und die ungeheure Arbeitsleistung, die ein solches Haus von den Bediensteten forderte, unsichtbar werden zu lassen, wurden ›Dorf‹ und Schloss durch ein weiß gekacheltes Keller- und Tunnellabyrinth miteinander verbunden.

Nancy Astor (1879–1964) war eine der berühmtesten Gastgeberinnen ihrer Zeit, die erste Frau, die als Abgeordnete ins Unterhaus zog. Der Kreis um Lord und Lady Astor, der Zirkel der Politiker, Diplomaten, Reichen und Berühmten, war gesellschaftlich tonangebend und lieferte den Society-Blättern immer neuen Stoff.

Besonders die Besitzer der *grand old piles,* der riesigen, zugigen Landhäuser mit großer Geschichte und geringen modernen Annehmlichkeiten, zog es nach Hever Castle – hatten doch die Dollars und die gehobenen, an amerikanischem Standard geschulten Lebensansprüche der Astors für »superior plumbing, heat and food« (»bessere Rohrleitungen, bessere Heizung und besseres Essen«) gesorgt.

Hawkhurst und Lamberhurst

Früher war es als Schmugglernest berüchtigt: **Hawkhurst** 7 liegt auf dem Weg zurück nach Royal Tunbridge Wells. Ein längerer Halt lohnt im ›Weinort‹ **Lamberhurst** 8. Das Dörfchen ist charmant und anmutig, mit gewundenen, auf- und absteigenden Straßen, weiß gestrichenen Cottages, Teestuben und kleinen Geschäften.

Die gleichnamigen Weingärten sind die bekanntesten in England und ein beliebtes Ausflugsziel. Viele Engländer versuchen sich gern am Keltern von Fruchtweinen, die, grauseligsüß, vor dem Sunday Lunch – der geheiligten Familienmahlzeit – für glänzende Stimmung sorgen. Zum Essen fließen ›White‹ oder ›Red‹ dann üppig (Lamberhurst Vineyard, www.lamberhurstvineyard.net, mit Tea Room, Shop, eigenem Gartencenter, Tel. 018 92-89 04 12, tgl. 10–17 Uhr).

Termine

Wine Festival (im Okt.): auf dem Weingut in Lamberhurst.

Weitere Ausflüge von Royal Tunbridge Wells

Penshurst Place & Gardens
▶ L 18

Von Tunbridge Wells sind es nur 10 km nach Penshurst, einem hübschen, winzigen Dorf, das in den Armen des großartigen Anwesens Penshurst Place, Heim von Viscount De L'Isle, zu kuscheln scheint.

Als Sir Philip Sidney (1554–86), Dichter, Krieger und glanzvollste Erscheinung am Hof Elisabeths I., sein Vaterhaus Penshurst mit Liebe und Stolz beschrieb (»firm stateliness, handsome and homely« – »festgefügte Stattlichkeit, attraktiv und heimelig«), war Penshurst schon sehr alt. Es ist eines der schönsten und frühesten Herrenhäuser aus mittelalterlicher Zeit, das ab 1340 ohne Wehranlagen von dem reichen Bankier und Kaufmann Sir John de Poulteney gebaut worden war. Die imposante **Great Hall** – ihre Stichbalkendecke ist neben Westminster Hall in London die schönste im Land – ist vollständig erhalten, und die um 1550 erfolgten weiteren Umbauten und Ergänzungen um die Staatsgemächer und die Long Gallery haben Penshurst Place zu einem stattlichen und gleichzeitig anheimelnden, verwinkelten, aber prachtvollen Landsitz gemacht, der mit den Gärten und der Landschaft verschmolzen zu sein scheint.

Die opulenten, formalen **Gartenanlagen** gehören zu den schönsten, die in England noch erhalten sind. Ein riesiger Abenteuerspielplatz, ein Farmmuseum und die **Penshurst vineyards,** das Weingut, sowie zahlreiche sommerliche Gartenfeste bieten insgesamt so viel Abwechslung und Vergnügen, dass man für Penshurst durchaus einen ganzen Tag vorsehen kann (www.penshurstplace.com, März Sa/So 12–16, April–Okt. tgl. 11.30–18 Uhr).

Speldhurst und Langton Green
▶ L 18

Mit dem Auto nur Minuten entfernt liegt das winzige, bezaubernde **Speldhurst:** Ein wunderschöner, uralter Inn, George & Dragon, ein paar Häuser und eine Kirche: In St Mary the Virgin stoßen wir auf einige Meisterwerke aus der Morris-Werkstatt (s. auch Standen, S. 178 f.). Die in samtenen, kräftigen Farben schimmernden Glasmalereien stammen von Wiiliam Morris und Edward Burne-Jones. Im Sonnenlicht wirken die Heiligen, die Taufe Christi und die Kreuzigungsszenen in kraftvoller Plastizität wie lebendig (tgl. 8–18 Uhr).

Das Gleiche gilt für die Fenster der Kirche All Saints, die neben dem Dorfanger in **Langton Green** steht (tgl. 8–18 Uhr). Auch hier herrliche Darstellungen der Maria Magdalena, Markus, Lukas u. a. von Edward Burne-Jones und William Morris; Johannes und Matthäus stammen von Ford Madox Brown.

Hever Castle & Gardens ▶ L 18

Ein Wirklichkeit gewordenes Eden: Hever Castle ist atemberaubend und anrührend schön – keine makellose Schönheit purer Geschichtsträchtigkeit, sondern eine, die ganz bewusst mit modernster Technik, mit perfek-

Im Landesinneren von Kent

Idealer Schauplatz für Romanzen: der Garten von Hever Castle

ter Handwerkskunst und sehr, sehr viel Geld als Vision eines mittelalterlichen Wohnschlosses kreiert wurde (s. S. 138).

Die zinnenbekrönte rechteckige Anlage ist von einem Wassergraben eingefasst; eine Zugbrücke führt zum Eingangsportal. Die Requisiten einer trutzhaften Burg sind alle da, aber Hever Castle strahlt eine wonnige Freundlichkeit aus, eine zufriedene Wärme. Es ist vollendet proportioniert, jedoch klein, feingliedrig, von Efeu und Wisteria überwuchert, blumengeschmückt. Daneben ein Obstgarten und ein romantisches Tudor-Dörfchen, das die Behaglichkeit steigert: eine Handvoll Schloss, aufs Schönste herausgeputzt. Von weitem erkennt man die sprühenden Farben und Formen einer lebhaft und üppig angelegten Gartenlandschaft mit italienischem Parterre, Rosengärten und einem Buchsbaumlabyrinth, angelegt auf hügeligem Grund; das Schloss schmiegt sich in eine große Senke.

Hever Castle in seiner heutigen Gestalt ist das Geschöpf der Familie Waldorf Astor. Die historischen Reminiszenzen, die sich mit Hever Castle verbinden, sind Teil der romantisierten Geschichte der englischen Monarchen: Zwischen den blühenden Obstbäumen wandelnd, hat Heinrich VIII. um Anne Boleyn, die Tochter des Hauses, geworben (s. S. 26). Das massive Torhaus und die Außenmauern gehen auf das 13. Jh. zurück. 200 Jahre später wurde Hever der Wohnsitz der Familie Boleyn (oder Bullen). Sir Thomas Boleyn ließ in dem alten Gemäuer ein neues Tudor-Wohnhaus errichten. Heute steht das gesamte Gelände unter Denkmalschutz, und die Wiedererweckung von Hever Castle hat seine eigene Legende geschaffen (Hever Castle & Gardens, Edenbridge, Tel. 01 32-86 52 24, März–Nov. tgl. 11–18, Dez.–Feb. 11–16 Uhr, www.hevercastle.co.uk).

Chartwell ▶ L 18

Über sein *home,* sein Heim, Chartwell sagte Churchill einmal: »A day away is a day wasted« – »ein Tag ohne Chartwell ist ein verlo-

Winston Churchill

The greatest Englishman of our time — Thema

Bis heute gilt den Briten Winston Churchill – während des Zweiten Weltkriegs Premier- und Verteidigungsminister – als die bedeutendste Persönlichkeit des 20. Jh.: ›the greatest Englishman of our time‹. Auf seinem Familiensitz Chartwell ist sein Charisma noch zu spüren.

Die große Verehrung für Churchill in England gilt dem Mahner, der vor den Sturmwolken, die sich über Deutschland zusammenbrauten, warnte, dem Kämpfer, der Großbritannien durch den Zweiten Weltkrieg führte und als Premier der Siegermacht die Neuaufteilung Europas mitbestimmte. Doch das erklärt nur einen Teil des Ruhmes: Diesem schwierigen, aufbrausenden Mann, dessen Fähigkeiten als Politiker viele Jahre brachgelegen hatten, gelang es, die Engländer als Nation zusammenzuschweißen, er vermochte das moralische und physische Durchhaltevermögen jedes Einzelnen anzusprechen. Dabei war es nicht nur seine charismatische Kraft als Rhetoriker, die das Kolonialreich Großbritannien noch einmal vereint agieren ließ: Für viele Briten der älteren Generation kommen die Kriegsanstrengungen – »the war effort« mit »blood, toil, sweat und tears« –, getragen von Größe, Kraft und Gemeinsamkeit, in der Person Churchills konzentriert zum Ausdruck.

Sir Winston Leonard Spencer Churchill (1874–1965) stammte aus einem Zweig der illustren Familie der Dukes of Marlborough und gehörte damit dem Kreis der Hocharistokratie an. Er wurde in dem ›goldenen Käfig‹ Blenheim Palace bei Oxford geboren, einem der prachtvollsten Schlösser Großbritanniens, aufgrund der Erbfolgeregelung der Familie jedoch ohne den goldenen Löffel; er besaß weder nennenswerten Landbesitz noch Titel und Vermögen. Als Kavallerieleutnant, Kriegsberichterstatter, nahm er am Burenkrieg teil und konnte auf abenteuerliche Weise aus burischer Gefangenschaft fliehen – zum ersten Mal gefeierter Nationalheld.

Ab 1900 war Churchill Mitglied des Unterhauses, 64 Jahre lang. Aus Protest wechselte er zweimal die Parteizugehörigkeit, von den Konservativen zu den Liberalen und zurück. Er war Erster Lord der Admiralität, er war Handelsminister, er war Innenminister, er war Kolonialminister, er war Schatzkanzler.

In den 1930er-Jahren hatte sich Churchill politisch ins Abseits manövriert. Seine Kritik an der seiner Meinung nach zaudernden Außenpolitik Chamberlains schloss ihn zeitweise aus der aktiven Politik aus; grollend und frustriert zog er sich nach Chartwell (s. S. 142 f.) zurück. 1940, nach dem Beginn des Frankreichfeldzugs, übertrug man ihm auf Druck der Öffentlichkeit die kombinierten Ämter des Verteidigungs- und Premierministers. Als Krieger und Stratege war er der richtige Mann zur richtigen Zeit, dessen eiserner Durchhaltewille die gesamte Nation im Verbund mit den alliierten Mächten zum Widerstand gegen Hitler mobilisierte. Gleich nach Kriegsende, Churchill war 71 Jahre alt, erlebten er und die Konservativen eine überwältigende Wahlniederlage, Churchill musste abdanken. Mit Orden und Auszeichnungen überhäuft, lehnte er, selbstsicher, halsstarrig und ungebeugt, die höchste Ehrung, den für ihn kreierten, erblichen Titel eines ›Duke of London‹, ab. 1951–1955 war er noch einmal Premierminister: für den 80-Jährigen, krank und schwerfällig geworden, eine freiwillig gewählte Last.

Im Landesinneren von Kent

rener Tag«). Das Haus liegt in einer Landschaft aus Tälern und Hügeln, hellen Wäldchen und verstreuten Dörfern bei Westerham, knapp 10 km nördlich von Hever Castle.

Chartwell war Churchills Landhaus, und hier lebte er mit seiner Familie zwischen 1924 und 1965. Eine seiner Nachkommen verwaltet das Anwesen, das die Engländer in Scharen besuchen: Churchill war der bedeutendste englische Politiker des 20. Jh. – einer, der die Weltgeschichte wesentlich mitgestaltet hat, »the greatest Englishman of our time« (s. S. 141).

In Chartwell lebte er sein privates Leben. Hier zogen er und seine Frau »Clemmie« die Kinder groß, hier malte er, legte den Garten an, züchtete Rosen, schrieb zahllose Bücher, brillante historische Werke mit großem Atem, die ihm 1953 den Nobelpreis für Literatur einbrachten. Seine »History of the English Speaking Peoples« in vier Bänden ist heute noch ein Standardwerk.

Das behäbige, komfortable und sehr intime Landhaus mit prachtvollen Parkanlagen ist von der Persönlichkeit Churchills durchdrungen. Fotos, Bücher, Briefe und Dokumente überall. Sein Arbeitszimmer, hoch unter dem Dach, lässt etwas von der außergewöhnlichen Konzentrationsfähigkeit und Willensstärke des Mannes ahnen. Im Gartenhaus findet man den Maler Churchill wieder, und der helle, elegante Speiseraum lässt die unzähligen Aperçus und Redewendungen Wilde'scher Provenienz des wegen seiner oft auch ausfallenden Scharfzüngigkeit gefürchteten Gesellschafters wieder aufleben.

Was soll man z. B. von folgendem Schlagabtausch halten: Spät nachts geht Churchill angeheitert mit einem Kollegen durch die Flure des Unterhauses. Sie begegnen einem weiblichen Parlamentsmitglied, Mrs. Soundso, die für ihre strenge, puritanische Gesinnung bekannt ist. Sie unterzieht Churchill einer Musterung und sagt zu ihm: »Mr. Churchill, Sie sind sehr, sehr betrunken.« »Yes, Madam, und Sie sind sehr, sehr hässlich.« Nach kurzem Zögern fügt er hinzu: »Aber ich bin morgen früh wieder nüchtern.« (Chartwell, NT, www.nationaltrust.org.uk, Mitte März– Ende Juni, zweite Septemberwoche–Okt. Mi–So, Fei, Juli/Aug. Di–So, Fei 11–17 Uhr).

Down House ▶ L 18

Einen Abstecher ca. 10 km nördlich von Westerham über die M 25 hinweg lohnt **Down House,** das großzügige Anwesen von Charles Darwin. In dem schönen viktorianischen Gebäude hatte Darwin (1809–82) bis zu seinem Tod rund 40 Jahre lang mit seiner großen Familie gelebt. Die Originalmöbel sind noch da; im Arbeitszimmer entstanden seine bedeutenden Bücher, im Billardzimmer hat er sich entspannt. Lebensgeschichte und Gedankenwelt Darwins, seine Forschungsreisen und sein Werk »Über die Entstehung der Arten« (1859) das die Welt in Aufruhr versetzte, lassen sich eindrucksvoll nachvollziehen. Im Garten mit ›Denkpfad‹ macht das Treibhaus mit exotischen Pflanzen deutlich, dass Darwin über die Anschauung zu seinen revolutionären Einsichten kam. Hochinteressant! (Down House, EH, Luxted Road, Downe bei Biggin Hill, Tel. 016 89-85 91 19, www.english-heritage.org.uk, April– Sept. Mi–So 10–18, Mitte Juli–Aug. tgl. 10–18, Okt.–Mitte Dez., Feb./März Mi–So 10–16 Uhr).

Sevenoaks und Knole ▶ L 18

Die geschäftige, freundliche Kleinstadt Sevenoaks besteht aus einer langen, gewundenen High Street, hübschen Gassen mit mediterranem Flair, weiten ruhigen Stadtrandgebieten mit baumbestandenen, intimen Häuserreihen der *middle class* – und einem großen, neuen Bahnhof, der die Pendler nach London bringt und gegen 19 Uhr Brigaden an Regenschirmen, Nadelstreifen und Aktentaschen wieder entlässt. Nichts Besonderes, wenn es Knole nicht gäbe. Gegenüber der St Nicholas Church, neben der traditionsreichen Sevenoaks School markiert ein Torbogen den Eingang zum Wildpark und Haus von Knole.

Knole, der Palast mit seinen 365 Räumen und mit weitem Park, ist ein Reich für sich, uralt, ernsthaft und heiter zugleich, eines der größten ›Houses‹ in Großbritannien, mit bedeutenden kunsthistorischen Sammlungen und kostbarem, sehr seltenem Mobiliar. Mitte

Weitere Ausflüge von Royal Tunbridge Wells

Exponat in Down House: Darwins Zeichnung fleischfressender Pflanzen

des 15. Jh. gehörte das riesige Anwesen den Erzbischöfen von Canterbury. Später ging Knole an Heinrich VIII. über, dann an Elisabeth I., die den Besitz schließlich ihrem Vetter, Sir Thomas Sackville, überließ. Sackville war Lord Treasurer, der Knole in großem Stil um- und ausbaute, einen kostbaren jakobäischen Palast daraus machte. Im Jahr 1604 wurde er als erster Earl of Dorset in den Adelsstand erhoben. Seine Nachkommen, die Earls und Dukes of Dorset, die Lords und Barone Sackville lebten über Jahrhunderte in Knole – bis heute. Sie bauten um und um, modifizierten und korrigierten. »Eine verschwenderische Rasse, zu liebestoll, zu schwach, zu träge und sehr melancholisch.« Diese Einschätzung stammt von The Honourable Victoria Mary, kurz Vita genannt, Sackville-West (1892–1962), die als einzige Tochter des dritten Baron Sackville in Knole auf-

wuchs, mit dem Haus verwachsen war und ihr Leben lang über den Verlust von Knole trauerte: Komplizierte, labyrinthische Familienverhältnisse, spanische Tänzerinnen, herumschleichende Verwandte und ein jahrelang dahinsiechender Prozess hingen irgendwie, und vielleicht auch nicht, damit zusammen, dass Vita ihr geliebtes Knole nicht erben konnte. Ihr blieb nur, eine glänzende Geschichte über »Knole und die Sackvilles« zu schreiben. »Knole sieht aus wie ein mittelalterliches Dorf, zusammengewürfelt, ohne bewusste Symmetrie«: lang gestreckte, alt gewordene Ziegeldächer, Türme, Giebel, Schornsteine wie Korkenzieher, Mauern, Bleiglasfenster, Torbögen, Zinnen, Kurven, Linien, Umrisse und dunkle, samtene Farben – Braun, Ocker und Maronenrot. Das Eingangsportal ist ein bescheidenes hölzernes Tor, völlig unprätentiös, dahinter erstreckt

Im Landesinneren von Kent

sich eine Abfolge von Innenhöfen, die wie die *quadrangles* in den Colleges von Oxford und Cambridge eine in sich geschlossene kleine Welt bedeuten. In Vitas Roman »Schloss Chevron« wird sie aus der Perspektive des jungen unbekümmerten Sebastian (das Spiegelbild Vitas), der auf eines der Dächer gestiegen ist, beschrieben: »Weite Flächen rotbrauner Dächer umgaben ihn, in Stein gehauene heraldische Ungeheuer hockten an jeder Giebeldecke. Über dem großen Hofplatz wehte die Fahne rot und blau und schlaff von einem Turm herab. Unten im Garten, auf einem leuchtend grünen Rasenplatz, konnte er die verstreuten Gestalten der Gäste seiner Mutter sehen; einige saßen unter den Bäumen, einige streiften umher; er konnte ihr Lachen und den Aufschlag der Krockethämmer hören.«

Knole strahlt Dauer aus, Stattlichkeit und Tradition. In das Riesengewirr aus Treppen, Höfen, Türen, Raumfluchten, Winkeln und Ecken scheint das Licht nur gedämpft hereinzufallen, und in den **Long Galleries** und Staatsgemächern, im überbordend ornamentalen, über und über in Silber ausgeschlagenen **King's Bedroom** und der herrlichen, nach Leder und Holz duftenden **Great Hall** scheint die Zeit stehengeblieben zu sein. Die Räume bergen knarrende Holzdielen, verbliechene, sehr kostbare Möbelstoffe, blinde Spiegel, Gemäldesammlungen, Kartons von Raffael, unschätzbar wertvolle Tapisserien und Nadelarbeiten. In einem der Flügel wohnt Lord Sackville – und selbst er weiß nicht genau, wie viele Räume er sein Eigen nennen kann. Der Überlieferung nach ist Knole mit einem astrologischen Knochenbau ausgerüstet: Es gibt sieben Innenhöfe, die mit den Wochentagen korrespondieren, 52 Treppen für die Woche eines Jahres und 365 Räume – für jeden Tag des Jahres einen.

1947 wurde Knole dem National Trust überantwortet (mit ewigem Wohnrecht der Sackvilles), und Jahre später schrieb Vita: »Es gab keine andere Möglichkeit, und als potenzielle Erbin musste ich Dokumente unterzeichnen, mit denen ich Knole wegschenkte. Es brach mir beinahe das Herz, meine Unterschrift unter etwas zu setzen, in dem ich nichts erblicken konnte als einen Verrat an meinen Vorfahren und dem Haus, das ich liebte.« Selbst ihre Schöpfung Sissinghurst blieb »karger« Ersatz für sie (Knole, NT, Tel. 017 32-46 21 00, www.nationaltrust.org.uk, Haus Mitte März–Okt. Mi–So, Fei 12–16 Uhr. Angemeldete Führungen Mi, Fr, Sa 11 Uhr; Garten Di 11–16 Uhr; Park ganzj. geöffnet).

Infos
Sevenoaks Tourist Information: Buckhurst Lane, Tel. 017 32-45 03 05, Fax 017 32-46 19 59, www.sevenoakstown.gov.uk

Essen & Trinken
Hervorragender Fisch ▶ **Loch Fyne Restaurant:** 64–65 High Street, Tel. 017 32-46 71 40, www.lochfyne.com, Mo–Fr 11–22 Uhr, Sa 9– 22.30, So 10–22 Uhr. Muscheln, Krebse, Krabben, Seezungen: frischen Fisch in allen Varianten gibt's in dem historischen Gebäude mit geschmackvoller, schlichter Ausstattung. 2-Gänge-Lunch 10 £; natürlich auch leckere Fish & Chips!

Ightham Mote ▶ L 18
Einen Querschnitt durch 700 Jahre Bau- und Wohngeschichte bietet das wonnige Anwesen Ightham Mote, rund 10 km östlich von Sevenoaks. Das von einem Wassergraben umgebene Hausensemble zeigt einen köstlichen Stilmix: mittelalterliches Fachwerk, stämmige Torbögen, Tudor-Kapelle, Great Hall, klassizistische Kamine, Seidentapeten und viktorianisches Billardzimmer. Wunderschön ist die 200 ha große Garten- und Parklandschaft mit Seen und Wäldchen. Hier demonstriert der National Trust, dem das Haus 1985 übereignet wurde, seine sorgfältigen und liebevollen Restaurationsarbeiten – es war eines seiner aufwändigsten Projekte überhaupt. Neben einem Restaurant und Shop gibt es natütlich auch geführte Touren sowie Kinderveranstaltungen (Ightham Mote, NT, Mote Road, Ivy Hatch, Sevenoaks, Tel. 017 32-81 03 78, www.nationaltrust.org.uk, Mitte März–Okt. tgl. außer Di u. Mi 11–17 Uhr, Erw. 11 £, 4. Nov.–19. Dez Sa, So nur 5,50 £).

Entlang der Küste von Rye bis Brighton

Ganz unterschiedliche Eindrücke auf kleinstem Raum gewinnt man entlang der Küste von Sussex. Zwischen dem mittelalterlichen Bilderbuchstädtchen Rye und dem quirligen Rummel im viel geliebten Seebad Brighton liegen Naturspektakel wie die Felsen von Beachy Head oder die langen Strände vor der eleganten Silhouette von Eastbourne.

Rye ▶ M 19

Rye, schon in der Grafschaft East Sussex, blickt hoch von einem Hügelkamm über die Marschen und ist eines der schönsten Städtchen Südenglands, ein viel besuchtes Ausflugsziel: buckelig und blumengeschmückt mit bunten, detailreichen Fachwerkbauten und einer bedeutenden Geschichte.

Die Cinque Ports

Rye gehörte im Mittelalter den ›Cinque Ports and Two Ancient Towns‹ an, einer Gruppe privilegierter Hafenstädte, die für den Kernbestand der Kriegsflotte der Monarchen zu sorgen hatten. Der ursprünglich fünf Häfen – Hastings, Romney, Hythe, Dover und Sandwich – umfassende Verband, im 11. Jh. ins Leben gerufen, wurde später um Rye und Winchelsea erweitert. Im Jahr 1278 erhielten diese Städte eine Royal Charter, die Pflichten und Privilegien, u. a. Steuerbefreiung und eigene Gerichtsbarkeit, der Cinque Ports festschrieb. Weit über die Tudor-Zeit hinaus waren sie für den Bestand, Erhalt und die Ausrüstung der Schiffe verantwortlich. Der Lord Warden war der höchste Würdenträger und oberste Befehlshaber, der auch den Gerichtshöfen der Admiralität vorstand.

Gewaltige Bewegungen des Meeres haben die Küstenlandschaft zwischen Hastings und Dover über die Jahrhunderte verändert: Winchelsea wurde von der See verschlungen. Rye und andere Hafenstädte versandeten und sind nun vom Meer abgetrennt, so dass die Rolle der Cinque Ports lange ausgespielt ist. Tradition jedoch, Pomp und Zeremonien, die Würde des Amtes haben sich erhalten. Das Amt des Lord Warden hatten u. a. der Duke of Wellington und Winston Churchill inne, und 1979 war mit Queen Elizabeth the Queen Mother zum ersten Mal einer Frau diese Ehre zuteilgeworden. Die offizielle Residenz des Lord Warden befindet sich in Walmer Castle (s. S. 117).

Die gewaltigen Orkane, die gegen Ende des 13. Jh. Stadt und Hafen des nahe gelegenen Winchelsea von der Landkarte fegten, haben Rye nicht so sehr zugesetzt wie die Überfälle der Franzosen: Sie stürmten und zerstörten die Stadt um 1370. Aus dieser Zeit ist nur das Stadttor Landgate erhalten sowie der Festungsturm Ypres Tower. Dort, im **Rye Castle Museum,** lässt sich der Geschichte der Cinque Ports nachspüren (3 East Street und Ypres Tower (Museum Sa, So, Fei 10.30–17 Uhr; Ypres Tower tgl. 10.30–17 Uhr).

Rye wurde wieder aufgebaut, lebte hauptsächlich vom Heringsfang und der Schmuggelei. Geschichten und Legenden über die Schmugglerbanden sind heute noch lebendig, und unter den Straßen zieht sich ein ausgedehntes Labyrinth an Kellergewölben und Tunnelverbindungen entlang, das für die dunklen Geschäfte notwendig war.

Eine bunte, multimediale Show zu Geschichten und Geschichte von Rye bietet das **Rye Heritage Centre** mit der ›Story of Rye‹

Rye

(Strand Quay, im Haus des Tourist Office, www.ryeheritage.co.uk, ganzjährig, tgl. 10–16.30 Uhr).

Rundgang

Verlaufen kann man sich nicht in Rye – es ist ein nahezu rechteckiges Geviert innerhalb der Stadtmauern – wohl aber die Haxen stauchen: Die Straßen sind katzenkopfgepflastert und flache Schuhe Voraussetzung für den Stadtbummel. Unten am Strand Quay stehen die markanten schwarz geteerten Speicherhäuser, und von hier aus brauchen Sie nur noch nach oben zu schlendern: eine Straße schöner, bunter und individueller als die andere. Berühmt sind die schräg gestaffelt und Schulter an Schulter den Hang hinauf- oder hinabführenden Häuser der **Mermaid Street** mit dem bezaubernden, aus dem 15. Jh. stammenden Fachwerkbau des Mermaid Inn. Viele Nummern- und Hausschilder sind dekorierte Kacheln oder ornamentierte Medaillons. Galerien, Kunsthandwerk, Antiquitätengeschäfte und Töpfereien sind zahlreich vertreten – ebenso wie Pubs, Inns, Tea Rooms und Bistros – Rye ist ein viel besuchtes Ausflugsziel.

In der West Street stoßen wir nahe der Kirche auf **Lamb House**, das der große Schriftsteller und Wahlengländer Henry James von 1898 bis zu seinem Tod im Jahr 1916 bewohnte (NT, April–Okt. Do, Sa 14–18 Uhr, www.nationaltrust.org.uk). Lamb House ist ein eleganter georgianischer Bau mit schönem Garten, in dessen opulenter Behaglichkeit die Romane »Die Gesandten« und »Die goldene Schale« entstanden sind. Der Amerikaner Henry James (1843–1916), wohlhabend, kultiviert und weltmännisch, liebte das »kleine, verschachtelte, grüne Land«, seine Kultur, Menschen und Verschrobenheiten sehr. In seiner über mehrere Jahre hin entstandenen Essay-Sammlung »English Hours« (»In England, um glücklich zu sein«) plaudert er kenntnisreich, mit tiefer Einsicht und großem Einfühlungsvermögen über landschaftliche Stimmungen, Städte und Country Houses, Sommertage in London, über Salisbury, Stonehenge und natürlich auch über die »two little old towns« Rye und Winchelsea. Glänzend geschrieben ist die Romanbiografie von Colm Tóibín mit langen Kapiteln über das Leben des Schriftstellers Henry James in Rye (s. Lesetipps S. 71).

Rye Foreign

Außerhalb von Rye auf der A 268 stößt man auf den Weiler Rye Foreign: Das ›ausländische‹ Rye bezeichnet die Ansiedlung der Hugenotten, der verfolgten französischen Protestanten, die nach der Bartholomäusnacht 1572 flohen und als exzellente Weber und Handwerker in England mit Kusshand aufgenommen wurden – innerhalb der Stadtmauern von Rye durften sie allerdings nicht leben.

Infos

Rye Tourist Office: Strand Quay, Tel. 017 97-22 66 96, Fax 017 97-22 34 60, www.visitrye.co.uk.

Übernachten

Weithin bekannt ▶ **Mermaid Inn:** Mermaid Street, Tel. 017 97-22 30 65, Fax 017 97-22 50 69, www.mermaidinn.com. Liebliches, traditionsreiches Fachwerkhaus aus dem 15. Jh., von Blumenkaskaden eingehüllt. Sehr komfortabel, eines der ältesten Inns im Land. DZ ab 140 £.

Opulente Ausstattung ▶ **Jeakes House:** Mermaid Street, Tel. 017 97-22 28 28, Fax 017 97-22 26 23, www.jeakeshouse.com. B&B in reizendem Gebäude von 1689. DZ ab 114 £.

Klein, aber fein ▶ **Fairacres B&B:** Udimoore Road, Broad Oak, Rye, Tel. 014 24-88 32 36, Fax: 014 24-88 32 36. In der Endauswahl zum ›B&B des Jahres 2007‹: 3 völlig unterschiedliche Doppelzimmer jeweils mit Bad. Tolles Frühstück. DZ 90–100 £.

In ruhiger Seitenstraße ▶ **Little Orchard House:** West Street, Tel./Fax 017 97-22 38 31, www.littleorchardhouse.com. Niedliches Cottage mit Garten in ruhiger Seitenstraße. Nett, häuslich, angenehm. DZ um 80 £.

Kopfsteinpflaster und putzige Fassaden: im Städtchen Rye

Entlang der Küste von Rye bis Brighton

Idyllisch am Fluss ▶ **River Haven Hotel und Riverside Restaurant:** Quayside, Winchelsea Road, Tel. 017 97-22 79 82, www.riverhaven.co.uk. Familiengeführtes modernes Haus romantisch am Flüsschen Tillingham gelegen, auch schönes Restaurant mit Gartenbewirtschaftung (Hauptgericht ab 11 £, 2-Gänge-Menü 15 £). 20 Zi, einige mit eigener Terrasse. DZ 80–90 £.

Essen & Trinken

Sehr guter Fisch ▶ **Landgate Bistro:** 5–6 Landgate, Tel. 017 97-22 28 29, www.landgatebistro.co.uk, Mi–Sa nur Dinner, Sa, So Lunch 12–15 Uhr. Schlichte Räume, frische regionale Produkte mit leichter Hand individuell zusammengestellt. 2-Gänge-Menü ab 20 £.

Zauberhaftes Fachwerkhaus ▶ **Flushing Inn:** 4 Market Street, Tel. 017 97-22 32 92, www.theflushinginn.com, Mo, Di geschl. Hervorragende Fischküche. 2-Gänge-Menü ab ca. 19 £.

Einkaufen

Märkte ▶ **Wochenmarkt:** Do beim Bahnhof; **Farmers Market:** Mi am Strand Quay.

Verkehr

Züge: Der Bahnhof von Rye liegt nördl. des Zentrums am Ende der Straße Station Approach, die von der Cinque Port Street abzweigt. Über Ashford International Station überregionale Verbindungen. Direktzüge von und nach Hastings und Winchelsea.
Busse: Busverbindung von und nach Winchelsea und Hastings ab Market Road.

Umgebung von Rye

Rye ist im Sommer meist überfüllt. Da bietet es sich an, in dem außerordentlich reizvollen und abwechslungsreichen Umland zu bleiben, wie z. B. in Cranbrook (s. S. 134) oder Tenterden (s. S. 136), und von dort nach Rye hineinzufahren. In der westlichen Umgebung von Rye liegen drei vom Charakter her völlig unterschiedliche Sehenswürdigkeiten dicht beieinander: Bateman's, das Haus von Rudyard Kipling, seinem Andenken gewidmet, Bodiam Castle, eines der romantischsten Wasserschlösser im Inselreich, und Great Dixter, ein verzaubertes ›Knusperhaus‹ in einem fröhlichen, bunten Garten, das von dem berühmten Edwin Lutyens umgebaut wurde.

Winchelsea ▶ M 19

Das knapp 5 km von Rye entfernte Winchelsea ist völlig anders: Eine baumgesäumte Straße windet sich hangaufwärts, man fährt durch die efeuumrankten Überreste eines uralten Stadttorbogens, hinein in eine lichterfüllte, traumgleiche Stille. Von der Gegenwart vergessen, liegt das Städtchen auf einem flachen, weiten Hochplateau, eingehüllt in »die Unberührbarkeit vornehmer Zurückhaltung« (Henry James). Das alte Winchelsea, Mitglied der Cinque Ports, wurde im 13. Jh. von der See verschluckt, und mit königlicher Billigung sollte eine glanzvolle Neustadt entstehen – groß und mächtig genug, um dem Hafen Londons (!) Konkurrenz zu machen: Daraus wurde nichts, die Verlandung nahm zu, die Bauarbeiten wurden eingestellt. Der Bau der **Kirche St Thomas**, von gigantischen Ausmaßen, wurde niemals beendet, nur das Schiff mit Seitenkapellen ragt in den Himmel. Die Rasenflächen des Kirchplatzes mit seinen efeuumrankten Ruinen bilden den Mittelpunkt der mit 600 Einwohnern kleinsten Stadt Englands. Das neue Winchelsea wurde schachbrettartig gegliedert, weiträumig, offen. Würdige, elegante Häuser aus georgianischer Zeit säumen die schnurgeraden, baumbestandenen Straßen. Hier ist alles diskret, verschwiegen und isoliert. Noch einmal Henry James dazu: Die »abstrakt ausgelegten Alleen und sich kreuzenden Straßen irren blind umher im sommerlichen Abendlicht und verschwinden in Legende und Mysterium«.

Bateman's ▶ L 19

Rudyard Kipling (1865–1936), dessen Erzählungen, Romane und Gedichte aus und über Indien weltberühmt wurden und ihm 1907 den Nobelpreis für Literatur einbrachten, kaufte 1902, als 36-Jähriger auf der Höhe sei-

Umgebung von Rye

nes Ruhms, den kleinen Landsitz Bateman's und zog mit seiner Familie von Rottingdean (s. S. 169) hierher. Von einer Anhöhe aus blickt man auf die sanften Hügel und Laubwellen des Weald: Seine Wahlheimat inspirierte ihn zu den entzückenden Kindergeschichten von »Puck of Pook's Hill« (»Puck vom Buchsberg«), in denen Kipling ein Geschwisterpaar in einem Sommernachtstraum auf eine Reise in die historische und mythische Vergangenheit Englands schickt.

Pook's Hill ist vom Garten aus zu sehen. Das schöne, heimelige Sandsteinhaus aus dem 17. Jh. mit einem vorgesetzten Flügel, Eingangsportal und einem sechssteiligen Schornsteinensemble ist komfortabel, massiv und sehr maskulin eingerichtet – niedrige Balkendecken, viele Holzpaneele, glänzende Dielen und Möbelstücke, Kunstgegenstände, Gemälde, Plastiken, die Kiplings Heimat Indien heraufbeschwören. Das Arbeitszimmer ist vollständig erhalten, und ein weiterer Raum ist Kiplings literarischem Schaffen gewidmet. Bekannt und viel besucht ist auch der Garten, den Kipling z. T. selbst anlegte, nachdem er umliegendes Land dazugekauft hatte. Man wandert durch die Motivgärten wie durch eine Abfolge von Zimmern: ein Maulbeergarten, ein ›italienisches‹ Parterre mit anschließendem Rosengarten und ein gepflegtes Remisengeviert mit einer für Kent typischen Hopfendarre, dessen Schindeldach in einer kleinen Laterne endet. Berühmt und wunderschön ist das Tunnelspalier aus Birnbäumen – im Frühjahr ein weiß blühender, im Herbst ein grün rankender Bogen, von dem die Birnen herabbaumeln.

Eines der bekanntesten Gedichte von Kipling, »The Glory of the Garden«, ist nicht nur eine Hymne auf seine Schöpfung in Bateman's, sondern sieht das ganze Inselreich als einen Garten an, der von den Gärtnern liebevoll und emsig gepflegt und gehütet wird (Bateman's, NT, bei Burwash, Tel. 014 35-88 23 02, www.nationaltrust.org.uk, Mitte März–Ende Okt. Sa–Mi, Fei 11–17 Uhr).

Bodiam Castle ▶ M 19

Ca. 21 km nordwestlich von Rye liegt Bodiam Castle, eine Wasserburg wie aus dem Mär-

Wie aus dem Märchen: die Wasserburg Bodiam Castle

Entlang der Küste von Rye bis Brighton

chen: Umringt von den schimmernden Flächen der breiten Grabenanlage und saftig grünen Wiesen, bietet das von runden Ecktürmen eingefasste, mächtige Mauerviereck einen atemberaubenden Anblick. Die Anlage ist von perfekter Harmonie, symmetrisch, ausgewogen, schön – als Wehrburg und Wohnstätte zugleich wurde sie im Auftrag von Richard II. für Sir Edward Dalyngrydge im Jahr 1388 fertiggestellt. Sie war zum Schutz der Furt des Flusses Rother gedacht, der im Mittelalter noch schiffbar war und der gefürchteten Invasion der Franzosen den Weg ins Landesinnere gebahnt hätte – Rye und Winchelsea waren von ihnen ja schon geplündert worden.

Cromwell ließ die inneren Gebäude von Bodiam vollständig zerstören, und Lord Curzon, der Bodiam Castle um die Wende zum 20. Jh. erworben hatte, rettete die Anlage vor dem Verfall. Mit seinem Tod im Jahr 1917 ging sie an den National Trust über. Und obwohl nur die Außenmauern vorhanden sind, mit z. T. begehbaren Türmen, ist Bodiam, von Seerosen, Wasser und Grün umgeben, eine der romantischsten Sehenswürdigkeiten in Südengland (Bodiam Castle, NT, bei Robertsbridge, Tel. 015 80-83 04 36, www.nationaltrust.org.uk, Mitte Feb.–Okt. tgl. 10.30–18, Nov.–Feb. Sa/So 10.30–17 Uhr).

Übernachten

Preisgekrönt ▶ Manor Farm Oast: Workhouse Lane, Icklesham bei Rye, Tel./Fax 014 24-81 37 87, www.manorfarmoast.co.uk. Von der A 259 Richtung Hastings 4 km südl. von Winchelsea. Preisgekröntes B&B in umgebauten Hopfendarren, sehr komfortabel und idyllisch, tolles Frühstück. DZ 99 £.

Wunderschön ▶ Barons Grange B&B: Readers Lane, Iden, 5 km nördl. von Rye; Tel. 017 97-28 04 78, in herrlichem Garten mit Pool ein elegantes georgianisches Farmhaus mit 4 behaglichen Doppelzimmern. Gutes Frühstück. DZ 65–70 £.

Hastings und Umgebung
▶ M 19

In Hastings ist der normannische Wilhelm der Eroberer im Jahr 1066 mit seinen Truppen ge-

Hier liegt die Fangflotte am Strand: Fischerboote in Hastings

Hastings und Umgebung

landet, und auf den Wiesen und Wäldchen landeinwärts befindet man sich in ›1066 Country‹: Hier hat die große Schlacht *(battle)* zwischen ihm und dem angelsächsischen König Harold stattgefunden – für das Inselreich das entscheidendste Ereignis in der Geschichte.

Hastings

Hastings ist ein merkwürdiger Ort, mit seinen knapp 80 000 Einwohnern macht es einen quirligen, aber auch etwas verlorenen Eindruck: New und Old Town finden nicht recht zueinander. Dazwischen thront auf dem **West Hill** hoch über dem Strand die Ruine des Normannenpalastes, den sich Wilhelm unmittelbar nach der Eroberung bauen ließ. Im Mittelalter war der Ort wichtig und würdevoll, gehörte er doch den Cinque Ports an; im 20. Jh. hat er den Anschluss verpasst, und heute ist das Stadtbild deutlich attraktiver geworden.

Neben den Ruinen von **Hastings Castle** wird in einem Zelt die »1066«-Story in einer knappen halben Stunde als audivisionelle Show erzählt (Ostern–31. Okt, tgl. 10–17 Uhr).

Die Stadt ist durch eine steil zum Wasser hin abfallende Straße in zwei Teile geteilt. Zwei Zahnradbahnen verbinden die Strandebene mit East und West Hill. Die **Old Town** zwischen Castle Hill und East Cliff ist das malerische Gassengewirr des ehemals bedeutenden Fischereihafens; der Hafen ist jedoch arg versandet, und die Fischerboote werden bis auf den dunklen Kieselstrand gezogen. Das ist sehr ungewöhnlich, und heute bilden die rund 50 Fischkutter, die hier täglich anlanden, die größte Fangflotte dieser Art in Europa!

Am alten Hafenareal, The Stade, sind die Netzspeicher der Fischer sehr schön und einmalig in ihrer Art: die ›net shops‹ sind auf traditionelle Weise aus schwarz geteerten Holzschindeln errichtet. Die Bauweise, *weatherboarding* genannt, ist für East Sussex und besonders Kent ganz typisch. In der im 19. Jh. errichteten ›Fishermen's Chapel‹ in der Rock-a-Nore Road ist heute ein **Fishermen's Museum** beheimatet, in dem auch der letzte auf der Werft von Hastings gebaute Kutter aus dem Jahr 1909 gezeigt wird (Ende März–Ende Sept. tgl. 10–17, Okt.–März 10–16 Uhr).

Gleich daneben widmet sich das **Shipwreck Heritage Centre** den Stürmen und Schiffskatastrophen, die immer wieder viele Menschenleben gekostet haben (März–Sept. tgl. 10–17, Okt.–März 11–16 Uhr).

Sehr beliebt bei Familien ist das **Blue Reef Aquarium** in der Rock-a-Nore-Road. Riesenaquarien mit gläsernen Tunneln verbunden, Filme und Videos über das Leben in der Tiefsee (www.bluereefaquarium.co.uk, tgl. 10–17.30 Uhr, Erw. 7,95, Kinder 3–14 Jahre 5,95 £).

In der Neustadt hat sich seit viktorianischen Zeiten ein bescheidener Badebetrieb etabliert: Kleine Sandstrandflecken tauchen zwar nur bei Ebbe auf, aber es gibt eine inzwischen auf ca. 4,5 km Länge erweiterte Promenade und einen frisch restaurierten, 300 m langen Pier. Direkt daneben der **Conqueror's Stone** – er markiert die Stelle, an der Wilhelm englischen Boden betreten hat. Im Rathaus, der **Town Hall**, ist das moderne Gegenstück zum Teppich von Bayeux (Replik in Battle) ausgestellt: Zum 900-jährigen Gedenken wurde 1966 ein 70 m langer Wandteppich von der Royal School of Needlework gefertigt, der die großen Ereignisse aus fast einem Jahrtausend englischer Geschichte wiedergibt – die »Hastings Embroidery« ist eine beachtliche, kunsthandwerkliche Gemeinschaftsarbeit.

Infos

Hastings Tourist Information: Town Hall, Queens Square (im Town Centre); The Stade, Old Town Hall (in der Old Town), Tel. 014 24-78 11 11, Fax 014 24-78 11 86, www.visithastings.com und www.visit1066county.com.

Übernachten

Urbaner Chic ▶ **Zanzibar International Hotel:** 9 Eversfield Place, St Leonards, Tel. 014 24-46 01 09, www.zanzibarhotel.co.uk. Ein passendes Hotel an der Promenade von St Leonards: sechs elegante, großzügige und

Entlang der Küste von Rye bis Brighton

geschmackvoll ausgestattete Zimmer mit Blick auf das Meer – im urbanen Look gestylt, mit Südamerika, Afrika, Indien im Visier. Alles in Weiß: Antarctica. Toll. DZ ab 90 £.

Sehr gutes Preis-Leistungs-Verhältnis ▶ Rosemary Cottage: Broad Street Green, Hooe, Battle. Tel. mobil: 078 80-66 22 12, www.bnbselect.com/bnb/35730, Auf der A 259 zwischen Pevensey und Little Common. Schönes, ruhiges modernes Cottage mit zwei Doppelzimmern. Zwei Einzelzimmern. Terrasse, gutes Frühstück. DZ 55 £.

Behaglich ▶ Brede Court Country House B&B: Brede Hill, Brede, zwischen Hastings und Tenterden an der A 28. Tel. 014 24-88 31 05. Großzügiges, wunderschönes Arts & Crafts-Haus mit Garten. Neun gemütliche, komfortable Zimmer ab DZ 50 £.

Wunderbare Ausblicke ▶ Guestling Hall: Rye Road, Guestling, Tel. 014 24-81 23 73, www.yha.org.uk. Jugendherberge 5 km außerhalb Richtung Rye. Altes Anwesen, hoch gelegen. Erw. 16 £.

Termine

Jack in the Green Festival of Morris dancing (drei Tage mit Abschluss am ersten Mai-Montag, *bank holiday*): großer traditioneller Umzug mit Blattgrün-Kostümen und *Morris dancers,* um den Winter auszutreiben.

Carnival und Old Town Festival (erste Augusthälfte): Stadtfest.

Verkehr

Züge: Verbindungen nach London über Ashford oder Lewes, Eastbourne, Brighton.
Busse: National-Express-Busse nach Battle, Rye, Royal Tunbridge Wells, London.

Battle

In **Battle Field,** rund 10 km nordwestlich von Hastings, auf dem vermeintlichen Schlachtfeld, gründete Wilhelm der Eroberer als Zeichen seines Dankes eine Benediktinerabtei, **Battle Abbey** – der Hochaltar der Kirche, die 1094 geweiht wurde, markierte die Stelle, an der Harold gefallen war. Heinrich VIII. überließ die Klosteranlage seinem Höfling Sir Anthony Browne, der die Kirche schleifen und Teile der Klostergebäude umbauen ließ. Rund um die Abbey entwickelte sich dann das Dorf Battle, heute noch ein kleiner Ort mit mittelalterlichem Flair. Das Torhaus stammt von 1339; Bankettlhalle, Schlafsaal und die Gemächer des Abtes vermitteln noch einen Eindruck von den einstmals großartigen Ausmaßen der Abtei. Mit interaktiver Audioführung, Ausstellung, Shops (1066 Battle of Hastings Abbey and Battlefield, EH, www.englishheritage.org.uk, April–Sept. tgl. 10–18, Okt.–März 10–16 Uhr).

Gegenüber dem Gatehouse von Battle Abbey gibt's Geschichte zum Anfassen, Riechen und Hören dargeboten, wie es die Briten lieben: In **Buckleys Yesterday's World** wird die Zeit zwischen 1850 und 1950 lebendig, mit Gassen, Krämerläden, Küchen, einem Bahnhof der 1930er-Jahre, interaktiv vermittelt und mit vielen Shops. Toll für Kinder (High Street, Tel. 014 24-77 53 78, www.yesterdaysworld.co.uk).

Infos

Battle Tourist Information: 88 High Street, Tel. 014 24-77 37 21, www.visit1066country.com.

Übernachten

Luxuriös ▶ Powdermills Hotel: Powdermill Lane, 3 km außerhalb an A 2100, Tel. 014 24-77 51 11, www.powdermillshotel.com. Country-House-Hotel in großzügigen Parkanlagen mit See, alte stilvolle Möbel. Top-Restaurant in der Orangerie. DZ ab 120 £.

Schnörkellose helle Räume ▶ Farthings Farm B&B: Battle, Tel. 014 24-77 31 07, www.farthingsfarm.co.uk. wunderschönes B&B, schnörkellose helle Räume, super Frühstück. DZ 60 £.

Landleben pur ▶ Fox Hole Farm: Kane Hythe Road, 3 km außerhalb von Battle, nordwestl. an der B 2096, Tel./Fax 014 24-77 20 53. Friedliche Cottage-Farm mit hübschen Zimmern. DZ 50 £.

Termine

Festival of Arts (zweite oder dritte Maiwoche): Konzerte, Theater, Ausstellungen.

Hastings und Umgebung

Bexhill-on-Sea

Für Architekturfans ist Bexhill-on-Sea ein Muss: Dort steht eines der großartigsten Werke des Architekten Erich Mendelsohn, desses Bauten stilbestimmend waren zwischen Expressionismus und neuer Sachlichkeit. Hier verwirklichte er 1935 mit Serge Chermayeff den ersten und bedeutendsten Bau der Moderne in Großbritannien. Lange vergessen, ist der hochelegante, cremefarbene **De La Warr Pavilion,** benannt nach seinem Auftraggeber, dem Earl De La Warr, und von G. B. Shaw »als Abschied von der Barbarei« gefeiert, als »Kulturpalast fürs Volk« in seine alte Glorie zurückversetzt. Seit Oktober 2005, nach einer Sanierung, die acht Millionen Pfund gekostet hat, strahlt und leuchtet der lichtdurchflutete Bau direkt an der Promenade, lädt ein zum Schauen und Flanieren, mit Ausstellungsräumen für Gegenwartskunst, einem Multifunktionstheater, Sonnenterrasse, Bar, Restaurant und Shop (www.delawarrpavilion. com, So–Mi 10–18, Do–Sa bis 20 Uhr sowie zu Veranstaltungszeiten).

Pevensey Castle

Tensixtysix, William the Conqueror, Battle of Hastings – jedem Engländer sind diese Daten und Begriffe geläufig, und die Umgebung von Hastings und Battle wird auch als **1066 Country** bezeichnet. Es war das letzte Mal, dass das Inselreich erobert wurde – seit mehr als 900 Jahren hat es keine erfolgreiche Invasion mehr gegeben, obwohl die manische Furcht der Engländer durchaus berechtigt war: Die Galeonen der spanischen Armada hatten ja schon vor der Küste gelegen, und die Franzosen haben es immer wieder ver-

Tipp: Great Dixter House & Gardens

Am Ende des Dorfes **Northiam** (▶ M 19) liegt der Wirklichkeit gewordene Traum jeden Engländers: ein in friedvoller Stille ruhendes, von bunten Gärten umgebenes Landhaus. Zugegeben, es ist keines der berühmten Häuser, aber in Größe, Stil und Charakter kann es jeder Besucher noch auf sich und seine Wünsche beziehen – gerade das macht es so anziehend.

Das Motto »my home is my castle« zeigt sich hier auf bäuerlich-ländliche Weise in absoluter, freundlicher Perfektion. Die Harmonie entsteht durch die gelungene Verbindung völlig unterschiedlicher Einzelteile; Altes wird adaptiert und durch Neues ergänzt. **Great Dixter** besticht durch seinen Charakter, durch die Schönheit des Alters: wunderbares Fachwerk, bemooste Ziegeldächer, Backsteinrot, vorgezogene Erkerteile mit Buntglasfenstern, die Einbindung von Stallgebäuden in das Ensemble von Garten und Haus. Nicht zuletzt fällt die superbe Handwerkskunst auf, mit der die Gemäuer aus dem 15. Jh. restauriert und umgebaut wurden.

Im Jahr 1910 beauftragte Nathaniel Lloyd, der das Anwesen damals neu erworben hatte, den Architekten Edwin Lutyens mit der Umgestaltung von Haus und Garten. Die wunderbare Great Hall mit ihrer mächtigen Stichbalkendecke, dem Fachwerk und den doppelgeschossigen Bleiglasfenstern duftet nach Holz, Leder und Blumenschmuck. Im Solar, dem lichtdurchfluteten Wohnraum des Obergeschosses, wiederholt sich die Deckenkonstruktion, und die übrigen, zugänglichen Räume sind einfach ihrer behaglichen und heiteren Atmosphäre wegen sehenswert.

Der bekannte Gartenexperte Christopher Lloyd (gestorben 2006) hatte den lebhaften, abwechslungsreichen Bauerngarten angelegt, wobei Üppigkeit und Fülle, Farben und Formen der Bäume, Pflanzen und Blumen durch herrliche, beschnittene Hecken gliedert und zur Ruhe gebracht wurden – das schließt keineswegs aus, dass Buchsbaum und Taxus in Form von Pyramiden, gedrehten Kegeln und Vögeln, an alte Traditionen anschließend, wiederum markante Kontraste setzen (Great Dixter House & Gardens, Tel. 017 97-25 28 78, www.greatdixter.co.uk, April–Okt. Di–So, Fei 11–17, Haus 14–17 Uhr).

Entlang der Küste von Rye bis Brighton

sucht. Im 20. Jh. konnte Hitler sein See- und Landemanöver nach der Luftschlacht um England – sie wird als Battle of Britain bezeichnet – nur auf dem Reißbrett durchspielen.

Die gesamte Südküste von Sussex und Kent, ist daher gespickt mit den Festungs- und Verteidigungsbauten aus unterschiedlichsten Epochen. Pevensey gehört dazu – die normannischen Überbleibsel von **Pevensey Castle,** der alten Römerfestung, bilden heute eine eindrucksvolle Ruinenlandschaft zwischen grünen Hügeln über dem Meer (Pevensey Castle EH, Pevensey. Tel. 013 23-76 26 04, www.english-heritage.org.uk, April–Okt. tgl. 10–18, übrige Zeit nur Sa/So 10–16 Uhr).

Herstmonceux Castle

Wenn Sie das Burgfieber erfasst haben sollte: **Herstmonceux Castle,** das etwa 10 km nördlich von Hastings liegt, ähnelt Bodiam Castle von der Anlage her. Die Verwendung von herrlichem, rötlich schimmerndem Backstein ist an flandrischen Vorbildern orientiert, die Fassadengestaltung ist mit Türmen, Schornsteinen und Zinnenkränzen dramatisch bewegt und verdoppelt sich noch einmal durch die Spiegelung im Wassergraben.

Auf Herstmonceux Castle war lange Jahre das Royal Greenwich Observatory beheimatet. Das königliche Observatorium, das ursprünglich hoch über den Hügeln von Greenwich bei London zu Hause war, musste der starken Luftverschmutzung wegen aufs Land ziehen. Die Bauten für die Teleskope und Instrumente sind heute noch zu sehen – sie bieten als Multimedia-Erlebnis des **Herstmonceux Science Centre** sowohl Kindern als auch Erwachsenen interessante Einblicke. Das Anwesen wird heute als College genutzt. Die ausgedehnten herrlichen Gärten, die weiten Wiesen und die lichte Waldlandschaft eignen sich wunderbar für ausgedehnte Picknicks (Herstmonceux Castle, bei Hailsham, Sussex, Tel. 013 23-83 44 57, www.herstmonceux-castle.com, 15. April–Okt. tgl. 10–18 Uhr).

Eastbourne und Umgebung ►L 19

Eastbourne mit seinen knapp 75 000 Einwohnern ist die Grand Old Lady, die aristokratische Matrone der Seebäder an der Ostküste Südenglands. Hier findet sich alles, was ein Urlauber von einem traditionellen High-Class-Badeort erwarten kann. Großartig: die Kreidefelsformationen Beachy Head und Seven Sisters.

Der Pier

Eastbourne verdankte seinen Aufstieg, wie so viele der Seebäder, dem Eisenbahnboom, der die Scharen sonnenhungriger Großstädter bis vor den Strand brachte. Und der Beach unterhalb des Klippenvorlandes hat es in sich: Die Strände ziehen sich über 7 km hin, heller Sand und feiner Kiesel. Ihnen zur Seite die Promenade. In der Mitte streckt sich **Eastbourne Pier** ins Meer hinein, 1865 erbaut und frisch restauriert.

Hier flanieren die Urlauber auf und ab, zwischen Liegestühlen, Eiscafés, Tea Rooms, ›Family Entertainment‹, Camera Obscura und Atlantis Nightclub. Der Pier teilt die Promenade: Nach Norden hin heißt sie Marine Parade, nach Süden Grand Parade. Weiße Häuserreihen, stattliche Hotelbauten reihen sich aneinander, prallbunte Blumengärten, thematische *Carpet-gardens,* Blütenarrangements und natürlich der berühmte ›Bandstand‹, der **Musikpavillon** mit blauer Kuppel und goldener Spitze von 1931. Hier gibt's Livemusik von Militärkapellen und Orchestern, vom Klassikmix bis Rock'n'Roll. Ringsum Hunderte von Liegestühlen.

Das Zentrum

Vom Pier aus geht es ins Zentrum, mit Theatern, Kinos, Einkaufsstraßen, Bahnhof. Am Südende, auf der King Edward's Parade, steht der **Wish Tower**, ebenso wie Redoubt einer der insgesamt 70 Martello-Türme, die

Nicht nur für *old age pensioners*: **der Strand von Eastbourne**

Entlang der Küste von Rye bis Brighton

aktiv unterwegs

Auf dem South Downs Way zum Beachy Head und zu den Seven Sisters

Tour-Infos
Start: Eastbourne Pier
Länge: 4 km bis Beachy Head, von dort 6 km über die Seven Sisters Klippen bis Cuckmere Haven und Exceat.
Dauer: 4 Std. Laufzeit, starkes Auf und Ab
Wichtige Hinweise: von Exceat Buslinie 12 A Brighton-Eastbourne zurück nach Eastbourne (halbstündlich). Weil das Gelände weit offen und windig ist, kann eine Fahrradtour nicht unbedingt empfohlen werden!

Der unten beschriebene Abschnitt des **South Downs Way** steht unter Naturschutz wie überhaupt große Teile des knapp 130 km langen Reit- und Wanderpfades. Er beginnt/endet im Osten von Eastbourne, bietet herrliche Landschaft und Ausblicke weit über das Land hinweg und führt bis Buriton in Hampshire. Der Weg streift verschlafene Dörfer auf den Kämmen und am Fuß der South Downs quer durch Sussex, schlängelt sich zwischen den prähistorischen gewaltigen Hügelforts von Cissbury Ring und Chanctonbury Ring hindurch, trifft auf das reizvolle, denkmalgeschützte Dorf Steyning mit seiner schönen normannischen Pfarrkirche und die berühmten Aussichtspunkte Devil's Dyke und Ditchling Beacon. Um die alte Stadt Lewes (s. S. 170 f.) macht er einen Bogen, führt weiter nach Alfriston und zum Long Man of Wilmington. So heißt eine der bekanntesten Kreidezeichnungen in Südengland, die immer wieder die Fantasie anregen (s. S. 242). Für die gesamte Strecke des South Downs Way benötigt man etwa acht Tage; Broschüren und detailliertes Kartenmaterial, auf dem auch Übernachtungsmöglichkeiten verzeichnet sind, gibt es bei allen Tourist Information Centres der Region.

Für denjenigen, der weniger Zeit und Wanderlust hat, bietet sich der Teilabschnitt in östlicher Richtung von Eastbourne aus an – zugleich Höhepunkt des South Downs Way. Der Pfad ist durchgehend markiert und führt

Eastbourne und Umgebung

zunächst zur berühmten, steil abfallenden Klippenformation **Beachy Head** (163 m), der höchsten Kreideklippe Großbritanniens. Der Name Beachy Head bezieht sich nicht auf das Wort Strand, sondern ist eine Verschleifung des altfranzösischen *beauchef* und bedeutet *beautiful headland.* Die Strecke von der **Promenade in Eastbourne** verläuft erst einmal am Stadtrand aufwärts und mündet dann direkt in den Wanderweg mit dem Eichelsymbol. Nachdem der Pfad die Küstenwachstation passiert hat, geht es am Klippenrand entlang, von wo man wunderbare Ausblicke genießt. Strahlend weiß leuchten die Abbruchkanten; unten steht der rot-weiße Leuchtturm. Er stammt aus dem Jahr 1902. Hier liegt auch das Countryside Centre mit Shop; dort gibt es Informationsbroschüren und Kartenmaterial.

Weiter wandern Sie in Richtung Seven Sisters: Nach einer Weile folgt der alte Leuchtturm **Belle Tout** als nächste Landmarke. Er wurde schon 1834 in Betrieb genommen; wir umrunden ihn und kommen hinunter zur kleinen Bucht von **Birling Gap** – einstmals verschwiegenes Schmuggler-Versteck. Die sieben aufeinander folgenden Kalkformationen – die **Seven Sisters** – nehmen wir in heftigem Auf und Ab des Wiesenweges. Am Klippenende geht es dann hinab auf Land-Strandebene und zur Mündung des beschaulichen Flüsschens Cuckmere mit seinen grünen, welligen Ufern im **Seven Sisters Country Park.** Spazieren Sie weiter: **Cuckmere Haven,** das Mündungsdelta, immer zu Ihrer linken Seite. Im Dorf **Exceat** an der A 259 liegt das Seven Sisters Visitor Centre, an der Exceat Brücke Richtung Seaford lockt das Golden Galleon, ein schöner alter Inn, reetgedeckt und blumengeschmückt. Nach einer Rast können Sie von Exceat den Bus zurück nach Eastbourne nehmen.

zum Schutz gegen die drohende napoleonische Invasion entlang der Küste gebaut wurden. Den Abschluss der Marine Parade im Norden markiert die kreisrunde Festungsanlage **Redoubt,** in deren Innenring im Sommer festliche Konzerte mit Feuerwerk stattfinden. Hier ist ein **Militärmuseum** zu Hause, in dem 300 Jahre Militärgeschichte bis zum Golfkrieg präsentiert werden (April–Okt. Di–So 10–17.30 Uhr, www.eastbournemuseums.co.uk).

Eastbourne hat sich viel von seinem noblen Flair bewahren können, und gerade die Promenade ist von dem Überfall durch Bingohallen und Fastfood-Etablissements recht gnädig verschont worden.

Zahlreiche Parks und Gärten zwischen der Strandpromenade und der Innenstadt laden zur Erholung ein; für Kinder ist die Minidampfeisenbahn und das Spielplatzareal Treasure Island ein wahres Paradies. Für sportliche Betätigung ist reichlich gesorgt: Es gibt allein über 60 Tennisplätze (!) und drei Golfplätze. Mit seinen Luxushotels und Hunderten von Pensionen, hat sich Eastbourne auch als Tagungs- und Konferenzzentrum einen Namen gemacht, von den Sprachschulen einmal abgesehen.

Einkaufsmöglichkeiten gibt es in Hülle und Fülle. In den Fußgängerzonen um Terminus Road, im Arndale oder Enterprise Centre finden sich die großen High-Street-Geschäfte und Warenhäuser, wie auch überdachte Märkte oder kleine Läden und Galerien um Grove Road und South Street gegenüber dem Bahnhof. Das **Museum of Shops** bildet eine interessante und vergnügliche, detailgetreu nachgebildete Kulisse mit Krämerläden, feinen Geschäften und einer Fülle an Konsumartikeln der letzten einhundert Jahre: ›**How we lived Then**‹ (20 Cornfield Terrace, tgl. 10–17.30 Uhr).

Infos

Eastbourne Tourist Information: Cornfield Road, Tel. 08 71 66 30 031 oder 09 06-711 22 12, www.visiteastbourne.com und visitsussex.org, Seafront Office, 2 Lower Parade, Tel./Fax 01323 641984.

Entlang der Küste von Rye bis Brighton

Übernachten

In Eastbourne gibt es eine Riesenauswahl an Hotels und B&Bs.

Höchster Komfort ▶ Grand Hotel: King Edwards Parade, Tel. 013 23-41 23 45, www.grandeastbourne.com. Direkt im Filetstück der Promenade war dieses Hotel schon immer das beste. Großzügig renoviert, Außen- und Innenpools, Wellness. Gärten, zwei Restaurants. DZ ab 170 £.

Behaglich ▶ Sea Beach House Hotel: 40 Marine Parade, Tel./Fax 013 23-41 04 58, www.seabeachhouse.co.uk. Heimeliges georgianisches Haus an der Seefront; mit Teegarten, vom Tourist Board ausgezeichnet. DZ ab 60 £.

Angenehm ▶ Hotel Iverna: 32 Marine Parade, Tel. 013 23-73 07 68, www.hoteliverna.com. Ordentliches, privat geführtes B&B mit hellen Zimmern zur Promenade. DZ ab 60 £.

Ausgezeichnet ▶ Gyves House: 20 St Aubans Road, Tel. 013 23-72 17 09, www.gyveshouse.com. Von der Tourist Association ausgezeichnetes schönes, gepflegtes B&B zwischen Pier und Redoubt Festung. DZ 60 £.

An der Promenade ▶ Atlanta Hotel: 10 Royal Parade, Tel. 013 23-73 04 86, www.atlantaeastbourne.co.uk; DZ ab 50 £. Ordentliches, nettes B&B mit Bar und kleinem Terrassengarten.

Günstig ▶ Sea Breeze Guest House: 6 Marine Road, Tel. 013 23-72 54 40, www.seabeezeguesthouseeastbourne.co.uk. Einfaches, sauberes Guesthouse in guter Lage. DZ 50 £.

Camping ▶ Fairfields Farm: Eastbourne Road, Westham, Tel. 01323-49 91 75, www.fairfieldsfarm.co.uk. Netter, auf privatem Farmareal gelegener Campingplatz ohne Dauerwohnmobile.

Essen & Trinken

Am Pier, und rund um Seaside und Terminus Road finden sich zahlreiche Bistros, Restaurants und Coffeebars.

Elegant ▶ Garden Restaurant im Grand Hotel, King Edward's Parade, Tel. 013 23-41 23 45, www.grandeastbourne.co.uk. Moderne Varianten der klassischen französischen Küche – hervorragend, mehrfach ausgezeichnet Der Afternoon Tea in der Great Hall ist ein Erlebnis, das sie sich einmal gönnen sollten. Lunch-Menü ab 20 £.

Gut und Günstig ▶ Mediterraneo: 72 Seaside Road, Tel. 013 23-73 69 95, www.mediterraneoeastbourne.co.uk, So-Abend geschl. Beliebter Italiener, nettes Ambiente, gute Küche zu ordentlichen Preisen. 3-Gänge-Menü 12,50 £.

Edle Fische ▶ Waterside Seafood Restaurant: 11–12 Royal Parade, Tel. 013 23-64 65 66, www.watersiderestaurant.eu, gepflegtes Hotelrestaurant mit exellenter Fischküche direkt an der Promenade. Hauptgang ab 12 £.

Betriebsam ▶ Pub Marine: 61 Seaside Road. Ein beliebter Pub mit gutem »Pub-Grub«, gutem Pub-Essen. Lunch ab 6 €.

Beliebt ▶ Fusciardi: 30 Marine Parade, Tel. 013 23-72 21 28. Direkt an der Strandpromenade am Pier bietet die alteingesessene Eisdiele köstliche Eissorten und guten Kaffee.

Lässig ▶ Café Belge: 11–23 Grand Parade, Tel. 013 23-72 99 67, www.cafebelge.co.uk, tgl. 11–15, 18–23 Uhr. Lässiges, sehr beliebtes Bistro-Restaurant mit super Fischkarte, belgischen Bieren, Backfisch, Muscheln, Fritten. Menü ab 10 £.

Abends und Nachts

Angesagt ▶ Loft Lounge: 14 Station Street, Tel. 013 23-73 33 53, www.loftlounge.co.uk. In der durchgestylten Champagner- und Cocktail Bar mit Restaurantbetrieb (Burgers, Wraps, Tapas) treffen sich die Jungen und Junggebliebenen. Am Wochenende auch Live-Events. Tagl. 11–1 Uhr, Fr, Sa bis 3 Uhr.

Lässiger Chic ▶ Bibendum: 1 Grange Road, Tel. 013 23-73 53 63. Schönes Wintergarten-Restaurant und lässige, opulente Bar. Sehr gute Weinkarte, Biere, Spirituosen. Mo-Do, So 11.30–23, Fr, Sa bis 24 Uhr.

Für ausgedehnte Nacht-Vergnügungen fährt man am besten nach Brighton!

Aktiv

Fahrradverleih ▶ Cuckmere Cycle Company: The Barn, Seven Sisters Country Park,

Eastbourne und Umgebung

Wandern im Seven Sisters Country Park

Exceat; Tel. 013 23-87 03 10, www.cuckmere-cycle.co.uk. Fahrradverleihstationen entlang des South Downs Way.
Bootsfahrten ▶ Allchorn Pleasure Boats, Lower Promenade, Grand Parade, Tel. 012 93-88 87 80, tägl. Juni–Okt. 10.30–15.30 Uhr. Kommentierte Bootsfahrten entlang der Küste und der Kreideklippen, nach Beachy Head und Seven Sisters (s. a. Aktiv unterwegs S. 156).
Golfen ▶ Royal Eastbourne: Tel. 013 23-73 69 86 und den **Downs Golf Course:** Tel. 013 23-72 08 27. Die beiden Golfplätze liegen in unmittelbarer Nähe zur Stadt.

Termine

Über den ganzen Sommer: Internationale Tennisturniere, **Family Festivals of Tennis;** freie **Skater-Tage** und Nächte.
Southdown Classic Car Rallye (Mitte Mai): Mit den süffigsten Oldtimern.
International Ladies Tennis Championship (im Juni).
Lions Vintage Motorcycle-Show (erster So im Juni): über 300 alte und neue MGs und Motorräder.

Airborne (Mitte Aug.): viertägige, größte Flugschau im Süden.
Beachy Head Marathon (dritte Oktoberwoche).

Verkehr

Züge: Der Bahnhof ist an der Ashford Row im Westen des Zentrums. Züge nach London, in alle Richtungen und entlang der Küste.
Busse: ab Terminus Road, Arndale Centre, nahe Bahnhof. National Express, alle Orte in der Region, u. a. Brighton, Lewes, Hastings.

Long Man of Wilmington ▶ L 19

Berühmt und rätselhaft ist die riesige Hügelzeichnung eines Mannes (s. S. 242): Sie hebt sich kreideweiß vor dem grünen Hintergrund ab. Seit Mitte des 19. Jh. werden die Konturen immer wieder nachgezogen – die Ursprünge liegen im Dunkeln, man nimmt aber an, dass ein Mönch der nahen Priory die große Männerfigur zwischen dem 11. und 14. Jh. entworfen hat. Der Long Man of Wilmington ist am besten von Weitem sichtbar, beispielsweise von der A 27 zwischen Alfriston und Polegate.

Entlang der Küste von Rye bis Brighton

Übernachten

Charmant ▶ **Crossways Hotel**: Wilmington Village, Tel. 08 45-612 01 01, www.crosswayshotel.co.uk. Strahlend weißes, reizvolles, kleines Country House mit Garten und gutem Restaurant. DZ ab 120 £.

East Dean und Seven Sisters ▶ L 19

East Dean ist ein bezauberndes Dorf. Am Village Green mit weißen getünchten Flintsteinhäusern steht der Tiger Pub, wie aus dem Bilderbuch mit Eichenbohlen, traditioneller Einrichtung, sehr gutem Pub-Food und reicher Auswahl an Weinen. Von hier führt ein Sträßchen nach **Birling Gap**, einem einstigen Schmugglernest. Nach Osten geht es weiter auf dem **South Downs Way**, dem Küstenpfad mit fantastischer Sicht auf die **Seven Sisters**-Felsformation (s. a. Aktiv unterwegs S. 156 f.). Am grünen Hochufer entlang führt ein Bridleway (Reitweg) über den Weiler Crowlink zurück nach East Dean – etwa 6 km, perfekt, um im Tiger einzukehren.

Essen & Trinken

Gute Pub-Bistro-Küche ▶ **Tiger Pub:** East Dean, Tel. 013 23-42 38 78, Mo–Fr 11–15, 18–23 Uhr, Sa/So durchgehend geöffnet. Idyllischer, behaglicher Pub. Beef in Burgunder-Kasserolle 9 £.

Alfriston ▶ L 19

Der malerische Ort zieht sich parallel zum Cuckmere River hin. Die lange High Street ist gesäumt von schönen alten Fachwerkbauten und Häusern aus dem typischen Flintstein. Da Alfriston ein beliebtes Ausflugsziel ist, laden zahlreiche urtümliche Pubs und Inns zur Einkehr ein. Hinter dem Dorfanger steht die aus dem 14. Jh. stammende, stattliche Pfarrkirche **St Andrews** – die ›Kathedrale der South Downs‹. Das zauberhafte reetgedeckte **Clergy House**, gleichzeitig mit der Kirche als Pfarrei errichtet, ist eines der ältesten noch erhaltenen Wohnhäuser in England mit reizendem Cottage-Garten. Clergy House war der erste Ankauf des National Trust, vom Jahr 1896, (Alfriston Clergy House, NT, www.nationaltrust.co.uk, Ostern–Okt. Mi/Do, Sa–Mo 10–17, Nov./Dez. 11–16 Uhr).

Übernachten

Reizend ▶ **Rose Cottage B&B:** North Street, Alfriston, Tel. 013 23-87 15 34. Gepflegtes georgianisches Wohnhaus mit attraktiven, großzügigen Zimmern, Gästelounge und Garten. Tolles Frühstück. DZ ab 60 £.

Brighton ▶ L 19

Cityplan: S. 164

In Brighton müssen Sie mal gewesen sein: Es ist der Inbegriff des englischen Seebades mit viktorianischem Pier, lampiongeschmückten Promenaden, mit langem Kieselstrand, strahlend weißen Häuserzeilen. ›London by the Sea‹ ist immer voll, in Feierlaune, jung, schräg und altertümlich zugleich – die größte und lebenslustigste Stadt an der Küste mit jungen und alten Besucherscharen, Sprachschülern, Tagungsgästen. Berühmt ist der orientalische Royal Pavilion in seiner ausufernden Pracht.

Zum Mekka der eleganten Welt und der feinen Gesellschaft wurde das winklige und enge Fischerdorf in den letzten Jahrzehnten des 18. Jh., als sich der Prinzregent von Henry Holland eine palladianische Villa bauen ließ und später seinen Traum vom märchenhaft üppigen, orientalischen Luxuspalast in die Wirklichkeit umsetzte. Der Royal Pavilion wurde zum Zentrum der höfischen Vergnügungen, eine elegante Stadt mit Regency-Architektur entstand, alle Welt ging nach Brighton, um das Seeklima zu genießen, zu sehen und gesehen zu werden. Man flanierte auf der Strandpromenade, die sich neben den Kieselstränden hinzog, dem darüberliegenden kilometerlangen Prachtboulevard Marine Parade mit seinen herrlichen, strahlend weißen Häuserreihen. Als dann die Eisenbahn kam und mit ihr die Tages- und Wochenendbesucher aus London, als die berühmten gusseisernen Piers gebaut wurden, die hochbeinig über 100 m ins Meer hineinstaksten, da wurde es der rechtschaffenen

Brighton

Vergnügungsmeile über den Wellen: Palace Pier in Brighton

Queen Victoria zu voll, zu laut, zu halbseiden; sie verkaufte den Royal Pavilion an die Stadt und ließ sich nie wieder in Brighton sehen.

Noch bis in die 60er-Jahre des 20. Jh. sonnte sich Brighton in halbseidenem Glanz; es war außerordentlich attraktiv für die so genannten ›dirty weekends‹: Hier tummelten sich die Liebespaare, und um den notwendigen Ehescheidungsformalitäten zu genügen, ließ sich der ›schuldige‹ Partner gern in eindeutiger Situation ›offiziell‹ erwischen. Das Scheidungsrecht hat sich geändert, aber die Legende ist geblieben: Brighton ist *seedy*, ein bisschen unordentlich, chaotisch, verschlissen, aber sehr lebendig. Lange Jahre hat es sich der Invasion der Rocker- und Punker-Szene erwehren müssen.

Sicher hat auch der berühmte Roman »Brighton Rock« (»Am Abgrund des Lebens«) von Graham Greene, ein sehr vielschichtiges Werk über Moral und Sühne, über eine Gruppe junger Menschen, die sich in Brighton in kriminelle Schuld verstricken, zum morbiden Ruf des Seebads beigetragen. ›Brighton Rock‹ übrigens sind lange, bunte Zuckerstangen-Zahnkiller, sehr süß, sehr klebrig, sehr hart.

Heute ist Brighton mit Hove eine kleine Großstadt von knapp 250 000 Einwohnern, mit überaus lebhaftem kulturellem Eigenleben, dem größten Kunst- und Kulturfestival in England, Universität, einem modernen Kongress- und Tagungszentrum, neuem Jachthafen. Mit über 12 Mio. Euro aus der staatlichen Lotterie wurde der zentrale Palace Pier restauriert, in den Bögen und Viadukten der Strandpromenade sind Cafés, Bars, Kneipen und Künstlerateliers, Clubs und Diskos eingezogen. Laisser faire heißt die Devise; Brighton ist das Mekka der Schwulenszene. Die lange verwahrlosten georgianischen Häuserzeilen an der Promenade und in den Squares erstrahlen wieder in blendend weißer Pracht. Es gibt so viel zu sehen und zu tun, dass Sie eine Übernachtung einplanen sollten; Hotels und Pensionen gibt es in Hülle und Fülle, Restaurants, Bistros und Bars ebenfalls.

Orientierung

Brighton ist einfach gegliedert: im Süden der lange Strand; das riesige Tagungszentrum Brighton Centre im Westen, in der Mitte der unübersehbare Palace Pier; den östlichen Abschluss markiert der Jachthafen **Brighton**

Brighton

Marina, der auch am Strand entlang mit der **Volk's Electric Railway** zu erreichen ist. Die Bahn von 1883 verkehrt zwischen Pier und Marina (Ostern–Sept.).

Auch das Stadtquartier **Kemp Town** im Rücken der Marina ist jung und trendig. Vom Palace Pier ins Zentrum hinein erstreckt sich das Gassengewirr des ursprünglichen Fischerdorfes Brighton. In **The Lanes** rund um den Brighton Square brodelt das Leben, zwischen malerischen Häuserfassaden, in engen, winkligen Sträßchen reiht sich ein Geschäft ans andere: Antiquitäten, Trödel, Schmuck, Bistros, Restaurants, Boutiquen, Caféstuben und modernste Designerläden – da wird man schon schwach! Nach Osten hin werden The Lanes flankiert von der schönen dreieckigen Platzanlage Old Steine, die nach Norden in den verkehrsreichen, eleganten Garten-Boulevard Grand Parade übergeht.

Von hier winkt und strahlt schon die Kuppellandschaft des Royal Pavilion. Rundum ins Grün gebettet, ist das ›Cultural Quarter‹ mit dem Brighton Museum and Art Gallery, dem Brighton Dome und dem Theatre Royal. Im geometrische Straßenraster von North Laine kann man dem Kaufrausch verfallen, besonders in Sydney and Gardner Street.

Wunderschön ist es, am Wasser entlang ins stillere, noble Rottingdean (s. S. 169) zu wandern, wo einst Rudyard Kipling lebte.

Royal Pavilion 1

Die Kuppel- und Turmlandschaft in indisch, persisch und chinesisch anmutender Extravaganz ist die wohl berühmteste *folly* in Großbritannien; in ungeheurer, üppigster Verschwendung und ungehemmter Prunksucht erscheint der Feenpalast des **Royal Pavilion** wie aus dem Orient unter den nordischen Himmel auf den grünen Rasen gezaubert. Er ist das Werk von Hofbaumeister John Nash (1752–1839), der im Auftrag des Prinzregenten das Londoner Stadtbild maßgeblich verändert hat: Dort entwarf er hochelegante,

Wie aus Tausendundeiner Nacht: Brighton Pavilion

neoklassizistische Häuserreihen, weite Straßen- und Parkensembles, riesige, blendendweiße *terraces,* die in sanften Bögen ausschwingen, wie die Regent Street, die Carlton House Terrace und der Gesamtkomplex um und im Regent's Park.

Während im Inselreich im Schatten der Industriellen Revolution schwere soziale Unruhen tobten, ließ der Prinz seine klassizistische Villa von Nash in einen Prunkbau verwandeln, der jedem Großmogul in Indien zur Freude gereicht hätte: mit Zwiebeltürmen, gusseisernen Baldachinen, schlanken Minarettürmen, Fenstern mit netzartiger Ornamentik und Fassaden, die mit steinerner, arabisch inspirierter Schnitzarbeit bedeckt sind.

Die Innenräume spinnen das Modethema der Chinoiserie aus und explodieren in kräftigen Farben und goldschimmernder Exotik: exzellent imitierte ›Bambus‹-Möbel, chinesische Seidenmalerei, chinesisches Porzellan, schwere Teppiche.

Der **Bankettsaal** wird von einer milchfarbenen Glaskuppel überspannt, in deren Mitte sich die Blätterkrone eines Bananenbaumes wiegt: die eine Hälfte Trompe-l'Œil-Malerei, die andere in Bronze gegossen. Zwischen den ausgespannten Flügeln eines Drachens hängt ein riesiger Kristalllüster mit Lotusblütenlampen und Tausenden von funkelnden Glassteinen. Die Wandmalereien bieten chinesische Szenerien, und im Schimmer der Lampen tafelte man in einem Tagtraum-Zwielicht.

Durch mehrere aufeinanderfolgende kostbarste Räume mit dem kreisrunden Salon als Mittelpunkt schritt man hernach wie auf der Via Triumphalis dem **Music Room** entgegen, dem absoluten Höhepunkt des Ensembles: Die **Kuppel** ist in einem goldenen Fischschuppenmuster ausgelegt, die riesigen Lüsterschalen mit Drachen- und Flammenornamenten hängen tief in den Raum hinein, die Farben des Raumes, Blau, Rot und Gold, betonen den höhlenartigen, geheimnisvollen Charakter. Selbst die gewaltige **Küche** ist von palmartigen Pfeilern gestützt, und nur die Privatgemächer Georgs IV., der Salon von Mrs. Fitzherbert und Queen Victorias Räume sind

Brighton

Sehenswert
1. Royal Pavilion
2. The Dome
3. Brighton Museum and Art Gallery
4. Palace Pier
5. West Pier
6. Royal Crescent
7. Marina
8. Sea Life Centre

Übernachten
1. Hotel du Vin & Bistro
2. Hotel Seattle
3. Sea Spray
4. Adelaide Hotel
5. Westbourne
6. Hudsons Hotel
7. Brighton Backpackers
8. Youth Hostel

Essen & Trinken
1. Sam's of Brighton
2. English's of Brighton
3. Seven Dials
4. The Gingerman
5. Cafe Paradiso
6. Alfresco
7. Terre a Terre
8. Black Chapati
9. Wagamama

Einkaufen
1. ›Lanes‹
2. North Laine Antique and Flea Market
3. Brighton Marina Village
4. Kemp Town
5. Churchill Square Shopping Centre

Abends & Nachts
1. Revenge
2. Queen's Head
3. The Jazz Place
4. Casablanca

---

in noblem, geradezu nüchternem Regency-Stil gehalten.

Vor dem Umbau seiner Villa ließ der Regent seine Reitställe von William Porden in ›muselmanisch-hindustanischem‹ Stil errichten; zwischen Pferdeboxen setzte er einen exotischen Kuppelbau, **The Dome** 2, mit Corn Exchange und Pavilion Theatre ist er heute Konzerthalle und multifunktionaler Veranstaltungsort (www.brighton-dome.org).

Der Prinzregent regierte als Georg IV. nur zehn Jahre lang, und die Regency-Periode, die das Modell des perfekten Dandy in Gestalt des Beau Brummell kreiert hatte und in einem rauschhaften Taumel der Oberflächlichkeiten schwamm, nahm damit ein Ende.

Queen Victoria, ernsthaft, tugendsam und mit hohen Moralanforderungen, entwickelte eine heftige Abneigung gegen die hitzige und laszive Atmosphäre des Royal Pavilion; sie

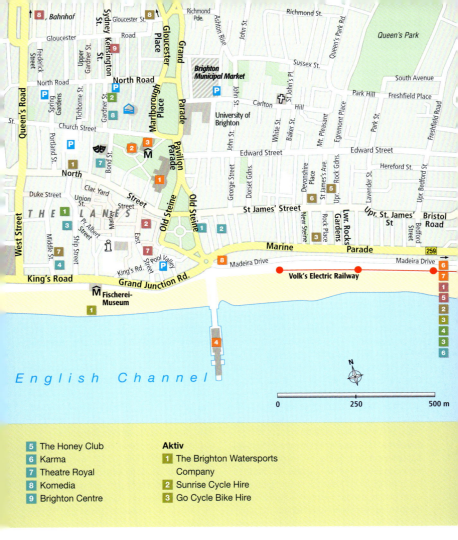

5	The Honey Club
6	Karma
7	Theatre Royal
8	Komedia
9	Brighton Centre

Aktiv
1	The Brighton Watersports Company
2	Sunrise Cycle Hire
3	Go Cycle Bike Hire

verkaufte ihn für nur 50 000 Pfund an die Stadt Brighton; große Teile des Mobiliars wurden im Buckingham Palace eingelagert. Nach jahrzehntelangen Renovierungsarbeiten gab Queen Elizabeth in den 1950er-Jahren das Mobilar zurück, und heute erstrahlt der Royal Pavilion in alter Pracht. Und: Wer ein königliches Ambiente für den ›schönsten Tag‹ sucht, kann sich dort sogar trauen lassen (Old Steine, www.royalpavilion.org, tgl. 9.30–17 Uhr).

Brighton Museum and Art Gallery 3

In der ehemaligen Hofreitschule ist das **Brighton Museum and Art Gallery** zu Hause, mit einer hervorragenden, umfangreichen Sammlung an erlesenem Mobiliar, Porzellan und Kunstgegenständen des Art-déco, Design des 20. Jh. sowie traumhaft schönen, bedeutenden Modesammlungen, die bis in die Gegenwart führen. Hinzu kommt die Story

Brighton

des Seebades Brighton, lebhaft dargestellt – unbedingt einen Besuch wert! (Royal Pavilion Gardens, www.brighton-hove-rpml.org.uk, Di–So 10–17 Uhr).

Die Piers und die Seafront

Die etwa 8 km lange Strandpromenade wird in der Mitte vom viel geliebten **Palace Pier** 4 markiert: Über einen halben Kilometer lang zieht sich das nachts beleuchtete Wahrzeichen Brightons wie ein Vergnügungsschiff ins Meer hinein. 1899 wurde das gute Stück eingeweiht, nachdem der erste Pier abgebrannt war. Mit Theater und Pavillon, Pubs, Tea Rooms und viel Tand und Spektakel, ist er die Flaniermeile schlechthin für alle, auch wenn man keine Fish & Chips oder Spielhallen mag.

Der marode **West Pier** 5 steht zwar unter Denkmalschutz und ist der älteste seiner Art; lange Jahrzehnte wurde er vernachlässigt, und die Sturmflut von 2002 hat ihm wohl den Todesstoß versetzt – wenn es nicht noch eine groß angelegte Rettungsaktion gibt.

Die stadtseitigen Boulevards mit ihren herrlichen Häuserfassaden, im Westen King's Road, im Osten die Marine Parade, bergen in ihrem Rücken schachbrettartig angelegte Straßen und Wohnanlagen – alle im Regency-Stil erbaut; rechteckige, ovale oder quadratische *squares* mit Grünanlagen und Blumenrabatten. Die Häuserfassaden haben schmiedeeiserne Balkone, Schiebefenster, Erker und Säulenvorbauten. Adelaide Crescent, Brunswick Square, Regency Square im Stadtteil Hove westlich des Palace Pier sind großartig.

Im Osten, an den riesigen aufgeblasenen Plastikrutschen, dem Rummelplatz mit Jahrmarktbuden vorbei, zieht sich die Perlenkette der schmalen Nebenstraßen bis zum hochmodernen Jachthafen. Schön ist die Anlage des **Royal Crescent** 6, dessen Fassadenhalbrund in schwarz glasierten Fliesen glänzt.

Um neue Anreize zu schaffen, wurde am Ostende der Promenade ein riesiger Jachthafen gebaut. Die **Marina** 7, für 2000 Jachten konzipiert, mit großen Apartmentblöcken, Shoppingcenter und Restaurants, ist auf der Binnenseite architektonisch völlig missglückt; aber der Hafen ist *very busy,* und durch die Anbindung an die Hauptpromenade hat sich auch hier Frohes und Neues getan.

Im größten Aquarium in Südengland, **Sea Life Centre** 8, leben über 150 Spezies der Weltmeere – Riesenschildkröten, Haie, die um ein Schiffswrack zirkeln, herrliche Korallenbänke. Im Unterwassertunnel fühlt man sich wie Jules Verne (Marine Parade, www.sealifeeurope.com, Mo–Fr 10–17, Sa, So 10–18 Uhr, 1 Std. vor Schließung letzter Eintritt, Kin. 3–14 Jahre 4,50 £, ab 15 Jahre, Erw. 11,50 £).

Infos

Tourist Information Brighton: 10 Bartholomew Square, Tel. 09 06-711 22 55, Fax 012 73-29 25 94, www.visitbrighton.com.

Übernachten

Chic ▶ **Hotel du Vin & Bistro** 1: Ship Street, Tel. 012 73-71 85 88, www.hotelduvin.com/brighton. Moderne Eleganz, Weinbar und Billard in der Cigar Gallery in einem neugotischen Gebäude nahe der Seafront. Hauptgerichte ab 15 £, DZ ab 170 £.

Modern und lässig ▶ **Hotel Seattle** 2: Brighton Marina, Tel. 012 73-67 97 99, www.hotelseattlebrighton.com. Etwas Kitsch, Frühstück im Luxusbett (Besonderheit), große Fenster mit Seeblick. DZ ab 120 £; Pauschalangebote am Wochenende.

Mit Charme ▶ **Sea Spray** 3: 25 New Steine, Tel. 012 73-68 03 32, www.seaspraybrighton.co.uk. Schickes ›Boutique Hotel‹ in zentraler Lage. Frisch, mit Zimmern wie ›Dalí‹, ›Elvis‹ oder ›Warhol‹. DZ ab 95 £.

Individuell ▶ **Adelaide Hotel** 4: 51 Regency Square, Tel. 012 73-20 52 86, www.adelaidehotel.co.uk. Zentral gelegen, neu renoviert; individuelle Zimmer. DZ ab 66–80 £.

Gepflegt ▶ **Westbourne** 5: 46 Upper Rock Gardens, Tel. 012 73-68 69 20, www.westbournehotel.co.uk. Zentral gelegen, angenehmes traditionelles B&B mit geräumigen Zimmern. DZ 50 £.

Gut und Günstig ▶ **Hudsons Hotel** 6: 22 Devonshire Place, Tel. 012 73-68 36 42, www.hudsonsinbrighton.co.uk. Zentral gelegen, kleines freundliches Stadthaus, persönlich

›Prinny‹ Georg IV. in Brighton

Thema

Georg IV. war als Prinzregent notorisch ausschweifend. Mit ihm ging die georgianische Epoche zu Ende. Zusammen mit dem Architekten John Nash prägte er das Londoner Stadtbild: weiß, elegant, klassizistisch. In Brighton schuf Nash für den Prinzregenten einen orientalischen Traum aus Tausendundeiner Nacht.

Der Prince of Wales, Thronfolger des Hannoveranerkönigs Georg III., musste im Jahr 1810 die Regentschaft übernehmen, da sein Vater in geistige Umnachtung gefallen war.

›Prinny‹, wie ihn seine zweifelhaften Freunde nannten, war von schwachem Charakter, ausschweifend, vergnügungssüchtig, ein Trinker, ein Spieler, ein verantwortungsloser Regent, der die Frau, die er liebte, Mary Fitzherbert, nur in heimlicher, morganatischer Ehe heiraten konnte – sie war zweifach verwitwete Katholikin.

1795 hatte den Prinzregenten sein aufwendiger Lebensstil derart hoch verschuldet, hatte er den Hof derart in Verruf gebracht, dass ihm das Parlament die Daumenschrauben ansetzte: Tilgung der Schulden gegen standesgemäße Ehe mit Aussicht auf Erben. Also heiratete Georg 1795 die nicht minder unangenehme Karoline von Braunschweig, brachte mit ihr eine Tochter zustande und ließ sich dann offiziell trennen, um sich wieder Mrs. Fitzherbert und anderen zu widmen.

Als er 57-jährig nach dem Tod seines Vaters im Jahr 1820 als Georg IV. den Thron übernahm und in Westminster Abbey gekrönt wurde, funkte Karoline lärmend und randalierend dazwischen. Der Kritiker James Henry Leigh Hunt nahm bei der Beurteilung von König Georgs IV. Person kein Blatt vor den Mund: »Ein Libertin, der bis über beide Ohren in Schuld und Schande verstrickt ist, ein Mann, dem familiäre Verantwortung ein Gräuel ist, ein Kumpan der Demimonde, ein Mann, der über ein halbes Jahrhundert gelebt hat, ohne seinem Volk auch nur ein einziges Mal Anlass zur Dankbarkeit gegeben zu haben, ein Mann, der keinen einzigen Grund hat, den Respekt der Nachwelt einklagen zu wollen.« ›Prinnys‹ Verschwendungssucht allerdings sind – abgesehen von der vulgärpompösen Pracht des Royal Pavilion in Brighton – einige der schönsten Stadtbauensembles in London geschuldet. Darunter zählen vor allem die herrlichen strahlendweißen Häuserreihen und -bögen vor dem Eingang zum Regent's Park: eine getaktete Hommage an den Neoklassizismus prächtigster Art, die der Architekt John Nash in den Bauten und der Anlage des Regent's Park selbst vervollkommnete. Auch die Verlängerung der Regent Street – alles zu Ehren Georgs IV., als er noch ›Prinzregent‹ war – mit Carlton Terrace: großartige Architektur, die auch heute noch das Herz begeistert.

Aber Nash war ein überaus schluderiger Architekt: Seine Bauensembles mussten im Lauf der Zeit alle mindestens drei- oder viermal komplett saniert werden.

Im Wohnhausbau entzückte Nash seinen Regenten mit feingliedrigen ornamentalen Fassaden – ein gut erhaltenes Beispiel für derartige Häuser aus dem Regency sind die Promenadenbauten in Lyme Regis (s. S. 317). So hat zumindest der Lieblingsarchitekt des nichtsnutzigen Regenten Georg IV. eine ganze Menge Großartiges hinterlassen, und das ist doch was.

Entlang der Küste von Rye bis Brighton

geführt, super Frühstück. Sehr gutes Preis-Leistungs-Verhältnis. DZ ab 45 £.
Hostel ▶ Brighton Backpackers 7: 75 Middle Street, Tel. 012 73-77 77 17, www.brightonbackpackers.com. Sehr schön gelegenes Hostel nahe King's Road, Zimmer auch mit Meerblick. Bett ab 14 £.
Jugendherberge ▶ Youth Hostel 8: Patcham Place, London Road, Tel. 08 70-770 57 24, www.yha.org.uk. Rund 5 km nördlich vom Zentrum an der A 23. Schöner alter Bau. Bus ab Old Steine. Bett ab 17,50 £.

Essen & Trinken

Bistro-Küche ▶ Sam's of Brighton 1: 1 Paston Place, Tel. 012 73-60 69 33, www.samsofbrighton.co.uk, Mo–Fr 12–15, Sa, So 10–15 Uhr, tgl. 18–22 Uhr. Ein Vergnügen für Augen und Gaumen. Menü 29 £.
Berühmt ▶ English's of Brighton 2: East Street, Tel. 012 73-32 79 80, www.englishs.co.uk, tgl. 12–22 Uhr. Traditionsreiches exzellentes Fischrestaurant mit Austernbar in umgebauten Fischerhütten. Von Charlie Chaplin bis Tony Blair waren alle da. Hauptgang um 20 £.
Cool ▶ Seven Dials 3: 1, Buckingham Place, Tel. 012 73-88 55 55, www.sevendialsrestaurant.co.uk. Wenn alle Lloyd's Banken so umgebaut würden …, Gewinner verschiedener Preise, Tische im Freien, saisonale Küche mit lokalen Produkten. Menü ca. 25 £.
Behaglich ▶ The Gingerman 4: 21a Norfolk Square, Tel. 012 73-32 66 88, www.gingermanrestaurants.com. Kleines Restaurant mit internationaler Küche. Menü 25 £.
Mediterran ▶ Cafe Paradiso 5: im Hotel Seattle (s. S. 166). Ausgezeichnete mediterrane Küche mit frischem Fisch. Hauptgericht ca. 15 £.
Tolle Lage ▶ Alfresco 6: Milkmaid Pavilion, Kings Road Arches, Tel, 012 73–20 65 23, www.alfresco-brighton.co.uk; tgl. 12–24 Uhr. Gehobene Küche, überwiegend italienisch inspirierte Gerichte, es wird großen Wert auf die Verwendung lokaler Produkte gelegt. Beste Lage direkt am Wasser, mit Bar/Bistro und Restaurant im Obergeschoss des lichtdurchfluteten Pavillions. Hauptgang ab 10 £.
Vegetarisch ▶ Terre a Terre 7: 71 East Street, Tel. 012 73–72 90 51, www.terreaterre.co.uk, tgl. 12–22 Uhr. Die Küche gilt als eine der besten vegetarischen im Lande. 3-Gänge-Menü ca. 15 £.
Immer gut ▶ Black Chapati 8: 12 Circus Parade, Tel. 012 73–69 90 11, täl. 11.30–22 Uhr. ›Der Inder‹ hat Tradition, bietet hier auch eine kreative Mischung mit asiatischer Fusion-Küche. Hautgericht ab 8 £.
Asiatisch ▶ Wagamama 9: Kensington Street, Tel. 012 73–68 88 92, tgl. 12–23 Uhr. Auch in Brighton bietet das Wagamama frisches japanisch-asiatische Nudelküche, cooles Design, schnellen Service und günstige Preise. Hauptgang um 7 £.

Einkaufen

Reizvoll zum Bummeln und Stöbern ▶ Im Gewirr der ›Lanes‹ 1 findet man Trödel, Boutiquen, Antiquitäten, kleine Künstlerstudios, Kneipen und Cafés. Nördlich der Lanes ist das Areal rund um Gardner Street zum Shopping und Bummeln angesagt; der **North Laine Antique and Flea Market 2** in 5 Upper Gardner Street ist indoors. Die Waterfront ist die Promenade im **Brighton Marina Village 3** mit vielen unterschiedlichen Shops u. a. mit Calvin Klein Factory-Outlet. In **Kemp Town 4** findet sich viel Schräges, Kunsthandwerk, Antiquariate und kleine Läden.
Einkaufszentrum ▶ Churchill Square Shopping Centre 5 bietet über 80 Läden, Cafés und Restaurants und damit für jeden Geschmack etwas.

Abends & Nachts

Brighton ist die zweitgrößte schwul-lesbische Gemeinde in Großbritannien; Zentrum ist Kemp Town. Einen Überblick über Brightons quirliges Nachtleben bietet der **Brighton Boogie Bus** (Musikbus mit Sound), der Fr/Sa eine Reihe von Clubs und Diskotheken anfährt (Tel. 012 73-69 36 22).
Gay Club ▶ Revenge 1: 32 Old Steine, Tel. 012 73-60 60 64, www.revenge.co.uk. Discobetrieb, schwul-lesbisches Zentrum.

Pub ▶ Queen's Head 2: 3 Steine Street, Tel. 012 73-60 29 39. Traditioneller Pub mit Atmosphäre.
Entspannt ▶ The Jazz Place 3: 10 Ship Street, Smugglers Inn, Tel. 012 73-32 16 92. Jazz und Salsa, Live und DJ, entspannende Atmosphäre.
Jung ▶ Casablanca 4: 2–5 Middle Street, Tel. 012 73-32 18 17. Bar- und Tanzbetrieb; manchmal Livemusik: Latin Jazz und Jazz Funk, manchmal DJs, laut und jung.
Angesagt ▶ The Honey Club 5: 214 King's Road Arches, www.thehoneyclub.co.uk. Direkt am Strand, unterhalb der Promenade Beach Bar, Lounge, Club. Abends mit DJs.
Mit Aussicht ▶ Karma 6: 5 Waterfront, Brighton Marina, www.karmabrighton.co.uk. Di–So 10–23 Uhr; Do bis 1 Uhr. Fr, Sa live DJ. Auch tagsüber zum Chillen, Essen, Trinken. Fr, Sa DJs.
Theaterkultur ▶ Theatre Royal 7: New Road, Tel. 012 73-32 84 88, www.theatreroyal.co.uk. Eine feine Adresse: im Theater mit 200-jähriger Tradition sind neben eigenen Inszenierungen sehr gute Gast-Ensembles zu sehen.
Comedy und Kabarett ▶ Komedia 8: 44 Gardner Street, Tel. 012 73- 64 71 00, www.komedia.co.uk. Sehr gutes Haus mit Komödien, Comedy, Kabarett und musikalischen Events.
Von Klassik bis Pop ▶ Größere Klassik-, Rock- und Popkonzerte gibt es im Kongress- und Veranstaltungszentrum **Brighton Centre 9**: King's Road, Tel. 012 73-29 01 31, www. brightoncentre.co.uk und im **Brighton Dome 2**: New Road, Tel. 012 73-70 97 09, www. brighton-dome.org.

Aktiv

Wassersport ▶ The Brighton Watersports Company 1: 185 Kings Road Arches, Tel. 012 73-32 31 60, www.thebrightonkayak.co.uk. Kurse, Verleih und Tagesangebote für Wasserski, Parasailing, Kajaktouren und Bootsfahrten sowie Wakeboarding.
Fahrradverleih ▶ Sunrise Cycle Hire 2: West Pier, King's Road, Tel. 012 73-74 88 81.

Go Cycle Bike Hire 3: Waterfront, Brighton Marina Village, Tel. 012 73-69 71 04, www.gocyclebikehire.com.

Termine

Brighton Festival of Arts (erste bis dritte Maiwoche): das größte derartige Festival in England, mit über 500 Shows, mit Theater, Tanz, Musik, Literatur, Kinderprogramm und Umzügen (www.brighton-festival.org.uk).
Brighton Parade (erste Augustwoche): internationales Schwulenfestival, das größte in England (www.brightonpride.org).
Brighton & Hove Drink Festival (Sept.): einen Monat lang Essen, Trinken, Genießen mit Barkeeper-Wettbewerb, Sushi-Kunst etc.

Verkehr

Züge: vom Bahnhof Central Station, Queen's Road, am Nordrand von North Laine, gute Verbindungen in alle Küstenstädte u. London.
Busse: ab Old Steine National Express u. a. nach London; Regionalbusse in die Küstenorte.

Ausflug nach Rottingdean
▶ L 19

Das winzige Rottingdean liegt auf dem Klippenvorland und ist von Brighton aus am schönsten auf dem ausgeschilderten Spazierweg (6 km) zu erreichen. Dem malerischen Dorfanger schließen sich die **Kipling Gardens** an, eine schöne Parkanlage, die einst zum Haus ›The Elms‹ gehörte, in dem Rudyard Kipling zwischen 1897 und 1902 lebte, bevor er auf seinen Landsitz Bateman's (s. S. 148 f.) nach Burwash zog. Direkt gegenüber, im Prospect House, wohnte seine Tante, die mit dem Präraffaeliten Edward Burne-Jones verheiratet war. In der **Pfarrkirche St Margaret** leuchten sieben große Buntglasfenster, von Edward Burne-Jones entworfen und von William Morris ausgeführt. Im ehemaligen Pfarrhaus **The Grange,** das nach Entwürfen von Lutyens (1919) umgestaltet wurde, ist ein Raum der Erinnerung an Kipling gewidmet (Mo/Di, Do–Sa 10–16, So 14–16 Uhr).

Im Inland von Sussex, Surrey

Herrliche Schätze sind im Inland von East und West Sussex sowie im benachbarten Surrey zu entdecken. Zwischen hügeligem Grün verbergen sich reizende, gepflegte Dörfer, große kulturhistorische Sehenswürdigkeiten wie Arundel Castle oder Petworth, die interessante Kathedralstadt Chichester und eine ganze Serie überwältigend schöner Parks und Landschaftsgärten.

Lewes und Umgebung
▶ L 19

Die Umgebung der Kleinstadt Lewes hat es in sich: Glyndebourne, das Opernhaus ins heckengesäumte Grün gebettet, besitzt Weltrang. Das über und über bemalte Charleston Farmhouse, Heimat der ›Bloomsbury Group auf dem Lande‹, und das benachbarte Monk's House, das Wohnhaus von Leonard und Virginia Woolf, lohnen unbedingt eine Besichtigung.

Lewes

Lewes, eine nette buckelige Kleinstadt auf einem Hügelkamm der South Downs, ist mit rund 15 000 Einwohnern im Vergleich zu Brighton und Eastbourne ein Winzling, doch ist es die Verwaltungshauptstadt der Grafschaft East Sussex. Die steilen Straßen und Gassen mit der zentralen High Street führen alle auf das normannische **Lewes Castle** zu, das auf einem Bergkegel liegt und einen wunderbaren Ausblick auf die wirre Dächerlandschaft von Lewes und die Küstenlinie bietet. Der Burgfried war 1077 errichtet worden; das prachtvolle Burgtor stammt aus dem 14. Jh. Im vorgesetzten **Barbican House** ist ein beachtliches archäologisches Museum mit prähistorischen, römischen und angelsächsischen Funden aus Sussex beheimatet (Mo–Sa 10–17.30, So 11–17.30 Uhr). Die von der High Street abzweigende Keere Street bietet ein buntes Sammelsurium an alten Fachwerkhäusern mit Antiquariaten und kleinen Läden; in der High Street selbst dominieren georgianische Hausfassaden, und überall findet man Gebäude mit dem typischen *tile hanging,* schuppenartig angeordneter Schindelverkleidung.

Am Südrand der Stadt, in der Southover Street, liegt das **Anne of Cleve's House,** ein bezauberndes, mittelalterliches Haus mit Schieferdach, Flintsteinmustern und schöner Innenausstattung, das Heinrich VIII. 1541 seiner vierten Frau vermachte (Di–Sa 10–17, März–Okt. auch So, Bank-Holiday-Mo 11–17 Uhr). Die Deutsche Anna von Kleve kam mit der Scheidung davon, zog sich aufs Land zurück, hat aber hier, wie auch in dem ihr zugesprochenen Haus im benachbarten Ditchling, nie gelebt.

Infos
Lewes Tourist Information: 187 High Street, Tel. 012 73-48 34 48, Fax 012 73-48 40 03, www.lewes.gov.uk.

Übernachten
Alte Poststation ▶ **White Hart Hotel:** High Street, Tel. 012 73-47 66 94, www.whitehartlewes.co.uk. Reizendes Haus im Mittelpunkt der High Street mit gutem Restaurant. Neuer Anbau mit modernen und ruhigen Zimmern, Pool und Wellnesslandschaft. DZ ab 110 £.

Traditionsreiches Haus ▶ **The Crown Inn:** 191 High Street, Tel. 012 73-48 06 70, www.crowninnlewes.co.uk. Stattliches traditions-

reiches Haus mit altmodischem Flair. DZ ab 70 £.
Friedlich ▶ **Bramble Barn B&B:** Southerham, Tel. 012 73-47 49 24. Das nette Farmhaus ist vom Tourist Board mit 4 Sternen ausgezeichnet. DZ ab 65 £ (üppiges Frühstück).

Essen & Trinken
Moderne Küche ▶ **Circa:** 145 High Street, Tel. 012 73-47 17 77, Mo–Sa 12–15, 17–22 Uhr, So Lunch 12–15 Uhr. Kreative Küche mit asiatischem Touch, ›Fusion food‹: modern und frisch in schönen Räumen im Zentrum. Beim leichten, frühen Dinner »Light Supper« von 17–19 Uhr gibt es ein 2-Gänge-Menü für 10 £ und 3 Gänge für 13 £.
Gut und günstig ▶ **Lazatti's:** 17 Market Street, Tel. 012 73-47 95 39, www.lazzatis.co.uk. Mo–Fr 12–14.30, 17–22, Sa, So 12–22 Uhr. Kleines, behagliches italienisches Restaurant. Tagesgerichte ab 7 £.

Verkehr
Züge: Der Bahnhof, Station Road, liegt südlich der High Street. Gute Verbindungen nach London Victoria (Sonderzüge nach Glyndebourne) und in die Küstenstädte.
Busse: Eastgate Street, National Express und Regionalverkehr in umliegende Orte.

Glyndebourne
Ein reicher Country-Gentleman ist mit einer unbeschäftigten, 18-jährigen Sopranistin verheiratet, die unbedingt Mozart singen will: Was fällt Ihnen dazu ein? Well, John Christie baute seinen Landsitz aus, erweiterte ihn um ein technisch perfektes Opernhaus, holte international anerkannte Künstler aus der Musikwelt zusammen und eröffnete seine Privatoper – natürlich mit singender Gattin – im Mai 1934 mit der »Hochzeit des Figaro« und zwei weiteren Mozart-Opern. Die Gäste aus dem Freundes- und Bekanntenkreis erschienen »den Künstlern zuliebe« in großer Garderobe und warteten neugierig auf die Blamage. Die eigens angereisten Kritiker erhielten ein vorzügliches Dinner, spazierten im herrlichen Garten umher, und alle hörten zu ihrem größten Erstaunen hervorragend dargebotenes Musiktheater.

Lewes und Umgebung

Inzwischen sind die Opernfestivals von Glyndebourne weltberühmt – jedes Jahr zwischen Mai und August werden eine Reihe von Neuinszenierungen geboten, an denen führende Künstler der Gegenwart beteiligt sind. Neben Mozart, Richard Strauss, Britten, Strawinsky wurden auch Händel, Monteverdi, Prokofjew und Henze in z. T. aufsehenerregenden Produktionen aufgeführt – und dies in intimer ländlicher Atmosphäre, deren einzigartiger Charme eine ganze Reihe genussvoll zelebrierter, kultischer Handlungen hervorgebracht hat, die unbedingt dazugehören, ohne die Glyndebourne eben nicht Glyndebourne wäre: Die Opern beginnen am späten Nachmittag; in der langen Pause ist genug Zeit, um auf den legendären Rasen und Weideflächen, die das Landhaus umgeben, das Picknick zu genießen. In Frack und Abendrobe sitzt man zwischen Kühen und Schafen, holt den Champagner gekühlt aus dem Bach und tafelt auf ausgebreiteter Tischdecke im milden Abendlicht.

Das neue, große **Opernhaus** in Glyndebourne mit 1200 Plätzen wurde 1994 einge-

Tipp: Das Glyndebourne-Picknick

Bei Harrod's in London werden erlesene Picknickkörbe zusammengestellt. Schon in den Sonderzügen aus London, die dann spätabends wieder zurückfahren, stößt man mit vorsichtig transportierten Kristallgläsern an, und die überregionalen Zeitungen veröffentlichen, von den Champagnerfirmen gesponsert, die preisgekrönten Glyndebourne-Menüabfolgen. Selbstverständlich ist der Picknickkult auch schon ›zu Buche geschlagen‹: In »Glyndebourne Picnics« von Michael Smith finden sich mundwässernde Vorschläge für (beinahe) alle Lebens- und Wetterlagen, die es zu berücksichtigen gilt. Zum Beispiel das Picknick für den Bahntransport, das Picknick im Kofferraum, selbiges für Regenwetter, für Kinder, für das romantische Tête-à-Tête, für Kochunlustige und so weiter und so fort.

Im Inland von Sussex, Surrey

Wir-Gefühl bei Picknick und Operngenuss in Glyndebourne

weiht – und zum Entzücken aller Gäste und Architekturfans hat der zurückhaltende Ziegelsteinbau mit kreisrunder Schieferdeckung von Michael Hopkins weder Rasen, Schafe noch Besucher in ihrer bukolischen Eintracht gestört. Hochelegant und funktional bietet der Bau hervorragende Akustik, trotz seiner Größe ein intimes Raumgefühl und – falls es einmal regnen sollte – überdachte Rundgänge und eine schöne Flaniermeile mit luftig-transparenter Segeltuchüberspannung.

Termine

Glyndebourne Opera Festival (Mai–Aug.): Karten sind teuer, und sie sollten vorbestellt werden. Schriftliche Vorbestellung ab März: Glyndebourne Festival Opera Box Office, Glyndebourne, Lewes, East Sussex BN8 5UU. Telefonischer Kartenvorverkauf ab Ende April, 10–18 Uhr, Tel. 012 73-81 38 13, www.glyndebourne.com. Alle Unterlagen über Zugverbindungen, Picknicks oder Dinners (auf Vorbestellung) werden zugesandt. Unterkunftsverzeichnisse über Lewes Tourist Information (s. S. 170).

Charleston Farmhouse

Charleston Farmhouse ist in seiner Art einzigartig: Das ganze Haus, ein völlig normales, ursprünglich wenig komfortables Heim – ohne Heizung, ohne warmes Wasser, kalt und dunkel –, ist mit seiner zusammengesuchten Inneneinrichtung über und über dekoriert, bemalt und geschmückt – von Vanessa Bell, ihrem Mann Clive, den Malern Duncan Grant und David Garnett, auch bekannt als Bloomsbury Group (s. S. 174 f.). Vanessa zog mit Kindern, Haustieren, Duncan und David während des Ersten Weltkrieges hierher – die Männer waren Kriegsdienstverweigerer und arbeiteten auf einer nahe liegenden Farm. Später kamen alle während des Sommers her, und mit Beginn des Zweiten Weltkrieges wurde Charleston das Heim von Vanessa und Duncan; beide sind hier gestorben, Vanessa im Jahr 1961, Duncan als 93-Jähriger im Jahr 1978.

Lewes und Umgebung

Schon zu ihren Lebzeiten war Charleston ein Gesamtkunstwerk – Türen, Fenstersimse, Decken, Wände und Möbel wurden bemalt; Dekorationsstoffe entworfen, Sofa- und Stuhlbezüge mit Nadelarbeiten geschmückt, Kacheln, Keramik und Lampen getöpfert und gebrannt – jeder arbeitete und entwarf für sich und die anderen. Kunst aus Notwendigkeit und Freude: Das gesamte Interieur scheint wie von Sonnenlicht, Frühling und freundlichen Farbtupfern überzogen. Ein visuelles Opus Magnum mit ungeheuer sinnlicher und individualistischer Ausstrahlung. Ein Flair von genialischer Improvisation bezaubert den Besucher, von sorgloser Spontaneität – die ja auch herrschte: Die Wände sind schlecht gemalt; jeder Pinselstrich ist sichtbar, und um schon aufgehängte Bilder wurde ganz einfach drumherum gestrichen.

Die Porträts und Gemälde der Bloomsbury-Maler waren lange in Vergessenheit geraten; viele Kunsthistoriker standen und stehen ihnen äußerst kritisch gegenüber, aber noch bevor Duncan Grant starb, erlebte er die Renaissance seiner Werke, sah er sich selbst wieder in Mode kommen. Nicht nur das: Die Firma Laura Ashley hat einige Stoffdesigns aus den Omega-Workshops neu aufgelegt. Der zahlreiche und sehr gegenwärtige Familienclan, Enkel, Neffen und Großnichten der ersten Generation, gründete dann den Charleston Trust, fand Sponsoren, die das Haus erhalten konnten (Charleston Farmhouse, Firle, 10 km östl. von Lewes, an der A 27 zwischen Firle und Selmeston, Tel. 013 23-81 12 65, www.charleston.org.uk, 1. April– 31. Okt.; Mi–Sa 13–18, im Juli, Aug. 12–18, So, Fei 13–17.30 Uhr).

In der Pfarrkirche **St Michael and All Angels** im benachbarten Berwick hängen einige auf Holz gezogene Wandmalereien, die von Duncan Grant, Vanessa und Quentin Bell in Charleston für die Kirche gemalt wurden; herausragend ist »Christ in Glory« von Grant.

Monk's House

Das Werk von Virginia Woolf hat Weltruhm erlangt, und ihr Haus ist für jeden Literaturbegeisterten einen Besuch wert. Monk's House

Tipp: Zwei kulturreiche Nachmittage

Wenn Sie das Haus von Virginia Woolf und das Künstlerheim ihrer Schwester Vanessa Bell und von deren Clique direkt hintereinander besichtigen möchten, ist strenge Organisation notwendig. Die zum Verzweifeln engen Öffnungszeiten geben Zeitpunkt und Route vor. Für die zusammenhängende Besichtigung sind die Nachmittage vom Mittwoch und Donnerstag am geeignetsten. Nehmen Sie einen frühen Mittwochnachmittag: **Monk's House** ist ab 14 Uhr geöffnet – sie fahren von Lewes auf der A 26 6 km südlich bis zum Dorf-Abzweig Rodmell: das Haus liegt nahe der Kirche (s. S. 173 ff.). Von dort fahren Sie Richtung Firle. Zwischen Firle und Selmington liegt **Charleston Farmhouse:** eine unglaublich sinnliche Erfahrung, und der Kontrast zum still-melancholischen Monk's House ist überwältigend (s. S. 172). Von Charleston ist es nicht weit bis zum Dorf **Berwick:** Die Kirche mit den Wandmalereien von Vanessa Bell und ihren Freunden ist bis 18 Uhr geöffnet (s. S. 173).

Am nächsten Nachmittag schauen Sie sich das stattliche Anwesen **Firle Place** an: Die Besitzerfamilie Gage war schon Vermieter für Charleston Farmhouse, und heute lässt sich herrlich umherschweifen im intimen, eleganten und kostbaren Haus Firle Place. Einen Cream Tea sollten Sie sich hier gönnen (s. S. 176). Und am Spätnachmittag geht entweder das Opern-Vergnügen in Glyndebourne los, oder Sie schauen zumindest vorbei – Kühe auf der Wiese, die Champagnerflasche am Bindfaden zur Kühlung im Bach, und große Oper sind eine einzigartige Symbiose eingegangen (s. S. 172).

ist klein, intim und heiter – und zugleich auch von Ernst durchdrungen, mit niedrigen Balkendecken, Omega-Möbeln, türkisfarbenen Wänden, Büchern, Gemälden und Fotografien. Es scheint immer noch vom Geist der zerbrechlichen, scheuen, geistreichen und genialen Virginia Woolf eingehüllt zu sein. 1941 hat

Im Inland von Sussex, Surrey

Topografie der Liebe – Virginia, Vanessa und Co.

Charleston bei Firle und Monk's House in Rodmell liegen dicht beieinander, mitten im ländlichen England, zwischen Feldern, Hügeln, schmalen Sträßchen, hohen Hecken, ›wo sich Fuchs und Hase gute Nacht sagen‹. Kaum zu glauben, dass sich hier Intellektuelle und Künstler trafen, die zur Avantgarde des frühen 20. Jh. zählten: der Bloomsbury-Kreis um die schönen Schwestern Vanessa und Virginia.

Monk's House war viele Jahre lang das Heim von Virginia Woolf (1882–1941) und ihrem Mann Leonard; ihre ältere Schwester Vanessa Bell (1879–1961) scharte im Bauernhaus von Charleston Familie und Freunde um sich, die sich alle in London zusammengetan hatten und als Bloomsbury Group zunächst auf misstrauische Beachtung, auch heftige Ablehnung stießen und später berühmt werden sollten. Die schönen Schwestern Vanessa und Virginia bildeten den Mittelpunkt des künstlerischen Zirkels, der bald als intellektuelle Avantgarde von sich reden machte. Zu ihren Freunden gehörten die Schriftsteller Lytton Strachey, E. M. Forster, Cyril Connolly und T. S. Eliot, der berühmte Wirtschaftstheoretiker John Maynard Keynes, die Maler und Kritiker Duncan Grant, David Garnett und Roger Fry. Als Kunstkritiker machte Fry als Erster die englische Öffentlichkeit mit den Werken der französischen Spätimpressionisten bekannt. Ihre Wirkung war so aufsehenerregend und tiefgreifend, dass Virginia über die Ausstellung 1910 schrieb: »Mit dem Dezember 1910 hat sich die menschliche Natur gewandelt.« Während des Ersten Weltkrieges schließlich zog Bloomsbury aufs Land.

Nachdem Virginia Leonard Woolf geheiratet hatte, gründeten sie die Hogarth Press. Auf einer Presse, die sie in der Küche von Monk's House aufstellten, druckten sie eigenhändig ihre Werke und die ihrer Freunde. Vanessa war Malerin und hatte den Maler und Kritiker Clive Bell geheiratet, der 1913 zusammen mit den anderen einen Werkbund ins Leben rief, die Omega Workshops, die bis 1919 mehr schlecht als recht, desorganisiert, aber hochkreativ Möbel, Textilien, Keramik und Wanddekorationen entwarfen.

Die Woolfs gingen in Charleston ein und aus, brachten ihre eigenen Gäste mit, und da während der oftmals ausgedehnten Besuche der Freunde und Verwandten geredet und diskutiert, gemalt, geschrieben und fotografiert wurde, Tagebücher die Gedanken und Ereignisse noch einmal festhielten, Briefe hin und her gingen, sind Monk's House und Charleston gleichsam in ein dichtes Referenzsystem verwoben, das nicht nur aus vertracktesten gefühlsmäßigen Bindungen bestand, sondern auch aus einer engmaschig gestrickten Dokumentationslust: Alles ist in verschiedensten Sichtweisen dargestellt; Einzelbegebenheiten spiegeln sich sowohl gegenseitig als auch in der Flut der Biografien wider, der Brief- und Tagebuchausgaben, Neueinschätzungen und Lebensdarstellungen, von Familienmitgliedern über Familienmitglieder erstellt.

Die Faszination des Hauses beruht natürlich auf dem Leben und Wirken seiner einstigen Bewohner und ihren, über jede Konvention erhabenen, Lebens- und Gefühlskonstellationen: Vanessa liebte Clive Bell, mit ihm hatte sie zwei Söhne; sie liebte auch Duncan, er liebte sie, aber auch David; Duncan ist der Vater von Angelica, die später den früheren Liebhaber ihres vermeintlichen Vaters heira-

Der Bloomsbury-Kreis auf dem Land

Thema

Virginia Woolf: Ikone der Literatur des 20. Jahrhunderts

tete; Vanessa liebte Virginia, Virginia liebte sie und die gesamte Großfamilie, aber auch Vita, die wiederum mit Harold verheiratet war, der ebenso wie seine Frau auch gleichgeschlechtliche Beziehungen hatte ... Diese Ménage-à-trois, quatre et cinq, diese bürgerliche Bohème, hat ihre eigene Sicherheit, Wärme und Geborgenheit hervorgebracht, aber auch Forderungen nach Kreativität, intellektueller Schärfe und selbstgewisser Originalität gestellt. Angelica Garnett hat sich erst als geschiedene Frau und vierfache Mutter einer eigenen Identität versichern können; ihre Autobiografie »Deceived with Kindness« schildert mit bemerkenswerter Offenheit und Schuldzuweisung die »Freundlichen Täuschungen« ihrer ungewöhnlichen Kindheit unter ungewöhnlichen Menschen. Einen festen Platz in dieser Topografie der Liebe nimmt auch Vita Sackville-West ein. Die schwierige, extravagante und abenteuerliche Frau war zeitweilig in eine heftige Liebesaffäre mit Virginia Woolf verstrickt, ihre Freundschaft hielt ein Leben lang. Beide schrieben über sich und für sich, und da Vita in Knole (s. S. 142 ff.), einem der größten Landsitze Englands, aufgewachsen war und später in Sissinghurst (s. S. 135 ff.) einen der schönsten Gärten Englands anlegte, finden wir auch dort wieder zahlreiche Querverweise auf Virginia, Vanessa & Co.

Im Inland von Sussex, Surrey

sie sich, ihr Leben lang von schweren Depressionen gequält, im Flüsschen Ouse in der Nähe ihres Hauses ertränkt. Ihr Mann Leonard lebte bis zu seinem Tod 1969 in Monk's House, und ihrer beider Asche ist im Garten verstreut.

Dort stehen zwei markante Bronzebüsten des Paares, und in Virginias spartanischer Schreibklause im hinteren Teil des Gartens sind zahlreiche Fotografien aus den Familienalben zusammengetragen (Monk's House, NT, Rodmell 6 km östl. von Lewes, Tel. 013 23-87 00 01, www.nationaltrust.org.uk, April–Okt. Mi, Sa 14–17.30 Uhr).

Firle Place

Charleston bewohnten Duncan Grant und Vanessa Bell nur zur Miete; es gehört zum Landbesitz der Familie Gage, die seit über 500 Jahren in **Firle Place** zu Hause ist. Die Besucher der beiden Häuser nimmt Lord Gage mit freundlicher Zerstreutheit zur Kenntnis: Völlig unverständlich ist ihm, warum man jemals beschwerliche Schritte unternehmen sollte, »um fremde Teetassen« zu betrachten.

Das Herrenhaus aus der Tudor-Zeit hat zwei große Umbauphasen erlebt, und die Raumfluchten im palladianischen Stil bilden heute den eindrucksvollen Rahmen für eine sehr gute Gemäldesammlung europäischer und englischer Alter Meister, darunter Fra Bartolomeo, Correggio, Salvator Rosa, Tintoretto, Turner, Reynolds, Gainsborough und van Dyck. Die Porzellan- und Möbelkollektion ist von erstklassiger Qualität wie auch das Restaurant (Firle Place, Firle, Tel. 012 73-85 83 07, www.firle.com, Ostertage, Juni–Sept. Mi/Do, So, Fei 14–16.30 Uhr).

Gärten in Midsussex

Im Herzen von Sussex wartet ein unvergessliches Erlebnis: Vier überwältigend schöne Gärten liegen dicht beieinander. Die berühmtesten Pilgerziele der Gartenfreunde sind Nymans Garden und Sheffield Park. Aber auch Borde Hill und Wakehurst Place Gardens – jeweils völlig unterschiedliche Anlagen – sind alle für ihre exotischen Bäume, Magnolien, Hortensien- und Rhododendronhaine berühmt und schwimmen im April und Mai in einem unvergleichlichen Blütenmeer. Im Juni und Juli betören die Rosen, im September und Oktober die Rot-, Gelb- und Grünfärbungen der Bäume. Und überall Tea Rooms und Garden-Shops. Wenn Sie sich dann noch in eines der kuscheligen B&Bs einmieten, kann man nur sagen *simply paradise.*

Nymans Garden ▶ L 19

Nymans ist einer der geliebtesten und interessantesten Gärten Englands. Im Gegensatz zu Sheffield Park (s. S. 177 f.) scheint die 12 ha große Anlage ungeplant und naturhaft zu blühen und wuchern. Die Serie von kleinen Gärten erinnert an den eigenen zu Hause, und als Gesamtkomposition bezaubern die grünen Räume durch ihren familiären, bunten, heiteren Charakter.

Der Eingang liegt am Westrand der Gärten; im Norden bietet eine schnurgerade Lindenallee mit weiten Ausblicken über die South Downs einen ruhenden Pol, der den Kontrast zu den zahlreichen Abfolgen der Motivgärten umso überraschender erscheinen lässt.

Vor den malerischen Ruinen des Hauses (1947 abgebrannt), überwuchert von Rosen und Wisteria, breitet sich der *great lawn,* der Große Rasen, aus, gesäumt von Rhododendren und Hydrangeen, dahinter ein abgesenkter Gartenteil mit Rondell, gefolgt von einem Stein- und Heidegarten.

Am Südwestende erwarten uns eine lange überwachsene Pergola und eine japanische Aussichtsplattform, von der aus man bis in den ummauerten Zentralgarten sehen kann, dessen Mittelachse so verläuft, dass sie genau auf einen Springbrunnen und vier verschnittene Taxuskugeln zuläuft. Und im Rosengarten schließlich umgibt uns eine überwältigende Fülle an Farben und Düften: 150 Rosenarten sind hier zusammengetragen (Nymans Garden, NT, an der B 2114 Handcross, 10 km südl. von Crawley, Tel. 014 44-40 52 50, www.nationaltrust.org.uk, ganzjährig Mi–So, Fei 11–18 Uhr).

Gärten in Midsussex

Verkehr

Züge: Linie Balcome–Crawley. **Busse:** Nr. 271 von Haywards Heath–Crawley.

Borde Hill Gardens ▶ L 19

Etwa 5 km südöstlich von Nymans locken Borde Hill Gardens, die 2004 zum ›Garden of the Year‹ ernannt wurden: ein kleinerer ›Landgarten‹ mit informellem Charakter, der wegen seiner seltenen, exotischen Bäume und Büsche, der üppigen Pracht der Rhododendren, Azaleen und Magnolien berühmt ist. Die Gärten sind umringt von Parkanlagen und lichtem, sonnendurchflutetem Wald, dessen Unterholz im Frühling und Sommer mit Narzissen und *bluebells* einem gelbblau getupften Teppich gleicht (Balcombe Road, Haywards Heath, Tel. 014 44-45 03 26, www.bordehill.co.uk, Mitte März–Mitte Sept. und letzte Oktoberwoche 10–18 Uhr, es gibt ebenfalls ein Kinderareal und einen Tearoom).

Übernachten

Wunderschön ▶ **Ockenden Manor:** Ockenden Lane, in Cuckfield, Tel. 014 44-41 61 11, Fax: 014 44-41 55 49, www.hshotels.co.uk. Zauberhaft, aber teuer ist Ockenden Manor, ein Country House, passend zu den traumhaften Gärten in der Umgebung. DZ ab 155 £.

Behaglich ▶ **The Griffin Inn:** Fletching, Uckfield, Tel. 018 25-72 28 90, www.thegriffininn.co.uk. In der Dorfmitte, sehr schöner 600 Jahre alter Inn, gemütlich und liebevoll ausgestattet, hervorragende, verfeinerte Regionalküche. DZ ab 80 £.; Bar: Lunch, Dinner 10–20 £., Restaurant 30 £.

Großzügig ▶ **Beechwood B&B:** Eastbourne Road, Halland, Lewes, Tel. 018 25-84 09 36/37, www.beechwoodbandb.co.uk, DZ ab 80 £. An der A 22 knapp 3 km nördl. von Halland liegt das großzügige Anwesen inmitten schöner Gärten. Mit Pool und Wintergarten. 4 individuell ausgestattete Zimmer, reichhaltiges Frühstück.

Essen & Trinken

In wunderschönem altem Haus ▶ **Jeremy's at Borde Hill:** Borde Hill Gardens, Haywards Heath, Tel. 014 44-44 11 02, www.jeremysrestaurant.com. So abends, Mo geschl., 12.30–14.30, 19.30–22 Uhr. Anregende, moderne Küche, mehrfach ausgezeichnet, Terrasse an den viktorianischen Gärten. Lunch-Menü ab 20 £.

Verkehr

Züge: Verbindungen London Victoria–Haywards Heath, dann Taxi.

Wakehurst Place Gardens ▶ L 19

Ein herrliches Erlebnis und ein Pilgerziel für Hobbybotaniker sind die Wakehurst Place Gardens: Die gewaltigen Bäume und exotischen Pflanzen wurden von Gerald Loder, dem späteren Lord Wakehurst aus Süd- und Nordamerika, aus Australien, Neuseeland, Japan und anderen Teilen Ostasiens zusammengetragen. Der außergewöhnliche Reichtum seltener Gewächse hat schließlich zur Übernahme durch die Königlichen Botanischen Gärten (in Kew bei London) geführt. Wakehurst Place, 60 ha umfassend, hat alles: Wasser- und Sumpfgärten, Steingarten, Rhododendrenhaine, formale Anlagen am Haus, Teiche, ein tief eingeschnittenes Flusstal, wo unter hohen Baumwipfeln Magnolien, Glockenblumen und Lilien blühen (Tel. 014 44-89 40 66, www.nationaltrust.org.uk und www.kew.org, ganzjährig tgl. 10–18, Nov.–Feb. 10–16.30 Uhr).

Sheffield Park ▶ L 19

Sheffield Park – ein Wirklichkeit gewordener Traum vom Paradies wurde vor etwa 300 Jahren angelegt, von Capability Brown umgestaltet, und war bis 1909 im Besitz der Earls of Sheffield. Der ›klassische englische Garten‹ mit seinem hochgelegenen gotisierenden Schloss erhielt seine endgültige Form erst zu Beginn des 20. Jh.

Sheffield Park ist eine dramatische Schöpfung, die sich mit malerischen Effekten und Vistas bis zur Vollendung steigert: Vier terrassenförmig angelegte Seen, durch Brücken und Wasserfälle miteinander verbunden, werden umringt von unterschiedlich gestalteten

Im Inland von Sussex, Surrey

Pfaden mit lockeren Baumgruppen, Wiesen und Rasenplätzen.

Das von Thomas Wyatt erbaute, gotisierende Haus bildet die visuelle Zentralachse. Wie ein Märchenschloss mit Giebeln, Turmspitzen und Erkern taucht es immer wieder als Hintergrund vor den schillernden blauen Flächen des Wassers auf, auf denen rote Seerosen schwimmen, eingefasst von silbrig weißem und in allen Grüntönen leuchtendem Blätterwald (Sheffield Park, NT, 7 km nordwestl. von Uckfield, zwischen A 272 und A 22, Tel. 018 25-79 02 31, www.nationaltrust.org.uk, Mitte Feb.–31. Okt. tgl. 10.30–18, Jan., Feb. Sa, So 10.30–16 Uhr).

Standen ▶ L 19

Standen ist ein herzwärmendes Kleinod der Wohnkultur – Haus und Garten sind zu einer Einheit verschmolzen, und im Unterschied zu den anderen genannten Gartenanlagen in Sussex bildet auch das Haus, sein Interieur, einen unwiderstehlichen Anziehungspunkt: Standen ist eines der wenigen viktorianischen Häuser des National Trust, und in Südengland ist es das einzig zugängliche, das uns einen Eindruck von der Ideenwelt und dem Kunsthandwerk von William Morris vermitteln kann und etwas von dem Flair widerspiegelt, das die Arts & Crafts-Bewegung, und mit ihr auch die Präraffaeliten, seit jeher umgeben hat (s. S. 180 f.).

Gebaut wurde Standen zwischen 1891 und 1894 von Philip Webb (1831–1915) für den wohlhabenden Anwalt James Beale. Als unprätentiöses Sommer- und Ferienhaus für eine Familie mit sieben Kindern geplant, nahm Webb die alte Farm als Ausgangspunkt und konzipierte ein Haus aus rot-orangefarbenem Ziegelstein, das rechtwinklig an die vorhandenen Gebäude anschließt.

Die Südseite, durch fünf Spitzgiebel und einen lichten Wintergarten, *conservatory*, markiert, führt auf die Terrasse und den leicht abschüssigen Rasen, den *south lawn*. Die vorher schon begonnene Anlage der **Gärten** wurde verworfen: Sie sollen sich den natürlichen Gegebenheiten anpassen. Das Aufregende an Standen entsteht aus der merkwürdigen Schräglage von Haus und Gärten. Sie schmiegen sich auf verschiedenen Ebenen parallel laufend den Hängen an, bieten herrliche Ausblicke über die Felder, Täler und das Wasserreservoir. Auf der obersten Ebene verläuft ein lang gestreckter Spazierweg, von Büschen und Bäumen gesäumt, der schließlich nahe beim Haus in einem engen, spiralförmigen Trichter mündet, dem *quarry garden*. In diesem kleinen Steinbruch, malerisch von kühlem Grün überwuchert, wurden die Steine für das Haus geschlagen.

Das Haus und der sonnenwarme, in präzisem Schachbrettmuster geschnittene Rasen, der von Buschwerk und leuchtenden Blumenrabatten gesäumt wird, bilden die Mittelachse der Anlage; im Osten schließen sich der Rosengarten, ein kreisrunder Bambusgarten, ein *orchard* (Obstgarten) und ein Rhododendronhain an – alles scheint über den weiten Wellen der Landschaft zu schweben. Standen ist ein heiteres, freundliches, auf den Menschen bezogenes Ensemble, geordnet und doch spontan wirkend, großzügig und gleichzeitig anheimelnd, komfortabel und ohne Prunk.

Die **Innenräume** in Standen tragen die Handschrift von William Morris: edles Material, schlichte Formen, handwerkliche Vollkommenheit, die auf mittelalterliche Traditionen baut und die Dutzendware des ›Maschinenzeitalters‹ durch sorgsam verarbeitete Einzelstücke ersetzt. Dazu gesellen sich Morris' Textilentwürfe: Gardinenstoffe, Wandbespannungen, handgeknüpfte Teppiche, Tapeten – in den kräftigen Farben, die der viktorianischen Vorliebe für Molltöne den Garaus machten.

Die charakteristischen Merkmale des ›Morris-Stils‹ sind Muster und Ornamente, Blätter- und Blütenranken, die Formen aus der Natur widerspiegeln, einige wesentliche Elemente aufnehmen und diese dann in unendlicher Folge vervielfachen (Standen, NT, West Hoathly Road, East Grinstead, Tel. 013 42-32 30 29, www.nationaltrust.org.uk, Ostern–Okt. Mi-So, Bank Holiday-Mo 11–17 Uhr, im August auch Mo geöffnet, mit Shop und Tearoom).

Verkehr
Busse: Metrobus 84 East Grinstead–Crawley, danach ab Saint Hill 1 km zu Fuß.

Arundel und Umgebung
▶ K 19

Das Panorama von Arundel gleicht einem märchenhaften Bilderbuchmotiv: Hinter dem Flüsschen Arun winden sich Häuser und Straßen des malerischen Ortes dicht an dicht den Bergrücken hinauf, flankiert von der imposanten Burg und der Kathedralkirche. In der Umgebung lohnt das grandiose, bedeutende Petworth House mit seiner Turner-Sammlung einen Besuch und als Kontrast das liebenswerte Parham House.

Arundel
Die 2500 Einwohner der wohlhabenden kleinen Marktstadt wissen schon, was sie an Atmosphäre zu bieten haben: Die steil ansteigende High Street ist gesäumt von schönen alten Hausfassaden, in den winkeligen Gassen reihen sich Antiquitätengeschäfte, Tea Rooms, Restaurants und viel Schnickschnack aneinander.

Absoluter Triumph historisierender Träumereien jedoch ist **Arundel Castle,** die zweitgrößte Burg im Land. Diese gewaltige Trutzburg aus dem 13. Jh. wurde nämlich erst zwischen 1890 und 1903 errichtet und feiert in schamlosem Prunk die Geschichte jener machtvollen Familien, die hier seit 700 Jahren ihren Stammsitz haben: die Montgomerys, Fitzalans und Howards, die die Titel der Earls of Arundel, Earls of Surrey und Dukes of Norfolk auf sich vereinigen. Und hier ist richtig geklotzt worden: Arundel Castle war eines der ersten Häuser in Großbritannien mit Zentralheizung und elektrischem Licht.

Von den vorhergehenden Bauten ist nicht mehr viel vorhanden: das Torhaus aus dem 11. Jh., der Vorplatz mit Ziehbrücke aus dem 13. Jh. und die mehrfach umgestaltete **Fitzalan-Kapelle.** Die Kapelle verdeutlicht symbolisch die lang anhaltenden Glaubenskämpfe, die gesellschaftlichen Spaltungen, die einst tiefe Kluft zwischen den Religionen: Die Dukes of Norfolk blieben auch nach der von Heinrich VIII. verordneten Abkehr von Rom Katholiken. Die Fitzalan-Kapelle ist nun nach dem Bürgerkrieg mit der aus dem 14. Jh. stammenden **Kirche St Nicholas** verbunden worden; bis heute in der Mitte geteilt, dient sie zum einen als anglikanische Pfarrkirche, zum anderen den katholischen Dukes of Norfolk.

Räume, prachtvoll und üppig geschmückt, sind zu besichtigen – u. a. mit hervorragenden Gemälden (van Dyck, Gainsborough, Canaletto), einer Waffensammlung und den letzten persönlichen Besitztümern der katholischen Mary, Queen of Scots (www.arundelcastle.org, April–Okt. Park Di–So 11–17, Räume 14–16 Uhr).

Das Panorama Arundels mit den gewaltigen Türmen und Zinnen der Burg wird ergänzt von den Turmhelmen der recht und schlecht neogotischen **Kathedralkirche**, die der 15. Duke of Norfolk gegen Ende des 19. Jh. hatte bauen lassen. Sie ist seit 1965 die Mutterkirche der katholischen Diözese von Arundel und Brighton (tgl. 9–18 Uhr).

Infos
Arundel Tourist Information: 61 High Street, Tel. 019 03-88 22 68, www.sussexbythesea.com und www.arundel.org.uk.

Übernachten
Komfortabel ▶ **Swan Hotel:** 27–29 High Street, Tel. 019 03-88 23 14, www.swanhotel.co.uk. Stattliches viktorianisches Haus im Zentrum. Eichendielen, schöne Zimmer, sehr gutes Restaurant, beliebter Pub. DZ ab 70 £.
Behaglich ▶ **Town House Hotel:** 65 High Street, Tel. 019 03-88 38 47, www.thetownhouse.co.uk. Schönes Haus, üppig ausgestattet, im Zentrum. Gutes Restaurant. DZ ab 60 £.
Ausgezeichnet ▶ **Arun Valley B&B:** Houghton Farm, Houghton, Tel. 017 98-83 13 27, Fax 017 98-83 11 83. Stattliches Farmhaus mit Teilen aus dem 14. Jh. in herrlicher Lage mit Ausblick auf den Arun. Vom Tourist Board ausgezeichnet. DZ 60 £.

Im Inland von Sussex, Surrey

William Morris und der Landhausstil

Das Universaltalent von William Morris – er war Designer, Maler, Dichter, Sozialreformer und Träumer – fand gebündelt und am populärsten im englischen Landhausstil seinen Ausdruck. Er hat das englische Geschmacksempfinden bis heute geprägt, und sein Mobiliar, die Morris-Tapeten und -Stoffe sind immer noch präsent.

Das von William Morris im Auftrag eines wohlhabenden Anwalts eingerichtete Landhaus Standen (s. S. 178 f.) ist ein viktorianisches Haus, das ein antiviktorianisches Zeichen setzte. Seinen Prinzipien gemäß machte der Architekt Philip Webb Schluss mit der manischen Neogotik der Viktorianer und setzte ihrer Sucht, die Innenräume dunkel, schamhaft, protzend und überquellend zuzudecken, eine ganz neue Schlichtheit entgegen. Er stand damit nicht allein, auch Charles Voysey und G. E. Street haben die Architektur um 1900 auf diesem Weg beeinflusst. Eine Revolution der »Kunst für den Menschen« jedoch, eine neue Auffassung des Handwerks und ein bahnbrechendes Design, haben William Morris (1834–1896) und die in der Folge entstandene Arts & Crafts-Bewegung durchgesetzt.

Morris betrieb seine Firma anfänglich mit der ›Bruderschaft der Präraffaeliten‹, zu der neben dem Architekten Philip Webb u. a. die Maler Dante Gabriel Rossetti, Edward Burne-Jones und Ford Madox Brown gehörten. Die Künstler und ihre Firma lieferten individuell entworfene, komplette Inneneinrichtungen, vom Buntglasfenster über Bettgestelle bis hin zum passenden Kerzenständer; 600 Designentwürfe für Tapeten, Dekorationsstoffe, Wandteppiche und Kacheln sind überliefert. Herrliche Kirchenfenster aus der Morris-Werkstatt sind in der Dorfkirche von Standen zu sehen. Der ›Morris-Stil‹ hat nicht nur die Entwicklungen der Werkbunde und des europäischen Jugendstils beeinflusst, sondern die Wohnkultur der Engländer bis zum heutigen Tag geprägt.

Die schönen Häuser, die William Morris liebte, aus Ziegelstein, mit Kachelarbeiten und tief heruntergezogenen Dächern, wie sie etwas später auch Edwin Lutyens baute, haben die Engländer mitten ins Herz getroffen; hunderttausendfach imitiert, sind sie zum Typus des ›stockbroker Tudor‹ verkommen. Die Stoffmuster und Tapeten von Morris sind heute noch bei Liberty's erhältlich, haben den ›Landhausstil‹ der Engländer so recht erst zum Schwellen und Blühen gebracht. Die Blütenpracht und Blattornamentik auf Tapeten und Chintzen, die Verquickung von Rüschen, stoffbespannten Wänden, Vorhängen und Bettbezügen, passenden Notizblöcken und Einwickelpapier, die so kunstvoll unordentlichen Küchen mit offenen Geschirrschränken, getrockneten Blumensträußen und gemustertem Steingut – all das, von Laura Ashley romantisierend in die Gegenwart projiziert, millionenfach verkauft und als ›countryhouse living‹ weltweit nachgeahmt, geht auf William Morris zurück.

Morris war ein Universaltalent, er war nicht nur Designer, sondern auch Maler, Dichter und Schriftsteller, er betätigte sich als Handwerker, als Weber und Tischler. Der billigen Massenware der Industriekultur setzte er das in solider Handwerkskunst gefertigte Produkt entgegen. Er gründete die Druckerei Kelmscott Press, entwarf Schrifttypen und gab im

William Morris und der Landhausstil

Thema

Stil illuminierter Manuskripte u. a. den berühmten «Kelmscott-Chaucer» heraus: mit gotischen Lettern, ornamentierten Initialen und Holzschnitten von Edward Burne-Jones.

Morris engagierte sich in der Politik, er sympathisierte mit den Ideen von Karl Marx. Er wollte eine Kunst für alle, reiste jahrelang als politischer Agitator herum, um für eine sozialistische Gesellschaft zu kämpfen – er war Sozialist, Realist und Träumer. Doch er war sich bewusst, dass seine exquisiten Arbeiten nur für wenige erschwinglich waren: »Ich diene dem schweinischen Luxus der Reichen«, so William Morris, und seine Spötter haben immer bedauert, dass nicht auch »Das Kapital« von Marx in der Kelmscott Press als erlesenes Rarum erschien!

Seine Kraft als Sozialreformer hat nicht ausgereicht, dafür schrieb William Morris einen viel gelesenen utopischen Roman: »News from Nowhere« (1890; »Kunde von Nirgendwo«) verbindet die Vision eines kommunistischen England mit mittelalterlichen Allegorien. Ein Traum versetzt den Erzähler aus einem schmutzigen Londoner Vorort in ein glückliches Gemeinwesen, in dem Geld und Gefängnisse abgeschafft sind und die Menschen in ländlicher Idylle leben können.

»Der Erdbeerdieb«, Stofftapete von William Morris (1883)

Im Inland von Sussex, Surrey

Arundel – das Schloss thront hoch über Stadt und Fluss

Ein herrliches Haus ▶ Burpham Country House Hotel: The Street, Burpham, Arundel, Tel. 019 03-88 21 60, www.burphamcountry house.co.uk, 8 km nordöstl. von Arundel. Luxus pur: wunderschönes Haus mit 10 geschmackvollen Zimmern, Gärten und sehr gutem Restaurant. DZ 80–120 £.
Jugendherberge ▶ Warningcamp: Tel. 08 70-770 56 76. Großes georgianisches Haus am Fluss in Warningcamp, 2 km nordöstl. von Arundel. Erw. 19,95 £/Bett.

Termine
Arundel Festival (Aug./Anfang Sept.): großes Volksfest mit viel Musik und Tanz.

Verkehr
Züge: Der Bahnhof liegt 1 km südlich des Zentrums. Verbindungen nach London, Portsmouth, Brighton, Chichester und in weitere Küstenstädte.
Busse: Ab High Street fahren die Busse im Regionalverkehr.

Arundel und Umgebung

Petworth und Petworth House
▶ K 19

Das kleine, altertümliche und engbrüstige Städtchen Petworth mit vielen krummen Fachwerkhäusern, winzigen, holperigen Gassen, einem lebhaften Marktplatz wird durch die gewaltige Mauer beherrscht, die die ausgedehnten Parkanlagen von Petworth House umgibt. Der Ort scheint sich unter den Schwingen der machtvollen Familien verkrochen zu haben, die Petworth House zu einem bedeutenden Schatzhaus des Landes gemacht hat. Das reizende **Petworth Cottage Museum** (346 High Street, www.petworth cottagemuseum.co.uk, April–Okt. Mi–So 14–16.30, Nov./Dez. Sa/So 16–18 Uhr) gibt einen Einblick in das Leben der Bediensteten des *estate*.

Große Namen der englischen Geschichte sind mit **Petworth House** verbunden: Seit dem 14. Jh. gehörte das Anwesen den Percys, Earls of Northumberland; im 17. Jh. ging es an die Linie der Seymours über. Charles Seymour, der sechste Duke of Somerset, hatte eine Percy-Erbin geheiratet, und er war es auch, der zwischen 1688 und 1696 mit einem unbekannten Architekten den langen, schmalen, nahezu schmucklosen dreigeschossigen Bau errichten ließ. Die Betonung der Horizontalen, das schlichte Gleichmaß der Fensterreihen war ursprünglich durch eine Zentralkuppel aufgelockert, die aber durch einen Brand zerstört und nicht wieder erneuert wurde. Die wunderbare englische Parkanlage von Capability Brown, dem größten Schöpfer des englischen Landschaftsgartens, ist den eingeheirateten nachfolgenden Besitzern, den Wyndhams, Earls of Egremont, zu verdanken.

Der dritte Earl (1751–1837) war einer der glanzvollsten Gastgeber und großzügigsten Mäzene seiner Zeit. Er ergänzte die Gemälde- und Skulpturensammlungen, die kostbare Innenausstattung und förderte Künste und Künstler. Der Historienmaler Benjamin Haydon schrieb rhapsodisch: »His greatest pleasure was sharing with the highest and humblest the luxuries of his vast income. The very animals at Petworth seemed happier than in any other spot on earth.« (»Sein größtes Vergnügen war es, den Luxus, den ihm sein unermessliches Vermögen erlaubte, mit den Höchsten und den Geringsten zu teilen. Sogar die Tiere in Petworth schienen glücklicher zu sein als an irgendeinem anderen Ort dieser Welt.«)

Die Maler Reynolds, Constable, William Turner (1775–1851) lebten zeitweilig in Petworth House; Turner hatte hier ein eigenes Atelier und einen enthusiastischen Förderer,

Im Inland von Sussex, Surrey

der schließlich 20 Ölgemälde und zahlreiche Aquarelle zur größten Turner-Privatsammlung der Welt vereinte. Die Gemälde Turnerns, Studien in Licht, Luft und Stimmungen, waren ihrer Zeit weit voraus. Sie sind der wohl kostbarste Schatz der Sammlungen im »trauten Heim« von Lord und Lady Egremont.

Im 19. Jh. wurde Petworth noch einmal, stark barockisierend, von Anthony Salvin umgestaltet. 1947 gingen Haus und Park in die Obhut des National Trust über, der jetzige Earl of Egremont lebt aber immer noch hier.

In den die gesamte Längsachse des Hauses einnehmenden Raumfluchten mit lichtdurchfluteten langen Vistas, kostbarer Ausstattung und Mobiliar sind es die Gemälde, die alles beherrschen. Für sie wurden die Räume zeremoniell gestaltet.

Am prachtvollsten der berühmte **Carved Room:** Die dunkle Wandtäfelung wurde um 1690 von Grinling Gibbons erschaffen, dem unübertroffenen Meister der Schnitzkunst; er war gleichzeitig in der St Paul's Cathedral in London und in Chatsworth, Derbyshire, beschäftigt. Fruchtkörbe, Engel, Blumensträuße, Musikinstrumente und feinste Ornamentik hüllen den ganzen Raum ein und bilden den Rahmen für ein Porträt Heinrichs VIII. nach Holbein d. J. und für Werke von Reynolds und Lely. Gemälde von Tizian, van Dyck, Claude Lorrain, Gainsborough, Fuseli, Blake, Kneller und von holländischen Meistern sind hier in beeindruckender Fülle zusammengetragen.

Hinzu kommt noch die **North Gallery** – ein eigener Museumsflügel, der für die Sammlung antiker und klassizistischer englischer Skulpturen angelegt wurde und über 100 Gemälde zeigt.

Und schließlich in barocker Saftigkeit: **The Grand Staircase.** Der hochherrschaftliche Treppenaufgang, der von Louis Laguerre um 1720 vollständig ausgemalt wurde, zeigt verwickelte Allegorien, in einem Gemälde die Duchess of Somerset, in einem anderen die Pläne des Hauses, die sonst nirgendwo mehr erhalten sind. Hier ist auch der Ort, wo kunstbegeisterte Besucher im Rausch der Fülle rücklings auf der Treppe liegen und mit dem Fernglas um sich spähen! (Petworth House, NT, www.nationaltrust.org.uk, April–Okt. Sa–Mi 11–17 Uhr, Park ganzjährig tgl. 8 Uhr bis Sonnenuntergang).

Parham House ▶ K 19

Parham House bietet sich ganz anders dar als Petworth House. Häuslich, wärmend und sehr intim umgibt es den Besucher mit herzlicher Freundlichkeit: ein schönes, frühelisabethanisches Haus aus verwittertem Stein mit einem Gewirr von Giebeln, Schornsteinen, Winkeln und Höfen, das auf der Parkseite zu einer geordneten Fassade zusammenfindet.

Parham ist seit 1577 ununterbrochen bewohnt. Die Abfolge der Räume lässt uns am Kunststil und Lebensgefühl der vergangenen Epochen teilnehmen und bietet eine Fülle an Schönheiten: die Great Hall in ihrer zurückhaltenden, meisterlichen Gestaltung, der klassizistische, sonnenwarme Salon und im Obergeschoss die hinreißende **Long Gallery**, eine der längsten im Land, deren niedrige, fünfkantige Tonnendecke mit zarten, lindgrünen Blattornamenten geschmückt ist.

Bemerkenswert ist die über 300 Gemälde umfassende **Sammlung** aus der Tudor- und Stuart-Zeit; hier hängt auch das berühmteste Gemälde der jungen Elisabeth I. von Zuccari, das die Königin in juwelengeschmückter Staatsrobe zeigt. Ebenso bedeutend ist die Kollektion der Stickereien, der handgearbeiteten Vorhänge, Bezüge, Sitzkissen und Gobelins, die im Laufe von drei Jahrhunderten für die Einrichtung geschaffen wurden. Prunkstück: die orientalisch inspirierten Seidenstickereien des Himmelbetts aus dem frühen 17. Jh. (Parham House, zwischen Arundel und Pulborough, www.parhaminsussex.co.uk, April–Okt. Mi/Do, So 12–17 Uhr; Gärten Di–Fr, So 12–17 Uhr).

Übernachten

Gemütlich ▶ **Stream Cottage B&B:** The Square, Amberley, ca. 7 km südwestlich von Parham, Tel. 017 98-83 12 66, www.streamcottage.co.uk. Das süße Strohdachhaus aus dem 16. Jh. liegt im malerischen, denkmalgeschützten Dorf Amberley. DZ 90 £.

Bignor Roman Villa ▶ K 19

Nachdem im Jahr 1811 ein Bauer beim Pflügen auf die Mauern einer römischen Villa gestoßen war, wurde der Name Bignor mit einem der kostbarsten Funde der Römerzeit in Großbritannien gleichgesetzt. Zwischen dem 2. und 4. Jh. n. Chr. bewohnt, stand die in Rechteck-Form erbaute Residenz mit etwa 70 Räumen innerhalb eines Gartens, der wiederum durch eine Wallanlage eingefasst war. Im Museum sind zahlreiche Funde, Münzen, Schmuck, Keramik, zusammen mit einem Modell der Anlage ausgestellt; die prachtvollen Mosaike zeigen einen Kampf der Gladiatoren und einen ausdrucksvollen Venuskopf (Bignor Roman Villa, bei Pulborough, 10 km südl. von Petworth an der A 285, März/April Di–So 10–17, Mai, Okt. tgl. 10–17, Juni–Sept. tgl. 10–18 Uhr).

Chichester und Umgebung ▶ K 19

Chichester ist eine rundum schöne, in sich ruhende Kleinstadt mit 24 000 Einwohnern, die nicht nur von ihrer bedeutenden Vergangenheit lebt, sondern als Theaterstadt der Avantgarde und wegen der Theaterfestspiele einen landesweiten Ruf besitzt.

Chichester

Das alte Zentrum von Chichester ist für jeden Besucher eine Freude: Die Römer legten ihrer Stadt ein kreuzförmiges Straßenraster zugrunde, das bis heute erhalten geblieben ist. Umgeben von einer begrünten Wallanlage, liegt alles hübsch kompakt, übersichtlich und doch malerisch individuell beieinander und ist zudem noch fußgängergerecht eingerichtet. Eine ganze Reihe sehr gut erhaltener Stadthäuser aus georgianischer Zeit wechselt ab mit gotischen Torbögen, mit Cottages und mit Geschäfts- sowie Wohnhäusern, die ganz unterschiedlichen Stilrichtungen angehören.

North, East, West und South Street treffen am **Market Square,** am runden Marktkreuz mit ornamentiertem Haubendach (15. Jh.) aufeinander – und von hier aus sind es nur wenige Schritte bis zur Kathedrale.

Die Kathedrale

Chichester Cathedral ist seit über 800 Jahren Mittelpunkt des Gemeinschaftslebens,

In Englands Süden gibt es viele Gelegenheiten, nette Leute zu treffen

Im Inland von Sussex, Surrey

als der erste normannische Bischof Luffa beschloss, einen neuen Dom in Chichester zu errichten. Als Mutterkirche ist sie heute für die Diözese West und East Sussex zuständig. Das vorherige Münster stand in Selsey, auf der Chichester vorgelagerten südlichen Landzunge, war aber als Glaubenszentrum zu isoliert. Die Entstehungsgeschichte der Kathedrale ist kompliziert: Ihr Baukörper ist im Wesentlichen romanisch; er wurde 1108 geweiht. Durch Aus- und Umbauten immer wieder ergänzt und erweitert, kamen Elemente aus der Übergangsphase zum Early English hinzu, die man in England Transitional Style nennt (1180–1200). Der Kreuzgang sowie die einzige in England noch existierende separate Glockenturm mit acht Glocken stammen aus dem frühen 15. Jh. Der jetzige, viereckige **Vierungsturm** mit schlanker Spitze wurde im neogotischen Stil 1866 von George Gilbert Scott errichtet.

Die Westfassade ist wenig bemerkenswert, der Innenraum glänzt umso strahlender. Besonders schön sind die normannischen, kräftigen Arkaden und Rundbögen, die, nach oben hin zierlicher und feingliedriger, in das zarte Netz des schlichten Gewölbes im Early English Style übergehen. Hinter der hochbeinigen, eleganten Chorschranke, die aus dem 15. Jh. stammt, leuchten und glühen die Farben eines modernen **Gobelins:** 1966 von John Piper entworfen, versinnbildlicht der Wandteppich am Hochaltar das Motiv der Heiligen Dreieinigkeit. Und dies ist nicht das einzige moderne Werk – in der Kathedrale ist die Mischung von alter und zeitgenössischer Kunst beglückend gelungen.

Zu den großen Kostbarkeiten aus dem Mittelalter gehören **zwei normannische Reliefs** im südlichen Chorumgang: Sie zeigen die Ankunft Christi in Bethlehem und die Erweckung des Lazarus (12. Jh.). Zum anderen befindet sich auf der Nordseite im Langschiff das wunderbar klare und ruhige Grabmal des Grafen von Arundel, der in Ritterrüstung neben seiner Gemahlin liegt und ihre Hand hält (14. Jh.). Gleich rechts hinter dem Westeingang steht, genauso klar und ruhig, nur Form und Material betonend, der schwarze, zeitgenössische Taufstein von John Skelton (1983), dahinter ein Gemälde von Hans Freibusch (1952), das die Taufe Christi zeigt.

Den **Retrochor** schmückt, die Grabstätte des Heiligen Richard (Bischof von Chichester 1245–1253) markierend, ein grandioser Wandteppich mit abstrahierten Darstellungen des Heiligen und der Bibel. Diese deutsch-englische Gemeinschaftsarbeit (1985) reflektiert zum einen das Lebenswerk von Bischof Bell, der im Zweiten Weltkrieg sehr viel für deutsche Exilanten getan hat, zum anderen den Geist der Freundschaft und Versöhnung zwischen den zwei Nationen. Die Arbeit wurde von Ursula Benker-Schirmer entworfen, in West Dean und Marktredwitz in Bayern gewebt.

In der Maria-Magdalena-Kapelle befindet sich ein bedeutendes Altarbild von Graham Sutherland, »Noli me tangere«, auf der Nordseite im Retrochor schließlich ein von Marc Chagall gestaltetes Kirchenfenster und in der Lady Chapel eine wunderbare Marienskulptur von John Skelton aus dem Jahr 1988 (West Street, tgl. 7.30–19 Uhr).

Weitere Sehenswürdigkeiten

Zwischen Kathedrale und East Street eingezwängt ist das verschlungene Gassenviertel Pallants mit dem hervorragend ausgestatteten, ehemaligen Weinhandelskontor **Pallant House,** das als nobles Stadtpalais nicht nur die Wohnkultur des 18. Jh. vor Augen führt, sondern zugleich eine erstaunliche Sammlung moderner britischer und europäischer Kunst bereithält: Graham Sutherland, Henry Moore, Ben Nicholson, Paul Klee, Fernand Léger (Pallant House Gallery, 9 North Pallant, www.pallant.org.uk, Di–Sa 10–17, So 12.30–17 Uhr).

Künstlerisches Zentrum der Stadt ist das **Chichester Festival Theatre** im Norden der Wallanlagen, ein hervorragend ausgestattetes Theater aus dem Jahr 1962, das unter der Leitung von Sir Laurence Olivier bedeutende Künstler angezogen hat und mit viel beachteten Produktionen frischen Wind in die englische Theaterlandschaft gebracht hat, die außerhalb der Metropole überall schwer zu kämpfen hat. Das Theater in Chichester bie-

Chichester und Umgebung

tet das ganze Jahr über zahlreiche Veranstaltungen; ein besonderes Highlight ist die sommerliche Festspielsaison, wenn die Besucher von fern und nah anreisen.

Infos
Chichester Tourist Information: 29A South Street, Tel. 012 43-77 58 88, Fax 012 43-53 94 49, www.chichester.gov.uk und www.chichester-bed-breakfast.co.uk.

Übernachten
An den Zufahrtsstraßen nach Chichester finden sich zahllose B&Bs, in der Festivalzeit herrscht allerdings Bettennotstand.

Landhaus-Luxus ▶ **West Stoke House B&B:** West Stoke, 4 km nordwestlich von Chichester, Tel. 012 43-57 52 26, www.weststokehouse.co.uk, mit zahlreichen Auszeichnungen gewürdigt: Landhaus in herrlichen Gärten, mit luxuriös-behaglichen Zimmern, Restaurant mit Michelin-Stern (Mo und Di geschl.), B&B ab 130 £.

Elegant ▶ **The Ship Hotel:** North Street, Tel. 012 43-77 80 00, www.shiphotelchichester.co.uk. Das beste Haus am Platz, aus dem 18. Jh., behäbig, üppig, elegant, mit modern gestylten Zimmern. DZ ab 110 £.

Wunderhübsch ▶ **Woodacre B&B:** Arundel Road, Fontwell, 10 km östl. von Chichester an der A 27, Tel. 012 43-81 43 01, www.woodacre.co.uk. Family home in herrlichen Gartenanlagen, großzügiges Haus für nur zehn Gäste. DZ ab 70 £.

Schön und zentral ▶ **George & Dragon Inn:** North Street, Tel. 012 43-78 56 60, www.georgeanddragoninn.co.uk. Gepflegter familiärer Inn mit modernen Zimmern. Wintergarten (auch Innenhof-Restaurant mit gehobener Küche, Tagesgericht ab 8 £). DZ 75 £.

Malerisch ▶ **Friary Close B&B:** Friary Lane, Tel. 012 43-52 72 94, www.friaryclose.co.uk. Direkt am südöstlichen Teil der Stadtmauer: ein malerisches Haus mit sehr gutem Frühstück. DZ ab 65 £.

Essen & Trinken
Französisch lässig ▶ **Comme Ça:** 67 Broyle Road, Tel. 012 43-78 87 24, www.commeca.co.uk, So abends, Mo, Di mittags geschl., 12.30–14.30, 18–22 Uhr. Rustikale Küche der französischen Provinzen. 2-Gänge-Menü um 15 £.

Chic ▶ **Trents:** 50 South Street, Tel. 01243-773714, www.trentschichester.co.uk, tgl. 9–23 Uhr. Bar und Bistro-Restaurant mit moderner leichter Küche (auch fünf DZ, 75 £). Hauptgerichte 11 £, Tagesmenüs, sehr gutes Frühstück.

Termine
Chichester Festival Theatre (März–Okt.): hochkarätige Theaterinszenierungen, die besten außerhalb Londons – Höhepunkt sind zwei Wochen im Juli. Broyle Road, Kartenvorbestellung unter Tel. 012 43-78 13 12, www.chifest.org.uk, www.cft.org.uk.

Verkehr
Züge: Bahnhof am Southgate, in die Küstenorte, nach Brighton, Portsmouth u. London.
Busse: Busbahnhof am Southgate, Verbindungen zu näheren Küstenorten bis Brighton, Portsmouth.

Fishbourne Roman Palace
▶ K 19

Im Westen, vor den Toren der Stadt, breitet sich das natürliche Hafengelände von Chichester aus mit weiten Buchten, Landzungen und offenen Kanälen. Der **Römische Palast** von Fishbourne liegt zwischen Stadt und Chichester Harbour: Es ist das größte und besterhaltene römische Wohnhaus nördlich der Alpen. Der im ersten Jahrhundert unserer Zeitrechnung erbaute Palast brannte im 3. Jh. ab und wurde erst 1961 wieder entdeckt. Von dem gewaltigen Rechteck mit etwa 100 ineinander übergehenden Räumen, das einen Innenhof umschloss, ist bisher nur der Nordflügel vollständig ausgegraben worden. Unter einem offenen Schutzdach sind hier die Mosaike, Mauerreste, Wasser- und Heizanlagen zu besichtigen.

Der nach römischem Vorbild angelegte und bepflanzte Garten vermittelt einen Eindruck von der strengen Schönheit der ursprünglichen Anlage. In einem kleinen Mu-

Im Inland von Sussex, Surrey

seum sind die Funde zusammengetragen, und eine Video-Show erweckt die römische Provinz im hohen Norden noch einmal zum Leben (Salthill Road, Fishbourne, Tel. 012 43-78 58 59. www.sussexpast.co.uk, März–Juli, Sept./Okt. tgl. 10–17, Aug. 10–18 Uhr).

Goodwood House ▶ K 19

Eingebettet in die weiten Hügelwellen der South Downs liegt 5 km nordöstlich von Chichester der 4000 ha umfassende spektakuläre Landsitz Goodwood der Herzöge von Richmond; dazu gehört eine der berühmtesten Pferderennbahnen Großbritanniens, Glorious Goodwood. Ein neuer Skulpturengarten mit erstklassigen Arbeiten ist ebenfalls sehr sehenswert. Zu den großen Rennen der Saison zwischen Mai und September pilgern Zehntausende von Besuchern hierher. Die Rennen finden seit über 150 Jahren statt, und die High Society, die Mitglieder des Königshauses und alle, die zum Kreis der Erwählten gehören, wohnen entweder in Goodwood House selbst oder dem nur marginal schlichteren Golf & Country Club Hotel.

Die Herzöge von Richmond stammen in einer Nebenlinie von einem unehelichen Sohn Karls II. ab. Sie haben ihren Landsitz in überwältigender Prächtigkeit aus- und umgebaut, wobei das jetzige Gebäude nur drei vorgesehene Flügel eines von Thomas Wyatt als Oktogon geplanten Bauwerkes umfasst, das mit den älteren Gebäudeteilen von William Chambers verbunden ist: ein faszinierender, seltsamer Bau aus gesprenkeltem Flintstein, der an eine gigantische Bühnendekoration erinnert. Seine Flügel stehen da wie ein aufgeklappter Paravent. Runde, überkuppelte Ecktürme und ein beeindruckender, zweistöckiger Säulenportikus gliedern den Bau.

Die Abfolge der lichten, schimmernden, hocheleganten Säle ist mit kostbaren Möbel-, Porzellan- und Gemäldesammlungen ausgestattet: Canaletto, van Dyck, Romney, Reynolds, Lely und einer ganzen Reihe von Bildern des Tiermalers George Stubbs. Das ganze Anwesen mit riesigem Landschaftspark, Golfplatz, Pferdeställen, Dressageplatz und Home-Farm ist zu einem hochkarätigen kommerziellen Unternehmen geworden: Im Haus selbst werden Veranstaltungen, Bankette, Firmenpräsentationen und Tagungen abgehalten, so dass die Öffnungszeiten für die Schar der gemeinen Einzelbesucher variieren und Führungen obligatorisch sind (Tel. 012 43-75 50 48, www.goodwood.com, Ostern–Okt. fast alle So, Mo 13–17, Aug. So–Do 13–17 Uhr. Vorherige Telefonabfrage günstig).

Östlich von Goodwood House lockt eine großartige Sammlung von Skulpturen, **Sculpture at Goodwood,** der Cass Foundation. Seit 1994 hat das Ehepaar Cass ca. 80 Bildhauerarbeiten versammelt und sensibel in die lichte Waldlandschaft gestellt. Durch An- und Verkauf sind immer wieder neue Werke herausragender Gegenwartskunst zu entdecken (Di–So 10.30–16.30 Uhr).

Weald and Downland Open Air Museum ▶ K 19

Das großzügig angelegte Freilichtmuseum, eines der schönsten seiner Art im südlichen England und wunderbar gelegen, präsentiert das Landleben aus vergangenen Zeiten: mit mittelalterlichen Bauernhäusern, einer Markthalle, Scheunen, Katen, Bauerngärten, mehreren Handwerksbetrieben – Schmiede, Weberei, Korbflechterei – und funktionierender Wassermühle. Ein Erlebnis auch für Kinder (an der A 286 ca. 9 km nördl. von Chichester bei Singleton, Bus von Chichester, www.wealddown.co.uk, April–Okt. tgl. 10.30–18, Feb./März, Nov./Dez. Mi, Sa, So 10.30–16 Uhr).

West Dean Gardens ▶ K 19

Gleich auf der anderen Straßenseite der A 286 liegen die West Dean Gardens mit seltenen Bäumen, einer 50 m (!) langen Pergola, herrlichen Spazierwegen, die weite Ausblicke auf die Downs bieten – u. a. auch auf das Collegegebäude von West Dean, das Thomas Wyatt erbaute und das seit 1971 ein Kunstgewerbe- und Handwerkszentrum hat. Der eindrucksvolle Wandteppich von Ursula Benker-Schirmer in der Kathedrale von Chichester ist hier gefertigt worden (West Dean, www.westdean.org.uk, Mai–Sept. tgl. 10.30–17 Uhr, Rest des Jahres ab 11 Uhr).

Chichester und Umgebung

Uppark ▶ K 19

Uppark ist ein bezauberndes, kostbares Landhaus im makellosen Queen Anne Style und war eines der größten Schätze des National Trust in Sussex. Ein Brand hat es 1989 bis auf die Grundmauern zerstört – eine preisgekrönte Mulitmediashow zeigt den fantastisch gelungenen Wiederaufbau. Besonders liebevoll restauriert sind die Bedienstetenquartiere, in denen der Schriftsteller H. G. Wells aufwuchs – seine Mutter war *housekeeper* (Haushälterin). Wunderschön sind die Regency-Gärten mit Blick auf die See. Mit ausgezeichnetem Shop und Restaurant, vielen Aktivitäten, auch für Kinder (Uppark, NT, South Harting, an der B 2146, 8 km südl. von Petersfield, Tel. 017 30-82 54 15, www.nationaltrust.org.uk, April–Okt. So–Do 11.30–17, Bank-Holiday-So/Mo 11.30–16.30 Uhr).

Midhurst ▶ K 19

Ein bildhübscher Ort im Herzen der South Downs ist Midhurst – romantisch, satt und wohlsaturiert. Von der langen High Street zweigen kleine Sträßchen ab, das opulente Spread Eagle Hotel mit seiner ineinandergeschobenen Ansammlung von Fachwerkbauten zieht die Weekend-Gäste an. In den gewundenen Kopfsteinpflastergassen zwischen der Kirche und der zauberhaften Knockhundred Row finden sich eine Reihe von Inns, Hotels und Pubs. Von hier lassen sich abwechslungsreiche Tagesausflüge zu den Sehenswürdigkeiten der Umgebung unternehmen.

Am Flüsschen Rother locken schöne Spazierwege in die Felder, Wälder und Wiesen der näheren Umgebung. Unweigerlich stößt man dann auf **Cowdray Park,** ein 200 ha großes Parkgelände mit berühmten Poloplätzen, auf denen sich die *upper class* und *royalty* an den Sommerwochenenden austoben. Sehr pittoresk und imposant ist **Cowdray Castle,** dessen halb verfallene Gemäuer im Morgendunst wie eine Fata Morgana aus den Wiesen aufzusteigen scheinen: Cowdray war zur Tudor-Zeit einer der prachtvollsten befestigten Landsitze Englands und gehörte den Earls of Southampton. 1793 brannte das Haus ab; es wurde nie erneuert, und zu Beginn des 20. Jh. ging der gesamte Landbesitz an die Viscounts Cowdray of Midhurst über. In den Nebengebäuden gibt es ein kleines Museum zur Geschichte des Anwesens (April–Sept. Fr–Di 13–18 Uhr).

Infos
Midhurst Tourist Information: North Street, Tel. 017 30-81 73 22, www.visitmidhurst.com.

Übernachten
Friedvoller Luxus ▶ **Park House Hotel:** Bepton, 4 km südl. von Midhurst, Tel. 017 30-81 28 80, Fax 017 30-81 56 43, www.parkhousehotel.com. Privat geführtes, intimes Country House mit Charme, sehr komfortabel, mit Außenpool, schönen Gärten, Tennisplätzen. DZ ab 150 £.

Schön und zentral ▶ **Angel Hotel:** North Street, Tel. 017 30-81 24 21, Fax 017 30-81 59 28, www.angelmidhurst.co.uk. Alter Postkutschen-Inn mit georgianischer Fassade. Schöner Garten, gepflegte Zimmer. DZ ab 110 £.

Traumhaft ▶ **Redford Cottage B&B:** Lynch Road, Redford (Richtung Petersfield auf A 272, 5 km nördl.), Tel. 014 28-74 12 42. Ein wunderhübsches Ziegelsteinhaus, von Gärten und Blumen umgeben. Persönliche Atmosphäre, viele Bücher. DZ 95 £.

Geflegt & freundlich ▶ **Guillards Oak B&B:** 20 Guillards Oak, Midhurst. Tel. 017 30-81 25 50, www.guillards-oak-midhurst-bed-breakfast.co.uk. In ruhiger Wohngegend, 5 Fußmin. vom Zentrum (von der A 272 nach Petersfield abzweigend), 3 behagliche großzügige Zimmer. Mit Wintergarten. DZ 60–65 £

… in Fittleworth:

Ganz besonders ▶ **Castle Cottage:** Coates Castle, zwischen Midhurst und Pulborough, Tel. 017 98-86 50 01, www.castlecottage.info. Ein verwunschenes Haus in herrlicher Lage, zu Coates Castle gehörig. Opulente, liebevolle Ausstattung, intime Atmosphäre; 3 Zimmer: Scheune als Suite, luxuriöses Baumhaus in einer Riesenkastanie und ein Cottage-Room. Sehr gutes Frühstück mit hausgemachten und lokalen Produkten. Dazu: die Aufmerksamkeit der Gastgeber. DZ ab 120 £, Baumhaus 150 £.

Im Inland von Sussex, Surrey

Termine
Polo-Gold Cup (Juli): Die Turniere sind ein gesellschaftliches Ereignis, *very upper class.* Hier spielt auch Prinz Charles.

Surrey: Guildford und Umgebung

Guildford, am Flüsschen Wey gelegen, ist mit seinen rund 55 000 Einwohnern die Hauptstadt der Grafschaft Surrey, und sie konnte sich recht erfolgreich wehren gegen die Vereinnahmung durch Groß-London. Hügelig, mit lichten Laubwäldern und Heidegebieten, ist Surrey eine der bevorzugten Adressen der *upper middle class,* die sich in den schönen Dörfern und Kleinstädten zu Hause fühlt. Guildford gilt fast noch als Londoner Vorstadt; Tausende von Pendlern arbeiten in der Metropole und leben hier oder in den umliegenden Dörfern, die alle wohlgepflegt den Stempel der ›gentrification‹ tragen, der sorgfältigen Aufpäppelung durch die gut verdienenden, ehemals großstädtischen Zuzügler.

Guildford ▶ K 18
Guildford ist eine der wenigen größeren Kleinstädte in Südengland, die nicht in dem Kokon der ›Old England‹-Mentalität eingesponnen sind; die Stadt ist modernen Entwicklungen gegenüber aufgeschlossen, besitzt eine junge, renommierte Universität. Alt und neu, Geschäftigkeit und Muße treffen hier zusammen. Die Atmosphäre ist freundlich und offen, ein Stadtbummel lohnt sich also durchaus.

Umringt von den sich immer weiter ausdehnenden Randbezirken sind doch noch zahlreiche Zeugnisse der schon im Mittelalter prosperierenden Handelsstadt erhalten. Steigt man die Anhöhe der steilen High Street hinauf, stößt man auf das **Abbott's Hospital**, ein im 17. Jh. gegründetes Armenspital. Noch heute leben hier verdiente Pensionäre in palastartiger Umgebung mit schönem Innenhof und bemerkenswertem *gate house* (Führung: Sa 14 und 15 Uhr).

Die **High Street** bezaubert durch ihren kleinstädtischen Charme – viele nette Geschäfte, anheimelnde Teestuben. Die **Guildhall** (Zunfthaus) mit ihrer weit in die Straße

Glorious Goodwood in Aktion

Surrey: Guildford und Umgebung

kragenden dekorativen Uhr ist allgemeiner Treffpunkt.

Einen herrlichen Blick über die Stadt bietet die normannischen Burgruine, umgeben von bunten Gartenanlagen. Der erste Stock des **Castle** ist seit der aufwendigen Restaurierung begehbar (April–Sept. tgl. 11–18 Uhr).

Am Fuß der Burg in Castle Arch bietet das **Guildford Museum** einen Querschnitt durch die Lokalgeschichte – besonders reizvoll sind die Schmuckobjekte aus angelsächsischer Zeit. Hier wird auch Lewis Carrolls mit vielen Dokumenten und Memorabilia gedacht (Quarry Street, Di–Sa 11–16.30 Uhr). Im Haus **The Chestnuts** in der Castle Hill Street verbrachte Lewis Carroll (1832–98), Mathematikprofessor in Oxford und der geniale Schöpfer der »Alice im Wunderland«, viele Monate in Gesellschaft seiner Schwestern und schrieb die wunderlichen und für die rigide viktorianische Gesellschaft seiner Zeit erstaunlich unmoralischen »Wunderland«-Episoden hier. Charles Lutwidge Dodgson – wie Lewis Carroll eigentlich hieß – starb in diesem Haus und ist auf dem Friedhof ›The Mount‹ begraben.

Sehr lebendig und äußerst beliebt ist das moderne, wunderschön am Flüsschen Wey gelegene **Yvonne Arnaud Theatre:** 1958 eröffnet, gehört es zu den gelungensten Theaterneubauten des Landes mit viel beachteten Ballett- und Theaterinszenierungen, die sich hier oftmals bewähren müssen, bevor sie im Londoner Westend gezeigt werden (Millbrook, Tel. 014 83-44 00 00, www.yvonne-arnaud.co.uk). Hier lässt es sich auch tagsüber hübsch sitzen.

Erst 1927 wurde Guildford durch die Aufspaltung der Diözese Winchester auch Bischofssitz. Die **Kathedrale,** 1961 geweiht, ist neben der von Liverpool die jüngste aller großen Sakralbauten in Großbritannien. In zurückhaltender Kühnheit liegt sie auf dem Stag Hill, knapp 2 km nordwestlich des Zentrums am Universitätscampus. Ihr Architekt Sir Edward Maufe schuf einen streng gegliederten, klaren Backsteinbau – für eine Kathedrale ein ganz ungewöhnliches Material, das in kontrastreicher Spannung zum neogotischen, weiß gekalkten Innenraum steht, dem es allerdings an qualitativ wertvoller Ausstattung fehlt (tgl. 8.30–17.30 Uhr).

Der großzügige Charakter Guildfords rührt sicher auch von der Universität her und den Studentenscharen, die Stadt und Campus bevölkern. Die University of Surrey ist eine Neugründung der 1960er-Jahre, als die Labour-Regierung in einem spendablen Anfall von Bildungsbeflissenheit mehrere sogenannte ›New Universities‹ ins Leben rief, um dem Klassendünkel von Oxford und Cambridge entgegenzuwirken.

Tipp: Literarisches Guildford

Neben Lewis Carroll (s. oben) wird ein weiterer berühmter und eigenwilliger Literat mit Guildford assoziiert: P. G. Wodehouse (1881–1975), einer der größten humoristischen Autoren des 20. Jh., der in vielen Romanen die bizarren Exzentriker der *upper class* in Gestalt von Bertie Wooster und seinem nicht minder schrulligen, lebenstüchtigen »gentleman's gentleman«, Butler Jeeves, unsterblich machte.

Infos
Guildford Tourist Information: 14 Tunsgate, Tel. 014 83-44 43 33, Fax 014 83-30 20 46, www.visitguildford.com.

Übernachten
Öko-Luxus ▶ **Asperion Guesthouse:** 73 Farnham Road, Tel. 01483- 579299, www.asperion-hotel.co.uk. 15 Zimmer in schlichter, komfortabler Ausstattung mit wunderbaren Betten. Philosophie des Hauses: ökologisch Umsicht, Nachhaltigkeit, Fair Trade und lokale Produkte wo möglich. Gutes Frühstück. DZ ab 85 £.

Ordentlich ▶ **Abeille House B&B:** 119 Stoke Road, Tel. 014 83-53 22 00, www.abeillehouse.co.uk. Edwardisches Haus nahe Stoke Park (8 Min. Fußweg ins Zentrum), ziemlich plüschig, vom Tourist Board ausgezeichnet. DZ ab 65 £.

Im Inland von Sussex, Surrey

Essen & Trinken

Mit Esprit ▶ Café de Paris: 35 Castle Street, Tel. 014 83-53 48 96, So geschl. Beliebtes Bistro und Restaurant mit moderner französischer Küche. Lunch-Menü ab 14 £.

Trendy ▶ Zinfandel: 4–5 Chapel Street, Tel. 014 83-45 51 55, www.zinfandel.org.uk. So geschl. Super Weinauswahl, moderne kalifornisch-pazifische Küche in coolem Ambiente. Hauptgerichte ab 10 £.

Gemütlich ▶ The King's Head: Quarry Street, Tel. 014 83-57 50 04. Alter gemütlicher Pub mit Innenhof und ordentlichen Tagesgerichten ab 6 £.

Verkehr

Züge: Der Bahnhof liegt ca. 1 km nordwestl. vom Stadtzentrum jenseits des Wey. Verbindungen nach London Waterloo und die Küstenstädte.

Busse: Der Busbahnhof liegt in der North Street, Parallelstraße zur High Street. Verbindungen nach London, Winchester und in die Küstenstädte.

Clandon Park ▶ K 18

8 km nordöstlich von Guildford (an der Kreuzung A 246 und A 25) liegt Clandon Park, ein großzügiges, von stattlichen Parkanlagen umgebenes Country House, Familiensitz der Onslows. Um 1730 wurde es von Giacomo Leoni im palladianischen Stil umgebaut, der neuesten Mode ist auch der zweite Lord Onslow gefolgt. Das eher unbeholfen wirkende Äußere kontrastiert lebhaft mit dem glanzvollen Innern: Die doppelgeschossige klassizistische Halle bildet den festlichen Auftakt der erlesen ausgestatteten, strahlenden Räume. Die Parkanlagen sind auch hier – wieder von Capability Brown – im schwingenden, offenen englischen Landschaftstil gehalten (Clandon Park, NT, Tel. 014 83-22 24 82, www.nationaltrust.org.uk. April–Okt. Di–Do, So, Fei, Gärten tgl. 11–17 Uhr).

Hatchlands ▶ K 18

Von der A 246 abzweigend, nur 2 km östlich von Clandon Park liegt Hatchlands, Pilgerziel eines jeden Architektur- und Kunstinteressierten. Bibliothek und Salon des für Admiral Boscawen um 1750 von Thomas Ripley errichteten leuchtend roten Ziegelsteinbaus lassen das Herz höher schlagen: Sie sind die ersten Raumkunstwerke, die der junge Robert Adam nach seiner Rückkehr aus Italien zwischen 1758 und 1759 gestaltet hat. Der exquisite ›Adam-Stil‹ ist hier allerdings noch nicht voll ausgeprägt, aber die Charakteristika sind schon sichtbar: zarte, ornamentierte Stuckarbeiten mit Arabesken und Medaillons, Friese, Bandmäander und wunderbare, lichte Farbeffekte, die die Harmonie zwi-

Polesden Lacey: einst Treffpunkt der Reichen, Schönen und Mächtigen

Surrey: Guildford und Umgebung

schen vollendeten Raumproportionen und elegantester Detailarbeit betonen. Der Park wurde vom großen Humphrey Repton angelegt; ein Teil stammt auch von Gertrude Jekyll (1843–1932). (Hatchlands, NT, Tel. 014 83-22 24 82, www.nationaltrust.org.uk, Haus April–Okt. Di–Do, So, Fei 14–17.30, Aug. Di–Fr, So, Fei 14–17.30 Uhr, Park April–Okt. tgl. ab 11 Uhr).

Wisley Gardens ▶ K 18

Wisley Gardens sind die ältesten Muster- und Schaugärten, 1904 angelegt, der weltberühmten Royal Horticultural Society (RHS), deren Gartenbücher und Lexika in aller Welt Autorität sind. Mittelpunkt ist ein großer Gebäuderiegel im Tudor-Stil, dem ein riesiger Seerosenteich vorgelagert ist. Die unterschiedlichsten Gartenräume sind traumhaft schön. Neben den Blumen- und Staudengärten, Nutz- und Gemüsegärten finden sich hier auch die kleineren Trendanlagen, mit denen die RHS dann bei der Chelsea Flower Show in London glänzt. Tausende von Besuchern kommen, um sich hier inspirieren zu lassen. Mit großer Forschungsbibliothek, Ausbildungsgängen und zahllosen Gärtnerinnen und Gärtnern, die mit Sonnenhüten und Schürzen, bereitwillig – und dekorativ – Auskunft geben. Restaurants und Gartencenter (Wisley, bei Ripley an der A 3, 10 km nördl. von Guildford, www.rhs.org.uk, tgl. 10–18 Uhr).

Übernachten

Gut gelegenes Standquartier ▶ **The Manor House Hotel:** Newlands Corner, 5 km östlich von Guildford an der A 25, Tel. 014 83-22 26 24, www.hollybournehotels.com. Schönes gepflegtes Haus mit Gärten, großem Wellnessareal, Bar und Restaurant. Von hier aus sind zahlreiche Sehenswürdigkeiten gut zu erreichen. DZ ab 110 £.

Polesden Lacey ▶ K 18

Ein großartiges Anwesen mit höchst lebendigem, glamourösem Flair – Polesden Lacey sollten Sie sich nicht entgehen lassen: Hier lebte eine der größten Gastgeberinnen des edwardianischen Zeitalters, und das mehrfach umgebaute, weich sich in die grünen Hügel schmiegende, golden schimmernde Landhaus scheint immer noch vom Glanz der luxuriösen Festlichkeiten eingehüllt zu sein. Mehrfach umgebaut und um 1910 im Innern vollständig verwandelt, spiegelt Polesden Lacey den sorglos-großzügigen Stil seiner letzten Besitzerin wider: Mrs. Ronnie Greville war der Mittelpunkt der edwardianischen Society. Ihre Hauspartys in Polesden Lacey waren Legende. Mrs. Grevilles Gästebuch liest sich wie das »Who is Who« der Zeit zwischen den beiden Weltkriegen.

Mrs. Greville wahrte ihre Position als Vertraute der Hofgesellschaft bis zu ihrem Lebensende, über drei Monarchen hinweg. Georg VI. und die spätere Königinmutter verbrachten ihre Flitterwochen hier, die Königin von Spanien blieb vierzehn Tage, Mrs. Vanderbuilt, der Aga Khan, der Earl of Balfour, der Vizekönig von Indien, unzählige Politiker, Literaten und Künstler gaben sich einst in Polesden Lacey ein Stelldichein (Polesden Lacey, Great Bookham, NT, 5 km nordwestl. von Dorking, Tel. 013 72-45 20 48, www.national trust.org.uk, Haus März–Okt. Mi–So, Fei 11–17, Gärten, Restaurant tgl. 10–17 Uhr).

Hannah Peschar Sculpture Garden ▶ K 18

Die vier Hektar große Wildnis des Hannah Peschar Sculpture Garden südlich von Dorking ist etwas ganz Besonderes: Hannah Peschar erwarb den ungezähmten Besitz mit schönem Tudor-Cottage vor einem Vierteljahrhundert und hat ihn als eigenwilligen modernen Skulpturengarten mit rund 100 Objekten überwiegend britischer Künstler angelegt: Da schweben Installationen über dem Teich, feingliedrige Frauentorsi ragen aus den Riesengräsern – die Kunstwerke des Skulpturengartens sind verkäuflich, daher bevölkern immer wieder andere Gestalten diesen verwunschenen Wildgarten mit Wasserfällen, Flusslauf und Teichen. Ein besonderes Erlebnis! (Standon Lane, Ockley, an der A 29, abzweigend von der A 24 Dorking–Horsham, Tel. 013 06-62 72 69, www.hannahpescharsculpture.com, Mai–Okt. Fr/Sa 11–18, So/Fei 14–17 Uhr).

Herbst im New Forest

Kapitel 2
Hampshire, Isle of Wight, Wiltshire

Vielfältige, abwechslungsreiche Landschaften prägen den zentralen Bereich Südenglands. Sie sind so unterschiedlich, dass man mit jedem Reisetag konträre oder sich ergänzende Erlebnisse hat, die sich langsam zu einem Puzzle zusammensetzen.

Die Seehäfen Portsmouth und Southampton bilden abgesehen von London den größten Ballungsraum im Süden Englands; die historischen Dockanlagen in Portsmouth sind einzigartig, bieten sie doch die gesamte Seefahrtsgeschichte der Neuzeit bis in die Gegenwart mit atombetriebenen U-Booten.

In Reichweite der großen Städte liegt der Nationalpark New Forest, das größte zusammenhängende Wald- und Heidegebiet Südenglands. Ein Paradies für Wanderer – und die wilden Ponys, denen man auf Schritt und Tritt begegnen kann. Mitten im New Forest, auf dem Landsitz Beaulieu, lockt das größte Automobilmuseum Englands.

Hauptstadt der ländlich-idyllischen Grafschaft Hampshire ist Winchester, das im frühen Mittelalter Hauptstadt des Königreichs Wessex war.

Insel-Feeling vermittelt die Isle of Wight, ein Ferienparadies und eine Kultstätte der Segler. Osborne House, die Sommerresidenz Queen Victorias, ist ein viel besuchtes Ausflugsziel. Den Abstecher auf die Insel wert sind auch die Strände und die weißen Klippen mit von der Natur geformten ›Skulpturen‹, wie den spitzen Needles im Westen der Insel.

Ganz anders die Grafschaft Wiltshire: Im Zentrum liegt die weite Hochebene Salisbury Plain; die Kathedrale von Salisbury mit nadelspitzem Turm ist weithin sichtbar. Zwei Spaziergänge in das Mysterium der Steinzeit bieten die Steinkreise von Stonehenge und dem weniger bekannten Avebury. Im reizvollen grünen Wiltshire verbergen sich einige der prachtvollsten Estates, Domänen des Adels: Longleat, Wilton House und der weltberühmte Park von Stourhead. Kleinere Gärten, elegante Landsitze oder das New Arts Centre mit hochkarätigen Skulpturen der Gegenwart wechseln ab mit verschlafenen Landstädtchen und wunderschönen Dörfern.

Auf einen Blick

Hampshire, Isle of Wight, Wiltshire

Sehenswert

4 Portsmouth: Seine Hafenlandschaft, das Seebad Southsea und die Sehenswürdigkeiten zur britischen Seefahrtsgeschichte lohnen den Besuch (s. S. 198).

5 Salisbury: Für viele die schönste Kathedralstadt Englands (s. S. 229).

6 Stonehenge: Der wohl bedeutendste Steinkreis der Welt (s. S. 237).

7 Avebury: Genauso großartig wie Stonehenge, aber ganz anders (s. S. 239).

8 Longleat: Der Familiensitz der exzentrischen Dukes of Bath (s. S. 241).

9 Stourhead: Der Garten als Gemälde mit antiken Bezügen: das Vorbild sämtlicher klassisch-englischer Landschaftsgärten mit Blickachsen, Tempeln, Grotten und vielfältiger, kostbarer Pflanzenwelt (s. S. 245).

Schöne Routen

Von Stonehenge nach Avebury: Eine interessante und schöne Strecke führt auf der A 360 von Stonehenge (s. S. 237) durch ländliche Idyllen, kleine Marktstädte und hübsche Dörfer zum völlig anderen Steinzeitmysterium Avebury. Von dort geht es über Marlborough mit einem der berühmten weißen Pferde (s. S. 242) auf der A 345 und ihren netten Weilern zurück nach Stonehenge.

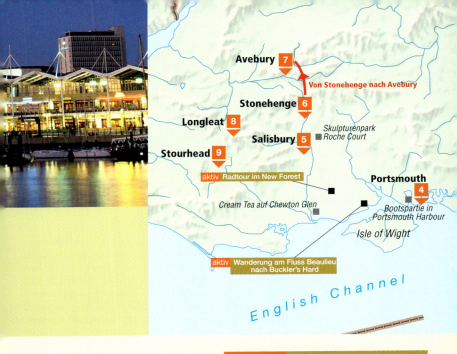

Meine Tipps

Skulpturenpark Roche Court: Das New Art Centre mit eindrucksvollem Skulpturenpark und kommerzieller Galerie bietet skulpturale Kunst vom Feinsten, u. a. mit Werken von Barbara Hepworth oder Antony Gormley (s. S. 237).

Bootspartie in Portsmouth Harbour: Die Fülle der Schiffe – sehr alt oder sehr neu, von Nelsons Flaggschiff bis zur U-Boot-Flotte – lässt sich hautnah am besten mit einer Hafenrundfahrt erleben (s. S. 199 und 207).

Cream Tea auf Chewton Glen: Einmal auf Ihrer Reise könnten Sie sich doch so richtig verwöhnen mit einem üppigen Cream Tea auf einer der Gartenterrassen von Chewton Glen. Das Country House Hotel gilt als eines der schönsten weltweit (s. S. 222).

aktiv unterwegs

Radtour im New Forest: Der New Forest mit seinen wilden Ponys, Eichen und offener Heide ist kleiner, sanfter und lieblicher als die Naturschutz- und Wandergebiete von Dartmoor und Exmoor (s. S. 223).

Wanderung am Fluss Beaulieu nach Buckler's Hard: Vom Dorf und Schloss Beaulieu aus spaziert man ans Ufer des gleichnamigen Flusses zur Werft hinter den Wäldern. Im New Forest versteckt, lag hier zur Zeit der großen Segelschiffe eine bedeutende Werftanlage – heute museale pure Idylle (s. S. 226).

Rund um Portsmouth, Isle of Wight, New Forest

Portsmouth und Southampton bilden den größten Ballungsraum im Süden Englands, beide sind bedeutende Marinestützpunkte. Vor der Haustür liegen die historische Stadt Winchester, im Süden die Isle of Wight, deren mildes Klima schon Queen Victoria gefiel, und im Westen das größte Waldgebiet Südenglands, der New Forest.

4 Portsmouth ▶ J 19

Cityplan: S. 202

Portsmouth überwältigt durch den großen Reichtum an Sehenswürdigkeiten und Zeugnissen der Seefahrtsgeschichte sowie eine abwechslungsreiche Waterfront. Wenn Sie dem englischen Selbstverständnis auf die Spur kommen wollen oder einfach nur Meer, Schiffe, Hafenbetrieb, Kräne und Schiffsgewusel lieben, sollten Sie sich für Portsmouth, ›das Flaggschiff des maritimen England‹, zwei bis drei Tage Zeit nehmen. Seefahrer, Entdecker und große Admiräle sind von hier aus in See gestochen: Als Teil des Marinehafens ist der Historic Dockyard vollgepackt mit Schiffen aller Epochen und zahlreichen musealen Attraktionen.

Siegessicher: Nelsons Schlachtschiff ›H.M.S. Victory‹ im Historic Dockyard

Portsmouth

Die Lage von Portsmouth auf der mittleren dreier Landzungen im Ärmelkanal bot einen optimal zu schützenden natürlichen Hafen, und Ende des 15. Jh. entstanden unter Heinrich VII. die Royal Docks, die königlichen Hafen- und Werftanlagen, mit dem ersten Trockendock der Welt.

Als Handels- und Fährhafen sowie Marinestützpunkt hat Portsmouth seine Bedeutung nie verloren; im Zweiten Weltkrieg ist es von den Deutschen schwer zerbombt worden, und Großteile der Stadt wurden im unattraktiven Nachkriegsstil wieder errichtet. An der südwestlichen Wasserseite allerdings ballen sich die maritimen Sehenswürdigkeiten von Nord nach Süd: der aufregende Historic Dockyard, der neue elegante Spinnaker Tower, die Kais der Fähren. Frisch aufgepeppt ist das alte Hafenareal Gun Wharf, und entlang der Südspitze von Portsmouth bietet der Ortsteil Southsea zudem ein properes kleines Seebad mit viktorianischen Hausreihen, Hotels und Pensionen vor sauberem, bescheidenem Kieselstrand und langem Vergnügungspier.

Tipp: Bootspartien

Eine **Hafenrundfahrt** [1] ist toll: 45 Min. lang zwischen Fähren und Bötchen durch den Marinestützpunkt. Die Trips starten nahe dem Eingang zum Historic Dockyard (April–Okt. mehrfach tgl.). Vom Kai am Bahnhof Harbour Station legen die Fähren und ›Wasserbusse‹ nach Gosport an und ab, der gegenüberliegenden Hafenseite. Dort gibt es noch das beklemmende **U-Boot-Museum** zu besichtigen (Submarine Museum, Haslar Jetty Road, April–Okt. tgl. 10–17.30, Nov.–März 10–16.30 Uhr). Die **Hafenfähre nach Gosport** [2] ist eine sehr preiswerte Alternative zur Hafenrundfahrt! Von Harbour Station am Gun Wharf fährt die normale Fähre hinüber auf die Landseite nach Gosport (s. S. 206).

Historic Dockyard [1]

In dem faszinierenden Areal des **Historic Dockyard**, den alten Werft- und Dockanlagen, die dem britischen Verteidigungsministerium unterstehen, ballt sich die Seefahrtsgeschichte Großbritanniens. Seit 500 Jahren ist hier die Royal Navy zu Hause, und Portsmouth ist der größte Flottenstützpunkt der Kriegsmarine. Drei berühmte historische Schiffe sind die Hauptattraktionen. Schon von weitem sichtbar, schieben sich aus den grauen Riesenhügeln der modernen Schiffskörper drei Segelmasten in den Vordergrund. Sie gehören der ›**H.M.S. Warrior**‹, die am Eingang des Dockyard liegt. Der Dreimaster, 1860 vom Stapel gelaufen, war der »Stolz der viktorianischen Marine« – ein schlankes, schnelles Kriegsschiff mit gusseiserner Panzerung. Die vier Decks sind voll ausgestattet, und selbst Wäschekammer, Kombüsen und der eindrucksvolle Maschinenraum tief unten im Bauch des Schiffes sind zu besichtigen.

Ein Stückchen weiter erwartet uns ein erstaunlicher Anblick: wie vom Wind verschoben, der Ausschnittvergrößerung eines merkwürdigen Wolkenkratzers nicht ungleich, der vierstöckige, angeschrägte Heckaufbau des wohl berühmtesten englischen Schiffes, das noch heute jeder kennt: die **H.M.S. Victory** – das Flaggschiff von Admiral Nelsons Flotte. Sie besiegte in der Seeschlacht von Trafalgar im Jahr 1805 Napoleon und schlug so, zusammen mit Wellingtons Streitkräften zu Lande, den Weg Großbritanniens zur uneingeschränkten Herrschaft und zur imperialen Weltmachtstellung im 19. Jh. frei. Nelson, Victory, Trafalgar, Wellington – diese Namen finden sich, dem Alltag anverwandelt, überall auf der Insel wieder: in Form von Denkmälern, Straßennamen, Pubschildern, Hotels. Nelson, an Bord tödlich verwundet, wurde zum romantischsten aller Helden stilisiert; sein Leichnam wurde von Greenwich aus in einer offenen Staatsbarkasse von Hunderten von Booten begleitet, themseaufwärts nach London gebracht; wie Wellington ist er dort in der St-Paul's-Kathedrale bestattet.

Die offizielle Geschichtsschreibung dient den Führern, die die Besucher durch die Ecken, Nischen und Decks der ›Victory‹ schieben, nur als Hintergrund, vor dem sie das Leben an Bord in allen gräulichen Einzelheiten ausmalen. Die ›Victory‹ – wie wunder-

Rund um Portsmouth, Isle of Wight, New Forest

bar – ist heute noch voll seetauglich und einsatzfähig, hat immer noch einen designierten Kapitän und ist das Flaggschiff des Lord Lieutenant der Royal Navy, Home Command: schön und unübersetzbar.

Die ›Mary Rose‹

Im Jahr 1982 wurde die ›**Mary Rose**‹ in einer aufsehenerregenden Bergungsaktion aus ihrem Meeresgrab befreit: Sie war das prächtige Flaggschiff Heinrichs VIII., das Breitseiten feuern konnte – die Form der Seekriegsführung, die über Jahrhunderte hin Gültigkeit behielt. 437 Jahre lang lag sie auf dem Meeresgrund: Im Sommer 1545, als die Franzosen die englische Küste angriffen und ihre Flotte schon die Isle of Wight erreicht hatte, sank die ›Mary Rose‹ – voll bemannt – vor den Augen Heinrichs VIII., der der bevorstehenden Schlacht von Southsea Castle aus zusehen wollte. Ihre Bergung mehr als 400 Jahre später, die völlig neue technische Mittel erforderte, versetzte Archäologen und Historiker in helle Aufregung: Der Schiffsrumpf war nahezu vollständig erhalten und Tausende von Ausrüstungsgegenständen mit ihm. Die **Mary Rose Ship Hall** ist z. Z. geschlossen; 2012 wird das neue Museum voraussichtlich fertiggestellt sein.

Restauratoren, Techniker und Chemiker arbeiten an der Entwicklung eines Konservierungsstoffes, der es erlauben soll, die ›Mary Rose‹ in einigen Jahren ›trockenzulegen‹, ohne dass der Rumpf seine Konsistenz verliert und in Minutenschnelle zerfällt. Die geborgenen Objekte – Gebrauchsgegenstände des täglichen Lebens an Bord – sind zusammen mit dem Dokumentarfilm über die Bergungsaktion in einer Ausstellung, **Mary Rose Museum,** vor uns ausgebreitet.

Wenn man dann noch will und kann, warten in den restaurierten Speichern und Lagerhallen des Dockyard die Schätze des **Royal Naval Museum,** die die Jahrhunderte der britischen Seefahrtsgeschichte von den Anfängen bis hin zum Atom-U-Boot ›Polaris‹ umspannen: Schiffsmodelle, Seekarten, die Geschichte der Entdeckungsreisen, Uniformen, prachtvolle Galionsfiguren, Häfen und Kohle-

stationen der viktorianischen Handelsmarine, die Ozeanriesen der 1920er-Jahre und so weiter und so weiter (Royal Dockyards mit Historic Ships und Royal Naval Museum, The Hard, Victory Gate, www.historicdockyard.co.uk, ganzjährig, tgl. 10–18 Uhr, alle Sehenswürdigkeiten inkl. Hafenrundfahrt 19,50 £).

Von Harbour Station bis Southsea

Tritt man durch das Victory Gate (1711) wieder hinaus aus dem Historic Dockyard, ist

Portsmouth

Am Fährhafen von Portsmouth kann man sich gut die Wartezeit vertreiben

man umgeben vom Gewirr und Gewimmel des Hafenbetriebs: Neben dem Bahnhof **Harbour Station** 2 und dem Busbahnhof liegt der Kai für die Fähren zur Isle of Wight; die Hafenrundfahrten starten hier, und kleine Segeljollen, Paddelboote und Hafenschlepper kurven zwischen den turmhohen, grauen Riesen der Zerstörer, Flugzeugträger und den lang gestreckten, glänzenden Walfischrücken der U-Boote umher. Nördlich vom Marinehafen machen die Fährschiffe nach Frankreich und Spanien fest.

Wie so viele Städte und Regionen hatte auch Portsmouth zur Jahrtausendwende gewaltige Aktivitäten entfaltet: Die Ufer des Hafens sind durch neue »Millennium«-Promenaden aufgefrischt und die **Gun Wharf Quays** 3 im alten Hafenareal zu einem quirligen Wohn-, Freizeit- und Erlebniskomplex entwickelt worden, mit Cafés, Restaurants sowie einem Shopping Center.

Unübersehbar im Mittelpunkt und neues Wahrzeichen von Portsmouth: der 170 m hohe **Spinnaker Tower** 4, eines der spek-

201

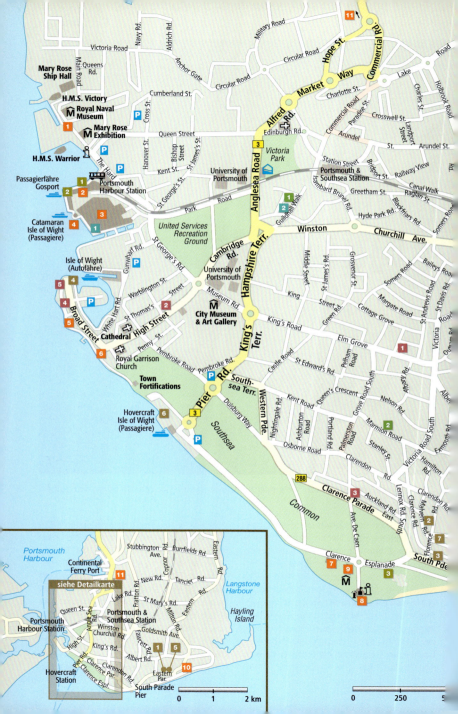

Portsmouth

Sehenswert
1. Historic Dockyard
2. Harbour Station
3. Gun Wharf Quays
4. Spinnaker Tower
5. Round Tower
6. Square Tower
7. Blue Reef Aquarium
8. Southsea Castle
9. D-Day Museum
10. Royal Marines Museum
11. Charles Dickens' Birthplace

Übernachten
1. Westfield Hall Hotel
2. Florence House Hotel
3. Seacrest
4. Fortitude Cottage
5. The Beaufort
6. Premier Travel Inn
7. Portsmouth and Southsea Backpackers

Essen & Trinken
1. Tang's
2. Lemon Sole
3. Bistro Montparnasse
4. Spice Island Inn
5. Still & West Pub

Einkaufen
1. Guildhall
2. Marmion Road

Abends & Nachts
1. Tiger, Tiger
2. New Theatre Royal

Aktiv
1. Hafenrundfahrt
2. Hafenfähre nach Gosport
3. The Pyramids (Wellness)

takulärsten Millenniums-Projekte im Land, mit geblähtem Spinnaker-Segel am Turm und drei Aussichtsplattformen, die grandiose Aussicht über Portsmouth und die See bieten, einschließlich eines ›Time-Teleskop‹, mit dem der Betrachter die ›Mary Rose‹ und ›Victory‹ vorbeisegeln sieht (www.spinnakertower.co.uk, tgl. 10–18, Aug. bis 20 Uhr).

Entlang der Wasserfront, vorbei an Blumenrabatten und grünen Plätzen bis nach Southsea, führt von Harbour Station ein ausgeschilderter Spazierweg durch die wenigen, rudimentär noch erhaltenen Gassen der Altstadt. Vorbei an den Bastionen **Round Tower** 5 und **Square Tower** 6, bietet das **Blue Reef Aquarium** 7 an der langen Clarence Esplanade in Southsea farbenfrohe Unterwasserwelten vom niedlichen Otter bis zum Haifisch (www. bluereefaquarium.co.uk, tgl. 10–17 Uhr). Ein Stück weiter liegt neben der restaurierten Festung **Southsea Castle** 8 – von Heinrich VIII. als Teil der Verteidigungsanlagen der Südküste errichtet (tgl. 10.30–17 Uhr) – das D-Day Museum.

D-Day Museum und Royal Marines Museum

Das **D-Day Museum** 9 erzählt die Geschichte der Landung der alliierten Streitkräfte in der Normandie am 6. Juni 1944. Das Codewort ›D-Day‹ war die Abkürzung von ›Deliverance-Day‹ (*deliverance* – Erlösung). Mit Videos, Ton- und Bilderläuterungen, Fotos, Landkarten und den in England so beliebten ›stillen Tableaus‹ werden wir in die gigantische Operation Overlord hineingezogen, das größte Landungsunternehmen der Kriegsgeschichte. Die Vorbereitungen zu der angloamerikanischen Invasion Europas hatten ihre Schatten über den Süden Englands geworfen. Die gesamte Südküste war in die Planung einbezogen; über 1,5 Mio. amerikanische Soldaten galt es zu versorgen und zumindest oberflächlich zu integrieren: »overfed, overpaid, over-sexed and over here.«

Mittelpunkt des Museums ist der 83 m lange, gestickte Wandteppich Overlord Embroidery, der den Ablauf der militärischen Operation in 34 Teilabschnitten wiedergibt. Er wurde von der Royal School of Needlework gearbeitet – fünf Jahre hat es gedauert – und ist schlicht »den Männern und Frauen der Nation« gewidmet. Und eben diesen gereicht das kunsthandwerkliche Stück zur höchsten Befriedigung, wird damit doch eine sinnbildliche Brücke geknüpft zum Teppich von Bayeux: Der zeichnet die Stationen der ersten und einzigen erfolgreichen Invasion der Insel auf – durch den normannischen Wilhelm den Eroberer. Mit der Schlacht von Hastings im Jahr 1066 setzte die Herrschaft der Normannen ein. Der Overlord-Teppich wiederum thematisiert die erste und einzige erfolgreiche Invasion, die von Großbritannien ausging.

Rund um Portsmouth, Isle of Wight, New Forest

Engländer lieben ihre Geschichte, kennen sich aus und wollen sie immer wieder hören, und gerade im D-Day Museum ist die Verzahnung von Region, Landschaft, Bewohnern und dem Militär als Teil des Ganzen deutlich zu spüren. Das britische Empire ist durch die Beherrschung der See groß geworden, und die Operation Overlord mag für viele auch als Schlussstein im Mosaik der militärischen Weltmachtposition gelten (www.ddaymuseum.co.uk, tgl. 10–17.30, Nov.–März Di–So 10–16 Uhr).

Rund 2 km weiter entlang der Küstenpromenade liegt in Eastney Esplanade das **Royal Marines Museum 10**. Die Royal Marines sind die britischen Elitetruppe, und in der viktorianischen Offiziersmesse auf dem Gelände der Eastney Barracks nimmt der Besucher an patriotischer Geschichtsbetrachtung teil: Dort tobt lautstark der Kampf um die Falkland-Inseln; simulierte Kälteschübe auf einer Arktis-Expedition erzeugen eine echte Gänsehaut, die noch verstärkt wird, wenn man sich, ins 18. Jh. zurückversetzt, ›dem Leben auf See‹ zu widmen hat: Da wimmelt es von Maden, die sich durch den Speck fressen, und Flöhen in den Hängematten! (www.royalmarinesmuseum.co.uk, tgl. 10–17 Uhr).

Mitte und Norden

Mittelpunkt des modernen Stadtzentrums von Portsmouth sind die **Guildhall** und der Bahnhof **Portsmouth Station.** Ringsum breiten sich die Haupteinkaufsstraßen und Fußgängerzonen aus, und im Norden der Stadt, in der jetzigen Commercial Road 393, früher Mile End, befindet sich das **Charles Dickens' Birthplace 11**. Der größte englischsprachige Schriftsteller des 19. Jh. wurde hier 1812 geboren. Heute ist ein kleines Museum hier eingerichtet, das allerdings keine bedeutenden Memorabilia und kein Originalmobiliar besitzt – da hat Rochester (s. S. 129) mehr zu bieten (ganzjährig tgl. 10–17 Uhr).

Infos

Portsmouth Visitor Centre: The Hard (nahe Historic Dockyard); Clarence Esplanade, Southsea (am Blue Reef Aquarium); Library, Guildhall Square, Tel. 0 23-92 82 67 22 (für alle Touristeninformationen in Portsmouth), www.visitportsmouth.co.uk.

Übernachten

Will man Badeortstimmung mit Seeluft und Strandpromenade, empfiehlt sich die große Auswahl an Pensionen und B&Bs in Southsea.

Behaglich ▶ Westfield Hall Hotel 1: 65 Festing Road, Southsea, Tel. 023-92 82 69 71, Fax 023- 92 87 02 00, www.whhotel.info. Mit Charme, komfortablen Räumen, Lounge, Bar, Garten, familiengeführt. DZ ab 90 £, ab 2 Nächten.

Hell und heiter ▶ Florence House Hotel 2: 2 Malvern Road, Tel. 023-92 75 16 66, www.florencehousehotel.co.uk. Alt und Neu in elegantem Mix mit individueller Note. Ein Wohlfühlhotel. DZ ab 80 £.

An der Promenade ▶ Seacrest 3: 11 South Parade, Southsea, Tel. 0 23-92 73 31 92, Fax 023-92 83 25 23, www.seacresthotel.co.uk. Angenehmes Hotel direkt an der Strandpromenade, mit einem beliebten Restaurant. DZ ab 80 £.

Charmant am alten Hafen ▶ Fortitude Cottage 4: 51 Broad Street, Old Portsmouth, Tel./Fax 023-92 82 37 48, www.fortitudecottage.co.uk. Reizendes kleines Cottage am alten Hafen. Schöne Zimmer, direkter Blick auf die Hafeneinfahrt. DZ 60–80 £.

Familiär ▶ The Beaufort 5: 71 Festing Road, Southsea, Tel. 0 23-92 82 37 07, Fax 023-92 87 02 70, www.beauforthotelportsmouth.co.uk. Kleines gemütliches Hotel in günstiger Lage zwischen Strand und Ort; schöne Räume, Restaurant. DZ ab 55 £.

Modern, günstig ▶ Premier Travel Inn 6: Long Curtain Road, Southsea, Tel. 023-92 73 46 22, Fax 023-92 73 50 48, www.premiertravelinn.com. Modernes Haus einer Hotelkette mit gutem Preis-Leistungs-Verhältnis. Hell, freundlich, auch Familienzimmer. Am Wasser, nahe dem Hoverport an Clarence Esplanade. DZ ab 50 £.

Wahrzeichen am Hafen von Portsmouth: Spinnaker Tower

Rund um Portsmouth, Isle of Wight, New Forest

Backpackers ▶ Portsmouth and Southsea Backpackers 7: 4 Florence Road, Southsea, Tel. 023-92 83 24 95, www.portsmouthbackpackers.co.uk. Am Ostende der Clarence Esplanade, 50 Betten, Bett ab 14 £, auch Doppelzimmer.

Essen & Trinken

Entlang der Wasserfronten, besonders um Gun Wharf, in Old Portsmouth und im Seebad Southsea und seinem Zentrum nördlich der South Parade gibt es die unterschiedlichsten Bistros, Cafés und Snackbars.

Authentisch ▶ Tang's 1: 127 Elm Grove, Southsea, Tel. 023-92 82 27 22, Mo geschl., Di–So nur Dinner. Ausgezeichnete authentische chinesische Küche, angenehmes und sorgfältiges Ambiente. Menü ab 17 £.

Beliebt ▶ Lemon Sole 2: 123 High Street, Old Portsmouth, Tel. 023-92 81 13 03, So, Fei geschl. Nettes, freundliches Fischrestaurant, immer busy. Tagesfrische Fischauswahl. Gute Weine. 2-Gänge-Menü, mittags 15 £.

Lässig mit toller Küche ▶ Bistro Montparnasse 3: 103 Palmerston Road, Southsea, Tel. 023-92 81 67 54, www.bistromontparnasse.co.uk. So/Mo geschl., Di–Sa Lunch und Dinner. Charmantes, chices Bistro mit authentisch französischem Flair. Wechselnde Tagesmenüs. 2-Gänge-Menü 29,50 £.

Gemütlich ▶ Spice Island Inn 4: Bath Square, Old Portsmouth. Nettes altertümliches Haus mit gutem Pub-Food am alten Hafen. Tagesgerichte ab 6 £.

Schöne Lage ▶ Still & West Pub 5: 2 Bath Square, Old Portsmouth. Direkt neben dem Spice Island. Gute Fischgerichte, man kann auch draußen sitzen mit Blick auf den Solent. Tagesgerichte in Bistro ab 9 £, im Restaurant ab 10 £.

Einkaufen

Shopping ▶ Es gibt drei Shopping-Areale: **Gun Wharf Quays** 3 am Wasser mit rund 90 Shops und Designer Outlets und zahlreiche Restaurants, Bars und Clubs, rund um die **Guildhall** 1 im Stadtzentrum in Southsea gibt es zahlreiche kleinere Läden, Boutiquen, Bars und Restaurants in Albert Road, Palmerston Road; in Marmion Road auch **Kaufhaus-Filialen** 2.

Abends & Nachts

In Portsmouth wie in anderen größeren Städten sind die mobilen Discos unheimlich beliebt, die bei Interesse einer Gruppe von Leuten über Twitter oder Facebook spontan ins Leben gerufen werden.

Entertainment pur ▶ Tiger Tiger 1: Gunwharf Quays, Tel. 023 92-88 22 48, www.tigertiger.ports.co.uk, Mo–Fr 12–2 Uhr, Sa 11–2 Uhr, So 12–24 Uhr. In diesem großen, durchgestylten Haus mit zwei Geschossen, Bars, Terrasse, Balkonen, Restaurant kann man ab mittags bis nachts loungen, essen, trinken, abtanzen.

Theater, Oper, Tanz ▶ New Theatre Royal 2: 20–24 Guildhall Walk, Tel. 023 94-64 90 00, www.newtheatreroyal.com. Kinder- und Jugendprogramme, Musical, Theater, Tanz und Oper im viktorianischen Haus.

Aktiv

Hafenrundfahrt ▶ The Hard 1: im Eingang Historic Dockyard, Tel. 023 92-83 97 66. Ganzjährig täglich, wenn das Wetter erlaubt. Jeweils zur vollen Stunde, 10–16 Uhr. 1-stündige Fahrt auch zu der Flotte der Royal Navy. Bei Besuch vom Historic Dockyard im Preis inbegriffen; separat 5 £.

Kurzweiliger Fährausflug ▶ Hafenfähre nach Gosport 2: Von Harbour Station am Gun Wharf nach Gosport, ganzjährig, tgl. ab 5.30 Uhr bis Mitternacht; die Fahrzeit beträgt leider nur wenige Minuten, Rückfahrkarte 2.40 £.

Wellness-Zentrum ▶ The Pyramids 3: Clarence Esplanade, Southsea, Tel. 02 392-79 99 77, www.pyramids.co.uk. Wellness-, Beauty- und Freizeitbad für kühle Tage. Frisch renoviert mit Kinderareal, großem Spa- und Fitnessbreich. Schwimmbäder 5 £, 2 Std. mit zahlreichen Wellness- und Spa-Einrichtungen 13 £.

Termine

Navy Days (Bank Holiday-Wochenende Ende Aug.): Die Royal Navy feiert mit der Bevölke-

Southampton

rung. Regatten, Schiffsbesichtigungen, Tage der offenen Tür, Musikumzüge.

Verkehr

Züge: Der Hauptbahnhof ist im Cityzentrum, die Züge verkehren weiter bis zum Hafen **Harbour Station** 2 neben dem Spinnaker Tower mit Anschluss für die Schiffsverbindungen. Gute Verbindungen nach London und zu allen Städten/Orten an der Südküste (www.southwesttrains.co.uk).
Busse: Der Busbahnhof Hard liegt neben Harbour Station, mit lokalem Busverkehr und National-Express-Verbindungen in alle größeren Städte.
Fähren: zur Isle of Wight stdl. Passagier- und Autofähren nach Fishbourne (ca. 40 Min.); nur für Passagiere nach Ryde (ca. 10 Min.), www.wightlink.co.uk, www.portsmouth.com. Autofähren nach Frankreich (Caen, Le Havre, Cherbourg, St-Malo) und Spanien mit Brittany Ferry (www.brittanyferry.co.uk) und P&O (www.poferries.com).

Southampton ▶ J 19

Southampton hat es schwer gehabt. Im Zweiten Weltkrieg wurde es aufgrund seines bedeutenden Hafens immer wieder zum Ziel von Hitlers Bomben und so stark getroffen, dass vom alten Stadtkern auf der Landzunge zwischen den Mündungstrichtern der Flüsse Itchen und Test nur sehr wenig geblieben ist: Teile der mittelalterlichen Stadtmauern und ihre Türme, zwei schöne, alte Kaufmannshäuser aus der Tudor-Zeit, einige wenige schmale Gässchen und historische Pubs wie der Duke of Wellington in der Bugle Street und der Red Lion in der High Street.

Der alte Stadtkern

Sehenswert ist das **Medieval Merchant House**. Es stammt aus dem Jahr 1290 und ist einer der wenigen Fachwerkbauten, die aus dem Spätmittelalter überhaupt noch erhalten sind (58 French Street, April–Okt. tgl. 10–17 Uhr). Ein sehr schöner Fachwerkbau ist auch das **Tudor House Museum** aus dem 15. Jh. mit großer Halle und einem rekonstruierten Tudor-Garten. In den Räumlichkeiten finden sich Alltagsgegenstände zur Sozialgeschichte des 19. und frühen 20. Jh. (Bugle Street, Di–Fr 10–17, Sa 10–14, So 14–17 Uhr).

Der Hafen

Der Hafen mit seinen Erinnerungen ist geblieben: Am 5. August 1620 stachen die ›Mayflower‹ und ›Speedwell‹ mit insgesamt 120 Passagieren in See. Die ›Speedwell‹ stellte sich rasch als nicht seetüchtig heraus, so dass beide Schiffe in Plymouth Zwischenstation machten. Von dort segelte die ›Mayflower‹ dann am 6. September in eine ungewisse Zukunft in der Neuen Welt. Daher also können beide Städte, Southampton und Plymouth, die Reise der legendären Pilgerväter für sich reklamieren. Southampton besitzt ein Mayflower-Denkmal, Plymouth die Mayflower Steps (s. S. 377). Plymouth, die erste Siedlung in Massachusetts, bildete den Auftakt für die britische Kolonisierung Nordamerikas, und noch heute gibt es eine Mayflower-Verbindung, der nur die männlichen Nachkommen der Mayflower-Besatzung in gerader Erblinie angehören dürfen!

Durch das gesamte 19. Jh. und noch bis in die 30er-Jahre des 20. Jh. hinein war Southampton, gefolgt von Liverpool, der größte Überseehafen Großbritanniens; Hunderttausende von Emigranten haben hier von ihrer Heimat Abschied genommen. Gewaltige Passagierschiffe, wie die ›Queen Mary‹, sind hier gebaut worden: im Jahr 1912 die ›Titanic‹, die auf ihrer Jungfernfahrt nach New York einen Eisberg rammte und mit 1513 Passagieren unterging. Die große Zeit der glanzvollen Überseepassagen auf hocheleganten Ozeanriesen, unweigerlich mit dem Namen Southampton verbunden, lebt wieder auf. Neben den Kreuzfahrtschiffen von P&O, der legendären ›QE 2‹, die ›Queen Elizabeth 2‹ der Cunard-Reederei, sind die ›Queen Mary 2‹, größter Luxusliner der Welt, und seit Oktober 2010 die neue Queen Elizabeth hier zu Hause; im **Maritime Museum** wird die Geschichte lebendig (Ecke Bugle

Rund um Portsmouth, Isle of Wight, New Forest

Lord Louis, Earl Mountbatten of Burma — Thema

Broadlands, das strahlende klassizistische Country House bei Romsey, war Familien- und Landsitz von ›Dickie‹ Mountbatten, dem letzten Vizekönig von Indien, der in seiner Person einen Großteil britischer Geschichte des 20. Jh. verkörperte, dazu Lebensstil und Charisma.

Nicholas Louis wurde 1900 als Sohn von Prinz Louis von Battenberg und Prinzessin Viktoria von Hessen und als Urenkel Königin Viktorias in der Nähe von Windsor geboren. Als Georg V. 1917 verfügte, dass alle deutschen Namen im Königshaus anglisiert werden sollten, behalfen sich die Battenbergs mit der schlichten Übersetzung: ›Mountbatten‹. Da die Familie von der Thronfolge ausgeschlossen werden musste, durfte sie sich mit neuen Adelstiteln trösten, und ›Dickie‹, wie ihn alle Welt nannte, war nun offiziell Lord Louis Mountbatten. Als solcher trat er in die Fußstapfen seines Vaters, ging zur Marine und nahm sich vor, Erster Seelord zu werden. Als er 1922 die kapriziöse, eigenwillige Millionenerbin Edwina Ashley heiratete, war das ›Traumpaar der 20er-Jahre‹ bald Objekt unerschöpflichen öffentlichen Interesses. Schön, glücklich, reich und sorglos tanzten sie durch die glamouröse Welt der High Society, und Broadlands war glanzvoller gesellschaftlicher Treffpunkt.

Das änderte sich bei Ausbruch des Zweiten Weltkriegs: ›Dickie‹ war Kommandant einer Zerstörerflotte, wurde 1943 Oberbefehlshaber der alliierten Streitkräfte in Südostasien und vertrat Großbritannien bei der Kapitulation Japans in Singapur. Edwina war Vorsitzende der englischen Johanniter geworden und organisierte medizinische Hilfsleistungen. 1947 – der Subkontinent strebte nach Unabhängigkeit – wurde Lord Louis zum britischen Vizekönig von Indien ernannt. Er war der letzte – seine Aufgabe, Indien in die Unabhängigkeit zu entlassen, erwies sich als außerordentlich schwierig: der drohende Bürgerkrieg zwischen Moslems und Hindus, die Teilung in Indien und Pakistan.

Zurück in England, erhielt Mountbatten 1955 das, was er als Ziel seines Berufslebens angestrebt hatte: Churchill ernannte ihn zum Ersten Seelord. Edwina starb 1959 in Borneo während einer Reise für die Johanniter. Bis zu seiner Pensionierung 1965 war Mountbatten Chef des britischen Verteidigungsstabs. 1979, in dem Jahr, da er Broadlands für Besucher öffnete, wurde er im August, während er mit der Familie Urlaub auf seinem Schloss in Irland machte, von der IRA ermordet: Das Boot, auf dem sich er und einige seiner Familienmitglieder befanden, wurde in die Luft gesprengt; Mountbatten, einer seiner Enkel und ein irischer Junge waren sofort tot. Bei der Beisetzung in der Abteikirche von Romsey hielt Prinz Charles, der ein besonders enges Verhältnis zu ihm hatte, die Trauerrede.

Mountbattens starke Persönlichkeit, die schwierige Ehe mit Edwina, einige seiner militärischen und politischen Entscheidungen und Vorgehensweisen haben immer wieder Anlass zu wilder Spekulation und Kritik geboten. Sein offizieller Biograf, Philip Ziegler, gibt mit entwaffnender Ehrlichkeit zu, dass er sich im Lauf der Arbeit ständig einbläuen musste, dass Mountbatten – ehrgeizig, selbstgewiss, von großem Charme und verblüffendem Charisma, spontan, großherzig, eitel, oftmals bedenkenlos und unüberlegt – »nichtsdestotrotz ein großer Mann war«.

Street und Town Quay Road, Di–Sa, So 13–16 Uhr).

Infos
Tourist Information Centre: 9 Civic Centre Road, Tel. 023-80 83 33 33, Fax 023-80 83 33 81, www.visit-southampton.co.uk.

In der Umgebung von Portsmouth

Broadlands ▶ J 19

Der elegante Herrensitz im palladianischen Stil, der im 18. Jh. von Premier Lord Palmerston bewohnt wurde und dessen weiter, von Capability Brown angelegter Landschaftspark zum Flüsschen Test hinabgleitet, wäre ›nur‹ ein weiteres schönes und gepflegtes Landhaus in England, das man bei einer geplanten Urlaubsreise wohl übersehen könnte, wenn es nicht – und das ist das Besondere an Broadlands – das Leben eines Mannes widerspiegelte, der am politischen Geschehen des 20. Jh. maßgeblich beteiligt, in den Korridoren der Macht zu Hause war, Aufmerksamkeit, Neid und Bewunderung hervorrief: Louis, Earl Mountbatten of Burma (1900–79). Als Besucher erlebt man, vermittelt durch die Biografien der Mountbattens, den weltweit gespannten Rahmen britischer Geschichte bis zum Ende des Zweiten Weltkriegs (s. Thema S. 208).

Die kostbar und behaglich ausgestatteten Räume von Broadlands – ganz besonders schön sind die überkuppelte, festliche Eingangshalle, der Wedgwood Room und das Speisezimmer –, strahlen Eleganz und noble Heiterkeit aus. Hier haben 1947 die Queen und Prinz Philip sowie 1981 Prinz Charles und Lady Diana ihre Flitterwochen verbracht, und Mountbattens Familie lebt heute noch hier.

In einer hervorragend zusammengestellten Ausstellung und in einem Video sind die Stationen des außergewöhnlichen Lebens des Earl of Mountbatten kommentiert. Und da er große Beliebtheit und Verehrung genoss, ist das Anwesen von Broadlands dementsprechend stark besucht (Broadlands, 3 km südwestlich von Romsey, www.broadlands.net, wegen einer Komplett-Restaurierung ist das Haus bis Saisonbeginn 2011 geschlossen; Öffnungszeiten bei Drucklegung noch nicht bekannt).

Romsey Abbey ▶ J 19

Der ganze Stolz von Romsey, der kleinen Stadt am Fluss Test mit knapp 10 000 Einwohnern, ist ihre wunderbare Abteikirche. Ihre imposante, kraftvoll in sich ruhende Gestaltung erhielt Romsey Abbey in ihrer jetzigen Form zu Beginn des 12. Jh.; Fundamente der früheren sächsischen Kirche des Benediktinerklosters (um 1000) sind unterhalb des nördlichen Querschiffs erhalten, ein sächsisches Relief am Südportal und ein steinernes Kruzifix sind die wertvollsten Zeugnisse des ehemaligen Klosters. Romsey Abbey ist der besterhaltene normannische Kirchenbau dieser Größe in England.

Als Heinrich VIII. im Zuge der Reformation auch dieses Kloster auflösen ließ, taten sich die Bürger Romseys zusammen und kauften die Kirche für 100 Pfund – sie entging der Zerstörung und ist seither Mittelpunkt des Gemeinwesens. Nicht nur die ersten Besitzer von Broadlands, die Familie St Barbe, deren prachtvolles Grabdenkmal noch die Lust der Elisabethaner an farbfreudiger, weltlicher Ausschmückung zeigt, ist hier beigesetzt, sondern auch der Earl of Mountbatten und Mitglieder seiner Familie (s. S. 208, tgl. 9–17 Uhr).

Winchester ▶ J 19

Cityplan: S. 210

Das kleine Winchester mit 30 000 Einwohnern ist die Hauptstadt der Grafschaft Hampshire, abgekürzt »Hants«: Eine Hommage an die Vergangenheit, denn bis um 1200 war Winchester Reichshauptstadt und Hof des Königreichs Wessex. Die stolze Geschichte ist in der imponierenden, reich geschmückten Kathedrale mit dem längsten Kirchenschiff Großbritanniens abzulesen. Altehrwürdige

Institutionen und ein Stadtbild mit Charme und Anmut machen Winchester zum beliebten Besuchsziel.

Schon zur Römerzeit war Venta Belgarum ein wichtiges Handelszentrum; während der sächsischen Machtkämpfe war die Stadt als Caer Gwent bekannt. 827 ließ sich Egbert als König von Wessex im damaligen Münster krönen und ernannte Wintanceaster zu seiner Kapitale. Mit Alfred dem Großen schließlich (reg. 871–899), der Wessex mit dem mittelenglischen Königreich Mercia verband und damit ganz England regierte, stieg Winchester in den Rang der Reichshauptstadt auf und blieb es jahrhundertelang. Wilhelm der Eroberer beispielsweise ließ sich gleich zweimal – in Winchester und in London – krönen und hielt jedes Jahr über Ostern in Winchester Hof.

Das erste Münster wurde später durch einen zweiten Bau ersetzt – von beiden Bauten sind keine Spuren mehr erhalten. Die Gebeine der Könige – Alfreds des Großen, seiner Nachfolger, der Dänenkönige Knut und Hardikanut – wurden in die neue Kathedrale überführt.

Winchester

Sehenswert
1. Winchester Cathedral
2. Pilgrim's Hall & School
3. King's Gate
4. Wolvesey Castle
5. Winchester College
6. Hospital of St Cross
7. City Museum
8. Westgate
9. Great Hall & Round Table

Übernachten
1. Hotel du Vin & Bistro
2. St John's Croft
3. The Wykeham Arms Inn
4. Giffard House B&B

Essen & Trinken
1. Chesil Rectory
2. Loch Fyne
3. Café Paris
4. The Bishop on the Bridge
5. Eclipse Inn

Einkaufen
1. Art & Design Market
2. Street Market
3. Farmers Market
4. Brooks Shopping Centre

Aktiv
1. Stadtführungen

Winchester Cathedral 1

Wilhelm der Eroberer setzte Walkelyn als Bischof ein, der ab 1079 einen großartigen Dom im normannischen Stil erbauen ließ, mit einem Langschiff, welches das heutige noch um einige Meter übertraf. Wie harmonisch und wohlproportioniert die Kathedrale gewesen sein muss, lässt sich noch sehr gut im Chor sowie den nördlichen und südlichen Querschiffen von **Winchester Cathedral** erkennen – sie sind vollständig erhalten.

Im Jahr 1100 wurde Wilhelm Rufus, ungebärdiger Sohn Wilhelms des Eroberers, der bei einem Jagdunfall ums Leben kam, in der Vierung beigesetzt; sein Sarkophag ist auch heute noch hier platziert. Etwa ein Jahrhundert später wurde der alte Ostteil abgerissen, ein neuer Hochaltar mit Retrochor geschaffen, um den Schrein von St Swithun, eine viel besuchte Pilgerstätte, angemessener präsentieren zu können. Gleichzeitig wurde die normannische Apsis durch die Marienkapelle im Early English Style ersetzt: die zweite, am Stilwechsel deutlich erkennbare Bauphase.

Mit den Bischöfen Edington und William of Wykeham sowie dem Baumeister William Wynford erhielt das normannische Langhaus in der ersten Hälfte des 14. Jh. seine gotische Form, wie wir sie heute bewundern: Die hoch aufragenden schlanken Pfeiler treffen sich in einem feingliedrigen Fächergewölbe mit herrlich gestalteten, individuellen Schlusssteinen, verschiedenen Wappen, Tieren, Mönchen, Engeln. Während des Bürgerkriegs wurde die Kathedrale durch Cromwells Truppen furchtbar zugerichtet, und Cromwell hatte vom Parlament schon die Zustimmung zur Zerstörung der Kirche erwirkt, als sie buchstäblich in letzter Minute durch eine Petition der mutigen Bürger 1645 gerettet werden konnte.

Die **Westfassade** sieht trügerisch bescheiden aus – keine Skulpturen, keine Ornamentik, sondern, wie auch in Salisbury, die nach außen gekehrte Wiedergabe des Ordnungssystems im Innern: ein vorgesetztes Mittelschiff, das durch das große Fenster dominiert wird, flankiert von den niedrigen, mit Fialen bekrönten Seitenschiffen.

Erst im Innern wird man der Raumfülle, Höhe, Lichte und Länge gewahr, ihrer prachtvollen Ausstattung mit unzähligen Schreinen, Grabkapellen und Denkmälern. Besonders schön und wertvoll ist das normannische **Taufbecken** (12. Jh.) aus schwarzem Tournai-Marmor, das mit Szenen aus dem Leben des St Nicholas geschmückt ist. In unmittelbarer Nachbarschaft erinnert eine schlichte Grabplatte an **Jane Austen,** die 1817 in ihrem Haus in der College Street starb und hier beerdigt wurde; das Fenster ihr zu Ehren stammt aus dem frühen 19. Jh.

Großartig ist das Fächergewölbe in der **Vierung:** Bischof Fox ließ, 200 Jahre nach Vollendung des gotischen Langhauses, dessen schöne Gewölbeornamentik in Eichenholz imitieren, um die Abfolge der Rippen noch zu verlängern – eine perfekte Arbeit. Hinter der Altarrückwand befindet sich eines der wertvollsten Werke der frühgotischen Sakralkunst (die Figuren wurden im 19. Jh. ersetzt), der **Schrein von St Swithun,** flankiert von den üppig ornamentierten **Grabkapellen**

Rund um Portsmouth, Isle of Wight, New Forest

für Bischof Waynflete und Kardinal Beaufort, der gegen Jeanne d'Arc, die Jungfrau von Orléans, als Gegner antrat. In der Kapelle von Bischof Gardiner, im nördlichen Chorumgang, ist Maria Tudor, Tochter Heinrichs VIII., die 1553 den Thron bestieg und als katholische Königin regierte, mit Philipp II. von Spanien getraut worden.

Auf der Südseite wird die Marienkapelle von der Kapelle für Bischof Langton flankiert. Vor ihrem Eingang steht die schöne Bronze von Charles Wheeler für den Taucher William Walker: Seiner Arbeit allein ist es zu verdanken, dass die Kathedrale zu Beginn des 20. Jh. nicht langsam einstürzte; ihr Fundament bestand aus riesigen Holzbohlen, die in dem morastigen Boden gefährlich einzusinken begannen. ›Will the diver‹ hat sieben Jahre lang den Torfuntergrund mit Beton ausgegossen – 114 900 Betonblöcke und 25 000 Säcke Zement brauchte er dafür.

Und noch ein für die Engländer bedeutungsvolles Monument: Auf der Ostseite des südlichen Querschiffs, in der Grabkapelle des Bischofs Silkstede, wurde 1683 **Izaac Walton** begraben: Er schrieb den »Complete Angler«, ein kontemplatives Werk, das heute noch in aller Welt als die Bibel der Angler und Fischer gilt – das reich geschmückte Fenster, 1914 von Fischern Englands und der Vereinigten Staaten gestiftet, zeigt Walton rechts unten am Endpunkt der allegorischen Bilderkette.

Ein eindrucksvolles Erlebnis bietet ein Besuch der **Krypta,** wenn sie denn zu betreten ist – der Boden steht des Öfteren 0,5 – 1 m unter Wasser. Ihre normannische Baukunst war stilbildend im ganzen Land, und zu den zwei Statuen aus dem 14. Jh. stellt die lebensgroße Metallskulptur »Sound II« des großen zeitgenössischen Bildhauers Sir Antony Gormley einen dramatischen Kontrast dar (www.winchestercathedral.org.uk, Mo– Sa 10–17 Uhr, So 12.30–15 Uhr. Führungen: Mo–Sa stdl. 10–15 Uhr; Krypta: 10.30, 12.30, 14.30 Uhr. Evensong: Mo–Sa 7.30 Uhr, So 15.30 Uhr).

In der Domfreiheit

Noch innerhalb der Domfreiheit liegen die Deanery und die aus dem 14. Jh. stammende **Pilgrim's Hall & Pilgrim's School** 2, wo die Chorschüler unterrichtet werden. Durch das **King's Gate** 3 hindurch gelangen wir in die College Street, die auf ihrer Nordseite durch die alte Stadtmauer begrenzt wird. Dahinter stehen noch die Ruinen des einstigen Bischofspalastes **Wolvesey Castle** 4 – er wurde von Cromwells Truppen bis auf den Westflügel zerstört. Der jedoch, möglicherweise nach Plänen von Wren wiederaufgebaut, ist seither die Bischofsresidenz (tgl. 10– 18, im Winter 10–16 Uhr).

Die gegenüberliegende Straßenseite wird durch die wuchtigen Mauern des **Winchester College** 5 beherrscht – 1382 von William of Wykeham ins Leben gerufen, ist sie die älteste und berühmteste Public School in England (College Street, www.wincoll.ac.uk, Führungen: Mo, Mi, Fr, Sa 10.45, 12, 14, 15.30, Di, Do 10.45, 12, So 14, 15.30 Uhr).

Hospital of St Cross

Von Winchester College führt ein Spazierweg durch die Flusswiesen des Itchen zum knapp 2 km südlich gelegenen **Hospital of St Cross** 6, dem ältesten Armenspital und Hospiz in England. Es wurde 1136 für 13 ›Bedürftige‹ gegründet, und die Tradition hat sich durch die Jahrhunderte fortgesetzt; heute ist es ein Altenheim. Auch die Ausgabe des *wayfarer's dole,* Bier und Brot für jeden Bedürftigen, wird heute noch zelebriert (www.stcrosshospital.co.uk, Ostern–Sept. Mo–Sa 9.30–17, Okt.–Ostern 10.30–15.30 Uhr).

Rund um die High Street

Auf der westlichen Seite der Domfreiheit liegt das **City Museum** 7, das mit der Stadtgeschichte von der Römerzeit bis heute bekannt macht (The Square, Mo–Sa 10–17, So 12–17 Uhr). Ein paar Schritte weiter nördlich markiert das schöne Kreuz Buttercross die Stadtmitte mit der zentralen **High Street,** die nach Osten hin in **Broadway** übergeht. Das östliche Ende der Hauptstraße wird von der King Alfred's Statue markiert und dem Fluss

**Winchesters Altstadt
mit dem Buttercross**

Rund um Portsmouth, Isle of Wight, New Forest

Itchen. Am anderen Ende bildet das Stadttor **Westgate** 8 den Abschluss der High Street. Ein paar Schritte entfernt lohnt die **Great Hall & Round Table** 9 noch einen kurzen Blick: Die Große Halle, letztes Überbleibsel einer Burganlage, deren Ursprünge auf Wilhelm den Eroberer zurückgehen, besticht durch ihre gotische Architektur (1234). Sie hat in ihrem langen Leben höfische Feste, Gerichtsverhandlungen und die ersten Parlamentssitzungen Englands gesehen. An der Stirnwand hängt die sagenumwobene Round Table von König Artus; wie alt die Tischplatte ist, kann niemand so genau sagen, wahrscheinlich stammt sie aus dem 11. Jh., nachdem der Mythos um König Artus seinen ersten Höhepunkt erreicht hatte (Castle Avenue, tgl. 10–17 Uhr).

Infos

Tourist Information Centre: Guildhall, Broadway, Tel. 019 62-84 05 00, Fax 019 62-85 03 48, www.visitwinchester.co.uk.

Übernachten

Lässig elegant ▶ Hotel du Vin & Bistro 1: 14 Southgate Street, Tel. 019 62-84 14 14, Fax 019 62-84 24 58, www.hotelduvin.com. Schön und designmäßig gestaltete Zimmer, Alt und Neu in interessantem Mix mit knallfarbenen dicken Sofas in der Lounge; komfortabel, sehr gutes, französisch inspiriertes Bistro. DZ ab 125 £.

Familiär ▶ St John's Croft 2: St John's Street, Tel. 019 62-859 976, www.visitwinchester.co.uk. Nur wenig östlich vom Fluss Itchen liegt das schöne Queen Anne Haus mit 4 großen Zimmern, ummauertem Garten und gutem Frühstück. DZ ab 85 £.

Alt und behaglich ▶ The Wykeham Arms Inn 3: 75 Kingsgate Street, Tel. 019 62-85 38 34, Fax 019 62-85 44 11, www.accommodating-inns.co.uk. Backsteinhaus mit hübscher Fensterfront aus dem 18. Jh. Die alte Kutschstation ›The Wyk‹ ist viel geliebt. Mit Eichenbohlen, niedrigen Decken, sehr hübschen, geräumigen Zimmern und überdurchschnittlich gutem Essen. DZ ab 80 £.

Hoher Standard ▶ Giffard House B&B 4: 50 Christchurch Road, Tel. 019 62-85 26 28, Fax 019 62-85 67 22. B&B mit großem Frühstücksraum, Lounge mit Kamin und gut ausgestatteten Zimmern. DZ ab 70 £.

Essen & Trinken

Preisgekrönt ▶ Chesil Rectory 1: 1 Chesil Street, Tel. 019 62-85 15 55, www.chesilrefectory.co.uk, Di–Fr abends und Sa mittags zum Lunch. Stilvolles Restaurant in einem schönen alten Haus (Teile noch aus dem 15. Jh.); anregende, verfeinerte englische Küche. Lunchmenü ab 15 £, Dinner-Menü ab 30 £.

Moderne Küche ▶ Bistro du Vin 1: im gleichnamigen Hotel, s. oben, 14 Southgate Street, Tel. 019 62-84 14 14, tgl. geöffnet. Informell, gepflegt, sehr gute mediterrane Speisen und sehr gute, reichhaltige Weinkarte. 2-Gänge-Menü um 20 £.

Frische Fische ▶ Loch Fyne 2: 18 Jewry Street, Tel. 019 62-87 59 30, www.lochfyne.com, tgl. 10–22 Uhr. Super Fischrestaurant, schöne Räume, extra Bar, Hofterrasse. Hauptgang z. B. Krebse aus Cromer, Bohnen, neue Kartoffeln 14 £. Auch Fish & Chips, Austern.

Anglo-französisch ▶ Café Paris 3: 5 Jewry Street, Tel. 019 62-86 00 06, So geschl. Beliebtes Bistro mit moderner Küche – köstliche Desserts. 2-Gänge-Menü um 20 £.

Moderner Pub ▶ The Bishop on the Bridge 4: 1 Broadway. Moderne Pub-Bar mit schöner Terrasse am Itchen. Gerichte ab 7 £.

Sehr behaglich ▶ Eclipse Inn 5: 25 The Square. Alter, gemütlicher Inn, auch Tische draußen; ordentliche Pub-Gerichte ab 7 £.

Einkaufen

Märkte ▶ Art & Design Market 1: Ecke High Street/Middle Brook Street, Tel. 075 15-79 78 78, www.artdesignmarket.co.uk; Mo–Sa 10–18 Uhr. Eine Fundgrube schöner Kunsthandwerks- und Design-Objekte **Street Market** 2: Middle Brook Street, Do, Fr, Sa 8–14 Uhr. Straßenmarkt mit Obst, Gemüse, Delikatessen, Kleidung und Antiquitäten. **Farmers Market** 3: Jeden 2. und letzten So im Monat breitet sich der große Markt mit heimischen landwirtschaftlichen Produkten in der Middle Brook Street aus mit über 90 Ständen (9–14 Uhr).

Einkaufszentrum ▶ Brooks Shopping Centre 4: The Brooks, Mo–Sa 9–17.30, So, Fei 10–16.30 Uhr. Großes Shopping Centre mit viel Auswahl.

Aktiv

Stadtführungen und mehr ▶ Tourist Information Centre 1: s.o., Buchung und Start von hier aus. Geführte Stadtrundgänge finden regelmäßig statt April–Sept. Mo–Sa 11 und 14.30, Okt–März Mo–Sa 11 Uhr. Gezeigt werden die Highlights der Stadt (1,5 Std., ca. 4 £). Man kann hier auch Fahrräder mieten.

Termine

Hat Fair (Ende Juli): Gaukler-, Artisten- und Theater-Festival. Die Zuschauer tragen ausgefallene Hut-Kreationen.

Verkehr

Züge: Der Bahnhof ist in der Stockbridge Road, ca. 1,5 km nordwestl. vom Zentrum. Gute Verbindungen nach London und zu den Städten entlang der Küste.

Busse: Der Busbahnhof liegt gegenüber der Guildhall mit Tourist Information, Verbindungen tgl. nach London, Southampton, Portsmouth, Bournemouth, Salisbury, Romsey.

Umgebung von Winchester

Mottisfont Abbey & Garden
▶ J 19

Etwa 10 km westlich von Winchester liegt Mottisfont Abbey & Garden – ein besonderes Kleinod unter den Schätzen des National Trust. In einem herrlichen Landschaftspark zwischen weiten Rasenflächen, Kastanien, Eichen, Zedern und einer gewaltigen Platane, der größten Englands, zwischen Cricketrasen und Birkenrondell versteckt sich im ehemaligen ummauerten Küchengarten die einzigartige ›**National Collection**‹.

Es handelt sich um eine Sammlung alter Rosen aus allen Teilen der Welt, chinesische, persische, französische, die im Sommer in den köstlichsten und feinsten Farbschattierungen blühen und den sonnendurchströmten, geschützten Garten in betörenden Duft hüllen.

Das Haus Mottisfont Abbey selbst, von zeitloser Schönheit, war ursprünglich eine Priorat, die nach der Reformation zu einem repräsentativen Tudor-Wohnhaus umgebaut wurde. Im Jahr 1938 beauftragte die letzte Besitzerin den Maler Rex Whistler mit der Ausgestaltung eines Raumes im Trompe l'Œil. Der **Whistler Room** ist ein sinneverwirrendes, anregendes Vexierspiel: gemalte Architektur, eine andere Variante der englischen Vorliebe für Inszenierungen, die heute wieder außerordentlich begehrt ist (NT, www.nationaltrust.org.uk, Haus und Garten Ende Feb.–Ende Mai Sa–Mi 11–17, Juni Garten tgl. 8.30–17, Haus 11–17, Juli/Aug. Haus und Garten Sa–Do 11–17, Sept./Okt. Sa–Mi 11–17 Uhr).

Jane Austen's House ▶ J 19

20 km nordöstlich von Winchester ist in Chawton nahe Alton das Haus von Jane Austens Bruder zu sehen, mit dem sie hier zusammenlebte und wo einige ihrer großen Romane wie »Sense and Sensibility« und »Pride and Prejudice« entstanden sind. Sie hat hier von 1809 bis 1817 gelebt, bevor sie nach Winchester zog, wo sie starb und beerdigt wurde (s. S. 211). Ihr Haus ist eine Pilgerstätte, ihre Romane sind Klassiker und Dauerbrenner, die auch immer wieder als Neuverfilmungen begeistern (Jane Austen's House, www.jane-austens-house-museum.org.uk, März–Okt. tgl. 11–16, Nov.–Feb. Sa/So 11–16 Uhr).

Im Norden von Hampshire

Bereits im Einflussbereich Groß-Londons, aber mit ländlichen hübschen Gemeinden, liegen drei völlig verschiedene, kostbare und äußerst individuell gestaltete Country Houses dicht beieinander, die man gesehen haben sollte: Sie repräsentieren auf jeweils vollendete Weise eine kunst- und architekturhistorische Epoche, erzählen lebhaft vom Geschmack und Kunstsinn, auch vom höheren Unsinn, ihrer Erbauer.

Rund um Portsmouth, Isle of Wight, New Forest

Stratfield Saye ▶ J 18

Das stattliche Anwesen, in der Regierungszeit von Karl I. errichtet, später um- und ausgebaut, war der Landsitz des Duke of Wellington (1769–1852). Es gehört noch heute seinen Nachkommen und ist mehr Familiensitz denn Museum, obwohl sein erster Eigentümer die Geschicke Englands wahrlich beeinflusste, wurde es doch dem Sieger von Waterloo von der »dankbaren Nation« zum Geschenk gemacht. In London bewohnte der Duke of Wellington Apsley House in Hyde Park Corner (die damalige Adresse: London No. 1), hier auf dem Land verbrachte er seine Wochenenden. Die **Wellington Exhibition** widmet sich dem Leben des ›Eisernen Herzogs‹, führt auf die Schlachtfelder und beschwört noch einmal seine legendäre Begräbnisprozession auf der Themse herauf – nur noch sein Zeitgenosse Admiral Nelson und 1965 Churchill wurden in der neueren englischen Geschichte mit derart festlichen Zeremonien geehrt (Stratfield Saye, Basingstoke, www.stratfield-saye.co.uk, Besuch nur mit Führung Ostern sowie ab zweite Juliwoche bis zweite Augustwoche Mo–Fr 11.30–15.30, Sa/So 10.30–15.30 Uhr).

The Vyne ▶ J 18

Etwa 5 km nördlich von Basingstoke liegt The Vyne, eines der berühmtesten kleineren Landhäuser, die England zu bieten hat. Es ist berühmt seiner architekturhistorischen Bedeutung, seiner eigenwilligen Besitzer und schlicht seiner Schönheit wegen.

The Vyne vereinigt mehrere Superlative in sich: Gebaut wurde es im frühen 16. Jh. von William, dem erste Lord Sandys. Der war Haushofmeister Heinrichs VIII. und weithin respektiert dafür, dass es ihm gelang, aus den Reformationswirren, den üblen Hofintrigen und um sich greifenden Hochverratsanklagen nicht nur unbeschadet, sondern in bester Verfassung hervorzugehen. Der zweigeschossige Backsteinbau mit blauem Rautenmuster ist typisch für die höfische Tudor-Architektur, wie sie u. a. auch in Hampton Court und im St James Palace in London zu sehen ist.

Hier ist die Long Gallery ein wunderbar strenger, würdevoller Raum mit knarrenden Dielen und einer herrlichen Eichentäfelung in ›linenfold‹-Paneelen. Die kostbare handwerkliche Arbeit ziert den über 20 m langen, schmalen Raum – die wahrscheinlich erste und älteste Long Gallery in England. Besonders schön ist auch die oktogonale Hauskapelle in spätgotischem Stil.

Dem nächsten Besitzer, Chaloner Chute, verdankt das Haus den berühmten **Portikus an der Nordfassade.** Er stammt von Architekten John Webb, der ihn um 1655, Palladios Villa Barbaro zum Vorbild nehmend, errichtet hat. Für diesen ersten klassizistischen Portikus in einem englischen Landhaus kreierte dann John Chute (1701–76) ohne Zuhilfenahme eines Architekten den passenden, glanzvoll festlichen Rahmen im Innern des Hauses: **Halle und Treppenaufgang** – ein wirklich unvergesslicher, strahlender Anblick. Chute, ein großer Kunstkenner und enger, lebenslanger Freund des Schriftstellers Horace Walpole, hatte sich in seinen jüngeren Jahren für die Neogotik begeistert, die, nach Walpoles Haus benannt, als ›Strawberry Hill Gothic‹ in die Kulturgeschichte eingegangen ist. Sie ist in Teilen des Hauses noch präsent. Erst in späteren Jahren, nachdem er überraschend The Vyne geerbt hatte, entschied er sich – und mit welch Könnerschaft! – für den Klassizismus.

Und auch hier breitet sich ein herrlicher **Landschaftsgarten** aus, mit federnden Ra-

---

Tipp: Long Gallery

Auch in The Vyne gibt es eine englische Besonderheit, mit der sich die Besitzer der Repräsentationsbauten gern gegenseitig übertrumpften – die Long Gallery. Die gesamte Breite des Hauses ausfüllend, nimmt sie immer das Obergeschoss ein. Sie war die Allee im Haus, zum Lustwandeln und Plaudern bei schlechtem Wetter, ein Treffpunkt innerhalb der oft riesigen Landsitze. Großartig ist die Long Gallery z. B. auch in Montacute (s. S. 333 ff.); ganz kuschelig und lieblich dagegen in Parham House (s. S. 184).

senflächen, See und alten Baumgruppen (The Vyne, NT, Sherborne St John, Basingstoke, www.nationaltrust.org.uk, Haus Mitte März–Okt. Sa/So 11–17, Mo-Mi 13–17, Gärten, Shop, Restaurant Feb.–Mitte März Sa/So, letzte Märzwoche–Okt. Sa–Mi 11–17 Uhr).

Highclere Castle ▶ J 18

Wie der kapriziöse Seitensprung eines Giganten des 19. Jh. nimmt sich Highclere Castle aus: ein monumentales Zeugnis der viktorianischen Manie für Neogotik. Der riesige quadratische Baukörper mit aufeinandergestapelten Fensterreihen, ornamentierten Ecktürmen und einem hoch aufschießenden Zentralturm wurde um 1830 für den Earl of Carnarvon errichtet, dessen Nachkommen heute noch hier leben. Architekt war Sir Charles Barry, der gleichzeitig auch das Parlamentsgebäude in London schuf.

Die Ähnlichkeiten lassen sich nicht leugnen: Den Prinzipien der Neogotik entspricht die strenge rasterartige Gliederung in deutlich abgesetzte Vertikalen und Horizontalen, das Prinzip der Reihung und Wiederholung gleicher Details bis zu den Fialen und Schornsteinen. Wie auch in den Houses of Parliament zeigen sich Extravaganz und Überschwang im lustvollen Spiel der Innengestaltung. Hier blühen Farben, Formen, Muster und Materialien in unterschiedlichsten Stilrichtungen: Sakralgotik, orientalische Pracht, Rokoko – amüsant, pompös, auch kitschig, selbst grandios geschmacklos, aber nie langweilig.

Der fünfte Earl, Archäologe und Ägyptologe, hat in den 1920er-Jahren zusammen mit Howard Carter das Grab des Tutenchamun im Tal der Könige entdeckt – kostbare Funde sind hier zusammengetragen; eine weitere Ausstellung informiert über die spannende Geschichte des Pferderennens. Ringsum dann der großartige, teilweise von Capability Brown angelegte **Landschaftspark** mit uralten Zedern, Orangerie, Farnhaus und Geheimem Garten (Highclere Castle, bei Newbury, Berkshire, Tel. 016 35-25 32 10, www.highclerecastle.co.uk, Ostermonat, Juni-Aug. So–Do 11–16 Uhr).

Isle of Wight ▶ J 19/20

Die Isle of Wight ist eine Miniaturausgabe Englands (380 km^2 groß) – mit Kreidefelsen, schmucken Dörfern, Klippenpfaden, kleineren Fischerorten und Städten, die sich im 19. Jh. zu Badeorten mauserten. Mit vielen Seglern, Wanderern und zunehmend auch Surfern, die ohne trendige Szene auskommen wollen. Das Flair der 1970er-Jahre liegt über diesem milden ›Madeira Großbritanniens‹. Die Sommerresidenz von Queen Victoria, das prächtige Osborne House, ist eine der Hauptattraktionen.

Infos
Isle of Wight Tourism: Für alle Orte: Tel. 019 83-81 38 16, Mo–Sa 9–17 Uhr, die Informationsbüros findet man bei den jeweiligen Orten.

Cowes
Die berühmte Pilgerstätte aller Segler und Wassersportfreunde ist Cowes: Im Badeort am nördlichen Zipfel der Insel findet Anfang August jeden Jahres die älteste und größte Segelregatta der Welt statt, Cowes Week. Rund 8000 Teilnehmer segeln buchstäblich um die Wette; es kommen Royalty und High Society, etwa 80 000 Besucher und der Hafen selbst verausgaben sich in überschäumender Festtags- und Partystimmung. The Royal Yacht Squadron Club, der wohl nobelste der Welt, ist das Hauptquartier der internationalen *upper classes.* Hier hat schon Kaiser Wilhelm II., Kaiser Bill, gegen die Etikette verstoßen, während seine Jacht ›Hohenzollern‹ gegen die ›Osborne‹ seiner Verwandten, der englischen Könige, antrat. Cowes Week zum Vorbild nehmend, initiierte er die Kieler Woche.

Cowes mit seinen 20 000 Einwohnern ist durch die Mündung des Medina-Flusses geteilt; Heinrich VIII. hatte hier zwei Festungen angelegt; nur eine ist noch erhalten. Die westliche Stadthälfte ist die ältere und schönere; im Ostteil liegt Queen Victorias sehenswertes Sommerparadies Osborne House nun im industrialisierten Umfeld. Eine für Fußgänger kostenlose Fähre verbindet die Ortsteile.

Rund um Portsmouth, Isle of Wight, New Forest

Osborne House

In Osborne House war Queen Victoria Privatperson – *dear Albert,* der Prinzgemahl Albert von Sachsen-Coburg-Gotha, hatte Osborne House als Heim für die königliche Familie entworfen. Dem Stil eines Palazzo am Golf von Neapel nachempfunden, schwebt das opulente Privathaus in wunderbaren Parkanlagen über dem Solent. Von 1845 bis zu ihrem Tod im Jahr 1901 war dies Viktorias Refugium. Hier ist sie gestorben. Die prunkvolle indische Ausstattung des Durbar-Flügels repräsentiert ihre Position als Herrscherin über das größte Empire der Welt, und in den original erhaltenen Privatgemächern wird man sich der engen Verbindungen zwischen Deutschland und Großbritannien bewusst: Sechs von Viktorias neun Kindern haben Deutsche geheiratet, auch ›Kaiser Bill‹ war einer ihrer Enkel (Osborne House, EH, www.english-heritage.org.uk, April–Sept. tgl. 10–17, Okt. 10–16, Nov.–März Mi–So 10–16 Uhr).

Infos

Isle of Wight Tourism: The Arcade, Fountain Quay, Tel. für alle Orte 019 83-81 38 18, Unterkünfte: 01983 81 38 13, www.islandbreaks.co.uk; Radverleih über Tourist Office.

Ryde

Bewegt man sich im Uhrzeigersinn weiter über die Insel, trifft man in **Ryde** auf das typische englische *seaside resort* mit grau weißem, feinem Strand und einem über 800 m langen Vergnügungspier, auf dem ausrangierte Londoner U-Bahn-Waggons die Beförderung der Badegäste übernehmen.

Infos

Isle of Wight Tourism: Western Esplanade, Tel. 019 83-81 38 18, Unterkünfte: 01983-813813, www.islandbreaks.co.uk; Fahrradverleih über Tourist Office

Sandown und Shanklin

Viktorianischer Zeitgeist ist im ehemals noblen Kurort **Sandown** – mit schönem Strand – zu spüren. **Shanklin** mit reetgedeckten Cottages der Old Town zieht viele Tagesausflügler an, die dann hintereinander her durch die mit Farnen und Moosen bewachsene enge Schlucht **Shanklin Chine** mit Wasserfall und Tea Room lustwandeln (www.shanklinchine.co.uk). Heute sind die beiden Orte Sandown und Shanklin fast zusammengewachsen.

Die Westküste

Yarmouth ist der Hafen für alle aus dem Westen kommenden Fährschiffe. Ausgesprochen hübsch ist die kurze Überfahrt nach Lymington mit seinen offenen, schilfgesäumten Ufern. Die Westspitze der Insel ist geologisch interessant und als Heritage Coastline auf über knapp 45 km geschützt: Weiße Kreideklippen umgeben **Freshwater Bay,** und die hoch aufragenden Spitzen der **Needles,** die spitzen Kreideformationen im Meer, sind das Wahrzeichen der Insel. Vom **Needles Park,** einem Erlebniszentrum mit Sessellift, kann man sie besonders gut sehen. In **Alum Bay** leuchten die Gesteine in über zehn verschiedenen Farben und Schichten am Rand des Meeres.

Infos

Isle of Wight Tourism: The Quay, Yarmouth, Tel. 019 83-81 38 18, Unterkünfte: 019 83-81 38 13, www.islandbreaks.co.uk; Fahrradverleih über Tourist Office.

Newport

Die Hauptstadt der eigenständigen Insel ist Newport; sie ist die einzige Stadt in der Inselmitte und durch den Medina-Fluss mit dem Meer verbunden.

Infos

Isle of Wight Tourism: The Guildhall, High Street, Tel. 01983-81 38 18, Unterkünfte: 019 83-81 38 13, www.islandbreaks.co.uk; Fahrradverleih über Tourist Office

Übernachten

Mehrfach prämiert ▶ **The Country Garden Hotel:** Church Hill, Totland Bay, Tel./Fax 019 83-75 45 21, www.thecountrygardenhotel.co.uk. Mehrfach ausgezeichnetes, familien-

Isle of Wight

Seglerparadies Isle of Wight

geführtes Haus mit Garten und Meeresblick. Sehr gute Küche, Fisch, Gourmet-Abende. DZ ab 170 £.

Luxuriös in toller Lage ▶ Priory Bay Hotel: Priory Drive, Seaview (2 km auf der B 3330), Tel. 019 83-61 31 46, Fax 019 83-61 65 39, www.priorybay.co.uk. Fantastisches Country House über dem Strand, mit Gärten und Park, Golfanlage, Tennis, Außenpool und eigenem Strand, zwei Restaurants, Beach-Café. Imposante Aufenthaltsräume, 18 charaktervolle Zimmer, auch Ferienwohnungen. DZ ab 160 £.

Bestens für Familien ▶ Seaview Hotel & Restaurant: High Street, Seaview, 6 km östl. von Ryde, Tel. 019 83-61 27 11, Fax 019 83-61 37 29, www.seaviewhotel.co.uk. Gemütliches viktorianisches Haus, komplett aufgefrischt, nah am Strand mit hübschen Zimmern und beliebtem gutem Restaurant mit Wintergarten. Tolle Fischküche. DZ ab 70 £.

Reizend und ruhig ▶ Little Orchard B&B: Undercliffe Drive, St Lawrence, Ventnor, Tel. 019 83-73 11 06. Zwischen Bäumen, Garten und mit Blick auf die See: hübsches Stein-Cottage mit stillem Garten. DZ ab 65 £.

Französisches Flair ▶ Seven B&B: Café, Restaurant, Main Road, Brightstone, Tel. 019 83-74 03 70, www.visitseven.co.uk. Der Name Seven bezeichnet die Lage: jeweils sieben Meilen von Newport, Yarmouth und Freshwater entfernt im Dorf Brightstone. Café und Bistro-Restaurant mit vier liebevoll gestalteten, schnörkellosen Zimmern mit sehr guten Betten. DZ ab 60 £ (im Juli und Aug. mind. 2 Nächte).

Modern und günstig ▶ Premier Inn: Medina Quay, Seaclose, Newport, Tel. 019 83-82 50 82, www.premierinn.com. Verlässliche, moderne Hotelkette, helle Zimmer mit frischem Ambiente. Blick auf die Werftanlagen. DZ um 50 £.

Jugendherberge ▶ Youth Hostel Sandown: Fitzroy Street, Tel. 08 70-770 60 20, sandown@yha.org.uk. Jugendherberge mitten im Ort und nah am Strand. Bett (für Erw.) ab 14,95 £.

Essen & Trinken

Zahlreiche Bistros und Cafés und Snackbars gibt es zahlreich an den Strandpromenaden und im Hafenareal der Badeorte.

Rund um Portsmouth, Isle of Wight, New Forest

Super Fisch ▶ Seaview Restaurant: High Street, im Seaview Hotel (s. S. 219). Busy, behaglich mit nautischem Flair. Gute Fischküche. Unbedingt vorab reservieren. 2-Gänge-Menü um 25 £.

Fein und klein ▶ The Pond Café: Bonchurch Village Road, Bonchurch nahe Ventnor, Tel. 019 83-85 56 66, Di–So 12–14.30, 19–21.30 Uhr. Sehr gute moderne Küche, liebevoll serviert: das kleine Restaurant, direkt am Dorfweiher gelegen, ist mehrfach ausgezeichnet. 2-Gänge-Lunch-Menü 23 £, Tagesgerichte ab 10 £.

Charmanter Pub ▶ Red Lion: Church Place, Freshwater. Beliebter alter Pub mit Charme, direkt neben der Kirche, mit Garten. Gute Tagesgerichte. 2-Gänge-Menü um 18 £.

Reizend ▶ Windmill Inn: 1 Steyne Road, Bembridge, Tel. 019 83-87 28 75, tgl. geöffnet. Schöner alter Inn mit toller Aussicht, großer Bierauswahl, guter Pubküche sowie Fisch vom Hummer bis Fish & Chips. Sunday-Lunch. Tagesgerichte ab 8 £.

Durchgestylt ▶ Yelfs Bar 53: Union Street, Ryde, Tel. 019 83-56 40 62, www.yelfshotel.com. Neu gestyltes Restaurant mit langem

Queen Victorias Sommerdomizil: Osborne House auf der Isle of Wight

Isle of Wight

Bartresen, Lounge und Biergarten; vom Snack bis zum Menü. Tagesgerichte ab 8 £.

Beliebt, belebt ▶ Bargeman's Rest: Little London, Newport, Tel. 019 83-52 58 28, www.bargemansrest.com. Großer Inn direkt am Newport Harbour; mit großer Terrasse. Mehrere Bars, ordentliches Essen, auch Live-Musik. Tagesgerichte 6–15 £.

Mit Cottagegarten ▶ Fishbourne Inn: Fishbourne Lane nahe Fähr-Terminal, Fishbourne. Reizender alter Fachwerkbau mit großem Cottagegarten. Ordentliche Tageskarte. Tagesgerichte ab 7 £.

Auch Dinnerdance ▶ Joe Daflo's: Union Street, Ryde, Tel. 019 83-56 70 47, und High Street, Newport, Tel. 019 83-53 22 20, www.joedaflos.com, Mo–Sa, Fr, Sa bis 1 Uhr. Modern, mit französischem Flair und guter Küche, Fr, Sa Dinner & Dancing. Tagesgerichte ab 7 £.

Bodenständig ▶ Traveller's Joy: 85 Pallance Road, Northwood bei Cowes. Ländlicher Pub mit guter Tageskarte, So, Mi traditioneller Roast zum Lunch. Tagesgerichte ab 7 £.

Abends & Nachts

Zum Bummeln und Leute gucken empfehlen sich die Esplanade in Ryde oder Sandowns Pier.

Nightclubs ▶ Colonel Bogey's: Culver Parade, Sandown, Tel. 019 83-40 53 20, www.bogeys.co.uk, Di, Fr, Sa. **The Balcony:** Ryde Pavillon, The Esplanade, Tel. 019 83-61 70 70, Do–Sa. Großer Club direkt an der Promenade. **Woody's Temptation:** Town Centre Newport, Tel. 019 83-52 52 35, Mi–Sa.

Aktiv

Wandern ▶ Neben dem Rundwanderweg an der Küste bietet die Insel über 500 km Wanderwege, dazu das Wanderfestival (s. S. 222).

Radfahren ▶ Ein Dutzend Fahrradvermietungen stehen zur Verfügung (Adressen über alle Tourist Informationen).

Surfen, Wind- und Kitesurfing ▶ IoW Ryde: Tel. 077 89-88 20 45, www.iowwindsurfing.co.uk. Wight bietet für diese Aktivitäten ideale Bedingungen. Kurse jeder Art an mehreren Orten. Das große Ereignis im Oktober: White Air Festival (s. S. 222).

Reiten ▶ Brickfields Horsecountry, Binstead bei Ryde, Tel. 019 83-56 68 01; Romany Riding School, Newport, Tel. 019 83-52 54 67; **Hillfarm Riding School,** Freshwater, Tel. 019 83-75 25 02. Reitstunden, Ponys und Pferde für alle Altersgruppen.

Golf ▶ Freshwater Bay Golf Club: Tel. 019 83-75 29 55, www.isle-of-wight.uk.com/golf. Einer der insgesamt sieben Golfplätze der Insel.

Rund um Portsmouth, Isle of Wight, New Forest

Termine
Vier große Events bilden die jährlichen Höhepunkte.
Walking Festival (Mitte Mai, zwei Wochen lang): mit zahllosen geführten Wanderungen (www.isleofwightwalkingfestival.co.uk).
Isle of Wight Festival (Ende Juli): das etablierte, schon legendäre Rock-, Folk- und Popfestival, Tickets über www.isleofwight festival.com.
Cowes Week (erste Augustwoche): die größte Segelregatta der Welt.
White Air Festival (letztes Oktoberwochenende): Spektakuläre Shows der Extremsportler: mit Mountain Boarding, Surfing, Windsurfing, Kitesurfing (www.whiteair.co.uk).

Verkehr
Fähren: Der Fährbetrieb mit über 300 Überfahrten täglich ist gewaltig.
Autofähren: von Portsmouth nach Fishbourne und von Lymington nach Yarmouth, Tel. 08 70-582-77 44; von Southampton nach Cowes, Tel. 08 70-444 88 98.
Nur Passagiere und Fahrräder: mit Hovercraft von Southsea nach Ryde, Tel. 019 83-811 0 00; mit dem Red Jet von Southampton nach Cowes, Tel. 08 70-444 88 98; mit dem Katamaran von Portsmouth nach Ryde, Tel. 08 70-582 77 44. Alle Fähren verkehren jeweils mindestens jede Stunde (www.wight link.co.uk; www.redfunnel.co.uk; www.hover travel.co.uk).
Busse: Das Verkehrsnetz auf der Insel ist gut ausgebaut; Zentrum ist Newport in der Inselmitte. Es gibt einen stündlichen Explorer-Bus rund um die Insel (Bus-Service: Tel. 019 83-53 23 73). Eine elektrifizierte Strecke, die mit alten Londoner U-Bahn-Zügen befahren wird, besteht zwischen Ryde und Shanklin (Islandline Tel. 084 57-48 49 50).

New Forest National Park
▶ H/J 19

Im Landesinnern zwischen Bournemouth und Southampton liegt der New Forest: Das rund 350 km^2 umfassende Gebiet ist seit 2006 Nationalpark und das größte Waldareal in Südengland, mit Eichen und Buchen, mit weiten Lichtungen, Wiesen und Heidekraut. Außergewöhnlich sind die frei lebenden Ponys. Die Ortschaften sind wohlhabend und gepflegt, Wandern und Radeln sehr beliebt.

Wilhelm der Eroberer hatte das Waldgebiet im 11. Jh. zum königlichen Jagdrevier erklärt; im Lauf der Jahrhunderte jedoch wurden die dichten Eichenwaldbestände abgeholzt – der Schiffbau verschlang Großteile der britischen Wälder. Erst wieder im 19. Jh. begann man mit intensiver Aufforstung und einem rigiden Schutzprogramm, um die herrlichen Wälder, die Heideflächen und die Flora und Fauna in ihrer Vielfalt zu pflegen.

Im leicht hügeligen New Forest wechseln Buchen, Eichen, Birken, Eschen und Nadelbäume, auf den Lichtungen, in den Mulden und Talsenken grasen die wilden Ponys und lassen sich von Spaziergängern und Wanderern nicht aus der Fassung bringen. Der New Forest darf von den Einwohnern, den ›Commoners‹, seit jeher als Weideland genutzt werden – das ist auch heute noch so. Bei einer Wanderung stößt man immer wieder auf

---

Tipp: Eines der führenden Häuser weltweit ...

Eines der schönsten und behaglichsten Country-House-Hotels im Königreich, seit Jahrzehnten mit zahlreichen Auszeichnungen gewürdigt, ist **Chewton Glen** in **New Milton**. Das Haus gehört zu den ›Leading Hotels of the World‹ und ist hineingesetzt in weite Gärten. Stil und Gastlichkeit unter der spitzgiebeligen Dachlandschaft mit knapp 40 Räumen und Suiten sind elegant und lässig in luxuriöser Vollendung. Mit Hubschrauber- und Limousinenservice, Sportanlagen, Spa-Pool- und Wellnessangebot – und einem lichten Restaurant mit Michelin-Stern. Wie wär's mit einem Cream Tea auf einer der Terrassen? (Chewton Glen, Christchurch Road, New Milton, Tel. 014 25-27 53 41, Fax 014 25-27 23 10, www.chewtonglen.com, DZ ab 315 £).

New Forest National Park

aktiv unterwegs

Radtour im New Forest

Tour-Infos

Start/Ende: Spring Bushes Car Park nahe High Corner Inn, Linwood
Länge: ca. 14 km, **Dauer:** rund 2 Std.
Schwierigkeitsgrad: leicht, mit einigen Steigungen. Waldboden, gekieste oder geteerte Wege mit Fahrradweg-Markierungen.
Wichtige Hinweise: Fahrradverleih z. B. Country Lanes, 9 Shaftesbury Street, Fordingbridge, Tel. 014 25-65 50 22, www.countrylanes.co.uk. Dort gibt es auch Karten.

Radeln ist die schönste Art, sich im New Forest zu bewegen, mit seiner offenen Heide, den Eichen, Buchen und wilden Ponys. Eines seiner Zentren ist **Linwood**, wo auch der **Spring Bushes Car Park** liegt, von wo die Tour beginnt. Sie fahren von hier nach rechts den Kiesweg hinauf und am **High Corner Inn** vorbei und folgen der Strecke bis nach **Woodford Botton** – hier geht es nach links auf den markierten Radweg. Sie gelangen nun zu einem geteerten Weg, in den Sie scharf links einbiegen. Mit leichter Steigung erreichen Sie die Kreuzung **Red Shoot Inn** in Linwood. Links geht der Radweg weiter, leicht ansteigend bis zu **Amies's Corner**. Rechts führt er durch ein Holzgatter in die Milkham Einzäunung, *inclosure*. Eine kleine Brücke leitet über den **Linford Brook.** Dem Weg mit der Markierung 5 folgen Sie weiter und kommen nochmals über eine Brücke. Nach dem **Milkham Parkplatz** biegen Sie an der Kreuzung ab und fahren rund 500 m nach links Richtung Linwood. Dann zweigt der Radweg erneut nach **Broomy Lodge** und **Holly Hatch** ab. Auf dem Heideplateau radeln Sie weiter mit schönen Ausblicken auf die Wiltshire Downs. An der nächsten Wegkreuzung biegen Sie rechts ab und fahren bis in die Holly-Hatch-Einzäunung. An der folgenden Markierung 3 am Fuß des Hügels müssen Sie nach links und kommen durch einen lichten Eichenwald. Auf der weiteren Strecke öffnen und schließen Sie zwei Gatter; dann wechselt die Vegetation von Wald zu Heide und Koniferen. Von hier folgen Sie weiter dem markierten Weg, bis der Ausgangspunkt wieder erreicht ist. Im High Corner Inn kann man eine zünftige Rast machen.

Rund um Portsmouth, Isle of Wight, New Forest

die von Farnen und Büschen umgebenen, sonnengefleckten Lichtungen; man hört ein leises Schnauben ein Knacken der Äste, wenn die Pferde langsam und gemächlich weiterziehen, ohne Notiz von den Besuchern zu nehmen.

Auf den weiten Ebenen grasen Schafe, Rinder, Ziegen, und selbst rosige Schweine laufen frei über die Straßen – im New Forest National Park haben die Tiere überall Vorfahrt. Die Orte zeugen von Komfort und betuchten Gästen, es gibt Sport- und Golfhotels, zahlreiche B&Bs und eine Vielzahl an Restaurants und Pubs.

Lyndhurst und Brockenhurst

Das Zentrum des Nationalparks ist **Lyndhurst** – ein ländliches Städtchen mit 3000 Einwohnern, einer gemütlichen, netten High Street, die in den Sommermonaten vor Besuchern überquillt. Hier befindet sich das große Informationszentrum für die gesamte Nationalpark-Region, das eine Fülle an Materialien, Wanderrouten und Unterkünften anbieten kann.

Auch **Brockenhurst** ist schnell überfüllt. Der Bahnhof ist mitten im Ort; er bedient die Strecke Southampton–Bournemouth und die Stichbahn nach Lymington. Hier gibt es einen zentralen Fahrradverleih.

Fordingbridge und Lymington

Wenn Sie sich nur ein, zwei Tage im Gebiet des New Forest aufhalten wollen, ist es günstiger, sich an den Nordwestteil des Nationalparks zu halten. Und da die A 31 das Gebiet als vierspurige Schnellstraße durchschneidet, die Auf- und Abfahrten selten sind, ist es ratsam, sich bei einem kurzen Besuch vorab zu entscheiden, welchem Teil man den Vorzug geben möchte.

Im Nordwesten ist **Fordingbridge** der größte Ort. Sehr hübsch mit einem idyllischen weitläufigen Naturhafen ist **Lymington** am südlichen Rand des New Forest: Von hier aus gibt es eine Fähre hinüber nach Yarmouth auf der Isle of Wight, und der Jachthafen ist einer der beliebtesten in Südengland. Ein schöner Anblick vom Wasser aus: Schilf, Bäume, Buchten, Segelboote, Motorjachten und gepflegte Häuser an den Ufern.

Infos

Lyndhurst Visitor Centre: Großparkplatz High Street, Lyndhurst, Tel. 023-80 28 22 69, März–Okt. tgl. 10–17, Nov.–Feb. 10–16 Uhr, www.thenewforest.co.uk
Lymington Visitor Centre: New Street, Tel. 015 90-68 90 00 (nur April–Okt.)
Ringwood Visitor Centre: The Furlong, Ringwood, Tel. 014 25-47 08 96

Übernachten

Luxuriöses Countryhouse ▶ Careys Manor: Lyndhurst Road, Brockenhurst, Tel. 015 90-62 35 51, www.careysmanor.com. Schönes üppiges Hotel mit eleganten Zimmern, Pool, Wellnessareal und Thai-Spa – zum Verwöhnen. DZ ab 150 £.
Traumhaft schön ▶ Mill at Gordleton: Silver Street, Hordle, 5 km außerhalb Lymington, an der A 337, Tel. 015 90-68 22 19, Fax 015 90-68 30 73, www.themillatgordleton.co.uk. Idyllisch am Mühlfluss gelegenes kleines Hotel, teils alte Mühle, hervorragende provenzalische Küche, Bar-Pub, Terrasse. DZ ab 135 £.
Komfortabel ▶ The Beaulieu Hotel: Beaulieu Road, Lyndhurst, Tel. 023-80 29 33 44, Fax 023-80 29 27 29, www.newforesthotels.co.uk. 5 km außerhalb, an der B 3056. Mitten im New Forest gelegenes, behagliches Hotel in edwardianischem Landhaus, mit Innenpool, Garten. DZ zwei Nächte ab 165 £.
Für Urlaubsreife ▶ Ormonde House: Southampton Road, Lyndhurst, Tel. 023-80 28 28 06, Fax 023-80 28 20 04, www.ormondehouse.co.uk. Großzügige edwardianische Landvilla mit Gärten, traditioneller Einrichtungsstil. DZ um 100 £.
Kuschelig ▶ Little Forest Lodge: Ringwood, Poulner Hill, Tel. 014 25-47 88 48, www.littleforestlodge.co.uk. Angenehmes kleines Hotel, von Gärten umgeben. DZ ab 70 £.
Malerisch gelegen ▶ Cottage Crest B&B: Castle Hill, Woodgreen, Fordingbridge, Tel. 017 25-51 20 09, www.cottage-crest.co.uk.

New Forest National Park

Hier wurde einst Nelsons Flotte gebaut: Buckler's Hard

Kuscheliges B&B mit Blicken auf den New Forest und den Fluss Avon. DZ 68 £.

Mitten im Wald ▶ **High Corner Inn:** Linwood, Tel. Tel. 014 25-47 39 73, Fax 014 25-48 00 15, www.highcornerinn.co.uk. Großes, komfortables Haus ca. 5 km nördl. von Ringwood, mit Ranch-Flair, Pub-Restaurant, Garten; ideal für Kinder – nach zwei Schritten ist man im Wald bei den Wildpferden. DZ ab 60 £.

Hübsch und gemütlich ▶ **Clayhill House B&B:** Clay Hill, 3 km südl. von Lyndhurst, Tel. 023 80-28 23 04, www.clayhillhouse.co.uk. Georgianisches Haus, großzügige Räume, gutes Frühstück, Garten. DZ ab 60 £.

Jugendherberge ▶ **Burley Youth Hostel:** Cottesmore House, Cott Lane, Ringwood, Tel. 08 70-770 57 34, www.yha.org.uk. Okt.–März geschl. Schnell ausgebucht ist das nette viktorianische Haus, Reservierung empfehlenswert. Erw. ab 13,95 £.

Essen & Trinken

In dieser hochentwickelten Besucherregion ist in allen Orten die Auswahl groß an Pubs und Tea Rooms für Frühstück, Snacks und den traditionellen ›Tea‹ am Nachmittag.

Mit Stil und Finesse ▶ **Simply at Whitley Ridge:** Beaulieu Road, Lyndhurst, Tel. 015 90-62 23 54, www.www.whitleyridge.co.uk. Wild und Fisch aus der Gegend: elegante, moderne, anglo-französische Küche, Kräuter aus dem Garten, spezielle Angebote. Herrlich: hier in schönster Gartenlandschaft Sunday-Lunch genießen (3-Gänge-Menü 30 £), 2-Gänge-Menü um 25 £.

Aktiv

Fahrradverleih ▶ **AA Bike Hire:** Fernglen, Gosport Lane, Tel. 023 80-28 33 49, www.forestleisurecycling.co.uk, mit Ausstattung in Lyndhurst. **Brockenhurst:** direkt am Bahnhof, Tel. 015 90-62 26 27, und **Cycle Experience:** Brookley Road, Tel. 015 90-62 34 07, www.cyclex.co.uk – die zentrale Fahrradvermietung im New Forest, große Auswahl an Rädern, ab 14 € pro Tag.

Reiten ▶ **Bagnum Riding Stables:** Bagnum Lane, Ringwood, Tel. 014 25- 47 62 63. Ponys und Pferde für Reiter aller Altersgruppen und Schwierigkeitsgrade, 2 Std. 48 €.

Geführte Wanderungen ▶ Ab **Lyndhurst Visitor Centre,** hier auch Gruppentreffs und Buchungen.

aktiv unterwegs

Wanderung am Fluss Beaulieu nach Buckler's Hard

Tour-Infos
Start/Ende: Beaulieu Arms Hotel, Beaulieu Village
Länge: Hin- und Rückweg 8 km
Dauer: ca. 1–1,5 Std. pro Strecke, mit Pausen und Besichtigungen ca. ein halber Tag
Schwierigkeitsgrad: leicht
Wichtige Hinweise: das gesamte Umland gehört zum Beaulieu Estate, auch Bucklers Hard, Erw. 5,95 £, keine Busverbindung

Ein wunderschöner Weg führt vom Dorf **Beaulieu** entlang des gleichnamigen Flusses bis zu dessen Mündung und zum Jachthafen im historischen Dorfensemble **Buckler's Hard**. Das gesamte Gebiet, auch der Fluss, gehört zum 2800 ha großen Besitz seiner Lordschaft. Buckler's Hard war im 18. Jh. wegen seiner herausragenden **Werftanlagen** berühmt. Die Anlage mit ihren historischen Häusern ist erhalten. Der unbegradigte Fluss mit seinen Wiesen und Auen gehört zum National Nature Reserve und ist ein geschütztes Naturreservat, in dem zahllose Vogelarten und andere Tiere zu Hause sind.

Vom **Montague Arms Hotel** führt ein Fußweg durch die Wiesen am Fluss entlang mit seinen Weiden, Wäldchen, Schilfgürteln, und Sumpfrändern, seinen Enten, Austernfischen, Schwänen, Seeschwalben und Wasserläufern. Der nächste Orientierungspunkt ist **Carpenter's Dock**, eine Ausbuchtung im Fluss, in der früher, wie der Name sagt, Zimmerleute die Holzladungen bearbeiteten.

In **Bailey's Hard**, dem sich nun anschließenden Markierungspunkt, begann 1698 der Schiffbau mit dem Stapellauf des ersten Seglers ›Salisbury‹. Hier gabeln sich die Wege: Während ein kleinerer Pfad weiter am Flussufer entlang führt, verläuft der Hauptpfad durch den Eichenwald. Hier können Sie wählen und auf dem Hin- und Rückweg jeweils einen anderen Streckenabschnitt nehmen. An einigen der alten Eichen sieht man im Übrigen mit etwas Fantasie noch, dass offenbar große Äste zum Bau der Schiffe genutzt wurden.

Bei der Markierung **Keeping Copse** vereinen sich die Wege wieder und führen bis zu Buckler's Hard, den zwei durch Rasengrün getrennten **Häuserzeilen** – East und West Terrace – und zum heutigen **Jachthafen** mit

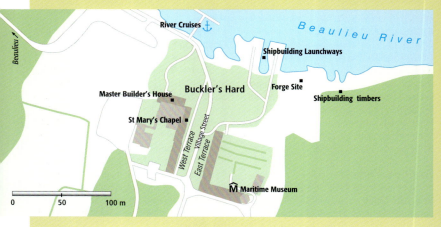

New Forest National Park

Verkehr

Züge: Zentraler Bahnhof ist Brockenhurst mit guten Verbindungen nach Southampton, Bournemouth, Winchester, London sowie auf der Stichstrecke nach Lymington.

Busse: Neu ist der New Forest Open Top-Bus mit offenem Verdeck; die Mitnahme von Fahrrädern ist erlaubt. Dieser Bus wie auch die Regionalbusse fahren sämtliche Orte im New Forest an (Auskünfte geben die Tourist Information Centres).

Beaulieu ▶ J 19

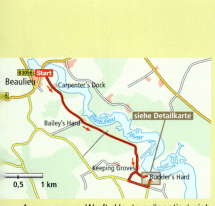

Beaulieu (gesprochen: bjulee) an der südöstlichen Spitze des New Forest gehört zum knappen Dutzend Stately Homes, die als ›Schatzhäuser der Nation‹ geliebt werden. Jeder hat sie schon einmal besucht, und ihre Besitzer, ihre Familiengeschichten, ihr Wohl und Wehe, die angehenden Erben, die in London über die Stränge schlagen, sind gleichsam in die Runde einer jeden Durchschnittsfamilie mit aufgenommen. Film, Fernsehen und Presse widmen sich dieser erlauchten Schar mit besonderer Inbrunst, nicht selten auch mit ganz unmissverständlichen, bürgerlich-pädagogischen Impulsen.

Im Süden Englands gehört Beaulieu neben Longleat in die Liste der Top Ten. Es ist nicht das größte, keineswegs so überwältigend prachtvoll und überbordend mit Kunstschätzen, dass ein gedämpftes Flüstern angebracht scheint. Doch das gesamte Anwesen, einschließlich des dazugehörenden malerischen Dorfes, überzeugt durch den persönlichen, geradezu intimen Charme, mit dem Lord Montagu of Beaulieu scheinbar völlig unangestrengt und plauderig sich und das Seine erläutert, kommentiert und darbietet.

Unabhängig davon ist das **National Motor Museum** ein Hauptanziehungspunkt. Bei der Öffnung des Hauses 1952 bestand es gerade aus fünf Wagen, die Lord Montagu von seinem Vater geerbt hatte. Heute zählt es mit 250 Oldtimern, Sportwagen, Motorrädern und Rennwagen zu den umfangreichsten Museen seiner Art in Europa.

Mit einer Schwebebahn (!) oder einem Londoner Doppeldecker kann man durchs

Agamemnons Werft. Heute präsentiert sich das Backstein-Ensemble als Idylle; im 18. Jh. lebten hier bis zu 4000 Arbeiter! Der Vorfahr von Lord Montagu of Beaulieu wollte hier Portsmouth Konkurrenz machen, einen großen Hafen für seine Rohstoffe aus den Kolonien und eine neue Stadt – Montagu Town – errichten. Aus dem Überseehafen ist nichts geworden, die Werft allerdings wurde ein großer Erfolg. Riesige Schlachtschiffe für **Nelsons Flotte** sind hier gebaut worden. Die Eichen aus dem New Forest wurden abgeholzt; noch heute ist der südliche Bereich des New Forest ausgedünnt und durch Heide, Ginster und Koniferen geprägt. Neben den gleichförmigen Häusern der Schiffsbauer und Aufseher sticht das einstige **Master Builder's House** ob seiner Größe hervor. Es ist heute ein lässig-elegantes Hotel mit hübschen Zimmern und guter Küche (Tel. 015 90 61 62 53, www.themasterbuildershouse.co.uk, DZ 160 £ mit Dinner).

Im **Maritime Museum,** bestehend aus drei Cottages – mit der ursprünglichen Kapelle, einem Arbeiter-Cottage und dem New Inn –, wird die fesselnde, merkwürdige und wenig bekannte Geschichte der Werft am Gezeiten-Fluss Beaulieu hinter den Wäldern erzählt Ostern–Okt., tgl. 10.30–17, Okt. bis Ostern tgl. 11–16 Uhr, www.bucklershard.co.uk). Von hier aus können Sie auch noch eine dreiviertelstündige Bootspartie flussabwärts unternehmen.

Rund um Portsmouth, Isle of Wight, New Forest

Im Oldtimer-Museum von Beaulieu

Gelände schaukeln, durch den Park, bis hin zu **Palace House** und **Abbey:** Eine verwinkelte und verschachtelte Ansammlung von baulichen Einzelteilen mit Zinnen, Schornsteinen, Rundtürmen und Spitzgiebeln aus goldfarbenem Stein, die sich zu einem kompakten, wohnlichen Ganzen fügen. Die Vorfahren der Montagus haben 1538 Überreste eines aus dem 13. Jh. stammenden Zisterzienserklosters zu einem Wohnhaus umgebaut; die Ruinen des Kreuzgangs sind noch vorhanden, das ehemalige Refektorium ist die heutige Pfarrkirche von Beaulieu, und das Haus selbst, einst das klösterliche Pförtnerhaus, wurde im 19. Jh. von dem renommierten Architekten Blomfield in ›viktorianischer Gotik‹ dem ursprünglichen Charakter angeglichen.

So finden wir farbige Deckengewölbe im Dining Room, zierliches Maßwerk der Kapelle im Drawing Room wieder, und überall vermitteln die großen und kleinen Memorabilia der Familie, Gemälde, Reiseerinnerungen, Roben und Kostüme, die Erläuterungen über die interne Organisation ein lebhaftes und mit Freude zusammengesetztes Bild dieses ›englischen Erbes‹, das natürlich auch die viel bespöttelte und lieb gewordene Vorstellung des in zugigen Hallen sitzenden Lord of the Manor perpetuiert: »And I well remember as a child eating meals in a howling draught« (»ich erinnere mich noch daran, als ich Kind war, wie fürchterlich es bei den Mahlzeiten gezogen hat«), kommentiert der Hausherr die umgestaltete Dining Hall (Mai–Sept. tgl. 10–18, Okt.–April 10–17 Uhr, www.beaulieu.co.uk).

Exbury Gardens ▶ J 19

Mit zahllosen Preisen wurden die spektakulären, rund 80 ha großen Garten- und Landschaftsparkanlagen ca. 5 km südlich von Beaulieu ausgezeichnet, die vor einem Dreivierteljahrhundert von einem der Barone Rothschild angelegt wurden bzw. von dessen Gärtnerscharen. Das Anwesen ist noch heute in Familienbesitz. Berühmt ist Exbury wegen seiner Rhododendren- und Azaleenhaine mit über einer Million (!) Pflanzen, wegen der Kamelien und des Steingartens. Eine kleine Dampfeisenbahn zuckelt durch das Gelände (nur Park, März–Okt. tgl. 10–17.30 Uhr, www.exbury.co.uk).

Wiltshire

Menschheits- und kunstgeschichtliche Glanzlichter bestimmen die Grafschaft Wiltshire: In herrlicher, hügeliger Landschaft warten die Geheimnisse von Stonehenge und Avebury immer noch auf Entschlüsselung – beide sind UNESCO-Welterbestätten. Die Kathedrale von Salisbury, die großen und glamourösen Stately Homes Longleat und Wilton House sowie die weltberühmte Gartenanlage von Stourhead sind weitere Höhepunkte.

5 Salisbury ► H 19

Die Kathedrale von Salisbury mit ihrem makellosen Turm, dem höchsten Englands, ist die wohl berühmteste, für viele auch die schönste Bischofskirche im ganzen Land; sie hat die Stadtentwicklung und ihr reizvolles, kompaktes Umfeld bestimmt. Berühmt sind die Gemälde von John Constable mit der Ansicht des Kathedralturms, der sich zwischen grünen Wiesen, bestanden mit großen Eichen und Pappeln, erhebt. Sie sind zum Sinnbild des guten, alten, ländlichen England geworden.

In Salisbury, der Hauptstadt Wiltshires mit rund 40 000 Einwohnern, liegt alles dicht und kompakt beieinander: Dominierend ist die Kathedrale, die von weitem Wiesengrün und den harmonischen Bauten des Cathedral Close eingefasst wird, der größten Domfreiheit in England. Nach Norden hin liegt der alte Stadtkern mit dem Marktplatz, dem Marktkreuz und der St Thomas Church.

Salisbury Cathedral

Ihr nadelspitzer Turm ist mit 123 m der höchste im Land, und da der gesamte Kathedralkörper in nur einer einzigen Bauphase ohne Unterbrechung in nur 45 Jahren errichtet wurde – eine große Seltenheit im Mittelalter –, bietet die Cathedral Church to the Blessed Virgin ein vollkommen reines, geschlossenes Beispiel für die englische Frühgotik, den Early English Style.

Unter Bischof Poore wurde im Jahr 1220 mit dem Bau begonnen; als Grundstück hatte man sich die Wiesen in der Avon-Schleife ausgesucht, und noch heute ist die Kathedrale ein unvergesslicher Anblick. Gebaut wurde von Osten nach Westen; in den ersten Kapellen betete man schon, als am Langschiff noch gearbeitet wurde.

Die englische Ausprägung der Gotik ist gekennzeichnet durch typische Aneinanderreihung von gleichberechtigten Einzelteilen: ein dreischiffiges Langhaus, das durch die Vierung mit den westlichen, dann den östlichen Querschiffen unterbrochen wird und in einer Marienkapelle mit geradem Abschluss endet.

Der Kreuzgang schließt sich zwischen Westfassade und westlichem Querschiff an, das achteckige Kapitelhaus wird angefügt. Es handelt sich um eine völlig klare, schlichte Symmetrie, die auch an der reich ornamentierten **Westfassade** ihren Ausdruck findet: Zwischen den vorgesetzten Ecktürmen mit schlanken Helmen und einem Zentralgiebel zeigt die Gestaltung der nahezu quadratischen Fassadenwand den dreigeschossigen Aufbau des Kirchenschiffs; die Anordnung der mit Skulpturen und Bandornamentik prachtvoll ausgeschmückten Arkadengalerien wird sichtbar.

Wiltshire

Der Innenraum der Kathedrale

Der Innenraum beeindruckt durch seine helle, ungehinderte Weite, die meisterhafte Proportionierung und seine Atmosphäre von beinahe karger Nüchternheit. In der **Vierung** sind die durchgebogenen, später verstärkten Pfeiler und die Scherenbögen noch gut zu sehen, die die Last des zusätzlichen Turmbaus zu tragen haben.

Nachdem die Kathedrale im Jahr 1265 geweiht worden war, wurde ein halbes Jahrhundert später mit dem Turmausbau begonnen, der, 1380 fertig gestellt, mit einer Reliquie – in der höchsten Kirchturmspitze Englands – gekrönt wurde. In seinem Roman »The Spire« schildert der Nobelpreisträger William Golding das dramatische Szenario des Turmbaus, der von einem von Glaubenszweifeln gequälten Bischof Jocelyn mit manischer Besessenheit vorangetrieben wird. Wenn Sie sich mit einem dickleibigen Roman auf die Geschichte Salisburys – von der Eiszeit über Stonehenge, den Bau der Kathedrale bis in das 20. Jh. – einlassen wollen, dann ist »Sarum« von Edward Rutherfurd das Richtige – soll's nur die Zeit der Kathedrale sein, bietet sich neben oben erwähntem Golding der Bestseller von Ken Follett an: »Die Säulen der Erde«.

Der Turm, über einem hölzernen Innengerüst in die Höhe gemauert, blieb ein ständiges Risiko. Christopher Wren ließ ihn zusätzlich sichern, James Wyatt im 18. und George Gilbert Scott im 19. Jh. zogen neue Eisengestänge ein. Noch heute funktioniert die Seilwinde, mit der die Steine Stück um Stück nach oben transportiert wurden.

James Wyatt, der zur gleichen Zeit im 20 km entfernten Fonthill für William Beckford baute und dort einen noch höheren Turm plante (s. S. 280 f.), ist für die radikale Umgestaltung des Kirchenschiffs im frühen 19. Jh. verantwortlich. Grabkapellen wurden entfernt, die Grabdenkmäler in säuberlicher Abfolge zwischen den Pfeilern aufgereiht, u. a. das Grabmal von William Longespée, dem ersten Earl of Salisbury, der einen der Grundsteine legte und als Erster in der Kathedrale beigesetzt wurde.

Direkt vor Williams Grab befindet sich der **Schrein des heiligen Osmund.** Die Pilger streckten ihre kranken Gliedmaßen in die Öffnungen des Schreins, um auf diese Weise Heilung zu erbitten.

Auf der Südseite, gleich hinter der Vierung, steht eines der prachtvollen Grabdenkmäler, wie sie seit dem elisabethanischen Zeitalter in England geschätzt wurden. Farbenfroh und sehr weltlich: das **Monument von Sir Richard Mompesson und seiner Gemahlin Katherine** – ihre Nachfolger waren es, die Mompesson House in der Domfreiheit errichten ließen.

Der schöne **Kreuzgang** ist der älteste noch erhaltene in England. Die 1445 in sei-

Salisbury

nem östlichen Teil erbaute Bibliothek besitzt als Kostbarkeit eines der vier noch existierenden Exemplare der **Magna Charta.**

Der Schriftsteller Henry James hat die »liebliche Vollkommenheit« der Kathedrale mit einem ›pinch of salt‹ gesehen: »Es gibt vom Temperament her Menschen, die sich an besonders makellosen Schönheiten leicht übersättigen, und die architektonische Wirkung der Kathedrale entspricht der physiognomischen von flachsblondem Haar und blauen Augen.« (Salisbury Cathedral, Tel. 017 22-55 51 20, www.salisburycathedral.org.uk; ganzjährig, tgl. 7.15–18.30 Uhr, Turm-Tour (über 300 Wendel-Stufen) ganzjährig Mo–Sa 14.15, So 14, 16 Uhr. 8,50 £).

Cathedral Close

Die Domfreiheit, **Cathedral Close,** ein weites Rasenquadrat, ist eingefasst von vier Straßenzügen, deren Häuser eine reizvolle Mischung unterschiedlichster Baustile vom 16. bis 18. Jh. zur Schau tragen, roter Ziegelstein, weiße Säulenportale, weinberankt und blumengeschmückt. Am West Walk ist das **King's House** aus dem 13. Jh. beheimatet. Heute dient es als städtisches und regionales **Salisbury & South Wiltshire Museum** – besonders interessant wegen der Funde aus Stonehenge und Old Sarum sowie einer beeindruckenden Gemäldesammlung, die auch einige Werke von Turner einschließt (Mo–Sa 10–17, Juli, Aug. auch So 12–17 Uhr, Erw. 6 £).

Musterbeispiel englischer Gotik: Salisbury Cathedral

Wiltshire

Tipp: Poultry Cross

Poultry Cross in der Silver Street am Marktplatz ist das letzte von vier ›Marktkreuzen‹ Salisburys. Die Kreuze gibt es in jeder alten Marktstadt in England; sie sind, je nach finanzieller Lage und Geschmack ihrer Erbauer, hübsche Rundbauten, aber auch mal eckig oder als Oktogon ausgeführt. Immer aus Stein, z. T. mit Bänken, einem Brunnen und gekrönt von einem Kreuz – sie bildeten den Mittelpunkt des Markttreibens. Sehr interessant und kurzweilig ist es, die vielen Varianten unterwegs zu betrachten.

Im Winkel des Chorister Square lohnt das **Mompesson House** einen Besuch: Die elegante Innenausstattung mit schönem Mobiliar stammt aus dem 18. Jh. Im versteckten Garten können Sie in Ruhe einen Afternoon Tea genießen (NT, April–Okt. Sa–Mi 11–17 Uhr).

Für Militärbegeisterte ist das **Rifles Museum** im Zeughaus (The Wardrobe, 58 The Close) interessant: Hier geht es um die Geschichte der Königlichen Berkshire und Wiltshire Regimenter und das von Prinz Philipp. Farbenfroh und prächtig! Besonders schön ist die Gartenterrasse mit Blick auf die Flusswiesen und die Kathedrale. Es gibt auch ein Restaurant (Tel. 017 22-41 94 19, Mo–Sa 10–17 Uhr).

Vom High Street Gate aus wandert man durch ein Gewirr alter Gassen und malerischer Winkel an Fachwerkhäusern mit überkragenden Geschossen vorbei bis zum **Market Square**, der im 19. Jh. angelegt wurde. Östlich davon befindet sich die gleichzeitig mit dem Kathedralbau schachbrettartig angelegte ›Neu‹-Stadt. An Dienstagen und Samstagen bildet der lebhafte Markt immer noch einen Treffpunkt der Bauern, Viehzüchter und Händler der Region.

Infos

Salisbury Tourist Information Centre: Fish Row, Tel. 017 22-33 49 56, Fax 017 22-42 20 59, www.visitsalisbury.com.

Übernachten

Zentral: Spire House B&B: 84 Exeter Street, Tel. 017 22-33 92 13, www.salisbury-bedandbreakfast.com. 4 gepflegte, großzügige Zimmer und ein nahrhaftes Frühstück; das alles mitten im Zentrum. DZ 75 £.

Wunderschön im Grünen: Bridge Farm B&B: Lower Road, Britford, Tel. 017 22-33 23 76, www.bridgefarmbb.co.uk. Rund 4 km südlich von Salisbury liegt das großzügige behagliche Anwesen aus dem 18. Jh. mit vier hübschen, komfortablen Zimmern. Frühstück in der Farmhaus-Küche, Garten, Wiesen. DZ um 65 £.

Behaglich ▶ The Old Rectory: 75 Belle Vue Road, Tel. 017 22-50 27 02, www.theoldrectory-bb.co.uk. Nahe der St Thomas Church mitten im Zentrum: Ein B&B mit hellen, angenehmen Zimmern, Garten. DZ ab 60 £.

Gut und günstig ▶ Websters: 11 Hartington Road, Tel. 017 22-33 97 79, Fax 017 22-42 19 03, www.websters-bed-breakfast.com. Das viktorianische Haus (B&B) ist freundlich und angenehm, sehr gutes Preis-Leistungs-Verhältnis. DZ um 60 £.

Jugendherberge ▶ Milford Hill House: Millford Hill, Tel. 08 70-770 60 18, Fax 08 70-770 60 19, www.yha.org.uk. 10 Fußmin. östl. der Kathedrale, altes Gebäude auf großem Grundstück. B&B pro Person 17,50 £.

Essen & Trinken

Altenglisch ▶ Red Lion (Hotel): 4 Milford Street. Echte Pub-Atmosphäre im wohl ältesten Hotelbau Englands: Er wurde für die Handwerker der Kathedrale errichtet. Gerichte ab 7 £.

Jung ▶ The Mill: Bridge Street. Großer Pub mit Außenplätzen am Fluss, abends Disco. Gerichte ab 7 £.

Beliebt ▶ Haunch of Venison: 1 Minster Street. Viel besuchter, alter Pub mit gutem Essen. Kleine Gerichte ab 5 £ (Restaurant im Obergeschoss).

Günstige Bistroküche ▶ Harpers: 6–7 Ox Row, Market Square, Tel. 017 22-33 31 18, www.harpersrestaurant.co.uk. Bistroküche oder formale Speisekarte: im Obergeschoß des Hauses am Market Square wird sehr gut mit französisch-orientalischem Einschlag gekocht. So geschl. Tagesgericht ab 8 £.

Einkaufen

Kunsthandwerk und Kunst ▶ Fisherton Mill: Gallery, Café & Studios, Fisherton Street, Tel. 017 22-41 51 21, www.fishertonmill.co.uk. Mo–Sa 10–17 Uhr. Eine große unabhängige Galerie mit zeitgenössischer Kunst, Möbeln, Goldschmiedearbeiten, Keramik. Im Café können Sie überlegen, was Sie erwerben möchten.

Aktiv

Stadtführungen ▶ Salisbury Tourist Information Centre: s.o., geführte Tour zu den Sehenswürdigkeiten, April–Okt, tgl. 11 Uhr, Winter So, So 11 Uhr, 4 £. An Fr ab 20 Uhr »Ghost Tour«, 4 £.

Fahrradverleih ▶ Shaftesbury Cycle Hire: Tel. 077 11-43 23 71, www.shaftesburycyclehire.co.uk. Zu buchen und auszuleihen über Tourist Info. Verleih auch in umliegenden Orten. **Hayball Cyclesport:** 26– 30 Winchester Street, Tel. 017 22-41 13 78, www.hayball.co.uk. Motorrad-, Roller und Radsportgeschäft mit Radverleih.

Termine

Salisbury Festival (Ende Mai/Anfang Juni): mit Tanz, Theater, Musik, Essen und Trinken (www.salisburyfestival.co.uk).

Verkehr

Züge: Der Bahnhof liegt in South Western Road, 1 km nordwestl. vom Zentrum. Gute Zugverbindungen nach London, Bristol, Exeter, Portsmouth.

Busse: Busbahnhof, Endless Street (nahe Market Place), Tel. 017 22-33 68 55. National-Express-Verbindungen, Busse nach Stonehenge und in die Umgebung.

Umgebung von Salisbury

Old Sarum ▶ H 19

3 km nördlich von Salisbury, von der A 345 abzweigend, liegt ein gewaltiges, 1,5 km großes, grasbewachsenes Hügelplateau, das von einem scharf eingegrabenen Erdwall umgeben ist: Old Sarum ist eine eisenzeitliche Siedlungsanlage, die von den Römern, Sachsen, Dänen und Normannen zu einer Garnisonsstadt ausgebaut wurde, mit Bischofssitz und einer mächtigen Kathedrale. Sie stürzte fünf Tage nach der Weihung ein; ein zweiter Dombau folgte – aber Garnison und Kleriker kamen nicht miteinander aus. Überdies erschwerten Wassermangel und raue Winde das Leben und führten im 13. Jh. zum Beschluss Bischof Jocelyns, Old Sarum zu verlassen und in der lieblichen Schleife des Avon-Tales eine neue Kathedrale, einen neuen Bischofssitz und eine neue Stadt für seine Schäfchen zu errichten – Salisbury. Von Old Sarum sind noch die imposanten Ruinen im Innern des weiten Plateaus und die Umrisse der Kathedrale erhalten (EH, www.english-heritage.org.uk, Castle Road, April–Juni, Sept. tgl. 10–17, Juli/Aug. 9–18, Okt. 10–16 Uhr; Nov.–März 11–15 Uhr).

Wilton ▶ H 19

Die kleine Stadt Wilton war in angelsächsischer Zeit die Hauptstadt des Königreichs Wessex. 1655 schmuggelte der achte Earl of Pembroke, der von Wilton House aus die Geschicke der verarmten Weberfamilien in seinem Weiler lenkte, zwei hochspezialisierte französische Teppichweber ein und gründete mit ihnen eine Teppichmanufaktur, die so exquisit arbeitete, dass sie 1699 das königliche Patent erhielt. Diese erste Teppichmanufaktur der Welt, **Royal Wilton Carpet Factory,** ist über die Grenzen hinweg bekannt geworden. Alle großen Auftragsarbeiten für Schlösser, Landhäuser, Ministerien, Museen, Rathäuser, Empfangshallen, Foyers bis hin zu der Meterware, die die schmalen Treppenaufgänge in Hunderttausenden von Reihenhäusern ver(un)ziert, stammen entweder aus Wilton oder Axminster in Devon. Die ›grasgrüne Bescherung‹, Hunderte von Quadratmetern leuchtend grüner Teppiche, mit der die Marquise of Bath ihren Gatten in Longleat (s. S. 241 ff.) ›überraschte‹, ist ebenfalls ein Produkt aus Wilton. Sehr nett ist das alte Gebäu-

Wiltshire

deensemble vom **Wilton Shopping Village,** wo auch Wilton Carpets verkauft werden (Minster Street, an der Kreuzung von A 36 und A 30, www.wiltonshoppingvillage.co.uk, Mo–Sa 9.30–17.30, So 10.30–16.30 Uhr).

Wilton House ►H 19

Wilton House, das Schloss mit seinem Landschaftsgarten, ist eines der herausragenden Zeugnisse englischer Bau-, Kunst- und Kulturgeschichte, eines der großen Stately Homes im Inselreich. Es beeindruckt durch seine festliche Noblesse: Die architekturhistorisch bedeutenden Räumlichkeiten bilden mit der hervorragenden Gemäldesammlung und dem kostbaren Mobiliar eine vollendete Einheit, die sich auch nach außen hin, im Landschaftspark, fortsetzt.

Wilton House ist seit über 400 Jahren im Besitz einer Familiendynastie, der Herberts, Earls of Pembroke. William Herbert, der erste Earl, war ein angesehener Höfling und erhielt 1544 den aufgelassenen Klosterbesitz als Geschenk seines Königs, Heinrich VIII. Mit ihm war er auch verwandt: Er heiratete eine Schwester von Catherine Parr, der sechsten und letzten Ehefrau Heinrichs VIII. Wilton House war von Anbeginn Treffpunkt des Hofes, der Dichter und Künstler. Unter dem zweiten Earl und seiner Gemahlin, Mary Sidney, wurde das Haus zum Zentrum der gelehrten und künstlerischen Welt. Marys Bruder, Sir Philip Sidney aus Penshurst Place (s. S. 139), schrieb hier sein großes lyrisches Werk und den Staatsroman »The Countess of Pembroke's Arcadia«. William Shakespeare soll mit seiner Theatertruppe sein Stück »Wie es euch gefällt« auf einer riesigen Bühne im Garten uraufgeführt haben. Die erste Gesamtausgabe aller Stücke von Shakespeare, die 1623 erschien, war dem »most noble« Earl of Pembroke und seinem Bruder gewidmet.

Macht, Ansehen und aufwendigste Haushaltung brauchten einen großen, verschwenderischen Rahmen. Als Teile des Tudor-Anwesens abbrannten, ließ der vierte Earl 1647 den kühnsten Architekten seiner Zeit ein neues Gebäude errichten. Der königliche Festspieldramaturg und Baumeister Inigo Jones (1573–1652) war es, der die Architektur der Renaissance im Inselreich bekannt machte und als Erster umsetzte – in ihrer edlen Strenge und kompromisslosen Stilreinheit völlig neuartig. Jones war seiner Zeit damit weit voraus: Es sollte etwa 100 Jahre dauern, bis sich im georgianischen Zeitalter der Klassizismus wirklich durchsetzte, z. B. in Bath.

Die von Jones entworfenen Süd- und Ostflügel von Wilton House mit den Staatsgemächern, den sogenannten **Kubus- und Doppelkubussälen** (Single and Double Cube Room), waren bahnbrechend in ihrer architektonischen Vollkommenheit und machten den Herrensitz zu einem viel bewunderten Vorbild in England. Der Kontrast zwischen innen und außen – frühbarocke Üppigkeit der Raumausstattung in einem exquisit zurückgenommenen Bau – war von Jones ganz bewusst gesetzt worden.

Als Inigo Jones 1652 starb, setzte John Webb die Arbeiten fort – zu der Zeit waren auch schon die an Versailles orientierten Gärten angelegt, die die größten im ganzen Land gewesen sein sollen – so prachtvoll, dass selbst die königlichen Anlagen von Hampton Court nicht mithalten konnten. Im 18. Jh. wurden die Gärten umgestaltet. Die herrlichen Libanonzedern waren die ersten, die man in England anpflanzte. Die berühmte **Brücke im Park** (1736) stammt von William Kent. Sie ist die getreue Ausführung des in Venedig nicht realisierten Palladio-Entwurfes für die Rialto-Brücke. Ihre Anmut rief so viel Begeisterung hervor, dass sie noch zweimal kopiert wurde: von Ralph Allen im Prior Park und in Stowe, Buckinghamshire. In einer weiteren Umbauphase im frühen 19. Jh. verwandelte James Wyatt die alten Kreuzgänge in geschlossene Flure und Raumfluchten im neogotischen Stil, um die kostbaren Skulpturen und weiteren Gemäldesammlungen besser zur Geltung zu bringen.

Inzwischen ist es der 17. Earl of Pembroke, der hier mit seiner Familie wohnt. Die Schönheit des Hauses mit seinen verschiedenen Häutungen ist bis heute erhalten. Die **Gemäldesammlungen** sind von unschätzbarem Wert: Rembrandt, Rubens, Tizian, Tintoretto,

Umgebung von Salisbury

Renaissance als Ideal: William Kents berühmte Ausführung eines Palladio-Entwurfs

Reynolds, Lely und über ein Dutzend herrlicher van Dycks, für die Inigo Jones eigens den ›Rahmen‹ entworfen hat – den Single and Double Cube Room. Der erste ist in seinen Proportionen ein perfekter Kubus, 30 x 30 x 30 Fuß, in Weiß und Gold gehalten, die Wandpaneelen sind auf die Gemälde abgestimmt. In der Deckenmalerei von Giuseppe Cesari finden sich Szenen aus Sidneys »Arcadia« wieder. Der Double Cube Room, doppelt so lang wie breit und hoch, ist bewegter, dramatischer. Weiß, Gold und Rottöne dominieren; die kostbaren vergoldeten Möbelstücke stammen von William Kent, sie wurden für diesen Saal entworfen. Mittelpunkt des Raumes ist das riesige, wunderbar leuchtende **Familienporträt von van Dyck**, von dem Henry James bewundernd sagte: »Der van Dyck par excellence, die berühmte und großartige Gruppe der ganzen Familie Pembroke aus der Zeit James' I. Dieses prächtige Werk hat jeden malerischen Vorzug – Gestaltung, Farbgebung, Eleganz, Kraft und Vollendung.« Zauberhaft auch das Gemälde der Kinder Karls I. über dem Kamin. Die Illusionsmalerei in der Decke öffnet den Raum: Der Blick schweift über die schräg gesetzte Innenansicht einer Kuppel hinweg bis in die bewölkten Himmelsbahnen der Unendlichkeit.

Der Park mit der ›Palladian Bridge‹, die betörenden Gärten, besonders der Altenglische Rosengarten, sind ebenfalls ein Kunstwerk von Rang und so schön, dass man hier einen halben Tag lang im Gras liegen und in die grüne Weite blinzeln möchte (www.wiltonhouse.com, Mitte April–Sept. Haus So–Do, Park tgl. 10.30–17.30).

Termine
Antique Fair (erstes März-Wochenende): Antiquitäten-Messe; **Classic Festival** (zweiter Sa im Juli): Klassik-Konzert mit Feuerwerk.

Heale Gardens ▶ H 19
Als Kontrast zur überwältigenden Pracht von Wilton House lohnt sich ein Ausflug nach

Heale Gardens. Das ›kleine‹, friedliche Haus aus rotem Ziegelstein im Queen-Anne-Stil ist bewohnt und nicht zu besichtigen. Aber die Gärten! Sie sind von einer schläfrigen, sanften Anmut, die jeden Besucher verzaubert: verwitterte Terrassen mit Gartenvasen, Magnolienbäume, deren herabgefallene Blüten im Frühjahr bemooste, mürbe Steintreppen bedecken, zwischen den glatten Rasenflächen und Buchsbaumkugeln der Obstgärten Tunnelspaliere aus Apfelbäumen und dicht überwachsene Pergolen. Im japanischen Garten, der um 1900 von dem Diplomaten Louis Greville angelegt wurde, wandert man durch Licht und Schatten, an Teichen entlang, über eine zierliche Brücke, durch Bambushaine und entlang sumpfiger Wiesen, stößt auf ein strohgedecktes Teehaus, das der Besitzer zusammen mit vier japanischen Gärtnern aus Fernost mitgebracht hatte. Hier wurde eine intime, stille Landschaft geschaffen, die sich in kontemplative, zeitlose Naturbilder auflöst und die unterschiedlichsten Gartenbaustile gelassen miteinander verbindet (Heale Gardens, Middle Woodford, Salisbury, ganzjährig, Mi–So/Fei 10–18 Uhr, www.healegardens. co.uk; mit Pflanzencenter).

New Art Centre
Sculpture Park & Gallery ▶ H 19

Großartig und eindrucksvoll ist die rund acht Hektar große Skulpturenpark- und Gartenlandschaft von **Roche Court.** Das New Art Centre ist eine bedeutende kommerzielle Galerie, aber auch regionales Kultur- und Ausstellungszentrum. Die Galerie hat sich auf skulpturale Kunst seit den 50er-Jahren des 20. Jh. bis in die Gegenwart spezialisiert. Da sie u. a. das Werk von Barbara Hepworth vertritt, sind hier immer einige ihrer Arbeiten zu sehen. Drei bis vier große Ausstellungen, z. B. mit Werken von Antony Gormley, Henry Moore, Richard Long oder Richard Deacon, frei in den Park gestellt, werden jährlich durchgeführt, und da die Exponate zum Kauf angeboten sind, ist in dem schönen Galeriehaus ständig etwas Neues zu sehen, auch Gemälde und Keramik (Roche Court, East Winterslow, rund 12 km von Salisbury an der A 30 Richtung Stockbridge, www.sculpture. uk.com, tgl. 11–16 Uhr).

6 Stonehenge ▶ H 18

Egal aus welcher Richtung man kommt, bietet sich nämliches Bild: Inmitten der kahlen Hochebene Salisbury Plain taucht ein kleiner, dunkler Steinkreis auf, der allmählich imposante Ausmaße annimmt. Betritt man schließlich über elaborierte Zugangsrampen diesen eingezäunten Zirkel, erscheint der Mensch klein und unbedeutend im Vergleich mit der wuchtigen Monumentalität der Steinkreise. Die ungeheure Leistung ihrer Erbauer im Dunkel der menschlichen Frühgeschichte verbindet sich bei jedem Betrachter mit der Frage nach dem ›Warum‹ – und dieses Mysterium macht wohl die Faszination von Stonehenge aus. Jährlich lockt Stonehenge, das heute zum Weltkulturerbe zählt, über eine Million Besucher an.

Über Sinn und Funktion der Anlage haben Generationen von Wissenschaftlern spekuliert: Die Bauphasen zogen sich über ein Jahrtausend hin, verschiedene Völker und Stämme haben aufgebaut und abgetragen, ergänzt und vervollständigt. Mehr als 1700 Jahre lang ist Stonehenge als Zeremonienstätte – aber wofür? –, als Heiligtum – aber für wen? – genutzt worden. Die Knochenfunde deuten weniger auf eine rituelle Grabstätte hin als auf Gräber zahlloser Männer, die hier gelebt und gearbeitet haben, um den Bau vorwärtszutreiben. Immer auch schien Stonehenge eine astronomische Bedeutung zu haben, denn steht man im Innern, geht exakt über dem Heel Stone und der Prozessionsallee zur Sommersonnenwende am 21. Juni die Sonne auf.

Baugeschichte

Drei Bauphasen hat es gegeben. In der ersten, datiert auf etwa 2800 v. Chr., wurde eine Grabenanlage ausgehoben, Durchmesser

Stonehenge im Morgenlicht

Wiltshire

knapp 100 m. Im Nordosten öffnet sich der Kreis zu einer Avenue, der Prozessionsallee, die etwa 500 m geradeaus verläuft und später bis zum Flussufer des Avon geführt wurde. In der Avenue steht der wegen einer Markierung sogenannte Heel Stone (›Fersenstein‹). Das Eingangstor bestand ursprünglich aus zwei Steinen, einer davon, umgekippt, ist noch erhalten. Auf der Innenseite des Ringgrabens wurden 56 Gruben angelegt, die, verschüttet, von John Aubrey im 17. Jh. bemerkt wurden und daher nach ihm Aubrey Holes benannt und heute zur Hälfte durch Betonplatten im Gras gekennzeichnet sind.

In der zweiten Bauphase, etwa 400 Jahre später, wurde von den Beaker People (Glockenbecherkultur), die ihre Zeugnisse auch in Avebury zurückließen, um 2200 v. Chr. der Eingangsbereich erweitert, die gerade Avenue begonnen und in der Mitte die riesigen Blausteine in zwei Kreisen angeordnet. Seltsam ist, dass die Hälfte der bis zu 7 m hohen Monolithen nach ihrer Errichtung wieder weggeschleppt worden sind – nachdem man sie unter schwierigsten Bedingungen aus Wales hierher transportiert hatte!

Die dritte Bauphase zog sich über einen Zeitraum von 500 Jahren hin: Zwischen 2000 (Beginn der Frühbronzezeit) und 1500 v. Chr. schaffte man aus dem Umkreis von Avebury gigantische Sandsteinblöcke heran – sie wurden wahrscheinlich mit Hilfe von schlittenartigen Pontons, die über Rundhölzer bewegt wurden, hergezogen. Dreißig Trilithen – jeweils zwei Findlinge, mit einem eingepassten Querstein überdacht – bilden den äußeren Ring, der in seinen Rundungen genau bemessen und zugehauen ist. Vor der Bearbeitung und dem Aufstellen jedoch schloss man in der Mitte Blau- und Sandsteine zur Hufeisenform zusammen. In der letzten Phase kam in der Mitte des Hufeisens der – heute umgestürzte – Altarstein hinzu, in dem sich der Sonnenstrahl bei der Sommersonnenwende bricht. Dieser Altarstein ist das Allerheiligste. Weil Stonehenge derart viele Menschen anzieht und der Steinkreis dadurch gefährdet wird, erwägt man das Gelände abzuriegeln.

Kraftzentrum Stonehenge

Die Gestaltung dieser machtvollen Kultstätte ist einmalig, die Ausführung und Verarbeitung außerordentlich raffiniert, und da das Wissen um die inneren Zusammenhänge von Stonehenge verloren ist, hat es als ein unbekanntes, unbenanntes Kraftzentrum immer auch diejenigen magisch angezogen, die neue und alte Sinngebungen in der Natur und in sich selbst gesucht haben. Eingezäunt und hochbewacht ist Stonehenge zur Sonnenwende: wenn Freaks, Druiden und Esoteriker dem Symbol der vorzeitlichen Mächte huldigen (Stonehenge EH, an der A 303, 15 km nördl. von Salisbury, www.english-heritage.org.uk, mit deutschsprachiger Audiotour, Mitte März–Mai tgl. 9.30–18, Juni–Aug. 9–19, Sept.–Mitte Okt. 9.30–18, Mitte Okt.–Mitte März 9.30–16 Uhr, rund um die Sommersonnenwende (Ende Juni) können sich die Öffnungszeiten ändern, Infotelefon: 08 70-333 11 81).

Übernachten

Bilderbuchschön ▶ The Mill House: Berwick St James, bei Stapleford, nahe Stonehenge, von der B 3083 abzweigend, Tel. 017 22-79 03 31, Fax 017 22-79 07 53, www.millhouse.org.uk. Ein Bilderbuchanwesen mit Mühlenbetrieb im Naturschutzgebiet. Wunderschöner Rosengarten, Teich, hübsche Zimmer. Biologischer Gemüseanbau. DZ ab 90 £.

Gute Lage ▶ Scotland Lodge: Winterbourne Stoke, nahe Stonehenge, Tel. 019 80-62 09 43, Fax 019 80-62 14 03, www.scotlandlodge.co.uk. Altes Farmhaus mit viktorianischen Anbauten, weite Blicke, sehr gutes Frühstück. DZ ab 60 £.

Angenehm ▶ Mandalay Guest House: 15 Stonehenge Road, Amesbury, 9 km nördlich von Salisbury. Tel. 019 80-62 37 33, www.this-is-amesbury.co.uk. Stattliches Haus aus den 1930er-Jahren im Garten. 5 helle, freundliche Zimmer. DZ 60 £.

Verkehr

Busse: tgl. regelmäßige Busverbindungen von Salisbury und Devizes.

7 Avebury ▶ H 18

Avebury, zum Welterbe zählend, liegt 10 km westlich von Marlborough, 25 km nördlich von Stonehenge und gilt als der größte Steinkreis Europas – eines der Highlights jeder Südenglandreise. Die neolithische Kultstätte besteht aus einzelnen Sarsen-Steinen, Sandsteinblöcken, die in großen Abständen einen Außen- und zwei Innenringe bilden. Diese wiederum sind von grasbewachsenen Erdwällen und Gräben umfasst, in die sich das Dörfchen Avebury eingenistet hat, durch die ein Straßenkreuz hindurchführt und wo Schafe friedlich durch die Gegend traben. Das Manor House und mit ihm das dörfliche Leben haben sich innerhalb der steinzeitlichen Kultstätte entwickelt, einer der fundamentalen Unterschiede zum abgelegenen und isolierten Stonehenge. Die Anlage hier ist weniger konzentriert, in ihrer Gesamtheit nicht so gut erhalten, dafür ist Avebury größer, zugänglicher und über die Jahrhunderte als Teil einer lebendigen Umgebung aufgefasst worden – dieses Mysterium überstrahlt den ganzen Raum.

Baugeschichte

Die bis zu 20 t schweren Sandsteinmonolithen wurden zwischen 2500 und 2000 v. Chr. aus den nördlich gelegenen Marlborough Downs hertransportiert. Erbauer waren die Beaker People, die auch Stonehenge errichtet haben; ihre Benennung leitet sich von der Form der Gefäße ab, den Glockenbechern, die man in ihren Grabstätten gefunden hat. Der äußere Ring umfasste ursprünglich 98 aufrecht stehende, geglättete Sarsen-Steine, die zwei kleinere *circles,* den nördlichen und den südlichen Kreis, mit einem Monolithen in der Mitte, umfassten.

John Aubrey, schwatzhafter Biograf und begeisterter Naturchronist aus dem 17. Jh., war der Erste, der die Anlage bewundert hat: »Avebury übertrifft Stonehenge an Größe ebenso wie eine Kathedrale eine Pfarrkirche.« Um die Furcht vor der heidnischen Kraft der Steine nicht überhandnehmen zu lassen, hat man in den vergangenen Jahrhunderten ordentlich geplündert und die Dolmen als Steinbruch genutzt – im Manor House und in der Pfarrkirche sind die eingearbeiteten Steinbrocken noch zu sehen. Erst der Archäologe Alexander Keiller hat sich in den 30er-Jahren des 20. Jh. um systematische Erforschung, Sicherung der Funde und Bewahrung der einmaligen Zeugnisse bemüht. Das **Alexander Keiller Museum,** unmittelbar neben dem Steinkreis, repräsentiert eine der bedeutendsten prähistorischen Sammlungen in Großbritannien. Fehlende Dolmen sind von Alexander Keiller rekonstruierend ersetzt worden, besonders am südlichen Ausgang des Steinkreises, der Kennett Allee (Avenue), die, von Findlingen gesäumt, als Prozessionsstraße zum Heiligtum *(sanctuary)* auf den Overton Hill führt. Eingelassene Pfeiler markieren das einstmals tempelähnliche Gebäude, in dem wahrscheinlich Begräbnisriten zelebriert wurden (Tel. 016 72-53 92 50, www.nationaltrust.itg.uk, Steinkreis frei zugänglich; Alexander Keiller Museum mit Gallerie: April–Okt., tgl. 10–18 Uhr; alle anderen Monate tgl. 10–16 Uhr.).

Verkehr

Busse: tgl. Busverbindungen von Salisbury, Marlborough und Devizes.

Sehenswertes in der Umgebung

Nicht nur der Steinkreis von Avebury ist UNESCO-Welterbe, sondern auch Silbury Hill, West Kennett Long Barrow und Windmill Hill gehören dazu.

Vom Avebury-Steinkreis aus weithin sichtbar ist **Silbury Hill** – ein ca. 40 m hoher Bergkegel mit abgeflachtem Plateau, die ›Pyramide von Wiltshire‹. Dieser grasbewachsene Kalksteinhügel, der größte künstliche Erdwall in Europa, ist um 2800 v. Chr. angelegt worden. Er muss ein Monument kultischer Bedeutung gewesen sein. Gräber hat man nicht gefunden, und bis heute weiß niemand, welchen Zweck er wohl erfüllt haben mag. Betreten kann man ihn nicht.

Etwa 1 km hinter Silbury Hill, beim Weiler West Kennett, erinnert **West Kennett Long**

Wiltshire

Auch der Steinkreis von Avebury ist ein Vorzeitheiligtum

Barrow an die dichte prähistorische Besiedlung dieser Gegend: Das über 100 m lange Ganggrab (bei Stonehenge sind die Gräber kegelförmig und heißen *round barrows*) ist die größte Grabkammerstätte in England, mit fünf aus Dolmen zusammengefügten Kammern, in denen Gebeine von 42 Menschen sowie Keramikreste gefunden wurden; sie sind im Keiller Museum (s. S. 239) ausgestellt. Dieses gewaltige Hügelgrab muss etwa um 3700 v. Chr. angelegt worden sein und wurde mehr als 1000 Jahre lang genutzt – also auch zu der Zeit, als die Steinkreise von Stonehenge und Avebury in ihren letzten Bauphasen vollendet wurden.

Die Anlage des *long barrow* wird in die Frühsteinzeit datiert. Die Menschen, die hier gelebt haben, bezeichnet man nach dem nahe gelegenen Hügel auch als Windmill-Hill-Kultur: **Windmill Hill,** etwa 2 km nordwestlich von Avebury, besteht aus drei konzentrischen Wall- und Grabenringen mit Verbindungsrampen *(causeways)*. Keramikfunde und Tierknochen lassen vermuten, dass sich die Windmill-Hill-Menschen innerhalb der Einfriedung niedergelassen hatten und ihre Viehherden vor der Schlachtung in die Gräben zu treiben pflegten.

Marlborough ▶ H 18

Marlborough ist eine nette Kleinstadt (6000 Einwohner), wie es viele in Südengland gibt, ihr Name jedoch ist nicht mit einem berühmten Internat, einer Public School, verbunden,

Longleat

die eine eigene Mini-Infrastruktur hervorgebracht hat: Es gibt ein gutes Hotel für die Wochenendbesuche der betuchten Eltern, eine lebhafte, breite High Street mit lang gestrecktem Marktplatz und einem malerischen Sammelsurium unterschiedlichster Hausfassaden und schöner Geschäftsfronten. Mittwochs und freitags wird die High Street von doppelreihig gestellten Marktständen beherrscht – als Marktstadt und regionales Handelszentrum für landwirtschaftliche Erzeugnisse geht Marlboroughs Ruhm bis ins Mittelalter zurück. Die aus dem 15. Jh. stammende Kirche **St Paul and St Peter** begrenzt die High Street am Westende, unmittelbar dahinter steht der großräumige Gebäudekomplex des berühmten **Marlborough College,** einer im 19. Jh. gegründeten Public School, die zu den besten und teuersten des Landes zählt und deren 900 Schülerinnen und Schüler man mit flatternden Gewändern am Nachmittag durch die Stadt schlendern sieht.

Das Weiße Pferd

Spaziert man auf dem parallel zur A 4 nach Bath führenden Fußweg am College vorbei, erkennt man deutlich das **Weiße Pferd von Marlborough,** das sich in lang gestreckten Umrissen vom Hintergrund abhebt: Es wurde 1804 von einem Schüler aus Marlborough entworfen (s. a. Thema S. 242).

Infos

Marlborough Tourist Information: George Lane, Tel. 016 72-51 39 89, www.visitwiltshire.co.uk.gov.uk.

Übernachten

Opulent ▶ **The Ivy House:** 43 High Street, Marlborough, Tel. 016 72-51 53 33, www.ivyhousemarlborough.co.uk. Schönes georgianisches Stadthaus mit Bistro-Restaurant. DZ 90 £ (Spezialangebote im August).
Traumhaft ▶ **Mayfield B&B:** Mayfield, West Grafton (10 km südöstl. von Marlborough, Abzweig von A 346), Tel. 016 72-81 03 39, www.mayfieldbandb.com. In Gärten gebettetes, reetgedecktes Haus mit großzügigen kmfortablen Räumen. Mit Wintergarten, Tennisplatz, Pool; auch Dinner möglich. DZ 80 £
Himmlisch ▶ **The White House:** Little Bedwyn (am Kennet-Avon Kanal nahe Hungerford), Tel. 016 72-87 03 21, www.the-white-house-b-and-b.co.uk. Wunderschönes Anwesen von Parklandschaft umgeben mit 3 überaus behaglichen Zimmern mit allem Komfort. DZ 80 £.

8 Longleat ▶ H 18

Besticht Wilton House (s. S. 234 f.) durch architektonische Vollkommenheit, sind es in Longleat die schier ungeheuer wirkenden Ausmaße der Gesamtanlage und im Innern der großzügige, üppige Eklektizismus, die Verknüpfung von Haus, exzentrischer Fami-

Wiltshire

Giganten und Weiße Pferde — Thema

Die berühmten Weißen Pferde von Wiltshire, riesige weiße Umrisse, die sich weithin leuchtend vom Wiesengrün der Hügel abheben, sind aus dem Kalkstein herausgearbeitete Zeichnungen, deren älteste Rätsel aufgeben, die bis heute ungelöst blieben.

Erwähnung fand die fliehende Eleganz des 120 m langen, schmalen Pferdekörpers von Uffington in Oxfordshire schon vor 900 Jahren, er soll aus der Zeit des Sachsenführers Hengist stammen. Die Erdwälle oberhalb des Pferdes aber weisen in die Steinzeit zurück. Noch bis zur Mitte des 19. Jh. reinigten Dorfbewohner das Pferd alle sieben Jahre in einer Zeremonie. Und dieses Weiße Pferd fand Nachahmer. Die sechs anderen liegen in etwa 40 km Umkreis. Das Marlborough-Pferd entwarfen 1804 Knaben der Schule. Zwischen Cherhill und Calne fesselt das Cherhill-Pferd, kräftig, aufrecht, mit riesigem Auge versehen: Ein Bürger von Calne ließ es 1780 ausheben – dabei dirigierte er die Arbeiter per Megafon. Das Pferd von Alton Priors (1812) ist nicht unähnlich, aber lebendiger, rassiger; es wurde von einem Farmbesitzer entworfen. Das hochbeinige, fast tänzelnd wirkende Pferd von Westbury/Bratton ist die Nachbildung eines viel älteren Pferdes; das 1778 geschaffene Pferd ist das älteste der Grafschaft; das jüngste ist schon fast abstrakt und wurde 1937 von Bewohnern aus Pewsey gearbeitet. Das einzige Pferd mit Reiter trabt in Osmington, Dorset, davon. Weitaus mysteriöser sind zwei riesige Männerfiguren, ihr Alter ist unbestimmt: Der Riese von Cerne Abbas (s. S. 329) muss ein Fruchtbarkeitssymbol gewesen sein; über die Bedeutung des Long Man of Wilmington in Sussex (s. S. 159), auf zwei Stäbe gestützt und 70 m hoch, wird noch gerätselt – er stammt möglicherweise aus der Eisenzeit.

Das Weiße Pferd von Westbury ist die Nachbildung einer älteren Darstellung

Longleat

liengeschichte und dem *big business* mit außerordentlichen Besucherattraktionen.

Der Anblick von Longleat House ist atemberaubend: Von fernen, hellen Wäldern umgeben, liegt das grandiose Schloss eingebettet in den sanften Wellen von Rasen- und Weideflächen, zwischen einem serpentinenförmigen See, einem Flüsschen, einzelnen Bäumen und lockeren Baumgruppen. Von der Anhöhe **Heaven's Gate** mit dem filigranen schmiedeeisernen Tor führt eine schnurgerade schmale Allee auf die Nordfassade mit dem Hauptportal zu. Die grünen Flächen, nur vom Himmelsblau begrenzt, strahlen eine kraftvolle, betörende Ruhe aus, die auch über dem satten Crème-Gold des Hauses liegt – Verschmelzung von Natur und Kunst in absoluter Vollendung.

Nicht nur seiner gewaltigen Ausmaße wegen gehört Longleat zu den ›big 5‹, den berühmtesten und meistbesuchten Adelsresidenzen in Großbritannien: Wie Wilton auch ist es seit dem Bau vor über 400 Jahren im Besitz einer einzigen Familie. Henry Thynne, sechster Marquis of Bath, war der Erste der Peers, der sein Haus 1946 in großem Stil dem Publikum zugänglich machte und damit das *stately home business,* heute ein veritabler Industriezweig, ins Leben rief. Nachdem er 1966 einer erstaunten Öffentlichkeit den ersten und größten Safaripark Europas präsentierte, sind nicht nur die ›Löwen von Longleat‹, sondern auch die von der Presse aufbereiteten Familienquerelen allseits bekannt und von geradezu nationalem Interesse.

Geschichte

Noch ein Superlativ: Longleat ist der früheste große Landsitz der elisabethanischen Zeit, der sich den repräsentativen, urbanen Stil der italienischen Renaissance mit großer Geste aneignete. Bauherr war John Thynne, ein macht- und geldgieriger Aufsteiger, der im Dunstkreis des zwielichtigen Herzogs von Somerset, des später wegen Hochverrats hingerichteten Lord Protector, den Bau des gewaltigen Somerset House in London beaufsichtigt hatte und mit Sir Thomas Gresham, königlichem Financier und Begründer der Londoner Börse, verschwägert war. Er kaufte die Ruinen eines Priorats mit dem dazugehörigen Land im Jahr 1541 für 53 Pfund. Zusammen mit Robert Smythson, Steinmetz und Baumeister, entwarf er die Pläne für Longleat House. Mit Robert Smythson entwickelte sich aus Handwerkstradition und Kunstgespür der Berufsstand des Architekten im modernen Sinn; seine späteren Bauten gehören zu den prachtvollsten Zeugnissen der elisabethanischen Renaissance.

Das Gebäude und der Landschaftsgarten

1567 begonnen, wurde Longleat House 1580, im Todesjahr Thynnes, fertig gestellt. Als gewaltiges Rechteck umschließt der Bau zwei Innenhöfe. Die dreigeschossigen Fassaden sind als organische Aneinanderreihung weniger Einzelelemente gestaltet: Übereinanderliegende Fensterpaare werden durch Pilaster getrennt und durch steinernes Sprossenwerk geteilt. Bandfriese lockern die Fassaden in der Horizontalen auf; die durchgängig bis zur Skulpturenreihe der Dachbalustrade hochgezogenen rechteckigen Erkervorbauten betonen die Vertikale – alles neuartig und spektakulär. Darüber erheben sich lieb gewordene Elemente der heimischen Bautradition: üppig gedrehte Schornsteine, überkuppelte, nach innen gesetzte Ecktürme – eine heitere, variationsreiche Dachlandschaft, die mit dem zurückgenommenen, eleganten Baukörper kontrastiert.

Hinter der ungewöhnlichen Fassade liegt die herkömmliche große Eingangshalle mit wunderbarer Stichbalkendecke, riesigem Kamin und nachträglich eingebauter Minstrel Gallery. Auch die übliche Long Gallery, hier 30 m lang, durfte nicht fehlen. Neu war der souveräne Umgang mit symmetrischen Proportionen und eher dekorativ eingesetzten Versatzstücken der Renaissancebaukunst. Neu war auch die Öffnung der Räume nach außen mittels riesiger Fensterpartien – über 100 –, die den Ausblick in den Park gestatteten. Die ›richtige‹ Revolution in der Raumgestaltung folgte erst durch Inigo Jones im nahegelegenen Wilton House (s. S. 234 f.).

Wiltshire

Die herrliche **Landschaftsgestaltung** mit See, vereinzelten Baumgruppen in den weiten Rasenflächen und Wald im Hintergrund stammt von Capability Brown (1757) und seinem Schüler und Nachfolger Humphrey Repton. In den formalen Gärten ist die Blüten- und Blumenpracht von gewaltigen Buchsbaumhecken und schönen alten Steinmauern eingefasst.

Die Sammlungen

Die prachtvollen Sammlungen – Gemälde, Porzellan, Gobelins, Teppiche, Möbel, Silber – und sieben Bibliotheksräume, die mit 40 000 Bänden eine der größten und kostbarsten Privatbibliotheken im Land enthalten, erhielten im 19. Jh. eine neue Umgebung: Der größte Teil der Repräsentationsräume wurde von Sir Jeffrey Wyatville, der auch Windsor Castle und Chatsworth House umgestaltete, im venezianischen Stil umgebaut und ausgestattet. Schwere Kassettendecken, Deckengemälde, Leder-, Samt- und Seidentapeten, Marmortürfassungen und -kamine, Türblätter mit Intarsienarbeiten kontrastieren mit französischem Mobiliar des 18. Jh. und daunenweichen, sommerlich geblümten Sofas.

Die Gemäldegalerien mit Werken von Tizian, Tintoretto sowie holländischen und englischen Meistern werden ergänzt durch Porträts und Fotografien der Familie. Die Long Gallery wurde zum Salon, im großen Drawing Room sticht der grell-grasgrüne, riesige Wilton-Teppich ins Auge: Die Dame des Hauses ließ ihn als Überraschung für ihren Mann vor einigen Jahren umfärben, um die Rasenflächen auch nach innen zu holen!

Stately Home Business

Longleat hat 118 Räume; hier sind Gartenfeste für 2000 Personen gefeiert worden; Elisabeth I. war hier zu Gast und im Jahr 1980, zum 400-jährigen Bestehen des Hauses, auch Elisabeth II. mit Prinz Philip.

Das goldene Zeitalter der aufwendigen, sorglosen Lebensführung des begüterten bis schwerreichen Klein- und Hochadels auf dem Land, *countryhouse living,* ging zwischen den Kriegen zu Ende. Noch bis zum Ersten Weltkrieg gehörten mehrere 1000 ha Land zum Besitz der Marquis' of Bath; komplette Dörfer zählten dazu. Die folgende Liste macht deutlich, wieviel Personal allein für die Organisation des Alltags in Haus und Park notwendig war: 50 Hausbedienstete, 30 Gärtner, 50 Landarbeiter, 14 Kutscher und Stallburschen, 50 Forstarbeiter, 20 Jagdaufseher und 50 Sekretäre, die für die Verwaltung zuständig waren. Während des Ersten Weltkriegs fungierte Longleat als Lazarett, während des Zweiten als Mädchenschule, und 1946 gab es noch einen einzigen Hausangestellten.

Im gleichen Jahr trat der sechste Marquis als 41-Jähriger sein Erbe an: etwa 7000 ha Land, *the house* und Erbschaftssteuern in Höhe von 700 000 £. Das Dach bzw. die Dächer waren undicht, Decken und Wände von Schwamm und Holzwurm befallen. Also wurde Land verkauft, um die Steuern zu zahlen, und Erbe, Tradition, Kunst, Natur und Familiengeschichte als eine Investition begriffen, die »den Erhalt durch Teilnahme der Öffentlichkeit« sichern sollte: Longleat ›*went commercial*‹ – ein kühnes Unternehmen, das 1949 ohne Beispiel war.

Safari Park und Freizeitpark

Heute ist das gesamte Areal von Longleat 364 Tage im Jahr den Freuden und Vergnügungen der Tagesgäste gewidmet: Im **Safari Park** streifen Löwen, Giraffen, Tiger, Elefanten und Kamele frei herum, während man im Auto langsam vorbeifährt. Zudem kann man sich prächtig verirren im **größten Heckenlabyrinth der Welt** oder Bootsfahrten unternehmen; es gibt einen riesigen Abenteuerpark für Kinder, Puppenhäuser, eine Kleineisenbahn, Picknickareale.

Und trotz allem Rummel findet man immer noch stille Winkel unter den Bäumen und auf den Rasen, um in der Sonne zu liegen, über die Reichtümer der anderen herzuziehen und sich genüsslich über den gegenwärtigen Besitzer, den skandalträchtigen siebten Marquis of Bath auszulassen: Der als »langhaariger, psychedelischer Späthippie« verschriene Exzentriker regiert sein Riesenreich seit 1992 – als Künstler und Businessman. Bizarre, ver-

Stourhead

rückte **erotische Wandmalereien und Reliefs,** vom Kamasutra inspiriert, wuchern in seinen Privaträumen; Porträts seiner Geliebten – über 50 – bieten Stoff für anregendste Kommentare, und nicht selten sehen ihn die Besucher barfuß am Schreibtisch sitzen oder am Eingang Karten abreißen.

Für *family-fun* sorgt eine im Waldareal versteckte riesige **Center-Parc-Anlage** mit 600 Bungalows, Aquadomen und Sportanlagen – das ganze Jahr über zu 90 % ausgebucht: Den Geschäftssinn seiner erlauchten Vorfahren hat der siebte Marquis also offenbar geerbt (www.longleat.co.uk, Haus und Gärten ganzjährig, tgl., Ostern–Sept. 10–17.30, Führungen 10–17, ansonsten 11–15 Uhr, Safaripark Feb., April–Anfang Nov. tgl. 10–16, Sa/So, Fei 10–17, übrige Zeit tgl. 11–19 Uhr).

Übernachten

In einem ehemaligen Kutscherhaus ▶
The Bath Arms: Longleat Estate, Horningsham, Warminster, Tel. 019 85-84 43 08, www.batharms.co.uk, 15 Zimmer, Ferienhaus für 2–4 Pers. Wunderschönes kleines Hotel aus dem 17. Jh.; mit zahllosen Kunstwerken und Anspielungen auf den exzentrischen Lord Bath; Pub-Feeling und Restaurant mit ausgezeichneter Küche (Lunch/Dinner 9–30 £). Ab 180 £.

9 Stourhead ▶ H 19

Ein paar Kilometer südlich von Longleat liegt der weltberühmte Landschaftsgarten Stourhead. Dieses Urbild des in aller Welt nachgeahmten ›englischen Gartens‹ ist eine philoso-

Ein durchkonzipiertes Ensemble von Haus und Landschaft

Stourhead

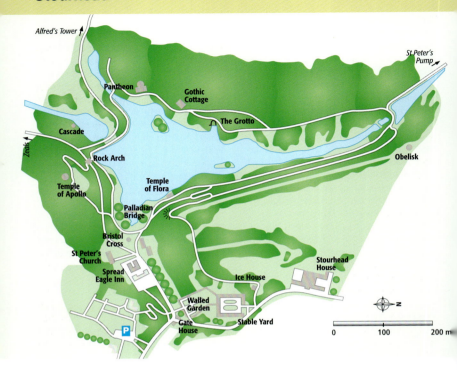

phisch inspirierte Schöpfung, in der Denken, Kunst- und Architekturverständnis der ersten Hälfte des 18. Jh. in Vollkommenheit zum Ausdruck kommen. Stourhead ist nahezu unverändert erhalten; nur die Rhododendren- und Magnolienhaine mit ihren leuchtenden Blüten sind im 19. Jh. hinzugepflanzt worden.

Geschichte

Das Gesamtkunstwerk Stourhead mit Park, Haus und Dorf, heute vom National Trust gehütet, wurde von Vater und Sohn Henry Hoare und deren Nachkommen geschaffen. Henry Hoare d. Ä. war Bankier der Aristokratie und erwarb die Domäne im Jahr 1717. Von Colen Campbell, der als klassizistischer Architekt den Kreis um den Earl of Burlington beeinflusste, ließ sich Hoare 1722 einen palladianischen Landsitz bauen, der in seiner noblen Schlichtheit und festlichen Eleganz zahlreiche Nachahmungen fand.

Besonders eindrucksvoll ist die Bibliothek, die der Privatgelehrte Richard Colt-Hoare 1804 von Thomas Chippendale ausstatten ließ: Seidenholzmöbel, Bücherwände, die die Terrassentüren umschließen, unter einer leicht gewölbten, schlichten Kassettendecke. Nach dem Tod des Vaters führte Henry Hoare der Jüngere, ›Henry the Magnificent‹, wie er später zur Unterscheidung genannt wurde, zunächst das Bankhaus in London weiter, bis er sich mit 34 Jahren zur Ruhe setzte. Als Connaisseur und *dilettante* reiste er in Italien umher, sammelte Kunst, beschäftigte sich mit den ›antiquities‹ und begann ab 1741 mit der Anlage eines Landschaftsgartens, der, den Ideen seiner Zeit gemäß, aufgeklärte, freiheitliche Prinzipien zum Ausdruck bringt und sich radikal abkehrt vom französischen Regelgarten, der die hierarchischen Gesellschaftsstrukturen des Absolutismus widerspiegelt.

Stourhead

Der Landschaftsgarten

Das Diktum von Alexander Pope, »All gardening is landscape-painting« – »Alles Gärtnern ist Landschaftsmalerei«, hatte auch Henry the Magnificent verinnerlicht, als er daran ging, das enge Tal mit dem Flüsschen Stour in einen irdischen Paradiesgarten umzuwandeln. Der Fluss wurde aufgestaut zu einem großen, gewundenen See mit irregulärem Uferverlauf, Buchten und Landzungen. Ein Rundweg wurde angelegt und führt durch Hänge, Haine, Wäldchen, Wiesen, Lichtungen, hinauf und hinab, und an jeder Biegung, hinter jeder Kurve wird der Spaziergänger durch neue Bilder »überrascht und entzückt«, bieten sich neue, malerisch komponierte Ausblicke und gedankliche Assoziationen, die durch die Tempel, Grotten, durch Pantheon und Obelisk an die Grundidee Henry Hoares erinnern sollen: die Huldigung der Fluss- und Quellgötter, der antiken Helden Aeneas und Herkules und die Verehrung des heimischen Königs, Alfred der Große.

Diese Rückbesinnung auf die eigene Geschichte führte zur Verquickung oder Gleichzeitigkeit zweier unterschiedlicher Stilrichtungen, die das 18. Jh. beherrschten: der auf die Antike bezogene Klassizismus und das *gothic revival,* die Wiederbelebung der Gotik, die damals mit der Bautradition der Angelsachsen gleichgesetzt wurde. Hier sind es das gotische Cottage, die Eremitenklause, der hoch über dem Park gelegene Alfred's Tower und das Bristol-Kreuz. Es markiert den fließenden Übergang zwischen dem malerischen Weiler – mit Häuserzeile, Kirche und dem Spread Eagle Inn – und dem Anfangs- und Endpunkt des Rundweges.

Rundweg

Folgt man dem Rundweg entgegen dem Uhrzeigersinn findet man sich in der Szenerie wieder, die dem berühmten Gemälde von Claude Lorrain, »Aeneas in Delos«, nachgebildet ist: linker Hand der Brückenbogen, hinter dem Wasser das überkuppelte Pantheon, rechts der Säulenaufbau des Flora-Tempels.

Die Abfolge der Panoramen, eingefasst in das leuchtende Grün der Bäume, umspielt von Licht, Schatten und gebündelten Sonnenstrahlen, ist gemäß den Jahreszeiten von unendlicher Variation. Ist man schließlich auf der Anhöhe mit dem **Apollo-Tempel** angelangt, einem Tempel in Baalbek (im Libanon) nachempfunden, ist es zum ersten und einzigen Mal möglich, dieses Gesamtkunstwerk im Überblick zu betrachten – wie vor uns Tausende von Besuchern, die schon im späten 18. Jh. hierher pilgerten (Stourton, nahe Warminster, NT, www.nationaltrust.org.uk, Garten ganzjährig, tgl. 9–19 Uhr bzw. bis zum Sonnenuntergang; Haus Mitte März–Okt. Fr–Di 11.30–16.30 Uhr).

Übernachten

Direkt am Park ▶ **Spread Eagle Inn:** Stourton, am Stourhead Park, Tel. 017 47-84 05 87, Fax 017 47-84 09 54, www.spreadeagleinn.com. Der Park von Stourhead geht offen über ins Dorf Stourton: Am Schnittpunkt liegt das Hotel mit Restaurant, Tea Room und Terrasse. Wenn alle Tagesgäste abgefahren sind, haben Sie das Arkadien für sich. DZ ab 90 £.

Bio-Farm ▶ **Lower Farm B&B:** Shepton Montague, Wincanton, Tel. 017 49-81 22 53, www.lowerfarm.org.uk. In schönen Gemäuern; Gästetrakt mit Lounge und 2 Zimmern, hauseigene Produkte. Ab 2 Nächte um 90 £.

In schöner Lage ▶ **Chetcombe House B&B:** Chetcombe Road, Mere, Tel. 017 47-86 02 19, Fax 017 47-86 01 11. Ein behagliches Haus mit weiten Blicken und komfortablen Zimmern, Lounge und Garten. DZ 60 £.

> **Tipp: Schöne Aussichten**
>
> Selbst wenn Sie nicht das ganze Gartenareal durchwandern wollen: Zwei Vistas dürfen Sie sich nicht entgehen lassen: einmal von der fünfbogigen, honigfarbenen Steinbrücke, die der Palladios in Vicenza nachgebaut ist. Steht man hier, bietet sich ein unvergleichlicher Blick hinüber zum Pantheon, das sich in den bläulichen Flächen des Sees spiegelt. Vom Pantheon wiederum schaut man auf Ausschnitte des Sees, dessen Wasser durch die Bögen der Brücke bis ins Dorf hineinzugleiten scheinen.

Morgennebel liegt über den grünen Hügeln von Dorset

Kapitel 3
Somerset, Bath & Bristol, Dorset

Welch eine Vielfalt zwischen der Großstadt Bristol im Norden und dem Seebad Weymouth im Süden! Somerset, die grüne, sanft gewellte Heckenlandschaft im Inland, geht im Nordwesten, Richtung Küste, in die rauen Höhen des Nationalparks Exmoor über, Lebensraum für frei lebende Ponys und zottelige Rinder. An der Nordküste rund um Minehead und die Doppelstädtchen Lynton/Lynmouth gibt es wilde, urwaldähnliche Täler, raue Klippen und winzige Fischerdörfer.

Eine mächtige Kathedrale in Wells, ein geschichtsträchtiger, ja mythenumsponnener Ort wie Glastonbury und die spektakulären Felsabgründe der Cheddar-Schlucht sind touristische Highlights von Somerset. Jenseits der Mendip Hills sprudeln die Quellen von Bath, seit Römerzeiten ein Begriff für urbane Lebensqualität. Die Eleganz der Stadtbaukunst des 18. Jh. ist nirgendwo in England so wundervoll erhalten.

Die Großstadt Bristol, nur 15 km entfernt, ist eine von Handel und Seefahrt geprägte Metropole, die größte Stadt im Westen Englands; das Empire & Commonwealth Museum erinnert an merkantile Größe, aber auch an den Sklavenhandel. Das Hafenareal an der Schleife des Avon präsentiert sich frisch aufgepeppt als trendiges Kulturzentrum. Hoch über der Avon-Schlucht markiert die berühmte Clifton-Hängebrücke von Isambard Kingdom Brunel einen Meilenstein der Industriearchitektur des 19. Jh. Beide Städte – Bath und Bristol – bieten eine reiche Museumslandschaft, und in der Umgebung von Bath liegen reizvolle Sehenswürdigkeiten wie das winzige Bilderbuch-Dörfchen Lacock sowie große Schlösser- und Parkanlagen wie Bowood House und Dyrham Park.

Dorsets kleine Hauptstadt Dorchester war die Heimat des berühmten Romanciers Thomas Hardy; im Tal der Piddles und Puddles hat sich der legendäre Lawrence von Arabien versteckt. An der Südküste sind Bournemouth und Weymouth traditionsreiche Seebäder mit weiten Stränden, und die gesamte Küstenregion bis Lyme Regis wurde wegen ihrer geologischen Eigenarten und Fossilienfunde als UNESCO-Erbe gewürdigt.

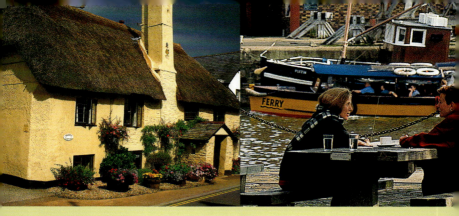

Auf einen Blick
Somerset, Bath & Bristol, Dorset

Sehenswert

10 Wells: Die Kathedrale ist von extravaganter Schönheit, ganz und gar ungewöhnlich (s. S. 252).

11 Bath: Hinreißend ist der Anblick der eleganten Stadtarchitektur aus dem 18. Jh., die römischen Bäder und heißen Quellen tun ein Übriges. Alles zusammen: Bath ist Welterbe (s. S. 273).

12 Jurassic Coast: Die einzigartige Küste mit ihren Hochufern und Klippen wurde wegen ihrer Fossilienvorkommen und der Bedeutung für die Erdgeschichte zum Welterbe erklärt (s. S. 307).

13 Montacute House: Ein kulturhistorisch bedeutendes Country House in herrlichen Gärten – schön und herzanrührend dazu (s. S. 333).

Schöne Routen

Entlang der Exmoor-Küste: Eine grandiose Panoramaroute entlang der Exmoor-Küste führt vom Badeort Minehead zu kleinen Fischerdörfern und dem Doppelgespann Lynton/Lynmouth. Kurvig, mit rasanten Steigungen und fantastischen Ausblicken (s. S. 268).

Ausflüge von Bath: Im Umland von Bath trifft man auf traditionsreiche Schlösser und blumengeschmückte Dorfidyllen (s. S. 284).

Vom Cerne Valley nach Westen: Englands Schönheiten erlebt man auf dieser Tour durch das Cerne Valley mit seinen winzigen Dörfchen. Auch dabei: der legendäre Riese von Cerne Abbas. Über Montacute, eines der schönsten Country Houses der Insel, und Sherborne, wo Sir Walter Raleigh residierte, geht es nach Westen (s. S. 329).

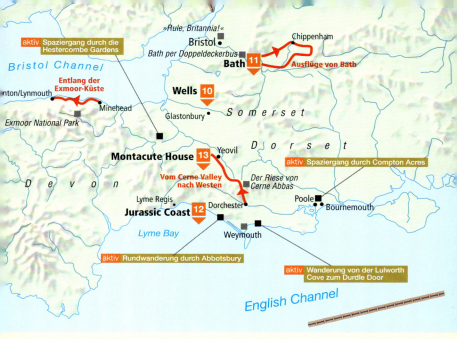

Meine Tipps

Bath per Doppeldeckerbus: Einen interessanten Überblick über die Stadt Bath und ihre Architektur können Sie am besten mit einem offenen Doppeldeckerbus mit beliebigen Ein- und Ausstiegspunkten erhalten (s. S. 284).

British Empire & Commonwealth Museum: Ausflug in die Kolonialgeschichte: In Bristol zeichnet das British Empire & Commonwealth Museum 500 Jahre Kolonialgeschichte einschließlich des Sklavenhandels nach (s. S. 289).

Weymouth: Der Badeort mit seinem herrlichen Sandstrand und einer seit dem 18. Jh. gewachsenen Bäderarchitektur ist Inbegriff englischen Ferienvergnügens (s. S. 311).

Der Riese von Cerne Abbas: Der berühmte *naked giant* ist eine der seltsamen riesigen Kreidefiguren, die es auf den Hügelrücken in Südengland gibt (s. S. 329).

aktiv unterwegs

Spaziergang durch die Hestercombe Gardens: Schwelgen Sie im liebevoll rekonstruierten Garten aus edwardischer Zeit (s. S. 264).

Spaziergang durch Compton Acres: Compton Acres bei Poole zählt zu den prachtvollsten Gartenanlagen Südenglands (s. S. 306).

Wanderung von der Lulworth Cove zum Durdle Door: Zwei spektakuläre Sehenswürdigkeiten der Natur, die Bucht von Lulworth – Lulworth Cove – und das Gesteinstor im Meer, Durdle Door, zeigen die Gewalt des Meeres (s. S. 310).

Rundwanderung durch Abbotsbury: Das bezaubernde Dorf Abbotsbury ist berühmt wegen der Schwanenzucht, tropischen Gärten und seiner Lage am Kieselriff (s. S. 316).

Wells und die Mendip Hills

Die außerordentliche Kathedrale von Wells bildet einen Höhepunkt jeder Südenglandreise – hier lässt sich die Exzentrik der englischen Baukunst am eindrücklichsten erleben. Auch in Glastonbury tut sich Seltsames: Rund um die spektakulären Abteiruinen blühen die Mythen um König Artus, Merlin und den Gral – eine Hochburg für alternative Glückssucher.

 Wells ▶ G 18

Wells wäre nur eine der vielen netten Kleinstädte Englands – gäbe es nicht die Kathedrale. Besuchern vom europäischen Kontinent bietet sie ein einmaliges Erlebnis. Hier findet man einige Charakteristika der englischen Gotik, die in ihrer eigentümlichen und verrückten Schönheit so faszinieren.

Wells Cathedral

Keine hoch aufragenden Türme – die Kathedrale von Wells ist erst zu sehen, wenn Sie vom Marktplatz aus durch das üppig ornamentierte gotische Torhaus hindurchgehen und auf die riesige Rasenfreifläche **Cathedral Green** treten, die sich vor der Kathedrale ausbreitet. Überwältigend ist die goldfarbene **Westfassade,** die Himmel und Erdboden miteinander zu verbinden scheint. Die massiven Türme, flach gedeckt, um nicht zu sagen ›platt‹, sitzen an den Enden einer über und über ornamentierten Bilderwand. In strenger horizontaler Abfolge ziehen sich die flachen Skulpturennischen in bandförmigen Reihen über die Fläche. Von den ursprünglich knapp 400 Figuren aus weichem Kalkstein sind 293 noch erhalten, viele wurden restauriert oder neu geschaffen, wie der »Auferstandene Christus« im ganz oben in der Mitte. Die Skulpturen sind von außerordentlicher Vielfalt, gemeinsam ist ihnen die strenge, schmale, die vertikale Linie betonende Form. Die ganze Fassade ist ein Balanceakt zwischen wuchtigen geometrischen Flächen – durch die wie abgeschnitten wirkenden Türme noch betont – und zarter Oberflächenornamentik, die dem Bau die Schwere nimmt.

Die erste urkundliche Erwähnung eines Bischofs stammt aus dem Jahr 909, und die gotische Kathedrale ist eine der ältesten in Großbritannien. Ihr Baukörper wurde um 1180 begonnen, das Langhaus ist reines Early English. Um 1240 wurde die Westfassade vorgeblendet. In einer zweiten Bauphase folgte zwischen 1290 und 1340 der Ostteil: Retrochor, Querschiffe, Marienkapelle, die Vierungsbögen und das Kapitelhaus (Chapter House). Die typisch englische Ausprägung der Hochgotik, der Decorated Style, bricht, im Kontrast zum Early English, in fließende, wogende Linien aus und entwirft immer üppigere Ornamente: Blattwerk, Blüten, Ranken winden sich um die Kapitelle, groteske kleine Skulpturen aus der Alltagswelt verstecken sich in den Gewölbebögen, und das Maßwerk wird immer enthemmter gestaltet – auf dem Kontinent gibt es dazu keine Entsprechung.

Einmalig in ihrer Exzentrik sind die großartigen **Vierungsbögen,** die Wells berühmt ge-

Die Exzentrik englischer Gotik: Scherenbögen in der Vierung von Wells Cathedral

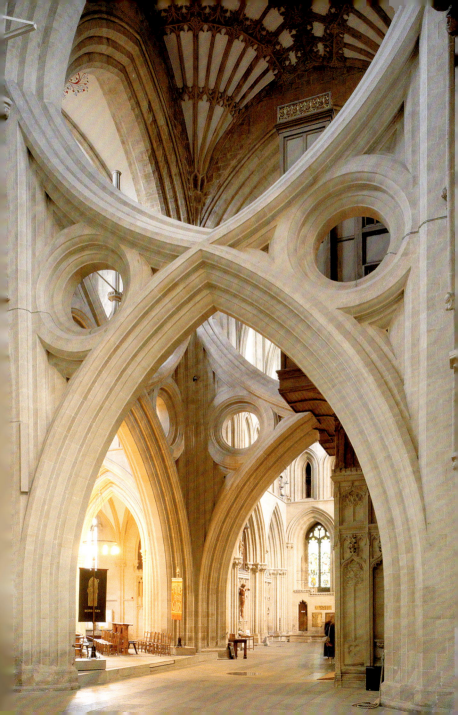

Wells und die Mendip Hills

macht haben: Um die Last des Vierungsturms – würfelförmig, flachgedeckt mit Zinnen und Türmchen – zu stützen, setzte man kühn geschwungene, bauchige Streben in S-Form aufeinander, zerbrechlich wirkende **Achterschleifen,** die sich in Höhe der Arkaden kreuzen und in den Gewölberippen zu verschmelzen scheinen. Eine grandiose Lösung, die die Arbeitsleistung der Streben auf ästhetische ungewöhnliche Weise zum Ausdruck bringt. Im nördlichen und südlichen Querschiff sind die kleinen Skulpturen an den Säulenkapitellen sehenswert. Szenen aus dem ländlichen Alltagsleben: ein Dieb und seine Verfolger, ein Mann, der sich einen Dorn auszieht, einer, der wüste Zahnschmerzen hat, ein verliebtes Pärchen.

Vom nördlichen Querschiff, an der berühmten **Astronomischen Uhr** von 1392 vorbei, geht auch die nicht minder berühmte **Treppe** aus dem 13. Jh. ab, die zum Kapitelhaus und dem Brückenübergang zum Vicar's Close führt: eine sanfte, altersmürbe Kaskade aus Stein, deren zwei Läufe in der Mitte zusammentreffen, mit ausgetretenen Stufen, auf deren unregelmäßigem Rippenmuster die Sonnenstrahlen tanzen.

Das **Kapitelhaus** von 1319 ist ein Glanzstück des Decorated Style, ein großzügiges, lichtdurchflutetes Oktogon mit 50 umlaufenden Sitzen für die Kanoniker des Bistums. Getragen wird das Gewölbe von einem zentralen, feingliedrigen Bündelpfeiler, dessen Rippen sich strahlenförmig auseinanderfalten. Ähnliches finden wir nur noch in Salisbury (www.wellscathedral.org.uk, Kathedrale tgl. 7–18 Uhr, Mo–Sa mehrere kostenlose Führungen; Messe mit Chorgesang (Evensong) Mo–Sa 17.15, So 15 Uhr).

Wells & Mendip Museum

In der Häuserzeile auf der Nordseite des Cathedral Green liegt das **Wells & Mendip Museum** im Gebäude der einstigen Deanery, des Dekanats; neben den Zeugnissen zur Geschichte von Wells sind vor allem die Funde der Wookey Hole Caves (s. S. 255) bemerkenswert – dort entdeckte man Fossilien und Zeugnisse der Höhlenbewohner aus der Eiszeit (Cathedral Green, www.wellsmuseum.org.uk, Ostern–Okt. tgl. 10–17.30, Aug. 10–20, Nov.–Ostern 11–16 Uhr).

Vicar's Close

An der Nordseite der Kathedrale zweigt, durch ein mittelalterliches Torhaus gegen die Unbilden der Weltlichkeit geschützt, die Gasse Vicar's Close ab. Je 21 zweigeschossige Winzlinge blicken sich, über Minivorgärten hinweg, freundlich in die Augen; in strammer Haltung stehen sie schnurgerade da, ihre Schornsteine sind fast größer als sie selbst: die früheste und älteste, noch völlig intakte Reihenhausanlage Europas, von 1348. Das Haus Nr. 22 wurde im 19. Jh. restauriert und zeigt den ursprünglichen Zustand am besten. Seit Jahrhunderten lebten und leben hier Geistliche und Lehrer der Cathedral School.

Bishop's Palace

Der Südseite der Kathedrale schließt sich **Bishop's Palace** an: dem Augenschein nach eine wehrhafte Zitadelle mit zinnenbekrönten Türmen, einem Wassergraben, Ziehbrücke und massigem Torhaus. Der älteste Teil, die Great Hall aus dem 13. Jh., steht noch als eindrucksvolle Ruine in dem gepflegten Areal. Aber schon im Mittelalter bediente man sich gern einer Architektur, deren Erscheinungsbild nichts mit der Funktion gemein hatte: Die Anlage war von Anfang an als Wohnhaus und Residenz der Bischöfe von Bath und Wells vorgesehen. In den bischöflichen Gärten entspringen die **Quellen,** die *wells,* die der Stadt ihren Namen gaben; sie speisen den Burggraben. Früher wurden sie durch ein Leitungssystem in die Stadt gepumpt; heute laufen die Rinnsale an den Trottoirrändern der Straßen ab (Bishop's Palace, www.bishopspalacewells.co.uk, April–Okt. Mo–Fr 10.30–18, So 12–18 Uhr).

High Street

Wollen Sie sich weiter mit den Formen der Sakralbaukunst befassen, dann besichtigen Sie die **St-Cuthbert-Kirche** in der High Street. Ihr eckiger Westturm mit aufgesetzten Spitzhelmen (35 m) markiert die größte Pfarrkirche in Somerset. Lang gestreckt, die Vertikale betonend, flach gedeckt, mit großen Fensterflächen und zartgliedrigem Maßwerk, ist St Cuthbert in ihrer eleganten Simplizität ein schönes Beispiel für die dritte Phase der englischen Gotik, den Perpendicular Style.

Ansonsten bummeln Sie einfach durch die High Street mit ihrem blumengeschmückten Sammelsurium bunter Ladenfronten, Fachwerkbauten und Fassaden aus mürbem, honiggelbem Sandstein.

Infos
Wells Tourist Information: Town Hall, Market Place, Tel. 017 49-67 25 52, www.wellstourism.com.

Übernachten
Behaglich im Zentrum ▶ **Swan:** Sadler Street, gegenüber der Westfassade der Kathedrale, Tel. 017 49-83 63 00, www.swanhotelwells.co.uk. Alte Postkutschstation im Zentrum, komfortabel, gemütlich, Lounges mit Kamin. Einige Zimmer mit Himmelbett. DZ ab 100 £.

Traditionsreich ▶ **The Crown:** Market Place, Tel. 017 49-67 34 57, www.crownatwells.co.uk. Mitten im Zentrum der alte Inn mit einigen angenehmen Zimmern, Anton's Restaurant und Pen Bar. DZ ab 90 £.

Gut und günstig ▶ **Infield House:** 36 Portway, Tel. 017 49-67 09 89, www.infieldhouse.co.uk. Viktorianisches Haus, angenehm, ordentlich, mit Garten und Gästelounge. DZ ab 66 £.

Opulent im Grünen ▶ **Beaconsfield Farm, B&B:** Easton, von Wells 5 km auf der A 371 Richtung Cheddar, Tel. 017 49-87 03 08, www.beaconsfieldfarm.co.uk. Mehrfach prämiert: Das Farmanwesen in den Ausläufern der Mendips liegt in großen Gärten. Elegantüppige Ausstattung, sehr komfortabel. Auch Frühstückspicknick mit Schampus im Garten! DZ 80 £.

Essen & Trinken
Indisch-Modern ▶ **Cafe Romna:** 13 Sadlers Street, bei der Kathedrale www.caferomna.co.uk, tgl. geöffnet. Moderne Fusion-Küche zu günstigen Preisen. Tagesgerichte ab 5 £.

Ganztägig ▶ **Good Fellows:** 5 Sadler Street, Tel. 017 49-67 38 66, www.goodfellowswells.co.uk, Di–Sa 12–14 Uhr, Mi–Sa auch 18–21.30 Uhr. Französisch inspiriertes Restaurant mit sehr guter Fischküche. 2-Gänge-Mittagsmenü mit Wein für 10 £. Das dazu gehörende Bistro-Café **Sadler Streetcafe** bietet vom Frühstück über die Teestunde mit fanzösischer Patisserie auch Abendmenüs (2 Gänge mit Wein 20 £).

Angenehm ▶ **Cloister Restaurant:** neben dem Cathedral Shop, 10–17 Uhr. Restaurant, Imbiss und Café. Gute Tagesgerichte ab 6 £.

Termine
Wells Dance Festival (Mitte Juni): mit traditionellem Volkstanz; ganzjährig zahlreiche **Konzerte** in der Kathedrale.

Verkehr
Busse: Von und nach Wells gibt es nur Busverkehr (Busbahnhof in der Market Street). Stdl. nach Bath und Bristol, regelmäßig in die Umgebung, auch Glastonbury, Street, Cheddar, Wookey Hole Caves.

In den Mendip Hills

Die nördlich von Wells angrenzenden Mendip Hills bieten Wildromantisches: Die weiten Hügel, Talmulden und Schafweiden Somersets stoßen hier an eine Kalksteinbergkette und Felslandschaft, die sich in der Eiszeit ausgebildet hat. Ihre Blöcke, Kegel und Tafelplateaus erinnern an die Formationen des Elbsandsteingebirges. Die Mendips sind ihrer Höhlen wegen in Großbritannien sehr bekannt; sie sind voll erschlossen und in der sommerlichen Hauptsaison von viel touristischem Rummel umgeben.

Wookey Hole ▶ G 18
Eine kleine Straße führt von Wells in die Mendip Hills, Richtung **Wookey Hole.** Um das Höhlenlabyrinth mit Seen und riesigen bizarren Tropfsteinformationen ranken sich lokale

Wells und die Mendip Hills

Legenden und Gruselstorys, denen der Schwerpunkt der Führungen gilt (Ostern–Okt. tgl. 10–17, ansonsten 10.30–16.30 Uhr, www.wookey.co.uk).

Cheddar und Cheddar Gorge
▶ G 18

Der kleine Ort **Cheddar** kann sich rühmen, den weltweit bekannten Cheddar-Cheese hervorgebracht zu haben, der allerdings ebenfalls weltweit als gelbes vakuumverpacktes Industrieprodukt kaum Geschmack besitzt. Hier kann man ihn noch in originaler Qualität, handgeschöpft und in unterschiedlichsten Reifegraden und Varianten erhalten. Grandios-bizarr ist die 3 km lange und über 100 m tiefe Schlucht **Cheddar Gorge,** deren gewaltige **Tropfsteinhöhlen Cheddar Caves** immer Scharen von Ausflüglern anlocken (www.cheddarcaves.co.uk, Juli/Aug. tgl. 10–17, sonst 10.30–16.30 Uhr). Die Eispaläste in den Grottenlabyrinthen von Gough's und Cox's Cave sind aufwendig erschlossen und farbenprächtig illuminiert. Kommt man aus den Eingeweiden der Erde wieder ans Tageslicht, kann man, dem Himmel entgegen, die 274 Stufen der Felswand **Jacob's Ladder** erklimmen, die auf einem Bergkegel mit weiter Aussicht endet – aber nur für absolut Schwindelfreie!

Infos
Tourist Information: The Gorge, Cheddar, Tel. 019 34-74 40 71, www.somersetbythesea.co.uk und www.cheddarvillage.co.uk, Juni–Sept. tgl. 10–17, im Winter nur So 11–14 Uhr.

Glastonbury und Umgebung

Glastonbury ▶ G 19

Wie ein Fanfarenstoß kündet **Glastonbury Tor,** ein im Sommer grüner, 150 m hoher Kegelberg, gekrönt mit dem Turm der aus dem 14. Jh. stammenden Kirche St Michael, weithin vernehmbar von der einstmals legendären Bedeutung Glastonburys. Dieser kleine Ort, mit knapp 6000 Einwohnern nicht größer als im Mittelalter, behauptet von sich, die früheste und bedeutendste Stätte des Christentums in England zu sein, eingehüllt in ein Netz von Mysterien und christlichen Heilslegenden, die aus dem Geschichtsdunkel gewachsen waren und einen nicht enden wollenden Strom an Pilgern anlockten. Glastonbury mit seinen großartigen Abteiruinen war und ist eine Kultstätte, die heute wie damals von den Vorstellungen und Projektionen derer lebt, die aus schwachen Spuren der Geschichte zusammenhängende, dichte Sinn- und Bedeutungssysteme konstruieren – und gut davon leben.

Glastonbury Abbey

Die Fakten sind Folgende: Zu Beginn des 7. Jh. ist hier ein Kloster gegründet worden; die erste normannische Abteikirche der Benediktiner brannte vollständig aus. Ab 1200 wurde mit dem Bau einer neuen Abtei begonnen – **Glastonbury Abbey** wurde die gewaltigste und größte Abteikirche Englands, knapp 180 m lang, mit zahllosen Schreinen

Glastonbury und Umgebung

Reise in den Untergrund: Tropfsteinhöhle Cox's Cave bei Cheddar

und Königsgräbern. Im Zuge der Reformation unter Heinrich VIII. wurde die reichste Abtei Englands aufgelöst, die Kirche zerstört. Geblieben sind die eindrucksvollen **Abteiruinen.** Mauern, Gewölbe und Portale auf weitem Grün vermitteln auch heute noch ein Gefühl der weltlichen und geistigen Machtfülle, die hier einmal konzentriert war. Der stimmungsvolle Reiz, der morbide Zauber der Ruinenästhetik, der uns heute so beeindruckt, wurde durch die Romantiker entdeckt und zieht sich bis zum jüngsten Hollywood-Filmhit »Da Vinci Code – Sakrileg« – auch hier wurden einige Szenen gedreht (Visitor Centre Abbey Gatehouse, Tel. 014 58-83 22 67, www.glastonburyabbey.com, tgl. 9.30–18 Uhr).

Blood Spring, Chalice Well und König Artus' Grab

Die große spirituelle Bedeutung Glastonburys, die auch gegenwärtig immer noch beschworen wird, war unauflösbar mit zwei Mythen verbunden, deren realer Kern von unzähligen Historikern, Chronisten, Archäologen über die Jahrhunderte hin ›bewiesen‹, verfestigt, verworfen und über alle Maßen ausgeschmückt wurde: Zum einen wird überliefert, dass Joseph von Arimathäa, der Onkel von Jesus, nach Glastonbury, einer bedeutenden keltischen Kultstätte gekommen sei, um der Insel das Christentum zu bringen. Bei sich trug er den Kelch, aus dem Christus und die Jünger beim letzten Abendmahl getrunken hatten und mit dem Joseph das Blut des gekreuzigten Heilands auffing. Am Weihnachtsabend des Jahres 60 stieß Joseph am Glastonbury Tor seinen Wanderstecken in die Erde, der sich in einen weiß blühenden Weißdornbusch verwandelte. Diesem Zeichen Gottes gehorchend, errichtete Joseph die erste Kirche, und von hier aus verbreitete er das Christentum in England. Es gibt zwei Weißdornbüsche, *holy thorns,* in Glastonbury – im Kirchhof der Pfarrkirche von St John und auf dem Gelände der Abteiruinen –, die zweimal im Jahr blühen, zu Weihnachten und im Frühling: Sie sind die Ableger der Wunder spendenden Pflanze Josephs.

An der Stelle, da Joseph den Kelch vergrub, begann eine Quelle zu sprudeln, die

Wells und die Mendip Hills

heilkräftige **Blood Spring.** Diese Quelle am Fuße des Glastonbury Tor war jahrhundertelang das Ziel von Pilgern. Die ›Kelchquelle‹, **Chalice Well,** ist auch heute noch springlebendig (www.chalicewell.org.uk, Ostern–Okt. tgl. 10–18, sonst 10–16 Uhr). Sie bildet nun eine der Verquickungen mit dem zweiten Mythos: von König Artus und seinen Gralsrittern. Die legendäre Heldengestalt, in der abendländisch-christliche Heilsgeschichte mit romano-keltischen, britischen Glaubensinhalten und Wertvorstellungen verschmolz, ist hier angeblich mit seiner Königin Guinevère begraben: In den Chorruinen der Abtei findet sich **King Arthur's Shrine,** sein Grabmal.

Die Fakten: Im Jahr 1191 wollten Mönche auf dem alten Friedhofsgelände die Grabstätten von Artus und seiner Königin entdeckt haben. Eine Sensation, weidlich ausgenutzt, die 1278 die Errichtung eines Schreins in der Abtei nötig machte, der die Attraktivität Glastonburys als Pilgerziel wiederum außerordentlich steigerte und sogar Canterbury in den Schatten stellte (s. S. 106 ff.).

Im Ort

Eingehüllt sind diese tapfer verbliebenen Zeugen der Realgeschichte von den atmosphärischen Nebeln allerlei insubstanzieller Künste, die in Glastonbury von Erdmüttern, Naturanbetern und Kindern Avalons zelebriert werden: An allen Ecken sind kosmische, esoterische und spiritistische Erfahrungen im Angebot; es gibt *organic Take aways* mit Öko-Kost, Tofu Tandoori, heilende Kräuter- und Duftmischungen. Im Gaia-Centre und in Merlin's Cave wird ein neuer Mensch aus Ihnen gemacht: mit Akupunktur, Aromatherapie, Astrologie, Schamanismus, Tarot und Yoga, Handlesen, Hypnosetherapie, Hellseherei und Wahrsagekunst geht es auf die Reise in die ›Anderwelten‹. Auch tibetani-

Die Aussicht genießen oder magische Kräfte sammeln: Glastonbury Tor

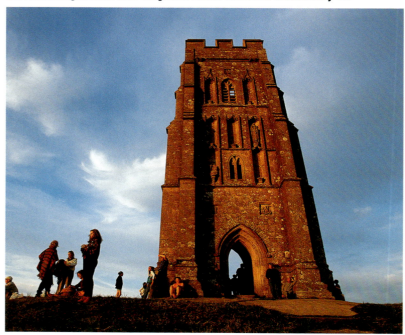

Glastonbury und Umgebung

sche Buddhisten und die Lehren des Sri Da Kalki buhlen um die Gunst derer, die der ›Glastonbury Erleuchtung‹ teilhaftig werden wollen.

In der High Street sind das einst dem Abt unterstehende Gerichtsgebäude **The Tribunal** (heute mit Tourist Information) und das **George & Pilgrims Hotel** aus dem 14. Jh. sehenswert, eine der ältesten, vorreformatorischen Pilgerherbergen Englands.

Alle Jahre wieder zur Sommersonnenwende wächst Glastonbury zur größten Stadt Somersets an: 80 000 (!) Gäste in Zelten, Wohnwagen und Schlafsäcken feiern mit Esoterik, Folk und Rock das **Glastonbury Festival,** das einen legendären Ruf genießt. Zitat aus The Times: »bands, booze and drugs« (»Bands, Sauferei und Drogen«), und: »spannender als das Edinburgh Festival«.

Infos
Glastonbury Tourist Information: The Tribunal, 9 High Street, Tel. 014 58-83 29 54, Fax 014 58-83 29 49, www.glastonburytic.co.uk, www.isleofavalon.co.uk.

Übernachten
Freundlich ▶ **No. 1 Park Terrace B&B:** 1 Park Terrace, Street Road, Tel. 014 58-83 58 45, www.no1parkterrace.co.uk. 5 Minuten von den Kathedralruinen entfernt; Frühstück auch für Vegetarier. DZ 70 £.

Günstig ▶ **Little Orchard B&B:** Ashwell Lane, an der A 361 nach Shepton Mallet. Tel 014 58-3 16 20, www.littleorchardglastonbury.co.uk. Nette Gastgeber in freundlichem Haus unterhalb des Tor-Hügels. 4 Zimmer mit Waschbecken, 2 Bäder auf dem Flur. Großes Frühstück. DZ 50–60 £.

Für Backpackers ▶ **Glastonbury Backpackers:** 4 Market Place, Tel. 014 58-83 33 53, www.backpackers-online.com. In einem alten Inn, mit Restaurant, Aufenthaltsräumen. Bett ab 12 £ (unbedingt vorab buchen).

Jugendherberge ▶ **Youth Hostel:** Ivythorn Hill, Street, Tel. 08 70-770 60 56, www.yha.org.uk. April–Okt. Hostel im Ort Street, von Glastonbury mit dem Bus zu erreichen (ca. 2 km). Unbedingt vorab buchen! Bett ab 11 £.

Einkaufen
Shoppingcenter ▶ **Clarks Village:** knapp 2 km südlich von Glastonbury liegt Street mit Clarks Village (Tel. 014 58-84 00 64, www.clarksvillage.co.uk, Mo–Sa 9–18, So 10–17 Uhr). Es ist das älteste aller britischen Shopping- und Outlet-Center: Fabrikverkäufe von allen großen Firmen und Labels, Schuhe, Mode, Haushaltswaren, stark reduziert. Auch ein Schuh-Museum ist dabei.

Termine
Glastonbury Festival (unmittelbar vor und nach der Sommersonnenwende um den 21. Juni): Musikfestival (Tel. 017 49-89 04 70, www.glastonburyfestivals.co.uk).

Verkehr
Busse: Verbindungen von der Town Hall u. a. nach Wells, Bristol, 2 x tgl. London. Tel. 014 58-12 34 56.

Züge: Der nächste Bahnhof ist in Bridgewater.

Rund um Somerton ▶ G 19

Etwa 10 km südlich von Glastonbury liegt der kleine altmodische Ort **Somerton**, der zeitweilig die Hauptstadt des Königreichs Wessex und noch im 15. Jh. Hauptstadt von Somerset war. Westlich davon erinnern **Huish Episcopi** und das 5 km südlich gelegene **Kingsbury Episcopi** mit ihren im Englischen so fremdartig wirkenden Namen an den Machtbereich des Klerus und den gebietsumgreifenden Landbesitz der Kirche. In beiden Orten stehen außergewöhnlich schöne Kirchen, sogenannte *wool churches,* die die durch den Wollhandel reich gewordenen Gemeinden haben bauen können. Die Kirche St Mary in Huish Episcopi besitzt einen der höchsten Kirchtürme von Somerset und ein leuchtendes Bleiglasfenster, das der Präraffaelit Edward Burne-Jones 1899 schuf.

In dem winzigen Ort Muchelney sind die Ruinen und Mauerteile der großen Benediktinerabtei **Muchelney Abbey**, die um 950 gegründet wurde, zu besichtigen (EH, www.english-heritage.org.uk, April–Okt. tgl. 10–18 Uhr).

Artus, Merlin und Excalibur

King Arthur's Country, Camelot Country, Isle of Avalon, Lyonesse, Excalibur – diese magischen Begriffe gehören einer fantastischen Welt an, die wie eine zweite, geheime Lesart die Topografie Südenglands verrätselt, zahllose Spuren und blinde Fährten gelegt hat.

Mythos, Legenden und Sagen konzentrieren sich auf König Artus: Er residierte mit seiner Königin Guinevère auf Camelot; um seine Tafelrunde scharte er die edelsten Ritter, und sie alle begaben sich auf die Suche nach dem Heiligen Gral.

Im Mittelalter sind die Abenteuer, die die Ritter der Tafelrunde, Gawain, Galahad, Parzival, Tristan, Lancelot etc. in fremden Landen zu bestehen haben, die Mut, Kraft, Ehre, Tapferkeit fordern und ausbilden, in ganz Europa fantasiereich ausgemalt worden, so von Chrétien de Troyes in Frankreich, Hartmann von Aue in Deutschland und Thomas Malory in England. Das mit Artus entworfene ritterliche Tugendideal bestimmte die Kultur der höfischen Gesellschaft des Mittelalters.

Der Mythos ›Artus‹ reproduzierte sich in tausend Facetten in der europäischen Literatur, Musik und Malerei. Einen Höhepunkt erlebte er im 19. Jh. mit Wagners Opern und dem großen Gedichtzyklus von Alfred Lord Tennyson, »The Idylls of the King« (1859). Dazu kamen unzählige Genre- und Historienmaler, die Präraffaeliten und die Arts & Crafts-Bewegung um William Morris: Sie alle schrieben, webten, malten und komponierten an diesem romantischen Garn. Auch im 20. Jh. stricken Romane, Dutzende von Filmen und andere Kulturprodukte weiter am Mythos ›Artus‹. Durch die immer wieder neue Beschäftigung mit seiner Person ist Artus in seinem Heimatland vervielfältigt anzutreffen; er war hier, dort und überall: in Cornwall, in Somerset, in Wiltshire und Wales.

Artus und mit ihm der keltische Hohepriester Merlin wurden zum ersten Mal von dem Chronisten Geoffrey of Monmouth (ca. 1100–1150) als Personen aus Fleisch und Blut in die Historie der frühen britischen Könige eingereiht. Der Benediktinermönch und spätere Erzbischof von Wales, Geoffrey, bezog sich in seiner Chronik »Historia Regum Britanniae« auf die Überlieferung von einem großen keltischen Heerführer, der die Invasion der Sachsen zurückgeschlagen hatte.

Historiker und Archäologen knüpfen heute folgende Verbindungen: Nach dem Abzug der Römer aus ihrer nördlichsten Provinz fiel Britannien ins Dunkel der Geschichte zurück, in die Dark Ages. Über die Zeitspanne vom Jahr 410 bis etwa zur Mitte des 6. Jh., als sich die angelsächsischen Königreiche zu formen begannen, weiß man kaum etwas. Gemäß den Überlieferungen – und hier kommt Geoffrey of Monmouth ins Spiel – war Artus der große einheimische Heerführer, der die Invasion der Sachsen lange aufhalten konnte. Archäologische Funde haben bestätigt, dass es einen Fürsten oder Krieger gegeben haben muss, der mit 10 000 Mann von verschiedenen Heerlagern und befestigten Hügelforts aus die Eindringlinge bekämpft hat.

An diesem Punkt nun verknäueln sich Fakten und Fiktionen, Geschichte und Geschichten so sehr miteinander, dass sie sich nicht mehr entwirren, nur mehr in grobe Stränge zerlegen lassen. Mit heftig verteidigten, sich widersprechenden Regionalvarianten, denen man hübsch hinterherreisen kann.

Der Artus-Mythos

Thema

Geboren wurde Artus der Legende nach als Sohn eines cornischen Fürsten um 473 auf der weit ins Meer ragenden Felsenburg Tintagel in Cornwall (s. S. 386 f.). Christlich erzogen, wird er in seiner Jugend aber auch von dem weisen Hohepriester und Magier Merlin in die ›Anderwelt‹ und die matriarchalische Welt der Kelten eingewiesen. Nahe Tintagel liegt Merlin's Cave. Der Fluss Camel und der Ort Camelford an der Furt über den Camel, stehen mit dem Begriff ›Camelot‹ in Verbindung. Im hoch gelegenen, einsamen Bodmin Moor, etwa 15 km südöstlich von Tintagel, liegt ein Hügelfort versteckt, Arthur's Hall, das er zur Jagd genutzt haben soll. In Castle Dore, an der Mündung des Flusses Fowey, an der Südküste Cornwalls, hat König Marke residiert; die Grabstele seines Neffen, Tristram's Stone, steht 4 km südlich gelegenen Eingang von Menabilly. Und am Ende der Welt, zwischen Land's End und den Scilly-Inseln, liegt das Reich von Lyonesse, das britische Atlantis, das, zu Artus' Zeiten noch mit der Landspitze verbunden, Heimat von Tristan und Galahad war und erst später im Meer versank. Bei Ebbe tauchen an den Inselchen Great and Little Arthur immer noch Steinwälle auf …

Mit dem Tod von König Uther im Jahr 512 übernimmt Artus die Herrschaft, zieht nach Osten über die Grenzen Cornwalls hinweg, um gegen die sächsischen Eindringlinge zu kämpfen. Auf Camelot hält er Hof. Camelot, in schönster Übereinstimmung aller, Camelot ist identisch mit Cadbury Castle in Somerset, hatte doch schon John Leland, ein Tudor-Historiker 1542 geschrieben: »At South Cadbyri standith Camallate«. Die neuesten Ausgrabungsergebnisse des Camelot Research Committee bestätigen dies. Das Plateau in der Mitte der drei gewaltigen Erdwälle kennt man als King Arthur's Palace. South Cadbury, in ›Camelot Country‹, liegt etwa 15 km südöstlich von Glastonbury: Am Glastonbury Tor hatte Joseph von Arimathäa etwa 500 Jahre zuvor den Kelch Christi, den Heiligen Gral vergraben. Artus war in die keltischen Mysterien eingeweiht, das Schwert Excalibur hatte er erhalten, aber der Gral, Symbol der Christenheit schlechthin, fehlte noch, und seine Ritter machten auf die Suche …

Die entscheidende, große Schlacht, mit der Artus die Sachsen in die Knie zwang, fand 517 am Mount Badon statt, heute Badbury Rings in Dorset. Danach herrschte 20 Jahre lang Friede, bis der intrigante Mordred mit Lancelot paktierte und Artus in der Schlacht von Camlann verräterisch in den Tod trieb.

Den cornischen Artus ereilt der Tod im Kampf an der Slaughter Bridge am Bodmin Moor; sein Schwert Excalibur wird von Bevidere in einen naheliegenden See geworfen; »the Lady of the Lake« nimmt es an sich. Der See ist der düstere Dozmary Pool (s. S. 388) unweit Temple. Bestattet liegt Artus im berühmten Arthur's Tomb.

Der Artus aus Somerset ficht die Schlacht von Camlann am Flüsschen Cam bei Cadbury; von dort wird er über King Arthur's Causeway nach Glastonbury überführt; in der Abtei errichtet man für ihn und seine Königin ein Grabmal (s. S. 258). Tatsächlich aber wird er im Reich Avalon aufgenommen und von seinen Wunden geheilt. Dort erwartet er den Ruf nach seiner Rückkehr.

Wenn Sie wissen wollen, wie es wirklich war: Zwei herrliche Wälzer, die jeweils in sich stimmige arturische Welten heraufbeschwören: T. H. White, »Der König auf Camelot«, und Marion Zimmer Bradley, »Die Nebel von Avalon«. Als Parodie unübertroffen ist Mark Twains »Ein Yankee aus Connecticut an König Artus Hof«.

Zwischen Taunton und Minehead

Somerset war Zentrum des angelsächsischen Königreichs Wessex, und im Mittelalter brachten es die Marktstädte und Dörfer durch die blühende Landwirtschaft sowie Woll- und Tuchhandel zu solidem Wohlstand. Auch heute noch verstecken sich hier nette Kleinstädte, Dörfer und Weiler mit stattlichen Kirchen in reizvoller Landschaft. Die Brendon und Quantock Hills und schließlich das Exmoor bieten herrliche Wandermöglichkeiten, die im Norden immer auch ans Meer führen.

Taunton ▶ F 19

Taunton, mit knapp 40 000 Einwohnern, ist seit der Mitte des 19. Jh. die Hauptstadt der Grafschaft Somerset, seit jeher Zentrum der Cider-Herstellung und wichtiger Viehmarkt und generelles Zentrum der Region mit einer sehr hübschen, alten Innenstadt.

Der historische Kern der Stadt, **Taunton Castle,** geht in angelsächsische Zeit zurück, und von der normannischen Festungsanlage sind nur noch Teile des Wohnturms *(keep)* erhalten sowie das Burgtor, das heute den Eingang bildet zum **Somerset County Museum** (April–Okt. Di–Sa 10–17, Nov.–März Di–Sa 10–15 Uhr). In der Great Hall erinnert ein Gemälde an den wegen seiner Grausamkeit gefürchteten Richter Jeffreys, der hier 1685 sein ›Blutgericht‹ nach der gescheiterten Monmouth-Rebellion abhielt.

Der Herzog von Monmouth, unehelicher, anglikanischer Sohn von Karl II., der im West Country weite Teile der Bevölkerung hinter sich wusste und vor allen Dingen in Somerset von den reichen Kaufleuten und Landbesitzern unterstützt wurde, ließ sich nach dem Tod seines Vaters in Taunton zum König proklamieren. In der Schlacht von Sedgemoor bei Bridgwater unterlag sein Heer dem rechtmäßigen, jedoch katholischen König Jakob (James) II. Monmouths Hinrichtung folgte auf dem Fuß. Die Schlacht bei Sedgemoor war die letzte militärische Auseinandersetzung auf englischem Boden.

Das **Castle Hotel** mit seinen Gärten gehört zu den schönsten und teuersten Hotels der Insel. In den erlesenen Räumen, denen noch die mittelalterliche Baustruktur zugrunde liegt, waren neben etlichen Fürsten und Politikern auch Queen Victoria und Queen Elizabeth zu Gast. Die Küche ist mehrfach ausgezeichnet, und der Afternoon Tea ist einfach umwerfend! (Castle Green, Tel. 018 23-27 26 71, Fax 018 23-33 60 66, www.the-castle-hotel.com. Tischreservierung mindestens 14 Tage im Voraus).

Infos
Taunton Tourist Information: Paul Street, Tel. 018 23-33 63 44, Fax 018 23-34 03 08, www.www.visitsomerset.co.uk.

Übernachten
Sehr behaglich ▶ **Meryan House:** Bishop's Hull Road, Bishop's Hull, 2 km auf A 38, Tel. 018 23-33 74 45, Fax 018 23-32 23 55. B&B am südwestl. Am Stadtrand gelegen, schöne Räume, Gärten, freundlich und gut geführt. DZ ab 60 £.

Wunderschön ▶ **Frog Street Farm:** Beercrocombe Road, Hatch Beauchamp, Tel./Fax 018 23-48 18 83, www.frogstreet.co.uk. 2 km südöstl. an der Beercrocombe Road. B&B in schönem Haus (z. T. aus dem 15. Jh.), Farmwirtschaft in Betrieb, behagliche Lounge, große Zimmer, Garten. DZ um 80 £.

Romantisch ▶ **The Old Mill:** Netherclay, Bishop's Hull, 3 km auf A 38, südwestlich, Tel. 018 23-28 97 32, www.bandbtaunton.co.uk. Denkmalgeschütztes einstiges Mühlhaus am Mühlbach, idyllisch. Cottage-Zimmer, mehrfach ausgezeichnet. DZ um 60 £.

Essen & Trinken

Hervorragend ▶ **The Willow Tree:** 3 Tower Lane, Tel. 018 23-35 28 35, Di–So, nur Dinner. Sehr gute, kreative Küche mit besten Produkten in gemütlichem Stadthaus im Zentrum. 3-Gänge-Menü ab 25 £.

Modern & beliebt ▶ **Brazz:** Castle Bow, Tel. 018 23-25 20 00, www.brazz.co.uk. Moderne, sehr geschäftige Brasserie mit Bar, Lounge im Rücken vom Castle Hotel. 2-Gänge-Menü um 20 £.

Traditionell mit Flair ▶ **Taunton Wine & Sausage:** im Corner House Hotel, Paul Street, Tel. 018 23-42 23 33, So–Do 8–21.30, Fr, Sa 8–22 Uhr. Schnörkellose englische Küche mit modernem Touch und aus lokalen Produkten. Exzellent, z. B. Cheddar-Lachs-Pie und (gekochter) Summer-Pudding mit Früchten. 2-Gänge-Lunch mit Wein um 15 £, 2-Gänge-Dinner mit Wein um 25 £.

Verkehr

Züge: Der Bahnhof ist knapp 1 km nördl. vom Zentrum. Züge u. a. nach London, Bristol, Exeter. Tel. 084 57-48 49 50.

Busse: nach Bridgwater, Exeter, Glastonbury, Minehead. Infos zu regionalen und überregionalen Bussen Tel. 08 70-608 26 08, www.traveline.org.uk.

Nach Dunster und Minehead ▶ F 18/19

West Somerset Railway

In **Bishop's Lydeard** an der A 358 endet oder beginnt die 30 km lange Strecke der historischen **West Somerset Railway.** Deren Dampf- und Dieselloks kämpfen sich mit alten Waggons vorbei an Wäldern, Tälern und Stränden durch wunderschöne Landstriche über Dunster bis nach Minehead, halten auf liebevoll restaurierten Bahnhöfchen und sind nicht nur für den Eisenbahnfreak ein echtes Vergnügen (die Fahrt dauert ca. 1,15 Std., April–Okt. tgl. 4–6 Fahrten, Tel. 016 43-70 49 96, www.west-somerset-railway.co.uk).

Combe Florey

Knapp hinter Bishop's Lydeard liegt der Weiler **Combe Florey** – in einem stattlichen *manor house* lebte hier der Schriftsteller Evelyn Waugh: reich, fies, snobistisch, eigenbrötlerisch und extravagant, mit Frau und sechs Kindern. Der konvertierte Katholik, der durch geistsprühende und frivole Gesellschaftssatiren in den 1930er-Jahren Aufsehen erregte, beschwört in seinem berühmtesten Werk »Brideshead revisited« (»Wiedersehen mit Brideshead«) von 1945 mit Virtuosität, ironischer Zärtlichkeit und Melancholie die glanzvolle Welt einer großen katholischen Adelsfamilie zwischen den Kriegen herauf. Der Roman, 1980 aufwendig und prachtvoll von der BBC verfilmt, zählt zu den Büchern, die man im Reisegepäck haben sollte!

Über die Quantock Hills

Noch ein literarischer Abstecher: Etwa 8 km nordöstlich, auf der anderen Seite der Quantock Hills, in **Nether Stowey** hat der neben William Wordsworth bedeutendste romantische Dichter Englands, Samuel Taylor Coleridge, gelebt. Zwischen 1795 und 1800 war er in dem Cottage zu Hause, das heute vom National Trust verwaltet wird. Im **Coleridge Cottage** sind seine großen mythischen Gedichte »Kubla Khan« (s. S. 269) und »The Ancient Mariner« entstanden (NT, 35 Lime Street, Nether Stowey, Bridgwater, Tel. 012 78-73 26 62, www.nationaltrust.org.uk, April–dritte Septemberwoche Do–So, Fei 14–17 Uhr). Die **Tourist Information Centre** in Taunton, Bridgwater und Minehead bieten Informationen und Wandervorschläge, z. B. auf dem Coleridge Way (s. S. 269, www.quantockhills.com).

Zwischen Taunton und Minehead

aktiv unterwegs

Spaziergang durch die Hestercombe Gardens

Tour Infos
Start/Ende: Hestercombe Gardens, 6 km nordöstl. Von Taunton in Cheddon Fitzpane, von der A 361 abzweigend, oberhalb des Tals von Taunton Deane, ausgeschildert.
Länge: Gartenrundgang ca. 4 km
Dauer: ein halber Tag mit Tea-Pause
Wichtige Hinweise: Gie Gärten haben tgl. 10–18 Uhr geöffnet (www.hestercombegardens.com), außer einem Restaurant gibt es auch einen Shop mit Geschenkartikeln und Produkten aus der Region sowie eine große Auswahl an Publikationen zum Thema Garten. Im Gartencenter bietet man Rosenstöcke, Kräuter, Stauden und Strauchpflanzen an, auch Gartenzubehör, Eintritt Erw. 8,90 £, mit Führung 12 £/pro Person.

Die **Hestercombe Gardens** sind etwas ganz Besonderes: Erst im Jahr 1970, als man alte Gartenpläne in einem Geräteschuppen fand, wurde die Gartenanlage Stück für Stück nach den Plänen von Gertrude Jekyll und Edwin Lutyens rekonstruiert – eine Seltenheit, denn die Anlagen des berühmten Duos, das der edwardianischen Zeit völlig neue Impulse gab, zeichneten sich durch verschwenderische Üppigkeit aus, deren Erhalt sehr arbeitsintensiv war und eine Schar von Gärtnern erforderte, sodass die meisten ihrer Gärten nur auf dem Papier existierten oder aber Realisierungspläne wieder aufgegeben wurden.

Und hier nun eine Ausnahme: Mittelpunkt des Gartens – übrigens einer der wenigen komplett wieder hergestellten Arts & Crafts-Gärten im Land – ist ein abgesenktes Plateau mit formaler Blumenbepflanzung. Dann gibt es, auf unterschiedlichen Ebenen, rund um das Haus verschiedene ›Gartenräume‹.

Neben dem weit ausgreifenden Landschaftspark mit Pavillons, sogenannten *follies*, einem See und mehreren Brücken, gibt es den holländischen Garten, eine lange Pergola, gradlinige Wasserläufe, kleine Teiche, eine von Lutyens entworfene Orangerie aus zweifarbigem Stein sowie Blumenrabatten in den vielfältigsten Farb- und Formzusammenstellungen – in allen Jahreszeiten eine Augenweide. Zudem lockt der ›geheime‹ Landschaftsgarten, ein *pleasure ground,* der ein Jahrhundert lang nicht zugänglich war.

In die Brendon Hills

Von Combe Florey aus sind es nur ein paar Kilometer bis zu den Brendon Hills, die das Exmoor nach östlicher Seite begrenzen. Eingebettet in ein kleines bewaldetes Tal *(combe)* zwischen den Dörfern Elworthy und Monksilver liegt das stattliche Anwesen **Combe Sydenham** mit herrlichem **Country Park,** das um 1580 zwischen den Ruinen eines Klosters von Sir George Sydenham errichtet wurde. Seine Tochter Elizabeth hatte sich, sehr zum Missfallen der Familie, mit dem Weltenbummler Francis Drake verlobt. Der hatte ihr, bevor er sich wieder einmal auf und davon machte, das Versprechen abgenommen, auf ihn zu warten. Sie wartete, Monate, Jahre gar – bis sie schließlich von einem anderen zum Traualtar geführt wurde. Die Brautleute standen schon nebeneinander, als ein riesiger runder Stein, möglicherweise ein Meteorit, aus dem Himmel fiel und zwischen das Paar in den Boden schlug. Dies Zeichen vom Himmel war unmissverständlich. Elizabeth weigerte sich, die Ehe einzugehen, und kurz darauf landete Drake in Plymouth, ritt schnurstracks nach Combe Sydenham und heiratete seine standfeste Braut im Jahr 1585. Gelebt haben sie dann in Buckland Abbey (s. S. 381).

Der über 180 Pfund schwere Stein ›Drake's cannon-ball‹ liegt noch in der Great Hall. Zum Anwesen gehören weite Garten- und Parkanlagen, Rotwildgehege, ein Mühlbetrieb mit aus dem 16. Jh. stammenden Fischteichen, in denen sich Anfänger heute im Fliegenfischen üben können (in Monksilver an der A 358, Tel. 019 84-65 62 84, Ostern–Sept. Mo, Mi, Do 13.30 Uhr Führungen; Park: April–Sept. tgl. 9–17 Uhr).

Dunster

Dunster und Minehead, zwei geschäftige, freundliche Städtchen, markieren die Grenzen zum Exmoor National Park. Dunster ist ein malerischer Ort, bunt herausgeputzt, der zum gemächlichen Schlendern einlädt – das allerdings ist weit und breit bekannt, und in den Urlaubsmonaten ist es sehr voll.

Dunster hat sich das Flair eines mittelalterlichen Refugiums bewahren können, vielleicht deshalb, weil der gesamte Ort bis zum Jahr 1950 zum *estate,* zum Landbesitz der seit 1376 hier ansässigen Luttrell-Familie gehörte, die hoch oben auf dem bewaldeten Hügel im **Dunster Castle** residierte. Die Burg, im 11. Jh. erbaut, später durch Cromwells Truppen geschleift, wurde im 19. Jh. extensiv umgebaut und restauriert. Die Park- und Gartenanlagen ziehen sich in tropischer Pracht um den Hügel herum. Die alte Wassermühle am Flüsschen Avril ist noch in Betrieb und kann, wie die Burg auch, besichtigt werden (Dunster Castle, NT, Tel. 016 43-82 30 00, www.nationaltrust.org.uk, Gebäude: April–Okt. tgl. außer Do 11–17 Uhr, Gärten: ganzjährig tgl. 11–17 Uhr).

Nach Dunster und Minehead

Dunsters **High Street** bietet ein hübsches Sammelsurium der Wohnbaustile unterschiedlichster Epochen, viele kleine Läden und Tea Rooms – und in der Mitte steht das achteckige, schiefergedeckte und dunkelgrün bemooste Marktkreuz **Yarnmarket** von 1609, das an den damaligen Wohlstand dieses einstigen Zentrums der Tuchindustrie erinnert.

Infos
Dunster Tourist Information: Dunster Steep, Tel. 016 43-82 18 35, www.dunster-exmoor.co.uk

Übernachten
Romantisch ► **The Old Priory:** Jane Forshaw, Tel. 016 43-82 15 40, www.theoldpriory-dunster.co.uk. Ein B&B wie aus dem Bilderbuch: altes Gemäuer, Chintz in den Zimmern und Bauernblumen im Garten, nahe der Kirche im Ortszentrum. DZ ab 85 £.

Behaglich ► **Luttrell Arms Hotel:** High Street, Tel. 016 43-82 15 55, www.luttrellarms.co.uk. Altes behagliches Haus mit komfortablen Räumen, Restaurant und Pub. DZ ab 80 £.

Alter Charme ► **Yarn Market Hotel:** 25–31 High Street, Tel. 016 43-82 14 25, Fax 016 43-82 14 75, www.yarnmarkethotel.co.uk. Lage direkt am Marktplatz, traditionsreiches Haus, hübsche Zimmer, gute Küche. DZ ab 75 £.

Familiär ► **Exmoor House:** West Street, Tel. 016 43-82 12 68, Fax 016 43-82 12 67,

Zwischen Taunton und Minehead

Tipp: South West Coast Path

In Minehead beginnt der spektakuläre South West Coast Path, ein Wanderweg, der die gesamte Südwestküste bis Poole in Dorset umrundet. Der längste Wanderweg im United Kingdom führt entlang Devons Nordküste, um ganz Cornwall herum. 630 Meilen, rund 1000 km Steilküste, Buchten, Badestrände, Wiesen am Meer oder hoch darüber. Die Auf- und Abstiege auf der gesamten Länge entsprechen einer dreimaligen Besteigung des Mount Everest! Große Teile der Küstenbereiche gehören dem National Trust und passieren geschützte Gebiete, ›Areas of Outstanding Natural Beauty‹, Nationalparke oder Welterbe-Küste, streifen Badeorte, kleine Häfen. Zahlreiche Buchten oder Flussmündungen müssen mit Fähren überquert werden. Das 48 km lange Teilstück von Minehead bis Combe Martin ist ein unvergleichliches Erlebnis mit grandiosen Ausblicken über das Meer bis zur Küste von Südwales. Selbst wenn Sie nur einen Tag erübrigen können: ein Stückchen auf diesem Küstenwanderweg ist ein Muss. Selbstverständlich kann man überall Teilstrecken erwandern, und in allen Orten an der Strecke sind Wanderkarten und Broschüren erhältlich. Das Wanderzeichen ist eine braune Eichel (www.swcp.org.uk).

www.exmoorhousehotel.co.uk. Nettes Hotel mitten im Ort, hier ist man gut untergebracht. DZ ab 72 £.

Essen & Trinken

Beliebter Treffpunkt ▶ Yarn Market Restaurant: im gleichnamigen Hotel (s. o.), So–Do 17.30–20.30, Fr/Sa 17–21 Uhr. Gerichte à la carte ab 10 £.
Elegantes Ambiente ▶ Luttrell Arms Restaurant: im gleichnamigen Hotel (s. o.). Traditionelle britische Küche, Menü ab 20 £.
Gemütlich ▶ Stags Head Inn: West Street. Dunsters ältester Inn, ausgezeichnete Küche, große Auswahl an Ales. Tagesgerichte ab 7 £.
»Pub Grub« ▶ Foresters Arms: West Street. Guter Pub-Lunch (ab 6 £) und Abendküche.

Verkehr

Züge: mit der Diesel- oder Dampfeisenbahn West Somerset Railway nach Minehead (April–Okt., Info unter www.west-somerset-railway.co.uk).
Busse: nach Minehead, Exford, Porlock.

Minehead

Ein paar Kilometer weiter in Minehead endlich Seegeruch, Wind und das Geschrei der Möwen: Dieses kleine, im Rücken einer Hügelkette liegende Seebad mit 12 000 Einwohnern war ursprünglich eine wichtige Handelsstadt für den Umschlag von Vieh, Wein, Wolle und Kohle. Auch die Fischerei brachte ordentliche Einnahmen – aber der Hafen versandete, die regionalen Industriezweige konnten sich nicht mehr behaupten. Mit der Eisenbahn kamen die Urlauber in Scharen nach Minehead, und auch heute noch lebt der Ort hauptsächlich vom Tourismus: in den Sommermonaten ist Minehead *very busy.* Die Altstadt **Higher Town** zieht sich in winkligen Gassen, über Kopfsteinpflaster und schmalbrüstige Treppen hinauf zum **North Hill** mit der schönen Pfarrkirche aus dem 14. Jh.

In **North Quay,** unten am Hafen und entlang der **Esplanade** herrscht lebhaftes, ein wenig altmodisches Treiben; die Läden und Häuser sind blumengeschmückt; zwischen Fish-and-Chips-Buden, Teestuben und Pensionen, zwischen Meerwasserschwimmbecken, Parkanlagen und unordentlichem Hafengewirr trödelt das Strandleben behaglich daher. Minehead ist *very British,* und damit ist auch der Strand gemeint: weite graue Kieselsteinflächen, der Wind bläst immer ein bisschen zu frisch, und der Wassertemperatur trotzen Kinder und Erwachsene gern in grellbunten Neoprenanzügen.

Berühmt, früher auch berüchtigt, ist das größte und älteste Butlin's Holiday Camp, im Zuge gründlicher Modernisierung und neuer Imagepflege mittlerweile in **West World** umgetauft. Dieser durchorganisierte Urlaubsclub ist eine riesige Abenteuer- und Erlebnisenklave, in der Menschen mit eher schwachen Nerven und/oder mit geräuschempfindlichen Ohren nichts zu suchen haben – grell, laut, voll, aufregend, bietet er Kindern, auch als Tagesgästen, himmlische Freuden. Die weiße Hightech-Zeltdachlandschaft der West World ist die neue Skyline in der Minehead-Bucht (www.butlins.co.uk).

Infos
Minehead Tourist Information: 17 Friday Street, Tel. 016 43-70 26 24, Fax 016 43-70 71 66, www.exmoor.com.

Übernachten
Schönes Anwesen ▶ **Channel House:** Church Path, Tel. 016 43-70 32 29, Fax 016 43-70 89 25, www.channelhouse.co.uk. Ein überzeugendes Hotel mit Gärten, einer wunderbaren Aussicht und sehr guter Küche. DZ mit Dinner 160 £.

Very English ▶ **Glendower House:** 32 Tregonwell Road, Tel. 016 43-70 71 44, Fax 016 43-70 87 19, www.glendower-house.co.uk. B&B, freundliches Familienhotel in schönem edwardianischem Haus, angenehme Zimmer, gut ausgestattet. DZ ab 80 £.

Wunderbar gelegen ▶ **Dunkery Beacon Country House B&B:** Wotton Courtenay, nahe Minehead, Tel. 016 43-84 12 41, www.dunkerybeaconhotel.co.uk. In herrlicher Aussichtslage bietet das mehrfach ausgezeichnete Haus alles, was das Urlaubsherz begehrt: Stilvolle, komfortable Zimmer, Bar, Lounges, Wintergarten, schöne Gärten. DZ ab 75 £.

Jugendherberge ▶ **Youthhostel Alcombe Combe:** außerhalb des Dorfes Alcombe, 4 km südöstl. von Minehead, Tel. 08 70-770 59 68, Fax 016 43-70 30 16, www.yha.org.uk, ganzjährig. Kleines, bei Wanderern beliebtes Haus in der Nähe des South West Coast Path. Bett (Erw.) ab 11,95 £.

Termine
Minehead and Exmoor Festival (zweite und dritte Juliwoche): überall Girlanden und Lampions, Kindervergnügen, Tanz und Musik.

Verkehr
Busse: Verkehr nach Dunster, Lynton, Porlock, Bridgewater.

Exmoor National Park
▶ E/F 19/20

Exmoor Forest, an der Grenze von Somerset und Devon, ist hinreißend schön und eines der beliebtesten Urlaubsziele in Südengland. Der ca. 700 km^2 große Nationalpark ist ein Tierparadies und begeistert durch weitflächiges Hochmoor, urwalddichte Schluchten, tief eingeschnittene Flusstäler, leuchtend gelbe Ginsterflächen bis zum Horizont. Wandern wird hier großgeschrieben; die Fischerorte Lynton und Lynmouth sind beliebte Ausflugsziele wie auch winzige reetgedeckte Weiler. Die Panoramaroute zwischen Porlock und Lynton darf niemand versäumen – sie ist atemberaubend.

Es gibt zwar hier und da Moorlöcher, aber das Exmoor ist kein Moor- oder Sumpfgebiet. Als Waldgebiet war das Exmoor ein historisches Wildreservat für die königlichen Jagden. Schon zu Beginn des 16. Jh. waren große Teile der offenen Weideflächen verpachtet, und heute grasen zwischen März und Oktober mehr als 30 000 Schafe im Exmoor. Daneben wird Rotwild gehegt, das sich in den bewaldeten Schluchten der Flusstäler versteckt und nur selten zu sehen ist. Die traditionellen kleinen, kräftigen Ponys halten die

Tipp: Exmoor News
Das saisonal erscheinende Magazin Exmoor News führt Gastgeberadressen, Aktivitäten, Fahrradverleih-Stationen, Reitställe etc. sowie alle Busverbindungen auf. Es liegt kostenlos in Hotels, Geschäften und Info-Stationen aus.

Zwischen Taunton und Minehead

rauen Winterstürme aus; sie bleiben das ganze Jahr über im Freien. Im Exmoor leben auch Füchse, Adler, Bussarde, Lerchen, Ringdrosseln und Turmfalken. In den Flüssen Barle, Exe und Oare kann man nach Forellen und Lachsen fischen. Die Dörfer und Kleinstädte strahlen einen behäbigen, altmodischen Charme aus, und an der Küste zum Bristol-Kanal schmiegen sich zwischen hoch aufgetürmten Felsklippen kleine Häfen in windgeschützte Buchten.

Exmoor Forest ist ein vorzügliches Wandergebiet. Kreuz und quer ziehen sich über 900 km ausgewiesene Fußwege über Hochplateaus, durch Heide, Ginster, Farne und Flusstäler. Man wandert an Eschen, schief gewachsenen Eichen und bemoosten Erlen vorbei, an Buchenhecken, Hünengräbern und Steinhaufen entlang. Die Zeit scheint hier innezuhalten. In den wenigen Dörfern aus grauem Stein setzen nur die blumengeschmückten, in kräftigen Tönen lackierten Türen und Fensterrahmen überraschende Farbtupfer. Entlang der Küste lockt der Fernwanderweg **South West Coast Path** (s. S. 266).

Infos

Exmoor National Park: Exmoor House, Dulverton, Somerset, Tel. 013 98-32 38 41, www.exmoor-nationalpark.gov.uk und www.visitexmoor.co.uk. Auskünfte, Kartenmaterial etc. bei allen Tourist Informations der Orte.

Entlang der Exmoor-Küste

Zwischen **Minehead** 1 und Porlock liegt, an der A 39 Richtung Allerford, das winzige **Selworthy** 2, Diese puppenhafte Mustersiedlung könnte aus »Alice im Wunderland« stammen: Rund um eine baumbestandene Dorfwiese gruppieren sich zwischen Blumenbeeten, blühenden Sträuchern und Hecken etwa ein Dutzend Cottages – vanillegelb mit tief heruntergezogenen, dicken Reetdächern

Musterdorf des 19. Jh.: Selworthy verströmt altmodischen Charme

Exmoor-Küste

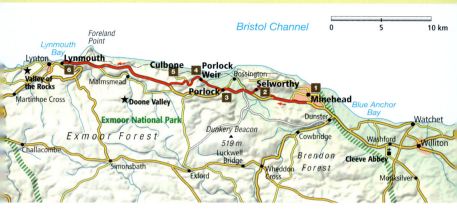

und stämmigen Schornsteinen. Die Anlage wurde im Jahr 1810 von Sir Thomas Acland, Baron Holnicote, für pensionierte Arbeiter seines Anwesens errichtet; heute wird Selworthy vom National Trust erhalten. Die Teestube im Periwinkle Cottage bietet süße Köstlichkeiten. Das Dörfchen liegt im Schatten von Selworthy Beacon, in der Nähe der Anhöhe, mit weitem Ausblick auf Selworthy Combe und das Rundfort Bury Castle.

Porlock 3, auf drei Seiten von grünen Hügeln umgeben, ist ein altes, allerliebstes Dorf mit viel Charme und Charakter und einem kleinen, pittoresken Hafen, **Porlock Weir** 4. Von hier lassen sich schöne Spaziergänge und Wanderungen unternehmen. Für Kenner der englischen Literatur ist Porlock eine legendäre Pilgerstätte: 1797 hielt sich der in Ottery St Mary, Devon, geborene romantische Dichter Samuel Taylor Coleridge (1772–1834) hier für eine Weile auf.

Seinen Aufzeichnungen zufolge wurde sein Opiumtraum, der ihm das grandiose, sprachgewaltige Gedicht »Kubla Khan« eingab, durch eine »Person aus Porlock« jäh unterbrochen, die ihn in einer unbedeutenden Angelegenheit zu sprechen wünschte und über eine Stunde aufhielt – so blieb das Gedicht unvollendet: »In Xanadu did Kubla Khan / A stately pleasure-dome decree: / Where Alph, the sacred river, ran / Through caverns measureless to man / Down to a sunless sea. …« (»In Xanada ließ Kubla Khan einen prunkvollen Freudenpalast errichten: Wo Alph, der heilige Fluss, durch Höhlen, die dem Menschen unermesslich sind, hinunter zu einem sonnenlosen Meer floss …«).

Den Spuren des großen Dichters ist der **Coleridge Way** gewidmet, der Nether Stowey (s. S. 263) mit Porlock verbindet. Auf ihm kann man zwei oder drei Tage lang wandern, durch das Exmoor, die Quantock und Brendon Hills, durch Heide, grünes Hochland, tief eingeschnittene Täler und dabei immer wieder fantastische Ausblicke zur Küste und bis hin nach Wales genießen. Der Wanderweg ist ausgeschildert, und in allen Orten findet man Pubs, Tea Rooms, B&Bs, Karten und Infomaterial in den Touristeninformationen.

Von Porlock aus gelangt man auf einem ausgeschilderten Spazierweg entlang bewaldeter Klippen nach etwa 3 km zu dem Flecken **Culbone** 5 mit der kleinsten Kirche Englands – ein perfekt ausgearbeiteter Steinwinzling aus dem 12. und 13. Jh.

Der etwa 20 km lange Streckenabschnitt auf der A 39 zwischen Porlock und Lynton ist spektakulär in seiner wilden Schönheit: steil abfallende, grüne Klippen mit vom Meer ausgewaschenen, bizarr eingeschnittenen Buchten zur einen Seite, gelbe oder violette, weitläufige Hochmoorebenen, auf denen Schafherden grasen, zur anderen Seite – dazwischen windet sich die extrem steile Pass-

Zwischen Taunton und Minehead

straße die Anhöhen hinauf und bietet herrliche Ausblicke, ob bei sanftem Wind und strahlender Sonne oder bei Regen und rasenden Windböen.

Infos
Porlock Visitor Centre: Old School, West End, High Street, Tel. 016 43-86 31 50, www.porlock.co.uk.

Lynton und Lynmouth [6]
Überhaupt weckt die Küste – jetzt Norddevons – zahlreiche romantische Assoziationen: Der junge Dichter Shelley verbarg sich mit seiner heimlich angetrauten Frau Mary Wollstonecraft in Lynton, und Henry James hat dem Doppelort Lynton/Lynmouth in seinen »English Hours« so viel südländischen Charme und Anmut »in sublimsten Farbgemälden der Natur« bescheinigt, dass die Ausflügler und Badegäste schon seit der Wende zum 20. Jh. in Scharen angereist kommen. **Lynton** liegt hoch oben auf einer Klippe, es bildet die Wand einer 100 m tiefen Schlucht. Der Zwilling **Lynmouth** schiebt sich an der Mündung des Sturzbaches in den geschützten Talausgang hinein. Dies reizvolle Doppelgespann ist durch eine steile, mit Wasserkraft betriebene Klippenbahn verbunden (www.cliffrailwaylynton.co.uk).

Infos
Tourist Information Lynton & Lynmouth: Town Hall, Lee Road, Lynton, Tel. 015 98-75 22 25 oder 08 45-660 32 32, www.lyntourism.co.uk, www.exmoor.com.

Valley of the Rocks
Zwischen Lynton und **Combe Martin** geraten Natur- und Landschaftsfreunde ins Schwärmen – über bizarre Felsformationen und schroffe Klippen auf dem Coast Path zum einen, über die ins Inland abzweigenden Taleinschnitte wie das **Valley of Rocks** zum anderen (s. Aktiv unterwegs links). Ähnlich reizvoll ist das Tal, das sich bei Heddon's Mouth zum Meer hin öffnet, ein Urwald mit Eichen, Farnen und riesigen Gesteinsbrocken (Shop, Information Centre, Tel. 015 98-76 34 02).

Doone Valley
Malmsmead an der Öffnung zum Doone Valley bietet sich als Ausgangspunkt für einen Ausflug (ab Oare nur zu Fuß möglich) in die tief eingeschnittenen, abgelegenen Flusstäler von Badgeworthy und Oare Water an. Sie sollen einst die Heimat der Doone-Sippe gewesen sein, die als gefürchtete Räuberbande im Exmoor ihr Unwesen trieb. Der Roman »Lorna Doone« (1869, von Richard Blackmore) über die schöne Räubertochter wurde zum Dauerbrenner der Kinderliteratur und ist fürs Fernsehen verfilmt worden.

Im Landesinnern
Exford mit seinen reetgedeckten Häusern, anheimelnden Gaststuben und Pubs ist das geografische Zentrum des Exmoor; hier laufen alle Straßen zusammen. Von hier ist es nicht weit zum **Dunkery Beacon,** der höchsten Erhebung im Exmoor (520 m). Die ausgeschilderte Wanderung auf den Gipfel lohnt mit herrlichen Rundblicken auf die Täler und Ebenen des Nationalparks.

In **Winsford**, etwa 8 km südöstlich von Exford, einem gemütlichen Weiler mit gerade 350 Einwohnern, fließen, strömen und plätschern mehrere Flüsschen zusammen, so dass hier auf kleinstem Raum sieben Brücken anzutreffen sind. Die schönste und älteste ist die **Packhorse Bridge** bei der Pfarrei. Ein beliebtes Wanderziel, von Winsford etwa 8 km entfernt, sind die berühmten **Tarr Steps:** eine Brücke, die aus dicken Steinpfeilern und lose darübergelegten, immer wieder erneuerten Steinplatten besteht und als **Clapper Bridge** bekannt ist. Sie führt über das fischreiche Flüsschen Barle und ist möglicherweise jahrtausendealt – niemand weiß es genau (Parkplatz gebührenpflichtig).

Auch **Simonsbath** ist in seiner ländlichen Schlichtheit sehenswert. Hier wie in allen Orten und Weilern werden Wanderkarten oder kürzere Routenvorschläge bereitgehalten.

Sehenswert ist zwischen Blackmoor Gate und Bratton Fleming das Vogelparadies **Exmoor Zoo**. Es beherbergt in großzügig angelegtem Landschaftsareal Kleintiere und über 500 einheimische und tropische Vogelarten,

Exmoor National Park

die z. T. frei im Gelände leben (Bratton Fleming, www.exmoorzoo.co.uk, April–Okt. tgl. 10–18, sonst 10–16 Uhr).

Arlington Court

Arlington Court, an der A 39 zwischen Lynton und Barnstaple, ist eines der wenigen großen Country Houses im Norden der Grafschaften Somerset, Devon und Cornwall – ein ehemals einsamer Vorposten wohlgepolsterten Landlebens in einer Region, die ihren Bewohnern im Lauf der Geschichte vor allem Mühsal und Not bescherte. Das neoklassizistische Haus, 1822 erbaut, gehörte zum Landbesitz der Chichester-Familie, die hier seit 500 Jahren ansässig war. Berühmt ist die Sammlung der Schiffsmodelle, über 100 Stück. Das Haus ist von einem herrlichen Landschaftspark umgeben (Arlington Court, NT, Ostern–Okt. So–Fr 10.30–17 Uhr. Gärten, Shop, Tea Room Juli/Aug. tgl.).

Infos

Exmoor Visitor Centre (National Park Authority): Dunster Steep, Dunster, Tel. 016 43-82 18 35, www.exmoor-nationalpark.gov.uk. Weitere Webseiten: www.exmoor.com.
Exmoor Visitor Centre: Seacot, 13 Cross Street, Combe Martin, Tel. 012 71-88 33 19.

Übernachten

Verwunschen ▶ **The Old Rectory:** Martinhoe, Parracombe, Tel. 015 98-76 33 68, www.oldrectoryhotel.co.uk. Nahe der Küste versteckt gelegenes, stilvolles georgianisches Haus, sehr ruhig, komfortabel mit ausgezeichneter Küche und einem wunderbaren Garten, der mit seinem kleinen Weiher und einem Flüsschen bezaubert; außerdem gibt es einen direkten Zugang zum Coastal Path. DZ um 200 £ inkl. Frühstück und 5-Gänge-Dinner.

Schöne Lage ▶ **Tarr Farm Riverside Inn & Restaurant:** Tarr Steps, Dulverton, Tel. 016 43-85 15 07, www.tarrfarm.co.uk. In herrlicher Lage nahe den Tarr Steps ist dieser alte Inn ein vorzügliches Hotel mit mehrfach preisgekrönter Küche und hervorragendem Weinkeller. Idyllisch auch die Gartenterrasse. Wunderbar für den Cream Tea! DZ mit Dinner ab 150 £.

Am Hafen ▶ **Rising Sun Hotel:** Lynmouth, Tel. 015 98-75 32 23, www.risingsunlynmouth.co.uk. Direkt am Hafen von Lynmouth: historisches Schmuggler-Inn, heute ein behagliches Hotel mit guter Küche. DZ ab 120 £.

Hoch über der See ▶ **Lynton Cottage Hotel:** North Walk, Lynton, Tel. 015 98-75 23 42, www.lynton-cottage.co.uk. Atemberaubende Lage über dem Meer, ausgezeichnete Küche. 3-Gänge Menü: 30 £, DZ ab 110 £.

Zum Relaxen ▶ **Oaks Hotel:** Porlock Bay, Tel. 016 43-86 22 65, www.oakshotell.co.uk. Country House mit schönen Gärten, herrliche Ausblicke, freundlich, gute Küche. DZ ab 140 £, preisgünstigere Angebote ab 2 Nächten.

Großartig abgelegen ▶ **Cutthorne B&B:** Luckwell Bridge, Wheddon Cross bei Exford. (Abzweig von der B3224 von Wheddon Cross nach Exford. Allein der Zufahrtsweg ist 4 km lang.) Tel. 016 43-83 12 55, www.cutthorne.co.uk. Auf einem riesigen Estate mit eigenem weiten Tal liegt das großzügige alte Steinhaus mit mehreren Nebengebäuden. Die Lounge mit Kamin, die Zimmer in opulenter Qualität, eigenes Quellwasser, deftiges Frühstück und die traumhafte Lage bieten alles, was das Herz begehrt. DZ um 80 £.

Gepflegter Charme ▶ **Lee House B&B:** 27 Lee Road, Lynton, Tel. 015 98-75 23 64, www.leehouselynton.co.uk. Hoch gelegenes, großzügiges edwardisches Haus mit Terrasse und Garten. Die Zimmer im »Boutique-Style« sind behaglich und qualitätsvoll ausgestattet. DZ um 70 £.

In bewaldeter Parkanlage ▶ **Stockleigh Lodge B&B:** Exford, Tel. 016 43-83 15 00, www.stockleighexford.co.uk. Hübsches, hoch gelegenes Country House. Freundlich eingerichtete Zimmer, herrliche Aussicht. DZ ab 60 £.

In altem Farmhaus ▶ **Twitchen Farm B&B:** Challacombe, an der B 3358 westlich von Simonsbath, Tel. 015 98-76 35 68, www.twitchen.co.uk. Schöne, individuell gestaltete Zimmer in herrlich gelegenem Haus. Üppiges Frühstück, auch Dinner. DZ ab 60 £.

Zwischen Taunton und Minehead

Termine
North Devon und Exmoor Walking Festival (Mai): Veranstaltungen rund ums Wandern.
Pony-Parade (Mai) in Exford.
Lynton & Lynmouth Music Festival (Juni).
Minehead & Exmoor Music Festival (Juli).
National Parks Week (dritte Juliwoche): von Rangern geführte Wanderungen.
Exmoor Show (Aug.): Landwirtschaftsschau in Exford.
Porlock Arts Festival (Sept.): Kulturfestival.
Exmoor Food Festival (erstes bis zweites Wochenende im Okt.): Pilz-Exkursionen, Restaurant- und Pub-Angebote im ganzen Exmoor, www.exmoorfoodfestival.co.uk.

Einkaufen
Märkte ▶ Lokale und regionale Produkte findet man auf Farmers' Markets in **Combe Martin** am dritten Sa im Monat, in **Lynton** am ersten Sa im Monat.

Aktiv
Das Exmoor ist himmlisch für **Wanderer, Reiter und Angler**. Infos und Adressen, Wanderkarten, Routenvorschläge, Adressen von Reitställen und Angelgenehmigungen in jeder Tourist Information.
Farhrradverleih ▶ **Exmoor Cycle Hire:** 6 Parkhouse Road, Minehead, Tel. 016 43-70 53 97, www.exmoorcyclehire.co.uk. Verleih auch über Tourist Informationen und Gastgeber im Exmoor-Bereich.
Outdoorsports ▶ **Exmoor Adventure:** Tel. 079 76-20 82 79, www.exmooradventure.co.uk. Sport wie Kajak-, Kanu- Fahren, Klettern, Coasteering, in Kleingruppen oder Einzelbetreuung. Tagesangebote für verschiedene Sportarten in Kleingruppen. Mountainbike-Verleih.

Verkehr
Busse: im Exmoor gibt es nur Verkehr mit öffentlichen Minibussen oder Ausflugsbussen. Auskunft bei den Tourist Information Centres. Tel. 018 23-27 20 33 für West Somerset; 012 71-37 65 24 für North Devon.
Züge: Zugverbindungen im Fernverkehr nur über Exeter und Taunton. Von dort Busverkehr ins Exmoor.

Eine wildromantische Landschaft: im Valley of the Rocks

Bath und Umgebung

Bath, in eine Flussschleife des Avon geschmiegt und von sieben bewaldeten Höhen umgeben, steht als urbane Komposition nahezu vollständig unter Denkmalschutz. Die UNESCO verlieh der 90 000 Einwohner zählenden, springlebendigen, eleganten Stadt als einziger im Land den Status des Welterbes.

11 Bath ▶ G/H 18

Cityplan: S. 279

Bath, für viele die schönste Stadt Englands, verdankt ihren Namen der Tatsache, dass hier die einzigen heißen Quellen im Inselreich aus dem Boden sprudeln. Zwei große Blütezeiten haben in Bath zu einer einzigartigen Verschmelzung geführt: Die Römer schufen in ihrer 44 n. Chr. gegründeten Stadt Aquae Sulis, benannt nach Sul, einer keltischen Gottheit, die Badeanlagen, die heute in Großbritannien das wohl besterhaltene Zeugnis römischer Urbanität darstellen.

Im 18. Jh. dann wurde Bath ›wieder entdeckt‹. Die elegante Welt reiste zu den Thermalquellen. Die glanzlose, wohlhabende und schläfrige Stadt der Tuchhändler, nur durch ihre herrliche Abteikirche aus dem Mittelalter ausgezeichnet, rieb sich den Schlaf aus den Augen und kreierte einen neuen, bahnbrechenden Lebensstil, der sich im passenden Stadtbild vollendete. Bath wurde zum architektonischen Schauplatz der eleganten Welt, und das städtebauliche Ensemble wurde überall auf der Insel und in den Kolonien nachgeahmt – die georgianische Architektur hat hier ihren ersten und vollständigen Höhepunkt erreicht mit intimen Platzanlagen, weit ausschwingender Randbebauung und langen Zeilen prächtiger Stadtvillen im palladianischen Stil. Alles in goldgelb schimmerndem, weichem *Bath stone*.

»Trotz Nebel und Regen wanderte ich den ganzen Tag in dieser wunderbaren Stadt herum, die, im Grunde des tiefen und schmalen Bergkessels erbaut, nach und nach alle seine hohen Ränder erstiegen hat. Die Pracht der Paläste, Straßen, Terrassen und halbmondförmigen Plätze, die von diesen Berghängen herabglänzen, ist imponierend und englischen Reichtums würdig.« So begeistert schrieb der weltmännische Exzentriker Hermann Fürst von Pückler-Muskau nach Hause, der mit Billigung seiner Frau zwischen 1828 und 1830 in England herumreiste, um eine reiche Erbin und prospektive Gattin (!) zu finden, die ihm den Luxus seiner nach englischem Vorbild gestalteten Landschaftsgärten in Muskau und Branitz würde dauerhaft finanzieren können.

Der Stern von Bath leuchtete am hellsten im 18. Jh. Als der Prinzregent und spätere Georg IV. den Royal Pavilion in Brighton (s. S. 163 ff.) zu einem orientalischen Märchentraum hatte umbauen lassen, die See attraktiv wurde und tout le monde hinter ihm herzog, blieb Bath sich selbst überlassen. Die heitere, strahlende Eleganz der Stadt, die festliche Atmosphäre, ist geblieben. Exquisite Geschäfte, eine Vielzahl interessanter Museen, ein breites kulturelles Angebot, gute Hotels und Restaurants kommen hinzu und machen Bath zu einer der meistbesuchten Städte Großbritanniens. Und endlich auch: Die 46 °C heißen Quellen, die seit Jahrzehnten ungenutzt aus der Erde sprudeln – 1 Mio. Liter täglich – kommen nun wieder zu Ehren: Thermae Bath Spa, die spektakuläre Thermalbad-Architektur von Nicholas Grimshaw

Bath und Umgebung

ermöglicht eine zeitgemäße Badekultur mitten in der Stadt.

Orientierung

Kern der Stadt ist die intime, ums Eck führende Platzabfolge des **Abbey Churchyard** mit dem gloriosen Westportal der Abtei, gleich daneben befinden sich der Pump Room (das Kurhaus) und die imposante Anlage der frei gelegten römischen Bäder – alles auf engstem Raum, dennoch keineswegs gedrängt wirkend, sondern offen und großzügig. Der klassizistische Kolonnadentorbau führt von der herrlich angelegten **Bath Street** in die Geschäftsstraßen und Fußgängerzonen der Innenstadt mit ihren reizvollen und eleganten Geschäften, blumengeschmückten Hausfassaden und kleinen Shopping-Passagen.

Geht man an der Ostseite der Abteikirche entlang, weitet sich der Blick über das abgesenkte Grün der **Parade Gardens** bis hin zu den terrassenförmig gesäumten Ufern der Avon-Schleife. In nordwestlicher Richtung leitet der **Queen Square** auf die Platzanlage **Circus** zu, der zum Höhepunkt des **Royal Crescent** führt, mit herrlichem Blick über Bath.

Rund um Bath Abbey

Die Abteikirche **Bath Abbey** [1] wurde auf den Fundamenten einer sächsischen Kirche errichtet, in der 973 Edgar als erster König eines geeinten Reiches gekrönt wurde. Der folgende normannische Bau verfiel, nachdem Wells zum Bischofssitz gewählt worden war. Erst 1499 begann Bischof Oliver King mit dem heutigen Bau, der nach der Auflösung der Klöster um 1540 fertig gestellt wurde und dann einfach stehen blieb, da die Stadt den Bau nicht aufkaufen wollte. Im Jahr 1616 schließlich wurde die Kirche geweiht. Der Traum von Bischof King, der ihn zu dem Bau veranlasste, ist auf der **Westfassade** zu beiden Seiten des riesigen Fensters verewigt: Engel, die die Himmelsleiter hinauf- und hinabsteigen.

Bath Abbey ist durchgängig im spätgotischen Perpendicular Style gehalten. Bemerkenswert sind das reich ornamentierte **Fächergewölbe im Chor,** die Vielzahl der großen Fenster (besonders das Ostfenster), das fehlende Triforium und über **400 Denkmäler und Grabtafeln.** Bei den umfangreichen Restaurationsarbeiten im 19. Jh. durch Sir George Gilbert Scott wurde das grandiose Fächergewölbe kopiert und im Hauptschiff eingezogen (www.bathabbey.org, Mo–Sa 9–18, So 13–14.30 u. 16.30–17.30 Uhr).

Die **Roman Baths,** die **Römischen Bäder** [2], wurden zwischen dem 1. und 4. Jh. n. Chr. genutzt; mehrere Bäder, Schwimmbecken und Saunen wurden mit einem raffinierten Leitungssystem beheizt. Mittelpunkt ist das eindrucksvolle große Becken, das ohne Überdachung den Blick auf den Himmel freilässt – wie um ein Atrium gruppieren sich die weiteren Anlagen auf mehreren Ebenen um diese zentrale, dampfende, grüne Innenfläche, die mit einer Reihe von antiken Skulpturen eingefasst ist. Auf die ersten römischen Funde stieß man beim Bau einer Badeanlage im Jahr 1755. Reste eines Minerva-Tempels, mehrere Teilmosaike, Grabsteine und Skulpturen vervollständigen das Panorama römischen Lebens in der Provinz Britannia (Audioführung durch die Ausstellung mit Modellen, vielen Funden und rund um das große Wasserbecken mit Säulenhalle, Abbey Churchyard, April–Sept. 9–18, Juli, Aug. 9– 22, Okt.–März 9–17 Uhr, www.romanbaths.co.uk.).

Umgeben sind die Römischen Bäder nicht etwa von musealer Stille, sondern von lebhaftem, frohgestimmtem Trubel, der sich mit den Bemühungen des Kurorchesters aus dem **Pump Room,** dem Kurhaus, verbindet. Der klassizistische Bau wurde gegen Ende des 18. Jh. fertig gestellt, und zwischen georgianischer Brunnenhalle, Säulen, Kuppeln und viel Stuckornamentik, zwischen Morgenkonzert und Nachmittagstee, serviert ein ›Servant‹ in Livree und weißer Perücke das Heilwasser (tgl. 9.30–17.30 Uhr).

Das Gebäudeareal der Roman Baths findet am Ende der Kolonnaden in der Bath Street mit dem **Thermae Bath Spa** [3], der neuen rasanten Architektur von Nicholas Grimshaw, ihren zeitgemäßen Abschluss: Der

Badeleben und Architektur

Zeremonien der Eleganz — Thema

Zwei Personen haben den Aufstieg von Bath im 18. Jh. tatkräftig in die Wege geleitet. Auch hier, wie so oft und überall in Großbritannien, dominierte dabei der Sinn für das spielerische, das dramatische Szenario in und mit der Öffentlichkeit, die Lust am geregelten Spiel.

Richard Nash betrat 1704 in Bath als 31-jähriger Glücksritter die Bühne seines Lebens; er verstand es, den Kuraufenthalt in Bath zu einem durchorganisierten gesellschaftlichen Kunstwerk zu gestalten, Bath zu einem Zentrum der feinen Gesellschaft seiner Zeit zu machen; als ›Zeremonienmeister‹ legte er Regeln des Benimms und guten Geschmacks fest. Er selbst bildete das leuchtende Vorbild und galt als bestangezogener Mann seiner Zeit, er kreierte sich selbst zum Prototyp des Dandy. Als ›Beau‹ Nash war er bekannt; seinen Stil ahmte ganz Europa nach. Konzerte, Bälle, Spielsäle, ein festgelegter Tagesrhythmus – all das wurde von Nash organisiert und machte aus Bath, war die Sommersaison in London einmal vorüber, den amüsanten Treffpunkt der High Society. Eine Gedenktafel im südlichen Querschiff von Bath Abbey erinnert an den berühmtesten Bürger der Stadt, der 1762 starb.

Den festlichen, angemessenen Rahmen verdankte Bath dem vermögenden Entrepreneur Ralph Allen (1694–1764): Er kaufte die Steinbrüche im nahen Claverton und Combe Down auf, und zusammen mit dem schottischen Architekten John Wood d. Ä. (1700–54) machte er seinen Traum wahr von einer neuen Stadt aus dem cremigen, honiggelben, geschmeidigen Stein, seither als *Bath stone* bekannt. Beide waren vom Geist der römischen Antike beseelt – das Rom des Kaisers Augustus war das Vorbild der Epoche, der nicht nur der englische Landschaftsgarten (s. S. 50 f.), sondern auch die lichte, festliche Eleganz der Architektur zu verdanken ist.

In noblem Kreis geschwungene Fassaden umgeben den Platz The Circus

Bath und Umgebung

britische Stararchitekt, von dem auch der Eurostar-Terminal in London stammt, hat zwischen die alten Bauten einen lichtdurchfluteten Glaskubus mit einer mehrgeschossigen luxuriösen Thermalbadlandschaft geschoben, mit Beauty- und Wellnesscenter sowie mit einem offenen Pool-Areal auf dem Dachgeschoss. Erst seit 2006 werden damit die heißen Quellen wieder genutzt, und Bath hat eine neue Attraktion hinzugewonnen (Tel. 012 25-33 12 34, www.thermaebathspa.com, tgl. 7–22 Uhr).

Zur Pulteney Bridge und jenseits des Avon

Nördlich der Abbey führt die High Street im Knick zur Bridge Street, vorbei an der **Victoria Art Gallery 4**, wo man neben stadthistorischen Gemälden u. a. auch ›Beau‹ Nash und hervorragende zeitgenössische Kunst sehen kann (www.victoriagal.org.uk, Di–Sa 10–17, So 13.30–17 Uhr). Die berühmte **Pulteney Bridge 5** ist das einzige Bauwerk, das der größte aller Klassizisten, der Schotte Robert Adam, für Bath entworfen hat. Diese bezaubernde italienisierende Avon-Brücke trägt auf ihren Bögen zwei schmale Geschäftszeilen, und hier übersieht man sehr schön die Ufer, das Wiesengrün und die Blumenpracht der Parade Gardens. Die Brücke führt über Argyle Street und Laura Place in die weitläufig angelegte, herrliche Allee der Great Pulteney Street. Ihre Achse läuft auf die palladianische Villa (1796) in den Sydney Gardens zu,

Nicht erst seit der Römerzeit werden sie geschätzt: die Quellen von Bath

in der heute das **Holburne Museum und Crafts Study Centre** 6 beheimatet ist – mit erstklassigen Silber- und Porzellan-Sammlungen des 18. Jh., Gemälden von Turner, Gainsborough, der in Bath gelebt und gearbeitet hat, Zoffany, Stubbs und sehr interessanten Wechselausstellungen zeitgenössischen Kunsthandwerks (wegen Komplettsanierung und Anbau bis Sommer 2011 geschlossen, sonst März–Dez. Mo–Sa 11–17, So 14.30–18 Uhr).

Vom Queen Square zum Royal Crescent

Das elegante Bath des ausgehenden 18. Jh. mit seinen prachtvollen georgianischen Straßenzügen, die überall gebaut wurden, bildete

den Hintergrund der Romane »Northanger Abbey« und »Persuasion« von Jane Austen, die hier im Holburne House, ursprünglich als Hotel errichtet, gelustwandelt ist. Sie lebte mit ihrer Familie einige Jahre in Bath, u. a. auch in 4 Sydney Place, nur einen Katzensprung entfernt. Im **Jane Austen Centre** 7 wird ihr Leben nachgezeichnet, die Regency-Ära kreiert, Folme gezeigt und im Tearoom Getränke und Gebäck nach Originalrezepten serviert (40 Gay Street, www.janeausten.co.uk, April–Okt., tgl. 10–17.30, Juli, Aug. Do–Sa bis 19, Nov.–März 10–17 Uhr).

Die Platzanlage **Queen Square** 8 an der langen Straßenschneise von Barton und Gay Street bildete den Auftakt, mit dem John Wood die Prozession seiner Bauten eröffnete und den Geschmack eines ganzen Jahrhunderts prägte. Sie ist noch heute Vorbild für eine elegante, verdichtete Stadtarchitektur vollkommenen Gleichklangs. Der rechteckige, in der Mitte begrünte Platz ist eingefasst von einem harmonischen Häusergeviert, dessen Fassaden einheitlich gestaltet sind: schmale, hohe Fenster, Flachdächer, Pilaster als Gliederung und schlichte Schmiedeeisenornamentik – die Gestaltung eines *square* mit *terraces*, langen, hinter einer einheitlichen Fassade versteckten Einzelhäusern, als eine Komposition, wie sie seither hunderttausendfach in England anzutreffen ist.

Die Gay Street, heute eine viel befahrene Verkehrsader und nicht mehr in ursprünglicher Reinheit erhalten, ist das Gemeinschaftswerk von John Wood d. Ä. und seinem Sohn, der nach dem Tod des Vaters 1754 in dessem Sinne weiterbaute. Haus Nr. 41, einziger barocker Überschwang in der Abfolge klassizistischer Strenge, war der Entwurf des Vaters und wurde von seinem Sohn bewohnt. Die Gay Street öffnet sich in das dicht gefügte Rund von **The Circus** 9, früher King's Circus genannt: Von drei Straßenzugängen unterbrochen, schließen sich die geschwungenen Fassaden zu einem intimen, noblen Kreis zusammen, dessen grasbewachsene Mitte von hohen Bäumen akzentuiert wird. Die Fassadengestaltung ist betont schlicht, und gerade durch ihre harmonische Gleichförmig-

Bath

Sehenswert
1. Bath Abbey
2. Roman Baths / Pump Room
3. Thermae Bath Spa
4. Victoria Art Gallery
5. Pulteney Bridge
6. Holburne Museum and Crafts Study Centre
7. Jane Austen Centre
8. Queen Square
9. The Circus
10. No. 1 Royal Crescent
11. Museum of Costume
12. Building of Bath Museum
13. Royal Photographic Society
14. Beckford's Tower

Übernachten
1. The Royal Crescent
2. Bath Priory
3. Paradise House
4. The Town House
5. Tasburgh House Hotel
6. Brocks B&B
7. YMCA International House
8. Bath Youth Hostel
9. Bath Backpackers

Essen & Trinken
1. No. 5 Bistro
2. The Rajpoot
3. Loch Fyne Fish
4. Hole in the Wall

Einkaufen
1. Kunsthandwerk
2. Fine Cheese Company

Abends & Nachts
1. Moles
2. The Bell Inn

Aktiv
1. Stadtrundfahrten
2. Guides Walking Tours
3. Bath & Dundas Canal Co

---

keit von betörender Eleganz: Die Geschosse sind durch die aufsteigende doppelpaarige Säulenordnung gegliedert; ein umlaufender Fries mit 560 verschiedenen Motiven bildet das Gleichgewicht zu den hohen, schmalen Schiebefenstern, die die Vertikale betonen, dem feinen Schmiedeeisen des Gitterwerks, den kleinen Vorgärten, die in z. T. zweigeschossige Souterrains führen. In Haus Nr. 7 lebte 1753–1763 William Pitt, Earl of Chatham (Staatsmann und Premierminister, 1708–1778); aus Haus Nr. 13 brach David Livingstone nach Afrika auf; nebenan in Nr. 14 lebte Lord Clive (1725–1774), der, als ›Clive of India‹ gerühmt, die Kolonialherrschaft in Indien sicherte. Und Haus Nr. 17 erlebte den Aufstieg von Thomas Gainsborough (1727–1788), der als unbekannter Maler nach Bath kam und zu einem der bedeutendsten Porträtmaler des 18. Jh. wurde.

Das lustvolle Spiel mit den Grundmustern der Geometrie findet schließlich im **Royal Crescent** seine Vollendung. Mit grandioser, offener Dramatik umfängt, auf einer Anhöhe liegend, eine halbmondförmige Häuserreihe die abfallenden Rasenflächen. 30 wie Perlen aneinandergereihte herrschaftliche Häuser sind durch die schlichten Untergeschosse und die gewaltigen ionischen Säulen, die bis zur Dachbalustrade streben und die Fensterpartien teilen, miteinander verbunden. Nur das in der Mitte liegende Haus, heute das luxuriöse ›Royal Crescent Hotel‹, ist durch Doppelsäulen hervorgehoben.

Das Haus **No. 1 Royal Crescent** 10, Ecke Brook Street, ist, so getreu wie möglich als Stadthaus der *upper middle classes* eingerichtet, zu besichtigen und vermittelt einen lebendigen Eindruck georgianischer Wohnkultur (Mitte Feb.–Okt. Di–So 10.30–17, Nov. Di–So 10.30–16 Uhr).

Weitere Sehenswürdigkeiten

Die östlich vom Crescent und Circus liegenden Straßen sind ebenfalls alle von Wood d. J. geplant und gestaltet worden; die **Assembly Rooms** in der vom Circus abzweigenden Bennett Street (1768–71) sind prachtvoll restauriert und beherbergen das ausgezeichnete Modemuseum, **Museum of Costume** 11 mit seinen farbenprächtigen Sammlungen von der Stuart-Ära bis zur Gegenwart (www.museumofcostume.co.uk, tgl. 10–17 Uhr). Früher traf man sich hier zu üppigen Frühstücksbanketten, zu Bällen und zum Kartenspiel.

In der Nachfolge der Woods entstanden weitere *crescents* wie Lansdown, Cavendish oder Camden Crescent und **The Paragon** mit dem **Building of Bath Museum** 12, das

sich ausschließlich der Geschichte und Architektur von Bath widmet – sehr sehenswert und lehrreich, mit großem Stadtmodell (Mitte Feb.–Nov. Di–So 10.30–17 Uhr).

In der Milsom Street, der lebhaften Einkaufsstraße, die zurück zur Stadtmitte führt, liegt die **Royal Photographic Society** 13. Sie zeigt interessante Wechselausstellungen und besitzt einen erstklassigen Bestand zur Geschichte der Fotografie, die ja unweit in Lacock (s. S. 285) ihren Ausgang nahm (The Octogon, Milsom Street, tgl. 9.30–17.30 Uhr).

Beckford's Tower

Am nördlichen Stadtrand von Bath, von der Lansdown Road abzweigend, blickt ein italienisierender, neoklassizistischer 50 m hoher Turmbau weit über die umliegende Landschaft: **Lansdown Tower** oder **Beckford's Tower** 14, ab 1823 errichtet (s. Thema S. 280 f.). Die Aussicht ist wunderbar, aber nur wenige Dokumente weisen auf den Bauherrn William Beckford hin (April–Okt. Sa, So, Fei 10.30–17 Uhr, werktags nach Vereinbarung, Erw. 3 £).

Bath und Umgebung

Magier der Schattenwelt

Lansdown oder Beckford's Tower am Stadtrand von Bath ist im Grunde nicht mehr als ein flüchtiger Nachgedanke, die bescheiden gesetzte Fußnote zum Leben eines Mannes, der wie kein anderer die fiebrigen Exzesse seiner romantischen Fantasie in die Wirklichkeit umsetzte, sein Leben als erhabenes Kunstwerk inszenierte, Licht und Dunkel, Schein und Sein, Innen und Außen miteinander verquickend.

Der Sonderling William Beckford, sein Roman »Vathek« und sein Bauwerk, Fonthill Abbey, geistern seither als Legende in der englischen Kulturgeschichte wie Irrlichter umher und beflügeln in ihrer Exzentrik und Anmaßung die Imagination der Nachwelt.

William Beckford (1760–1844) war, wie sein Bewunderer Byron neidvoll zugab, »England's wealthiest son« (»Englands reichster Sohn«). Sein Vater, zeitweilig Lord Mayor von London, starb früh und vererbte dem einzigen Kind ein unermessliches, durch Zuckerrohrplantagen in der Karibik und Sklavenhandel erworbenes Vermögen. Als Halbwüchsiger schon spricht Beckford mehrere Sprachen, darunter Persisch und Arabisch; er wird von Mozart und Voltaire unterrichtet, liest die Märchen aus 1001 Nacht im Original. Er verliert sich, talentiert, verzogen und feinnervig, in seiner instinktiven Leidenschaft für das Abwegige, Exotische und Fantastische. Da er über die entsprechenden Mittel verfügt, beginnt er seine orientalisch inspirierten Visionen in die Wirklichkeit umzusetzen. Das Weihnachtsfest 1781 wird drei Tage und drei Nächte lang hinter verschlossenen Türen und verhangenen Fenstern als ausschweifendes Bankett der Sinne gefeiert. Der darauf folgende Skandal – die Presse weidet sich besonders an den Gerüchten über schwarze Messen und Beckfords Beziehung zu dem schönen Knaben William Courtenay von Powderham Castle – bricht ihm das gesellschaftliche Rückgrat. Ausgestoßen und geächtet reist er ruhelos in Europa umher, in der Schweiz, Italien, Frankreich, Portugal. Der geistvolle, charmante und hochgebildete Exilant sammelt als feinsinniger Connaisseur erlesene Kunstschätze in imperialem Ausmaß und schreibt neben einigen Reiseberichten 1783 als 23-Jähriger, das verhängnisvolle Weihnachtsfest heraufbeschwörend, innerhalb von drei Tagen die orientalische Novelle vom Kalifen »Vathek«. Die außerordentliche Kraft der Bilder, die Mischung aus Märchen, Schauerroman und philosophischem Essay, die schreckliche Üppigkeit aller sinnlichen Genüsse, die den Horror Vacui nicht zu bannen vermögen, haben diese Erzählung zu einem kostbaren literarischen Monument gemacht, das den »satanischen Glanz« von de Quincey, Poe, der l'art pour l'art-Bewegung, der Dekadenz, von Baudelaire und Huysmans beeinflusste.

1796 treiben die napoleonischen Kriege Beckford nach England zurück, und er beschließt, auf seinem Besitz Fonthill, ca. 10 km westlich von Wilton, ein monastisches Refugium mit hohem Abteiturm zu bauen. »Some people drink to forget their unhappiness – I do not drink, I build.« (»Manche trinken, um ihr Unglück zu vergessen – ich baue.«)

Die Entstehung von Fonthill Abbey ist die Geschichte einer manischen Bausucht und der Verfehlungen des neogotischen Architekten James Wyatt (1747–1813), eine bizarre

William Beckford

Thema

Geste der Anmaßung und auch der Rache eines Sonderlings gegenüber der Gesellschaft, die ihn ausgestoßen hatte. Ein Jahr nach Baubeginn entgleitet dem Bauherrn und dem Architekten das noch maßvolle Projekt und artet aus in eine alptraumartige Festung der Neogotik – mit einem Turm, der höher werden soll als St. Peter in Rom, als die nahegelegene Kathedrale von Salisbury.

500 bis 600 Arbeiter sind Tag und Nacht, im Schein tausender Fackeln und lodernder Feuer, mit dem Bau beschäftigt. Es entsteht ein kreuzförmiger Kathedralkörper mit einer endlosen Reihung aufeinanderfolgender Raumfluchten; von der St Michael's Gallery bis zum Oratory sind es 100 m. Mittelpunkt ist das vierungsartige Oktogon mit einem 40 m hohen Gewölbe, knapp 30 m hohen Stützbögen und überdehnten Spitzbogenfenstern. Zweimal stürzt der halbfertige Turm über dem Oktogon ein; aber Wyatt baut fieberhaft weiter, und der Turm überragt schließlich alles Dagewesene – er war mit 125 m der höchste Englands. 1807 zieht Beckford ein. Seine unermesslich wertvollen Sammlungen, Bücher, Manuskripte, Porzellan, Teppiche, Gemälde, Radierungen, Mineralien, Juwelen, erlesenes Mobiliar, verschwenderische Pracht in Gold, Silber und Samt, hüllen den einsamen Mann ein. Fonthill Abbey wiederum wird von einem 10 km langen, 3 m hohen Schutzwall umgeben. Nur selten gewährt Beckford Gästen Zutritt in sein kultisches Reich und wenn, dann übersteigert er mit dramatischem Spott seine eigenen Ideen bis ins Absurde: Auf gewundenen Kieswegen durch den sonnendurchfluteten herrlichen Park gleitend, schreitet der neugierige Besucher über eine endlose Treppenkaskade auf die Westhalle zu – die gewaltigen Türen werden von Zwergen geöffnet –, um dann in den Schlund der düsteren, nur durch Kerzen und Kaminfeuer beleuchteten Labyrinthe der fünf Sinne gesogen zu werden.

1822, Wyatt baut noch an einem Ostflügel, hat der Spuk ein Ende: Die Einnahmen aus der Karibik und dem Sklavenhandel gehen rapide zurück, Beckfords Vermögen ist nahezu aufgezehrt, und er beschließt, sich aus seinen eigenen Träumen davonzumachen: Er zieht nach Bath, Lansdown Crescent 20, und baut als Studierklause den Turm in Lansdown aus. Der Verkauf von Fonthill Abbey zieht Tausende von Neugierigen an, und als sein Anwesen schließlich für 300 000 Pfund einen schottischen Liebhaber findet, schreibt er: »Endlich bin ich das Heilige Grabmal los, befreit von einer großen Last und unhaltbaren Ausgaben.« Die einzigartigen Kunstschätze werden bei Christie's versteigert – eine gesellschaftliche Sensation, allein der Auktionskatalog wurde 72 000 Mal verkauft – und sind heute über die Museen der Welt verstreut. 1825 dann folgt der letzte, sinnfällige Akt: Beckford, den gerade einer der Bauaufseher, von schlechtem Gewissen geplagt, darüber informiert hatte, dass bei der Aushebung der Fundamente unverantwortlich geschludert worden sei, sieht, so will es die Legende, vom Lansdown Tower aus, wie der gewaltige Turm von Fonthill Abbey in sich zusammenstürzt und das Gemäuer der Abtei unter sich begräbt. Neben zahllosen Stichen, Aufrissen und Ansichten von Fonthill Abbey und einer Aquarellserie Turners ist nichts geblieben außer einem unbedeutenden Stück Mauerwerk und einigen Memorabilia im Lansdown Tower – aber die Idee, die Privatfantasien in einem einmaligen Bauwerk zu verwirklichen, die Idee, das eigene Leben, Architektur und Kunst in unendlichen Schleifen miteinander zu verflechten, hat bis heute überlebt.

Bath und Umgebung

Prior Park

Nicht nur ›Beau‹ Nash, auch Ralph Allen war ein Zeremonienmeister, der mit geistreicher Geste auf das steinerne Menuett seiner Schöpfung blickte. Hoch oben über Bath, etwa 3 km westlich der Great Pulteney Street und zu Fuß in einer halben Stunden zu erreichen, liegt sein Anwesen, das er sich von John Wood d. Ä. bauen ließ: eine strahlende palladianische Villa im **Prior Park,** von deren riesigem Portikus aus man einen herrlichen Blick über die sechs weiteren Hügel von Bath genießt. Hier gingen Dichter, Staatsmänner, Philosophen und Maler ein und aus, jene Männer, die das glanzvolle Augusteische Zeitalter in Wort, Schrift, Bild und Tat mitbestimmten: Samuel Richardson, Henry Fielding, Alexander Pope, Thomas Gainsborough, der Duke of Chandos, Horace Walpole, Lord Burlington und William Chambers. Mit Fielding war Allen eng befreundet, und der nahm in seinem Roman »Tom Jones« für die Figur des gütigen Squire Allworthy seinen Freund als Vorbild. Im herrlichen pittoresken Landschaftspark können Sie wunderbar picknicken; das Haus selbst ist heute eine Schule (NT, www.nationaltrust.org.uk, Feb.–Nov. Mi–Mo 11–17.30 Uhr).

American Museum in Britain

In **Claverton Manor,** einer großzügigen Villa mit herrlichen Gärten 5 km südöstl. von Bath lässt sich die Geschichte der amerikanischen Kolonien, das Leben in der Neuen Welt vom 17. bis zum Ende des 19. Jh. nachverfolgen. In diesem ersten Museum außerhalb der USA zur amerikanischen Geschichte entfaltet sich in einer authentisch gestalteten Raumabfolge ein wirtschaftliches und soziales Panorama (www.americanmuseum.org, Mitte März–Ende Okt. Di–So 12–17, Aug. auch So, Fe, Mo, Ende Nov.–Mitte Dez. 12–16.30 Uhr).

Dyrham Park

Knapp 10 km nördlich von Bath lockt **Dyrham Park** als Ausflugsziel. Tief in einer Mulde versteckt, zwischen hügeligem, ausgedehntem Park- und Weideland mit Rotwildbestand, liegt der prachtvolle, um 1700 erbaute Herrensitz in holländischer Anmutung. Im Innern ist er stattlich, ein wenig düster, aber nahezu unverändert erhalten – eine Kostbarkeit. Die Nordostseite mit satten Rasenflächen und formaler Gartenanlage wird von der St Peter's Church flankiert, die in das architektonische Ensemble integriert wurde (NT, www.nationaltrust.org.uk, Park tgl. 11–17 Uhr; Gärten und Haus 3. Märzwoche–Okt. Fr–Di 11–17 Uhr).

Infos

Bath Tourist Information: Abbey Churchyard, innerhalb Großbritanniens: Tel. 09 06-7 11 20 00; aus dem Ausland: Tel. +44 (0) 8 44-847 52 57, www.visitbath.co.uk; Übernachtungsanfragungen/Buchungen Tel. 08 44-847 52 56

Übernachten

Sehr festlich ▶ **The Royal Crescent** [1]: 16 Royal Crescent, Tel. 012 25-82 33 33, Fax 012 25-44 74 27, www.royalcrescent.co.uk. Ein erlesenes Townhotel als Teil eines der

---

Tipp: Crescent, Circus und Co.

Der Royal Crescent, 1767–74 von John Wood d. J. geschaffen, ist der erste, größte und berühmteste aller *crescents* und eines der schönsten Bauensembles der europäischen Stadtbaukunst. In Großbritannien und den Vereinigten Staaten entstanden seither unzählige Abwandlungen und Anverwandlungen. *Terrace, crescent, circus* und *square* sind die Grundformen englischer Stadtbebauung der letzten Jahrhunderte – in London dominieren sie alle Wohnviertel, die *residential areas,* vom hochvornehmen Belgravia über die mittelständischen Bauorgien von Primrose Hill, wo bis zu fünf hintereinanderliegende *crescents* und winzige, zu endlosen Parallelen geschaltete *terraces* eine surreal anmutende Perspektive erzeugen. In jeder Stadt gibt es mindestens einen *circus;* und selbst bei neuen Siedlungsprojekten in England findet man ihn wieder.

Bath

schönsten Bauensembles des 18. Jh. Mit exquisit restaurierten historischen Räumen. Alles Topqualität, mit Innenpool und Gärten. DZ 280–380 £.

Lässig-elegant ▶ Bath Priory 2: Weston Road, Tel. 012 25-33 19 22, Fax 012 25-44 82 76, www.thebathpriory.co.uk. Tja, England ist einfach teuer. Ein lässig-elegantes Verwöhnhotel in Garten- und Parkanlage; Alt und Neu in komfortabelstem Mix, mit Wellness-, Fitness- und Poolbereich. Das Restaurant hat mehrere Auszeichnungen erkocht. DZ 250–350 £.

B&B mit Charme ▶ Paradise House 3: 86–88 Holloway, Tel. 012 25-31 77 23, Fax 012 25-48 20 05, www.paradise-house.co.uk. Hoch gelegen, nur 5 Min. Fußweg vom Zentrum entfernt ist das mit Flair und Eleganz eingerichtete B&B in altem Stadthaus mit Garten, von dem aus man auf Bath schaut. Sorgfältig gestaltete Zimmer. Ein freundliches Haus mit Charme. DZ 150 £.

Schön ▶ The Town House 4: 7 Bennett Street, Tel./Fax 012 25-42 25 05, www.thetownhousebath.co.uk. B&B, Stadthaus aus dem 18. Jh. in Superlage. Großzügige Zimmer, Gemeinschaftsfrühstück. DZ 95–130 £.

Behaglich ▶ Tasburgh House Hotel 5: Warminster Road, Tel. 012 25-42 50 96, Fax 012 25-46 38 42, www.bathtasburgh.co.uk. Ein perfektes, freundliches und behagliches B&B mit großzügigen Zimmern und Superfrühstück. Das Grundstück führt zum Kennet-and-Avon Kanal, beste Lage zwischen Stadt und Land. Mehrfach ausgezeichnet. DZ um 100 £.

Freundlich ▶ Brocks B&B 6: 32 Brock Street, Tel. 012 25-33 83 74, Fax 012 25-33 42 45, www.brocksguesthouse.co.uk. Zwischen Royal Crescent und Circus, Haus von 1765, freundlich, solide geführt, komfortable Zimmer. Gemütliche Lounge. DZ 87–95 £.

Jung ▶ YMCA International House 7: Broad Street Place, Tel. 012 25-46 04 71, www.bathymca.co.uk. Zentral, ordentlich, preisgünstig, ab 12 £ (Schlafsaal), DZ 32 £.

Jugendherberge ▶ Bath Youth Hostel 8: Bathwick Hill, 2 km vom Zentrum, Tel. 012 25-46 56 74, Fax 012 25-48 29 47, www.yha.org.uk. Jugendherberge in altem Anwesen mit Garten, Bett 16 £.

Szenig ▶ Bath Backpackers 9: 13 Pierrepoint Street, Tel. 012 25-44 67 87, www.hostels.co.uk, mitten im Zentrum für internationale junge Leute. Bett im großen Schlafraum 12 £.

Essen & Trinken

Sehr gut ▶ No. 5 Bistro 1: 5 Argyle Street, Tel. 012 25-44 44 99, www.no5restaurant.co.uk, tgl. 12–14.30, 18.30–23 Uhr. Französischer Bistro-Stil, neobritische Küche mit orientalisch-asiatischen Anklängen, nahe Pulteney Bridge. 2-Gänge-Menü 35 £.

Indisch mit Pfiff ▶ The Rajpoot 2: 4 Argyle Street (Nähe Pulteney Bridge), Tel. 012 25-46 68 33, tgl. 11.30–23 Uhr. Sehr gute indische Küche, fein gewürzte Gerichte unterschiedlicher Regionen in orientalisch angehauchtem Kellergewölbe. 2-Gänge-Menü um 25 £.

Qualitätvoll ▶ Loch Fyne Fish 3: 24 Milsom Street, Tel. 012 25-75 01 20, www.lochfyne.com, tgl. 7.30–10 Uhr (Frühstück), tgl. 1–22, Sa, So bis 22.30 Uhr. Die schottische Fisch-Restaurantkette bietet stets ein gutes Preis-Leistungs-Verhältnis: von Austern bis zu Fish & Chips. Tagesgericht ab 8 £.

Ein Erlebnis ▶ Hole in the Wall 4: 16 George Street, Tel. 012 25-42 52 42, www.theholeinthewall.co.uk. Legendäres Kellerrestaurant, interessante, sorgfältige Küche von traditioneller bis moderner britischer Fusion-Küche. Tolle Desserts. 2-Gänge-Menü um 20 £.

Retrostyle ▶ Pump Room 2: Abbey Churchyard, Tel. 012 25-44 44 77. Feine Morning oder Afternoon Teas, sehr gute Lunch-Menüs zwischen altmodischer Eleganz. Immer voll. 2-Gänge-Menü 20 £.

Einkaufen

Kunsthandwerk und mehr ▶ Regionales **Kunsthandwerk, Keramik und Antiquitäten 1:** in Cheap Street, auf der Pulteney Bridge, in Broad Street und Walcot Street.

Käseparadies ▶ Fine Cheese Company 2: 29–31 Walcot Street, mit Riesenauswahl an englischen Käsesorten.

Bath und Umgebung

Tipp: Bath Visitor Card

Mit der **Visitor Card** gibt es viele Ermäßigungen in Geschäften, der Gastronomie, Museen und Verkehrsmitteln in und um Bath (3 £).

Abends & Nachts

Szenig ▶ **Moles** [1]: George Street, Tel. 012 25-40 44 45, www.moles.co.uk. So geschl. Absolut in und erste Adresse, tageweise abwechselnd DJs und Livemusik.

Urig mit Musik ▶ **The Bell Inn** [2]: 103 Walcot Street, Tel. 012 25-46 04 26, www.walcotstreet.com. Beliebter Pub, Mo, Mi, So mittag mit Livemusik.

Aktiv

Stadtrundfahrten ▶ **Sightseeing-Busse** [1]: Ein Hop-on-Hop-off-Bus, ein offener Doppeldecker, der alle Sehenswürdigkeiten von Bath anfährt und mit dem man die Fahrt beliebig oft unterbrechen kann, verkehrt ab Grand Parade oder Busbahnhof und macht es leicht, sich einen Überblick zu verschaffen und je nach Lust und Laune aus- oder zuzusteigen. Tagesticket 10 £

Geführte Stadtspaziergänge ▶ [2]: **Guides Walking Tours**: ab Abbey Church Yard, Eingang zum Pump Room, So–Fr 10.30 und 14, Sa nur 10.30 Uhr; Mai–Sept. auch Di, Fr 19 Uhr. Kostenlose, nichtsdestoweniger kenntnisreiche Stadtführungen.

Rad- und Bootstouren ▶ **Bath & Dundas Canal Co.** [3]: Tel. 012 25-72 22 92, www.bathcanal.com, tgl. 10.30–17.30 Uhr. 6 km südöstl. von Bath an der A 36 liegt das Brassknocker Basin am Avon Kanal. Dort ist neben dem umfänglichen Radverleih auch ein Bootsverleih. Von hier, im Limpley-Stoke-Tal, kann man sehr schön nach Bath oder nach Bradford on Avon radeln.

Thermalschwimmbad und Spa ▶ Das **Thermae Bath Spa** [3] in der Hot Bath Street (s. S. 274) mitten im Zentrum ist eine wahre Wohlfühloase. Phantastisch ist die Poollandschaft auf dem Dach mit grandioser Aussicht. 2 Std. 24 £, 4 Std. 34 £, Behandlungen extra.

Fahrradverleih ▶ Auskünfte über **Tourist Info** (s. S. 282).

Termine

Bath Literature Festival (Feb./März): zehn Tage mit hochkarätigen Lesungen; **Bath International Music Festival** (Mitte Mai–Juni): mit Klassik, Jazz, Rock- und Popbands; gleichzeitig das **Bath Fringe Festival** mit Theater, Kleinbühnen, Tanz; **Internationales Gitarren-Festival** (Juli/Aug.): **Jane Austen-Festival** (Ende Sept.): Infos Tel. 012 25-46 33 62, www.bathfestivals.org.uk.

Verkehr

Züge: Hauptbahnhof ist Bath Spa Station; Züge nach Bristol 4 x stdl., stdl. auch nach London und Exeter.

Busse: National Express u. a. nach London (Tel. 012 25-46 44 46) und zahlreiche Städte/Orte in Südengland (Tel. 087 05-80 80 80). Ticketagentur ist das Tourist Office. Der Busbahnhof für Stadtbusse und Regionalverkehr befindet sich Ecke Dorchester Street/Manvers Street neben der Bath Spa Station. Linienbusse u. a. nach Prior Park, Wells, Bristol.

Ausflüge in die Umgebung von Bath

Karte: S. 287

Bei Tagesausflügen mit Besichtigungen sollten Sie die Route gut vorausplanen, denn die oftmals ›privatistischen‹ Öffnungszeiten können einen zur Verzweiflung treiben. Diese Tagestour beginnt mit dem Ort, der am weitesten entfernt und gleichzeitig am frühesten geöffnet ist – Bowood House bei Calne (A 4 über Chippenham), von dort geht es über Lacock Abbey und Castle Combe zurück nach Bath.

Bowood House [1]

Das imposante, exzentrisch saloppe Anwesen **Bowood House** ist seit über 250 Jahren im Besitz der Marquis' of Lansdowne. Berühmt ist der von Capability Brown angelegte, über 40 ha große Landschaftspark mit See,

Ausflüge in die Umgebung von Bath

Kaskaden, Grotten, Tempel und endlosen Rasenwellen, die zu einem weiteren Gartenteil führen, den Rhododendrenhainen, deren Blütenpracht im Frühjahr mit Tausenden von Narzissen, Azaleen und Magnolien wetteifert. Die Parkanlagen zählen zu den schönsten in Großbritannien; sie sind bis auf den großen Abenteuerspielplatz völlig unverändert geblieben. Vor der 1769 von Robert Adam erbauten Orangerie, dem heutigen Eingangsbereich, breitet sich der formale Garten mit Kieswegen, Bosketten, Rosen- und Geranienbeeten aus. Bowood House sonnt sich in einem Flair sorglosen Charmes, der viele hemdsärmelige Besucher anzieht: »Visitors are requested to keep on a shirt on entering the house.« (»Die Besucher werden gebeten, beim Betreten des Hauses ein Hemd anzulassen.«)

Im Haus begegnet Ihnen dann eine schrille Mischung, ein köstliches Sammelsurium: Gemälde, z. T. Alte Meister, mit einem Hängungssystem, das einem Kreuzworträtsel gleichkommt; Skulpturen, Familienschätze, Viktoriana, eine schöne Kostümsammlung, Tapisserien. Außerdem: eine Hauskapelle sowie eine sehr gute, aus dem 19. Jh. stammende Kopie der Bibliothek von Robert Adam (www.bowood.org, April–Okt. tgl. 11–18 Uhr, Rhododendron-Haine: separat geöffnet für 6 Wochen während der Blütezeit Ende April–Anfang Juni tägl. 11–18 Uhr).

Lacock [2]

Nächstes Ziel ist das 10 km entfernte **Lacock**, und das meint mehreres: Dorf und Country House, Lacock Village und Lacock Abbey sowie die Fox-Talbot Gallery of Photography. Alles handlich beieinander, wunderschön anzusehen und vom National Trust als Gesamtensemble gepflegt. Das Dorf, im Mittelalter für den Wollhandel bekannt, gehörte zum Besitz der Talbot-Familie, die die aufgelassene Abtei zum Landsitz umbauen ließ. 1944 übergaben die Talbots alles dem National Trust.

Lacock, ganz still und friedlich, besteht aus vier im Quadrat angelegten Straßen mit je einem Pub an der Ecke, Bebauung aus fünf Jahrhunderten, Kopfsteinpflaster, sehr gut erhaltenen Cottages aus gelbem, bemoostem Stein, rot-braunem Ziegel- oder Fachwerk. Eine krause, buckelige Dach- und Fassadenlandschaft mit viel Blumenschmuck, winzigen Fenstern und verblüffenden Details. Die jüngsten Jane-Austen-Verfilmungen »Emma« und »Stolz und Vorurteil« sind hier in Lacock gedreht worden, »Harry Potter« vor dem Hintergrund der Abbey.

Die Dorfkirche ist sehenswert, daneben windet sich ein kleiner Bach in das bewaldete Wiesental. Zwischen Dorf und Abbey liegt die aus dem 15. Jh. stammende Scheune, die der Geschichte der Fotografie gewidmet ist: William Henry Fox-Talbot (1800–1877) entwickelte die Fotografie nahezu zeitgleich mit dem bekannteren Daguerre. Die Ausstellung der **Fox-Talbot Gallery of Photography** mit vielen alten Fotografien, dem ersten Negativ von 1835, Ausrüstungsgegenständen, Briefen und Erinnerungsstücken ist hochinteressant und spiegelt zudem noch die Geschichte des Dorfes, seiner Bewohner und Besitzer im 19. Jh. wider.

Lacock Abbey entzückt durch ihre malerischen Unregelmäßigkeiten: Aus der alten Abtei mit Kreuzgängen, Sakristei und Kapitelhaus wurde über die Jahrhunderte ein komfortables Landschloss mit oktogonalem Turm und einem Wald von gedrehten Schornsteinen. Um 1750 wurde Lacock Abbey auch noch im Stil der Gothic Revival umgebaut: Die efeuumrankte ›Ruine‹ des gotischen Portals markiert wie ein zärtlicher Paukenschlag die Melodie der wiedererweckten Gotik, des neuen ›gothick style‹ – eine Stilmixtur mit Türmen, doppelläufigen Treppen, Spitzbogenfenstern. Die gewaltige Halle schwillt zu einem Netzgewölbe an; in den Wandnischen Terrakottaskulpturen, mit den Wappen der Talbot'schen Bekannten.

Dieses Spiel mit den Versatzstücken gotischer Formen wird um die Mitte des 18. Jh. so recht beliebt; berühmtester Vertreter ist Horace Walpole mit seinem ›Strawberry-Hill‹-Haus in Twickenham bei London. Als der bedeutendste Initiator des ›Gothick‹ Style (in Unterscheidung zur genuinen Gothic im Eng-

Bath und Umgebung

Beliebte Filmkulisse: Lacock

lischen mit ›ck‹ geschrieben) setzte er dem Ebenmaß des Palladianismus ein ungezähmteres ornamentales, der englischen Geschichte angemessenes Architekturverständnis entgegen und kreierte damit einen neuen Stil. Ins manische Übermaß gesteigert findet sich die Neogotik bei William Beckford (s. S. 279 f.). Die Südfassade von Lacock Abbey schließlich ist von William Henry Fox-Talbot im 19. Jh. dem ›Geist der Gotik‹ mit drei unterschiedlich großen, vorgeblendeten Erkern angepasst worden – der mittlere wurde von Fox-Talbot als Motiv der ersten aller Negativ-Positiv-Fotografien gewählt (NT, www.nationaltrust.org.uk, Museum, Abbey und Gärten 3. Woche Feb.–Okt. tgl. 11–17.30; im Winter nur Museum Sa/So 11–16; Abbey 3 Woche März–Okt. Mi–Mo 13–17.30 Uhr).

Übernachten

Traumhaft schön ▶ Old Rectory B&B: Cantax Hill, Lacock, Tel. 012 49-7 30 03 35, www.oldrectorylacock.co.uk. Knapp außerhalb von Lacock an der A 359 nach Chippenham gelegen. In herrlichen Parkanlagen liegt das viktorianische Haus mit sechs großzügigen Doppelzimmern im englischen Stil, z.T. mit Himmelbetten. Elegante Lounge, üppiges Frühstück. DZ ab 75 £.

Castle Combe [3]

Noch einmal rund 10 km nach Nordwesten liegt bei Chippenham der malerische Weiler **Castle Combe**. Seine 350 Einwohner leben tief eingebettet in einem bewaldeten Flusstal, vom Castle sind nurmehr wenige Reste erhalten, aber da das gesamte Dorf unter Denkmalschutz steht und inzwischen den Ruf zu verteidigen hat, eines der schönsten und idyllischsten Dörfer Englands zu sein, muss eben auch etwas dafür getan werden:

Vom Parkplatz aus läuft man hinunter zu der vom Bachgegurgel begleitete Dorfstraße. Die schönen Steinhäuser sind blitzblank, das Marktkreuz ist mit bunten Flaggen geschmückt; zahlreiche Pubs, Tea Rooms, Antiquitätengeschäfte haben sich auf den regen Ausflugsverkehr und die Nutzer des Golfplatzes eingestellt. Die alten Weberhäuser und die stattliche Kirche, eine *wool church,* erinnern an die einst bedeutende Wollverarbeitung in der Region.

Bradford-on-Avon [4]

Bradford-on-Avon an der A 363 ist eine so hübsche Kleinstadt mit einer guten Auswahl an Hotels, dass es sich durchaus lohnt, hier für ein paar Tage zu bleiben, um die Gegend zu erkunden: helle Sandsteinhäuser, eine aus dem frühen 17. Jh. stammende Bogenbrücke über den Avon mit einer kleinen Pilgerkapelle, gut erhaltene Weberhäuser, eine verschachtelte Altstadt mit der St Lawrence Church, einer der wenigen, unveränderten sächsischen Kirchen, wahrscheinlich aus dem 8. Jh.

Infos

Bradford-on-Avon Tourist Information: 50 St Margaret's Street, Tel. 012 25-86 57 97, www.bradfordonavon.org.

Übernachten

Luxus in einem jakobäischen Anwesen ▶
Woolley Grange: Woolley Street, Wolley Green, 2 km nordöstl. von Bradford an B 3107, Tel. 012 25-86 47 05, www.woolley grange.com. Familienfreundlicher Luxus pur in wunderschönem Haus. Smarte Mischung aus Tradition und modernen, liebevollen Details. Gärten, Terrasse, geheizter Pool, Tennisplatz. Lounges mit Kamin, fantasievolle Kinderaktivitäten für alle Altersgruppen in separaten Häuschen. Klassische britische und internationale Küche in Restaurant, Wintergarten oder draußen. DZ mit Dinner 95–300 £.
Wunderschön ▶ **Priory Steps:** Newtown, von Market Street abgehend, Tel. 012 25-86 22 30, Fax 012 25-86 62 48, www.priorys teps.co.uk. Kleines weinberanktes Weberhaus (17. Jh.) aus goldenem *Bath stone* mit Garten und Blick auf das Avon-Tal aus allen Zimmern. Gelassene, freundliche Atmosphäre, viele Bücher, reiches Frühstück. Auch gemeinsame Dinnertafel. DZ ab 90 £.
Gemütlich ▶ **Beeches Farmhouse B&B:** Holt Road, östl. außerhalb von Bradford an der B 3107, Tel. 012 25-86 39 96, www.bee chesfarmhouse.co.uk. Freundliche Farm mit umgebauten Nebengebäuden. Freundlich eingerichtete Zimmer, jeweils mit eigenem Eingang, z. T. untereinander zu verbinden. DZ 75 £ (am Wochenende nur ab 2 Nächte).

Ausflüge von Bath

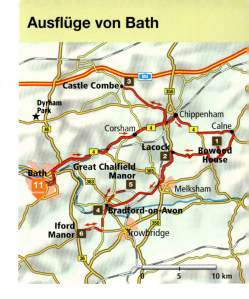

Essen & Trinken

Viktorianisch ▶ **Bridge Tea Rooms:** 24a Bridge Street, Tel. 012 25-86 55 37, www.the bridgeatbradford.co.uk, Mo–Sa 9.30–18, So 10–18 Uhr. Preisgekrönter Tea Room. Die Serviererinnen tragen viktorianische Kleidung. Auch Snacks und Tagesgerichte, Cream Tea um 5 £.

Abstecher zu Great Chalfield Manor und Iford Manor

Einen Abstecher wert sind auch zwei kleinere Häuser in der Nähe: **Great Chalfield Manor** [5] bei Melksham ist ein wunderbar erhaltenes Anwesen. Erbaut wurde es im 15. Jh., während der Rosenkriege. Es nistet mit seinen spitzgiebeligen Gemäuern zwischen der winzigen Dorfkirche und den Stallungen hinter einem flachen Wassergraben (NT, April–Okt. Di–Do, So 14–17 Uhr, Haus kann nur im Rahmen einer Führung besichtigt werden).

Zum anderen, **Iford Manor** [6], 4 km südwestlich von Bradford: ein kleineres Tudor-Haus, das besonders durch seine im italienischen Stil um 1900 angelegten Terrassengärten und Skulpturen besticht (Mai–Sept. Di–Do, Sa/So 14–17, Okt.–April nur So 14–17 Uhr, www.ifordmanor.co.uk).

Bristol ▸ G 18

Bristol ist nach London die größte Stadt im Süden Englands: eine boomende Großstadt mit großer kultureller Ausstrahlung und einer reichen, auch wüsten Handels- und Seefahrtsgeschichte. Die alten Hafen- und Dockanlagen des Floating Harbour in der Avon-Schleife haben sich zur trendigen Freizeit- und Kulturmeile gemausert.

Cityplan: S. 292

Berühmtestes Bauwerk der Stadt mit rund 400 000 Einwohnern ist die Clifton Suspension Bridge, die elegante Brücke über die Avon-Schlucht, die von Isambard Kingdom Brunel, dem bedeutendsten Ingenieur des 19. Jh., stammt und Architekturgeschichte geschrieben hat. Im Zweiten Weltkrieg wurde Bristol schwer zerbombt, so dass ein Großteil der Stadt wieder aufgebaut werden musste.

Der Hafen war immer Bristols Hauptschlagader: Von dort ist John Cabot aufgebrochen, der im Jahr 1497 Nordamerika erreichte; die Schiffe der Kaufleute sind von hier aus nach Spanien, Südfrankreich, in die Karibik, nach Nordafrika und Asien in See gestochen. Hier wurden Zucker, Wolle, Tabak, Tuche, Rum und Baumwolle umgeschlagen. Bristols Handelsherren entwickelten den weltweit gefürchteten ›atlantischen Dreieckshandel‹: Die Schiffe liefen in Bristol aus, beladen mit billigem Tand und Glitzerzeug, das in Westafrika verhökert wurde; dort kamen die brutal eingefangenen Einheimischen an Bord, die als Sklaven an die Plantagenbesitzer in Nordamerika und der Karibik verkauft wurden; Zucker, Rum, Tabak und Baumwolle brachten die Segelschiffe nach Bristol zurück – die Reeder und Kaufleute wurden reich und mächtig.

Aus Südfrankreich wurde und wird immer noch der Hauptanteil der in England getrunkenen Rotweine herübergeschifft, aus Spanien der Sherry. ›Harvey's Bristol Cream‹ wird seit 200 Jahren als Aperitif genippt und steht in jedem Wohnzimmerschrank.

Als ›Ansiedlung bei der Furt‹ war Bristol in angelsächsischer Zeit gegründet worden, und schon 1353 war die Hafen- und Kaufmannsstadt am Bristol Channel so bedeutend, dass ihr der Status einer eigenen Grafschaft zuerkannt wurde – dieses Privileg erlosch, als die Region um Bristol und Bath 1974 zur Grafschaft Avon ernannt wurde. Das hat nicht funktioniert und ist wieder rückgängig gemacht worden; Bristol ist heute wieder eine unabhängige Stadt.

Zu Anfang des 18. Jh. war Bristol neben London die bedeutendste Hafenstadt Großbritanniens. Der Sklavenhandel wurde 1807 verboten, aber Bristol konnte seine Stellung als Handelszentrum auch im 19. Jh. behaupten: mit Schiffbau und Schwerindustrie, heute mit Branchen wie Mikroelektronik, Rolls-Royce-Motoren, Flugzeugbau, Dienstleistungen und Medien. Bristol besitzt eine hervorragende Universität und ist bedeutender Forschungs- und Hightech-Standort.

Orientierung

Die weit auseinandergezogene Stadt auf den sieben Hügeln wird im Süden vom Fluss Avon begrenzt, im Norden öffnet sich der Blick in die Meerenge des Bristol Channel – auf der anderen Seite liegt Wales. Die Stadtanlage ist um die Schleifen des Hafens herum gewachsen: Der Floating Harbour umringt wie ein Gürtel den Süden der Stadt und grenzt sie von Osten nach Westen ein; zwischen den U-förmigen Hafenbecken des Mittelteils liegt der alte Stadtkern. Im Nordwesten ziehen sich die eleganten georgianischen Wohnviertel die Hügel hinauf; ihr Mittelpunkt ist der gewaltige Halbmond des Royal York Crescent. Unmittelbar daneben liegt die Clifton Suspension Bridge mit neuem Infozentrum.

Von Temple Meads zum alten Zentrum

British Empire & Commonwealth Museum

Im Südosten der Innenstadt liegen die Bahnhofsbauten **Temple Meads Station** und, daran angrenzend, **Old Station** 1; sie bilden einen guten Ausgangspunkt für eine Erkundungstour durch Bristol. Das alte, gewaltige neogotische Bahnhofsgebäude wurde 1840 eingeweiht und ist der älteste Großbahnhof der Welt – sein Erbauer war der geniale Ingenieur Isambard Kingdom Brunel (1806–59): der bedeutendste Ingenieur Großbritanniens, der nicht nur Bahnhöfe, sondern auch Schiffe, Brücken, Eisenbahnen und Kanäle entwickelte und baute, mit Gusseisen meisterlich umging und die Grenzen des technisch Möglichen erweiterte.

Im Jahr 2006 wurde sein 200. Geburtstag im ganzen Land gefeiert. In einem Teilbereich der Old Station liegt das hochinteressante, im Jahr 2003 eröffnete **British Empire & Commonwealth Museum,** das als Nationalmuseum 500 Jahre Kolonialgeschichte überaus lebendig vor Augen führt: Von den Entdeckungsreisen des 16.–18. Jh., die mit John Cabot ihren Anfang nahmen, über das weltgrößte Empire zwischen 1790 und 1914, über die Colonies bis zum Commonwealth und den unabhängigen Staaten in Afrika, Asien und den Amerikas. Ein unbedingtes Muss für jeden, der an der Formung der modernen Welt, ihrer Menschen und Geschichte interessiert ist (www.empiremuseum.co.uk, tgl. 10–17 Uhr).

St Mary Redcliffe 2

Am Redcliffe Way liegt die Kirche **St Mary Redcliffe**, eine Stadtkirche in vollendetem Perpendicular Style, für Elisabeth I. »die schönste, zierlichste und berühmteste Pfarrkirche Englands«. Ihre Gründung geht auf das Jahr 1180 zurück, ein Jahrhundert später wurde mit dem Bau begonnen, den wir heute sehen. Das ornamentale **Nordportal** stammt aus der ersten Bauphase und bildet ein Glanzstück englischer Hochgotik. Das Gewölbe im Langschiff entstand nach einem Brand gegen Ende des 15. Jh. 1200 goldüberzogene Schlusssteine leuchten in einem Netzgewölbe. Eines der Grabdenkmäler erinnert an Admiral Sir William Penn, dessen Sohn die Quäkerkolonie Pennsylvania gründete.

Das **Händel-Fenster** mit acht Motiven aus dem »Messias« ist dem Komponisten Georg Friedrich Händel gewidmet, der als naturalisierter Engländer zu höchsten Ehren aufstieg und hier oftmals Orgel spielte (Redcliffe Way, Mo–Sa 9–17, So 8–20 Uhr, www.stmary redcliffe.co.uk).

King Street

Der Redcliffe Way durchschneidet quer den alten Stadtkern und führt zur King Street mit einem Denkmal für Brunel. Die **King Street** ist eine der wenigen noch unverfälscht erhaltenen Straßen Bristols. Die als Armenhäuser und Altersspitale errichteten Gebäude stammen aus dem 17. Jh., und das 1766 eröffnete **Theatre Royal** 3 ist das älteste noch bespielte Bühnenhaus Englands. Hier ist das ›Bristol Old Vic‹ zu Hause, eines der renommiertesten Theaterensembles der Insel.

Eine der Hauptattraktionen der Altstadt ist **Llandoger Trow** 4**,** ein Wirtshaus aus dem 17. Jh. In dem schönen Fachwerkbau hatte sich Daniel Defoe (1661–1731) vom Seemannsgarn des Matrosen Alexander Selkirk derart beeindrucken lassen, dass er dessen Abenteuer zum Vorbild nahm und den »Robinson Crusoe« zum Leben erweckte. Auch Robert Louis Stevenson (1850–1894) ließ sich von dieser Kneipe inspirieren: Sie taucht in seiner »Schatzinsel« als ›Spy Glass‹ auf.

Bristol

Im Zentrum

The Centre, Herz der Altstadt, wird durch die **Corn Exchange** 5, die Getreidebörse, die Markthallen und die umliegenden Corn Street, Broad Street, Wine und High Street gebildet.

Die **Lord Mayor's Chapel** 6 ist seit 1722 die offizielle Kirche der Stadtväter Bristols, die einzige ›zivile‹ Kirche des Landes. Sie war ursprünglich Teil eines mittelalterlichen Spitals – als letztes Erinnerungsstück davon blieb die Kapelle (Di–Sa 10–12, 13–16 Uhr).

Hinter dem College Green ragen die fialengekrönten, eckigen Westtürme der **Bristol Cathedral** 7 in den Himmel. 1140 als Augustinerkloster gegründet, wurde die Kirche 1542 zur Kathedrale der neuen Diözese von Bristol geweiht. Die verschiedenen Bauphasen zogen sich über Jahrhunderte hin; aus der normannischen Zeit stammen noch das herrliche **Kapitelhaus** und das **Torhaus.** Dem Umbau der normannischen Kirche ab 1300 lag der ungewöhnliche Plan einer Hallenkirche zugrunde; die Marienkapellen, die Querschiffe und der Vierungsturm waren abgeschlossen, als um 1515 die Bautätigkeit zum Stillstand kam. Und erst im 19. Jh. ergänzte G. E. Street die Kathedrale, einfühlsam den alten Stil aufgreifend, um das Hauptschiff und die Westtürme. Dies gelungene Zusammenspiel von Alt und Neu bestimmt auch das eindrucksvolle Innere der Kathedrale (College Green, www.bristol-cathedral.co.uk, tgl. 8–18 Uhr).

Floating Harbour

Die größte Attraktion Bristols ist der 4 km lange Floating Harbour, dessen Hafenbecken, Docks, Speicherhallen und Werften in den letzten Jahren aufwendig zu einer innerstädtischen, höchst attraktiven und lebhaften Flaniermeile umgestaltet wurden mit Ausstellungs- und Markthallen, Restaurants, Pubs, Museen, Clubs und Jachthäfen; einige alte Schiffe sind zu Restaurants und Bars umgenutzt worden. Mit dem Fährbetrieb lässt es sich leicht von hüben nach drüben wechseln. St Augustine's Reach bildet den Mittelpunkt.

Rund um Harbourside

Am Nordende wird das ehemalige Hafenbecken flankiert vom bunt schimmernden gläsernen **Watershed Media Centre** 8 mit trendigem Café und Bar (1 Canon's Road, Harbourside, www.watershed.co.uk, tgl. geöffnet), am Südende hat das **Arnolfini Arts Centre** 9 für Gegenwartskunst, Tanz und Literatur mit Galerie und Bistro seine Tore geöffnet (Narrow Quay, www.arnolfini.org.uk, tgl. 10–20 Uhr). Davor erinnert eine Statue an den Entdecker John Cabot. Beide Kunstzentren spiegeln die kulturelle Energie Bristols wieder. Ein weiterer Anziehungspunkt ist auf der großen Platzanlage Harbourside der im

Floating Harbour

Millenniumsjahr 2000 eröffnete Multimediakomplex **at-Bristol** 10: anregendes Infotainment für die ganze Familie mit ›Explore‹, dem interaktivem Science Centre zum Experimentieren und Ausprobieren (Harbourside, www.at-bristol.org.uk, tgl. 10–18 Uhr).

Am Hafenbecken entlang

Vorbei am **Industrial Museum** 11, das die Industriegeschichte der Region verdeutlicht (Princes Wharf, Wapping Road, bis auf Weiteres wegen Umbauarbeiten geschlossen), lockt weiter westwärts das anregende **Maritime Heritage Centre** 12, das die Geschichte des Hafens und des Schiffbaus mit multimedialen Zusammenstellungen, Zeugnissen und Dokumenten vor Augen führt (Gas Ferry Road, tgl. 10–18 Uhr). Teil des Heritage Centre ist auch das Great Western Dock, wo der Ozeanriese ›**SS Great Britain**‹ nach Plänen von Brunel gebaut wurde. Das Schiff ist heute zu besichtigen. 1843 wurde es als erstes, ozeantüchtiges Schiff aus Eisen mit Propellerantrieb vom Stapel gelassen – eine technische Sensation. Bis 1886 fuhr die ›Great Britain‹ zwischen Liverpool, New York und Melbourne. Nach einem Sturm an Kap Horn war sie seeuntüchtig; 1968 konnte sie geborgen und nach Bristol zurückgebracht werden. Ganz winzig nimmt sich daneben die

Bristol ist die größte Stadt im Westen Südenglands

›**Matthew**‹ aus, ein Nachbau des Schiffs, mit dem John Cabot 1497 nach Amerika gesegelt ist (www.ss-great-britain.com, beide Schiffe tgl. 10–18 Uhr).

Stadtteil Clifton

Westlich der Universität zieht sich der noble Stadtteil aus dem 18. Jh. an den Hängen entlang; in Clifton stoßen Sie auf sehr schöne *crescents* und *squares* aus georgianischer Zeit. Damals hatte sich Clifton vorgenommen, die Stadt Bath zu übertrumpfen. Der **Royal York Crescent** (um 1820 gebaut), über den York Gardens in herrlicher Lage prangend, ist noch größer als der Royal Crescent in Bath.

Der Name Clifton ist untrennbar mit einer weiteren Schöpfung von Isambard Kingdom Brunel verbunden: der **Clifton Suspension**

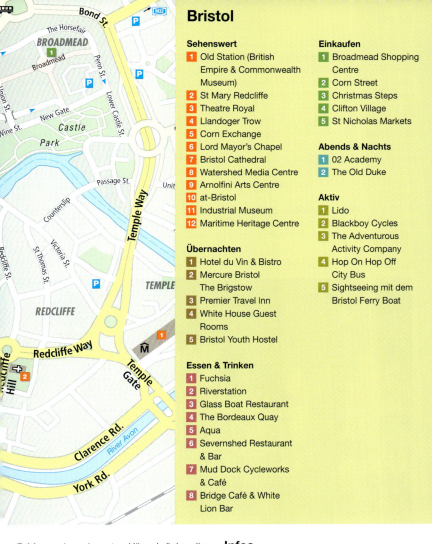

Bristol

Sehenswert
1. Old Station (British Empire & Commonwealth Museum)
2. St Mary Redcliffe
3. Theatre Royal
4. Llandoger Trow
5. Corn Exchange
6. Lord Mayor's Chapel
7. Bristol Cathedral
8. Watershed Media Centre
9. Arnolfini Arts Centre
10. at-Bristol
11. Industrial Museum
12. Maritime Heritage Centre

Übernachten
1. Hotel du Vin & Bistro
2. Mercure Bristol The Brigstow
3. Premier Travel Inn
4. White House Guest Rooms
5. Bristol Youth Hostel

Essen & Trinken
1. Fuchsia
2. Riverstation
3. Glass Boat Restaurant
4. The Bordeaux Quay
5. Aqua
6. Severnshed Restaurant & Bar
7. Mud Dock Cycleworks & Café
8. Bridge Café & White Lion Bar

Einkaufen
1. Broadmead Shopping Centre
2. Corn Street
3. Christmas Steps
4. Clifton Village
5. St Nicholas Markets

Abends & Nachts
1. 02 Academy
2. The Old Duke

Aktiv
1. Lido
2. Blackboy Cycles
3. The Adventurous Activity Company
4. Hop On Hop Off City Bus
5. Sightseeing mit dem Bristol Ferry Boat

Bridge – einer eleganten Hängebrücke, die sich über die Avon-Schlucht spannt. Für ihre Überquerung wird Brückenzoll erhoben. Vom Parkgelände Clifton Down kann man das imposante Bauwerk am besten sehen und besonders nachts, wenn Hunderte von Lämpchen seine Umrisse widerspiegeln, bietet Brunels technisches Wunderwerk einfach einen unvergesslichen Anblick (www.clifton-suspension-bridge.org.uk).

Infos
Bristol Tourist Information Centre: Wildscreen Walk, Harbourside, Tel. 09 06-711 21 91, Fax 01 17-915 73 40, www.visitbristol.co.uk.
Visitor Centre: Leigh Woods, am Fuß der Clifton Suspension Bridge, tgl. 10–17 Uhr.

Übernachten
Urbaner Chic ▶ Hotel du Vin & Bistro 1:
The Sugar House, Narrow Lewins Mead, Tel.

Bristol

01 17-925 55 77, Fax 01 17-925 11 99, www.hotelduvin.com. Die feine Design-Hotelkette ist ein Riesenerfolg. Elegante minimalistische Zimmer in einer umgebauten Zuckerraffinerie, hoher Komfort, sehr gute Küche. DZ ab 145 £.

Zweckmäßig ▶ Mercure Bristol The Brigstow 2 : 5–7 Welsh Back, Tel. 01 17-929 10 30, Fax 01 17-929 20 30, www.brigstowhotel.com. Tolle Lage am Wasser, modern, cool, gehört zur Accor-Gruppe. Restaurant mit modernem Fusion-Food. DZ 90–180 £.

Zentral ▶ Premier Travel Inn 3 : The Haymarket, Tel. 01 17-910 06 00, Fax 01 17-910 06 19, www.premiertravelinn.com. Stadthotel im Hochhaus mit gutem Preis-Leistungsverhältnis, ordentlichen Räumen und mit beliebtem Restaurant. DZ 50–90 £.

Günstig ▶ White House Guest Rooms 4 : 28–30 Dean Lane, Southville, Tel. 01 17-953 77 25, www.bedandbreakfastbristol.co.uk. Einfaches Haus mit 30 sauberen, freundlichen Zimmern, auch für Familien, am südlichen Stadtrand. DZ ab 50 £.

Jugendherberge ▶ Bristol Youth Hostel 5 : Hayman House, 14 Narrow Quay, Tel. 01 17-770 57 26, www.yha.org.uk. Moderne Jugendherberge, direkt am Wasser in absolut zentraler Lage, in einem umgebauten ehemaligen Speicherhaus, meist 4-Bett-Zimmer, aber auch DZ, pro Bett ab 16 £.

An Bristols Harbourside lässt es sich gemütlich bummeln und einkehren

Adressen

Essen & Trinken

Modern chinesisch ▶ **Fuchsia** 1 : Nelson House, Nelson Street, Tel. 01 17-94 50 05, www.fuchsia-bristol.com, tgl. geöffnet, Mo–Sa bis 2 Uhr. Große Räume, elegante, urbane Atmosphäre, moderne chinesische Küche, super Bar. 2-Gänge-Menü um 20 £.

Very trendy ▶ **Riverstation** 2 : The Grove, Harbourside, Tel. 01 17-914 44 34, www.riverstation.co.uk, tgl. geöffnet, Bistro ab 9 Uhr, Restaurant Lunch und Dinner, alles bis 23 Uhr, Fr, Sa bis 24 Uhr. In umgebauter Polizeistation, Restaurant und Cafébar, moderne Küche mit asiatischem und mediterranem Einschlag. Snacks ab 4 £, günstige Lunch-Menüs, 2-Gänge-Menü um 20 £.

Tipp: Wege durch das Hafengelände

Ein Fußgänger- und Fahrradweg folgt den gewundenen Hafenbecken – besser kann es der Besucher nicht haben! Und dann gibt es noch die Dampfeisenbahn Bristol Harbour Railway (Sa, So 11–17 Uhr, Tel. 01 17-925 14 70, Zug startet alle 40 Min., Erw. 2 £), die vom Industrial Museum aus ebenfalls entlang den Dockanlagen verkehrt.

Auf dem Wasser ▶ **Glass Boat Restaurant** 3 : Welsh Back, Harbourside, zw. Baldwin und Victoria Street, Tel. 01 17-929 07 04, tgl. 11.30–23.30 Uhr. Elegantes Schiffsrestaurant, schöne Tagelounge. 2-Gänge-Menü 12 £.

Preisgekrönte Öko-Küche ▶ **The Bordeaux Quay** 4 : V-Shed, Canons Way, Tel. 01 17-906 55 50, www.bordeaux-quay.co.uk, tgl. 9–23 Uhr. Im umgebauten Speicher auf 2 Etagen mit Terrasse in schönster Hafenlage, sorgfältige Zubereitung: in der Bäckerei, dem Deli-Laden, im eleganten Restaurant (Di–So) oder der umtriebigen Brasserie, vom Frühstück bis zum Absacker. Gerichte ab 9 £.

Hafenblick ▶ **Aqua** 5 : Welshback, Harbourside, Tel. 01 17-915 60 60, www.aqua-restaurant.com, So–Do 11–22 Uhr, Fr, Sa bis 23 Uhr. Restaurant mit Bistro und Café, sehr trendy, mit Blick über den Avon, Terrasse, Bar, moderne Küche. 2-Gänge-Menü ca. 12 £.

Mit großer Terrasse ▶ **Severnshed Restaurant & Bar** 6 : The Grove, Harbourside, Tel. 01 17-925 12 12, www.severnshed.co.uk, tgl. geöffnet. Direkt am Wasser, Bistro, Café, Bar – cooles Design in einem alten Bootshaus. Moderne, leichte Küche. Gerichte ab 6 £.

Direkt am Wasser ▶ **Mud Dock Cycleworks & Café** 7 : 40 The Grove, Harbourside, Tel. 01 17-9 29 21 51, www.mud-dock.co.uk. Lebhaft, jung, Bistro, Café u. Bar im 1. Stock, unten Fahrradgeschäft. Gerichte ab 5 £.

Herrlicher Aussicht ▶ **Bridge Café & White Lion Bar** 8 : im Avon Gorge Hotel, Sion Hill, nahe der Clifton Suspension Bridge. Tel. 01

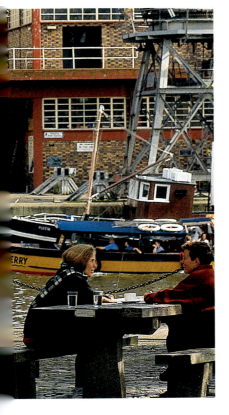

Bristol

17-973 89 55, www.avongorge.com, tgl. geöffnet Mo–Fr ab 7, Sa, So ab 8 Uhr – immer bis ca. 23 Uhr. Sehr schönes Bistro und große beheizte Pub-Terrasse. Snacks ab 4 £.

Einkaufen

Shopping und Bummeln ▶ Brandneu ist die Gestaltung rund um das **Broadmead Shopping Centre** [1] an der Union-Fairfax Street im Nordosten der City. Schön sind die kleineren individuellen Shops rund um die **Corn Street** [2], in der Gasse **Christmas Steps** [3] und in **Clifton Village** [4].
Markt ▶ **St Nicholas Markets** [5]: Corn Exchange, Mo–Sa. Nette Marktatmosphäre.

Abends & Nachts

Viele Clubs und Discos; das Magazin »Venue« informiert über angesagte Locations.
Sehr hip ▶ **02 Academy** [1]: Frogmore Street, Tel. Tickets: 08 44-477 20 00, Infos: 09 05 020 39 99, www.o2academybristol.co.uk. Jede Nacht andere Bands, Rock, House, Pop.
Legendär ▶ **The Old Duke** [2]: 45 King Street, Tel. 01 17-927 71 37, www.theoldduke.co.uk. Berühmter Jazz- und Blues Club.
Traditionstheater ▶ **Bristol Theatre Royal** [3]: King Street, Tickets: Tel. 01 77-987 78 77, www.bristol-old-vic.co.uk. Das älteste noch bespielte Theater Englands.

Aktiv

Pool, Spa, Restaurant ▶ **Lido** [1]: Oakfield Place, Clifton, Tel. 01 77-933 95 30, www.lido-bristol.com. Aus dem alten viktorianischen Lido ist eine Topp-Adresse geworden: mit gutem Restaurant, Tagesbar, Außenpools, Sonnendecks, Saunen und Wellness-Arealen zum Verwöhnen; bei zu starkem Andrang Einlass nur für Mitglieder. Schwimmen 15 £.
Fahrradverleih ▶ **Blackboy Cycles** [2]: 180 Whiteladies Road, Tel. 01 17-973 14 20, www.blackboycycles.com, Mo–Sa 9–17.30 Uhr.
Outdoor-Abenteuer ▶ **The Adventurous Activity Company** [3]: 26 Leading Edge, 80 Hotwell Road, Tel. 0117-925 31 96, www.adventurousactivitycompany.co.uk. Nach individueller Vorabsprache geführte Halb- oder Tagesabenteuer wie Kanu fahren, Klettern, Abseiling, Mountainbiking rund um Bristol. Treffpunkte in Bristol Zentrum. 30–65 £ pro Person.
Stadttouren ▶ **Hop On Hop Off City Bus Tour** [4]: Vom Tourist Information Centre starten Doppeldecker-Sightseeing-Busse zum beliebigen Zusteigen. 75 Min, Erw. ca. 15 £.
Sightseeing mit der Hafenfähre [5]: Alle wichtigen Sehenswürdigkeiten rund um Harbourside und das Zentrum von Bristol lassen sich ganz wunderbar mit der **Fähre** (s. u.) abklappern (40- oder 60-Min.-Rundtour, 4,90 £).

Termine

St Paul's Carnival (Anfang Juli): karibischer Karneval.
Bristol Community Festival (Mitte Juli): mit Oper, Rock, Tanz.
Bristol Harbour Regatta (letztes Juli-Wochenende).
World Wine Fair (3. u. 4. Juliwoche): Weinfest.
Bristol Baloon Fiesta (Mitte Aug.): toll, hunderte Ballonfahrer über Bristol, www.bristolfiesta.co.uk.
Bristol Docks Heritage Weekend (Mitte Sept.): Festival der maritimen Geschichte.

Verkehr

Flüge: Vom Flughafen Bristol 15 km südwestl. der Stadt Busverbindungen nach Temple Meads Station und Marlborough Street. www.bristolairport.co.uk. Flüge u. a. nach Frankfurt/Main und München.
Züge: Hauptbahnhof ist Temple Meads. Verbindungen in alle Richtungen, bis London Paddington Station, Tel. 084 57-48 49 50.
Busse: Der Busbahnhof liegt neben dem Shopping Centre Broadmead, Marlborough Street; Stadtverkehr und National Express. Tel. National Express 087 05-80 80 80. Busverbindungen nach Bath, Wells, zum Flughafen und zu den umliegenden Orten.
Hafenfähre: Kleine Boote erschließen das Netz der Hafenbecken und Dockanlagen des Floating Harbour, wo sich Museen, Galerien, Kneipen und Restaurants niedergelassen haben (mehrere Haltepunkte zwischen Temple Meads Station im Osten und dem Museumsschiff ›SS Great Britain‹ im Westen, Tel. 01 17-927 34 16, www.bristolferryboat.co.uk).

Dorsets Küste

Bournemouth mit kilometerlangen Sandstränden und großen Gärten war immer schon eines der beliebtesten Seebäder Englands. Poole mit seinem riesigen Naturhafen ist das Zentrum aller Segler und Mekka des Wassersports. Westlich beginnt die Jurassic Coast. Die zum Welterbe der UNESCO zählende ›Urzeitküste‹ begeistert nicht nur Fossilienjäger.

Bournemouth, Poole und Umgebung

Die beiden Gemeinden Bournemouth und Poole bilden das einzige städtische Ballungszentrum im ländlichen Dorset – von den insgesamt 600 000 Einwohnern der Grafschaft leben 150 000 in Bournemouth, 120 000 in Poole.

Bournemouth ▶ H 19
Cityplan: S. 298
Bournemouth ist eine junge Stadt und das Urbild eines eleganten englischen Seebades aus viktorianischer Zeit. Herrliche Strände, weite Park- und Grünanlagen mit Palmen und Baumfarnen, schöne Häuserzeilen entlang der Hänge und ein lebhaftes kulturelles Angebot tragen dazu bei, dass die kleine Großstadt Bournemouth eines der beliebtesten Urlaubsziele Englands ist.

1850 war Bournemouth ein Dorf mit 700 Einwohnern, das sich an der Mündung des Flüsschens Borne in die flach geschwungene Bucht zwischen die heidebewachsenen Klippen schmiegte. Dann kam die Eisenbahn, und mit ihr begann die Erfolgsstory der viktorianischen Boomtown. 1870 genoss Bournemouth schon den Ruf »eines fashionablen Bades, eines mediterranen Orts des Müßiggangs und der Erholung«, so der Schriftsteller Thomas Hardy.

Heute lockt Bournemouth als elegantes Seebad die Besucherscharen an: Viele wohlbetuchte Pensionäre haben sich wegen des milden Klimas hier niedergelassen; die vielen Sprachschulen bringen junge Leute aus aller Welt her. Der weiße, feine Sandstrand zieht sich über 10 km hin; hier weht überall die Blaue Flagge für geprüfte gute Wasserqualität. Besonders schön sind die Strände Alum Chine mit einer Kinderwelt, die nach dem Thema der »Schatzinsel« von Robert Louis Stevenson gestaltet ist, dann noch Fisherman's Walk und Southborne.

Es gibt natürlich einen weit ins Meer ragenden **Pier** 1, abends bunt beleuchtet, und eine lange Strandpromenade; beide sind Mittelpunkte des sommerlichen Lebens. Der Höhenunterschied zwischen dem Strand unterhalb der Klippen und der Stadt wird durch Treppen und zwei Kabinenlifte, am East und West Cliff, überbrückt. Die zahlreichen bunten, weitläufigen Parkanlagen sind der Stolz der Stadt; die ersten Blumenrondells und Rabatten leuchten gleich an der Promenade.

Ein großartiges Beispiel reger Sammlertätigkeit bietet das zentral gelegene Kunstmuseum, die **Russell-Cotes Art Gallery** 2 in einer prachtvollen viktorianischen Villa, die mit ihrem überbordenden, original erhaltenen Interieur allein schon sehenswert ist. Neben einigen Werken der Präraffaeliten bezeugen die Sammlungen die weltweite Reiselust der einstigen Besitzer; sehr schön ist auch die hangseitige Gartenanlage (East Cliff, www.russellcotes.bournemouth.gov.uk, Di–So 10–17 Uhr).

Im großen **Konferenzzentrum BIC** 3 direkt an der Promenade unweit des Piers fin-

den auch Ausstellungen und Konzerte jeder Art, Ballett und Bühnenshows statt. Stammhaus des renommierten Bournemouth Symphony Orchestra ist **Winter Gardens.** Hinzu kommen die Kinos, Restaurants, Diskotheken und Bars, die Bournemouth zur inoffiziellen Hauptstadt der Grafschaft Dorset gemacht haben.

Am Pier lockt auch das **Oceanarium 4**: In den Riesenaquarien werden die Meere der Welt mit ihren Tieren vorgestellt; multimedial begleitet ist es für Kinder und Erwachsene gleichermaßen interessant. Toll ist der gläserne Fußgängertunnel, der unter den Becken hindurchführt (West Beach Promenade, tgl. 10–18 Uhr, www.oceanarium.co.uk).

Die Westover Road entlang der **Lower Gardens** führt zur Innenstadt. Die Hauptgeschäftsstraßen sind zu Fußgängerzonen umgestaltet worden, üppiger Blumenschmuck, schönes Schmiedeeisen und einige Artdeco-Bauten sorgen für angenehme Abwechslung. Bei einem Stadtspaziergang beeindruckt überhaupt die großzügige Architektur: Weiße und pastellfarbene Häuserzeilen, südländisch anmutende Villen und herrschaftliche Hotels ziehen sich an den Hängen empor.

Auf dem Friedhof von **St Peter 5** ist das Herz des Dichters Percy Bysshe Shelley (1792–1822) begraben; die Grabstätte erinnert auch an seine Frau Mary Wollstonecraft Shelley, sie war die Verfasserin des »Frankenstein«-Romans. Shelley führte ein wild bewegtes Leben; er war ein Hitzkopf der romantischen Dichterbewegung und Verfechter revolutionärer Ideen, der soziale Ungerechtigkeiten in polemischer Lyrik anprangerte. Gerade 30-jährig, ertrank er in der Bucht von Livorno.

Christchurch

Östlich der Stadtgrenze von Bournemouth liegt das Hafenstädtchen **Christchurch** mit seiner riesigen Kirche – sie lohnt einen nachmittäglichen Ausflug. Die Kirche ist sächsischen Ursprungs, mit romanischen Details: besonders schön das Nordportal, das hauptsächlich aus dem 13. Jh. stammt. Beeindruckend ist das Kirchenschiff, rund 93 m lang.

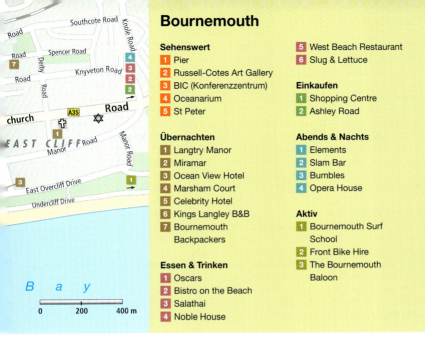

Bournemouth

Sehenswert
1. Pier
2. Russell-Cotes Art Gallery
3. BIC (Konferenzzentrum)
4. Oceanarium
5. St Peter

Übernachten
1. Langtry Manor
2. Miramar
3. Ocean View Hotel
4. Marsham Court
5. Celebrity Hotel
6. Kings Langley B&B
7. Bournemouth Backpackers

Essen & Trinken
1. Oscars
2. Bistro on the Beach
3. Salathai
4. Noble House
5. West Beach Restaurant
6. Slug & Lettuce

Einkaufen
1. Shopping Centre
2. Ashley Road

Abends & Nachts
1. Elements
2. Slam Bar
3. Bumbles
4. Opera House

Aktiv
1. Bournemouth Surf School
2. Front Bike Hire
3. The Bournemouth Baloon

Vom Turm aus bieten sich schöne Blicke rundum (Mo–Sa 10–17, So 14–17.30 Uhr).

Infos
Bournemouth Visitor Information: Westover Road, Tel. 084 50-51 17 00, Fax 012 02-45 17 43, www.bournemouth.co.uk.

Übernachten
In Bournemouth, Poole und Christchurch gibt es über 400 Hotels und B&Bs, vom Grandhotel bis zum Privatquartier; hier eine winzige Auswahl: Buchungen ansonsten über die Visitor Information.

Luxuriös ▶ Langtry Manor 1: Derby Road, Tel. 012 02-55 38 87, www.langtrymanor.com. Wunderschönes Countryhouse vom Beginn des 20. Jh., das Eduard VII. für die Schauspielerin Lillie Langtry erbauen ließ. Luxuriös, üppig, liebevoll ausgestattet. Mit Jacuzzis, Himmelbetten, Antiquitäten. Sehr gute Küche, großzügige Gartenanlagen. DZ ab 150 £.

Hoch auf den Klippen ▶ Miramar 2: Grove Road, East Cliff, Tel. 012 02-55 65 81, www.miramar-bournemouth.com. Am East Cliff gelegenes, überaus behagliches Country House mit Seeblick, Terrassen, Treppen zum Strand – ein wahrer Urlaubstraum. DZ ab 130 £.

Mit Meerblick ▶ Ocean View Hotel 3: East Overcliff Drive, Tel. 012 02-55 80 57, Fax 012 02-55 62 85, www.oceanview.uk.com. Stattliches, strahlend weißes Haus, zentral gelegen, Blick über die Bucht aufs Meer, komfortables Drei-Sterne-Haus, mit beheiztem Außenpool in den Gartenanlagen. DZ mit Dinner ab 130 £.

Stattlich ▶ Marsham Court 4: Russell Cotes Road, Tel. 012 02-55 21 11, Fax 012 02-55 21 22, www.marshamcourt.com. Zentrale Lage zwischen Promenade und Innenstadt, großes Haus, Außenpool und Südterrassen, interessante Küche. DZ ab 113 £ (Mai, Juni, Juli).

Verjüngt ▶ Celebrity Hotel 5: 47 Gervis Road, East Cliff, Tel. 0 12 02-31 63 16, www.qualityhotelbournemouth.com. Viktorianische Villa, komfortabel ausgestattet und familienfreundlich, mit Gartenanlagen. DZ ab 100 £.

Dorsets Küste

Ordentlich ▶ Kings Langley B&B 6: 1 West Cliff Road, Tel. 012 02-55 73 49, www.kingslangleyhotel.com. Zentral gelegenes kleines, familiengeführtes Hotel. Angenehme, ordentliche Ausstattung mit Lounge und Bar. DZ ab und um 75 £.

Für Backpackers ▶ Bournemouth Backpackers 7: 3 Frances Road, Tel. 012 02-29 94 91, www.bournemouthbackpackers.co.uk. Klein und freundlich, unweit vom Bahnhof; Einzel- und Doppelbetten, Sommersaison bis 20 £, Winter ab 12 £.

Essen & Trinken

Elegantes Ambiente ▶ Oscars 1: im Royal Bath Hotel, Bath Road, Tel. 012 02-55 55 55, So abends, Mo geschl. Hochelegantes Restaurant mit exzellenter moderner anglo-französischer Küche. ›Bournemouths Best‹. Menü 30–60 £.

Tolle Lage ▶ Bistro on the Beach 2: Solent Promenade, Southborne, Tel. 012 02-43 14 73, www.bistroonthebeach.co.uk. So–Di geschl., nur Dinner, unbedingt vorbestellen. Tolle Location direkt am Strand von Southborne; sehr beliebt mit guter Bistro-Küche, Fisch. Tagesgerichte. Menü um 20 £.

Thailändisch ▶ Salathai 3: 1066 Christchurch Road (A 35), Tel. 012 02-42 07 72, So geschl. Beliebtes Restaurant mit moderner, frischer thailändischer Küche und freundlichem Ambiente im Stadtteil Boscombe. Menü ab 10 £.

Modern chinesich ▶ Noble House 4: 3–5 Lansdowne Road, Tel. 012 02-29 12 77, www.noble-house.co.uk. Günstige innerstädtische Lage; authentische, frische chinesische Küche, guter Service. Menüs 8–18 £.

Beliebt ▶ West Beach Restaurant 5: Pier Approach, Tel. 012 02-58 77 85, www.westbeach.co.uk, tgl. 9–22 Uhr. Schnörkelloses sommerliches Restaurant-Bistro mit guter Fischküche. Tagesgericht ab 7 £.

Lässig ▶ Slug & Lettuce 6: 15 Bourne Avenue, Tel. 012 02-31 76 86, www.slugandlettuce.co.uk. Sehr erfolgreiche Pub-Bar- und Kaffee-Lounge-Kette, modern gestylt, mit guten Tellergerichten und sättigenden attraktiven Salaten. Gerichte um 6 £.

Einkaufen

Fußgängerzone ▶ Shopping Centre 1: Es liegt im Fußgängerbereich nordöstlich von the Square und verfügt über alle Highstreet-Shops und viele kleine Geschäfte.

Antiquitäten ▶ Im Stadtteil Boscombe rund um **Ashley Road 2** locken zahlreiche Antiquitäten und Trödelläden.

Abends & Nachts

Für die Studenten der Uni und die internationalen Sprachschüler gibt es eine umfangreiche und vielfältige Szene. Das Stadtmagazin »Live Wire« gibt Veranstaltungshinweise. Hilfreich ist auch die Webadresse www.clubpages.co.uk, nach Städten und Orten gegliedert.

Riesig ▶ Elements 1: Fir Vale Road, Tel. 012 02-31 11 78, www.clubelements.co.uk, Mo, Mi, Fr/Sa. Mitten im Zentrum die größte Disco und der beliebteste Club. House, R&B, Retrostyle.

Warehouse Style ▶ Slam Bar 2: gleich nebenan in der Fir Vale Road, Tel. 012 02- 55 51 29, www.slambar.co.uk. Cool, Hip Hop, R&B, Pop. Beliebte Cocktail-Bar.

Oldies ▶ Bumbles 3: 45 Poole Hill, Mi, Fr/Sa. Musik der 1970er- und 1980er-Jahre dominiert.

Oper ▶ Opera House 4: 570 Christchurch Road, Boscombe, Tel. 012 02-39 99 22, www.slinky.co.uk. Das schillernde Etablissement ist Fr/Sa brechend voll.

Aktiv

Surfen ▶ Bournemouth Surf School 1: Toft Steps, Undercliff Drive, Boscombe, Tel. 077 33-89 55 38, www.bournemouthsurfschool.co.uk. 300 m westl. vom Boscombe Pier liegt die anerkannte Surfschule. Mit Kursen aller Typen. So-nachmittags: Schnupperkurs 25 £.

Fahrradverleih ▶ Front Bike Hire 2: Undercliff Drive, direkt am Strand, Höhe Russell-Cotes-Art-Gallery, Tel. 012 02-55 70 07, www.front-bike-hire.co.uk, 4 Std. 10 £, 24 Std. 15 £.

Ballonfliegen ▶ The Bournemouth Baloon 3: Start von Lower Gardens aus, Tel.

Bournemouth, Poole und Umgebung

Seebadatmosphäre: am Strand von Bournemouth

012 02-31 36 49 und 31 45 39, www.bournemouthbaloon.com. Ostern bis Ende Sept. tgl. 9 Uhr bis Einbruch Dunkelheit oder 23 Uhr, Flüge nach Wetterlage, Flugdauer 10–15 Min. 12.50 £. Mitten in der Stadt können Sie zu einem Ballonflug starten. Buntes Strandleben aus der Vogelperspektive: toll.

Termine
Classic Cars (April–Sept.): jeden So 16–18.30 Uhr.
Busker's Festival (zweites Mai-Wochenende): mit Kleinkunst und Straßentheater.
Flower Festival (zweite Junihälfte): ganz Bournemouth im Blütenrausch.
Bournemouth International Festival (letzte Juni–erste Juliwoche): hochkarätiges Musikfestival jeglicher Richtungen
Feuerwerk (jeden Fr um 23 Uhr im Aug.).

Bournemouth Regatta (erste Augustwoche): internationale Segelregatta.
Verschiedene **Sportveranstaltungen** wie Golf- und Tennisturniere oder Speedboot-Rennen finden über den ganzen Sommer verteilt statt.

Verkehr
Flüge: Bournemouth International Airport, (Tel. 08 45-478 67 14, www.bournemouthairport.com) liegt ca. 6 km nördlich vom Zentrum. Flüge nach Glasgow, Belfast. Destinationen von Ryanair.
Züge: 1,5 km nordöstl. vom Zentrum in Holdenhurst Road liegt der Bahnhof. Direkter Bahnanschluss zum Flughafen Southampton. Tel. 012 02-45 17 00. Züge nach London, zu den Küstenstädten, auch Bristol, nach Schottland, Midlands. Tel. 012 02-67 35 55.

Dorsets Küste

National Rail Tel. 084 57-48 49 50 oder Infoline: 084 57-48 49 50. www.southwesttrains.co.uk.
Busse: Der Busbahnhof ist direkt gegenüber dem Bahnhof. Fernbusse (National Express) u. a. auch nach London. Mit den Regionalbussen gibt es auch Tagestickets für alle Wiltshire- und Dorset-Busse. Tel. 012 02- 67 35 55, www.wdbus.co.uk, auch Stadtbusverkehr www.yellowbusses.co.uk). Stadtbusse im Zentrum fahren von The Square ab.
Fähren: Verbindungen nach Frankreich und auf die Kanalinseln ab Poole (s. u.).

Poole ▶ H 19

Poole ist stolz auf seinen – neben Sydney – größten natürlichen Hafen der Welt; die Differenz macht nicht mehr als einen Quadratmeter aus. Das Labyrinth der Ufer und Buchten ist knapp 80 km lang! Poole Harbour, breitet sich aus wie ein unendlicher weiter, irregulär verfließender, blassblauer Binnensee. Neben dem regen Container-, Fracht- und Fährschiffverkehr (Fähren nach Cherbourg, den Kanalinseln und der Isle of Wight) hat sich das Hafenareal mit seinen Buchten zu einem Eldorado für Segler und Schüler und für Fans jeder nur erdenklichen Wassersportart entwickelt.

Die herrlichen Sandstrände von Studland Bay auf der Isle of Purbeck und, Richtung Bournemouth, von Sandbanks bis Branksome Chine schließen das gewaltige Hafenareal zur See hin ab. Übrigens: Grundstücke auf der schmalen Landzunge Sandbanks gehören zu den weltweit (!) teuersten Immobilien und stehen den Preisen von Tokio, Hongkong und New York in nichts nach.

An der Wasserseite von **Poole Old Quay** gibt es einige nette alte Straßenzüge – flaniert und spaziert wird direkt an der Hafenfront. Hier hat die renommierte, alt eingesessene **Poole Pottery** ihre Verkaufsräume geöffnet (Poole Quay, Old Orchard, www.poolepottery.co.uk, Mo–Sa 9–17 Uhr).

Das **Waterfront Museum**, hier befindet sich auch die Tourist Information, widmet sich der Stadt- und Hafengeschichte – bedeutendster Fund ist ein Boot aus der Eisenzeit (4 High Street, April–Okt. Mo–Sa 10–17, So 12–17, Nov.–März Mo–Sa 10–15, So 12–15 Uhr).

Infos
Tourist Information: Enetco House, Poole Quay, Tel. 012 02-25 32 53, Fax 012 02-68 45 31, www.pooletourism.com.

Verkehr
Züge: Bahnverkehr nach London, Weymouth.
Busse: nach Weymouth und in die umliegenden Orte.
Fähren: von Poole Harbour zur Isle of Wight (April–Okt. Mo, Mi, Sa um 9 Uhr, auch für Tagesausflüge geeignet), zu den Kanalinseln Guernsey und Jersey, in französische Cherbourg und (nur im Sommer) St-Malo.

Brownsea Island ▶ H 20

Für Naturfreunde von besonderem Reiz ist Brownsea Island, vom Poole Old Quay in 30 Minuten mit dem Schiff zu erreichen. Die ca. 200 ha große, bewaldete Insel gehört dem National Trust; im Norden, im Vogelschutzgebiet, sind Graugänse, Krickenten, Seeschwalben und Reiher zu Hause; im Süden gibt es unberührte Sandstrände. Brownsea Island ist für Normalsterbliche nur ein Tagesparadies; übernachten dürfen hier nur Boy Scouts, Pfadfinder. Ihr Gründervater Baden-Powell hatte 1907 zum ersten Mal auf der Insel campiert (Schiffe ab Poole Harbour oder Sandbanks, www.nationaltrust.org.uk, April–Sept. tgl. 10–17 Uhr).

Upton Country Park ▶ H 19

Upton Country Park, etwa 5 km nordwestlich von Poole, von der A 35 abzweigend, ist ein weitläufiger Landschaftspark, in Weideland, Wald und Salzmarsch übergehend. Damit bildet er vom ästhetischen Konzept her den extremen Gegensatz zur sorgsam kreierten, gedrängten Üppigkeit von Compton Acres (tgl. 10 Uhr bis Sonnenuntergang, mit einem Besucherzentrum, verschiedenen Tea Rooms und dem Upton Country House, www.uptoncountrypark.org, Tel. 012 02-67 26 25).

Bournemouth, Poole und Umgebung

Wimborne Minster ▶ H 19

Wimborne Minster ist eine reizende kleine Marktstadt mit einem prachtvollen Münster: **St Cuthburga** ist ein massiver, doch anmutiger Bau aus hellem und dunklem, wie gesprenkelt aussehendem Naturstein mit zwei gedrungenen Türmen. Normannische Stilformen, wie die Arkaden im Hauptschiff, Early English und Perpendicular (der Westturm), haben sich hier harmonisch verbunden. Berühmt sind die **Astronomische Uhr** von 1320 im Westturm, auf der noch das ptolemäische Weltbild mit der Erde im Mittelpunkt dargestellt ist, und die **Chained Library,** die Bibliothek von 1686; sie war die erste frei zugängliche Bibliothek in England. Und weil die Buchexemplare so kostbar waren, hat man sie angekettet (www.wimborneminster.org.uk, Minster: Mo–Sa 9.30–17.30, So ab 14.30 Uhr. Library: Mo–Fr 10–12, 14–16 Uhr).

Gegenüber erzählt das friedliche **Priest's House Museum** in einem historischen Stadthaus die Geschichte Dorsets, mit interaktivem viktorianischem Schulzimmer und Galerien der Kindheit. Der ummauerte Garten führt bis an den Fluss und ist besonders im Frühling, wenn die Narzissen blühen, ein stilles Refugium (April–Okt. Mo–Sa 10–16.30 Uhr).

Infos

Wimborne Minster Tourist Information: 29 High Street, Tel. 012 02-88 61 16, www.ruraldorset.com.

Übernachten

Hell und freundlich ▶ **Fernhead Guesthouse:** 7 Wimborne Road, Walford, Tel. 012 02-88 12 48, www.fernheadguesthouse.co.uk. Großzügiges, alleinstehendes Haus mit 3 Doppel- und Familienzimmern. Hell und freundlich. Gutes Frühstück. In 5 Min. ist man zu Fuß im Zentrum Wimbornes. DZ 70 £.

Ländlich vollkommen ▶ **Thornhill B&B:** Holt, Wimborne Minster, 3 km von Wimborne auf der B 3078 Richtung Cranborne, Tel. 012 02-88 94 34, www.britainsfinest.co.uk. Bezaubernd ist das reetgedeckte und grün überwucherte Anwesen aus den 1930er-Jahren. Versteckt gelegen, ruhig und mit Tennisplatz in den Gärten, lässt es sich hier aufs Schönste urlauben. DZ ab 60 £.

Essen & Trinken

Klassisch gestylt ▶ **Les Bouviers:** Oakley Hill, Merley, 2 km südl. auf der A 349, Tel. 012 02-88 95 55, www.lesbouviers.co.uk, geschl. Sa mittags, So abends und Mo. Ausgezeichnetes Restaurant mit französisch inspirierter Küche und sehr guter Weinkarte. Mittagsmenü ab 13 £.

Einkaufen

Exzellente Speisen ▶ **Grand Bazaar:** Am Wochenende besitzen die überdachten und offenen Märkte in Wimborne große Anziehungskraft: Neben dem üblichen Wochenmarktangebot werden auch Antiquitäten, Nippes, Trödel und Kleidung an 200 bis 400 Ständen angeboten (Fr 7–14.30, Sa 9–13, So 10–16 Uhr).

Verkehr

Busse: Regelmäßige Verbindungen nach Bournemouth und Poole.

Badbury Rings ▶ H 19

Einige Kilometer nordwestlich von Wimborne Minster liegt eine bedeutende Hügelfestung aus der Eisenzeit: **Badbury Rings.** Drei kreisförmig angelegte, etwa 10 m hohe Erdwälle umschließen ein heute baumbestandenes Plateau, das auch von den Römern noch als Verteidigungsanlage ausgebaut und genutzt wurde. In mystischen Rang erhoben wurden sie durch ihre Verbindung mit König Artus (s. S. 260 f.), der hier, in der Schlacht von Mount Badon im Jahr 516, die Sachsen besiegt haben soll. Die Badbury Rings gehören zum Areal des National Trust: Zum spektakulären Country House Kingston Lacy können Sie zu Fuß spazieren oder auch umgekehrt.

Kingston Lacy ▶ H 19

Ein grandioses Anwesen, herausragende Kunstsammlungen und himmlische Gärten: Kingston Lacy, 1981 dem National Trust übergeben, ist eines der schönsten Country Houses in England und das Schau- und

Dorsets Küste

Juwel ohne Krone – Kingston Lacy

Im Spätsommer des Jahres 1981 starb, allein in den Zimmerfluchten seines großen alten Hauses, Ralph Bankes, 79 Jahre alt. Der Witwer hatte seinen Besitz Kingston Lacy dem National Trust vermacht – wie seine Schwester Viola in ihrer »Story of Kingston Lacy« kommentiert, »die beste Tat seines langen Lebens«.

Der Tod von Ralph Bankes war das genealogische Ende einer Familie aus Dorset, »made good«, »die es zu etwas gebracht hatte«. In der englischen Gesellschaftshierarchie befand sie sich nur am unteren Ende der oberen Sprossen: *landed gentry,* kein Hochadel, sondern ländliche *squirearchy* ohne erblichen Adelstitel.

Nachdem die formidable Lady Mary von Corfe Castle (s. S. 311) kein Dach mehr über dem Kopf hatte, ließ ihr Sohn nach der Restauration der Stuarts auf dem Thron 1663 den neuen Familiensitz Kingston Hall, wie er damals genannt wurde, von dem Architekten Sir Roger Pratt »for the polite way of living« erbauen: ein wohltuend schlichtes Backsteinhaus. Man begab sich auf die Grand Tour nach Italien, verfeinerte Geschmack und Lebensart, brachte Mobiliar und Gemälde mit, ging zur Jagd, kam seinen ländlichen Pflichten nach, zeugte Erben und ließ sich von den besten Malern seiner Zeit porträtieren – von van Dyck, Lely und Reynolds. Bibliothek und Salon wurden umgebaut, der Park in der jetzigen Form angelegt.

Und dann kam William John Bankes (1786–1855): ein Mann mit großem Charme, Freund von Lord Byron, Kunstkenner, Ästhet und obsessiver Sammler. Ein Jahrzehnt lang reiste er in Syrien, im Libanon, in Ägypten umher; dort erwarb er 1815 den berühmten Obelisk von Philae, der schließlich nach sieben Jahren in den Londoner Docks ankam und nach weiteren sieben Jahren seinen Ehrenplatz im Park von Kingston Lacy fand. In Spanien schließt sich Bankes der siegreichen Armee Wellingtons an. In ihrem Windschatten gelingt es ihm, exquisite Beutestücke zu ergattern, zahllose Möbelstücke, ganze Kassettendecken und einige der besten spanischen Gemälde: Velázquez, Murillo, Ribalta. Wellington: »Gentlemen, I will have no more looting; and remember, Bankes, this applies to you also.« (»Meine Herren, ich dulde keine Plünderungen mehr; und vergessen Sie nicht, Bankes, das gilt auch für Sie.«)

Als er zurückkommt, wird er, der Liebling der Londoner Gesellschaft, zwischenzeitlich sesshaft. Er beauftragt den Architekten Sir Charles Barry (der auch die Houses of Parliament verantwortet hatte) mit dem Umbau von Kingston Lacy. Zwischen 1835 und 1841 wird das Haus in Stein verkleidet, erhält die Kuppel, die Balustraden, die markanten Eckschornsteine, die Terrasse an der Südseite; die Eingangshalle wird abgesenkt, und ein herrlicher Treppenaufgang aus Carrara-Marmor führt über eine doppelgeschossige Loggia in die Empfangsräume – ein imposanter Rahmen für die Unmengen an Kunst, die Bankes ausdauernd zusammenträgt. Der Umbau ist fertig, da passiert es: Der homosexuelle William John Bankes wird – einer ›delikaten Angelegenheit‹ wegen – verurteilt und gegen Kaution auf freien Fuß gesetzt; er flieht aus England und ist damit ein Verbannter. Seinen Besitz überträgt er seinem Bruder, der geduldig über Jahre hinweg die Rechnun-

Kingston Lacy House

gen begleicht, Kisten aus Italien in Empfang nimmt, mit weiteren Gemälden, mit geschnitzten Türen, Skulpturen, Mobiliar ...

Hin und wieder segelt William John Bankes in die Bucht von Studland ein und liefert seinem Bruder persönlich allerlei Kisten ab, mit Gemälden und so weiter und so weiter. Das geschah nur sonntags: Es gab ein Gesetz in Großbritannien, das es den Landesflüchtigen gestattete, sich an Sonntagen von Sonnenaufgang bis Sonnenuntergang auf heimischem Boden aufzuhalten – wahrscheinlich, um ihnen den Kirchbesuch zur Rettung ihrer Seele zu ermöglichen. 1855 starb Bankes in Venedig. Er hatte Kingston Lacy niemals wiedergesehen.

Kunst vom Feinsten ist in den Salons von Kingston Lacy House versammelt

Dorsets Küste

aktiv unterwegs

Spaziergang durch Compton Acres

Tour-Infos
Start: Canford Cliffs Road bei Sandbanks
Dauer: 4–6 Stunden
Wichtige Hinweise: Anfahrt auf der A 35 Richtung Bournemouth, Abzweig Sandbanks; oder Bus 150 und 151 Poole–Bournemouth. 2. April–Okt. tgl. 9–18, Nov.–1. April tgl. 10–16 Uhr. www.comptonacres.co.uk, Erw. 6, 95 £.

Wenn Sie der Geschäftigkeit Pooles ausweichen wollen, gönnen Sie sich einen Besuch der Gärten von **Compton Acres** mit herrlichen Ausblicken über **Poole Harbour** – der Garten ist einer der prächtigsten in Südengland. Erst kurz nach dem Ersten Weltkrieg für umgerechnet etwa 4,5 Mio. € angelegt, war der ca. 6 ha große Besitz lange verwahrlost, bis er 1986 von Lionel Green, einem Immobilienmakler und leidenschaftlichen Gärtner, übernommen wurde. Heute spazieren Sie durch eine Abfolge verschiedener Gartentypen, vom intimen, gepflasterten römischen Garten über die elegante Förmlichkeit des italienischen Gartens, durch Rhododendrenhaine, Stein- und Wassergärten bis hin zu dem einzigartigen japanischen Garten. Grandios! Eine Fülle an Skulpturen, Bronzen und Marmorstatuen und nicht zuletzt die herrlichen Ausblicke über die Küste tragen dazu bei, dass Compton Acres, neben Sissinghurst in Kent (s. S. 135 ff.), zu den herausragenden **Gartenkunstwerken** zählt, die im 20. Jh. geschaffen wurden.

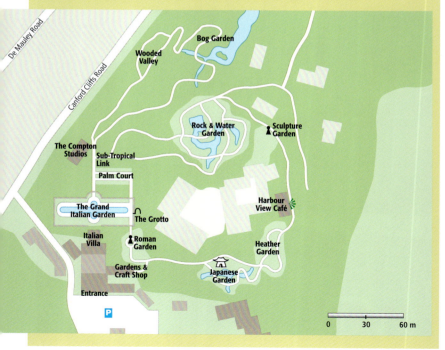

Die Jurassic Coast

Schmuckstück des National Trust, der hier über Jahre Außerordentliches geleistet hat.

Vom letzten Besitzer aus dem Hause Bankes (s. S. 304 f.) bis in die Gegenwart: Nicht nur das Haus, das gesamte Mobiliar und eine einzigartige Gemäldesammlung, sondern auch 64 km^2 Land (Wert zu dem Zeitpunkt etwa 100 Mio. Euro) mit zwei weiteren kulturhistorischen Zeugnissen, den eisenzeitlichen Badbury Rings und Corfe Castle (s. S. 311), gingen von Bankes an den National Trust.

Ein Meilenstein in der Geschichte der Denkmalschutzorganisation: Kingston Lacy war nicht nur die bis dato größte Schenkung, sondern wurde Musterexemplar und Schaukasten der Arbeit des National Trust. Für eine Dauer von fünf Jahren (!) blieb das Haus geschlossen; heute kann der Besucher jeden mühevollen Arbeitsabschnitt seit der Übernahme anhand von Arbeitsproben, Fotografien, Plänen und Ausstellungsstücken nachvollziehen – das ist hochinteressant und spannend.

Bevor die Reparaturarbeiten am Bau begannen, wurde jeder einzelne Raum im Detail fotografiert, das gesamte Inventar, einschließlich der zerbrochenen Teelöffel und angeschimmelten Handtücher, wurde aufgelistet; eine Armee von Konservatoren verbrachte drei Jahre damit, das Mobiliar durchzugehen, eigens entwickelte Restaurationsmethoden anzuwenden, 3000 Bücher in sorgfältiger Kleinarbeit wieder herzustellen. Zwei Restauratoren waren allein für das antike Glas und die Lüster zuständig. Die kostbaren Teppiche, von Mäusen und Motten angenagt, mussten behandelt, Hunderte von Gemälden und Bilderrahmen restauriert, Rechnungen, Dokumente und Briefe aus 300 Jahren archiviert werden.

Die Bausubstanz befand sich in einem desolaten Zustand (»Charles Barry war ein genialer Pfuscher, und uns standen die Haare zu Berge«). Die Bleidachplatten waren zerborsten, das Gebälk war morsch, so dass die gesamte Dachkonstruktion erneuert werden musste – 65 t Bleiplatten, 18 km Einrüstung. Im Spanischen Raum wurde die Ledertapete in briefmarkengroße Teilchen zerlegt und wieder zusammengefügt; ein Heer von Gärtnern pflegte die Parkanlagen, die Teestuben wurden eingerichtet, die Aufseher und freiwilligen Führer eingewiesen ...

Nun können Sie dieses Juwel ohne Krone, die wunderbaren Raumfluchten, Treppenläufe und Interieurs selbst in Augenschein nehmen. Die **Gemäldesammlung** umfasst Meisterwerke von Tizian, Rembrandt, Jan Brueghel dem Jüngeren, Rubens, Murillo, Veronese, Velázquez, van Dyck, Poussin, Reynolds, Romney, Lely und Kneller.

Und erst die Gärten: Die Landschaftsgarten- und Parkanlagen mit Dorset-Kühen und einem intakten Farmbetrieb (3200 ha) führen bis zu den Badbury Rings. Die Gärten sind weitläufige formale Anlagen mit wunderbaren Hecken und einer Zedernallee; sie sind neu ergänzt um den Japanischen Garten, der nach Vorlagen aus edwardianischer Zeit angelegt wurde. Hier lässt sich mühelos ein ganzer Tag verbringen, mit Shop, Restaurant, Picknickarealen, Spielplätzen (Kingston Lacy NT, Wimborne Minster, Tel. 012 02-88 34 02, www.nationaltrust.org.uk, Haus Ostern–Okt. Mi–So 11–17; Gärten und Park Ostern–Okt. tgl. 10.30–18, Winter tgl. 10.30–16 Uhr, Eintritt Erw. 12 £, nur Garten 6 £).

12 Die Jurassic Coast
▶ H/G 20

Zwischen Poole, Bournemouth und Lyme Regis liegt einer der spektakulärsten Küstenstriche im Süden Englands, mit bizarren Gesteinsformationen, weißen Kalksteinfelsen, kreisrunden Buchten und unversehrten Naturreservaten – seit 2001 ist dieser Bereich Teil des **UNESCO-Welterbes Jurassic Coast,** der sich bis Exmouth in Ost-Devon erstreckt. Hier sollten Sie unbedingt wandern, zumindest eine Teilstrecke des **Dorset Coast Path.** Der Küstenwanderweg beginnt in Osmington 2 km östlich von Weymouth, folgt dem Küstenlauf, umrundet die Isle of Purbeck und endet in Studland Bay unweit von Poole.

Dorsets Küste

Verkehr

Busse: Die Buslinie **Coastlinx 53** verbindet im Sommer die Orte und Sehenswürdigkeiten an der Jurassic Coast miteinander. Die Strecke verläuft von Poole über Weymouth, Abbotsbury, Bridport, Lyme Regis, Seaton nach Exeter in Devon. Ende April–Ende Okt. tgl. und stdl.

Isle of Purbeck ▶ H 20

Die Charakteristika der Isle of Purbeck klingen wenig vielversprechend: Große Teile der Landzunge sind militärisches Sperrgebiet, und die Landschaft trägt die Narben zahlloser Steinbrüche. Der ›Purbeck-Marble‹, eigentlich ein schwärzlicher, muschelhaltiger Sandstein, der in poliertem Zustand aber wie Marmor glänzt, wurde seit dem Mittelalter in nahezu jeder Kathedrale Englands zu Grabdenkmälern und Taufbecken verarbeitet. Sogar Öl wird hier gefördert, aber die Isle of Purbeck ist Naturschutzgebiet; an der ›Heritage Coast‹ folgt ein Postkartenmotiv dem anderen.

Eine durchgängige Küstenstraße gibt es nicht, die Hauptverkehrsader führt von Wareham, einem Nadelöhr, über Corfe Castle nach Swanage oder Studland Bay mit seinem Strand. Die schmalen Sträßchen sind Sackgassen, die – natürlich – immer am Meer enden ... »Will man einem Ausländer England zeigen, sollte man ihn zu den Purbeck Hills bringen und ihn einige Meilen östlich von Corfe auf einer der Anhöhen platzieren«, schrieb E. M. Forster.

Zwischen den Dörfchen East und West Lulworth liegt eine Berühmtheit, die kreisförmige, steilwandige **Bucht von Lulworth Cove.** Neben dem großen Parkplatz zeigt das **Heritage Centre** die Geschichte der Küstenformationen und bietet Broschüren und Wanderkarten. Rund um die Bucht liegt der geologisch einzigartige Fossil Forest: Gesteinsformationen, die einen urzeitlichen, versteinerten Wald erkennen lassen. Von hier aus geht es gut ausgeschildert über grüne Klippenpfade, Sandboden und Kreidegeröll in etwa 1 Stunde Wanderung in östliche Richtung bis zum phantastisch geformten, aus dem Meer ragenden **Felsportal Durdle Door** – spektakulär in seiner Schönheit. Diese Wanderung ist eine der schönsten in England – wegen der phantastischen Küstenszenerie und der geologischen Besonderheiten.

Dieser Streckenabschnitt beträgt ungefähr 5 km und führt am Rand des militärischen Sperrgebietes vorbei – er ist jederzeit begehbar. Weiter in östlicher Richtung liegt die ebenfalls spektakuläre wilde, intim anmutende **Kimmeridge Bay**. Diese 7-8 km zwischen Lulworth Cove und Kimmeridge Bay sind wegen der Schießübungen nur an Wochenenden und während der Ferien geöffnet. (»Keep an eye out for tank shells, Mavis. We don't want our picnic ruined.« – »Achte auf Patronenhülsen, Mavis. Wir wollen uns das Picknick nicht verderben.«)

Entlang dem militärischen Sperrgebiet sind Naturschutzgebiete entstanden: Reservate mit Wildbestand, seltenen Vogelarten wie Wanderfalken und Kormoranen sowie Pflanzen wie Orchideen und Meerlavendel sind hier zu finden. Die Landspitze **St Aldhelm's Head** mit der normannischen Kapelle belohnt nach recht anstrengender Kletterei schließlich mit atemberaubenden Ausblicken.

Ganz ländlich und bezaubernd ist der winzige Ort **Worth Matravers** mit blumengeschmückten Häuschen aus Purbeck-Stein, einem Dorfteich und dem behaglichen Pub ›Square & Compass‹. Wunderhübsch ist auch die Kirche St George in **Langton Matravers**, deren Kirchenschiff den Turm um Längen überragt.

Übernachten, Essen

Tolle Lage ▶ Lulworth Cove Inn: Main Road, West Lulworth, Tel. 019 29-40 03 33, www.lulworth-cove.com. Adretter, weiß gekalkter Inn mit angenehmen Zimmern, überwiegend mit Balkon. DZ 70–110 £.

Einfach schön ▶ Cromwell House Hotel & Rose Cottage: Main Road, West Lulworth, Tel. 019 29-40 02 53, www.lulworthcove.co.uk. Sehr hübsches Hotel mit 20 Zimmern und angegliedertem Cottage aus der Mitte des 18. Jh. Outdoor Pool, Gärten, Terrassen mit Blick über die Küste. DZ 65–120 £.

Tipp: Fossiliensuche an der Jurassic Coast

In den Buchten und Felshöhlen, an den Stränden und Klippen um **Lyme Regis** und Charmouth wurde seit mehr als hundert Jahren gesucht, gesammelt, betrachtet, geordnet und aufgezeichnet. Auch heute noch gehen viele hingebungsvoll diesem Vergnügen nach – Funde gibt es genug, und es reicht aus, bei Ebbe entlang der Strände zu wandern und mit scharfen Augen Ausschau zu halten. Besonders westlich vom Cobbin Lyme Regis, am Monmouth Beach, an den Blue Ven Klippen, Stonebarrow und am etwa 6 km von Lyme Regis entfernten Golden Cap, weiter östlich auch um Lulworth Cove und in der Kimmeridge Bay. Sie können nach Herzenslust sammeln, zum Schutz des Welterbes dürfen Sie keine Versteinerungen an den Klippen herauslösen, sollten auch etwas für andere Sammler lassen und große Funde melden. Der zentrale Anlaufpunkt für interessierte Wanderer und Gesteinssuchende ist das **Charmouth Heritage Coast Centre,** 3 km östlich von Lyme Regis (Sea Front, Tel. 012 97-56 07 72, www.charmouth.org, April–Okt. tgl. 10–18 Uhr). Besonders hier unterhalb der Klippen und in Strandnähe werden immer noch jede Menge Sammler fündig. Das Centre widmet sich der Geologie, Fossilien, Meer und Natur. Besonders interessant: die zweistündigen geführten Sammelwanderungen!

Wer auf eigene Faust unterwegs ist, muss unbedingt über die Gezeiten informiert sein: Bei einlaufender Flut werden die Strände und Buchten überspült; dann gibt es kein Entkommen. Und versuchen Sie niemals, sich vom Klippenvorland zum Strand hinunterzuhangeln: Steinschlag und Erdrutsche kommen immer wieder vor.

Lulworth Cove gehört zum UNESCO-Welterbe Jurassic Coast

Dorsets Küste

aktiv unterwegs

Wanderung von der Lulworth Cove zum Durdle Door

Tour-Infos
Start/Ende: Charmouth Heritage Coast Centre, 3 km östl. von Weymouth (s. S. 309)
Länge: je nach Lust und Laune
Schwierigkeitsgrad: leicht, viel Auf und Ab
Wichtige Hinweise: Bei der Fossiliensuche in versteckten Buchten unbedingt vorab die Gezeitenpläne genau lesen.

Zwei spektakuläre Sehenswürdigkeiten der Natur, die vom Meer ausgewaschene Bucht von Lulworth – Lulworth Cove – und das Gesteinstor im Meer, Durdle Door, zeigen ganz eindrücklich die Gewalt des Meeres. Die Felsen und Klippen sind Zeugnis der Millionen Jahre alten Geologie der Küste, als hier noch Dinosaurier in dichten Farnwäldern zu Hause waren. Dieser Küstenweg ist einer der beliebtesten an der Südwestküste.

Vom Dorf **West Lulworth** führt eine Stichstraße Richtung Meer und Lulworth Cove. Der Coast Path verläuft zunächst entlang des großen Parkplatzes. In westlicher Richtung, auf Lyme Regis zu, geht es zum Felstor Durdle Door. Lulworth Cove besuchen wir am Ende der Wanderung. Wir folgen der Beschilderung nach Westen, auf den grünen Taleinschnitt zu; dann laufen wir recht lange schräg auf einem breiten Kreidepfad hinauf. Auf der Klippenhöhe wird ein Fußgatter *(stile)* überquert, dann geht es entlang der Klippe weiter. Von der nächsten Anhöhe aus sieht man ganz herrlich die **St Oswald's Bay** – durch ein felsiges Riff geschützt mit weißem, feinem Sandstrand. Am Ostrand der Bucht finden sich millionenalte Zeugnisse: die versteinerten Hölzer des urzeitlichen **Fossil Forest.**

Am nächsten Felsvorsprung zeigen sich horizontale Schichtungen im Kalkstein. Dort, wo die sich anschließende Bucht in den Blick kommt, zweigt auch ein Weg ab zu einem höher gelegenen Parkplatz. Nun können wir den Felsbogen **Durdle Door** sehen, das wohl meist fotografierte Motiv der Jurassic Coast. Seine Form entstand durch Auswaschung des weicheren Gesteins; zurück blieb der Kalkstein, durch den sich die See ›hindurchgebohrt‹ hat. Auch Durdle Door wird einmal einstürzen. Von hier aus könnte man nun weiter im Landesinneren einen alternativen Weg zurücknehmen, der allerdings lange nicht so schön ist. Also wandern wir den Pfad zurück mit seinem Auf und Ab; in der **Lulworth Cove** erblickt man ringsum faszinierend gefaltete Felswände. Östlich von dieser Bucht ist der Weg noch dramatischer, allerdings führt er bis zur Kimmeridge Bay durch militärisches Sperrgebiet und ist nur an Wochenenden und im August für Wanderer geöffnet (s. S. 308).

Die Jurassic Coast

Essen & Trinken

Old England ▶ **Square & Compass Pub:** Worth Matravers, Tel. 019 29-43 92 29, www.squareandcompasspub.co.uk. Ein Pub wie er sein sollte; dazu gibt's noch Meeresblick, ausgezeichneten Cider und echte Pubküche. Freitags Livemusik.

Corfe Castle ▶ H 20

Schon von Weitem sieht man sie auf dem Bergkegel thronen: **Corfe Castle** (NT, März–Okt. tgl. 10–18, Nov.–Feb. 10–16 Uhr) zählt zu den schönsten Burgruinen Englands und gehört zum Landbesitz der Domäne Kingston Lacy. Der imposante königliche Festungsbau aus dem 11. und 12. Jh. ging 1635 zusammen mit dem Anwesen von Kingston Lacy in den Besitz von Sir John Bankes, Chief Justice unter Karl I., über. Nach monatelangen Belagerungen im Bürgerkrieg Mitte des 17. Jh. wurden sämtliche Besitzungen durch Cromwell konfisziert, Corfe Castle schließlich wurde geschleift.

Die eindrucksvollen Gemäuer auf grüner Anhöhe blicken auf das Städtchen mit gleichem Namen herab, das einst das Verarbeitungszentrum für Purbeck-Stein war. Der kleine malerische Ort mit grauen Steinhäusern und gewundenen Gassen ist beliebtes Ausflugsziel mit Tea Rooms, Pubs und Inns wie **The Greyhound** am Fuß der Burg oder **Fox,** West Street, mit Garten oder **Bankers Arms** mit Biergarten.

Swanage ▶ H 20

Die A 351 endet im traditionellen Badeort **Swanage,** klein und bescheiden. Hier und an der nördlich liegenden Studland Bay gibt es bei Ebbe lange Sandstrände, der Ferientraum der *spade and bucket brigade,* der kinderreichen Familien, die bis heute den Ort zu einem beliebten Urlaubsziel für den Sommer auserkoren haben. Hübsch ist eine Fahrt mit der von Dampfloks gezogenen Museumseisenbahn **Swanage Steam Railway,** die bis zum Ort Norden an der A 351 verkehrt – sie soll einmal bis Wareham fortgeführt werden (Tel. 019 29-42 58 00, www.swanagerailway.co.uk, April–Okt. tgl.).

Infos

Swanage Tourist Information: Shore Road, Tel. 019 29-42 06 80, www.swanage.gov.uk, www.purbeck.gov.uk.

Übernachten

Sonnig und heiter ▶ **The Castleton Guesthouse:** 1 Highcliffe Road, Swanage, Tel. 019 29-42 39 72. Gepflegtes B&B mit freundlichen, gut ausgestatteten Zimmern und gemütlicher Lounge nah an Strand und Zentrum. DZ 80 £.

Reizvoll ▶ **Maycroft, B&B:** Old Malthouse Lane, Langton Matravers, Swanage, Tel./Fax 019 29-42 43 05, www.janetshouses.com. Komfortable viktorianische Villa in eigenen Gärten. Tolle Ausblicke. Helle Räume, gepflegte Atmosphäre**.** DZ ab 58 £.

Erholung pur ▶ **Bradle Farmhouse:** Bradle Farm, Church Knowle, Wareham (von Corfe Castle nach Knowle), 2 km außerhalb, Tel. 019 29-48 07 12, Fax 019 29-48 11 44, www.bradlefarmhouse.co.uk. Wunderschönes Anwesen mit vielen Giebeln und weinberankten Erkern. Herrliche Aussicht auf Corfe Castle, großzügige sommerliche Räume, üppiges Frühstück. DZ ab 55 £.

Essen & Trinken:

Fast im Meer ▶ **Shell Bay Seafood Restaurant & Bar:** Ferry Road, Studland, Tel. 019 29-45 03 63, www.shellbay.net, tgl. 12–14, 19–21.30 Uhr. Direkt am Strand, über eine Treppe zu erreichen liegt das Restaurant und Bistro mit herrlichen Ausblicken auf Brownsea Island und Poole Harbour. Hervorragende Fischküche z. B. mit Austern aus Poole (1.50 £ pro Stück), Krabben, Krebsen oder Fish & Chips (7 £). Tagesfrisch!

Weymouth ▶ G 20

Weymouth ist ein hübsches, reizvolles Seebad mit Pier, Promenade, langen blumengeschmückten Häuserzeilen, einem goldenen flachen Sandstrand und einem malerischen Hafen. Weymouth hat alles, was für die Engländer zum Vergnügen an der Seaside dazugehört: Mit knapp 50 000 Einwohnern ist es nicht zu groß und nicht zu klein, weder Dorf

Dorsets Küste

noch entnervend urban. Alles ist kompakt beieinander und gruppiert sich zuverlässig um die ca. 3 km lange Bucht herum. Mittelpunkt und Raison d'être von Weymouth ist der in der Tat goldene, feine Sandstrand, der in den Kurven der Bucht sauberen Kieselsteinen Platz macht.

Dahinter liegt, nur durch Treppchen getrennt, die lange Promenade mit Liegestühlen, Sitzbänken, Eisbuden und buntem Tand. Dann die immer noch eleganten, großzügigen georgianischen Häuserreihen und Hotelbauten, hinter denen sich das Einkaufs- und Geschäftszentrum breitmacht.

An einem Ende der Bucht befindet sich der alte Hafen, sehr lebendig und bunt, mit umgebauten Speichern, Pubs, Jachtclub und Restaurants in einer bezaubernden Häuserreihe mit Tonnenerkern und gewölbten Scheiben.

Brewer's Quay in Hope Square am alten Hafen ist ein als viktorianisches Erlebniszen-

Seit Jahrhunderten im Dienst der Schifffahrt: der Leuchtturm am Bill of Portland

Die Jurassic Coast

trum umgestaltetes Brauereigebäude, in dem heute viel Rummel herrscht. In den nachempfundenen alten Gassen befinden sich auch das **Weymouth Museum** mit Timewalk, viele Geschäfte und das **Crafts Centre** mit Kunsthandwerk (tgl. 10–17.30 Uhr).

Mitten auf der Promenade blickt von hohem Sockel die eher farbenfreudige denn künstlerisch wertvolle **Statue König Georgs III.** auf das Treiben in der Meeresbucht hinab. Ihm verdankten die Bürger Weymouths den Ruf ihrer Stadt als mondänes Bad, denn der königliche Gast, der den Badekarren *(bathing machine)* salonfähig machte, kam oft und gern hierher. Der Überlieferung zufolge hat er nackt in seinem Badekarren gelegen, den Blick aufs Meer gerichtet, in respektvollem Abstand umgeben von mehreren Kapellen, die sich abmühten, Händel'sche Klänge gegen Wind und Brandung zu intonieren. Am entgegengesetzten Ende der Bucht reitet der hohe Mäzen, als Kreidezeichnung auf grünen

Dorsets Küste

Hügeln weithin sichtbar (s. S. 242), wieder davon, und die Lokalgeschichte will es, dass er, eben weil er hinausreitend dargestellt ist, beleidigt gewesen und tatsächlich nie wieder gekommen sei …

Alles sehr ansprechend – nur nicht in der Hochsaison: Im Juli und August gerät Weymouth in englischer Seaside-Manier außer Rand und Band, bietet dann ein Bad in der Menge: Der Strand ist vor Menschen nicht mehr zu sehen, riesige Gummitiere schwanken unter der Last der Kinder, vor den Fish & Chips-Buden bilden sich lange Warteschlangen, zur Übernachtung müssen die winzigsten Dachzimmer herhalten … Aus dem Pavillon, in dem Bingo, *seaside entertainment* und wöchentlich einmal *ballroom dancing* angeboten werden, dringt die Geräuschkulisse der piepsenden und ratternden Spielautomaten – wobei kurz nach 23 Uhr der ganze Spuk vorbei ist, die Lichter verlöschen. Das wird sich ändern, denn Weymouth bereitet sich darauf vor, als Austragungsort der Segelregatten während der Olympischen Spiele im Jahr 2012 international und frisch aufgepäppelt zu glänzen.

Infos
Weymouth Tourist Information: Pavilion Theatre, Esplanade, Tel. 013 05-78 57 47, www.visitweymouth.co.uk.

Übernachten
In der reizenden **Brunswick Terrace** und **Esplanade** reiht sich ein Guesthouse ans andere, direkt am Strand!

Mehrere Qualitätsauszeichnungen ▶ The Seaham B&B: 3 Waterloo Place, Tel. 013 05-78 20 10, www.theseahamweymouth.co.uk. Frische und freundliche Zimmer. Zentrum leicht zu erreichen. DZ ab 70 £.

Ruhig ▶ Oaklands Edwardian Guesthouse: 1 Glendinning Avenue, Tel. 013 05-76 70 81, www.oaklands-guesthouse.co.uk. Ordentliches B&B (große Zimmer) in ruhiger Lage, fünf Minuten zum Strand und zehn Minuten zum Zentrum. DZ ab 70 £.

Romantisch ▶ Dingle Dell: Church Lane, Osmington, Tel. 013 05-83 23 78. 6 km auf der A 353 nach Osten, 1,5 km vom Strand. Rosen, Apfelbäume: ein friedliches, charmantes Plätzchen als Urlaubsdomizil. DZ 60 £.

Essen & Trinken
Lässig und gut ▶ Perry's Restaurant: The Old Harbour, 4 Trinity Road, Tel. 013 05-78 57 99, www.perrysrestaurant.co.uk. Malerisch gelegenes Restaurant am Hafen, elegante, moderne Küche. Menü ab 25 £.

Tapas für Hungrige ▶ Statue House Tapas Bar: 109 St Mary Street, Tel. 013 05-83 04 56, tgl. geöffnet. Schöner Blick auf Weymouth Bay. Mexikanisch-spanische Küche, große Tapas-Portionen und Tortillas ab 3 £.

Aktiv
Fahrradverleih ▶ Weymouth Raleigh Centre: 42 St Mary Street, Tel. 013 05-78 18 31, www.cyclex-uk.co.uk.

Tagesausflüge mit dem Bus ▶ Bluebird Coaches: 83 The Esplanade, Tel. 013 05-78 23 53, www.bluebirdcoaches.com. Ohne eigenes Auto: Schön sind die Tagestouren, die z.B. auf die Isle of Wight, nach Chichester mit Hafenrundfahrt, nach Longleat oder nach Exmouth mit ›Cream Tea Cruise‹ führen. Unterhaltsam sind die Kommentare.

Termine
International Kite Festival (1. Mai-Wochenende): Hunderte von bunten Drachen fliegen über die Weymouth-Bucht, und 50 000 Zuschauer feuern die internationalen Wettbewerber an.

Weymouth Oyster & Fish Festival (letztes Mai-Wochenende): Fisch und Krustentiere, Austern en masse – alles, was das Meer so zu bieten hat.

Verkehr
Züge: vom Bahnhof in der Ranelagh Street regelmäßige Züge nach Poole, Bournemouth, London.

Busse: Haltestelle an der King's Statue, Esplanade: National Express nach London, Bournemouth, Bath, Bristol; Regionalverbindungen, www.travelline.info, Tel. 08 71-200 22 33.

Die Jurassic Coast

Fähren: Katamaran nach Guernsey, Jersey und nach Frankreich Tel. 08 45-12 40 01, www.condorferries.com.

Isle of Portland ▶ G 20

Die Weymouth vorgelagerte Halbinsel Portland besitzt einen ganz eigenen, nüchternen Charakter, der Tourismus spielt eine untergeordnete Rolle. Haupterwerbszweig der Insel ist der weißlich-graue Portland-Stein, und neben den gewaltigen *quarries,* den Steinbrüchen, sieht man behauene und nummerierte Quader die Straßen säumen. Schon die St Paul's Cathedral in London ist aus Portland-Stein erbaut worden. Am Nordende der Insel liegt hoch auf den Klippen in **Fortuneswell** ein altes Festungsgefängnis. Dessen Häftlinge bauten Mitte des 19. Jh. zwei riesige Steindämme als Wellenbrecher (30 m breit, 3 km lang), die noch heute der Schifffahrt natürlichen Schutz bieten.

In den zahlreichen kleinen Kirchen ist viel für die sichere Heimkehr der Fischer gebetet worden, und die winzige **St Andrew's Avalanche Memorial Church** in **Southwell** ist in Erinnerung an die tragische Kollision der Schiffe ›Avalanche‹ und ›Forest‹ im September 1877 errichtet worden, bei der 106 Menschen ertranken – zum größten Teil englische Siedlerfamilien, die in ihre neue Heimat Neuseeland zurückkehren wollten. Von schlichter Eindrücklichkeit sind zwei moderne Bleiglasfenster, die die Seelen der Ertrunkenen in den sieben Weltmeeren, »little white bubbles in the blue«, symbolisieren.

An der Südspitze der Insel, **Bill of Portland,** steht seit 300 Jahren der rot-weiß gestreifte Leuchtturm – quält man sich die Wendeltreppe hinauf, wird man mit einem herrlichen Blick über Portland belohnt.

Eine geologische Besonderheit ist **Chesil Beach,** eine knapp 20 km lange, dünenhohe Kieselbank, die mit der eingeschlossenen Fleet-Lagune die Insel mit dem Festland verbindet. An ihr brechen sich starke Strömungen (Baden verboten!), und ohne sie wäre Weymouth nicht mehr auf der Landkarte zu finden. Die ›Kieselbank‹ strahlt eine eigentümliche Stimmung aus: Licht, Wasser, Horizont, Leere und das mahlende Geräusch der aneinanderschabenden Steine, zu hohen Wällen aufgetürmt, auf denen hin und wieder ein einsamer Angler im Klappstuhl sitzt.

Abbotsbury ▶ G 20

Am nördlichen Ende der Lagune liegt Abbotsbury, ein bezaubernder, stiller Ort, der Ungewöhnliches zu bieten hat. Das alte Dorf ist sehr romantisch, mit reetgedeckten Steinhäuschen, wohlhabend, gut erhalten, mit schönen Tea Gardens, ein, zwei Inns und Pubs, einigen wenigen Antiquitätenläden, einer Kirche und der **Seefahrerkapelle St Catherine's,** die wunderschön in der Landschaft wohnt und einen herrlichen Rundblick bietet (s. a. Aktiv unterwegs S. 317).

Auf der Welt einmalig ist die in der Lagune versteckte, von Benediktinermönchen im Mittelalter gegründete **Swannery,** in der Hunderte von Schwänen überwintern. Sie verbringen ihre Brutzeit hier, werden aufgezogen und in Freiheit gehalten, bis sie sich in andere Reviere aufmachen. »They like to travel a bit, just like people.« (»Sie lieben das Reisen, genau wie die Menschen.«) Die Schwäne standen immer unter dem besonderen Schutz der Monarchen, und noch heute gehören alle Schwäne in Großbritannien, die frei auf dem Wasser geboren werden, nominell der Queen. Sie sind in der Swannery durch einen gelben Ring gekennzeichnet. Tier- und Naturschutz werden sorgsam gepflegt; Tafeln klären über die Arbeit in der Swannery auf (Mitte März–Sept. tgl. 10–18, Okt. 10–17 Uhr; Fütterung tgl. 12, 16 Uhr).

Galten früher die Schwäne als königlicher Leckerbissen (bis in die 1950er-Jahre wurden sie gelegentlich verzehrt), so sind es heute immer noch die Austern: In der Fleet-Lagune wird intensive Austernzucht betrieben.

In einer windgeschützten Talsenke am Rand des Ortes liegen die **Subtropical Gardens,** in denen man gut und gerne einen halben Tag verbringen kann: Der Earl of Ilchester hatte um 1750 mit der Pflanzung begonnen, nachdem er als begeisterter Botaniker sieben Jahre lang in Ostasien, Süd- und

Dorsets Küste

aktiv unterwegs

Rundwanderung durch Abbotsbury

Tour-Infos
Start/Ende: Market Street, Hotel Ilchester Arms (s. S. 317)
Länge: ca. 7–8 km, **Dauer:** ca. 3 Std. Laufzeit
Schwierigkeitsgrad: leicht, sanfte Steigungen, der Rundweg ist markiert.
Kombiticket: Für den Besuch der Swannery, der Tropical Gardens und der Children's Farm gibt es ein Kombiticket (jeweils dort oder in der Tourist Information erhältlich, Erw. 15 £).
Bus: Linienbus Coastlinx 53 nach Lyme Regis und Weymouth, etwa stündlich.

Wenn Sie den Trubel von Weymouth nicht ständig um die Ohren haben wollen, sondern für ein paar Tage ländliche Ruhe genießen möchten, dann bietet sich ein Aufenthalt in Abbotsbury an. In Tagesausflügen können Sie die Küste und ihr Hinterland erkunden, wo sich einige der schönsten Schlösser, Landhäuser und Gärten Englands befinden. Abbotsbury ist eines der schönsten Dörfer in Dorset; die Häuser sind aus honigfarbenem Stein und viele noch reetgedeckt.

Die zwei Hauptstraßen sind Market und Church Street – verirren ist unmöglich. Der Name des Ortes geht auf eine Benediktinerabtei aus dem 11. Jh. zurück; von der **St Peter's Abbey** sind in der Church Street allerdings nur die Reste der Abtei und das daneben liegende Abbey House erhalten. Doch eigentlich blieb alles stets sehr friedlich in Abbotsbury, sieht man einmal von dem kurzen Intermezzo der Royalisten während der Cromwell-Ära ab, von dem noch zwei Einschusslöcher in der Kanzel der **Dorfkirche** zeugen. Das prächtigste noch erhaltene Zeugnis der Abtei ist die riesige Scheune, Tythe Barn, beim Weiher, in der bis zum Jahr 2000 das Reet für Dachdeckungen gelagert wurde; heute ist sie Teil der Children's Farm.

Die Jurassic Coast

Der Rundweg verbindet die außerhalb des Dorfkerns verbundenen Sehenswürdigkeiten miteinander. Also: Von der Market Street führt der ausgeschilderte Pfad direkt auf die sanfte Hügelkuppe **Chapel Hill** mit der weithin sichtbaren **St Catherine's Chapel** zu: Der Rundblick auf die Kieselbarriere von **Chesil Bank** und die umliegende grüne Landschaft lohnt. Die Kapelle stammt aus dem 15. Jh.; ihrer isolierten Lage wegen entging sie der Schleifung durch Heinrich VIII., und später dann diente sie den Seefahrern als Warnung vor den Tücken des Riffs.

Die See im Blick geht es mit Überquerung eines Gatters, der *stile,* geradewegs hinunter zur **Swannery** (s. S. 315). Sie liegt an der friedlichen Lagune vor Chesil Bank. Nach dem Besuch der Schwanenstation wandern wir wieder Richtung Chapel Hill; auf halber Hügelhöhe weist ein Stein nach links: So umrunden wir Chapel Hill auf der Seeseite. Der nächste deutliche Querweg führt zur Chesil Bank; wir folgen ihm und stoßen schließlich auf den grauen Kieselwall mit seinen leise mahlenden Geräuschen: Einzigartig ist dieses 29 km lange Kieselriff von Bridport bis nach Portland mit Steinen unterschiedlichster Größe, die sich immer noch bewegen. Es gibt sie seit etwa 80 000 Jahren.

Zwischen Wall und Ufer liegt die sogenannte **Fleet,** eine Lagune, in der sich zahllose Vogelarten niedergelassen haben. Einige Angler sitzen hier und Sonnenhungrige; baden allerdings ist wegen der starken Strömung strengstens verboten.

Ein Stück weiter in westlicher Richtung sehen wir einen Parkplatz am Rand des Walls; hier geht es hinunter und vom Parkplatz die Straße entlang bis zum Eingang der **Subtropical Gardens** (s. S. 315). Der weitere Straßenverlauf kreuzt die B 3257 und führt stracks nach Abbotsbury und zum Ausgangspunkt zurück.

Nordamerika Pflanzen und Sämlinge zusammengetragen hatte.

Die Gärten von Abbotsbury sind Kompositionen, die unmerklich in ihrem Charakter wechseln und ständig neue Blicke bieten – sonnendurchflutete Lichtungen, Blütenfarbspiele, schattige Haine, Palmrondelle, Rosenbordüren, Bambusmauern, Rhododendrentunnel – und den Eindruck vermitteln, dass hier die üppige Natur aus allen Winkeln der Welt ein überwältigendes Bild nach dem anderen kreiert (Tel. 013 05-87 13 87, März–Okt. 9.30–17 Uhr, März–Nov. 10–16 Uhr, www.abbotsbury-tourism.co.uk).

Reizvoll ist auch die **Children's Farm** mit zahllosen Haustieren, die gestreichelt und gefüttert warden wollen (www.abbotsbury-tourism.co.uk, Ostern bis Anfang Sept. tgl. 10–17, Sept.–Ende Okt. Sa, So 10–17 Uhr.

Infos
Abbbotsbury Tourism: West Yard Barn, West Street, Tel. 013 05-87 11 30, www.abbotsbury-tourism.co.uk. Für die drei »Attractions« in Abbotsbury ist im Tourist Office oder an den jeweiligen Ticketschaltern ein Kombiticket zum Sparpreis erhältlich.

Übernachten, Essen
Familiärer Komfort ▶ **Ilchester Arms:** Market Street, Tel. 013 05-87 12 43, www.ilchesterarms.co.uk. Reizendes altes Steinhaus im Dorfzentrum. Gut geführt, familiär, komfortabel und mit guter Küche. DZ 80 £.

Britisch-charmant ▶ **The Abbey House:** Church Street, Tel. 013 05-87 13 30, www.theabbeyhouse.co.uk. Teil des Klosters aus dem 15. Jh., schöne, individuell gestaltete Zimmer, DZ 70–100 £.

Jugendherberge ▶ **Youth Hostel:** Litton Cheney, Tel. 08 45-371 93 29, www.yha.org.uk. In einem netten Dorf nordwestl. von Abbotsbury, in einer ehemaligen kleinen Fabrik, heimelig. Bett ab 12 £.

Lyme Regis ▶ G 19
Das alte Fischerdorf Lyme Regis hatte sich gegen Ende des 18. Jh. zu einem außerordentlich modischen Treffpunkt der guten Ge-

Dorsets Küste

sellschaft gemausert – Bath und seine Thermen (s. S. 273 ff.) waren nicht mehr in. Seeluft und Salzwasser waren für die Gesundheit entdeckt worden, und die kleine Stadt (die Stadtrechte sowie der königliche Beiname stammen aus dem 13. Jh.) mit dem sicheren Hafen und seiner aus dem Mittelalter stammenden, weit ins Meer reichenden Mole, **The Cobb,** wurde durch eine Promenade ergänzt und Reihen eleganter, zierlich ornamentierter Sommervillen mit filigranem Schmiedeeisen und geschmückten Fassaden, die über den Kolonnaden der Promenade direkt aufs Meer blicken. Heute, ältlich und wacker herausgeputzt, hinkt Lyme Regis der Gegenwart mit Charme und Bescheidenheit immer noch ein bisschen hinterher.

Lyme ist buckelig, mit steilen, engen Gassen und einer bunten, lebhaften Hauptstraße, die sich mühsam den Berg hinaufwindet. Be-

Vom Hafen The Cobb geht der Blick auf das Städtchen am Hang: Lyme Regis

Die Jurassic Coast

rühmt ist der Ort wegen der bedeutenden Fossilienvorkommen und der literarischen Assoziationen, die sich wie ein dramatischer Schleier über den Ort gelegt haben.

Die spektakulären Fossilienfunde – 1811 grub man in der Nähe das vollständige Skelett eines Fischsauriers (Ichthyosaurus) aus – machten den Ort im 19. Jh. zu einem Fokus der leidenschaftlichen Suche nach naturkundlicher Erkenntnis über die Urzeit. Ausgestellt sind zahlreiche Funde im **Dinosaurland** (Coombe Street, tgl. 10–17 Uhr) und im preisgekrönten **Philpot Town Museum** (Bridge Street, Mo–Sa 10–17, So 11–17 Uhr). In Letzterem wird auch der mit Lyme Regis verbundenen Schriftsteller Jane Austen und John Fowles gedacht. Jane Austen wohnte zeitweilig in Bay Cottage an der Marine Parade und schrieb dort ihren 1818 erschienenen Roman »Persuasion« (»Überredungskunst«). Der Bay Cottage Garden erinnert an sie.

Einer der bedeutendsten englischen Autoren der Gegenwart, der 2005 verstorbene John Fowles, hat lange in Lyme Regis gelebt. Sein bekanntester Roman, »Die Geliebte des französischen Leutnants«, spielt hier, und während der Verfilmung mit Meryl Streep in der Hauptrolle zogen die Kamera- und Filmteams in die Hotels und Pensionen des Badeortes ein. Sehenswert ist auch die **Town Mill:** Ein alter Wassermühlenkomplex mitten im Zentrum von Lyme Regis. In dem schönen Gebäudekomplex sind neben dem Mühlenbetrieb und dem Garten Kunstgalerien, Kunstgewerbe, eine Käserei und ein sehr guter Bäcker sowie ein Bistro-Café zu Hause (Mill Lane, von Coombe Street abzweigend, www.townmill.org.uk, tgl. 11–17 Uhr).

Infos
Lyme Regis Tourist Information: Guildhall, Church Street, Tel. 012 97-44 21 38, Fax 012 97-44 46 68, www.lymeregistourism.co.uk.

Übernachten
Reizend ▶ No. 1 Hotel: 1 Pound Street, Tel. 012 97-44 24 99, www.hotel1lyme.com. Kleines georgianisches Stadthaus, luxuriös und individuell ausgestattet. DZ 80–110 £.

Üppig ▶ St Cuthbert's B&B: Charmouth Road, Tel. 012 97-44 59 01, www.stcuthbertsoflyme.co.uk. Alte Villa im großen Garten. 6 DZ mit Seeblick oder zum Lyme Valley. Terrasse, Bar, Lounge. DZ ab 80 £.

Mit Garten ▶ Cliff End B&B: Higher Sea Lane, Charmouth, Tel. 012 97-56 10 47, www.cliffend.org.uk. Direkt am Coast Path gelegen mit herrlichen Blicken auf die Lyme Bay. Modernes Haus. DZ 65 £, mind. 2 Nächte.

Dorsets Küste

Geologische Funde und ihre Folgen — Thema

In Lyme Regis wird das viktorianische Zeitalter wieder lebendig und mit ihm die großen, erregenden philosophisch-naturwissenschaftlichen Konflikte, die wie ein Wirbelsturm durch alle Gesellschaftsschichten fegten und das christliche Weltbild erschütterten.

Die Funde und Erkenntnisse in der Anthropologie, Zoologie, Biologie, Botanik und Geologie führten schließlich zur Formulierung der Darwin'schen Evolutionstheorie – und die wiederum rüttelte an den Grundfesten der biblischen Überlieferung zur Entstehungsgeschichte und Schöpfung der Welt. Tausende von unterschiedlichsten Fossilienfunden entlang der Dorset-Küste wiesen in erdzeitliche Dimensionen zurück, die in der biblischen Zeitrechnung keine Berücksichtigung gefunden hatten. Was nun? Wie hatte Noah die unüberschaubare Zahl der Tierarten in seiner Arche unterbringen können, wenn – das hatte man errechnet – der zur Verfügung stehende Raum nicht größer gewesen war als ein Teilbereich des Kristallpalastes in London?

Es bildeten sich zahllose naturgeschichtliche Zirkel, Gesellschaften und Forschungskreise. Auch die eingeschränkte Welt der Frau öffnete sich zu ungeahnten Freiheitsräumen. Nicht nur Männer und Kinder der Mittelschichten machten sich mit Botanisiertrommel und Schmetterlingsnetz auf, um in der Natur nach neuen Arten zu spähen, sondern auch die Frauen fanden ein neues Betätigungsfeld. Die ›Abende vor dem Mikroskop‹ wurden gesellschaftsfähig; sie garantierten, immer im Rahmen der Sittsamkeit, Abwechslung und Belehrung.

Fundstücke lassen sich auch im Shop erwerben: Schaufenster in Lyme Regis

Essen & Trinken

Top ▶ **Hix Oyster & Fish House:** Cobb Road, Tel. 012 97-44 69 10, www.hixoysterandfishhouse.co.uk, ab Ostern tgl. ab 11 Uhr. Traumhaft schöne Lage hoch über dem Hafen von Lyme Regis. Das kleine Fish House mit winziger Terrasse ist eine Topadresse für Austern und frischen Fisch, alle Speisen werden mit Sorgfalt und Kreativität zubereitet. Tagesgerichte ab 10 £.

Aktiv

Wandern ▶ **Rund um Lyme Regis und entlang der Fossilienküste:** Die spektakulärsten Landmarks, Felsformationen und Buchten liegen westlich und östlich von Lyme Regis. Eine Wanderung führt von Lulworth Cove zum Felsportal Durdle Door (s. Aktiv unterwegs, S. 310); sie kann nach Osten hin bis zur Kimmeridge Bay verlängert werden (s. S. 310). Nach Westen hin ist eine Wanderung bis Seaton durch das dschungelähnliche Undercliff sehr eindrucksvoll, Flyer und Wanderkarten gibt es bei der Tourist Information.

Verkehr

Züge: Axminster ist der nächstgelegene Bahnhof.
Busse: Haltestelle an Broad Street, Verbindungen nach Weymouth, nach Axminster zum Bahnhof; National Express: nach London, Bristol, Plymouth.

Ausflüge ins Landesinnere

Beaminster ▶ G 19

Eingebettet in die Hügel des ländlichen West-Dorset, versteckt im Netz schmaler gewundener Straßen, in Weide- und Ackerland liegt das Städtchen Beaminster (gesprochen: ›Bemminster‹), dessen Substanz sich in den letzten 100 Jahren nur wenig geändert hat, denn die Bahnlinie ist nie bis in diesen stillen Winkel Dorsets vorgedrungen. Vom wunderschönen Marktplatz, The Square, zweigen alle Straßen ab, in der Hogshill Street reihen sich hübsche Cottages und gut erhaltene kleine Läden aneinander, die Inns und Hotels laden zu einem längeren Aufenthalt ein.

Forde Abbey & Gardens ▶ G 19

Ganz großartig ist die 15 km von Beaminster entfernte Forde Abbey bei Chard, Grafschaft Somerset. Als Zisterzienserabtei 1140 gegründet, entwickelte sich Forde Abbey in den nächsten 400 Jahren zu einem blühenden geistigen und wirtschaftlichen Zentrum der Grafschaft. Da sich die Abtei Heinrich VIII. kampflos ergab, wurde zwar die Kirche geschleift, aber die große Halle, Chart's Tower, Kreuzgänge, Kapitelsaal und Refektorium blieben erhalten. Sie wurden zwischen 1650–60 von der Familie Prideaux aus- und zu einem privaten Wohnsitz umgebaut: Forde Abbey ist heute ein Prachtexemplar dieser höchst eigenwillig-englischen Mischform aus Sakralbaukunst und hocheleganter, kostbarer Wohnkultur, entstanden zu jenem Zeitpunkt in der englischen Geschichte, als das Mittelalter mit der Reformation verschmolz, als das Kloster zum Palast wurde. Hier bilden verschiedenste Baustile ein eigenwilliges Ensemble, das noch heute in Privatbesitz ist.

Eine herrliche geschnitzte Eichendecke ziert die Great Hall, den Salon schmücken aufwendige Stuckarbeiten und berühmte Gobelins aus den Werkstätten in Mortlake. Die ›Mortlake Tapestries‹ haben die Apostelszenen Raffaels aus der Sixtinischen Kapelle in Rom zum Vorwurf, deren Kartons wiederum von Karl I. erworben wurden und heute im Londoner Victoria & Albert Museum gehütet werden.

Seit Beginn des 20. Jh. ist die Abbey im Besitz der Familie Roper, die die Gartenanlagen in neuer Pracht hat erstehen lassen: Die herrlichen Krokusteppiche im Frühling, der Moorgarten und die großen Küchengärten neben den spektakulären Staudenrabatten sind unbedingt einen Besuch wert (www.fordeabbey.co.uk, Gärten ganzjährig, tgl. 10–16.30; Haus April–Okt. Di–Fr, So, Fei 12–16 Uhr, es gibt auch ein Pflanzencenter und einen Tea Room).

Im Herzen von Dorset

Sehr reizvoll in seiner stillen alltäglichen – englischen – Schönheit ist das Inland von Dorset. Schmale gewundene Straßen, kleine Dörfer, und selbst in Dorchester, der Hauptstadt der Grafschaft, ist das Tempo gemächlich. Eines der schönsten Country Houses Englands, Montacute, liegt in dieser Landschaft versteckt.

Dorchester ▶ G 20

Die Hauptstadt von Dorset ist mit knapp 15 000 Einwohnern die kleinste aller Kapitalen der südenglischen Grafschaften. Die behagliche Marktstadt ist ganz auf ihren berühmtesten Sohn, den Schriftsteller Thomas Hardy (1840–1928), eingestellt.

Römische Relikte

Dorchester hat dem Besucher einiges zu bieten, wenn auch erst auf den zweiten Blick. Durnovaria ist die einzige römische Stadtgründung im heutigen Dorset. Es lag an der Kreuzung zweier bedeutender Straßenverbindungen, auf der Route von London nach Exeter und von Yeovil nach Weymouth. Die breiten, schattigen Kastanien- und Ahornalleen, **The Walks,** zeichnen auf zwei Seiten den Verlauf der römischen Stadtmauern nach. Im **Römischen Haus** gegenüber der County Hall ist ein schöner Mosaikfußboden aus dem 4. Jh. freigelegt worden, und die frei zugängliche bronzezeitliche Kultstätte **Maumbury Rings** im Süden Dorchesters wurde von den Römern als Amphitheater und für Gladiatorenkämpfe genutzt.

Erinnerungen an Thomas Hardy

South Street und High Street West bilden den T-förmigen Stadtkern. Am westlichen Ende der High Street West blickt der bedeutende Schriftsteller Thomas Hardy (Bronze von Eric Kennington) auf sein ›Casterbridge‹. Kurz vor der Kreuzung mit der South Street finden wir im Dorset County Museum eine Rekonstruktion von Hardys Studierzimmer wieder. In der **Kirche St Peter,** direkt daneben, die im 19. Jh. umgebaut und restauriert wurde, sind die Konstruktionszeichnungen von Hardy ausgestellt, die er als Schüler des lokalen Architekten Hicks von St Peter angefertigt hatte. Hardys Wohnhaus **Max Gate,** von ihm selbst entworfen und von 1885 bis zu seinem Tod von ihm bewohnt, liegt am südöstlichen Ausläufer der Stadt – hier schrieb er seine berühmtesten Romane. Zwei Räume sind zur Besichtigung geöffnet (NT, Alington Avenue, www.thomashardy.connectfree.co.uk, April–Sept. Mo, Mi, So 14–17 Uhr).

Thomas Hardy's Cottage in Higher Bockhampton mit dem reizenden Cottage-Garten ist sein Geburtshaus, in dem er auch über längere Zeit wohnte (4 km nördöstl. von Dorchester, April–Okt. Mo, Do–So 11–17 Uhr).

Im Zentrum

Das **Dorset County Museum** in der High Street West ist ein kleines Schmuckstück: Neben Erinnerungen an Thomas Hardy gibt es hier eine Sammlung mit Ausgrabungsfunden des nahe gelegenen Maiden Castle (s. S. 325). Das Museum bietet einen Überblick über die geologische und naturhistorische Geschichte der Grafschaft. Auch die römische Geschichte, bäuerliches Alltagsleben und Erinnerungsstücke an Thomas Hardy sind hier abwechslungsreich und liebevoll präsentiert; besonders schön ist die farben-

Dorchester

prächtige doppelstöckige Haupthalle (Mo–Sa 10–17 Uhr, www.dorsetcountymuseum.org).

Spektakulär präsentiert sich das **Terracotta Warriors Museum** in der High Street West: Die berühmten chinesischen Terrakottakrieger sind hier als original große Kopien zu sehen, geschaffen von den Restauratoren der 6000 individuell gestalteten Kriegerskulpturen (tgl. 10–17.30 Uhr, www.terracottawarriors.co.uk). Schlendert man die South Street hinunter, fallen besonders die winkligen Gebäude von **Napper's Mite** auf – im Innenhof des ehemaligen Armenspitals befinden sich Cafés und nette kleine Geschäfte.

Schön für Kinder ist das **Dinosaur Museum** (Icen Way, www.thedinosaurmuseum.com, tgl. 9.30–17.30 Uhr). Das Thema der Jurassic Coast aufnehmend, darf ein kindgerechtes Dinosaurier-Museum mit Rekonstruktionen der Riesenviecher nicht fehlen.

Außerhalb der Stadt

Kingston Maurward Gardens & Animal Farm am östlichen Ortsrand bietet in herrlichem Parkland einen gelungenen *day out* für die ganze Familie in den Gartenanlagen mit See, Pavillons, japanischem Garten, Krocketrasen und Buchsbaumfiguren. Im Tierpark mit Schweinchen, Ponys und süßem Kleinvieh gibt es zahllose Veranstaltungen für Kinder (www.kmc.ac.uk, tgl. 10–17.30 Uhr).

Infos

Dorchester Tourist Information: Antelope Walk, Tel. 013 05-26 79 92, www.westdorset.com, www.visit-dorchester.co.uk.

Übernachten

Schönes Townhouse ▶ **The Casterbridge:** 49 High East Street, Tel. 013 05-26 40 43, www.casterbridgehotel.co.uk. Ein luxuriöses Hotel im Zentrum, der Name Casterbridge geht auf einen Roman von Hardy zurück. DZ ab 100 £.

Traumhaft ▶ **Little Court:** 5 Westleaze, Charminster, Tel. 013 05-26 15 76, www.littlecourt.net. 2 km nördlich von Dorchester (die Dorchester High Street hochfahren, beim Kreisverkehr die dritte Abzweigung). Wunderschönes Haus mit viel Komfort, und das in einem traumhaften Garten mit Tennisplatz und Pool. DZ ab 100 £.

Hardy's Cottage – das Geburtshaus des Schriftstellers liegt mitten in ›Wessex‹

Im Herzen von Dorset

Thomas Hardys Wessex — Thema

Ihm kann man nicht entgehen: Thomas Hardy (1840–1928) ist einer der großen Erzähler des ausgehenden 19. Jh., der, zu Lebzeiten schon berühmt, seinen Platz gleichberechtigt neben Autoren wie Charles Dickens, George Eliot und William Makepeace Thackeray behaupten kann.

Thomas Hardys Geburtshaus, Hardy's Cottage, liegt in Higher Bockhampton, 4 km nordöstlich von Dorchester, ein reetgedecktes Haus, dessen schöner Bauerngarten zu besichtigen ist, ebenso wie seine Grabstätte auf dem Friedhof der St Michael's Church im benachbarten Stinsford. Hier liegt allerdings nur sein Herz; sein Leichnam wurde in der Poet's Corner der Westminster Abbey in London beigesetzt, wo alle großen Dichter Englands begraben sind.

Hardy, Sohn eines Steinmetzes, besuchte die Dorfschule, lernte das Handwerk eines Architekten und übte diesen Beruf in Dorchester, Weymouth und London aus. Gleichzeitig schrieb er seine ersten Romane, die ihm schnell Ruhm und Anerkennung brachten. Ab 1885 lebte er bis zu seinem Tod zurückgezogen in seinem Haus Max Gate in Dorchester, widmete sich in seinen späten Jahren vorzugsweise der Lyrik – auch sie nimmt einen bedeutenden Rang in der englischen Literaturgeschichte ein.

In zahlreichen Romanen und Kurzgeschichten beschwört er minutiös und bis ins kleinste Detail die Landschaft seiner Heimat herauf, die Alltäglichkeiten des bäuerlich geprägten Lebens, die schmerzhafte Enge und Vertrautheit der Dorf- und Kleinstadtgesellschaft. Berühmt geworden sind Hardys leidenschaftliche Frauengestalten: die Titelheldin Tess of the D'Urbervilles oder Bathsheba Everdene in »Far from the Madding Crowd«. Hardy verwandelte Fakten in Fiktion: Die vier Grafschaften Avon, Dorset, Wiltshire und Somerset, Dörfer und Täler, Schlösser und Städte werden in seiner Romanwelt zu einem dichten Netz einer Topografie mit eigenständigen Namen und Bezeichnungen verwoben: Die Region ist ›Wessex‹, aus Dorchester wird Casterbridge, das Haus der Dewy Familie in »Under the Greenwood Tree« ist als sein Geburtshaus zu erkennen; das winzige Puddletown spiegelt sich als Weatherbury in »Far from the Madding Crowd« wider …

Noch heute ist Hardy in England sehr populär; sein ›Wessex‹ ist in den täglichen Sprachgebrauch eingegangen: Landkarten, Reiseführer, Informationsmaterial der Tourist Association, selbst Bausparkassen und Wasserwerke führen diese Bezeichnung, ursprünglich Kurzform für das ›westsächsische‹ Reich unter König Alfred dem Großen, der Ende des 9. Jh. regierte. Und der jüngste Royal, Prince Edward, und seine Frau Sophie sind seit Kurzem Earl und Countess of Wessex.

Es gibt zahllose Broschüren, die Hardys Verschlüsselungen säuberlich aufgelistet ans Tageslicht bringen, man kann auf ›Hardys Spuren‹ wandern oder den verschiedenen Lebenswegen der »Tess of the D'Urbervilles« nachgehen. Zuvor sollte man seine schönsten Romane lesen: »The Mayor of Casterbridge« (»Der Bürgermeister von Casterbridge«), »The Return of the Native« (»Clyms Heimkehr«), »Jude the Obscure« (»Im Dunkeln«) oder eben »Tess«.

Mitten in einer malerischen Landschaft ▶
The Old Rectory: Winterbourne Steepleton, rund 5 km westl. von Dorchester, Tel. 013 05-88 94 68, www.theoldrectorybandb.co.uk. Viktorianisches Landhaus. DZ 80–100 £.

Elegantes Farmhaus ▶ **Whitfield Farm Cottage:** Poundbury Road, Tel. 013 05-26 02 33, www.whitfieldfarmcottage.co.uk. Reizendes 200 Jahre altes Haus in ländlicher Umgebung, 2 km außerhalb. Geräumige Zimmer, separates Bad, Mindestübernachtungsdauer zwei Nächte. DZ 80 £.

Ländlich reizvoll ▶ **Lawrences Farm:** Southover, Tolpuddle, Tel. 013 05-84 84 60, www.bedandbreakfastdirect.co.uk. Farmhaus mit verschiedenen Anbauten und modernen Zimmern, romantischem Garten und Pool. DZ ab 60 £.

Aus dem 17. Jh. ▶ **Higher Came Farmhouse:** Higher Came, Tel. 013 05-26 89 08, www.highercame.co.uk. In Richtung Winterborne Herringston, 2 km nach diesem Ort. Altes Farmhaus mit großen, geschmackvoll eingerichteten Zimmern. DZ ab 60 £.

Essen & Trinken

Modern British ▶ **Sienna Restaurant:** 36 High West Street, Tel. 013 05-25 00 22, www.siennarestaurant.co.uk, So/Mo geschl., 12–14, 19–21 Uhr. Küche basierend auf saisonalen Produkten. Gerichte ab ca. 18 £, 2-Gänge-Lunch 23,50 £.

Einkaufen

Märkte ▶ Allgemeiner Markttag ist Mittwoch, der Viehmarkt findet donnerstags statt – an diesen beiden Tagen gibt sich die Landbevölkerung der Umgebung ein Stelldichein.

Verkehr

Züge: Es gibt zwei Bahnhöfe: Züge nach Exeter, London fahren ab South Station, Weymouth Avenue; ab Station West, nahe Maumbury Road, kommt man nach Weymouth, Bath und Bristol.

Busse: Busbahnhof in der Acland Road. Weites Busnetz: nach London, Exeter, Poole, Salisbury, Weymouth. Regionales Busnetz: Dorchester Coachways, Tel. 013 05-26 29 92.

Umgebung von Dorchester

Maiden Castle

3 km südwestlich von Dorchester liegt das frei zugängliche **Maiden Castle,** eine der größten und bedeutendsten Hügelfestungen Europas. Die eiförmig angelegten Erdwälle, 25m hoch und an den Längsseiten 1 km lang, sind zwischen 350 und 75 v. Chr. errichtet worden. Die ältesten Funde gehen bis in die Jungsteinzeit und auf die Windmill-Hill-Kultur zurück.

Bovington und Cloud's Hill
▶ **H 20**

Im ›Tal der Piddles und Puddles‹, wie die Einheimischen sagen – Piddlehinton, Puddletown, Tolpuddle, Alfpuddle –, südlich von Turners Puddle stoßen wir gleich viermal auf Lawrence von Arabien (s. S. 326 f.), dessen enigmatische Person im Bewusstsein der Engländer den Rang des wohl romantischsten Helden des 20. Jh. einnimmt. Die letzten zwölf Jahre seines Lebens hat er, der ›König der Wüste‹, im Outback von Dorset verbracht, in **Bovington Camp,** das heute als **Tank Museum** u. a. mit 150 Panzern aus 26 Ländern aufwartet, mit Shop, Restaurant und Demonstrationsfahrten (Tel. 019 29-40 34 63, www.tankmuseum.co.uk, tgl. 10–17 Uhr). Er lebte 3 km vom Camp entfernt in dem nahe gelegenen Cottage **Cloud's Hill** (NT, Ostern–Okt. Do–So, Fei 12–17 Uhr oder bis zur Dämmerung).

Milton Abbas, Milton Abbey
▶ **H 19**

Etwa 18 km nordöstlich von Dorchester liegen Milton Abbas und Milton Abbey. Die historischen Häutungen, die Dorf, Abtei und Herrensitz miteinander gemein haben, bieten ein klassisches Beispiel englischer Kultur- und Sozialgeschichte.

Im 10. Jh. wurde Milton Abbey gegründet; nach seiner Zerstörung durch Brand im Jahr 1309 begann man mit dem Bau einer riesigen gotischen Abteikirche, die zur Zeit der Reformation, dem endgültigen Baustopp, nur die

Im Herzen von Dorset

Lawrence of Arabia

Der Film hat ihn weltberühmt gemacht: Thomas Edward Lawrence ist eine der großen charismatischen Persönlichkeiten des 20. Jh. – und er ist ein Rätsel geblieben, für Freunde, für Kollegen, für die Zunft der Historiker und Psychologen. ›Lawrence von Arabien‹ hat sich während seiner letzten Lebensjahre im ländlichen Dorset in einem winzigen Cottage versteckt. Auch sein Tod dort ist ungeklärt.

T(homas) E(dward) Lawrence, 1888 in Wales geboren, war ein Einzelgänger, der sich schon als Kind für Militärarchitektur und den Orient interessierte; er gewann mehrere Stipendien, studierte Geschichte und Archäologie in Oxford, lernte Arabisch, schrieb nach ausgedehnten Studienaufenthalten eine ausgezeichnete Arbeit über Kreuzritterburgen und ging dann, 1910–14, mit einem Archäologenteam zu Ausgrabungen nach Syrien.

Nach Ausbruch des Ersten Weltkriegs wird er als Verbindungsmann vom Britischen Geheimdienst nach Kairo geholt; der Rest ist Legende. Von den Militärs beauftragt, kämpft er auf der Seite der Araber für eine gesamtarabische Volkserhebung und gegen die mit Deutschland verbündeten Türken. Lawrence, dem persönlich die kulturelle Grenzüberschreitung, der völlige Identitätswechsel zu gelingen schien, scheitert am ›Unvermögen der Realität‹. Die Versprechen, die er seinem Freund, dem späteren König Feisal I., bezüglich der Gründung eines freien arabischen Staates gegeben hatte, werden auf der Friedenskonferenz von 1919 durch die britische Großmachtpolitik mit Füßen getreten.

Enttäuscht, seiner Glaubwürdigkeit beraubt, auch von den dunklen, verstörenden Seiten seines Charakters zutiefst beunruhigt, lässt sich Lawrence degradieren und tritt 1922 bei der Royal Air Force unter dem Pseudonym J. H. Ross den Dienst als einfacher Soldat an. Seinem Ruhm entkommt er nicht, man spürt ihn auf.

Nochmaliger Rollenwechsel: Ab 1923 versieht ›T. E. Shaw‹ seinen Dienst im Royal Tank Corps in **Bovington Camp**, heute **Tank Museum**. In seinem privaten Refugium **Cloud's Hill,** einem einsam gelegenen Cottage, 3 km vom Camp entfernt, findet er endlich Ruhe. »Das Cottage steht in einer kleinen Senke in der Heide, sehr still, sehr einsam, sehr karg. Ausgestattet mit einem Bett, einem Fahrrad, drei Stühlen, 100 Büchern, einem Grammophon, einem Tisch. Viele Fenster, Eichen, eine Stechpalme, Birken, Föhren, Rhododendron, Lorbeer, Heidekraut. Zum Betrachten Dorsetshire.«

Das abweisende, fast fensterlose Haus, auf einer Lichtung zwischen Bäumen und hohem Buschwerk versteckt, entspricht in seiner Kargheit und Individualität dem Charakter seines Bewohners. Auf dem großen lederbezogenen Bett liegt die Decke mit der gestickten Aufschrift »Meum« – die Existenz der zweiten Decke, »Tuum«, ist verbürgt, doch hat man sie weggelegt: Lawrences Homosexualität wurde in der Öffentlichkeit jahrzehntelang verschwiegen.

In Cloud's Hill empfing Lawrence seine »Gefährten der Nacht«, hier schrieb er seine brillante romanhafte Autobiografie »The Seven Pillars of Wisdom«. »Die Sieben Säulen der Weisheit« erschien 1929 und wurde ein Riesenerfolg. Da er in seinem Werk Wirklich-

Lawrence von Arabien

Thema

keit und Imagination miteinander verwoben hatte, blieb seine Person weiterhin von der Aura des Geheimnisses eingehüllt. Aus Arabien zurückgekehrt und befragt nach seiner zukünftigen Lebensgestaltung, hatte Lawrence einem Freund mit rätselhaftem Lächeln geantwortet: »All you will see of me is a small cloud of dust on the horizon.« (»Alles, was du von mir sehen wirst, ist eine kleine Staubwolke am Horizont.«)

Am 13. Mai 1935, kurz nach seinem Austritt aus dem Militärdienst, starb er auf dem Weg von Bovington Camp nach Cloud's Hill an den Folgen eines Motorradunfalls. Die Umstände seines Todes sind niemals vollständig geklärt worden, alle offiziellen Verlautbarungen an die Presse wurden damals vom Kriegsministerium ausgegeben … Zu seiner Beerdigung auf dem Friedhof der winzigen Kirche **St Nicholas** in **Moreton** bei Bovington kamen Hunderte von Trauergästen, u. a. auch der König des Irak; Winston Churchill, seine Freunde Lady Astor von Hever Castle, George Bernard Shaw, Noël Coward, die Witwe von Thomas Hardy aus Dorchester. Sein Grab ist schnell zu finden: Kleine Blumensträuße, Postkarten und Votivgaben schmücken es. Der Bildhauer Eric Kennington schuf den Grabstein. Die Kirche von St Nicholas ist etwas Besonderes: Die schlichte Rundapsis ist von strahlendem Licht erfüllt; an den großen, mit Ornamenten und Blumenmustern dekorierten, geschliffenen Klarglasfenstern arbeitete der Künstler Lawrence Whistler ab 1950 über 30 Jahre lang. Eine zauberhafte, heitere Dorfkirche – nach einem Hinweis auf T. E. Lawrence allerdings sucht man vergeblich.

Das **Grabdenkmal** für Lawrence befindet sich in der winzigen sächsischen Kirche **St Martin** in **Wareham**. Es verleiht dem Mythos, in Stein gemeißelt, noch einmal Ausdruck: In einen Burnus gehüllt, ruht er mit dem Kopf auf einem Kamelsattel; seine Körperhaltung ist die der frühen Kreuzritter. Dieses Denkmal war ursprünglich der Kathedrale von Salisbury zugedacht, der Dekan jedoch verweigerte Lawrence das ehrenvolle Angedenken.

Das Denkmal für T. E. Lawrence in der Kirche von Wareham

Im Herzen von Dorset

Südhälfte umfasste. Das Kirchenschiff ist nie gebaut worden, so dass das Westportal direkt in die Vierung führt. Im 18. Jh. dann ließ Joseph Damer, Lord Milton und 1. Lord of Dorchester, unmittelbar nachdem er Land und Titel erworben hatte, die Crème de la Crème der Architekten und Landschaftsgestalter für sich kreieren: Das klassizistische prachtvolle Herrenhaus, direkt neben der Kirche, stammt von William Chambers; die Gestaltung der Landschaft mit künstlichem See, weiten Rasenflächen und einer steilen Grastreppe zur St Catherine's Kapelle beruht auf Plänen von Capability Brown, und mit der Restauration der Kirche wurde James Wyatt betraut.

Das Dorf Middleton, dem ästhetischen Feinsinn seiner Lordship nicht zuzumuten, wurde abgerissen und als Musterdorf **Milton Abbas** wieder geboren. Heute dösen die reetgedeckten Häuser mit offenen Vorgärten entlang der Dorfstraße friedlich vor sich hin; dem Groll der Nachfahren über die Selbstherrlichkeit des autokratischen Ekels aber ist selbst noch in der offiziellen Broschüre Ausdruck verliehen: »Er wollte nur Ruhe und Abgeschiedenheit, aber er schloss eine Volksschule, um seine Äpfel zu schützen, zerstörte einen Friedhof und starb an einer schrecklichen Krankheit, öffnete eine Schleuse, um einen Anwalt hinauszuschwemmen, zerstörte eine Stadt und baute eine Ruine.«

Der imposante Landsitz **Milton Abbey** beherbergt heute eine Public School. Die Kirche, als Schulkapelle und hin und wieder für Konzerte genutzt, ist in ihrer spröden Eleganz außerordentlich eindrucksvoll – hell, leer und nur markiert durch das von Robert Adam entworfene Grabdenkmal der Lady Caroline Milton aus weißem Marmor (ganzjährig tgl. 10–18 Uhr). Das kunstvolle Ensemble strahlt merk-

Cricket Match vor ehrwürdiger Fassade: Milton Abbey

Vom Cerne Valley nach Westen

würdigerweise immer noch einen eiskalten Glanz, eine eigenbrötlerische Feindseligkeit aus, als sei das Wesen seines Schöpfers in den Mauern eingefangen.

Vom Cerne Valley nach Westen ▶ G 19/20

Karte: siehe oben

Im Cerne Valley

Folgt man der A 352 von Dorchester rund 10 km nach Norden, löst im Cerne Valley ein zauberhaftes Dorf das andere ab. Am ›kleinsten Inn‹ Englands, Smith's Arms in **Godmanstone** vorbei, ist jedes der Dörfer mit den geheimnisvollen Namen einen Abstecher wert: Nether Cerne, Up Cerne oder Minterne Magna mit den **Minterne Gardens** 1. Die großartigen Gärten und Parkanlagen mit Rhododendrenhainen, Seen, Flüssen und Wasserkaskaden wurden im 18. Jh. angelegt; ›the house‹ ist Heimat der Familien Churchills und Digby (Tel. 013 00-34 13 70, www.minterne.co.uk, Gärten 1. März–Okt. tgl. 10–18 Uhr).

Cerne Abbas 2 ist durch die Figur des gigantischen Mannes berühmt, die irgendwann – niemand weiß es genau – in den weichen Kreidefelsen geschnitten wurde. Der **Riese von Cerne Abbas** (s. S. 242) – ein keulenschwingender, 60 m hoher nackter Mann, dessen Umrisse im Grün des Hügels von weither sichtbar sind, mag aus der Prähistorie stammen, vielleicht auch aus römischer Zeit – die gewaltigen Ausmaße seines Geschlechtsteiles sind über die Jahrhunderte hin jedenfalls als Fruchtbarkeitssymbol gedeutet worden, und die Einheimischen wissen – ohne das bei dem Thema obligatorische Augenzwinkern – zu berichten, dass sich die Schafe gerade auf diesem Hügel auf wundersame Weise prächtig vermehren, und es soll auch geschehen sein, dass junge Pär-

Im Herzen von Dorset

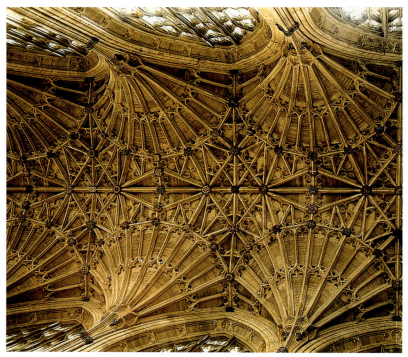

Das Fächergewölbe in Sherborne Abbey ist eines der schönsten in England

chen, Kindersegen beschwörend, eine Nacht zwischen den Rundungen des Giganten verbracht haben.

Sherborne 3

Das gemütliche historische Städtchen **Sherborne** hat viel zu bieten: eine wundervolle Abteikirche sowie in Sherborne Park die prächtig-theatralische Ruine des Old Castle und den glamourösen Landsitz von Sir Walter Raleigh mit Parkanlagen von Capability Brown. Rundum bezaubert die Landschaft im Herzen des ländlichen Südengland.

Ein Rundgang durch Sherborne mit seinen 10 000 Einwohnern sollte mit der grandiosen, weithin bekannten **Abteikirche St Mary The Virgin** beginnen. Wenn Sie um 11 Uhr da sind, können Sie die kostenlose Führung genießen (wie in fast allen großen Abteikirchen und Kathedralen). Die Ursprünge der Kirche gehen auf das Jahr 705 zurück, als der erste Bischof des angelsächsischen Königreichs Wessex hier eine Kirche errichten ließ. 1075 wurde der Bischofssitz nach Old Sarum, Salisbury, verlegt. Die nachfolgenden Umbauten, teils in normannischem Stil wie das Südportal und die Wykeham-Kapelle, teils in Early English (Marienkapelle – Lady Chapel) wurden im 15. Jh. durch den Perpendicular Style gekrönt: Das wunderbar leichte und zart gesponnene **Fächergewölbe** ist das früheste (ca. 1425) und eines der schönsten seiner Art in England (www.sherborneabbey.com, tgl. 8.30–18 Uhr, Winter bis 16 Uhr).

In den Klostergebäuden mit Kapelle an der Nordseite (früher Refektorium der Benediktiner; Privatgelände) ist heute die **Sherborne School,** eine renommierte Public School. Der

Glanz und Elend des Sir Walter Raleigh

Thema

Klug, besonnen, kühn, integer und schön: Raleigh war Soldat, Entdecker, Schriftsteller, Poet, formvollendeter Courtier, der Liebling Elisabeths I., ihr Ratgeber, ihr Vertrauter, überschüttet mit königlichem Wohlwollen, Reichtümern, Ehrentiteln. Bis er den unverzeihlichen Fehler beging, die Hofdame Elizabeth Throgmorton heimlich zu heiraten.

Da die Virgin Queen persönlich für die Ehre ihrer Hofdamen haftete, fiel Sir Walter in Ungnade, wurde vom Hof verbannt. Er zog sich mit Bess und seinem Sohn nach Sherborne zurück und baute. Aber der Mann, der sich als Heerführer und Diplomat in Irland, den Niederlanden und im Kampf gegen die Spanier ausgezeichnet, der für seine Königin in Nordamerika Land entdeckt hatte und dieses unter dem Namen Virginia besiedelte, war unverzichtbar – die alternde Elisabeth brauchte ihn und holte ihn zurück.

Eines der berühmtesten zeitgenössischen Gemälde (von Robert Peake d. Ä.), das in jedem englischen Schulbuch abgebildet ist, hängt im Roten Empfangszimmer von Sherborne Castle und zeigt »The Queen in Progress«, die junge Königin in einer kostbaren, über und über bestickten, jungfräulich weißen Robe, wie sie in einer Sänfte unter einem Baldachin sitzend auf dem Weg zu den Schlössern und Landsitzen ihrer Peers ist. Die Sänfte wird von den Courtiers getragen, einer von ihnen mag Raleigh gewesen sein.

Elisabeth I. starb 1603, James I. (Jakob I.), der Sohn Maria Stuarts und König von Schottland, wurde ihr Nachfolger, und damit begann Raleighs Leidensweg. Aus kaum durchschaubarer Staatsraison klagte ihn James I. des Hochverrats an; der Prozess fand in Winchester statt. Sir Walter wurde zum Tode verurteilt, aber da der entscheidungsschwache James I. auf zu viel Widerstand und Empörung stieß, wurde das Urteil in lebenslängliche Haft umgewandelt. Raleigh, Frau und Kind wurden in den Tower verbannt, seine Besitzungen konfisziert. Sherborne Castle ging an den Günstling Sir John Digby: Der sollte als Botschafter in Madrid eine Heirat zwischen Henry, dem Prinzen von Wales, und der spanischen Infantin zustande bringen. Henry wiederum wurde ein enger Freund von Raleigh und half ihm, so gut es ging, sein Dasein im Tower zu ertragen. In den darauf folgenden Jahren schrieb Raleigh im Tower Gedichte, wunderschöne Liebesbriefe an seine Frau und eine Weltgeschichte (»The History of the World«, 1614 erschienen).

Im Jahr 1616 wurde Raleigh unter der Bedingung freigelassen, eine Entdeckungsreise an den Orinoko zu leiten – Gold sollte her –, ohne den Spaniern dort in die Quere zu kommen. Die Expedition wurde ein Alptraum; »der Zorn Gottes« lag als Fluch über dem Unternehmen. Raleighs Mannschaften wurden von Krankheiten aufgezehrt, seine Schiffe zerschellten, er selbst war todkrank und musste den Marsch ins Landesinnere einem Offizier übertragen; der ließ sich auf ein Gemetzel mit Spaniern ein, wobei Raleighs einziger Sohn ums Leben kam. Zwei Jahre später kehrte Raleigh mit nur einem Schiff, allein und gebrochen, nach Plymouth zurück. Sein Auftrag war gescheitert: Das alte Todesurteil wurde im Jahr 1618 auf Befehl von James I. vollstreckt. Der Mythos der großen Männer jedoch, die mit ihrer Queen das Goldene Zeitalter Englands gestalteten, lebt weiter.

Im Herzen von Dorset

Abtei gegenüber ist noch das ursprüngliche **Armenhospiz** aus dem 15. Jh. erhalten, das heute als Altersheim bewohnt wird. Am Ende der Half Moon Street markieren einige schöne Fachwerkhäuser und das Marktkreuz den Eingang in die Haupteinkaufsstraße **Cheap Street,** die durch das Zentrum von Sherborne führt.

Sherborne Park: Old Castle und New Castle

Ein kurzer Spaziergang führt zu **Sherborne Park**. Hier stehen Sherborne Old Castle und Sherborne Castle inmitten eines abwechslungsreichen, weitläufigen Landschaftsparks, und einen Nachmittag in Muße sollten Sie sich für deren Erkundung schon gönnen.

Die sehr malerisch und dramatisch auf einer grünen Anhöhe liegende Ruine des **Old Castle**, einer bischöflichen Burganlage aus dem 12. Jh., hatte es Sir Walter Raleigh dermaßen angetan, dass er Elisabeth I. erst zum Kauf, dann zur Schenkung drängelte. Mit großem Aufwand ließ er die Gemäuer in luftiger Höhe ausbauen, änderte dann seine Meinung (!) und entschied sich im Jahr 1594 nach seiner Hochzeit mit Elizabeth Throgmorton, das bescheidene Jagdhaus am Fuß der Burg in einen hochmodischen, prachtvollen Herrensitz zu verwandeln. Das Old Castle wurde von Cromwells Truppen geschleift, und mit den Steinen konnten die Bewohner Sherbornes baufällige Cottages recht stattlich herrichten (Old Castle, EH, www.english-heritage.org.uk. April–Okt. tgl. 10–17 Uhr.

Von Raleigh stammt der Mittelbereich des **New Castle**; nach seinem Sturz wurde das Anwesen von Jakob I. konfisziert und schließlich Sir John Digby vermacht, dessen Nachfahren noch heute hier leben. Sir John baute vier weitere Flügel an – der so entstandene Grundriss in H-Form, wahrscheinlich als Hommage an Henry, Prince of Wales, gedacht, ist eine Abwandlung oder Weiterentwicklung des in elisabethanischer Zeit beliebten E-Grundrisses.

Im 18. Jh. ließen auch die Digbys sich nicht lumpen, und holten einen der meistbeschäftigten Männer ihrer Zeit heran, um Park und Garten umzugestalten: den Gartenarchitekten Capability Brown – ihm ist der traumhaft elegante Landschaftspark zu verdanken, der mit ganz sparsam gesetzten Akzenten eine opulente Wirkung erzielt. Das Gebäude des Castle, der sanft geschwungene See und die verbliebenen Ruinen sind äußerst geschickt als ein ganzheitliches Flächenbild komponiert.

Abgesehen von den mehrfach umgebauten Repräsentationsräumen des Hauses – darunter eine neogotische Bibliothek –, mit einer Sammlung orientalischen Porzellans sowie einigen guten Porträts von Gainsborough, Kneller und Angelika Kauffmann –, hat sich in den Mauern von Sherborne Castle die Erinnerung an Raleigh so verfestigt, dass der armen Digbys – schließlich sind sie knapp 400 Jahre hier zu Hause – von dem strahlenden Stern Raleighs immer noch geblendet scheinen. Das mutet wie die samtene, aber stete Rache eines Mannes an, dessen glanzvolles und tragisches Leben sich hier in bitterer Ironie noch einmal zum Ausdruck bringt (www.sherbornecastle.com, Ostern–Okt. Di–Do, Sa/So 11–16.30 Uhr).

Infos
Sherborne Tourist Information: 3 Tilton Court, Digby Road, Tel. 019 35-81 53 41, www.westdorset.com, www.sherbonetown.com.

Übernachten
Ländlich elegant ▶ **Eastbury Hotel:** Long Street, Tel. 019 35-81 31 31, Fax 019 35-81 72 96, www.theeastburyhotel.co.uk. Schönes Hotel in einem großen, ummauerten Garten mitten in Sherborne. DZ ab 100 £.

Behaglich ▶ **Old Vicarage:** Sherborne Road, Milborne Port, 6 km östl., Tel. 019 63-25 11 17, Fax 019 63-25 15 15. Ehemaliges Pfarrhaus in herrlichen Gärten, familiär und gemütlich. DZ ab 70 £.

Ruhig und gemütlich ▶ **The Alders B&B:** Sandford Orcas, Sherborne, auf der B 3148 von Sherborne 4 km bis Sandford Orcas, Tel./Fax 019 63-22 06 66, www.thealdersbb.com. Schönes Steinhaus in friedlicher Lage, behaglich eingerichtete Zimmer, schöner Garten. DZ 60 £.

Essen & Trinken

Moderne Küche ▶ **The Green:** 3 The Green, Tel. 019 35-81 38 21, So geschl. Kreative Gerichte mit regionalen Produkten. Lunch ab 15 £, Dinner ab 25 £.

Einkaufen

Fußgängerzone ▶ Im Zentrum von Sherborne, besonders **Cheap Street,** kann man wunderbar einkaufen (Markttage Do und Sa).

Verkehr

Züge: Verbindungen nach London und Exeter.

13 Montacute House

Mit Montacute House treffen Sie auf Ihrem Weg durch Südengland Richtung Westen auf ein Country House in heiterer, vollendeter Schönheit inmitten seiner Gartenanlagen. Es besitzt zwar nicht den Rang eines Stately Home wie Longleat, gehört aber doch zum erlauchten Kreis der kulturhistorisch bedeutenden Grand Houses Südenglands – ein Traum, hineingegossen in eine paradiesische Landschaftsgestaltung.

Es ist ein großartiger Repräsentationsbau aus nachelisabethanischer Zeit mit klassischen Anklängen und einer freudigen, intensiven Liebe zum spielerischen Detail. Und wunderbar ergänzt um bedeutende Porträts aus der National Portrait Gallery, London, der elisabethanischen und jakobäischen Zeit. Montacutes größter Triumph: die längste aller noch erhaltenen Long Galleries in England.

Es gab zwischen der *landed gentry* auf und ab im Land regelrechte Wettbewerbe um die größte Gallery mit den nobelsten Proportionen. Longleat (s. S. 241 ff.), Lanhydrock (s. S. 390), Parham (s. S. 184) schnitten auch nicht schlecht ab, aber Montacute war und ist unübertroffen.

Gebaut wurde das Anwesen von Edward Phelips, einem Landbesitzer aus Somerset, der es während der Regierungszeit von Jakob I. bis zum Speaker im Unterhaus gebracht hatte und später der vorsitzende Richter im Prozess gegen die Guy-Fawkes-Verschwörung von 1605 gewesen war. Sein

Vom Cerne Valley nach Westen

Architekt William Arnold war ein heimischer Steinmetz mit nahezu genialen Fähigkeiten, dem eine innovative Verschmelzung von herkömmlichen Elementen des Tudor-Wohnhauses, der gotischen Baukunst und der ungewohnten, kontinentalen Ideen der Renaissance gelang. Der langgestreckte Bau in H-Form betont die Horizontale, wird aber durch die in drei Geschossen übereinandergesetzten, großen, durch Steinsprossen gegliederten Fensterflächen ausbalanciert.

Die Ostfassade ist völlig unverändert, und hier war ursprünglich der Eingang, bis um 1780 ein weiterer Phelips auf der Westseite die ornamentierte Fassade eines anderen Hauses, Clifton Maybank, anbauen ließ, um die langen, ineinander übergehenden Zimmerfluchten durch Korridore und Einzelzugänge besser nutzbar zu machen. Die Ornamentik an der Ostfront ist eine in ihren Einzelheiten kunterbunte Mixtur verschiedenster Renaissance-Details: frei stehende Säulen, niederländische Ziergiebel, eine Dachbalustrade, die durch Obelisken aufgelockert wird, in Wandnischen eingearbeitete Skulpturen der allseits beliebten ›Nine British Worthies‹, eine in römische Rüstung gezwängte Heldengalerie merkwürdigster Provenienz: Josua, David, Judas Makkabäus, Hektor, Alexander der Große, Cäsar, König Artus (!), Karl der Große und Gottfried von Bouillon.

Die zärtliche Tändelei mit Licht und Schatten, Flächigkeit, Umriss und Form im honigfarbenen Ham-Hil-Stein spinnt sich fort in den umliegenden **Gärten,** deren ursprüngliche Anlage noch erhalten ist. Symmetrie in Längs- und Querachsen, im Nordgarten Bosketten, abgesenkte Rasenflächen und eine 4 m hohe, prachtvoll dicke, wie trunken gewellte Buchsbaumwand auf der Ostseite. Im Vorhof der Ostfassade wird das Motiv der Obelisken und Balustraden nochmals aufgegriffen und um abgrenzende kleine **Pavillons** ergänzt – Minihäuschen mit geschwungenen Dächern und zweigeschossigen Fenstern, die ein schelmisches Spiel treiben: Sie sind innen leer und ohne Stockwerkaufteilung. Die Familie Phelips konnte das Anwesen nach der Wende zum 20. Jh. nicht mehr halten; zwi-

Im Herzen von Dorset

schen 1915 und 1925 wurde es an Lord Curzon, zeitweilig Vizekönig von Indien, vermietet, und 1929 wurde es, traurig verwahrlost, für 30 000 Pfund aufgekauft. Anschließend wurde es in einer komplizierten Aktion 1931 dem National Trust überantwortet. Auf diese Weise wurde Montacute wieder mit Leben erfüllt. Das Mobiliar aus Alt und Neu ist sorgsam zusammengestellt worden, und die **National Portrait Gallery,** London, hat Montacute etwa 90 hervorragende Porträtgemälde aus der elisabethanischen und jakobäischen Zeit als Dauerleihgabe zur Verfügung gestellt.

Und da wären wir, im Obergeschoss des Hauses, in der **Long Gallery** angelangt: ein Raum, der sich über die gesamte Länge und Breite des Hauses ausdehnt, 52 m lang, 6,50 m breit, mit Wandnischen, die früher als Schlafgemächer dienten, und je einem Erker an der Stirnseite.

Eine spektakuläre, grandiose Geste, mit der der Besitzer des Hauses sich selbst, seinen souveränen Geschmack, Gastlichkeit und Reichtum feierte: Wenn es nicht genehm war, in den Gärten zu wandeln oder zur Jagd zu gehen, spazierte oder spielte man in der Long Gallery und begnügte sich mit den herrlichen Ausblicken. Die Porträts derer, die die elisabethanische Welt bewegten, passen vorzüglich hierher (Montacute House, NT, Mon-

Eingebettet in seinen Landschaftspark – Montacute House

tacute, 6 km westl. von Yeovil, Tel. 019 35-82 32 89, www.nationaltrust.org.uk, Ostern–Okt. tgl. außer Di 11–17 Uhr. Gärten: Ostern–Okt. 11–18, Jan.–Mitte März, Nov.–1. März Mi–So 11–16 Uhr).

Übernachten

Behaglich ▶ **The Kings Arms:** Bishopston, Tel. 019 35-82 25 13, Fax 019 35-82 65 49. Hotel mit Chic und Flair in allerschönstem alten Gemäuer, gute Küche. DZ 80 £.

Traditiosreicher Inn ▶ **The Phelips Arms:** The Borough, Montacute, Tel./Fax 019 35-82 25 57, www.phelipsarms.co.uk. Schlichtes, schönes Dekor in einem Bau aus dem 17. Jh.,

Vom Cerne Valley nach Westen

interessante Küche (Mittagsmenü 17 £). Vier hübsche Zimmer, DZ 75 £.

Tintinhull Garden [4]

Der für englische Verhältnisse winzige Garten von **Tintinhull** ist eine Pilgerstätte für zahllose leidenschaftliche Gärtner – zeigt er doch, dass es auch auf kleinem Raum möglich ist, mit Raffinement und Intelligenz eine Anlage zu schaffen, in der es das ganze Jahr über ausgesprochen abwechslungsreich grünt und blüht. Eine Abfolge von mauergesäumten Gartenräumen spielt alle Möglichkeiten des *formal garden,* einer formalen Gestaltung der Gartenanlage, mit ›informeller‹ Pflanzung durch. Angelegt wurde der Garten von Tintinhull um 1935 von Phyllis Reiss. Sie war stark beeinflusst von dem Architekten- und Landschaftsgärtner-Gespann Edwin Lutyens und Gertrude Jekyll, das mit Beginn des 20. Jh. ihren New Style zum Inbegriff der Gartengestaltung machte. Hecken, Pavillons, Wasserspiele, Pfade aus Stein und die Bepflanzung auf kleinem Raum bieten Hobbygärtnern Aufregendes zur Nachahmung (NT, Farm Street, Tintinhull, 8 km nordwestl. von Yeovil, Somerset, Tel. 019 35-82 25 45, www.nationaltrust.org.uk, Ostern–Okt. Mi–So, Fei 11–17 Uhr).

Barrington Court [5]

Barrington Court, ca. 6 km nördlich von Ilminster (Abzweig von der A 303), seit jeher von der Familie d'Lyle bewohnt, ist immer noch Familiensitz, umgeben von Park- und Gartenanlagen in anmutiger Großzügigkeit: besonders schön der Liliengarten und die große Fülle an Wicken. Der stattliche, anheimelnde Tudor-Bau (um 1530) mit zahlreichen Spitzgiebeln und gedrehten Kaminschornsteinen kündigt mit seiner überraschend klaren Symmetrie im E-Grundriss den elisabethanischen kraftstrotzenden Repräsentationsbau schon an. Antike Möbel und handwerklich exzellente Repliken aus der Stuart-Zeit werden hier ausgestellt und als Auftragsarbeiten gefertigt (Barrington Court, NT, mit Tea Room, Pflanzencenter, Tel. 014 60-24 19 38, www.nationaltrust.org.uk, März–Okt. Do–Di 11–16 Uhr).

Bedruthan Steps – nur bei Ebbe eine Sandbucht

Kapitel 4

West Country – Devon und Cornwall

Devon ist die größte und zugleich die am dünnsten besiedelte Grafschaft Südenglands. Der nördliche Küstenbereich ist wild und rau; enge, bewaldete Täler öffnen sich zum Meer hin. Die Erde ist überall dunkel: Die Gesteinsformation aus Rotsandstein stammt aus dem Erdzeitalter des Devon – daher der Name. Im Inland: buckelige Felder, Flickenteppiche mit Wiesen und Weiden, getrennt durch hohe Buschhecken. Exeter mit der schönen Kathedrale und Plymouth sind die größten Städte im Westen.

Die Universitätsstadt Exeter mit dem lebhaften Stadtkern und Plymouth an der Mündung des Tamar, Grenze zu Cornwall, sind die größten Städte im Westen.

Der südliche Küstenabschnitt von Cornwall, östlich der Lizard-Halbinsel bis hin zum Tamar bei Plymouth, der Grenze zu Devon, ist nicht mehr als etwa 100 km lang. Die Küstenlinie jedoch vollführt zahlreiche Bögen, Kurven und Wendungen, und die großen Flussdeltas bei Falmouth, Fowey und Looe sind labyrinthische Verwirrspiele: Meeresbuchten, Halbinseln, Süßwasserarme, Inselchen und Fjorde, tief ins Land reichende bewaldete, liebliche Flusstäler mit oft märchenhaftem Dschungelambiente. Sonnendurchtränkte Mündungstrichter von Flüssen wechseln sich ab mit engen, versteckten, von Felsen gerahmten Buchten, malerischen Fischerdörfern, bunten Segel- und Jachthäfen. Das Klima ist mild, die Zeit scheint stillzustehen, und die Landschaft döst unter italienisch anmutendem Himmelsblau. Die kurvigen Straßen sind oft einspurig; in hohe Hecken gebettet, winden sie sich bergauf und bergab.

Die Nordküste Cornwalls ist wild und herb: Die Burgruine hoch über dem Meer in Tintagel ist mit König Artus verwoben. Der lebendige Künstler- und Fischerort St Ives ist Zentrum der Ferienlandschaft Cornwall. In tropischer Fülle mit Palmen und Riesenfarnen präsentieren sich die Gärten im Westen Südenglands – ein Besuch ist ein Erlebnis. Hier und dort zeugt noch ein verlassenes Maschinenhaus von Cornwalls Industrietradition.

Auf einen Blick
West Country – Devon und Cornwall

Sehenswert

Mount Edgcumbe House & Countrypark: Die traumhaft schöne tropische Garten- und Parklandschaft liegt hoch auf einer Landzunge und bietet phantastische Ausblicke auf die Meerenge von Plymouth Sound (s. S. 381).

14 Tintagel: Der Rummel um König Artus und der Zauber der Felsenburg hoch über der See sind einfach unwiderstehlich (s. S. 386).

15 St Ives: Bohème im Fischerdorf – seit gut hundert Jahren prägen Maler, Schriftsteller und Bildhauer den Ferienort. Die Tate Gallery zeigt ihre Werke vor Ort (s. S. 396).

Mevagissey: Ein winziger, bunter Hafen mit pastelligen Häuserzeilen, die sich auf die bewaldeten Höhen hinaufschieben (s. S. 421).

Schöne Routen

Am Nordrand vom Dartmoor: Zu entdecken ist eine stille, eindrucksvolle Landschaft mit einem »modernen« Herrenhaus, das der berühmte Architekt Edwin Lutyens ab 1910 errichtete, und anmutigen, kleinen Weilern mit reetgedeckten Häusern und charmanten Pubs (s. S. 358).

Rundfahrt auf der Penwith-Halbinsel: Die Vielfalt von Cornwalls Westküste und den einmaligen Reiz der Natur erleben Sie auf der Halbinsel Penwith zwischen St Ives und Penzance (s. S. 399).

Die Umgebung von St Austell: Bei Fahrten durch die Region lernen Sie zwei außergewöhnliche, sehr verschiedene Gartenlandschaften kennen: das weltumspannende, futuristische Eden Project im Kontrast zu der tropischen Dschungelschlucht der Lost Gardens of Heligan (s. S. 418).

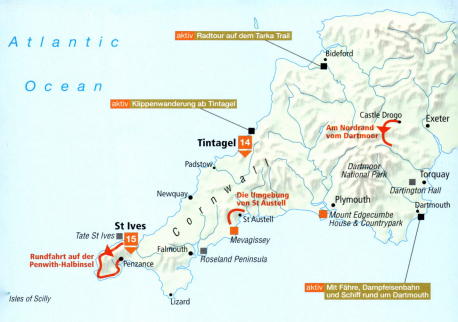

Meine Tipps

Dartington Hall: Ein Manor House aus der Tudor Zeit, in dem viele künstlerische Aktivitäten stattfinden, mit großer Parkanlage, einer Henry-Moore-Plastik und Ausstellungsräumen mit gutem Kunsthandwerk (s. S. 364).

Tate St Ives: Strahlend weiß und lichtdurchflutet liegt die Tate Gallery hoch über dem Strand. Sie widmet sich den Künstlern, die in St Ives gelebt haben. Die berühmteste von ihnen war die Bildhauerin Barbara Hepworth: Ihr im Garten verstecktes Atelierhaus liegt mitten im Ort und wird von der Tate betreut (S. 398).

Roseland Peninsula: Die licht bewaldete Peninsula mit ihren Flussmündungen, Buchten, Fähren, Stichstraßen und kleinen Weilern könnte aus einem Märchenbuch stammen (s. S. 417).

aktiv unterwegs

Radtour auf dem Tarka Trail: Der Tarka Trail ist eine ausgewiesene Fahrradroute durch das ländliche Devon. Ein schöner Streckenabschnitt führt von Bideford nach Great Torrington zum Crystal Centre und seinen Glasbläsern (s. S. 342).

Mit Fähre, Dampfeisenbahn und Schiff rund um Dartmouth: Herrlich ist ein Ausflug mit der Fähre von Dartmouth nach Paignton, dann mit der Dampfeisenbahn entlang der Torbay und schließlich hinein in das dschungelähnliche Delta des Dart (s. S. 368).

Klippenwanderung ab Tintagel: Über federnde Wiesen, hoch auf den Klippen, bis hinunter zur Bucht, wieder hinauf, vor schäumender See und schließlich hinein in die enge Hafenbucht: Die Küstenwanderung von Tintagel nach Boscastle ist unvergesslich (s. S. 387).

An der Nordküste von Devon

Die Nordküste Devons präsentiert sich als überwältigendes Naturschauspiel mit steilen Klippen, schmalen, heckengesäumten Straßen zum Meer hin, unzähligen Buchten und Stränden. Berühmte Surfer-Paradiese sind Woolacombe, Saunton Sands und Westward Ho!, spektakulär ist die westlich vorgeschobene Landzunge Hartland Point.

Entlang der Barnstaple Bay

Die weite Barnstaple Bay (oder Bideford Bay) bildet den nördlichen Auftakt der Küste von Norddevon. Ganz im Norden liegt das viktorianische Seebad Ilfracombe. Die kleinen, geschäftigen Orte und Häfen wie Appledore oder Bideford pflegen liebevoll ihre Geschichte und haben sich in den letzten Jahren ordentlich herausgemacht. Alle lohnen einen Bummel. Entlang der Küste nach Süden erstrecken sich die kilometerlangen Strände von Woolacombe, Saunton Sands und Westward Ho! Hier liegen die Surfer in ihren Wetsuits auch in den Wintermonaten schon auf der Lauer nach dem Big Surf.

Barnstaple ▶ E 19

Größte Stadt und ländliches Handelszentrum im dünn besiedelten Norddevon ist Barnstaple am Mündungstrichter des Taw, eine nette Kleinstadt mit knapp 20 000 Einwohnern.

Barnstaples verkehrsberuhigtes Zentrum rund um die High Street markiert der Pannier Market, eine schöne Fachwerkmarkthalle und Butcher's Row mit seinen Arkadenbögen. Die **St Anne's Chapel** stammt aus dem 14. Jh. Einen Überblick zu Landschaft und Geschichte der Region bietet das **Museum of Barnstaple & North Devon** (The Square, www.devonmuseums.net, Mo–Sa 9.30–17 Uhr), das sich der Geologie, Naturgeschichte und Natur widmet. Ein hübscher Spazierweg führt entlang des Taw zum **Barnstaple Heritage Centre,** das sich mit der lokalen Geschichte beschäftigt, die mit interaktiven Storys auch für Kinder wunderbar aufbereitet wird (Mo–Sa 10–17 Uhr).

Broomhill Sculpture Gardens
▶ E 19

Von der A 39 in nördlicher Richtung abzweigend, liegen in Muddiford die **Broomhill Sculpture Gardens** (Tel. 012 71-85 02 62, www.broomhillart.co.uk, Juli/Aug. tgl. 11–16, übrige Zeit Mi–So 11–16 Uhr). In dem herrlich angelegten Landschaftsgarten wird die zeitgenössische Kunst gepflegt: In den Ausstellungsräumen und im Park sind über 300 Skulpturen von rund 60 Künstlern versammelt, die zum Verkauf stehen. Eine passende Übernachtungsmöglichkeit gibt es auch, im Broomhill Art Hotel (s. unten).

Infos

Barnstaple Tourist Information: im Museum of Barnstaple, The Square, Tel. 012 71-37 50 00, Fax 012 71-37 40 37, www.staynorthdevon.co.uk und www.northdevon.com.

Übernachten

Viktorianische Pracht ▶ **The Royal & Fortescue Hotel:** Boutport Street, Tel. 012 71-34 22 89, Fax 012 71-34 01 02, www.royalfortescue.co.uk. Traditionsreichstes Hotel am Platz mit Charme, in der Stadtmitte. Ein Res-

Entlang der Barnstaple Bay

taurant und ein modernes Bistro sind angegliedert. DZ 85 £.

Im Skulpturenpark ▶ Broomhill Art Hotel: Muddiford Road, Tel. 012 71-85 02 62, www.broomhillart.co.uk. Das Hotel mit Restaurant und Galerie für zeitgenössische Kunst residiert in einem viktorianischen Gebäude, das von einem Skulpturenpark umgeben wird. Das angegliederte **Restaurant Terra Madre** bietet Slow Food aus der Region, sehr gut, Bar-Lunch tgl. 12–14 Uhr, Snacks ab 4.50 £; Dinner (nur mit Vorbestellung) Fr, Sa 3-Gäng-Menü 25 £. DZ 75–105 £.

Heiter und elegant ▶ Mount Sandford: Landkey Road, Newport, Tel. 012 71-34 23 54, südöstl. vom Zentrum. Kleine, in einem wunderschönen Garten gelegene Regency-Pension (B&B) mit geräumigen Zimmern. DZ 50 £.

Toll für Kinder ▶ Huxtable Farm: West Buckland Village, 7 km östl. Barnstaple, Tel. 015 98-76 02 54, www.huxtablefarm.co.uk. Altes Farmlanghaus, mitten in der Natur. Schaffarm, mit hausgemachten Produkten und eigenem Wein. Panoramablick, am Tarka Trail. Sehr kinderfreundlich. DZ 38 £ pro Person.

Für Naturfreunde ▶ Lower Yelland Farm: Fremington, in Richtung Bideford, Tel. 012 71-86 01 01, www.loweryellandfarm.co.uk Farmhaus aus dem 16. Jh. Ordentliche Ausstattung und Service, Reiten, Fahrradvermietung, Fußweg zum südwestlich gelegenen Sandstrand von Instow. DZ 75 £.

Viktorianischer Badeort an der Nordküste: Ilfracombe

An der Nordküste von Devon

aktiv unterwegs

Radtour auf dem Tarka Trail

Tour-Infos
Start: Bideford
Ende: Great Torrington
Länge: ca. 25 km, **Dauer:** ca. 4 Std. Fahrzeit
Schwierigkeitsgrad: nur sanftes Auf und Ab
Wichtige Hinweise: Radvermietung: Bideford Cycle Hire (s. S. 344), East-the-Water, Tel. 012 37-42 41 23; Info: Tourist Information Bideford (s. S. 344); Fahrradkarten beim Tourist Office, www.tarka-country.co.uk.

Der **Tarka Trail** ist ein beliebter Fahrrad- und Wanderweg, der von Barnstable in Norddevon durch das Exmoor und das ländliche Devon bis nach Exeter führt und zurück. Der Name bezieht sich auf das viel gelesene Kinderbuch des heimischen Autors Henry Williamson, »Tarka, der Otter«, von 1927. Der springt mit seinen Gefährten in den Flüssen Torridge und Taw umher und zieht durch die Natur Devons.

Teile des Trails sind ganz besonders auch für Fahrradfahrer geeignet, weil die Strecke auf ehemaligen Treidelpfaden und umgebauten Bahngleisen ohne Straßenverkehr verläuft. Ein schöner Abschnitt führt von Bideford nach Great Torrington zum Crystal Centre mit seinen Glasbläsern (s. S. 344). Zurück muss man die gleiche Strecke nehmen, da die Busse des Öffentlichen Nahverkehrs keine Räder transportieren. Möglich ist aber die Abholung der Räder durch die Verleihfirma.

Am alten **Bahnhof Bideford** (Old Station) beginnt die Strecke; sie führt entlang des Flusses Torridge auf den einstigen Bahngleisen, die sich nicht verfehlen lassen. Von Salzwiesen und Schilf gesäumt, fließt der Fluss gemächlich dahin. Am **Pool of the Six Herons** fahren wir über eine alte eiserne Eisenbahnbrücke und entfernen uns ein wenig von der Torridge-Schleife; hier stößt das Flüsschen Yeo dazu. Weiter geht es durch den beleuchteten kurzen **Landcross Tunnel**. Jetzt ist der Fluss schmaler; er mäandert am Weiler **Weare Giffard** vorbei mit seiner Kirche aus dem 14. Jh. und dem Manor House und dem Weare Giffard Kreuz. Der Radweg verläuft nun weiter zwischen der A 386 und dem Torridge. Das nahe **Beame Aqueduct** ebenso wie die **Beam Schleuse** waren Teil eines komplexen Kanal- und Bahnsystems, das bis nach Bude ausgebaut war; so konnte Kalk und Kohle von der Küste ins Landesinnere und Getreide von Torrington in die Hafenstädte transportiert werden.

An der **Rolle Bridge** ist das einstige kleine Bahnhofsgebäude nun der Pub Puffing Billy; hier führt der Tarka Trail weiter ins Inland; und hier müssen wir jetzt ein kleines Stück auf der A 386 nach **Great Torrington** fahren. Nach rund 1 km liegt auf der linken Seite dann das **Dartington Crystal Centre** (s. S. 344). Auf dem gleichen Weg fahren Sie dann nach der Besichtigung des Städtchens zurück.

Entlang der Barnstaple Bay

Aktiv
Surfen ▶ **Sarah Whiteley Surf School:** Breakers, Saunton, Tel. 077 86-03 44 03, www.walkingonwaves.co.uk. Sarah ist international berühmt, und bietet mit ihrer Surfschule Einzel-, Gruppen-, Kinder- und Wochenendkurse an. **Saunton Sands** mit rund 5 km langem Strand, ist das Surfmekka für Anfänger. In **Croyde**, 2 km entfernt, tummeln sich Könner.
Fahrradverleih ▶ **Tarka Trail Cycle Hire:** Barnstaple Railway Station, Tel. 012 71-32 42 02, April–Okt. tgl. 9.15–17 Uhr, www.tarkabikes.co.uk.
Wandern und Radfahren ▶ Sehr gute Wander- und Radfahrmöglichkeiten bietet der Tarka Trail (s. Aktiv unterwegs links).

Verkehr
Züge: Eine Nord-Süd-Eisenbahnlinie führt über Exeter bis Exmouth.
Busse: Busstation an der Castle Street, Verbindungen nach Ilfracombe, Bideford, Exeter. National Express nach London.

Ilfracombe   ▶ E 18
Als Seaside Resort, als Badeort der Nordküste, ist **Ilfracombe** in viktorianischen und edwardianschen Zeiten die steilen Hügel hinaufgewachsen. Vom kleinen Hafen laufen die Fähren aus zur Insel **Lundy Island** (s. S. 344).

Infos
Ilfracombe Tourist Information: Landmark Theatre, The Seafront, Tel. 012 71-86 30 01, www.visitilfracombe.co.uk.

Übernachten
Hostel ▶ **Ocean Backpackers:** 29 St James Street, Tel. 012 71-86 78 35, www.oceanbackpackers.co.uk. Bei Surfern beliebt. Bett ab 12 £.

Essen & Trinken
Für Damien-Hirst-Fans ▶ **11 The Quay:** No 11, The Quay, Tel. 012 71-86 80 90, www.11thequay.co.uk. Restaurant mit zwei Speiseräumen und Bar, Blick auf die See – sehr trendig und neues Highlight Ilfracombes, mit ›Colonial Bar‹ des wohl bekanntesten britischen Künstlers der Gegenwart, Damien Hirst. Menü ca. 30 £.

Woolacombe und Appledore
▶ E 18/19
Ein hübscher Familienferienort mit langen, für ihre Sauberkeit ausgezeichneten Stränden und frischem Wind. Am Ende der Morte Bay liegen die Klippen von Baggy Point. Zum Mekka der Surfer hat sich **Woolacombe** mit seinem meilenlangen Strand entwickelt.

Appledore am Zusammenfluss von Taw und Torridge war einst bedeutend im Schiffbau, heute ist der lange Strand Hauptanziehungspunkt, der sich bei Ebbe bis hin nach Westward Ho! zieht.

Infos
Woolacombe Tourist Information: The Esplanade, Tel./Fax 012 71-87 05 53, www.woolacombetourism.co.uk.

Aktiv
Rund ums Surfen ▶ **Surfed Out:** Shops in: Braunton, Tel. 01271-81 25 12, Saunton, Tel. 012 71-89 12 86 und Croyde, Tel. 012 71-89 04 81, www.surfedout.com. Überall Verleih von Ausrüstungen und breites Angebote für unterschiedlichste Surfkurse.

Westward Ho!   ▶ E 19
Ja, mit Ausrufungszeichen – Westward Ho! ist der einzige Ort im United Kingdom, der sich nach einem Roman benannt hat. Der viktorianische Sozialreformer Charles Kingsley (1819–75) lebte hier und in Bideford; sein Roman »Westward Ho!«, 1855 erschienen, war sensationell erfolgreich: ein hochromantischer, blutrünstiger und heftig nationalistischer Abenteuerroman, der vor dem Hintergrund der Gräuel des Krimkriegs die patriotischen Werte der Freibeuter und Seefahrer im Kampf gegen die Armada wiederaufleben ließ. »Westward Ho!« lautete der Schlachtruf aller, die über die Meere fuhren, nach Amerika, zu den ›Indies‹, um den Erdball herum und wieder »westwärts« zurück in die Hei-

An der Nordküste von Devon

Tipp: Dartington Crystal Centre und Rosemoor Garden

Zehn Kilometer südlich von Bideford, liegt das **Dartington Crystal Centre**. Hier kann man zusehen, wie das erlesene Glas geblasen wird, im Laden schöne Stücke einkaufen und selbst beim Glasblasen und Verzieren tätig werden (Dartington Crystal Centre, www.dartington.co.uk, Mo–Sa 10–17, So 10–16; Fabriktour Mo–Fr 9.30–17 Uhr, mit Shop und Café, Besichtigung 2 £, für die »Factory Experience« Anmeldung erforderlich, Tel. 018 05-62 62 42, Erw. 6,50 £).

Für alle Gartenfreunde ein absolutes Muss ist der **Rosemoor Garden** in Little Torrington: Er ist einer der vier großen Schaugärten der RHS, Royal Horticultural Society, des wichtigsten und berühmtesten Gartenbauinstituts Großbritanniens. Die Bücher, Zeitschriften und Schaugärten der Königlichen Gartenbaugesellschaft sind außerordentlich einflussreich und Quelle der Inspiration für zahllose Gartenfreunde auch außerhalb von Großbritannien. Rosemoor ist vor allem berühmt wegen seiner üppigen Rosenpracht – über 2000 Pflanzen und 200 Sorten sind hier zu bewundern. Es gibt Züchtungen für die verschiedensten Gartentypen und -räume sowie für die zu jeder Jahreszeit farbsprühenden Staudenrabatten (mit Shop, Café, tgl., April–Sept. 10–18, Okt.–März 10–17 Uhr, www.rhs.org.uk, Erw. 7 £).

mat. Den Ort selbst kann man getrost umschiffen.

Bideford ▶ E 19

Das nette Bideford mit seinem Hafen war im Mittelalter ein bedeutender Tabak- und Wollumschlagplatz. Promenade und Kai ziehen sich am Fluss Torridge entlang; die schöne steinerne Bogenbrücke stammt aus dem 16. Jh. Der Hafen gehörte im 18. Jh. zum Besitz der Grenville-Familie; Richard Grenville war der Kapitän der ersten Auswandererschiffe, die Siedler nach Virginia brachten.

Die **Burton Art Gallery** mit regionalem Museum liegt im Victoria Park (www.burtonartgallery.co.uk, Di–Sa 10–17, So 14–17 Uhr, Eintritt frei). Rund um die Markthalle mit viktorianischen Ornamenten, dem **Pannier Market,** findet man die Haupteinkaufsstraßen mit kleinstädtischem Flair.

Infos

Tourist Information: im Haus der Burton Art Gallery, Victoria Park, Tel. 012 37 47 76 76, www.torridge.gov.uk, www.iknowdevon.com und www.burtonartgallery.co.uk.

Aktiv

Fahrrad-, Surf und Kajak-Verleih ▶ **Bideford Cycle, Surf & Kayak Hire:** Torrington Street, Tel. 012 37-42 41 23, www.bidefordbycyclehire.co.uk.

Verkehr

Busse: Verbindungen u. a. nach Barnstaple.

Lundy Island ▶ D 18/19

Von Bideford, Ilfracombe und Clovelly bestehen Fährverbindungen hinüber zur Felseninsel Lundy, die für Botaniker und Ornithologen großen Reiz besitzt. Die kleine Insel im Bristol Channel, 15 km vor der Küste, steht als Vogelbrutgebiet unter Naturschutz und ist als *Area of Outstanding Natural Beauty* ausgewiesen. Sie gehört dem National Trust und wird vom Landmark Trust gemanagt. Nur 17 Menschen leben auf Lundy, es gibt einen Pub, einen Laden, wenige Übernachtungsmöglichkeiten, überwiegend für Gruppenreisende, die lange im Voraus gebucht werden müssen.

Verkehr

Fähren: Überfahrt von Bideford oder Ilfracombe (März–Okt., 6 x wöchentl., Dauer: ca. 2 Std.), auch Tagesfahrten. Informationen: www.lundyisland.co.uk.

Clovelly ▶ E 19

Clovelly ist das wohl berühmteste Fischerdorf Englands: Über 600 Jahre lang gehörte das

Entlang der Barnstaple Bay

Dorf zum Clovelly Estate, der in der Hand von nur zwei Familien blieb. Die letzte Alleinerbin, Christine Hamlyn, hatte schon gegen Ende des 19. Jh. das Dorf unter ihren Schutz gestellt, als die Fischerfamilien Not zu leiden begannen; heute ist Clovelly Privatbesitz der Familie Rous. Der gesamte Ort steht unter Denkmalschutz, seine Bewohner sind immer noch eine eng verzahnte Lebensgemeinschaft, und Wochenendhäuser ›Zugezogener‹ gibt es hier nicht …

Oben, am Eingang zum Dorf, wird der Besucher wie in einer Flughafenhalle abgefertigt: das Auto auf den Parkplatz, dann Ticket, Souvenirs, ein Videofilm über die Geschichte von Clovelly. Und dann stürzen sich, einem Wasserfall gleich, die Treppenkaskaden und buckeligen Gassen mit Kopfsteinpflaster und engen Torbögen 120 m tief hinab bis zum halbmondförmigen Pier im Hafen. Vor den winzigen Cottages mit hohen Schornsteinen, mit wilder Blumenpracht in handtuchgroßen Vorgärtchen stehen flache Holzschlitten – neben Packeseln das übliche Transportmittel in Clovelly für Lebensmittel, Abfall, Kohle und Mobiliar. Das einzige motorisierte Zugeständnis bilden die Landrover, die das Gepäck der Hotelgäste befördern.

Infos

Clovelly Visitor Centre: Tel. 012 37-43 17 81, www.clovelly.co.uk, tgl. 10–17 Uhr. Wenn abends der Eingang zum Dorf geschlossen ist, sind nur noch die Einheimischen und eine Handvoll Gäste im Ort. Landrover-Service bis zum Quay.

Übernachten

Wildromantische Lage ▶ Red Lion Hotel: The Quay, Tel. 012 37-43 12 37, Fax 012 37-43 10 44, www.clovelly.co.uk. Das Hotel, ein wenig verblichen, liegt direkt am Hafen, gute Fischküche, Hafenbar, kleine Gerichte. DZ mit Dinner 160 £.

Komfortabel ▶ New Inn: High Street, Tel. 012 37-43 13 03, www.clovelly.co.uk. Komfortables Hotel, Restaurant, ordentliche Fischküche. DZ mit Dinner 150 £.

Freundlich eingerichtete Zimmer ▶ The New House: High Street, Tel. 012 37-43 13

Bis heute in privater Hand: das Fischerdorf Clovelly

An der Nordküste von Devon

03, www.clovelly.co.uk. Direkt gegenüber vom New Inn wird im New House B&B angeboten mit Frühstück im New Inn. DZ 75 £.

Verkehr
Busse: nach Bideford ab dem Visitor Centre.
Fähren: nach Lundy Island.

Die Hartland-Halbinsel
▶ D/E 19

Der Kontrast zwischen der eingezäunten Munterkeit Clovellys und der wilden Urwüchsigkeit der Landzunge von Hartland könnte größer nicht sein: Am Hartland Point brandet die tosende See in Gischtkaskaden gegen die steilen, spitzen Felskanten – seit Jahrhunderten Alptraum der Seefahrer. Nicht nur am Küstenstreifen rund um Hartland Point, sondern entlang des gesamten westlichen Küstensockels Südenglands haben Zehntausende von Seeleuten den Tod gefunden; unzählige Schiffe, große Segler, Galeonen, Frachter, Fischschlepper, Tanker sind in Seenot geraten, auf Grund gelaufen, an den Felsen zerborsten. In jedem Ort kann man Karten der Wracks, Postkarten und Poster mit den Namen all jener Schiffe erwerben, die z. T. seit Jahrhunderten auf dem Meeresgrund liegen. Man nimmt an, dass an den Küsten Großbritanniens etwa 250 000 Schiffe gesunken sind. Zahlreiche Shipwreck-Museums erzählen von den Tragödien, und in jedem Hafen- und Fischerort sind die Rettungsboote der Royal Life Boat Association, allein von Spenden erhalten, überaus wichtig (Allgemeine Infos: www.hartlandpeninsular.co.uk).

Zum Hartland Quay

Vom Dorf Hartland führen schmale, gewundene Sträßchen, eingefasst von hohen Hecken, zur Landspitze **Hartland Point** (Privatbesitz, Parkplatz, Eintritt, tgl. 9.30–18 Uhr). Zu Fuß läuft man auf grünem Klippenpfad bis zum Viewing Point, dem Aussichtspunkt: Hier blickt man auf den Leuchtturm, der nicht mehr zugänglich ist, und die letzten Wrackteile eines aufgelaufenen Schiffs. Der Frachter ›Johanna‹ war hier 1982 in Seenot geraten; die Besatzung konnte geborgen werden. Nicht umsonst wird in jedem Fischerdorf, in jeder kleineren Hafenstadt das Seenotrettungsboot und seine freiwillige Mannschaft mit Stolz präsentiert, und auch die Leuchttürme überall an der Küste sind Ziel liebevollen Interesses.

Eine Wanderung über die wind- und wellenumtoste Strecke des **Coastal Path** zwischen Hartland Point und Hartland Quay sollte man sich nicht entgehen lassen.

Eine steile Stichstraße führt zum **Hartland Quay:** Eine Reihe Cottages, ein Hotel, ein Museum sind die einsamen, klammen Außenposten einer künstlich angelegten Hafenanlage, die ab 1586 in Betrieb war, bis sie gegen Ende des 19. Jh. in schweren Winter-

Die Hartland-Halbinsel

stürmen zerschmettert und von der See aufgefressen wurde. Das geduldige Beharrungsvermögen einer Handvoll Einheimischer hat das wacker-verschlafene Hotel gerettet; und das winzige **Shipwreck Museum** hinter dem Souvenir-Laden (Öffnungszeiten wie Shop) erzählt mit Zeitungsausschnitten und vergilbten Fotos von den mühsamen Versuchen, gegen die Naturgewalt anzukämpfen. Die Vorschläge für Spazierwege und Wanderrouten geraten denn auch zwangsläufig zu Auflistungen der versunkenen Wracks …

Hartland Abbey

Das Dörfchen **Hartland** liegt windgeschützt landeinwärts. Die abgesenkte Kirche, dem walisischen Heiligen **St Nectan** geweiht in Stoke, 2,5 km westlich, gleich neben der Abbey, besitzt einen überraschend prachtvollen, hoch aufragenden Perpendicular-Kirchturm, der früher den Seefahrern als Orientierungspunkt diente. Eine schlichte Kirche mit schönen Schnitzereien und einem Prunkstuhl, »der anlässlich seines Besuches am 17. August 1938 von Haile Selassie, Kaiser von Äthiopien, benutzt wurde!« Was, ist da die Frage, machte der Kaiser von Äthiopien in Hartland?

Ungewöhnlich und sehr charaktervoll sind die Park- und Gartenanlagen von **Hartland Abbey.** Das mehrfach über die Jahrhunderte um- und ausgebaute Kloster mit Abteikirche ist heute ein wunderbares Beispiel für einen durch die Generationen hinweg erhaltenen Familienbesitz, mit Gemälden von Reynolds und Gainsborough, schönen alten Möbeln,

Sturmumtost: Hartland Point

An der Nordküste von Devon

mit Bibliothek, Alhambra-Flur und vielen Familienfotos im Silberrahmen. Vor der Abbey weiden die Rinder, eingefasst von zwei langen Woodland Walks, den wilden, wunderschönen Alleen. Hier schlagen die Pfauen ihre Räder, und in den versteckt liegenden, hintereinandergestaffelten Gartenanlagen scheint die Welt stillzustehen.

Besonders schön ist es, im Frühsommer einen Spaziergang durch den hellen Mischwald mit einem Meer an blauen Hasenglöckchen zu machen und anschließend zum Strand von Blackpool Mill Beach zu gehen (www.hartlandabbey.com, Haus: 1. April–Ende Mai Mi, Do, So, Fei 14–17, Ende Mai–Okt. So–Do 14–17 Uhr; Gärten tgl. außer Sa, 12–17 Uhr).

Übernachten

Gepflegt ▶ **Gawlish Farm:** 2,5 km östlich vom Leuchtturm, Tel. 012 37-44 13 20. Schönes Haus mit Weiher im Garten, Lounge, viel englisch Blumiges. Dinner 10 £. DZ 50 £.

Gemütlich ▶ **West Titchberry Farm:** 1 km östlich vom Leuchtturm, Tel. 012 37-44 12 87. Versteckt liegendes gemütliches B&B, wunderbares Farmhouse-Frühstück. DZ 50 £.

Am Coastal Path ▶ **Elmscott B&B:** Elmscott, Hartland, Tel. 012 37-44 12 76, www.elmscott.org.uk. Abzweig von der Straße zwischen Hartland Quay und Welcombe Mouth. Schönes Farmhaus mit freundlich eingerichteten, komfortablen Zimmern, Lounge, Spielzimmer. Gutes Farmhaus-Essen. DZ mit Abendmahlzeit 80£.

Jugendherberge ▶ **Elmscott Youthhostel:** Hartland, Tel. 012 37-44 12 76 und 012 37-44 13 67, www.elmscott.org.uk. Von der Elsmcott Farm privat geführt. Hoch an den Klippen und richtig einsam gelegen mit Blick auf Lundy Island. Ehemaliges viktorianisches Schulgebäude mit 2-, 4-, 6-Bett-Zimmern, Küche zur Selbstversorgung. Kleiner Laden. Bett ab 13 £.

Essen & Trinken

In Melancholie gealtert ▶ **Hartland Quay Hotel:** Tel. 01 23 74-412 18, www.hartlandquay-hotel.com. Zwischen den Klippen in ›splendid isolation‹, nur zur Rast empfehlenswert. Pub-Gerichte, Tageskarte, bei schönem Wetter auch draußen. Tagesgerichte ab 5 £.

Verkehr

Busse: nach Hartland von Bideford und Barnstaple.

Morwenstow

10 km südlich von Hartland liegt der kleine Ort Morwenstow, schon in Cornwall. Die Kirche St Morwenna ist ein schönes Beispiel schlichter normannischer Baukunst. Mehr als nur lokale Berühmtheit erlangte Robert Stephen Hawker (1803–75), der Pfarrer von Morwenstow, der als begnadeter Eigenbrötler einen Schlingerpfad zwischen Christlichkeit und heidnischem Aberglauben einschlug. Er deckte die Missetaten der heimischen Schmuggler und *shipwreckers* mit dem Mantel des Schweigens zu, barg aber auch die Leichen der bei Schiffbrüchen ums Leben gekommenen Seeleute und gab ihnen auf dem Friedhof ein kirchliches Begräbnis – eine von der Kirche verbotene Heldentat. Ihre Gräber sind durch eine Galionsfigur gekennzeichnet. Hawker trank, er nahm Opium, schrieb Gedichte und Balladen, u. a. den »Song of the Western Man«, der die inoffizielle Hymne Cornwalls wurde. Lustvoll krönte er sein Pfarrhaus mit Schornsteinen, die dem Grabmal seiner Mutter und den Kirchtürmen der Orte, in denen er vordem gewohnt hatte, nachempfunden waren. In Gummistiefeln und Fischerkleidung wetterte er von der Kanzel herunter, trug dort auch seine Lyrik vor, half den Bedürftigen der Nachbarschaft – sich selbst und seinem Seelenheil wusste er, kurz vor seinem Tod, am Rand des Lebens, am Rand der Welt, nur durch den Übertritt zum Katholizismus zu helfen …

Übernachten

Großzügig ▶ **The Old Vicarage:** Tel. 012 88-83 13 69, www.rshawker.co.uk. Im großzügigen ehemaligen Pfarrhaus inmitten schöner Gärten bieten die Besitzer 3 komfortable Gästezimmer. DZ 80 £.

Exeter und das Dartmoor

Devons Hauptstadt Exeter mit ihrer berühmten Kathedrale grenzt an das karge, verlorene Dartmoor, wo die Prähistorie der Menschheit noch lebendig wirkt und zwischen versteckten, malerischen Dörfern die Geister ihr Unwesen zu treiben scheinen – Wanderer, Reiter und Outdoor-Fans haben es längst für sich entdeckt.

Exeter und Umgebung
► F 19/20

Cityplan: S. 352

Exeter, mit knapp 100 000 Einwohnern, ist die Hauptstadt der Grafschaft Devon, Verwaltungszentrum, Universitätsstadt und Bischofssitz mit einer herrlichen Kathedrale in hochgotischem Stil, die zu den schönsten des Landes zählt. Teile der mittelalterlichen Burg sind noch erhalten, auch einige sehr schöne Fachwerkbauten, ansonsten ist Exeter eine moderne, lebendige Stadt mit kultureller Vielfalt und einer schönen Umgebung. Ein Tagesaufenthalt lohnt sich auf jeden Fall, von hier aus ist man sehr schnell im Dartmoor, im ländlichen Devon und an der Küste.

Die Ansiedlung wurde von den Römern befestigt; Isca Dumnoniorum erhielt ein Straßenraster, Badehaus, Basilika und Marktplatz. In sächsischer Zeit erfolgten dann eine Klostergründung und der Bau mehrerer Kirchen, deren Grundmauern noch heute erhalten sind. Im Jahr 1050 wurde Exeter Bischofssitz; die von den Dänen zerstörte Abteikirche wurde als normannische Kathedrale wieder erbaut und später dann von dem hochgotischen Bau aus dem 13. und 14. Jh. abgelöst. Exeter hat im Zweiten Weltkrieg schwere Bombenschäden hinnehmen müssen, so dass nur ein kleiner Teil der schönen Altstadt erhalten ist – die Kathedrale, das umliegende Viertel und vereinzelte Bauten wie das Rathaus und das Rougemont Castle. Neu und Alt prallen hier aufeinander, und im Innenstadtbereich wird weitläufig gebaut und umgestaltet.

Die Kathedrale [1]

Die **Kathedrale** zum heiligen Peter ist Kern und Mittelpunkt der Stadt und bietet einen unvergesslichen Anblick: Eingebettet in eine kleine Rasenfläche und umgeben von einem Halbkreis reizender Häuser aus unterschiedlichen Stilepochen, ragen die Spitzen, Giebel, Türme und Zinnen aus hellem Sandstein in den Himmel – die Harmonie zwischen kompakter Flächigkeit und anmutiger Ornamentik, zwischen vertikaler und horizontaler Betonung besticht sogleich.

Die **Westfassade** ist dreifach gegliedert: Als breites Band türmen sich drei Skulpturenreihen übereinander, in die drei Portale eingelassen sind. In der untersten Reihe sind die Engel versammelt, darüber Könige und Richter, schließlich dann die Apostel und die Propheten. Sie alle sind durch steinerne Baldachine gekrönt und waren ursprünglich vergoldet und in kräftiger Farbigkeit bemalt. Hinter dieser vorgeblendeten Bilderfassade erhebt sich der zweite Bauteil mit abgeschrägten Seitenarkaden, die die Stützbögen verbergen, und einer mit zierlichem Maßwerk ornamentierten, riesigen **Fensterrosette**. Den letzten Abschnitt bildet schließlich der Spitzgiebel mit einer krönenden Petrusstatue. Flankiert wird dieser Bau, eine reine Ausprägung der englischen Hochgotik, durch zwei

Exeter und das Dartmoor

massive Ecktürme, die die Querschiffe abschließen. Sie sind das Erbe der normannischen Kathedrale: eine ungewöhnliche Lösung.

Der Grundriss der Kathedrale zeigt die in England charakteristische lang gezogene Aneinanderreihung rechteckiger Blöcke, auch die kurzen Querschiffe sind eckig, ebenso die Lady Chapel, die Marienkapelle, die die Ostseite gerade abschließt. Diese Addition von schachtel-, würfel- oder blockförmigen Räumen, die durch meisterhafte Gliederung und Dekoration der Oberflächen, durch üppige Ausgestaltung der Gewölbe in einer vollendeten Balance gehalten wird, ist eines der Hauptmerkmale der englischen Gotik: kein Prinzip der Unterordnung einzelner Bauteile wie bei der französischen Gotik, sondern eine gleichwertige, gleichrangige Zuordnung aller Einzelteile.

So beeindruckt das Innere der Kathedrale denn auch durch ihre Höhe und Länge, durch die strahlende Helligkeit, die keinen Raum für Mysterien und Geheimnisse kennt, durch die klare Gliederung der scheinbar sich endlos wiederholenden, 16-teiligen Pfeiler, die in rautenförmigen Bögen auslaufen, das Triforium tragen und sich schließlich in einem kraftvollen, feingliedrigen Gewölbe treffen. Da auch die Vierung die gleiche Gestaltung aufweist, blicken wir hier in **das längste gotische Gewölbe der Welt** – nur unterbrochen durch den beeindruckenden steinernen Lettner, auf dem der Orgelaufbau ruht. Besonders liebevoll ausgeschmückt sind die Schlusssteine wie auch die heitere Sängerempore, die **Minstrel's Gallery,** an der Nordseite des Hauptschiffs. Auf den 1315 entstandenen Chor mit seinen reich geschnitzten Misericordien und dem gewaltigen 18 m hohen **Bischofsthron,** der der älteste und schönste seiner Art in England ist, kann die Kathedrale besonders stolz sein.

Eine kleine, rührende Kostbarkeit, die die Verbundenheit der Gemeinde mit ihrer Kathedrale verdeutlicht, sind die den umlaufenden Steinbänken angepassten Kissenbezüge: 68 Frauen der Gemeinde haben sechs Jahre lang an der Geschichte Exeters und seiner Kathedrale gestickt. Die farbenfrohe

Üppig ausgestaltet ist das Gewölbe in der Kathedrale von Exeter

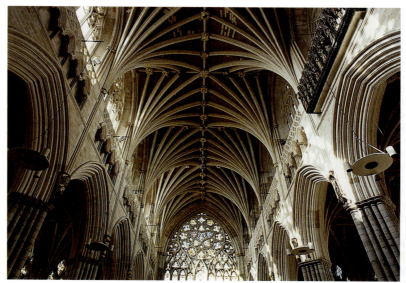

Exeter und Umgebung

Gemeinschaftsarbeit, fast 70 m lang, wurde nach dem Besuch von Queen Elizabeth im März 1983 begonnen und am St Peter's Day 1989 fertig gestellt (Exeter Cathedral, 1 The Cloisters, Tel. 013 92-28 59 83, www.exeter-cathedral.org.uk, tgl. 7–18.30, Sa, So 8–18 Uhr).

Cathedral Close

Im Cathedral Close herrschen Geschäftigkeit und Muße gleichzeitig: Hier trifft man sich, sitzt mit einem Sandwich auf dem Mäuerchen oder liegt in der Mittagspause auf dem Rasen. Das prachtvolle. georgianische **Royal Clarence Hotel** 2 blickt direkt auf die Westfassade der Kathedrale, und schräg gegenüber sticht **Mol's Coffee House** 3 ins Auge. Das schwarzweiße, vierstöckige Fachwerkhaus stammt aus elisabethanischer Zeit, der holländisch anmutende Giebel wurde später aufgesetzt. Direkt daneben steht die winzige, rote Sandsteinkirche **St Martin's** 4, deren Grundmauern aus dem 11. Jh. stammen und die später im Perpendicular Style umgebaut wurde.

In der High Street

Die schmale, kopfsteingepflasterte Gasse **St Martin's Lane** mit dem **Ship Inn** 5, angeblich einst Francis Drakes liebstem Aufenthaltsort, stößt auf die **High Street**, die Haupteinkaufs- und Geschäftsstraße Exeters.

Eines der ältesten Gebäude der Stadt ist das imposante Rathaus, die **Guildhall** 6 (1330) in der High Street. In der abzweigenden Queen Street liegt das **Royal Albert Memorial Museum** 7: erstaunlich vielseitige und interessante museale Wunderkammern, insgesamt 16 Abteilungen: Archäologie, Geologie, Funde der Römerzeit, Kunstgewerbe und Möbel aus unterschiedlichsten Epochen, Uhren und Glas. In der Art Gallery ist zeitgenössische Kunst aus Devon zu sehen (mit Café und Shop, Mo–Sa 10–17 Uhr).

In einer Ecke der Gandy Street hat das Kulturzentrum **Exeter Phoenix Arts Centre** 8 ganztägig geöffnet. Es widmet sich allen visuellen Künsten, hier finden Ausstellungen statt, Filmvorführungen, Workshops – mit einer sehr beliebten Café-Bar (Gandy Street, Tel. 013 92-66 70 80, www.exeterphoenix.org.uk).

Rougemont Castle 9

Die herrlichen, grün gewellten **Rougemont Gardens** schließen sich an Teile der alten Stadtmauer und **Rougemont Castle** an, das Wilhelm der Eroberer hier errichten ließ: Exeter war die einzige Stadt Englands, die sich über zwei Jahre lang den neuen normannischen Herren widersetzte und daher streng überwacht werden musste.

Southernhay

Südöstlich der High Street, nur wenige Minuten entfernt, breitet sich in **Southernhay West** und **East** ein hochelegantes georgianisches Reihenhausensemble um ein lang gestrecktes, baumbestandenes Rasenrechteck aus – alle Häuser stehen unter Denkmalschutz und gehören zu den wenigen in Exeter erhaltenen Zeugen der festlichen, großzügigen Stadtbaukunst des 18. Jh.

Zum Alten Hafen – Quayside

Im **Alten Hafen** oder **Quayside** an der Exe geht es seit einigen Jahren wieder lebhaft zu: In den alten Gebäude- und Speicheranlagen haben sich Pubs, Bistros und Läden niedergelassen, neue Apartments sind gebaut worden. An den Hafen- und Kanalbecken lässt es sich bei schönem Wetter und einem Drink angenehm sitzen.

An den alten Hafenanlagen wurde das **Quay House Visitor Centre** 10 eingerichtet. Im Besucherzentrum gibt eine audiovisuelle Show Aufschluss über die Stadtgeschichte (›2000 Jahre Exeter‹). An den alten Kais ringsum laden Bistros, Pubs, Läden und Galerien zu einem Bummel ein.

Infos

Exeter Tourist Information: Civic Centre, Paris Street, Tel. 013 92-26 57 00, Fax 013 92-26 52 60, www.exeter.gov.uk, auch www.thisisexeter.com; **Quayside Visitor Centre:** 46 The Quay, Tel. 013 92-27 16 11, www.exeter.gov.uk.

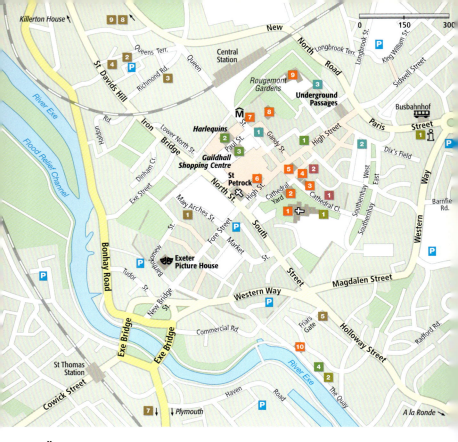

Übernachten

Luxuriös ▶ Royal Clarence (Abode Hotel) 2: Cathedral Yard, Tel. 013 92-31 99 55, www.abodehotels.com. Das älteste Hotel Exeters, angrenzend ans Cathedral Green. Komfort dem Preis entsprechend, die Räume sind individuell eingerichtet. Michael Caines Restaurant (s. u.). DZ 130 £.

Geschmackvoll ▶ St Olaves Court Hotel 1: Mary Arches Street, Tel. 013 92-21 77 36, Fax 013 92-41 30 54, www.olaves.co.uk. Stilvolles Haus in ummauertem Garten, zentral gelegen – gutes Restaurant, experimentierfreudiger Küchenchef. DZ ab 115 £.

Komfortabel und zentral ▶ Queens Court 2: Bystock Terrace, Tel. 013 92-27 27 09, Fax 013 92-49 13 90, www.queenscourt-hotel.co.uk. Sehr schönes Stadthotel, komfortabel, an einem verkehrsgünstigem Square, mit dem Restaurant Olive Tree (s. u.). DZ 110–140 £.

Sehr behaglicher Boutique-Stil ▶ Silver Springs Hotel 3: 12 Richmond Road, Tel. 013 92-49 40 40, www.silversprings.co.uk. Ein lässig-elegantes Hotel im georgianischen Stadthaus mit sehr hübschen Zimmern. DZ 85–95 £.

Modern ▶ Number Twelve 4: direkt neben Queens Court, 12 Queens Terrace, Tel. 013 92-21 30 79, Fax 013 92-21 84 45, www.numbertwelve.net. Komplett renoviert, mit moderner Ausstattung. DZ ab 80 £.

Beliebt ▶ Globe Backpackers 5: 71 Holloway Street, Tel. 013 92-21 55 21, www.exeterbackpackers.co.uk. Ab 16 £/Bett, ab 2 Nächten preiswerter.

Exeter

Sehenswert
1. Kathedrale
2. Royal Clarence Hotel/Abode Hotel
3. Mol's Coffee House
4. St Martin's
5. Ship Inn
6. Guildhall
7. Royal Albert Memorial Museum
8. Exeter Phoenix Arts Centre
9. Rougemont Castle
10. Quay House Visitor Centre

Übernachten
1. St Olaves Court Hotel
2. Queens Court
3. Silver Springs Hotel
4. Number Twelve
5. Globe Backpackers
6. Exeter Youth Hostel
7. Lord Haldon
8. Barton Cross
9. Culm Vale Country House

Essen & Trinken
1. Hansons Restaurant & Coffee House
2. Wagamama

Einkaufen
1. High Street
2. Harlequin Shopping Mall
3. Guildhall Shopping Mall
4. Quay

Abends & Nachts
1. The Cavern Club
2. The Arena
3. Timepiece

Aktiv
1. Red Coat Guided Tours
2. Saddles and Paddles

Jugendherberge ▶ **Exeter Youth Hostel** 6: 47 Countess Wear Road, Tel. 013 92-87 33 29, Fax 013 92-87 69 39, exeter@yha.org.uk. Jugendherberge mit 88 Betten. Ab 14 £.
Außerhalb:
Herrliche Lage ▶ **Lord Haldon** 7: Dunchideock, Tel. 013 92-83 24 83, Fax 013 92-83 37 65, www.lordhaldonhotel.co.uk. Hotel-Landvilla, 10 Min. von der Innenstadt entfernt (ca. 5 km südwestl.), Richtung Dartmoor. Best Western in herrlicher Umgebung, nette Zimmer, gute Küche. DZ ab 105 £.
Idyllisch ▶ **Barton Cross** 8: in Stoke Canon, Barton Cross, 8 km nördlich, Tel. 0 13 92-84 12 45, Fax 0 13 92-84 19 42. Ideal zur Erkundung der Umgebung, Landhaus-Hotel mit Restaurant in schöner Lage. Junge Brasserie, moderne Küche. DZ um 100 £.
Angenehm ▶ **Culm Vale Country House** 9: Stoke Canon, 5 km nördlich von Exeter, Tel. 013 92-84 16 15. Country House im viktorianischen Stil in einem großen Garten. Zwei großzügige Zimmer mit gemeinsamen Bad; herzhaftes Frühstück. DZ 50–60 £.

Essen & Trinken

Chic, lässig und exzellent ▶ **Michael Caines:** im Royal Clarence Hotel 2, Tel. 013 92-31 99 55, www.michaelcaines.com. Preisgekröntes Restaurant mit Café und Bar. Moderne britische Küche, basierend auf regionalen Produkten. So-abend geschl. Lunch, 2-Gänge-Menü 10 £ (!), Dinner, Hauptgerichte ab 18 £.
Mediterran ▶ **Olive Tree:** im Hotel Queens Court 2, Tel. 013 92-27 27 09. Ausgezeichnete mediterrane Küche, schick, behaglich. Gutes Preis-Leistungs-Verhältnis. 2-Gänge-Menü 10 £.
Traditionsreich ▶ **Hansons Restaurant & Coffee House** 1: 2 Cathedral Close, Tel. 013 92-27 69 13, Mo–Sa 9–18 Uhr. Ein Haus mit Charme, traditionelle Küche, Cream Tea! 2-Gänge-Lunch-Menü 10 £.
Alt & gemütlich ▶ **The Ship Inn** 5: 1–3 St Martin's Lane, Tel. 013 92-27 20 40. Nahe der Kathedrale bietet der Pub, den schon Sir Francis Drake gerne besuchte, altmodischen Charme. Pub-Küche ab 6 £, Restaurant im Obergeschoss.
Frisch & jung ▶ **Wagamama** 2: Princesshay, 16 Bedford Street, Tel. 013 92-27 48 10, www.wagamama.com. tgl. geöffnet. Knackfrische japanische Nudelküche. Minimalistisch gestylt, mit langen Holztischen und rasend-schnellem Service. Gerichte ab 5 £.

Einkaufen

Shoppen von A bis Z ▶ Die **High Street** 1 bietet alles, von der kleinen Boutique bis zu

Exeter und das Dartmoor

Neues Leben am Alten Hafen: Quayside in Exeter

Marks & Spencer und allen gängigen High-Street-Filialen.
Einkaufszentren ▶ Die **Harlequin Shopping Mall** 2 und die **Guildhall Shopping Mall** 3 liegen ebenfalls zentral und bieten ein breites Spektrum an Geschäften.
Kleine Läden ▶ Am **Quay** 4 haben sich kleinere Boutiquen und Galerien etabliert.

Abends & Nachts

Nr. 1 in Exeter ▶ **The Cavern Club** 1: 83–84 Queen Street, Tel. 013 92-49 53 70, www.cavernclub.co.uk. Ältester und beliebtester Kellerclub mit Live-Bands.
Riesig ▶ **The Arena** 2: 1 Summerland Street, Tel. 013 92-49 14 19, www.arenaclubbing.co.uk. Mehrere Clubräume, Bars, DJs.
Trendig, jung ▶ **Timepiece** 3: Little Castle Street, Tel. 013 92-49 30 96, www.timepieceenightclub. Wechselnde Themenabende, House, R&B.

Termine

Devon County Show (Mai): Familienvergnügen und Leistungsschau des Landes und der Landwirtschaft: Vieh-Versteigerungen, Musik, Reitturniere.

Exeter Festival (drei Wochen im Juli): mit Musik von Klassik bis HipHop.

Aktiv

Stadtführungen ▶ **Red Coat Guided Tours** 1: Tel. 013 92 26 52 03, www.exeter.gov.uk. Die Stadtführer im Roten Rock, **Red Coats,** nehmen täglich ihre Gäste unter die Fittiche: Die kostenlosen Führungen (90 Min., Treffpunkt: Cathedral Close und Quay House Visitor Centre) bieten unterschiedliche

Exeter und Umgebung

thematische Spaziergänge, u. a. auch durch die Katakomben des mittelalterlichen Kanalisationssystems – sehr beliebt!
Fahrrad- und Bootsverleih ▶ **Saddles and Paddles** 2: am Quay in Exeter, www.sadpad.com. Fahrrad-, Kajak- und Kanubootverleih für Fahrrad und Bootstouren entlang und auf dem Kanal.

Verkehr
Flüge: Exeter International Airport, 10 km südlich des Zentrums. Innerbritische Flüge, Charterflüge nach Spanien und Portugal. Tel. 013 92-36 74 33, www.exeter-airport.co.uk
Züge: Der Hauptbahnhof von Exeter ist St David's Station im Nordwesten der Stadt an Station Road. Züge nach London Paddington, Bristol, Midlands. Vom innerstädtischen Bahnhof Exeter Central an der Queen Street gehen Züge Richtung Westen ab: Dawlish, Newton Abbot, Torquay; nach Norden: Crediton, Barnstaple, nach Süden: Topsham, Exmouth und über Salisbury nach London Waterloo.
Busse: Busbahnhof in Paris Street, Regionalbusse mit Devon Stagecoach, Tel. 08 70-608 26 08, www.traveline.org.uk.

Bickleigh und Bickley Mill
▶ F 19
Durch die sanfte, liebliche Landschaft des Exe-Tals führt die A 396 über die Steinbrücke in **Bickleigh**: Das große Ausflugslokal und Hotel The Fisherman's Cot, liegt wunderschön unmittelbar an der Exe, der Garten mit Enten und Trauerweiden reicht an das Ufer des Flüsschens, und die Bickley Bridge ist für Eingeweihte von einer Flowerpower-Aura umgeben: Einer der berühmtesten Songs von Simon & Garfunkel, »Bridge over troubled water«, ist von der anmutigen Brücke inspiriert worden, als sich Paul Simon, der in den 1960er Jahren durch die Folk Clubs in England tingelte, für eine Weile hierher zurückzog. Auf der anderen Seite des Flusses Exe liegt, ebenfalls sehr romantisch und schön für einen Cream Tea **Bickley Mill** mit Bistro, Shop und Garten. Ein Spazierweg führt ins 3 km entfernte, malerisch gelegene

Tipp: Kulinarische Entdeckungen

Von Exeter aus nur ein kleiner Abstecher Richtung Dartmoor – aber welch ein Fund. Im winzigen Dörfchen **Doddiscombsleigh** (▶ F 20), zwischen gewundenen, von Hecken gesäumten Straßen, hat sich der **Nobody Inn** weithin einen Namen gemacht: Neben unprätentiöser Gastlichkeit und einem schönen Garten gibt's eine riesige Auswahl an Weinen aus aller Welt und das Beste: eine riesige Selektion wenig bekannter englischer Käsesorten. Haben Sie schon mal von Ticklemoor, Ashprington oder Roan gehört? (Tel. 016 47-25 23 94, www.nobodyinn.co.uk, Mo–Sa 11–23, So ab 12 Uhr).

Bickleigh Castle, wo man sehr gut und nobel essen kann.

Übernachten
Reizvolles Kleinod ▶ **Bickley Castle:** Bickleigh, Tel. 018 84-85 53 63, www.bickleighcastle.com. Kleines, wunderschönes Backsteingebäude in traumhaften Gärten mit mehreren reetgedeckten Cottages. DZ ab 110 £.

Essen & Trinken
Beliebt ▶ **The Fisherman's Cot:** Bickleigh, Tel. 018 84-85 52 37. Ausflugslokal und Hotel in sehr schöner Lage, immer gut besucht. Gerichte ab 5 £.

Killerton House & Park ▶ F 19
Umgeben von einem großzügigen Landschaftspark und Gärten, die im Frühling, Sommer und Herbst in bunten Blütenteppichen schwelgen, wartet der georgianische Landsitz Killerton House mit einer liebevoll gestalteten historischen Kostümsammlung auf, eine der größten in Südengland.

Wandert man durch die Räume im Obergeschoss des Hauses, stößt man auf die Gäste einer Cocktail-Party aus den 1920er-Jahren, eine viktorianische Gruppe in Trauerkleidung, ein Kinderzimmer aus edwardiani-

Exeter und das Dartmoor

scher Zeit – die Tableaus werden jährlich neu zusammengestellt und bieten mit den Haushalts- und Küchenräumen ein sehr lebendiges Bild der Alltagsmühen hinter den Kulissen eines Country Houses (Killerton House & Park, NT, Tel. 013 92-88 13 45, www.nationaltrust.org.uk, Haus: April–Okt. tgl. 11–17, Park: tgl. 10.30 Uhr bis Sonnenuntergang, Eintritt für Haus und Garten Erw. 8,40 £).

Knightshayes Court ▶ F 19

Knapp hinter dem Ort Tiverton liegt Knightshayes Court – nicht die größte, nicht die berühmteste, aber eine der schönsten Park- und Gartenschöpfungen Südenglands.

Das komfortable, elegante Haus, errichtet von William Burges, beschwört die gesättigte, sorglose Atmosphäre herauf, in der die Oberklasse in der spätviktorianischen Zeit lebte, und präsentiert zudem noch eine eindrucksvolle Gemäldesammlung: Werke von Rembrandt, Raffael, Holbein, Cranach d. Ä., Claude Lorrain, William Turner und John Constable sind in Bibliothek und Drawing Room versammelt. Eingangshalle, Rauchzimmer, Boudoir, Billardraum, Bäder – diese Räumlichkeiten sind ausgelegt für eine große Familie und deren zahlreiche Weekend-Besucher.

Die **Gärten** sind eine Pracht: Vor dem Haus erstrecken sich terrassierte formale Anlagen mit Treppenlauf, ein gepflastertes, geometrisches Gärtchen neben einem gepflegten Rasen mit Teich, davor die berühmten Buchsbaumfiguren »Fox and Hounds« (»Fuchs und Hunde«), die schließlich in ringförmig angelegte ›Wildgärten‹ und Parkanlagen übergehen. Überall wurden herrliche Ensembles gestaltet: rote Kamelien unter Kirschbäumen, Glockenblumen, Narzissenfelder, Magnolien, Jasmin, violette Rhododendren, die zwischen den gelben, blassgrünen, silber und grau leuchtenden Blätterdächern der Weiden, Lärchen, Pinien, Ahorn, Buchen und Zedern hindurchschimmern.

Knightshayes Court bietet das perfekt durchgestaltete Sinnbild viktorianischer großbürgerlicher *landed gentry* in Reinkultur (Knightshayes Court, NT, Bolham, Tiverton, www.nationaltrust.org.uk, Tel. 018 84-25 46 65, Park: Ostern–Okt. tgl. 11–17.30, Haus: Sa–Do 11–17 Uhr, Eintritt für Haus, Garten und Park: Erw. 8,60 £).

Im Dartmoor ▶ E/F 20

Der etwa 900 km^2 große Dartmoor National Park ist eines der größten und einsamsten Naturgebiete Europas. In der Mitte des fast kreisförmigen Areals liegen die kahlen, offenen Hochmoorflächen, graugrüne, olivfarbene weite Hügel, von riesigen Granitblöcken, bizarren Steinbrocken und Felsformationen, den Tors, unterbrochen. In dieser Verlassenheit wurde früher Zinn geschürft. Die höchsten Erhebungen sind im Norden: Yes Tor und High Willhays, beide über 600 m hoch. Die beliebtesten Ausflugsziele sind die winzigen Orte Widecombe und Buckland in the Moor.

Natürlich wissen wir alle über Dartmoor Bescheid: ein unwirtliches Moorgebiet, neblig, kalt und feucht, nicht nur die Feuer speienden »Hunde von Baskerville« des Arthur Conan Doyle verbreiten Angst und Schrecken, sondern auch hin und wieder ein ausgebrochener Strafgefangener, der nach einer menschlichen Behausung sucht und dabei nur auf Wildpferde, Steine und Schafe stößt. So geschehen bei Edgar Wallace oder Alfred Hitchcock.

Das Dartmoor hat aber viel mehr zu bieten. Überall stößt man auf frühgeschichtliche Fundstellen, Reste von Steinzeitsiedlungen, Erdwälle, Dolmen und Gräber. Zahllose Bäche und Flüsse entspringen im Dartmoor, so auch der zweiarmige Dart, der sich bei Dartmeet trifft, in ein breites, bewaldetes Tal übergeht und im Südosten bei Dartmouth in die See mündet. Im Osten und Südosten des Dartmoor findet man bewaldete Talsenken, in denen reizvolle, winzige Dörfer Schutz zu suchen scheinen. Knorrige, uralte Zwergeichenhaine über bemoostem, steinigem Unterholz wechseln ab mit buckeligen, violetten Heideflächen. Zwischen Farnen, Flechten, Ginster und stoppeligem Gras, zwischen Tümpeln, Rinnsalen und Wildblumen leben die Schaf-

Im Dartmoor

Tipp: A la Ronde, eine Narretei

Eine *unique folly* ist das Haus **A la Ronde** (▶ F 20) außerhalb von Exmouth; eine ›einzigartige Narretei‹, die selbst im United Kingdom mit seinen zahllosen Exzentrikern ganz oben auf der Liste der individualistischen Architekturspielereien steht. In der Hochsaison kommt es vor, dass diese bauliche ›Wundertüte‹ nur mit begrenztem Einlass bestaunt werden kann.

A la Ronde ist das maßgeschneiderte Haus zweier reiselustiger Ladies, Jane Parminter und ihrer Cousine Mary, die sich 1784 auf die beschwerliche, aber für junge Männer durchaus übliche Grand Tour nach Italien begaben – sie jedoch waren unverheiratete Frauen, ihre Neugier und Abenteuerlust waren so unstillbar, dass sie zehn (!) Jahre fortblieben. Dann aber, die Fülle der herrlichen Bauten in Italien vor Augen und die praktischen Notwendigkeiten eines gut organisierten Haushalts im Kopf, entwarfen sie, die Idee des modischen ›cottage ornée‹ mit der byzantinischen Basilika San Vitale in Ravenna verquickend, ein Haus mit 16 Seiten – einen Architekten hat es nicht gegeben. Gegen Ende des 18. Jh. zogen sie ein.

Alles war ebenso praktisch wie ungewöhnlich: Die Räume legen sich ringförmig um die zentrale achteckige Halle, die sich über drei Stockwerke hinzieht und von einer Lichtkuppel gekrönt wird. Im Frühling und Sommer kann man, der Sonne folgend, die Räume ›durchwohnen‹; die Anlage der Türen erlaubt es, im Winter nur einzelne Raumteile zu beheizen. Die tortenförmigen Keile, die aufgrund der Bauweise zwischen den Zimmerwänden entstanden, sind als Stauraum genutzt; es gibt Schiebetüren, zusammenklappbare Tische und ein Sprachrohrsystem – schließlich ist es nicht jedermanns Sache, unter der Kuppel zu stehen und über 20 m hinweg ins Erdgeschoss zu rufen.

Die Parminters haben sich dann noch 13 glückliche Jahre lang mit der Inneneinrichtung befasst: Umwerfender Mittelpunkt ist der Kuppelraum, über und über mit Muscheln, Steinen, Glas und Federn ausgelegt, in unterschiedlichen Mustern und variierenden Zusammenstellungen. Als Fingerübung mag da der Federfries im Wohnraum entstanden sein.

Alle Räume zeugen vom Geschmack ihrer Erbauer: Die Schwestern sammelten Miniaturbücher, Aquarelle, Scherenschnitte, Intarsienarbeiten in Möbelstücken, Nadelarbeiten und Muschelcollagen – ein Haus wie ein Schmuckkästchen aus vergangenen Zeiten (A la Ronde, NT, bei Exmouth, Tel. 013 95-26 55 14, www.nationaltrust.org.uk, April–Okt. So–Do 11–17 Uhr, es gibt auch einen Tea Room).

---

herden, Rinder und die charakteristischen zotteligen Wildpferde, die auch im Winter bei eisigem Wind, in Kälte und Regen im Freien ausharren.

Das Dartmoor ist das urzeitliche Paradies für Wanderer, Reiter und die Kletterer, die wie bunte Farbtupfer angeseilt über den Felskanten hängen.

Princetown

Princetown, mitten im Moor, ist mit ca. 900 Einwohnern schon eine der größeren Ansiedlungen im Dartmoor. Seine Entstehungsgeschichte ist auch die des berühmten Gefängnisses an diesem hoch gelegenen, ungeschützten und grauen Ort: Im Jahr 1785 erwarb ein gewisser Thomas Tyrwitt Landbesitz, der als Teil der Grafschaft Cornwall dem Prinzen von Wales, dem späteren Georg IV., gehörte. Er hoffte, daraus Farmland machen zu können, und begann mit Siedlungsprojekten für den Flecken ›Princetown‹. Ein Fehlschlag, denn wegen des Granituntergrundes war eine Entwässerung unmöglich. So verfiel er 1806 auf die Idee, ein Gefängnis errichten zu lassen. Gefangene gab es genug: Franzosen aus den Napoleonischen Kriegen, die man nicht alle in die Strafkolonien verschiffen wollte. Sie bauten das Gefängnis, die Kirche, die Häuser und Unterkünfte des Wach-

Exeter und das Dartmoor

Tipp: Orientierung im Dartmoor

Gut zu merken – vier kleinere Städte begrenzen das Dartmoor-Areal: Im Norden ist es Okehampton, im Westen Tavistock, im Osten Bovey Tracey und Ashburton, im Süden Ivybridge. Der Autofahrer muss sich anpassen und wissen, wohin er will: Dartmoor ist von einem Straßenring eingefasst, erschlossen wird es durch zwei Hauptstraßen, die sich bei **Two Bridges**, nördlich von Princetown, kreuzen. Im östlichen Teil winden sich noch ein paar Holpersträßchen zwischen den Dörfern entlang, aber das ist auch alles – viele der Feldwege führen ins Nichts: Sie enden an einem abgelegenen Gehöft, an einem Tor, an einer Scheune oder schlicht im Nirgendwo.

personals. 9000 von ihnen wurden gleich nach Fertigstellung im Jahr 1809 dort eingeschlossen; später sperrte man die Soldaten aus den ehemaligen amerikanischen Kolonien, die im Krieg von 1812–14 gefangen genommen wurden, in Princetown ein. In der Kirche erinnert ein Mahnmal an sie. Seit 1852 ist Princetown zivile Strafanstalt. Das **Dartmoor Prison Heritage Centre** nahe dem Haupteingang verdeutlicht die grauselige Geschichte (www.dartmoor-prison.co.uk, tgl. 9.30–12.30, 13.30–16.30, Fr, So bis 16 Uhr).

Okehampton und Umgebung

Im nördlichen Marktflecken **Okehampton** bietet das **Museum of Dartmoor Life** (3 West Street, www.museumofdartmoorlife.eclipse.co.uk, Ostern–Okt. tgl. 10.15–16.30 Uhr) einen lebendigen Einblick in die Sozialgeschichte der Region. Etwa 15 km südlich von Okehampton, am nordwestlichen Rand Dartmoors, liegt Lydford: ein altes Zinnschürferdorf mit normannischer Festungsanlage und der berühmten **Lydford Gorge**. In der knapp 3 km langen Schlucht rollt und gurgelt der Fluss Lyd durch eine herrliche Waldlandschaft, und am White Lady-Wasserfall stürzt er schäumend, tosend, in Gischt gehüllt 35 m in die Tiefe (Lydford Gorge, NT, April–Okt. tgl. 10–17.30, Okt. 10–16, Winter 10.30–15 Uhr).

Infos
Okehampton Tourist Information: White Hart Courtyard, am Museum, Tel. 018 37-530 20, www.okehamptondevon.co.uk.

Übernachten
Ruhig und gemütlich ▶ **Moor View House:** Vale Down, Lydford, Tel. 018 22-82 02 20, www.bedandbreakfastdirect.co.uk. Schönes Haus mit Garten und gutem Essen an einem langen Tisch. DZ ab 70 £.

Castle Drogo

Am Nordrand des Dartmoor, ein waldreiches Tal überblickend, bietet Castle Drogo Architekturliebhabern echte, fast noch zeitgenössische Exzentrik. Stellen Sie sich einen Kolonialwarenhändler vor, der durch den Teehandel mit China und Indien im Alter von 33 Jahren so reich geworden ist, dass er beschließt, sich als *landed gentleman* zur Ruhe zu setzen.

Er hat alles – bis auf die gesellschaftlich wünschenswerte eindrucksvolle Abstammung und einen angemessenen Landsitz. Die genealogische Rückführung wird erfolgreich zusammengebastelt: Seine Vorfahren stammen von dem normannischen Edelmann Drogo de Teine ab, der auch dem benachbarten, ganz reizenden Weiler **Drewsteignton** seinen Namen gab; der Kaufmann lässt seinen Namen entsprechend anpassen und heißt jetzt Julius Drewe. Als solcher beschließt er kurz nach der Wende zum 20. Jh., ein Schloss zu bauen: Mittelalterlich, imposant und romantisch soll es sein. Er beauftragt einen der erfolgreichsten Architekten seiner Zeit: Edwin Lutyens, der mit traumwandlerischer Sicherheit auf der Klaviatur unterschiedlichster Stilelemente zu spielen weiß. 60 000 Pfund stehen zur Verfügung, eine fürstliche Summe, wenn man bedenkt, dass ein schlichtes, zweigeschossiges Wohnhaus damals nicht mehr als 250 Pfund kostete.

Lutyens sah bei Baubeginn im Jahr 1910 eine Anlage aus drei Burgflügeln vor; der Erste

Letterboxing – Wandern im Dartmoor

Die spröden Reize des Dartmoor lernt man erst wirklich beim Wandern kennen. In der leeren Einsamkeit, oftmals auch beklemmenden Wildheit, hat sich daher über die letzten 100 Jahre ein freundliches Zeichensystem entwickelt, das ganz Dartmoor überzieht und inzwischen zu einem Kult geworden ist: das *letterboxing*.

Die erste *letterbox* gab es schon um 1860 unter einem Stein am Cranmere Pool, einem beliebten Ziel für Langstreckenwanderer in der Mitte Dartmoors. Um ihre Anstrengungen gebührend zu würdigen, gab es bald ein ›Gästebuch‹ und einen Gummistempel.

Der Cranmere-Stempel wurde zu einem Sammlerobjekt. Die Idee wurde von einzelnen Personen, Familien, Pubs und Clubs aufgegriffen, so dass sich heute ein inoffizielles, privates Netz von etwa 4000 versteckten Briefkästen über das Dartmoor zieht – und die wollen gesucht und gefunden werden. So stößt man nicht selten auf Leute, die mit dem Fernglas nach dem nächsten Briefkasten spähen – die *letterboxes* sind in ausgehöhlten Baumstämmen, zwischen Grasbüscheln und in Tümpeln zu finden; in Plastikschachteln oder wasserdichten Beuteln; sie tragen mehr oder weniger einfallsreiche Namen wie ›Demon Drink‹, ›Happy Miner‹ oder ›Canadian Connection‹. Den glücklichen Finder erwarten Gästebuch, Stempel und Stempelkissen: Oftmals hat er seinen eigenen Stempel, immer aber Postkarten bei sich – wasserdicht verpackt (www.dartmoorletterboxing.org).

Landmarke aus Urgestein: Hay Tor Rocks

Exeter und das Dartmoor

Weltkrieg machte diese gigantischen Pläne zunichte, in abgewandelter Form wurde nur ein Flügel errichtet. 17 Jahre später, 1927, konnte die Familie Drewe mit dem Einzug beginnen; 1930 war Castle Drogo fertig gestellt. Der Bauherr starb nur wenige Jahre später. Die Familie seines Enkels lebt heute noch hier, obwohl der gesamte Besitz mit 270 ha Land 1974 dem National Trust überantwortet wurde.

Die jüngste Burg Großbritanniens wäre ein hässlicher Klotz vor sich hinbrütender Massigkeit, hätte sie der Architekt Edwin Lutyens nicht durch Sensibilität und Heiterkeit des Details erlöst. Er schuf einen Bau, dessen Reiz in der Spannung liegt: Schweres Mauerwerk aus sandfarbenem, handbehauenem Granit wird durch mehrere Fensterreihen mit steinernem Maßwerk aufgelockert. Die Türme verjüngen sich kaum wahrnehmbar nach oben hin, sodass die schiere Höhe betont wird. Die strengen kubischen Formen werden mit sanften Umrissen, Kurven, Bögen und Rundungen kontrastiert, besonders deutlich bei der Kapelle.

Das Innere des Hauses ist ein ingeniöses Spiel mit Volumen, Höhen- und Tiefenwirkung, mit den unterschiedlichsten Stilelementen, diversen Kuppeln, Gewölben, Säulen, nüchternen Steinwänden und edelsten Materialien, Mahagonivertäfelungen, Leder, Tapisserien, komfortabelster Ausstattung und technischer Raffinesse.

Die zwiespältigen Gefühle, die Castle Drogo auslöst, mögen auch seinem Architekten Edwin Lutyens nicht unbekannt gewesen sein. Während er sich auf einer der zahlreichen Schiffspassagen nach Indien befand, um in Neu-Delhi den Palast des Vizekönigs zu bauen, schrieb er in seiner als Büro hergerichteten Kabine über die Pläne von Castle Drogo gebeugt: »Only I do wish he didn't want a castle – but just a delicious loveable house with plenty of good large rooms in it.« – »Mir wäre es lieber, er wollte keine Burg, sondern einfach ein erlesenes, freundliches Haus mit vielen schönen großen Zimmern.« (Castle Drogo, NT, Tel. 016 47-43 33 06, www.nationaltrust.org.uk; Haus Ende März–Okt. Mi–Mo 11–17, Gärten tgl. 10.30–17.30 Uhr).

Das zum Castle Drogo gehörende Dörfchen heißt **Drewsteignton** und ist ein winziger Weiler mit reizendem Dorfplatz.

Übernachten

Charmant ▶ **The Old Inn B&B:** The Square, Tel. 016 47-28 12 76, www.old-inn.co.uk. DZ 80–90 £. Gleich nebenan der Old Inn. Die 4 Zimmer sind zauberhaft, mit allen Annehmlichkeiten und altmodischem Charme. DZ ab 80 £.

Angenehm ▶ **Hunts Tor House B&B:** Hunts Tor, Drewsteignton, Tel. 016 47-28 12 28. Ordentliches freundliches B&B. DZ 70 £.

Essen & Trinken

Wie aus dem Bilderbuch ▶ **The Drewe Arms:** The Square, Tel. 016 47-28 12 24, www.thedrewearms.co.uk. Wunderschöner Pub mit Restaurant und B&B (DZ 90 £). Reetgedeckt, mit weißgekalkter Fassade, Garten und im Innern viel dunklem Balkenwerk. Grillspezialitäten und gehobene Pubküche. Hauptspeisen ab ca. 10 £.

Chagford und Gidleigh

In südöstlicher Richtung mäandern die schmalen Straßen durch den weicheren, lieblichen Teil Dartmoors. **Chagford,** das kleine Marktstädtchen, das einst zu den *stannary towns* (s. S. 402) von Devon gehörte, strahlt einen zufriedenen, ländlichen Charme aus. Schon im 19. Jh. war es viel besucht, und die Läden, Tea Rooms und Inns um den Marktplatz zeugen von solider Geschäftigkeit und sorgsamer Pflege.

Der Name **Gidleigh** ist in Feinschmeckerkreisen von fast geheiligter Bedeutung: Das nahezu unauffindbare, in einem Landschaftspark versteckte, zwischen Terrassen, Gärten, Lavendel- und Rosenduft schwebende **Gidleigh Park Hotel**, ein kleines, sehr feines Landhaus, gehört in England zu der erlesenen Top Ten der Country House-Hotels und Restaurants der Spitzenklasse.

Übernachten

Überragend ▶ **Gidleigh Park Hotel:** Tel. 016 47-43 23 67, Fax 016 47-43 25 74,

Im Dartmoor

www.gidleigh.com. Ein verborgenes Juwel, ein bukolischer Genuss, ein Mehrsternelokal (Chef: Michael Caines). DZ inkl. Dinner 440–600 £.

Sehr hübsch ▶ Three Crowns Inn: High Street, Chagford, Tel. 016 47-43 34 44, www.threecrowns-chagford.co.uk. Reetgedecktes altes Steinhaus mit gepflegten Zimmern mitten im Städtchen. DZ ab 70 £.

Ländlich stilvoll ▶ Easton Court B&B: Easton Cross, Chagford, Tel. 016 47-43 34 69, www.easton.co.uk. Tudor-Country House mit Charme in großzügigen Gärten. DZ ab 65 £.

Lustleigh

Das winzige Lustleigh ist eines der bezaubernsten Dörfer, das man in ganz Südengland sehen kann: eine friedvolle Ansammlung pastellfarbener Cottages, reetgedeckt, mit Kletterrosen überwachsen, ein grüner, baumbestandener Dorfplatz, hügelige Sträßchen. Das zu Recht weithin bekannte **Primrose Cottage** bietet Köstlichkeiten zum Nachmittagstee, den man im Bauerngarten genießen kann. Am Dorfende schließlich liegt der *village orchard:* ein eingefriedeter Gemeindegarten. Über buckeligem Wiesengrün wölben sich die Kronen der Obstbäume, und neben dem Kinderspielplatz steht ein großer Stein, in den die Namen der Maiköniginnen eingemeißelt sind – wie einem Märchenbuch entnommen.

Widecombe und Buckland

Die beiden Orte Widecombe in the Moor und Buckland in the Moor sind die bekanntesten Ausflugsziele in Dartmoor; beiden gelingt es immer noch recht erfolgreich, ihr ländliches Behagen gegen die Kaffeefahrten der Tagesbesucher zu verteidigen.

Die vier Turmspitzen der hochaufragenden Dorfkirche von **Widecombe** sind über das Tal hinaus sichtbar. Sie trägt auch den Beinamen ›Kathedrale des Moores‹ und wurde hauptsächlich von Zinnschürfern (s. S. 402) finanziert. Die Kirchgänger mussten von weit her anreisen, im ehemaligen Church House fanden sie Unterkunft – jetzt gehört es dem National Trust.

Tipp: Two Moors Way

Ein herrlicher, aber auch anstrengender Langstreckenwanderweg, der das Dartmoor mit der Exmoor-Küste verbindet oder umgekehrt. Die etwa 160 km lange Strecke führt durch die schönsten Landstriche Devons und ist gut in zehn Tagen zu bewältigen; sie beginnt oder endet in **Ivybridge**. Mit dem etwa 110 km langen Rundwanderweg **Dartmoor Way** erschließt sich die Landschaft mit ihren Orten Tavistock, Chagford, Moretonhampstead, Ashburton, Buckfastleigh und Princetown ganz wunderbar (www.dartmoorway.org.uk).

Buckland, mit 95 Einwohnern, ist wegen seiner malerischen strohgedeckten Steinhäuser und der kleinen, tief im Tal versteckten Kirche ein begehrtes Objekt für die Kamera und ein lebendiges Sinnbild für die den Engländern so lieben Träume vom unversehrten Landleben. In **Haytor Vale** hat Agatha Christie ihren ersten Roman beendet. Die Agatha Christie Lounge im Moorlands Hotel an der Straße nach Haytor Vale pflegt noch heute die Erinnerung an die Grand Old Lady des Kriminalromans.

Infos

Dartmoor Informationszentren: Es gibt zahlreiche Informationszentren und Anlaufpunkte der National Park Authority. Die Gästezeitschriften »Visitor's Guide« und »What's on« bieten Veranstaltungskalender, auch mit Angeboten zu geführten Wanderungen, etc., www.dartmoor-npa.gov.uk, www.discover-dartmoor.com.

High Moorland Visitor Centre: Tavistock Road, Princetown, Tel. 018 22-89 04 14, tgl. geöffnet. Großes Besucherzentrum mit Veranstaltungen.

Weitere Visitor Centres: Haytor, auf dem Parkplatz Hauptstraße, Tel. 013 64-66 15 20; Newbridge, Riverside-Parkplatz, Tel. 013 64-63 13 03; Postbridge, Parkplatz an der B 3212, Tel. 018 22-88 0272; Tavistock, Town Hall, Bedford Square, Tel. 018 22-61 29 38, www.tavistock-devon.co.uk.

Exeter und das Dartmoor

Übernachten

Traumhaft ▶ Lydgate House: Postbridge, Tel. 018 22-88 02 09, Fax 0 18 22-88 02 02, www.lydgatehouse.co.uk. Bachgemurmel und blökende Schafe, alleinliegend an Privatstraße mit herrlichen Ausblicken. Wunderschönes kleines, privat geführtes Hotel mit 7 Zimmern, qualitätvoll ausgestattet. Lounge mit Kamin, auch Dinner mit lokalen Produkten. DZ 100–120 £.

Direkt am Flüsschen ▶ The Abbey Inn: 30 Buckfast Road, Buckfast, Tel. 013 64-64 23 43, www.theabbey-inn.co.uk. Ein traditionsreiches Wirtshaus am Ufer des Flusses Dart gelegen, gute Küche. DZ 70 £.

Beliebter Treffpunkt ▶ The Rising Sun Inn: Woodland, ca. 4 km südöstl. von Ashburton, Tel. 013 64-65 25 44, www.risingsunwoodland.co.uk. Schön gelegenes Country House mit guter lokaler Küche. DZ ab 65 £.

Beschaulich ▶ The Barn B&B: Close Applegarden, Scoriton bei Buckfastleigh, Tel. 013 64-63 15 67, www.thebarndartmoor.com. Eine entzückende umgebaute Scheune mit 2 Zimmern in einem kleinen Weiler am Moors Way Nr. 2. DZ 60 £.

Freundlich ▶ Beechwood: Postbridge, Tel. 018 22-88 03 32, www.beechwoodcottage.com. Schöne Umgebung, freundliche Gastgeber. DZ 65 £.

Zentral im Dorf ▶ Manor Cottage B&B: Widecombe, Tel. 013 64-62 12 18. Mitten im Dorfzentrum bietet das 200 Jahre alte Cottage mit großem Garten 2 Doppelzimmer mit einem gemeinsamen Bad. DZ ab 50 £.

Tolles Anwesen ▶ Knole Farm: Bridestowe, Okehampton, Tel./Fax 018 37-86 12 41, www.knolefarm-dartmoor-holidays.co.uk. Stattlicher Bau, großes Parkgelände, mit eigenem Qualitätscampingplatz, auch Familienzimmer. DZ um 60 £ (Juli, August nur ab 2 Nächte).

Essen & Trinken

Wundervoll ▶ Hotel Endsleigh: Milton Abbot, Tavistock, Tel. 018 22-87 00 00, www.hotelendsleigh.com. Restaurant für die gehobenen Ansprüche in wunderschönem Countryhouse aus dem Jahr 1810, man kann hier auch übernachten (DZ 220–260 £). Die Mahlzeiten Lunch, Afternoon Tea und Dinner werden in spektakulärer Umgebung eingenommen. Mehrgängiges Menü ab 30 £.

Traditionell ▶ Agaric: 30 North Street, Ashburton, Tel. 013 64-65 44 78, So–Di geschl. Sehr gutes Speiselokal, Mittagsmenü ab 12 £, Hauptgerichte um 14 £.

Chic ▶ Browns Hotel: 80 West Street Tavistock, Tel. 018 22-61 86 86, www.brownsdevon.co.uk, tgl. 10–22 Uhr. Restaurant, Brasserie und Bar sind lässig, elegant und gemütlich. Die Küche ist kreativ und anspruchsvoll mit überwiegend lokalen Produkten. 2-Gänge-Menü 19 £, Tagesgerichte ab 8 £.

Gemütlich ▶ Castle Inn: Lydford, Tel. 22-82 02 41, www.castleinnlydford.co.uk. Anheimelnder alter Gasthof mit guter Hausmannküche und großem Biergarten. Tagesgerichte um 9 £.

Aktiv

Geführte Wanderungen ▶ Von Dartmoor-Rangers an Sonntagen: Informationen im

---

Tipp: Regeln für Wanderer im Dartmoor

Der Nordwesten Dartmoors ist Militärgelände, auf dem scharf geschossen wird. Der entsprechende Bereich ist durch Markierungen und Schilder und auf jeder Landkarte gekennzeichnet (Auskünfte zu Schießübungszeiten: 08 00-458 48 68). Abgesehen von ausgewiesenen Spaziergängen, die ein oder zwei Stunden nicht überschreiten, muss man Wanderstiefel und Regenkleidung tragen – das Wetter schlägt blitzartig um – im Dartmoor fällt doppelt so viel Niederschlag wie an der etwa 20 km entfernten Ostküste bei Torbay. Mit dem Regen geht der Bodennebel einher, und plötzlich kann man nichts mehr sehen, die Orientierung ist dahin. Wanderkarten sind notwendig; ›alte Hasen‹ verzichten bei langen Wanderungen auch nicht auf Kompass, Taschenlampe, Trillerpfeife und die Notration in Form von Schokolade.

Im Dartmoor

Das raue Dartmoor gibt sich auch mal lieblich: Cottage in Chagford

High Moorland Visitor Centre (s. S. 361) oder in der Broschüre »What's on Dartmoor«.
Fahrradverleih und -touren ▶ Dartmoor Cycles: Tavistock, Tel. 018 22-61 81 78, www.dartmoorcycles.co.uk, im High Moorland Visitor Centre (s. S. 361).
Reiten ▶ Miniature Pony Centre: an der B 3212, 3 km westl. von Moretonhampstead, Ostern–Okt. tgl. 10.30–16.30, Juli/Aug. 10–17 Uhr, www.miniatureponycentre.com. Ponyreiten für Kleinkinder; **Cholwell Riding Stables:** Tavistock, Tel. 018 22-81 05 26, an der A 386 Okehampton–Tavistock; Dartmoor Riding Centre, Cheston, zwischen Southbrent und Ivybridge, Tel. 013 64-732 66.
Dampfeisenbahnfahrten ▶ Dartmoor Railway Exeter–Okehampton: ganzjährig Sa/So, während der Sommerschulferien tgl., kostenlose Mitnahme von Fahrrädern, Okehampton–Meldon hin und zurück 4 £, Tel. 018 37-556 37, www.dartmoorrailway.co.uk.

Verkehr
Busse: Im Dartmoor gibt es nur Busverbindungen, die Fahrpläne wechseln oft. Quer durch das Dartmoor verkehrt der Bus 82 Exeter–Plymouth. In allen Informationszentren gibt es auch Fahrpläne. Auch der äußere Verkehrsring wird mit Bussen bedient. Info-Tel. 08 70-608 26 08 oder DevonBus, Tel. 013 92-38 28 00, www.devon.gov.uk/devonbus.

Buckfast Abbey ▶ E 20
Am südöstlichen Rand des Dartmoor liegt die vielbesuchte Touristenattraktion Buckfast Ab-

Exeter und das Dartmoor

bey. Das noch aktive Benediktinerkloster, das sich, von Besuchern überrollt, auf eben diese geschmeidig eingestellt hat, wurde aufgrund seiner Wiedergeburt berühmt: Das alte Kloster war nach der Reformation dem Erdboden gleichgemacht worden; eine Schar französischer Mönche erwarb 1882 das Grundstück. Sie stießen auf die ehemaligen Grundmauern und beschlossen, ein neues Kloster und die Abteikirche nach alten Plänen zu rekonstruieren. Vier, manchmal sechs Mönche bauten die prachtvolle Kirche im anglo-normannischen Stil eigenhändig in dreißigjähriger Bauzeit. Fertig gestellt wurde sie 1922. Gezeigt wird eine Ausstellung zur Produktion von Bleiglasfenstern, für die die Mönche bekannt sind, auch gibt es einen Shop mit Klosterprodukten wie Honig, Wein, etc. und einen Apothekergarten (www.buckfast.org.uk, Kirche und Anwesen tgl. 5.30–19 Uhr, Ausstellung und Shop Mai–Okt. Mo–Sa 9–17.30, So 12–17.30, Nov.–April Mo–Sa 10–16, So 12–16 Uhr).

Dartington Hall ► F 20

An der A385 liegt der kleine Ort Dartington mit dem ins 14. Jh. zurückgehenden, lang gestreckten, reetgedeckten Cott Inn (sehr gute Lunch-Buffets) und der über die Grenzen hinaus berühmten Dartington Hall: ein Hort der Künste in traumhaft schöner Umgebung.

Das aus der Tudor-Zeit stammende spitzgiebelige Manor House aus grau gesprenkeltem, mürbem Stein flankiert einen weiten, mit

Dartington Hall ist heute ein Hort der Künste

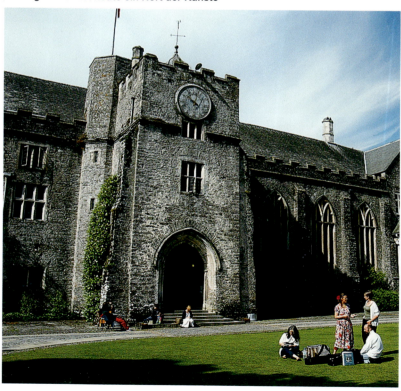

Im Dartmoor

Gänseblümchen übersäten Rasenplatz; Mittelpunkt ist die Hall, in der Konzerte und Ausstellungen stattfinden. Der sich anschließende variationsreiche Landschaftsgarten ist ein Meisterwerk: Sein Zentrum bildet ein riesiges, scharfkantig abgesenktes, baumumstandenes Rasenrechteck; der dicke grüne Teppich zieht sich längsseitig in breiten Stufen in die Höhe, auf dem Plateau blickt »die ›Liegende‹« von Henry Moore über die Zedern hinweg auf das Hauptgebäude.

Dartington Hall wurde 1925 von dem amerikanischen Ehepaar Elmhirst erworben und auf der Basis einer gemeinnützigen Stiftung erfolgreich als große Domäne weitergeführt. Die Kurse der International Summer School genießen ebenso wie das College einen hervorragenden Ruf. Veranstaltungen, Konzerte, alternative Land- und Forstwirtschaftsmethoden, die Dartington Glasmanufaktur und zahlreiche kunsthandwerkliche Lehrgänge locken Teilnehmer und Besucher an.

Eine überraschende Ergänzung zu den alten Gebäuden bildet das komplett restaurierte **High Cross House** – einer der seltenen Bauten der Neuen Sachlichkeit aus den frühen 1930er-Jahren. Ein kühler, strahlend weißer Bau aus ineinandergeschobenen Kuben, der jetzt als Kunstzentrum mit Arbeitsbibliothek, Ausstellungsräumen und Cafeteria einen weiteren Anziehungspunkt im Dartington Estate darstellt (www.dartingtonhall.com, März–Nov. 10.30–17.30 Uhr, die Gärten sind tgl. von Sonnenaufgang bis Untergang geöffnet, Erw. 2 £).

Zum Estate gehören auch das Dorf, die Kirche, zahlreiche weitere Bauten und landwirtschaftliche Nutzflächen.

Übernachten

Behaglich ▶ Royal Seven Stars Hotel: The Plains, Totnes, Tel. 018 03-86 21 25, www.royalsevenstars.co.uk. Ein stilvoller Inn aus dem 17. Jh. DZ 110–150 £.

Geschmackvoll ▶ Dartington Hall: Tel. 018 03-84 71 00, www.dartingtonhall.com. Einer der Flügelbauten ist komplett umgestaltet worden und bietet stilvolle, schnörkellose Zimmer. DZ 99 £.

Essen & Trinken

Appetitlich ▶ Wills Restaurant & Bar: The Plaines, Totnes, Tel. 080 00-56 30 06 oder 018 03-86 51 92, www.willsrestaurant.co.uk, nur Dinner. Beste Küche am Platz, lokale Weine. Menü um 25 £.

Mit romantischer Gartenterrasse ▶ Steam Packet Inn: St Peter's Quay, Totnes, Tel. 018 03-86 38 80, www.steampacketinn.co.uk. Am Dart River (auch Zimmer: DZ ab 80 £). Immer frischer Fisch. Gedeck ab 12 £.

Sorgfältig ▶ The White Hart Restaurant & Bar: Dartington Hall, Tel. 018 03-84 70 00, www.dartingtonhall.com, tgl. geöffnet, Bar Mo–Sa 11–23, So 12–22.30 Uhr. In den schönen Räumen mit Steinböden und Mauerwerk gibt es kreative, sorgfältige Küche mit besten Produkten. Tagesgerichte ab 9 £.

Bilderbuchidylle ▶ The Watermans Arms: Bow Bridge, Ashprington, etwa 6 km südöstl. von Totnes, Tel. 018 03-73 22 14, www.thewatermansarms.net, tgl. geöffnet. Mit Bachgemurmel sitzt es sich herrlich auf der Terrasse oder im alten Inn mit viel Balkenwerk (auch Übernachtungen DZ ab 70 £). Gute Fischgerichte. Tagesgerichte 5–20 £.

Einkaufen

Kleines Einkaufszentrum ▶ Cider Press Centre: am Dorfausgang Dartington, Mo–Sa 9.30–17.30, So 10.30–17.30 Uhr. Verkaufszentrum mit 15 Shops, Glas, Schmuck, Kunsthandwerk, regionalen Delikatessen. Auch Restaurant und Coffeeshop.

Termine

Literaturfestival (meistens eine Woche im Juli): mit Lesungen, Diskussionen und Präsentationen. Von morgens bis spät in den Abend hinein sind ungezwungene Begegnungen mit großen und weniger bekannten Personen der englischen Gegenwartsliteratur, Schriftstellern, Dichtern und Drehbuchautoren möglich.

Verkehr

Züge: Totnes Bahnhof, 3 km entfernt, von dort weiter mit Taxi.
Busse: nach Dartmouth.

Devons Südküste von der Torbay bis Plymouth

Das große, mediterran anmutende Seebad Torquay an der ›englischen Riviera‹ bildet den Auftakt der Südküste Devons mit ihren weiten, bewaldeten Flussmündungen, an denen kleine Fischerdörfer und Jachthäfen liegen. Die Hafenstadt Plymouth wird geprägt von historischer Größe: dem Aufstieg Englands zur Herrscherin über alle Meere.

Torbay – die ›englische Riviera‹

Der etwa 30 km lange Küstenstrich zwischen Exmouth und Dartmouth, den Hafenstädtchen an den Mündungstrichtern von Exe und Dart, ist als ›englische Riviera‹ eine der beliebtesten Ferienregionen Englands. Das Klima ist mild, die weite Bucht Torbay mit ihren roten Klippen ist windgeschützt, und in Torquay, dem Zentrum der Region, säumen Blumenrabatten und Palmen die Strandpromenade.

Rund um die Torbay sind die Ferienorte Torquay und Paignton bis knapp vor Brixham zu einer Ballungszone mit über 100 000 Einwohnern zusammengewachsen. Sie haben trotz sommerlichen Hochbetriebs ihren je eigenen Charakter wahren können.

Torquay ▶ F 20

Elegant und weltläufig präsentiert sich die Stadt mit Jachthafen, palmengesäumten und nachts in bunten Lichterglanz getauchten Promenaden, mit Theatern, der Gartenanlage Royal Terrace und mit pastellfarbenen viktorianischen Hotels, Guesthouses und terrassierten Apartmentkomplexen, die rund um den Hafen die sieben steilen Hügel hinaufwachsen. Torquay ist auch im Winter betriebsam: die Durchschnittstemperatur im Januar liegt um 1 °C höher als in Nizza!

Die internationale, junge Klientel der Sprachschulen, wohlbetuchte Pensionäre, Golfer, Segler und knutschende Pärchen mischen sich mit der »bucket and spade brigade«, den Familien mit kleinen Kindern – Torquay hat für jeden etwas zu bieten.

Rund um den **Hafen** mit Princess, Haldon Pier und neuer Fußgängerbrücke erstrecken sich die Promenaden: Palmen, Blumenrabatten, Bistros, Fischbuden, Spielhallen, Shops, gerahmt von Arkaden- und Passagebauten. Am Westende des Hafens, an den Princess Gardens, steht der alte gusseiserne **Pavilion** von 1912, als Konzerthalle eröffnet und heute eine gelungene Verknüpfung von alter Bausubstanz und neuer Nutzung mit Geschäften, Bar, Café und Terrasse mit schönem Blick über den Hafen. **Fleet Street**, die Hauptgeschäftsstraße von Torquay, zieht sich westlich vom Hafen aus den Hang hinauf.

Am Haldon Pier markiert ein filigranes zeltförmiges Netzdach das Erlebniszentrum **Living Coasts**, ein ›Küsten-Zoo‹, der sich – auch mit interaktivem Programm – dem Tierleben an der Küste widmet: mit über 100 Pinguinen, Seehunden und Papageientauchern (www.livingcoasts.org.uk).

Vor allem aber sind es die Strände, derentwegen die Torbay so beliebt ist: **Abbey Sands, Maidencombe, Watcombe Beach, Oddicombe** und **Babbacombe Beach.** Die beiden letzten sind mit der Klippenküste über eine alte Cliff-Zahnradbahn verbunden (tgl. 9.30–18 Uhr).

Die berühmteste Bürgerin Torquays war Agatha Christie, die hier 1890 geboren wurde und immer im Umkreis der Torbay gelebt hat. Wer auf ihren Spuren wandeln möchte, kann den ›Agatha Christie Trail‹ zu Hilfe nehmen, der vier Ausflüge und Spaziergänge zusammenfasst (Tourist Information). In **Torre Abbey,** dem ältesten Bau in Torquay (ungefähr aus dem 12. Jh.), heute mit Kunstgalerie, wird Agatha Christie im Memorial Room gedacht (Abbey Park, Ostern–Okt. tgl. 9.30–18 Uhr, www.torre-abbey.org.uk).

Das **Torquay Museum,** mit seinen archäologischen, naturhistorischen und sozialgeschichtlichen Sammlungen, zeigt darüber hinaus auch eine sehenswerte Dauerausstellung zu Agatha Christie (529 Babbacombe Road, www.torquay-museum.org, Ostern–Okt. Mo–Sa 10–17, Einlass bis 16, So 13.30–17 Uhr; Nov.–Ostern So geschl., Erw. 4,65 £).

Torbay – die ›englische Riviera‹

Infos

Torbay Tourist Information: Vaughan Parade, am Hafen, Tel. 018 03-29 74 28, Fax 018 03-21 48 85, www.torbay.gov.uk, www.torquay.com, www.englishriviera.co.uk, www.devonfun.co.uk.

Übernachten

Opulent ▶ **Orestone Manor:** Maidencombe, Rockhouse Lane, ca. 5 km nördlich, Tel. 018 03-32 80 98, Fax 018 03-32 83 36, www.orestone.co.uk. Luxuriöses Landhaushotel mit Gärten, Wäldern und beheiztem Pool sowie wunderschönem Ausblick auf die Lyme Bay, 12 behagliche Räume und Sterne-Restaurant. DZ 100–225 £.

Bowling in Torquay – das hält fit!

Devons Südküste von der Torbay bis Plymouth

aktiv unterwegs

Mit Fähre, Dampfeisenbahn und Schiff rund um Dartmouth

Tour-Infos
Start/Ende: Dartmouth, Hafen
Dauer: halber bis 1 Tag
Wichtige Hinweise: Kombiticket Round Robin: Erw. 19.50 £, Kinder 12.50 £ ab Hafenschalter. Alle Verkehrsmittel fahren rund 6 x am Tag. Abfahrt Fähre von Dartmouth: 10.45, Zug nach Paignton 11.15 Uhr, Bus von Paignton (Linie 100): 14 Uhr, Boot von Totness: 16.30 Uhr. Auskünfte und Tickets am Hafenschalter oder der Tourist Information, Tel. 018 03-83 44 88, auch Internetbuchungen möglich: über www.dartmouthrailriver.co.uk.

Herrlich verschwiegen liegt das Anwesen Greenway am Dart River, auf jeden Fall lohnt es einen Extra-Besuch (Greenway, NT, März–Okt. Mi–So 10.30, 17 Uhr, Aug. auch Di, Erw. 7,40 £; mit dem hauseigenen Schiff ab Dartmouth, Tel. 08 45-489 04 18, www.greenway ferry.co.uk; Hinfahrt: 10.30, 11.30, 14 Uhr, Rückfahrt: 13.30, 14.50, 17 Uhr, Erw. 8 £). Da die Dart ein Gezeitenfluss ist, ist einzuplanen, dass sich die Abfahrtszeiten verschieben. **Achtung:** Wer mit dem PKW kommt, muss den Parkplatz wegen der großen Nachfrage telefonisch mind. 1 Tag vorab reservieren. Es gibt keine andere Parkmöglichkeit, Falschparker werden nach 1 Std. abgeschleppt.

Eines der schönsten und vielseitigsten Ferienvergnügen bietet das sogenannte **Round Robin Ticket** zwischen Dartmouth und Totnes, das sich aus vier Teilen zusammensetzt: Schiff, Dartmouth–Kingswear-Fähre, Dampfeisenbahn Kingswear–Paignton und Bus. Richtung und Aufenthaltsdauer sind frei wählbar, es besteht also die Möglichkeit, den Rundparcours jeweils von einer anderen Teilstrecke aus zu beginnen.

In **Dartmouth** verquicken sich das Meer und der Mündungstrichter des Flusses Dart. Vom wuseligen, wunderschönen **Dartmouth Harbour** geht der Ausflug los: Die Passagierfähre tuckert hinüber zum anderen Ufer nach **Kingswear** (10 Min.). Von hier aus haben Sie das herrliche Panorama von Dartmouth im Blick: Hoch oben das Britannia Royal Naval College, die pastellfarbigen Häuserreihen, die sich dem Wasser zuneigen einerseits und die schönen großen Fachwerkbauten am Hafen andererseits.

Torbay – die ›englische Riviera‹

Neben der Fähre in Kingswear liegt der reizende alte Bahnhof, auf dem schon die blitzblanke Dampfeisenbahn wartet. Die Ufer des breiten Flusses Dart wechseln ab mit stillen Buchten, hier dümpeln kleine Boote im Wasser und bunte Surfbretter stecken aufgereiht im Sand. Die Strecke vorbei an Churston und Goodrington Sands ist spektakulär: Weite Strände, Buchten und rote Klippen säumen diesen Küstenabschnitt Süddevons. Nach rund 35 Minuten ist der Badeort **Paignton** in der weiten Torbay, der englischen Riviera, erreicht. Von hier fahren offene Doppeldeckerbusse über das Land durch kleine Dörfer nach **Totnes** (30 Min.), wo Sie ein wenig umherbummeln oder sich in einem Tea Room stärken können, um für die traumhaften Eindrücke während der sich nun anschließenden Schiffsfahrt im **Dart Valley** bereit zu sein.

Der dicht bewaldete Flusslauf bietet zum Teil dschungelähnliche Ufer. Einer der Höhepunkte des Ausflugs ist das hoch über dem Fluss gelegene, von dichtem Laubwerk gerahmte Anwesen **Greenway**, das zum Besitz Sir Walter Raleighs gehörte (s. S. 331); 1939 erwarb es Agatha Christie und lebte viele Jahre lang dort. Das Haus ist seit Kurzem zu besichtigen und lohnt unbedingt einen Besuch; von Christies Erben dem National Trust überantwortet, ist es mit seinen Gärten und den sehr persönlich ausgestatteten Räumen ein unvergessliches Erlebnis.

Der Kommentator an Bord des Schiffes erzählt Ihnen etwas zur Natur und Pflanzenwelt, vermischt mit unterhaltsamen Andekdoten und kleinen Histörchen zu Land und Leuten. In rund 75 Minuten ist dann Dartmouth Harbour wieder erreicht und man möchte am liebsten den Ausflug direkt wiederholen (Greenway Road, Galmpton, Churston Ferrers, Tel. 018 03-84 23 82, www.nationaltrust.org.uk/greenway).

Schöne Lage ▶ **Corbyn Head Hotel & Orchid Restaurant:** Torquay Road, Tel. 018 03-21 36 11, Fax 018 03-29 61 52, www.corbynhead.com. Familiäres, freundliches Haus, erhöht direkt am Meer gelegen. Zwei gute Restaurants. Harbour View Restaurant und Orchid (Menü ab 25 £). DZ ab 130 £.

Gut und günstig ▶ **Glenorleigh:** Cleveland Road, Tel. 018 03-29 21 35, www.glenorleigh.co.uk. Villa mit mediterranem Touch, Außenpool. DZ ab 76 £.

Geschmackvoll ▶ **Trafalgar House Hotel:** 30 Bridge Road, Tel. 018 03-29 24 86, www.hotelstorquayuk.com. Mit Palmen im Garten! DZ ab 70 £.

Angenehm ▶ **Red House Hotel:** Tel. 018 03-60 78 11, www.redhouse-hotel.co.uk. Freundliches Haus mit Garten, Pool, kleineren Wellness-Räumen. DZ 70–90.

Terrassenförmige Lage ▶ **Colindale:** 20 Rathmore Road, Chelston, Tel. 018 03-29 39 47, www.colindalehotel.co.uk. Mit schöner Lounge und angenehmen Zimmern. DZ 60 £.

Urban und jung ▶ **Torquay Backpackers:** 119 Abbey Road, Tel. 018 03-29 99 24, www.torquaybackpackers.co.uk. Bett 15 £.

Außerhalb:

Sehr chic, sehr öko, sehr entspannend ▶ **The Scarlet Hotel,** Tredragon Road, Mawgan Porth, Tel. 016 37-86 18 00, www.scarlethotel.co.uk. Ein lichtdurchfluteter, japanisch inspirierter Neubau, versteckt in den Hang vorm Strand gesetzt mit Terrassen, Pools, Wellness-Landschaft und einem ausgezeichneten, kreativen Küchenchef. Auch Suiten, DZ mit Dinner ab 250 £.

Essen & Trinken

Chic ▶ **The Elephant:** 3–4 Beacon Terrace, Torquay, Tel. 018 03-20 00 44, www.elephantrestaurant.co.uk, So abends, Mo geschl. Restaurant mit schöner Aussicht, Sternelokal. Menü ab 26 £.

Fangfrischer Fisch ▶ **Number 7:** 7 Beacon Terrace, Torquay, Tel. 018 03-29 50 55, www.no7-fish.com. Auf Fisch spezialisiertes, rustikales Restaurant. Gerichte ab 9.50 £.

Preisgekrönt ▶ **Hanbury Fish and Chip Restaurant & Takeaway:** Babbacombe,

Devons Südküste von der Torbay bis Plymouth

Tipp: Paignton and Dartmouth Steam Railway

Die wackere Dampfeisenbahn zuckelt von Paignton entlang der Torbay-Küste rund 10 km bis nach Kingswear/Dartmouth. Allerliebst! (Tel. 018 03-55 58 72, www.dartmouthrailriver.co.uk, Mai–Sept. tgl., April/Mai, Okt. nur an Wochenenden, ab 10.30 bis 17 Uhr etwa stdl.).

Princes Street, Tel. 018 03-32 99 28, www.hanburys.net, tgl. geöffnet. Bestes Fish-&-Chip-Lokal an der Küste. Letztere zum Mitnehmen: 5.50 £.

Abends & Nachts

Wenn es ein **Nachtleben** in Devon gibt, dann hier! Eine kleine Auswahl:
Partytime am Hafen ▶ **Café Mambo** (DJs, Jazz, R&B), **Claire's** (Nightclub (DJs, Tanz, R&B), **The Venue** (größter Club für die Kleineren), **Rocky's Nightclub** and **Club Ibiza** (Schwulenclubs). **Appleby's** (Live), **Cafe Mojos** (Live, DJs).
Nightlife im Zentrum ▶ **Crazy Horse Saloon** und **Hop'n'Grapes** (DJs), **The Valbonne** (Pop, R&B), **Bar Code** (Soul, Hip Hop, DJs), **Fat Catz**, **ZanziBar**.

Termine

Veranstaltungstermine aller Art stehen in den Zeitschriften »What's On Torbay« und »The Scene«, die überall gratis erhältlich sind (www.whatsontorbay.co.uk).
Torbay Frühlings-Regatta (Ende April).

Tipp: Bootspartie

Sehr schön ist eine Schiffstour mit der ›Torquay Belle‹, eine Tagesfahrt von Torquay (11 Uhr) und Brixham (11.30 Uhr) bis nach Dartmouth, dort mit Aufenthalt, und in den bewaldeten Dart-Mündungstrichter – mit malerischen Ausblicken (Tel. 018 03-52 85 55, www.torquaybelle.co.uk).

Torbay Carnival Week (vorletzte Juliwoche): große Karnevalsumzüge, Musik, Kinderfeste, Feuerwerk.
Torbay Festival of Poetry (Mitte Okt.): Literaturfestival.

Verkehr

Züge: Torquay Train Station liegt in der Rathmore Road, 3 km westl. von Old Harbour. Es gibt regelmäßig Anschlüsse nach Exeter, Plymouth und London.
Busse: Die Busverbindungen in der Region sind sehr gut. Ab Pavilion verbinden Bayline-

Torbay – die ›englische Riviera‹

Busse alle Orte und Strände an der Torbay. Tel. 018 03-61 32 26.

Kent's Cavern

In der Umgebung (2 km nördlich von Torquay) lohnen die spektakulären Tropfsteinhöhlen von **Kent's Cavern** einen Besuch, handelt es sich dabei doch um eines der ältesten prähistorischen Zeugnisse in ganz England. Die äußerst anschauliche Darstellung des Lebens der Höhlenbewohner ist für Erwachsene und Kinder gleichermaßen interessant (www.kentscavern.co.uk, tgl. 10–17 Uhr).

Paignton und Brixham ▶ F 20

Paignton ist unprätentiös, bescheiden, rummelig und kann mit Torquay nicht konkurrieren. An den langen feinen pinkfarbenen Kieselstränden von Goodrington Sands reihen sich die bonbonfarbenen hölzernen Badekabinen, die Chalets.

Mit Pier und Vergnügungspark auf der einen Seite, der A 3022 in der Mitte und den viktorianischen Häuserzeilen mit B&Bs auf der anderen Seite von Paignton lohnt sich dann **Brixham** umso mehr. Steile Sträßchen führen hinunter zum alten Hafenbecken und neuem

Eine Fähre verbindet Dartmouth mit Kingswear

Devons Südküste von der Torbay bis Plymouth

Jachthafen; ringsum kleben die Häuser an den Hängen. Möwengeschrei, Seegeruch, Krebsfleischbrötchen und frischer Fisch: Brixham ist ein ›working harbour‹ mit Hafenmeisterei, Speicherhallen und zum Trocknen ausgelegten Netzen.

Malerischer Blickfang ist eine Replik der ›**Golden Hind**‹, des Seglers, mit dem **Sir Francis Drake** 1577–80 die Welt umrundete (tgl. 10–17 Uhr, www.goldenhind.co.uk). Hier in Brixham ist 1688 auch Wilhelm von Oranien gelandet, um als Nachfolger Jakobs II. mit der ›Glorious Revolution‹ den englischen Thron zu übernehmen – kaum zu glauben, wenn man auf der Kaimauer sitzt und den kleinen Ort auf sich wirken lässt.

Infos
Paignton Tourist Information: The Esplanade, Tel. 018 03-55 83 83; **Brixham Tourist Information:** Quay, Harbourside, Tel. 018 03-85 28 61, www.englishriviera.co.uk.

Übernachten
Am Hafen ▶ Quayside: 41 King Street, Brixham, Tel. 018 03-85 57 51, www.quaysidehotel.co.uk. Mehrere umgebaute Fischerhäuschen mit schönen Zimmern z. T. mit Meeresblick, im Restaurant frischer Seefisch. DZ ab 86 £, mit Seeblick ab 115 £.

Reizend ▶ The Harbour View Hotel: 65 King Street, Brixham, Tel. 018 03-853 30 52, www.4hotels.co.uk. Umgebautes Hafenmeistergebäude mit Aussicht auf den Hafen. DZ ab 60 £.

Termine
Brixham Heritage Festival (letztes Mai-Wochenende): Lastensegler-Rennen, Straßentheater, Jazz, Folk und Brass Bands.

Kingswear ▶ F 20
Kingswear markiert den südlichsten Zipfel an der Torbay – malerisch liegt es am Mündungstrichter des Dart gegenüber der wunderschönen Kulisse von Dartmouth. Hier startet oder endet die liebevoll gepflegte Dampfeisenbahn nach Paignton (s. S. 371), die eine halbe Stunde am Meer entlang schaukelt. Windet man sich die schmalen Sträßchen zum Wasser hinunter, gehen hier die Fähren hinüber nach Dartmouth ab.

Nur einen Katzensprung entfernt und unbedingt einen Besuch wert ist der Klippengarten von **Coleton Fishacre**: Spektakuläre Küstenszenerie wechselt ab mit terrassierten Gärten, Teichen und wunderbaren, üppig gedeihenden tropischen Pflanzen, gelb und orange flammenden Rhododendren, Magnolien, Bambus, Kamelien, Rotbuchen, die dem im Lutyens-Stil errichteten Landhaus (nicht zugänglich) einen heiteren, festlichen Rahmen verleihen (NT, etwa 2 km östl. von Kingswear, Tel. 018 03-75 24 66, www.nationaltrust.org.uk. Haus: April bis Okt. Mi–So 11–16.30 Uhr, Gärten: ab 10 Uhr).

Dartmouth und die South Hams

Dartmouth sollte man sich nach Möglichkeit nicht entgehen lassen: ein idyllisches Fleckchen, das nicht nur die BBC als historische Filmkulisse zu schätzen weiß. Dartmouth und, direkt gegenüber am Mündungstrichter der Dart, Kingswear, sind alte, betriebsame Hafenstädtchen. Südlich der Höhen des Dartmoor und westlich von Dartmouth, zwischen den Flussmündungen von Plym und Dart breitet sich eine einsame, von fruchtbaren Wiesen und Feldern geprägte Landschaft bis zur Küste aus: South Hams. Hauptort und Einkaufszentrum dieser Region ist das Städtchen **Kingsbridge.**

Dartmouth ▶ F 20
Dartmouth ist in England berühmt wegen seines hoch über dem Ort thronenden **Britannia Royal Naval College,** in dem alle männlichen Mitglieder der Royal Family, von Prince Philip bis Harry, ihr Offizierstraining in der Kriegsmarine absolviert haben. Wunderbar ist der Blick von **Dartmouth Castle** (tgl. 10–17 Uhr) hinunter zum Hafen.

Was gibt es sonst noch in Dartmouth: viele Segelmasten, Jachten, Ruderboote, Ausflugsdampfer, zwei Burgen, sehr hübsche,

Dartmouth und die South Hams

Tipp: Burgh Island

Am Strandparkplatz von Bigbury stellen Sie Ihren Wagen ab; hier sind einige gut und sensibel geplante Wohnblöcke entstanden, die mit dem Hotel gegenüber korrespondieren. Bei Ebbe gehen Sie über den feuchten, federnden Sand zur Insel hinüber; bei Flut oder schlechtem Wetter warten Sie, bis Ihnen ein merkwürdiges Gefährt entgegenkommt, um Sie abzuholen: eine überdimensionierte Gemüsekiste auf mannshohen Rädern, die gemächlich rollend das Wasser zerteilt. Dies amphibische Wesen nennt sich *sea tractor* und stammt aus den 1930er-Jahren des 20. Jh. Das dazugehörige Hotel ebenfalls.

Der Industrielle und Kunstfreund Archibald Nettlefold hatte die Insel 1927 gekauft und ließ sich ein spektakuläres Gästehaus in reinstem Art déco erbauen: ein weiß leuchtender Kubus mit spitzbehelmten Türmchen. Es wurde Treffpunkt seiner Freunde aus der Londoner Künstler- und Theaterwelt; hier tingelte bei Charleston- und Tangoklängen die *upper class* durch die Wochenenden. Noël Coward ließ sich hier seine Cocktails mixen, auch Eduard VIII., Herzog von Windsor, und seine Wallis Simpson, der Earl of Mountbatten – und Agatha Christie. Zwei ihrer Krimis sind hier entstanden. In »Das Böse unter der Sonne« macht Hercule Poirot Urlaub in einem Hotel, das Burgh Island zum Vorbild hat.

Nach dem Zweiten Weltkrieg degenerierte das Hotel zum Selbstbedienungs-Café. Heute ist alles wieder aufs Schönste – funkelnd, glanzvoll und elegant – beim Alten: mit Palm Court Cocktailbar und Sun Lounge, herrlichen Ausblicken auf Terrassen und Meer. Auch im Restaurant ist alles original Art déco, über Jahre gesucht und gesammelt, nur durch wenige neue Stücke ergänzt. In den Zimmern und Suiten regieren die 1930er-Jahre in zurückhaltender, fast karger Variante. Zum exzellenten Dinner (»jacket and tie, please«) – wer würde sich auch hinterher beim Tango, Shimmy und Schmuse-Blues erlauben wollen, ohne Stil und nur vergnüglich auf der Tanzfläche herumzuschieben? Auch schön: statt zum Übernachten nur ein Besuch zum Dinner, dann mit Anmeldung und Blick auf den Gezeitenkalender (Black-Tie-Dinner (dunkler Anzug) tgl. mit Reservierung, Menü: 57 £, Sa Dinnerdance; So-Lunch: 45 £).

Ein schlichteres Vergnügen auch auf der Terrasse bietet der rustikale Pilchard Inn auf Burgh Island.

---

verschachtelte Gassen, besonders **Duke Street** und **Victoria Street,** eine kleine Promenade, **The Butterwalk** mit verzierten Arkadengängen, Fachwerkhäuser, bunte Häuserreihen, die sich an den bewaldeten Talwänden hochwinden. Auch die Gastronomie in Dartmouth ist gepflegt und genießt weithin guten Ruf.

Infos

Dartmouth Tourist Information: The Engine House, Mayor's Avenue, Tel. 018-03-83 42 24, www.dartmouth-information.co.uk.

Übernachten

Mit herrlichen Gärten ▶ **Buckland Tout Saints:** Goveton, ca. 4,5 km nordöstl. von Kingsbridge, Tel. 015 48-85 30 55, www.tout-saints.co.uk. Zweistöckiges Landhaus aus dem 17. Jh., stilvolle Ausstattung. DZ ab ca. 160 £, Menü ab 30 £.

Opulent ▶ **Royal Castle Hotel:** Dartmouth, Tel. 018 03-83 30 33, www.royalcastle.co.uk. Individuelle Zimmer mit schönem Hafenblick. Mit Restaurant (Menü ab 22 £). Zu den Besuchern zählten Daniel Defoe und Prince Charles. DZ ab 155 £.

»Old England« ▶ **The Red Lion Inn:** Dittisham, 8 km von Dartmouth, Tel. 018 03-72 22 35, www.redliondittisham.co.uk. Der alte Dorfgasthof liegt in einem ruhigen netten Dörfchen, traditionelle Küche. DZ ab 80 £.

Herrliche Lage ▶ **Mounthaven Guest House:** 4 Mount Boone, Tel. 018 03-83 90 61, www.mounthavendartmouth.co.uk. Atemberaubende Ausblicke auf Fluss und Meer. Sehr

Devons Südküste von der Torbay bis Plymouth

schöne Terrasse, großzügige Zimmer, alles wunderbar. DZ 80–100 £.
Behaglich ▶ **Townstal Farmhouse B&B:** Townstal Road, Dartmouth, Tel. 018 03-83 23 00, www.townstalfarmhouse.com. In einem alten Farmhaus mit gemütlicher Lounge, Kamin, einer traditionellen Küche und freundlichem Service. DZ ab 75 £.
Wunderbare Ausblicke ▶ **Triatic B&B:** 13a Ridge Hill, Tel. 018 03-83 59 54, www.triatic.co.uk. Ein einziges Zimmer vermieten die Gastgeber, mit wunderbaren Ausblicken auf den Dart Fluss und das Royal Naval College. Mit Garten, guter Bad-Ausstattung und super Frühstück! DZ 75 £.

Essen & Trinken

Mit Michelin-Stern ▶ **The New Angel:** 2 South Embankment, Dartmouth, Tel. 018 03-83 94 25, www.thenewangel.co.uk, Di–Sa 9–22 Uhr. Auf drei Etagen Bistro, Restaurant mit offener Küche und Bar. Im Restaurant Reservierung notwendig. Kochschule integriert. Menü ab 22 £.
Ländlich gut ▶ **The Tradesman's Arms:** Stokenham, ca. 7,5 km westl. von Kingsbridge, Tel. 015 48-58 09 96, www.thetradesmansarms.com. Gastropub aus dem 14. Jh., mit ausgezeichnetem Essen auf der Grundlage von lokalen Produkten, Menü ab 18 £.
Moderner Inder ▶ **Spice Bazaar:** St Saviour Close, Dartmouth, Tel. 018 03-83 22 24 und 83 22 85, www.spicebazaar.co.uk, tgl. geöffnet. Ein modernes indisches Restaurant, leckere Küche. Gedeck 10–20 £.
Gemütlich am Abend ▶ **Cherub Inn:** 13 Higher Street, Dartmouth, Tel. 018 03-83 25 71, www.the-cherub.co.uk. Schönstes Fachwerk aus dem 14. Jh. Blumenschmuck, urige Atmosphäre. Hauptgerichte um 10 £.

Einkaufen

Keramik ▶ **Dartmouth Pottery:** Warfleet Creek, Dartmouth, Tel. 018 03-83 22 58, tgl. 10–17 Uhr, Keramikmanufaktur, mit Shop und Café.
Wochenmarkt ▶ **Market Square:** Di, Fr. Mit Lebensmitteln und Produkten der Region, Kleidung, Weißwäsche, Trödel.

Termine

Dartmouth Royal Regatta (letztes Augustwochenende): Hier kommt alles Seglervolk an, was Rang und Namen hat. Bunt und prächtig.

Verkehr

Busse: nach Totnes und Torquay.
Fähren: Higher and Lower Ferries zwischen Kingswear und Dartmouth ersparen dem Autoverkehr Umwege, tgl. 7 bis ca. 23 Uhr.

Bigbury-on-Sea ▶ E 19/20

Wenn Sie sich ein paradiesisches Wochenende in einzigartiger Umgebung gönnen wollen, fahren Sie in Richtung Plymouth zur Küste nach Bigbury-on-Sea: Rote Erde, Cottages und grüne Landstraßentunnel begleiten Sie bis zur Bucht von Bigbury. Da ist weiter nichts: ein paar Buden, Wochenendhäuser, weiter Strand, Klippen. Doch das Gegenüber: Circa 500 m entfernt thront auf einer kleinen bewaldeten Insel ein weißes Schlösschen mit Turmspitzen und einem weiten Erker, als Schiffsrumpf gestaltet: das ist **Burgh Island Hotel** (s. S. 373).

Übernachten

Charleston-Glamour ▶ **Burgh Island Hotel:** Tel. 015 48-81 05 14, Fax 015 48-81 02 43, www.burghisland.com. Für besondere Anlässe, reines Art déco, mit Dinner Dance und Glamour. DZ ab 380 £ (Dinner inklusive).
Schön ▶ **Henley Hotel:** Folly Hill, Bigbury, Tel. 015 48-81 02 40, www.thehenleyhotel.co.uk. Schönes kleines Hotel mit Blick aufs Meer, Garten und direktem Zugang zum Strand. Empfehlenswert. DZ ab 113 £.

Salcombe ▶ F 21

Einen Abstecher wert ist auch Salcombe, ein kleiner Fischerort, der breit in der Salzwassermündung zwischen Bolt Head und Prawle Point lagert. Salcombe mit seinem altmodischen Charme, guten Restaurants, Hotels

Täuschend echt im Kostüm:
hen party in der Altstadt von Plymouth

Plymouth

Sehenswert
1. Armada-Denkmal und Statue Sir Francis Drake
2. Smeaton's Lighthouse
3. St Andrew's
4. Charles Church
5. Elizabethan House
6. Merchant's House
7. Mayflower Steps
8. Plymouth Mayflower
9. National Marine Aquarium
10. Zitadelle

Übernachten
1. Bowling Green Hotel
2. Drake Hotel
3. Premier Travel Inn
4. Athenaeum Lodge
5. Plymouth Backpackers

Essen & Trinken
1. Artillery Tower
2. Tanner's Restaurant
3. Zucca!

Einkaufen
1. Pannier Market
2. Drake Circus Shopping Mall

Abends & Nachts
1. McShane's Lounge Bar
2. The Thistle Park Tavern
3. Theatre Royal

Aktiv
1. Plymouth Gin

---

und Guesthouses, die allesamt in den 50er-Jahren sanft entschlafen zu sein scheinen, ist ein Traum für Wassersportler: Segeln, Windsurfen, Schnorcheln; man kann sogar zu dem 1936 versunkenen Wrack der ›Herzogin Cäcilie‹ tauchen – in Begleitung natürlich.

Ein schöner Spaziergang führt von Salcombe aus über ein steiles Sträßchen hinauf zum herrlichen, hoch gelegenen **Overbeck's Museum & Garden** mit einem interessanten Haus und herrlichen subtropischen Gärten am Hang, die weite Ausblicke über die Bucht bieten (NT, www.nationaltrust.org.uk, Haus, Garten, Shop, Tea Room: März –Okt. Sa–Do 11–17 Uhr).

Infos
Salcombe Tourist Information: Market Street,Tel. 015 48-84 39 27, Fax 015 48-84 27 36, www.salcombeinformation.co.uk.

Essen & Trinken
Fisch mit Aussicht ▶ **Spinnackers:** Fore Street, Tel. 015 48-84 34 08. Sehr beliebt, taufrische Fischküche, schöne Aussicht (Reservierung nötig). Tagesgericht ab 8 £.

Versteckte Schönheit ▶ **The Millbrook Inn:** South Pool, 10 km südlich von Kingsbridge, 15 Min. Fahrt von Salcombe, Tel. 015 48-53 15 81, www.millbrookinnsouthpool.co.uk. Der malerisch gelegene Pub wurde mehrfach auszgezeichnet. Sehr gute Küche mit lokalen Produkten. Im Sommer Barbecues, sonntags Jazz. Tagesgerichte ab 8 £.

Aktiv
Bootsverleih und Angeln ▶ **Whitestrand Boat Hire:** Whitestrand Quay, Tel. 015 48-84 38 18, www.whitestrandboathire.co.uk. Ostern–Okt. 9–17 Uhr. Tour zum Makrelenfischen 2 Std.-Tripp (max. 10 Pers., Erw. 15 £).

Plymouth ▶ E 20

Cityplan: siehe rechts

Plymouth ist mit knapp 250 000 Einwohnern die mit Abstand größte Stadt Devons und zählt neben Southampton und Portsmouth zu den wichtigsten Hafenstädten an der Südküste. Sie liegt zwischen den Flussarmen des Tamar und Plym, die die Meerenge Plymouth Sound begrenzen. Die Brücke über den Tamar markiert auch die magische Grenze hinüber nach Cornwall. Im Zweiten Weltkrieg stark zerstört, bewahrt Plymouth nur wenige historische Zeugnisse – die hügeligen grünen Hochflächen von The Hoe allerdings bieten fantastische Ausblicke und authentische maritime Assoziationen. Ein Tagesbesuch ist ausreichend.

Hoch auf einem Kalksteinplateau, mit weitem Blick über den Sund, breiten sich die hügeligen Grasflächen von The Hoe, dem ›Hohen Platz‹, aus. Zwei sanft geschwungene Arme verbinden sich zum Prachtboulevard Armada Way, der in die nördlich gelegene, schachbrettartig angelegte neue Innenstadt führt. Die Stadtrechte erhielt Plymouth erst

1928, als Plymouth, der Marinehafen Devonport und Stonehouse untrennbar ineinandergewachsen waren.

The Hoe

Zentrum aller großen Erinnerungen und Herzstück der Stadt ist **The Hoe:** Hier stehen die Monumente, die die Triumphe und Tragödien der englischen Seefahrtsgeschichte – der Kauffahrer, Sklavenhändler, Freibeuter, Entdeckungsreisenden und Pilgerväter bezeichnen. In der Mitte stößt man auf das Ehrenmal der Marine, daneben das **Armada-Denkmal** und die **Statue des Sir Francis Drake** 1 (von Edgar Boehm, 1884), der ausgreifend über das Meer blickt. Das kann heute auch jeder Besucher, der sich hinaufbegibt zur Aussichtsplattform von **Smeaton's Lighthouse** 2. Der Leuchtturm, das Wahrzeichen von Plymouth, stand einst vor den Klippen im Plymouth Sound und wurde hierher versetzt (Ostern–Okt. 10–16 Uhr). Lesen und hören muss man von den Geschichten in der Geschichte – zu sehen ist abgesehen von den Denkmälern nicht mehr viel. Im Zweiten Weltkrieg ist Plymouth durch den ›deutschen Blitz‹ schwer zerbombt worden.

Die gesamte Innenstadt wurde im Schachbrettraster neu aufgebaut. In der Kirche **St Andrew's** 3, die aus dem 15. Jh. stammt und nach dem Wiederaufbau einige sehr schöne moderne Fenster des Künstlers David Piper erhielt, fand schon der Dankgottesdienst nach dem Sieg über die Armada statt. Geblieben ist auch die **Ruine der Charles Church** 4, die heute als Erinnerungsstätte für die Opfer der Bombenangriffe gepflegt wird.

Zwei authentische elisabethanische Fachwerkbauten gibt es in der Nähe zu besichtigen: Das **Elizabethan House** 5 (32 New Street, April–Okt. Di–Sa 10–17 Uhr) zeigt sich mit originalen Möbeln und Teppichen, und das **Merchant's House** 6 (33 St Andrew's Street, April–Okt. Di–Sa 10–17 Uhr) widmet sich der Sozialgeschichte der Stadt.

Sutton Harbour und Barbican

Das Flair des elisabethanischen Goldenen Zeitalters geistert auch noch ein wenig durch das alte Hafengelände am **Sutton Harbour, Barbican,** und durch die engen, verwinkelten Gassen mit vorkragenden Häusern und einigen netten Szenekneipen und Bistros. Am Südende des alten Hafenbeckens befinden sich die **Mayflower Steps** 7. Von hier aus segelten die Pilgrim Fathers 1620 nach Amerika: »If it hadn't been for the Mayflower,

Devons Südküste von der Torbay bis Plymouth

where would America be now?« (»Was wäre Amerika ohne die ›Mayflower‹?«). Für Captain Cook war Plymouth ebenfalls der Heimathafen, und hier verließen Tausende ihre Heimat auf dem Weg nach Australien, als Gefangene, Siedler und Abenteurer. Eine interaktive Ausstellung **Plymouth Mayflower** 8 macht die Geschichte des Hafens und der ›Mayflower‹ lebendig (3–5 The Barbican, Mai–Okt. tgl. 10–16, Nov.–April Mo–Sa 10–16 Uhr).

Eine Fußgängerbrücke führt über Sutton Harbour zum **National Marine Aquarium** 9, dem größten und schönsten der Insel. Hier locken Korallenriffe, Haie, Seepferdchen, Delfine und zahllose multimediale Erlebnisse. Sehr interessant und toll gemacht! (www.nationalaquarium.co.uk, Ostern–Okt. tgl. 10–18, Nov.–März 10–17 Uhr).

Die Zitadelle 10

Auf dem Rückweg zu The Hoe umrundet man an der Seeseite den gewaltigen Komplex der **Zitadelle**, die Karl II. im Jahr 1666 erbauen ließ – eine der wenigen Festungsanlagen, die noch nach der Restauration errichtet wurden: in diesem Fall wohl als Drohgebärde des Monarchen, denn die Bewohner von Plymouth waren besonders treue Anhänger Cromwells gewesen.

Infos

Plymouth Tourist Information: Mayflower Centre, The Barbican. Ein zweites Büro befindet sich im Stadtzentrum: 107 Armada Way, Tel. 017 52-30 48 49, www.plymouth.gov.uk, www.visitplymouth.co.uk.

Übernachten

Gute Lage ▶ **Bowling Green Hotel** 1: 9–10 Osborne Place, Lokyer Street, The Hoe, Tel. 0 17 52-20 90 90, Fax 0 17 52-20 90 92, www.bowlinggreenhotel.co.uk. Das georgianische Hotel garni liegt direkt am weltberühmten Bowling Green, wo Sir Francis Drake sein letztes Spiel vor dem Sieg über die Armada in Ruhe zu Ende spielte. DZ 72 £.
Ordentlich ▶ **Drake Hotel** 2: 1–2 Windsor Villas, Lockyer Street, The Hoe, Tel. 017 52-22 97 30, Fax 017 52-25 50 92, www.drakehotel.net. Günstige Lage, ordentlich und ein gutes Preis-Leistungs-Verhältnis. DZ ab 65 £.
Modern und schnörkellos ▶ **Premier Travel Inn** 3: Sutton Harbour, 28 Sutton Road, Tel. 08 70-990 64 58, Fax 08 70-990 64 59, www.premiertravelinn.com. Gute Lage, modernes angenehmes Haus. DZ um 60 £, Sondertarife ab 29 £.
Günstig ▶ **Athenaeum Lodge** 4: 4 Athenaeum Street, The Hoe, Tel./Fax 017 52-66 50 05, www.athenaeumlodge.com. Ein georgianisches Stadthaus (B&B) nahe Bowling Green, angenehm. DZ ab 52 £.
Jung ▶ **Plymouth Backpackers** 5: 172 Citadel Road, Tel. 017 52-22 51 58, www.backpackers.co.uk. Die Herberge in günstiger Lage nahe The Hoe und Royal Parade, Bett ab 15 £.

Essen & Trinken

Entlang **Sutton Harbour** reihen sich Restaurants, Pubs, Bars aneinander.
Mittelalterliches Flair ▶ **Artillery Tower** 1: Firestone Bay, Tel. 017 52-25 76 10, Lunch Di–Fr, Sa/So 12–14, Dinner Di–Sa 19–22 Uhr. In dem Restaurant, das in einem 500 Jahre alten Rundturm eingerichtet wurde, wird gute Regionalküche mit Fisch-Spezialitäten serviert. 3-Gänge-Menü (Dinner) ab 30 £.
Mediterran ▶ **Tanner's Restaurant** 2: Finewell Street, Tel. 017 52-25 20 01, www.tannersrestaurant.com. Eines der ältesten Gemäuer der Stadt, mediterrane Küche. Menü ab 15 £.
Am alten Hafen ▶ **Zucca!** 3: Discovery Wharf, Tel. 017 52-22 42 25. Moderne italienische Bar-Brasserie mit Tischen im Freien. Tagesgerichte ab 7 £.

Einkaufen

Markt ▶ **Pannier Market** 1: Frankfurt Gate. Markthalle mit allem, was man braucht und nicht braucht.
Einkaufspassage ▶ **Drake Circus Shopping Mall** 2: Drake Circus, 017 52-22 30 30, www.drakecircus.com, Mo–Mi, Fr Sa 9–18, Do 9–20, So 10.30–16.30 Uhr. Glasüberdachte Einkaufspassage mit Boutiquen und zahlreichen Filialen der bekannten Ketten.

Abends & Nachts

Das Nachtleben hat sich u. a. im Barbican rund um den alten Hafen angesiedelt.

Cool ► McShane's Lounge Bar 1: 10–11 The Barbican, Tel. 017 52-66 57 18. Chic, cool eine Lounge zum Relaxen.

Livemusik ► The Thistle Park Tavern 2: 32 Commercial Road, Coxside, www.thistlepark.com. Brauhaus mit Restaurant im Obergeschoss (Pub-Food-Gerichte ab 4,95 £), samstags Livemusik.

Theaterhaus ► Theatre Royal 3: Royal Parade, www.theatreroyal.com. Das moderne Theater bietet ein breites Aufführungsspektrum von experimentell bis eher traditionell.

Aktiv

Destilleriebesichtigung ► Plymouth Gin 1: Lohnend ist eine Besichtigung der Destillery, die hier seit dem Jahr 1793 Gin produziert. Mit Bar und Shop. Blackfriars Destillery, 60 South Side Street, Barbican, Tel. 017 52-82 89 51, www.plymouthgin.com. Mo–Sa 10.30–16.30, So 11.30–16.30 Uhr.

Verkehr

Flüge: Plymouth City Airport (6 km außerhalb, www.plymouthcity.co.uk/airport), Tel. 03 45-22 21 11, Flüge u. a. nach London Gatwick, Bristol, Manchester, Leeds (www.airsouthwest).

Züge: Der Bahnhof liegt knapp 2 km nördl. von The Hoe; Verbindungen in alle Städte; www.thetrainline.com; Busverbindung in die Stadt, Tel. 084 57-48 49 50.

Busse: National-Express-Busse ab Bretonside Station nahe St Andrew's Church, Nahverkehr und Region ab Royal Parade, www.traveline.org.uk.

Fähren: nach Roscoff (Frankreich) und Santander (Spanien), Tel. 09 90-36 03 60, www.brittany-ferries.com.

Rund um Plymouth

Plymouth ist von einem Ring an Sehenswürdigkeiten umgeben, die durch den Plymouth

Tipp: Whitsand Bay

Oberhalb der Whitsand Bay (► E 20) liegt das viktorianische Hotel Whitsand Bay in terrassierten Gärten. Das Haus wurde Stein für Stein von Torpoint hierher versetzt, und ist seit 1911 Hotel, mit lässig-eleganten Räumen, mehreren Lounges, gutem Restaurant, Wellnesscenter – und eigenem 18-Loch-Golf-Platz in traumhafter Lage in einer ›Area of Outstanding Natural Beauty‹ (Portwrinkle, bei Torpoint, Tel. 015 03-23 02 76, www.whitsandbayhotel.co.uk. Dinner ab 25 £, z. B. drei Nächte DZ mit Dinner ab 480 £). Der Coast Path führt direkt vorbei. Whitsand Bay ist der längste Badestrand der Region, allerdings mit starker Strömung.

Sound und die Mündungen von Tamar und Plym voneinander getrennt sind: Da wäre es günstig, wenn Sie sich vorab entscheiden, in welche Richtung Sie fahren wollen – der Verkehr um Plymouth ist dicht. Nördlich von Plymouth liegen das verzauberte Cotehele House und Buckland Abbey, der Besitz von Sir Francis Drake; südlich am Plym liegt das festlich-klassizistische Saltram House. Um die umwerfend schönen Garten- und Parkanlagen von Mount Edgcumbe und von Antony House zu erreichen, nehmen Sie die Fähre hinüber nach Torpoint – und sind dann schon in Cornwall und auf dem weiteren Weg nach Westen.

Cotehele House

Etwa 10 km nördlich von Plymouth, dem Flusslauf des Tamar folgend, stoßen wir auf Cotehele House. Es liegt auf einer bewaldeten Anhöhe, von Wiesen und gewaltigen spanischen Kastanien umgeben. Das Tudor-Anwesen, das zwischen 1485 und 1627 erbaut wurde, lag damals noch am Rande der bekannten Welt, abgeschieden und einsam – die massiven Außenwälle, das gedrungene Torhaus hatten tatsächlich noch eine Schutzfunktion.

Die Familie Edgcumbe (s. S. 381) zog im 17. Jh. in ein neues, großartigeres Landhaus;

Devons Südküste von der Torbay bis Plymouth

›Sea dogs‹ – Haudegen der See

Thema

Sie plünderten und eroberten, sie waren Helden der See, Höflinge, Abenteurer und ernsthafte Forscher, unerschrocken und unvergessen: Ihre Entdeckungsfahrten schufen den Grundstein für die britischen Kolonialbesitzungen. In Plymouth sind viele von ihnen in See gestochen.

William Hawkins war der erste Engländer, der 1530 auf dem Seeweg den Handel mit Brasilien eröffnete. John Hawkins, erster englischer Sklavenhändler, machte seine Geschäfte, indem er Afrikaner in die Karibik verschiffte, wo sie auf den Plantagen der Pflanzer arbeiten mussten. Hawkins war es auch, der den wendigen, schnellen Schiffstyp der Galione (der englische Typ wird so genannt im Gegensatz zur spanischen Galeone) mitentwickelt hatte, der dann erfolgreich gegen die Armada eingesetzt wurde: Die Galione konnte Breitseiten abfeuern und war damit den schwerfälligen spanischen Galeonen mit hohem Bugaufbau und geringer Manövrierfähigkeit kriegstechnisch weit überlegen. Humphrey Gilbert eroberte 1583 Neufundland für die Queen – die erste englische Kolonie. Und natürlich Sir Walter Raleigh: Der umworbene Höfling und Abenteurer gründete 1585 in der Neuen Welt die Kolonie Virginia, benannt nach der ›Virgin Queen‹, der ‹jungfräulichen Königin›. Weitere Entdeckungs- und Raubfahrten folgten. Seinen sagenhaften Reichtum steckte er u. a. in seinen feudalen Landsitz Sherborne Castle (s. S. 331 f.).

Francis Drake, der zwischen 1577 und 1580 auf der ›Golden Hinde‹ mit seinem Cousin John Hawkins von Plymouth aus die Welt umsegelte, plünderte spanische Galeonen mit den Goldschätzen der Inka. Danach erhob ihn seine Queen in den Adelsstand. Er war es auch, der als Admiral mit seinen Kapitänen auf The Hoe Bowling spielte, als der Legende nach schon die ersten Schiffe der spanischen Armada im Sund gesichtet wurden, die er – nach beendetem Spiel – mit seinem Flottenteil vernichtend schlug. Drake war auch Bürgermeister von Plymouth und lebte *in splendour* in Buckland Abbey.

Zwischen 1768 und 1780 unternahm James Cook drei große Seereisen zum Pazifischen Ozean; er kartografierte die Küsten von Australien, Neuseeland und den Südsee-Inseln – mit von der Partie war auch William Bligh, der durch die »Meuterei auf der Bounty« zweifelhaften, gleichwohl dauerhaften Ruhm erwarb.

1831 machte sich Charles Darwin zu einer fünfjährigen Forschungsreise mit dem Vermessungsschiff ›Beagle‹ auf; seine Ergebnisse führten zu den revolutionären Ideen, die seiner Evolutionstheorie zugrunde liegen.

Robert Scott ist von hier in den Südpol aufgebrochen, Ernest Shackleton 1921 zur letzten Arktisexpedition, und auch Francis Chichester hat von Plymouth aus 1966 mit seiner winzigen ›Gipsy Moth‹ allein die Welt umsegelt.

Nicht zu vergessen: Von Plymouth, Southampton und Portsmouth aus sind Zehntausende von Sträflingen, zusammengepfercht auf engstem Raum, nach Australien transportiert worden, und Zigtausende arme Tagelöhner, Landarbeiter und Handwerker haben von hier aus ihrer Heimat den Rücken gekehrt, um in den Kolonien der Neuen Welt ein neues Leben zu beginnen.

Rund um Plymouth

so blieb Cotehele im Dornröschenschlaf versunken, Das Haus und die Innenräume, die Waffensammlungen, die Tapisserien und Möbelstücke sind unversehrt.

Ein besonderes Prachtstück ist die **Great Hall** mit ihrer tonnenförmigen, geschnitzten Stichbalkendecke von 1485, deren Konstruktionsprinzip schon damals dem Zeitgeschmack um etwa ein Jahrhundert hinterherhinkte! Die mürben Gemäuer, der stille Innenhof und das Gefühl der Zeitlosigkeit in den terrassierten Gärten machen den speziellen Charme von Cotehele aus.

Die unten am Fluss liegende alte Mühle ist in Betrieb und fügt sich mit einigen Werkstätten, Sattlerei, Schmiede und einer alten Barke zu dem trügerisch echt wirkenden Genrebild einer mittelalterlich-autarken, kleinen Lebensgemeinschaft (Cotehele, NT, St Dominick, Saltash, Tel. 015 79-35 13 46, www.nationaltrust.co.uk, Ostern–Okt. Sa–Do 11–16.30 Uhr).

Buckland Abbey ▶ E 20

15 km nördlich von Plymouth, nahe der A386 vor Yelverton, liegt Buckland Abbey (NT), ein stattliches Herrenhaus in herrlichen Gärten. Es war einmal das Anwesen von Francis Drake.

Der ursprüngliche Besitzer war Sir Richard Grenville, der die 1278 gegründete Zisterzienserabtei 1576 zu einem imposanten Landsitz umbauen ließ. Sein Enkel, Sir Richard, brachte zusammen mit seinem Vetter Sir Walter Raleigh die ersten Siedler nach North Carolina; er wurde 1591 während einer Fahrt auf die Azoren von seinem Schiff gewaltsam auf ein spanisches Schlachtschiff gezerrt. Dort ist er gestorben. Zehn Jahre zuvor hatte er Buckland Abbey über eine Mittelsperson für 3500 Pfund verkauft – eine damals gewaltige Summe. Und die hatte ausgerechnet sein Erzrivale Francis Drake als Nouveaux Riche spielend und mit Schadenfreude hinblättern können! In den repräsentativen Räumen erinnern zahllose persönliche Objekte und eine Kollektion zeitgenössischer Schiffsmodelle an den Herrn der Meere (Buckland Abbey, NT, bei Yelverton, Tel. 018 22-85 36 07, www.nationaltrust.org.uk, Ostern–Okt. tgl. 10.30–17.30, Nov.–März Sa/So 14–17 Uhr).

Saltram House ▶ E 20

Saltram House südlich von Plymouth, ein vornehmes, maskulin wirkendes Herrenhaus aus der Mitte des 18. Jh., ist eingebettet in die Bögen und Wellen eines klassischen Landschaftsparks hoch über dem Fluss Plym, mit Orangerie und einer Kapelle, in der Ausstellungen zur Gegenwartskunst im Südwesten gezeigt werden.

Besonders schön sind zwei Räume, die Robert Adam (1728–92) schuf – neben Hatchlands in Surrey (s. S. 192 f.) in Südengland besterhaltenen seiner großartigen Interieurs. Vielleicht haben Sie sich von der heiteren Stimmung schon einfangen lassen: Hier ist Jane Austens Roman »Vernunft und Gefühl« verfilmt worden.

Ab 1779 ließ John Parker, der spätere Earl of Burlington, zwei Räume von Robert Adam umgestalten; das **Speisezimmer,** als Bibliothek entworfen, und der herrliche Salon sind unversehrt erhalten und kunsthistorisch so gewichtig, dass Saltram House als eines der ›Adam-Häuser‹ gilt.

Im **Salon,** einem Doppelkubus und dem berühmten *double cube room* von Inigo Jones in Wilton House (s. S. 234 ff.) nachempfunden, wird der Blick auf die gewölbte Decke mit ihrer heiteren, geometrischen Ornamentik und den Lunettenmalereien von Antonio Zucchi gelenkt.

Im **Dining Room,** kleiner und weniger formal, erkennt man nur noch an den allegorischen Deckenmalereien, dass Adam hier ursprünglich eine Bibliothek gestaltet hatte (Saltram House, NT, Tel. 017 52-33 35 00, www.nationaltrust.org.uk, Plympton, bei Plymouth, Haus: Ostern–Sept. Sa–Do 12–16.30, Okt. 11.30–15.30 Uhr, Gärten, Tea Room, Shop 11–17 Uhr).

Mount Edgcumbe House & Country Park ▶ E 20

Auf der Plymouth vorgelagerten Landzunge, schon zur Grafschaft Cornwall gehörend, liegt der Mount Edgcumbe House & Country

Devons Südküste von der Torbay bis Plymouth

Park. Zusammen mit Trewithen zwischen Truro und St Austell sowie Lanhydrock (s. S. 390) bildet er das Triumvirat der schönsten historischen Gärten Cornwalls in der Kategorie ›Grade I‹ (erster Rang).

Hoch an den Klippen liegend, bietet das Gelände herrliche Spazierwege und spektakuläre Ausblicke über den Plymouth Sound. Das mehrfach restaurierte Haus mit seinen zinnenbekrönten Rundtürmen stammt aus der Tudor-Zeit und war von Anbeginn in seiner Prächtigkeit so begehrenswert, dass Don Alonso Perez de Guzman, Herzog von Medina Sidonia und Oberbefehlshaber der spanischen Armada, Mount Edgcumbe nach der Niederlage Englands zu seiner Residenz machen wollte.

Der Wildpark sowie die formalen Gärten im italienischen, französischen und englischen Stil wurden um 1750 angelegt; die aus

Das Anwesen Cotehele House stammt aus der Tudor-Zeit

Rund um Plymouth

Neuseeland stammenden Bäume und weiteren Pflanzen sowie ein amerikanischer Garten versetzen den Besucher in paradiesische Stimmung – ein Hochgenuss! (Mount Edgcumbe House & Country Park, Cremyll, Torpoint, Tel. 017 52-82 22 36, www.mount edgcumbe.gov.uk, Haus Ostern–Sept. So–Do 11–16.30 Uhr; Park ganzj. tgl. 8 Uhr bis zum Sonnenuntergang, Erw. 6 £, nur Park 3,50 £).

Antony House & Woodland Garden ▶ E 20

Ganz wunderbar und schön wie im Märchen: Himmlische Ruhe strahlt **Antony House & Woodland Garden** aus. Das anmutige Country House gehörte der Familie Carew-Pole, die mit den Edgcumbes verwandt war. Hier wurde der Film »Alice im Wunderland« von Tim Burton gedreht.

Das im Queen Anne Style 1711–1721 erbaute Anwesen besticht durch seine solide Eleganz und die komfortable, familiäre Atmosphäre sowie schöne Möbel – und natürlich auch hängen auch hier Porträts von Kneller und Reynolds. Die großzügigen Wälder, Park- und Gartenanlagen erstrecken sich über ein Gebiet von 40 Hektar.

Im Frühling blühen hier über 300 Kameliensorten, man wandert durch Rhododendrenhaine und durch Azaleen- und Magnolienmeere; in den lichten Buchenwäldchen leuchten die Matten blauer Hasenglöckchen, der *bluebells* (Antony House, NT, von der A374 nach Torpoint abzweigend, Tel. 017 52-81 21 91, www.nationaltrust.org.uk. Haus April–Okt. Di–Do 14–18, Juni–Aug. auch So, Bank-Holiday-Mo 14–18, Gärten März–Okt. tgl. 11–18 Uhr).

Übernachten

Still & schön ▶ **Lantallack Farm:** Landrake, Saltash, Tel. 017 52-85 12 81, www.lantal lack.co.uk. Zwei Doppelzimmer im traumhaft schönen Wohn-Farmhaus von den Walkers: geschmackvoll, üppig, sehr persönlich, mit tollem Frühstück unter Verwendung von Öko-Produkten aus der Umgebung. DZ ab 100 £.

Übernachten, Essen

Bezaubernd ▶ **The Ship Inn:** Noss Mayo, Tel. 017 52-87 23 87, www.nossmayo.com, Küche tgl. 11.30–21.30 Uhr, tgl. wechselndes Menü. Im winzigen Hafen von Noss Mayo an der weiten, mit Schiffen übersäten Flussmündung des Yealm liegt der liebevoll gestaltete Ship Inn mit guter Küche, Sommerterrasse und gemütlichen Räumen, auch Vermittlung von B&Bs im Ort. Hauptgerichte 10–17 £.

Cornwalls Westküste

Der wilde, zerzauste Küstenstrich entdeckt sich neu und wird trendiger: Die steilen Atlantikwellen sind das Entzücken der Surfer, ihr Paradies ist zwischen Bude und dem Badeort Newquay. Die Ruinen von Tintagel Castle, mythischer Geburtsort von König Artus, liegen windumtost hoch über den Klippen, und im Umkreis des geschäftigen Hafens Padstow hat sich eine echte Gourmet-Szene entwickelt.

Von Bude bis Newquay

Bude ▶ D 19
Der Badeort Bude entstand sich an der Mündung des Flusses Neet, mit dem Bude Canal kommt noch ein weiterer Wasserlauf im Ort hinzu. Alles ist offen, flach und großzügig, erinnert an holländisches Sommerleben an der See.

Hauptanziehungspunkt von Bude sind Wasserfront und Strände. In den langen Häuserreihen aus viktorianischer und edwardianischer Zeit haben sich Pensionen und Hotels eingenistet; sie sind durch eine hügelige Dünenkette von den Stränden getrennt. Mitten im Ort (!) liegt auch der Golfcourse – ältere Golfer und junge Surfer bestimmen das Straßenbild, im Hochsommer auch Rentner und Familien mit Kindern, die mit Sack und Pack an die bei Ebbe weiten Strände ziehen.

Infos
Bude Tourist Information: am Crescent Car Park, Tel. 012 88-35 42 40, www.visitbude.info oder www.bude.co.uk.

Übernachten
Besonders für Golfer ▶ Bude Haven Hotel: Flexbury Ave., Tel. 012 88-35 23 05, www.budehavenhotel.com. Georgianisches Gebäude, 10 individuell eingerichtete Zimmer, viele Freizeitangebote, Heißwasserbadetrog im Garten, Restaurant Catt's Whiskers mit Bistroatmosphäre (Hauptgang ab 8 £). DZ ab 80 £.
Direkt am Strand ▶ Beach House Hotel: Widemouth Bay, Tel. 012 88-36 12 56, www.beachhousewidemouth.co.uk. 4 km nördl. von Bude direkt am Strand. Zimmer meistens mit Balkon. DZ ab 60 £.
Sportlich ▶ Surf Haven Guest House: Downs View, Tel. 012 88-35 39 23, www.surfhaven.co.uk. Am Rande von Bude mit 14 Zimmern und toller Aussicht, DZ ab 58 £.

Essen & Trinken
Großzügig und gemütlich ▶ The Falcon Inn: Falcon Hotel am Bude Canal, Tel. 012 88-35 20 05, www.falconhotel.co.uk. In einem stattlichen einstigen Coaching Inn direkt am Bude Canal. Hauptgerichte ab 10 £.

Aktiv
Surfen ▶ Big Blue Surf School: Oakdene, Bude, Tel. 012 88-33 17 64, www.bigbluesurfschool.co.uk, nur mit Vorabbuchung, ganztägig mit Unterricht 45 £; **Raven Surf School:** Tel. 012 88-35 36 93, www.ravensurf.co.uk, nur mit Vorabbuchung, gänztägig mit Unterreicht 50 £.
Fahrradverleih ▶ Bridge Bike Hire: Bridge, Wadebridge, Tel. 012 08-81 30 50, www.bridgebikehire.co.uk und www.gobycyle.co.uk. Großes Fahrradcenter (Zentralstelle für Nordcornwall) in **Wadebridge** an der Kanalbrücke. Verleih auch mehrtägig; Liefer- und Abhol-

Von Bude bis Newquay

service in der gesamten Umgebung bis Padstow. Auch zu B&Bs, Hotels, Campingplätze. 2 Tourenräder für 1 Woche 100 £ zuzügl. Lieferung und Abholung 20 £.

Wandern ▶ Sehr hübsch sind Spaziergänge entlang des **Bude Canals,** der mitten durch die Stadt verläuft und sich im Inland verzweigt. ührt. Anders als bei vielen Kanälen sind hier die Ufer grün und weit; Hummerkörbe liegen aus, Möven schreien und die salzige Meeresbrise ist ständiger Begleiter. Herrlich ist die Strecke über Kanalschleusen bis zum weiten Summerleaze Strand.

Golfen ▶ Bude & North Cornwall Golf Club: Burn View, Tel. 012 88-35 20 06, www.budegolf.co.uk. Der Club mit 18 Loch ist etwas Besonderes, da er mit seinem anspruchsvollen Parcours mitten durch den Ort Bude führt.

Verkehr
Züge: nach Exeter, Padstow.
Busse: nach Ilfracombe, Torrington, Plymouth und umliegende Orte.

Boscastle ▶ D 20

Einen Abstecher wert ist das Dörfchen **Boscastle,** dessen steile Gassen hinunter in die fjordähnliche baumbestandene Bucht führen, in der ein Fluss zwischen steilen Ufern mündet. Blumengeschmückte Cottages säumen z. B. die reizende **Dunn Street**. Ort und Hafen stehen unter dem Schutz des National Trust. Hier wütete 2004 die große Flut, und viele Häuser am Hafen und im engen Flusstal wurden über- oder weggeschwemmt, so dass einige Bauten nagelneu wieder erstanden sind. Im **Museum of Witchcraft** erinnern scheußliche Hexereien und allerlei Magisches

Unterwegs zu König Artus: Tintagel Castle

Cornwalls Westküste

an den lokalen Aberglauben (Ostern–Okt. Mo–Sa 10.30–18, So 11.30–18 Uhr).

Infos
Boscastle Tourist Information: Cobweb Car Park am Hafen, Tel. 018 40-25 00 10, www.visitboscastleandtintagel.com.

Übernachten
In modernem Landhausstil ▶ Reddivallen Farmhouse: Trevalga, Boscastle, Tel./Fax 018 40-25 08 54, www.cornwall-online.co.uk/reddivallen.co.uk. Vom Tourist Board ausgezeichnet: schönes Farmhaus in Alleinlage mit geschmackvollen, komfortablen Zimmern und schönem Garten. DZ ab 70 £ (inkl. üppigem Frühstück).

Klein und fein ▶ The Riverside Hotel: The Bridge, Tel. 018 40-25 02 16, Fax 018 40-25 08 60, www.hotelriverside.co.uk. Hübsches Hotel, nach der Flut komplett neu ausgestattet. DZ 70 £.

Essen & Trinken
Nur Dinner ▶ The Riverside Restaurant: im Hotel (s. oben), gute neobritische Küche mit regionalen Produkten. 2-Gänge-Menü ab 18 £.

Verkehr
Busse: Verbindungen nach Tintagel, Truro, Bude.

14 Tintagel ▶ D 20

Der kleine reizende Ort Tintagel ist einer der berühmtesten und meistbesuchten in Südengland. In sagenhafter Zeit soll hier König Artus (s. S. 260 f.) gelebt haben, heute lebt Tintagel von ihm: mehrere große Parkplätze, dann eine hübsche alte Dorfstraße mit Tea Rooms und allerlei touristischem Krimskrams.

Sehenswert ist das bezaubernde **Old Post Office,** ein unter der Last seines gewellten Schieferdaches gebeugtes Steinhaus aus dem 14. Jh. – eine der meistfotografierten Sehenswürdigkeiten Englands. In seinen buckeligen, knarrenden Räumen war einmal das lokale Postamt untergebracht – in diesem abgelegenen Teil der Welt die damals für viele einzige Verbindung mit der unerreichbar weit entfernten, fremden Welt der Großstädte Plymouth, Bristol oder gar London (NT, Fore Street, Tel. 018 40-77 00 24, www.nationaltrust.org.uk, April–Okt. tgl. 11–17.30 Uhr).

Schräg gegenüber lädt die kleine Trutzburg von **King Arthur's Great Hall** zu Artus und seiner Tafelrunde ein: Ein Londoner Geschäftsmann hatte diese Halle in den 1930er-Jahren aus reinem Vergnügen bauen lassen. Mit Lasershow und Schnickschnack (tgl. 10–17 Uhr).

Tintagel Castle
Ein ausgebauter Spazierweg führt zu den Felsklippen an die Bucht hinunter. Dort im Besucherzentrum stimmt ein Film auf die mythische Geschichte ein. Von hier aus geht es auf befestigten Pfaden und steilen Treppen hinauf zu der spektakulären Burgruine **Tintagel Castle,** die in grandioser Verlorenheit hoch oben auf zwei Steilklippen, die mit einer Hängebrücke verbunden sind, über der schäumenden See thront.

Hier ist Artus also, zumindest der Legende nach, groß geworden. Die ältesten vorhandenen Mauerreste stammen von einer keltischen Klostergründung; die Überreste der Burg aus dem 12. Jh. Artus hin oder her: Die Lage der Burg, die An- und Aussichten sind überwältigend schön (Tintagel Castle, EH, Tel. 0 18 40-77 03 28, www.english-heritage.org.uk, April–Okt. tgl. 11–18, Nov.–März 10–16 Uhr). Vom Ort zum Besucherzentrum kann man auch einen Landrover-Dienst in Anspruch nehmen.

Sehr anrührend ist die kleine, nahe den Klippen gelegene **Pfarrkirche St Merteriana,** die seit dem 15. Jh. auf den Wiesen des Küstenvorlands steht, schutzlos dem Wind preisgegeben. Selbst die alten Grabmäler sind schief und geduckt, von Steinhaufen gestützt.

Infos
Tintagel Tourist Information: Fore Street, Tel. 018 40-77 90 84, visitboscastleandtintagel.com.

Von Bude bis Newquay

aktiv unterwegs

Klippenwanderung ab Tintagel

Tour-Infos
Start: Tintagel
Ende: Boscastle
Länge: 10 km
Dauer: 3,5–4 Std. Laufzeit
Schwierigkeitsgrad: mittelschwer, Trittsicherheit ist erforderlich, zahlreiche Auf- und Abstiege
Wichtige Hinweise: Der Coast Path ist mit dem Zeichen der Eichel ausgeschildert. Es gibt einen etwa stündlich verkehrenden Bus von Tintagel nach Boscastle (bis Bude) und umgekehrt, Fahrplan in der Tourist Information (s. S. 384 bzw. S. 386).

Von der Pfarrkirche **St Materiana in Tintagel** aus bietet sich eine Wanderung entlang der Klippen an. Sie führt bis ins ca. 10 km entfernte Boscastle (s. S. 385). Der Weg ist gut ausgeschildert. Herrliche Klippenpfade, federnde Wiesen und großartige Ausblicke lohnen die Mühen – es ist eine anspruchsvolle Strecke mit einigen Steigungen zu bewältigen, bei der zwar keinerlei größere Schwierigkeit zu meistern, aber doch ein wenig Kondition erforderlich ist. Trittfeste Schuhe und winddichte Kleidung sind unbedingt zu empfehlen, ebenso ein Sonnenschutz, da es kaum Schatten gibt. Durchschnittswanderer erreichen **Boscastle** nach etwa 3 Stunden.

Vom tief eingeschnittenen Hafentrichter zieht sich der Ort eine bewaldete Anhöhe hinauf. Boscastle erlebte im August 2004 eine gewaltige Sturmflut und Teile des Hafens wurden fortgerissen. Zu Schaden kam niemand und der Wiederaufbau ist nahezu abgeschlossen.

Von Boscastle aus können Sie bequem mit dem Bus zurück nach Tintagel (s. S. 386) fahren.

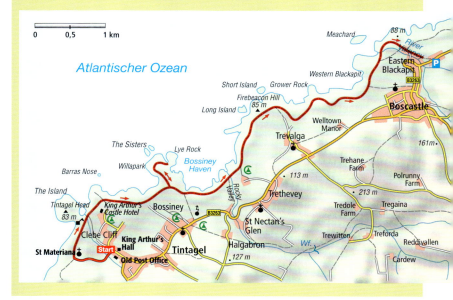

Cornwalls Westküste

Übernachten

Schöne Lage ▶ **Bossiney House Hotel:** Bossiney, 2 km nördlich an der Straße nach Boscastle, Tel. 018 40-77 02 40, www.bossineyhouse.com. Schöne Ausblicke über Klippen und Bucht, Garten, Innenpool, beliebte Bar. Zum Hotel gehört das **Cedar Tree Restaurant** (So-abend geschl.), wo man im hellen, freundlichen Ambiente mit frischen lokalen Produkten kocht. Hier sollten Sie unbedingt Fisch essen! (Hauptgerichte ab 10 £). DZ um 90 £.

Behaglich ▶ **Old Borough House:** Bossiney, Tel. 018 40-77 04 75. Granithaus aus dem 15. Jh., modern renovierte Zimmer, früher im Besitz von Sir Francis Drake, sehr gemütlich. DZ ab 60 £.

Zentral gelegen ▶ **Bosayne Guest House:** Atlantic Road, Tel. 018 40-77 05 14, www.bosayne.co.uk. 200 m vom Atlantik, 200 m vom Zentrum, DZ ab 58 £.

Urlaubsstimmung ▶ **The Mill House Inn**: Trebarwith, Tel. 018 40-77 02 00, www.themillhouseinn.co.uk. 2 km südl. von Tintagel an der B 3263 auf dem Weg nach Trebarwith Strand. Küche vorzugsweise aus lokalen Produkten. 8 schön renovierte Zimmer. DZ 70–100 £.

Jugendherberge ▶ **Tintagel Youth Hostel:** Dunderhole Point, Tel. 08 70-770 60 68, www.yha.org.uk. geöffnet Ostern–Okt. Jugendherberge mit 24 Betten, tolle Klippenlage nahe der Pfarrkirche. Bett ab 15 £.

Verkehr

Busse: nach Bude, Newquay, Boscastle, Port Isaac.

Bodmin Moor ▶ D 20

Nur 15 km im Durchmesser misst das Bodmin Moor, ein Hochmoor mit Heide, Moos und Ginster. Bedeutend sind die bizarren Tors, natürliche Granittürme, die aussehen wie aufeinandergestapelte Steinplatten. Die A 30 führt von Bodmin, dem Verkehrsknotenpunkt der Region, quer durchs Bodmin Moor; verlässt man sie, vermitteln die schmalen Straßen, die weiten Ausblicke ein Gefühl für Einsamkeit und Abgeschiedenheit, eine Miniaturwildnis. Im Nordwesten ragt als höchste Erhebung der **Brown Willy** 420 m hoch auf, in unmittelbarer Nähe der **Rough Tor** (400 m). Im Südosten finden sich die bedeutendsten prähistorischen Zeugnisse der Region: der Steinkreis **The Hurlers** (s. S. 389) und der Dolmen **Trethevy Quoit.**

Im kleinen, hübschen Dorf **St Neot** lohnt die Kirche einen Besuch: Sie stammt aus dem 15. Jh. und besitzt hervorragende Bleiglasfenster. Auf schmalsten Sträßchen erreicht man im Norden des Moors den Ort **Altarnun:** Die helle, lichte und großzügige Kirche mit schönen Schnitzereien ist als ›Kathedrale des Moors‹ bekannt. Vorbei an Schiefer- und Granithäusern, über gewundene Steinbrücken stößt man aus allen Himmelsrichtungen auf die A 30. Von Legenden umgeben ist der düstere See **Dozmary Pool:** In seinen Tiefen soll das Schwert Excalibur von King Arthur liegen.

Bei Bolventor (Abfahrt von der A 30) in der Mitte von Bodmin Moor stößt man auf den **Jamaica Inn,** der durch Daphne du Mauriers gleichnamigen Roman schaurig-schöne Berühmtheit erlangte: Die arglose Maid besucht ihre Tante, die gezwungen ist, in dem verrufenen Gasthof zu leben, unter Schmugglern und wilden Gestalten, die auch vor Mord nicht zurückschrecken. Die unheimliche Moorlandschaft lehrt sie das Fürchten: »Es war eine schweigsame, verlassene Gegend, aber gewaltig und von Menschenhand unberührt. Auf den hohen Felsblöcken standen aneinander gelehnt die Steinplatten als seltsame Formen und Gestalten, wuchtige Schildwachen. Einige sahen aus wie riesige Möbel. Große, lange Steine standen wie zurückgelehnt und schienen wunderlich zu schwanken, als überließen sie sich dem Wind. Und da gab es flache Altäre, deren glatte und glänzende Flächen gen Himmel schauten, auf Opfer wartend, die niemals kamen.«

Heute ist der Jamaica Inn als Hotel, Restaurant, Pub proper, gesellschaftsfähig und mit Museum und Erlebniscenter auf Tagesausflügler im großen Stil eingestellt – von wegen einsam, leer und windzerzaust (Jamaica Inn, Bolventor, Tel. 015 66-862 50, www.jamaicainn.co.uk).

Von Bude bis Newquay

Golitha Falls ▶ D 20

Von der A 30 bei Bolventor/Jamaica Inn abzweigend, folgt ein schmales Sträßchen dem Flußlauf des Fowey in südöstliche Richtung bis zum **Golitha National Nature Reserve** mit gleichnamigen Wasserfällen (3 km östl. von St Neot): ein romantisches, dicht bewachsenes, bewaldetes Tal des Flusses Fowey, das in die offenen Hochmoorflächen übergeht. Am Südende des Bodmin Moor gelegen, bietet es besonders auch für Kinder (in Gummistiefeln!) aufregende Naturerlebnisse: ein gurgelnder Flusslauf, Wasserfälle, bemooste Riesensteine und dunkelgrüner Baumdschungel mit Brücken und Wurzelpfaden – wer will, kann am Seil auch über dem Wasser schwingen.

Verkehr

Anfahrt per Pkw: Abfahrt von der A 38 bei Dobwalls oder Doublebois Richtung Siblyback Reservoir.

Minions Heritage Centre und The Hurlers ▶ E 20

Ein paar Kilometer weiter in Richtung Launceston erläutert am Rand des Ortes Minions, einst bedeutend wegen seiner Kupferminen, das **Minions Heritage Centre** in einem der Maschinenhäuser die Geschichte der Umgebung (ganzjährig geöffnet). Von hier bieten sich herrliche Ausblicke. Der ausgeschilderte Weg führt weiter bis zu **The Hurlers,** drei großen Steinkreisen aus der Bronzezeit, auch hier tolle Ausblicke!

Übernachten

Wahr gewordener Traum vom Landleben
▶ **Hornacott:** South Petherwin, Launceston, ca. 10 km südlich von Launceston, abzweigend von der B 3254, Tel. 015 66-78 24 61, www.hornacott.co.uk. Eine Gäste-Suite, mit Lounge, Schlafzimmer und Bad, mit weiterem Zweibettzimmer im Obergeschoss des eins-

Romantischer Wasserfall am Rand des Bodmin Moor: Golitha Falls

Cornwalls Westküste

tigen Kuhstalls: luftig, friedlich, schön. Versteckt in Gärten und Woodland mit plätscherndem Bach. Exzellentes Dinner und Frühstück. DZ ab 90 £.

Essen & Trinken
Hübsch mit hervorragender Küche ▶ **St Kew Inn:** St Kew, Bodmin, Tel. 012 08-84 12 59, www.stkewinn.co.uk, von der A 39 zwischen Wadebridge und Camelford abzweigend. Wunderschöner alter Pub mit Gartenterrasse und sehr guter Küche.

Alt und behaglich ▶ **The Caradon Inn:** Upton Cross, Liskeard, Tel. 015 79-36 23 91, www.caradon-inn.co.uk, tgl. 12–23, Mo ab 18 Uhr. Hausgemachte cornische Gerichte (ab 6 £), oder gegenüber das **Sterts Theatre,** Tel. 015 79-36 29 62 mit Bistro und Café. Gerichte ab 5 £.

Einkaufen
Alles Käse! ▶ **The Yarg Cheese Farm:** Upton Cross, Liskeard, Tel. 015 79-36 31 28. Große Käserei auf alter Farm in herrlichem Gelände mit Tea Room, Shop und Zuschauen beim Melken um 17 Uhr. Ostern–Juni, Sept./Okt. Mo–Fr 10–16, Juli/Aug. 10–17 Uhr, Sa nur Shop 10–14 Uhr.

Lanhydrock House ▶ D 20
3 km südlich von Bodmin – sehenswert ist die Kirche St Petroc mit ihrem kunstvollen normannischen Taufbecken – steht eines der schönsten historischen Country Houses in Cornwall: **Lanhydrock,** eingebettet in eine 300 ha große bewaldete Parklandschaft im Flusstal des Fowey. Eindrucksvoll sind die Magnolien und Rhododendronhaine, die seltenen alten Baumsolitäre und der ungewöhnliche, rund angelegte Staudengarten.

Erbauer von Lanhydrock war Lord Robartes, der auf der Seite der Parlamentarier, der Cromwell-Anhänger, gekämpft und sein Anwesen während des Commonwealth errichtet hatte. Der im Tudor-Stil gehaltene Bau, umgeben von formalen, terrassierten Gartenanlagen, brannte 1881 fast vollständig ab; nur das Torhaus und der Nordflügel mit seiner 35 m langen Long Gallery und der üppig ornamentierten Stuckdecke sind im ursprünglichen Zustand erhalten.

Der ›Neubau‹ präsentiert sich als ›Victorian Tudor‹ und vermittelt in 49 Räumen mit Mobiliar, Tapisserien und Gemälden, mit Kellern und Küchen einen lebhaften Eindruck viktorianischer Wohn- und Lebenskultur (Lanhydrock, NT, Tel. 012 08-26 59 50, www.nationaltrust.org.uk, Gärten ganzjährig, tgl. 10–18 Uhr; Haus Ostern–Okt. Di–So 11–17.30 Uhr, Shop, Tea Room, Spielplatz).

Padstow ▶ D 20
Ein geschäftiger Fischereihafen, ein traditioneller Familienurlaubsort, der sich kompakt und dicht um die Mündung des Flusses Camel schmiegt, eine lange Promenade mit Souvenirshops, Fish & Chips-Ständen, einem regen Ortszentrum: nichts Besonderes, wenn nicht die umliegenden Strände wären, die Surfer und die ausgeprägte Gourmetszene, die strukturelle Wandlungen mit sich gebracht hat: Die Immobilienpreise sind gestiegen, immer mehr Londoner entdecken die Küste von Cornwall neu, und auch ringsum werden die Hotels schicker und teurer. Aber noch ist das Städtchen Padstow nicht völlig ›gentrified‹. Oberhalb des Hafens von Padstow lohnt **Prideaux Place** einen Besuch – in dem schönen elisabethanischen Haus, seit über 400 Jahren von der Familie Prideaux bewohnt und in den letzten Jahren liebevoll restauriert, sind Stil und Charme eindrücklich zu spüren. Hier sind zahlreiche britische Filme, Fernsehserien und auch verschiedene deutsche Rosamunde-Pilcher-Verfilmungen gedreht worden (Prideaux Place, Tel. 018 41-53 24 11, www.prideauxplace.co.uk, Ostern–Okt. So–Do 12.30–17 Uhr).

Infos
Padstow Tourist Information: The Red Brick Building, North Quay, Tel. 018 41-53 25 94, Fax 018 41 53 23 56, www.padstowlive.com, auch Vermittlung zahlreicher Aktivitäten.

Übernachten
Klein und chic ▶ **Old Custom House Inn:** South Quay, Tel. 018 41-53 23 59, Fax 018 41-

Padstow – Fest für den Gaumen

Beim Namen Padstow läuft allen Gourmets das Wasser im Mund zusammen, und der kleine Hafenort, eng in die breite, versandete Mündung des Camel-Flusses gezwängt, ist nicht ohne Grund in ganz England bekannt.

Lukullischer Anziehungspunkt ist The Seafood Restaurant, ein erstklassiges, exzellent geführtes und mit Auszeichnungen bedachtes Fisch-Restaurant. Direkt am Hafen serviert man hier das, was man entlang einer fischreichen Küste erwartet und doch so selten in guter Qualität erhält: Fisch! Hummer, Austern, Seezunge, Krebse, Heilbutt, Seehecht und Jakobsmuscheln reicht Inhaber und Maître Rick Stein in herrlich leichten Saucen. Seine besondere Zuneigung gilt dem Seebarsch, einem schimmernden, glatten Fisch mit festem Fleisch, der, zwischen den Felsspalten der Küste versteckt, nur schwer an den Angelhaken zu bekommen ist und daher am Hafenkai mehr kostet als ein Lachs. Rick Steins Kochbuch »English Seafood Cookery« ist ein Dauerbrenner, und seine Fernsehserien in der BBC sind äußerst populär. Beim Thema Fisch sollte eine cornische Spezialität nicht vergessen werden: *pilchards,* mittelgroße Heringe, waren früher in riesigen Schwärmen an den Küsten Cornwalls entlanggezogen und wurden im Sommer in allen Fischerdörfern sehnsüchtig erwartet. Waren sie endlich in Sicht, machten sich alle Fischer in ihren Ruderbooten auf, um die *pilchards* einzukreisen und zu fangen – sie bildeten das Grundnahrungsmittel der Küstenbewohner, im Sommer frisch und im Winter eingesalzen. Doch dann blieben die großen Schwärme aus – der Fischfang spezialisierte sich, die Industrialisierung ließ nur noch die rationalisierten Betriebe überleben. Heute werden in den alten wackeren Booten die Urlaubsgäste zur nächsten Bucht geschippert.

Es muss nicht immer Hummer sein …

Cornwalls Westküste

Tipp: Rundwanderung ab Padstow

Von Padstow (s. S. 390) aus gibt es einen herrlichen, etwa 10 km langen Rundwanderweg, der einen halben Tag in Anspruch nimmt. Als Teil des Coast Path folgt er den hervorragenden Felsklippen, die die Padstow Bay auf der Südseite umklammern – vorbei an St George's Cove zur Hawker's Cove mit Blick auf Doom Bar, einem anwachsenden Sandriff, das in den letzten 200 Jahren die Hafeneinfahrt zunehmend verbarrikadierte, so dass das Städtchen buchstäblich im Sand ertrank. Hunderte von Schiffen sind hier auf Grund gelaufen und in dem Mahlstrom der Doom Bar zerschmettert worden.

Das Ende der Landzunge ist bei Stepper's Point erreicht. Der Küste folgend, geht es bei Foxhole südlich wieder landeinwärts, über den Weiler Crugmeer zurück zum Parkplatz am Prideaux Place.

53 33 72, www.oldcustomhousepadstow.co.uk. Hotel mit Charme und schöner Aussicht, Pub und gutem Restaurant. DZ ab 120 £.

Ausblick auf die Camel-Mündung ▶ Treverbyn House: Station Road, Tel. 018 41 53 28 55, www.treverbynhouse.com. Großzügige Zimmer in einem edwardianischen Haus, Gärten und Terrasse. DZ 80–115 £.

Geschützt am Strand ▶ The Harlyn Inn: Harlyn Bay, Tel. 018 41-52 02 07, www.harlyn-inn.com. Direkt an der Harlyn Bay an einem schönen Sandstrand gelegen, eine halbe Stunde Fußweg von Padstow entfernt. Das Gasthaus verfügt über eine eigene Bar und zwei Restaurants mit Fisch- und anderen Gerichten (Hauptgang ab ca. 8 £). DZ ab 70 £.

... in Little Petherick:

Traumhaft schön ▶ Molesworth Manor B&B: Little Petherick, 3 km außerhalb von Padstow, Tel. 018 41-54 20 92, www.molesworthmanor.co.uk. Das ehemalige stattliche Pfarrhaus liegt inmitten einer schönen, gepflegten Garten- und Parklandschaft im winzigen Ort. 9 individuell ausgestattete große Zimmer mit viel Blumigem a la Laura Ashley. Mit Bibliothek und Kaminzimmer. Sehr üppiges Frühstück mit Produkten aus der Region. DZ ab 110 £.

Essen & Trinken

Berühmt ▶ The Seafood Restaurant: Riverside, Tel. 018 41-53 27 00, www.rickstein.com. Das wohl beste und berühmteste Fischrestaurant im Süden Englands: Rick Steins Küche (s. S. 391) ist elegant und lässig zugleich, mit regionalem, frischestem Fisch, anglo-französischer Inspiration und mediterranen Anklängen; Hauptgang ab ca. 30 £, zum Lunch gibt es ein 3-Gänge-Menü ab 28,50 £.

Trendig und very in ▶ Porthilly Bar & Grill: im St Enodoc Hotel, Rock (ca. 15 km östl. Padstow, auf der anderen Seite der Flussmündung), Tel. 012 08-86 33 94. Modernes, schickes Restaurant mit Terrasse und herrlichem Meerblick, pazifisch angehauchte Küche. 3-Gänge-Menü 30 £.

Auch bester Fisch ▶ St Petroc's Bistro: 4 New Street, Tel. 018 41-53 27 00, www.rickstein.com. Moderat; kleiner Ableger des Seafood Restaurant (Rick Stein) mit z. T. klassischen Bistrogerichten.; Hauptgang ab 12 £.

Klein und fein ▶ No. 6 Padstow: Middle Street, Tel. 018 41-53 20 93, number6inpadstow.co.uk. Im Stil eines georgianischen Salons restauriert, mit hohem Anspruch an die Küche. Hauptgang ab 12 £.

Geschäftig ▶ Rick Stein's Café: 10 Middle Street, Tel. 018 41-53 27 00, www.rickstein.com. Beliebtes Café auch für einen kleinen Lunch. Ab 10 £.

Qualitätsimbiss ▶ Stein's Fish & Chips: South Quay. Guter Fisch direkt auf die Hand. Portion 6 £.

Verkehr

Busse: Verbindungen von Bodmin und Newquay.

Bedruthan Steps ▶ D 20

Folgt man von Padstow aus der Küstenstraße etwa 10 km nach Südwesten, lohnt es sich, auf dem National-Trust-Gelände anzuhalten und den Bedruthan Steps eine Stippvisite abzustatten: Gigantische Granitfelsblöcke in bizarren Formen ragen bei Ebbe aus dem Sandstrand hervor – auf ihnen ist der Legende nach der cornische Riese Bedruthan mit großen Schritten aus dem Meer aufs Land geschritten. Zum Aussichtspunkt ist ein gutes Stück abzusteigen – nach dem grandiosen Anblick wartet daher ein schweißtreibender Aufstieg, von dem man sich im Tea Room des National Trust erholen kann. Die Bucht selbst ist nur bei Ebbe zugänglich.

Newquay und Umgebung
▶ D 20

Newquay ist zwar nicht Malibu, aber es ist das britische Surferparadies schlechthin mit legendären Stränden. Und die Wellen sind da: die größten, schönsten, schnellsten Surferwellen des Vereinigten Königreichs. Der Fistral Beach ist gut genug für Wettkämpfe auf Weltklasse-Niveau. Newquay hat nicht nur seine hauseigenen Surf-Champions hervorgebracht, sondern es ist zum Mekka einer kosmopolitischen Pilgerschar geworden, die sich mit Gelegenheitsjobs über Wasser hält, in Wohnwagen campiert und nichts anderes will, als die Philosophie und den Narzissmus des ›riding the waves‹ zu erleben.

Und dann gibt es auch noch das ›ganz normale‹ Urlaubspublikum, das einfach nur geruhsam im Park sitzt und am Hafen entlang promeniert. Rund 1 Mio. Besucher hat Newquay jährlich zu verzeichnen, und im Juli/August sind nicht nur die Strände proppenvoll.

Schon zu viktorianischen Zeiten durch den Eisenbahnanschluss gut zu erreichen und außerordentlich beliebt, mauserte sich Newquay zum größten Badeort Cornwalls und ist daher eher untypisch: Schwimmbäder, Kinos, Diskotheken, Kinderspielplätze, Shoppingzonen, Golfplatz, subtropische Gärten, ein riesiges Sportzentrum und etwa 500 Hotels buhlen um die Gunst der Feriengäste. Und das alles natürlich deshalb, weil Newquay mit einer ungewöhnlich reichen Auswahl an Sandstränden gesegnet ist: Es gibt ihrer neun, auf denen sich, direkt in Newquay und an der angrenzenden Küste, immer noch ein Plätzchen finden lässt.

Die Strände
Towan Beach ist der dem alten Hafen nächstliegende Strand; westlich davon erstreckt sich **Fistral Beach. Crantock Beach** liegt in einer geschützten Bucht mit Klippenhintergrund. Der **Great Western Beach** geht über in **Tolcarne Beach** und **Lusty Glaze Beach** – die Letzteren bieten jede Menge Familienunterhaltung und Kinder-Aktivitäten (www.tolcarnebeach.co.uk und www.lustyglaze.co.uk).

Watergate Bay, Fistral Beach und **Lusty Glaze** sind die berühmtesten Surfstrände Cornwalls. Watergate Bay ist für Anfänger günstig und jeder im Königreich weiß, dass hier Jamie Oliver ein Restaurant und eine Beach-Bar betreibt; Fistral Beach ist für Fortgeschrittene und Könner. An diesen Stränden tummeln sich auch die Reichen und Schönen, die jungen Royals, ihre Cliquen aus London und aus den Countryhouses quer durch das Inselreich. Großartig ist auch der Strand von **Perranporth,** ca. 5 km südlich.

Infos
Newquay Tourist Information: Municipal Offices, Marcus Hill, Tel. 016 37-85 40 25, Fax 016 37-85 40 30, www.newquay.co.uk, www.newquay.org.uk.

Übernachten
Very trendy & elegant ▶ **Watergate Bay Hotel:** Tel. 016 37-86 05 43, www.watergate.co.uk. Luxuriös ausgebautes viktorianisches Hotel auf den Klippen, Wellness, Kinderbetreuung, gute lokale Küche mit internationalem Touch (Menü 27 £). Im Sommer DZ ab 180 £.

Tolle Lage ▶ **The Harbour Hotel:** North Quay Hill, Tel. 016 37-87 30 40, www.harbourhotel.co.uk. Behagliches kleines Hotel im ›Boutiquestil‹ mit Wintergarten und Terrasse, Blick über den Hafen. Frische, modern-englische Küche. DZ ab 130 £.

Cornwalls Westküste

Urban und komfortabel ▶ Trebarwith: Trebarwith Crescent, Tel. 016 37-87 22 88, Fax 016 37-87 54 31, www.trebarwith-hotel.co.uk. Großes Haus in großartiger Lage hoch an den Klippen und trotzdem leichtem Zugang zum Strand, subtropische Gärten, Restaurant mit Seeblick. DZ ab 125 £.

Surf Lodge für Junge ▶ Escape Hotel: 1 Mount Wise, Tel. 016 37-85 91 11, www.escape2newquay.co.uk. Mit eigener Surfschule, Drei-Tage-Paket 90 £.

Geschmackvoll ▶ Chynoweth Lodge: 1 Eliot Gardens, am nördl. Stadtrand, von der A 3058 abzweigend, Tel. 016 37-87 66 84, www.chynowethlodge.co.uk. Kleine Pension in ruhiger Lage mit modernen Zimmern. DZ ab 60 £.

Hostel ▶ Newquay International Backpackers: 69–73 Tower Road, Tel. 016 37-87 93 66, www.backpackers.co.uk/newquay. Übernachtung ab 15 £.

Essen & Trinken

s. a. Hotels: **Trebarwith, The Harbour Hotel**
Mediterrane Küche ▶ Cafe Atlantica (ital. Restaurant) und **Silks Restaurant** (Bistro und Bar): Dane Road, Tel. 016 37-87 22 44, www.atlantichotelnewquay.co.uk. In den Restaurants im Atlantic Hotel hoch auf der Landspitze wird mediterrane Küche mit frisch gefangenem Fisch serviert, erlesene Weine, gehobene Klasse. Lunch-Menü ab 20 £.

Für Jamie-Oliver-Fans ▶ Fiveteen Cornwall: Watergate Bay, neben The Beach Hut (s. u.), Tel. 016 37-86 10 00, www.fifteen.net. Neben dem Londoner Etablissement und weltweit zwei weiteren Lokalen unterhält Jamie Oliver hier eines mit gleichen Konditionen und Ambitionen (steht für geradlinige, italienisch inspirierte Küche). Menü 25 £.

Trendy und gut ▶ Fistral Blu: Fistral Beach, Headland Road, Tel. 016 37-87 87 82, www.fistral-blu.co.uk. Ungebremst vom Surfbrett zum Fishcake im *Thai Style.* Hauptgericht ab 8 £.

Pub-Gerichte ▶ The Smugglers Den Inn: Trebellan, Cubert (7 km südl. von Newquay), Tel. 016 37-83 02 09, www.thesmugglersden.co.uk. Altes Gemäuer in einem Tal mit schöner Außenanlage und der Möglichkeit, dort zu sitzen. Tagesgericht 5–16 £.

Für Sportbegeisterte ▶ The Beach Hut: Watergate Bay, Tel 016 37-86 08 77, www.watergate.co.uk. Direkt am Strand in einem Gebäude mit der Extreme Academy (trendige Surf- und Extremsport-Schule). Hauptgang ab 10 £.

Abends & Nachts

Das Nachtleben für Junge und Junggebliebene stellt das Ibizas in den Schatten. Viele Nightclubs sind für sehr standfeste Trinker: Die sogenannten Stag-Nights, also die Junggesellen-Abende vor der Hochzeit oder die *hen*-Partys für Frauen werden von Leuten aus dem ganzen Umland gefeiert; Volltrunkenheit garantiert. Einen guten Überblick über die aktuelle Szene in Newquay bieten: www.totalclubbing.com sowie www.newquaysinest.co.uk.

Cooles Industriedesign ▶ Koola Bar: 12 Beach Road, Tel. 016 37-87 34 15, www.thekoola.com, jede Nacht geöffnet. Schon legendär: auf 3 Etagen, Underground, Hip Hop, Funke, House, Charts.

Wahnsinns-Cocktails ▶ The Chy Bar: 12 Beach Road, www.thekoola.com. Hier hängen alle ab: vom späten Frühstück angefangen, über Mittag, bis nachts: chic, cool, ab 23 Uhr Musik-Club bis 3 Uhr.

Aktiv

Sightseeing mit Doppeldeckerbussen ▶ Hop On hop Off: Von Mai bis Sept. rollen die offenen roten Doppeldeckerbusse und fahren zu allen Sehenswürdigkeiten. Abfahrt von der Tourist Information, dort auch Tickets.

Hallenbad ▶ Newquay Waterworld: Trenance Leisure Park, Tel. 016 37-85 09 33, Ostern–Okt. tgl. geöffnet. Größtes Hallenschwimmbad der Grafschaft mit Rutschen, Wasserfällen, 25 m-Becken, Café, Bar.

Aquarium ▶ Blue Reef Aquarium: Towan Beach, Tel. 016 37-87 81 34, www.bluereefaquarium.co.uk, ganzjährig, tgl. 10–18 Uhr. Unterwasserwelten der tropischen Ozeane, über 30 verschiedene Aquarien, Fütterungstermine, Kinderaktivitäten.

Grafschaft Cornwall

Die königliche Geldbörse – The Duchy of Cornwall

Thema

Die Grafschaft Cornwall ist im Gegensatz zu den anderen *counties* ein Herzogtum. The Duchy of Cornwall gehört zu den Besitztümern – wie angenehm für ihn – von Charles, dem Prinzen von Wales und Herzog von Cornwall.

Und das kam so: Wilhelm der Eroberer machte seinen Halbbruder zum ersten Grafen von Cornwall. Seit dem 14. Jh., als Eduard III. die Grafschaft zum Herzogtum aufwertete und sie später seinem Sohn, dem Schwarzen Prinzen, schenkte, ist es üblich, dass jeweils der älteste Sohn und Thronfolger des Monarchen »Land und Amtstracht am Tage, da er geboren ward, beanspruchen kann.« Neben dem symbolischen Tribut – ein Bündel Feuerholz, ein Ziegenfell, 100 Silbermünzen, ein Pfund Pfeffer und gemischte Kräuter – sind es die Pachterträge, die ohne Umwege in die Privatschatullen des Prinzen fließen. Er ist der Einzige der Royal Family, der keine vom Parlament bewilligte Jahresapanage bezieht. Ihm gehören: 128 000 acres (450 km² oder 42 000 ha) Land, die sich verstreut in ganz Südengland, größtenteils in Cornwall und Devon, befinden; die Scilly-Inseln gehören ihm, fast ganz Dartmoor, u. a. 160 Meilen *seashore*, der gleichsam insubstanzielle Teil zwischen Strand und Wasser, der bei Ebbe vorhanden, bei Flut überspült ist und traditionell aus dem Besitzrecht des ›normalen‹ Grund und Bodens herausfällt. Ihm gehören einige Flussbetten, das Gewässer des Plymouth Sound, das Flussdelta des Camel; ihm gehören gestrandete Wale, die Fracht von auf seinen Küstenstrichen gestrandeten Schiffen; ihm gehören Mühlen, Farmen, Schulen, Gefängnisse, die gesamte Stadt Princetown in Dartmoor, die eine oder andere Burgruine wie Tintagel oder Restormel, natürlich Farm- und Weideland und der Grund und Boden, auf dem zahllose Stadtviertel stehen, Dörfer, Häuserzeilen, Anwesen und Gehöfte quer durch Devon und Cornwall.

Der jährliche Reingewinn beläuft sich auf etwa 14 Mio. Pfund netto, die Hälfte davon geht als Schenkung sofort an gemeinnützige Stiftungen innerhalb der Duchy, der Rest steht Prince Charles für persönliche Verpflichtungen zur Verfügung. Verwaltet wird das alles über das hochkarätige Duchy Council, das jeden vierten Monat tagt, mit dem Prinzen als *chairman*. Ansonsten sind wie überall Makler und Immobilienfirmen dazwischengeschaltet, die die Verwaltungsgeschäfte übernehmen, die Mieten erhöhen und Pachtverträge aushandeln. So hat die Familie Dorrien-Smith zum Beispiel, der auf den Scillies die Insel Tresco mit dem herrlichen tropischen Garten ›gehört‹, einen weiteren Pachtvertrag über 100 Jahre mit der Duchy abgeschlossen. Denn der Duchy-Landbesitz gilt als unveräußerbar, als *unalienable,* und wenn jemand kaufen und bauen will, so sind komplizierte Auflagen damit verbunden.

Die Dukes of Cornwall haben in den letzten Jahrhunderten niemals in ihrer Besitzung gelebt – eine höfische Kultur, sei es auch nur in Ansätzen, ist daher nicht entstanden, und auch heute noch gibt es in Cornwall keine offizielle Residenz von Prince Charles oder seiner ›Firma‹, wie die Queen ihre Familie zu bezeichnen pflegt. Camilla Parker Bowles trägt als Ehefrau von Prince Charles den Titel ›Duchess of Cornwall‹ – so können sie gemeinsam durch ›ihre Duchy‹ streifen …

Cornwalls Westküste

Wandern ▶ Newquay ist Startpunkt für zwei Streckenwanderwege: Der **Camel Trail** entlang dem Fluss Camel (sehr gut auch zum Radfahren) bis Bodmin Moor (18 Meilen; 27 km) und der 30 Meilen (45 km) lange **Saint's Way** bis nach Fowey.
Surfen ▶ Reef Surf School: Tel. 016 37-87 90 58, www.reefsurfschool.com; **Dolphin Surf School:** Tel. 016 37-87 37 07, www.surfschool.co.uk; **Escape Surf School:** Tel. 079 66 59 74 44, www.escapesurfschool.co.uk; **Cornwall Surf Academy:** Tel. 08 70-240 66 93, www.cornwallsurfacademy.com.
Eine **Surfer-Hotline** informiert über Wetter- und Wellenbedingungen, Tel. 090 68-36 03 60. An jedem der Strände Vermietung von Surfausrüstung sowie Angebote für Surfkurse und Kurse für Extremwassersportarten.
Extremsport ▶ Adventure Centre: Lusty Glaze Beach, Tel. 016 37-87 24 44, www.adventure-centre.org. Der Veranstalter bietet Extremsportarten kombiniert als Tagespacket für Kinder oder andere Gruppen mit Potholing (Höhlenerkunden), Abseiling, Surfing und Coasteering (Klettern, Höhlenerkundung und Schwimmen); **Extreme Academy:** Watergate Bay, Tel. 016 37-86 05 43, www.watergatebay.co.uk und www.watergate.co.uk. Surfkurse u. a. Wassersportarten. Surf-Unterricht 6 Std, 30 £; Tageskurs Kitesurfen 100 £.
Golfen ▶ Treloy Golf Club: an der A 3059 Richtung St Columb, Tel. 016 37-87 85 54, www.treloygolfclub.co.uk. 18-Loch-Anlage, Green Fee 25–30 £.

Termine
Newquay Surf Festival (Mai); **Run to the Sun** (letztes Maiwochenende): verschiedene Marathonläufe; **zahllose unterschiedliche Surf-Wettbewerbe** (Juli/Aug); **GUL Open Surf Festival** (Nov.).

Verkehr
Züge: Der Bahnhof liegt zentral in der Station Parade. Für Verbindungen in alle größeren Städte wie Penzance, Plymouth oder London muss am Bahnhof Par umgestiegen werden. Tel. 084 57-48 49 50.
Busse: Der Busbahnhof liegt zentral in der East Street. Nach St Austell, Bournemouth, Exeter, Plymouth.
Flüge: Der kleine Flughafen Newquay Airport bedient innerbritische Destinationen (www.airsouthwest.com, www.ryanair.com). Der Skybus fliegt die Isles of Scilly an (www.islesofscilly-travel.co.uk), ebenso wie der Hubschrauberdienst (www.islesofscillyhelicopter.com).

Trerice
Mitten im ländlichen Nirgendwo liegt ein wunderhübsches kleineres Anwesen von 1571, das der Familie Arundel (s. S. 179) gehörte. Exquisite elisabethanische Architektur in mürbem Stein, grüne Wiesengärten mit Obstplantage, seltene Stauden und ein farbenfrohes Blütenmeer machen das Country House so reizvoll. Mit Shop, einem guten Restaurant und Tea Room. Auch hier ist ein Rosamunde-Pilcher-Film gedreht worden (Trerice, NT, Kestle Mill, bei Newquay, Tel. 016 37-87 54 04, www.nationaltrust.org.uk. Ostern–Okt. So/Mo, Mi–Fr 11–17 Uhr, Mitte Juli–Aug. auch Sa).

St Agnes
Bei St Agnes erinnert die Industrieruine Wheal Coates Engine House, jetzt einsam und romantisch gelegen, an das Maschinenzeitalter (NT, Zutritt jederzeit).

15 St Ives ▶ C 21

St Ives ist für viele der Inbegriff Cornwalls und gilt als der schönste Ferienort an der Westküste. Berühmt wurde der Fischerort um 1900, als sich hier zahlreiche Künstler niederließen. Heute ist die Tate Gallery St Ives international bekannt. Die Stadt liegt im Nordosten der Halbinsel Penwith, die am Land's End, dem westlichsten Zipfel Großbritanniens, endet.

Kommt man über die Hügel von Norden her, gibt die kurvige Straße den Blick frei auf die eng an den Hafen geschmiegten verschachtelten Häuser, die sich in Terrassen dicht an dicht die Hänge und Klippen hinaufziehen – ein wunderschöner Anblick. St Ives mit seinen knapp 13 000 Einwohnern war ein-

St Ives

St Ives – Traumstrände und Künstler machten den Ort berühmt

mal ein bedeutender Fischereihafen und Umschlagplatz für Zinn und Kupfer. Um 1900 kam dann eine Schar junger Künstler.

Das Leben war billig, ursprünglich und naturnah. »Das gleißend helle, durchscheinende Licht griechischer Qualität« und die reizvollen Motive berauschten sie. William Turner besuchte St Ives schon im Jahr 1811, Walter Sickert und James Whistler stellten hier ihre Staffeleien auf. Sie und andere gründeten den St Ives Art Club und die Newlyn School of Painting. In den 1930er-Jahren folgten die international renommierten Künstler Ben Nicholson, seine erste Frau, die Bildhauerin Barbara Hepworth, und der Töpfer Bernard Leach; in den Nachkriegsjahren kam mit Terry Frost, Peter Lanyon, John Wells u. a. eine weitere Künstlergeneration, die St Ives zu einem Zentrum moderner Malerei machte. Noch heute leben und arbeiten hier und in der Umgebung viele Töpfer, Kunsthandwerker und Maler, darunter Patrick Heron, großer alter Mann der englischen Abstraktion. In den engen, gewundenen Gassen, zwischen Restaurants und Souvenirshops finden sich auch gutes Kunsthandwerk und Galerien für zeitgenössische Kunst. In der Back Road West leben viele Künstler, und im Cottage Nr. 3 lebte der von Nicholson entdeckte Alfred Wallis – ein großer Naiver, dessen Werke nun in der **Tate Gallery St Ives** zu bewundern sind (Öffnungszeiten s. S. 398).

Einen Besuch lohnen auch die Ausstellungsräume der **Leach Pottery** an der B 3306 (Higher Stennack, 2 km außerhalb St Ives, Zennor Road, Mo–Sa 10–17 Uhr) oder der renommierten **St Ives Society of Artists,** in der regionale Künstler ausstellen (Norway Gallery, Norway Square, www.stica.co.uk. März–Nov. Mo–Sa 10–17.30, So 14.30–17.30 Uhr).

Cornwalls Westküste

St Ives mit seinem alten Hafen, den Promenaden und langen Sandstränden von Porthmeor und Porthminster, Beaches, die sich über die **Carbis Bay**, über die **Hayle Bay** hinweg bis zu den Sanddünen von **Godfrey Point** erstrecken, ist in den Sommermonaten total überfüllt, und die ehemalige Sozialstruktur hat sich natürlich gewandelt: Die alten Fischerhäuser unten am Hafen – ›downalong‹, die blumengeschmückten, schmalen Häuser der Bergarbeiter weiter oben, ›upalong‹, durch Treppen und verschachtelte Gassen miteinander verbunden, sind schon in viktorianischer Zeit durch die *terraces* ergänzt worden, und die langen Häuserreihen mit herrlicher Aussicht auf die geschwungenen Buchten haben sich alle auf Feriengäste und Urlaubsbetrieb eingestellt. Für Juli/August müssen Zimmer unbedingt reserviert werden!

Ein paradiesisches Refugium ist das **Barbara Hepworth Museum**, das von der Tate verwaltet wird: Haus, Atelier und Garten der Künstlerin, die, hochbetagt und weltweit geehrt, 1975 bei einem Brand in ihrem Haus ums Leben kam, sind gesättigt von kontemplativer Stille; 40 Skulpturen aus Holz, Marmor und Bronze sind im Garten aufgestellt. Fotografien und persönliche Dokumente zeichnen Leben und Werk der Künstlerin nach (Barnoon Hill, Di–So 10–17.30 Uhr, Juli/Aug. tgl.)

Hoch oben über dem Strand von **Porthmeor** steht neben grauen Häuserreihen ein blendendweißer Solitär, durch dessen Glasrotunde nachts das Meer beleuchtet wird: die 1993 eröffnete **Tate Gallery St Ives**, ›Ableger‹ der Tate Gallery, Großbritanniens Nationalmuseum der Moderne. In dem Acht-Millionen-Bau der Architekten Eldred Evans und David Shalev können sich nun die Werke der ›Westküste‹ präsentieren. Der gewaltige Bestand, knapp 1000 Objekte, zuvor in der Londoner Tate gelagert, findet hier in Wechselausstellungen ein neues, altes Zuhause – im wahrsten Sinne des Wortes und einmalig: Die Werke der Künstler vor Ort sind am Ort selbst zu sehen. Kunst von hohem Rang, im einzigen großen Museumsneubau Südenglands, am westlichsten Zipfel des Inselreiches – ein Muss für jeden Reisenden und Kunst liebenden Entdecker (Porthmeor, www.tate.org.uk, Di–So 10–17.30 Uhr, Juli/Aug. tgl.).

Infos

St Ives Tourist Information: Guildhall, Street-an-Pol, Tel. 017 36-79 62 97, www.stives-cornwall.co.uk, www.penwith.gov.uk, www.go-cornwall.com.

Übernachten

Strahlend schön ▶ Blue Hayes: Trelyon Avenue, Tel. 0 17 36-79 71 29, www.bluehayes.co.uk. Kleines, feines Luxushotel. Viel Weiß, helle große Zimmer, schöne Terrasse mit herrlicher Sicht auf den Hafen. DZ ab 160 £.

Mediterranes Flair ▶ The Garrack Hotel & Restaurant: Burthallan Lane, Tel. 017 36-79 61 99, www.garrack.com. Etwas abseits und ruhig gelegen, großer Garten, traumhafte Aussicht auf den Porthmeor-Strand und St Ives, großes Hallenbad, Sauna. DZ ab 130 £.

Sehr komfortabel ▶ Boskerris Hotel: Boskerris Road, Carbis Bay, Tel. 017 36-79 52 95, www.boskerrishotel.co.uk. Am Strand der Carbis Bay mit Panoramablick über die St Ives Bay, mit Garten und Pool. DZ ab 115 £.

Klein und fein ▶ Primrose Valley Hotel: Porthminster Beach, Tel. 017 36-79 49 39. www.primroseonline.co.uk. Direkt am Strand von St Ives; ein heiteres edwardianisches Gebäude mit individuell eingerichteten Zimmern. DZ 100–170 £.

Hostel ▶ St Ives Backpackers: ›The Gallery‹, Town Centre, Tel. 017 36-79 94 44, www.backpackers.co.uk/st-ives. In einer ehemaligen Methodistenkapelle mitten im Ort. Juli/Aug. 17 £/Bett.

Essen & Trinken

Leicht und locker ▶ Al Fresco: Harbourside, Tel. 017 36-79 37 37, tgl. 9.30–22 Uhr. Mediterran inspirierte Küche, vom Michelin empfohlen. Tagesgerichte ab 8 £.

Fisch satt ▶ Blue Fish: Norway Lane, Tel. 017 36-79 42 04. Mit Sonnenterrasse und Fisch satt. Menü ab 25 £.

Schöne Aussicht ▶ Alba: Old Lifeboat House, Tel. 017 36-79 72 22, www.alba-restaurant.co.uk. Zweistöckiges Gebäude mit schönem Blick über den Hafen, moderne europäische Küche. Menü ab 21 £.

Gutes Essen ▶ Porthminster Café: Porthminster Beach, Tel. 017 36-79 53 52, www.porthminstercafe.co.uk, tgl. 9–22 Uhr. Hell und freundlich mit mediterran-asiatisch inspirierter Fischküche in hoher Qualität. Tagesgerichte ab 7 £.

Ordentlicher Standard ▶ Peppers Pasta & Pizzeria: Fore Street, Tel. 017 36-79 40 14, www.peppers-stives.co.uk. Pizza ab 6 £.

Aktiv

Surfen ▶ Surfen: Shore Surf, Tel. 017 36-75 55 56, www.shoresurf.com. Mit Minibusservice in der St Ives Bay.

Mal- und Zeichenkurse ▶ St Ives School of Painting: Back Road West, Tel. 017 36-79 71 80, www.stivesartschool.co.uk. Die renommierte Schule verfügt über professionelle Maler, die ihr Können in zahlreichen Kursen vermitteln.

Termine

St Ives Festival (zwei Wochen Mitte Sept.): Musik- und Kultur-Festival.

Verkehr

Züge: Der Bahnhof ist nahe Porthminster Beach in Station Hill; Züge auf einer Nebenlinie bis St Erth, dort Anschluss an die Hauptstrecke London–Penzance.

Busse: Bus-Bhf. The Malakoff am Hafen, tgl. nach Penzance, über Redruth, St Austell nach Truro; Land's End, Tel. 01209-71 99 88. Auch National-Express-Fernbusse nach London.

Rundfahrt auf der Penwith-Halbinsel ▶ C 21

Karte: S. 404

Der Bezirk Penwith oder die Halbinsel von Land's End schiebt sich als westlichste Landzunge weit in den Atlantik hinein. An der etwa 80 km langen Küste wechseln dramatische Felsklippen mit langen Sandstränden, Felstümpeln, geschützten Buchten und winzigen alten Fischerdörfern ab. Die bedeutendsten Ferienorte sind an der Nordküste St Ives mit der angrenzenden weit ins Land greifenden Mündung des Hayle und an der Südküste Penzance mit dem vorgelagerten Inselburg St Michael's Mount.

Von Zennor nach Chysauster

Die Rundfahrt entlang der Konturen der Penwith Halbinsel beginnt in St Ives auf der B 3306 Richtung Land's End. Die Landschaft ist eher karg, weit und offen. Auf der Strecke nach **Zennor** 1 können Sie schöne Meeresblicke genießen. Ein Abstecher ins Inland führt nach **Chysauster** 2, ca. 5 km südlich von Zennor. Chysauster ist der Nachbau eines rund 2000 Jahre alten keltischen Dorfs, dessen noch deutlich sichtbare Häuserreste und Gartenterrassen sich als kreisförmige Kegel aus dem umliegenden Grün herausheben (EH, www.english-heritage.org.uk, Ostern–Sept. tgl. 10–18, Okt. 10–16 Uhr).

Übernachten, Essen

Dining Pub with Rooms ▶ The Gurnard's Head, (B&B, Pub, Restaurant), Treen, Zennor, Tel. 01736-79 69 28, www.gurnardshead. co.uk. Traumhaft gelegen mit Blick auf die See, auch schön auf Spazierweg von St Ives zu erreichen: Historischer Pub mit herausragend gutem Essen und 7 schönen Zimmern. DZ ab 135 £, 3-Gänge-Dinner um 25 £.

Unkonventionelles Hostel ▶ Old Chapel Backpackers Zennor, Tel. 01736- 798307, www. backpackers.co.uk/zennor. In einer ehemaligen Methodisten-Kapelle mit spektakulärem Atlantik-Blick ist das Hostel mit Café untergebracht. Ordentlich. Ab 17,50 £/Pers.; auch Familienzimmer.

Lanyon Quoit und Men-an-Tol

Ein weiterer Abstecher von der Küstenstraße führt zum bekanntesten Zeugnis aus Cornwalls Prähistorie: Der **Lanyon Quoit** 3 ist wie ein dreibeiniger Tisch zusammengefügt und trägt eine 5 m lange Deckplatte. An der gleichen Straße etwa 2 km nördlich steht der **Men-an-Tol** 4, ein Stein, dem magische Kräfte zugesprochen werden und durch dessen kreisrunde Öffnung man Kinder hindurch-

Wo England zu Ende ist: Land's End

Cornwalls Westküste

Minen, Zinn und Methodismus

Etwa 20 km südlich von Newquay, unmittelbar an der Küste, liegt der Ort St Agnes, weiter im Landesinnern die Städtchen Camborne und Redruth – das ehemals industrielle Kerngebiet des Zinn- und Kupferbergbaus, der sich bis tief in die Penwith-Halbinsel hineinfraß.

Tinners, Zinnschürfer, gab es schon im Altertum. Bis Mitte des 16. Jh. arbeiteten die Männer im Freien, bei Wind und Wetter. Ihr Status war unvergleichlich: Sie waren unabhängig, mit eigener Gerichtsbarkeit; sie durften auf unbebautem Boden überall schürfen, den Landbesitzern schuldeten sie nur eine Abgabe. Viermal im Jahr wurde das geschmolzene Zinn versteuert: in Helston, Truro, Lostwithiel und Liskeard. In den sogenannten *stannary towns* kamen die Zinner, Wäscher und Schmelzer zusammen, das Zinn wurde gewogen und für den Verkauf mit einem königlichen Siegel geprägt.

Um 1550 begann man auch unter Tage nach dem weltweit begehrten Erz zu suchen: Stollen, Schächte, Höhlen wurden tief in die Eingeweide der Erde gegraben. Aus den freien, naturverbundenen Zinnern wurden Bergleute, die ihr gefahrvolles Arbeitsleben in stickiger Finsternis verbringen mussten.

Die Kosten der Erzförderung stiegen, die Rechtsverhältnisse änderten sich, private Minenbesitzer oder Bergwerksgesellschaften wurden steinreich, die *miners* blieben arm.

Im späten 17. und 18. Jh. herrschte große Not: Es gab soziale Unruhen, Raub und Plündereien. Im 19. Jh. brachte die industrielle Revolution einen bescheidenen Aufschwung für Cornwall: Die Eisenbahn erleichterte den Transport, in den Minen und Bergwerken gab es dampfbetriebene Pumpen; riesige Maschinenhäuser, Gießereien, Abraumhalden schufen eine neue Industrielandschaft. Um 1850 erreichte der Zinn- und Kupferbergbau seinen Höhepunkt: Cornwall deckte zwei Drittel des Weltbedarfs, und in den Minen um Redruth, Camborne, Helston und St Just arbeiteten über 50 000 Menschen. Männer, Frauen, Kinder und Pferde blieben oftmals wochenlang unter der Erde, wurden um ihre Gesundheit gebracht und schufteten sich langsam zu Tode. In Schächten und Tunneln, die Cornwall wie ein unterirdisches Labyrinth durchzogen, sogar weit in die See hinein, unter der Meeresoberfläche, entwickelten sich Gase und giftige Dämpfe; bei der Erzgewinnung wurde Arsen frei. Die durchschnittliche Lebenserwartung lag bei 47 Jahren. Und dann war alles vorbei: Ende der 60er-Jahre des 19. Jh. ließen sich die Erze anderswo leichter und billiger ausbeuten, in Cornwall wurden die Bergwerke (*wheals*) stillgelegt. Ein Großteil der Bevölkerung wurde arbeitslos, und viele Bergarbeiter wanderten aus. Sie nahmen, dem Erz folgend, ihre Kenntnisse mit – nach Asien, Australien und Afrika.

Die Schlote und Maschinenhäuser sind Wahrzeichen Cornwalls und seit 2006 gehören sie zum UNESCO-Welterbe. Nur zwei Bergwerke sind noch in Betrieb: Bei Redruth unterhält der National Trust Maschinenhäuser, Cornish Engines. In Pendeen wird wieder Zinn gefördert: Der tiefste Schacht der Geevor Tin Mine führt unter den Meeresboden, in 600 m Tiefe. Man kann eine Führung unter Tage mitmachen (s. S. 404).

Spiegelt sich in den aufgelassenen *wheals*, den Schloten und Maschinenhäusern Heil und Unheil der materiellen Geschichte Cornwalls

Industriegeschichte

Thema

wider, so fand die spirituelle Glückssuche landauf, landab in den *chapels* ihren Ausdruck: In fast jedem Dorf, in jeder Gemeinde gibt es neben dem Gotteshaus der anglikanischen Kirche (*church*) ein Bet- oder Gemeindehaus, eine Kapelle der Methodisten (*chapel*).

Nach der Loslösung Heinrichs VIII. von Rom, als Mystik und Ritual aus den Messen verschwanden, fanden viele Menschen in Cornwall in der Beschwörung heiliger Quellen und in mystizistischem Zauber Trost und die Sicherheit des Überlieferten.

In dieser heillosen, wilden, glaubensbereiten Welt stieß der Prediger John Wesley (1703–1791) auf offene Herzen: Der Begründer der Methodistenkirche hat Cornwall über 40 Jahre hin immer wieder besucht. Seine Botschaft von einem lebendigen, allgegenwärtigen Gott, der direkt und zu jedem Einzelnen sprach, der feste Werte und moralische Normen forderte, der ohne Kirchenhierarchie zu erreichen war, hatte die Cornishmen im Sturm erobert.

Wesley hat die Mehrheit der Bevölkerung Cornwalls erweckt und zum Methodismus bekehrt. Im Gwennap Pit, ca. 3 km südlich von Redruth, hielt er seine größten Versammlungen ab: Eine kreisrunde, abgesenkte Talmulde wurde von den Bergarbeitern als Amphitheater angelegt. Heute treffen sich in dem begrünten Rund jeweils am Pfingstmontag Tausende von Methodisten aus aller Welt.

Spektakuläre Ruine des Industriezeitalters in Botallack, UNESCO-Welterbe

Rundfahrt Penwith-Halbinsel

schob, um sie möglichst vor Krankheiten und Verderben zu schützen.

Pendeen

Sehr interessant und lebendig ist das **Geevor Tin Mine Heritage Centre** 5: Die Ausstellungen in den Gebäuden neben einer authentischen Zinnmine aus dem 18. Jh. erzählen vom schweren Leben der Bergleute (Pendeen, Tel. 017 36-78 86 62, www.geevor.com, mit Shop und Café, So-Fr 9–17 Uhr, Linienbus von Penzance).

Charakteristisch für das Inland östlich von Pendeen ist eine überwiegend hügelige Heide- und Hochmoorlandschaft, durchsetzt mit großen Granitbrocken und -felsen. Knapp 2 km außerhalb von Pendeen liegt auf der B 3318 Richtung Penzance linker Hand eine Parkbucht, von der ein Pfad abzweigt, der durch die Hochmoorlandschaft zum **Chun Quoit** führt. Wie ein steinerner Pilz sehen die aufeinandergetürmten Granitblöcke aus; sie markieren ein Grab aus der Steinzeit.

Rundfahrt auf der Penwith-Halbinsel

Botallack und St Just

In **Botallack** [6] geht die Erkundung der verlorenen Landschaften des Zinnbergbaus weiter: Die dem National Trust gehörende **Botallack Mine** am Coast Path zwischen **Cape Cornwall** und Levant wartet mit interaktiven Displays und Dokumenten zur Bergbaugeschichte der Region auf (im Botallack Count House, St Just in Penwith, Tel. 017 36-78 85 88, tgl. 10–16 Uhr).

St Just [7] zehrt von seiner Erinnerung an das 19. Jh., einer Zeit, als der Ort noch vor Leben barst: Maschinenlärm, Sirenen zum Schichtwechsel, jedes Haus bis unters Dach bewohnt, Markttag, Kindergeschrei, Stimmengewirr aus den zahlreichen Gasthäusern und Schenken.

Land's End

Bei **Sennen** [8] mit seiner kleinen Hafenbucht, Sandstrand, Fischerbooten, Hummerkörben und dem großen Bootshaus der Royal National Lifeboat Institution führt der Klippenpfad über grasbewachsenes, offenes Hochland bis zur westlichsten Landspitze des United Kingdom. Die wilde Einsamkeit der zerklüfteten, über 50 m hohen Klippen, der spitzen Granitfelsen, die weit in den Atlantik ragen, die graublaue Fläche aus Meer und Horizont oder die tobenden Wellenberge, die sich an den Klippen brechen – diese wilde Einsamkeit gibt es nicht mehr ohne straff organisierte Zugabe: **Land's End** [9] ist in Privatbesitz und wurde zu einem jahrmarktbunten, teuren Unternehmen umfunktioniert. Die Firma ›Land's End Limited‹ vermarktet die Besuchszeit mit Einrichtungen wie Restaurants, Shops, Abenteuerspielplatz. Die Multivisionsshow ›Last Labyrinth‹ klärt über das verlorene Land von Lyonesse auf (s. S. 260 f.). Die grandiose Naturszenerie dient Hochzeitspaaren nicht selten als Hintergrund für das Paradefoto. Pferdebusse nehmen jedem Besucher das mühsame Geschäft des Spaziergangs ab, der sie, 100 m weiter, in die schönste Einsamkeit führen würde.

Minack Theatre [10]

Auf der B 3315 wenden wir uns nach Osten. Ein unvergessliches Erlebnis ist das **Minack Theatre** bei Porthcurno (der Strand ist einer der schönsten in Cornwall) in einer versteckten, sandigen Bucht. Aus der Felswand blickt ein terrassenförmig, nach antiken Vorbildern angelegtes Freilichttheater aufs Meer: eine grandiose Kulisse für Theaterstücke, die professionelle Ensembles im Sommer aufführen, gern und oft Shakespeare sowie die köstlichen Operetten von Gilbert & Sullivan (»Pirates of Penzance«). Unerschütterlich wird auch bei Regen gespielt, und die Zuschauer kommen mit Wolldecken, Regenmänteln und Thermosflaschen (Besichtigung, Besucherzentrum, Shop, Tea Room April–Sept. tgl. 9.30–17.30, Okt.–März 10–16 Uhr, bei Nachmittagsvorstellung ab 11 Uhr geschl.).

Termine

Spielzeit: Ende Mai–Ende Sept.; Tickets: Tel. 017 36-81 01 81 und 81 04 71, www.minack.com.

Verkehr

Busse: Verbindungen von St Ives und Penzance.

Pipers und Merry Maidens

Entlang der schmalen B 3315, die im Zickzackkurs zwischen Hecken und Weiden über die Hochebene verläuft, trifft man auf Zeugnisse der Vorzeitkultur. Die zwei schlanken Monolithen nördlich der Straße heißen **Pipers** [11] (›Flötenspieler‹) und unweit davon, auf der anderen Straßenseite, tanzt dazu der Steinkreis aus 19 **Merry Maidens** [12] – der Überlieferung nach Dorfmädchen, die mit ihrer Ausgelassenheit den heiligen Sabbat geschändet haben und deshalb zur Strafe zu Stein erstarrt sind. Wie ein Band kleiner bunter Farbflecken nisten versteckte Buchten und winzige Dörfchen mit Spielzeughäfen in den Öffnungen der felsigen Küste, z. B. **Lamorna** [13], ebenso romantisch wie der Name.

Mousehole [14]

Die malerischen Cottages des kleinen, im Sommer überlaufenen **Mousehole** (gespro-

Cornwalls Westküste

chen: mausl) gruppieren sich halbmondförmig um den nach Seetang riechenden Hafen. *Very busy* geht es in den blumengeschmückten Gassen und auf den engen Treppen zu. 1595 ist hier die große Geschichte eingefallen – spanische Freibeuter segelten in den Hafen und machten das Fischerdorf dem Erdboden gleich.

1981 kamen acht Männer aus Mousehole in ihrem Küstenrettungsboot ums Leben, als sie bei schwerer See versuchten, die Mannschaft des Frachters ›Union Star‹ zu retten, der wenige Kilometer entfernt an den Klippen auf Grund gelaufen war. In dem in den Hafen vorkragenden Hotel Lobster Pot hat schon der große walisische Dichter Dylan Thomas ausgiebig getrunken – »Ich bin ein Menschenfreund, vor allem liebe ich die Frauen, ich bin ein Waliser, ich bin ein Trinker.«

Übernachten, Essen

Traditionsreich ▶ The Old Coastguard Hotel: The Parade, Tel. 017 36-73 12 22, www.oldcoastguardhotel.co.uk. Gemütliches kleines Hotel mit grandioser Sicht über Mount's Bay, Garten zum Meer hin, eigenes Restaurant (Hauptgerichte ab 10.50 £). DZ ab 120 £.

Hübsch und klein ▶ Cornish Range: 6 Chapel Street, Tel. 017 36-73 14 88, www.cornishrange.co.uk. Ein informelles, gepflegtes Haus mit wunderbarer Fischküche und drei sehr hübschen Zimmern (DZ um 100 £). Nur Dinner, 2-Gänge-Menü ab 17,50 £.

Newlyn [15]

Newlyn meint *business:* Im größten Fischereihafen Cornwalls löschen Tiefseetrawler ihre glitschige Fracht, die per Bahn ab Penzance gleich nach London geht – die urwüchsigen Pubs sind für *working men,* und mit dem Heim der Royal National Mission to Deep Sea Fishermen verbindet sich der Gedanke an die sieben Weltmeere.

Als Museum mit Fabrik ist **The Pilchard Works** inzwischen einzigartig: Nirgendwo sonst in Cornwall werden heute noch die früher in Riesenschwärmen auftauchenden cornischen Sardinen von Hand verarbeitet, gesalzen und in Dosen gepackt für den Export (Tolcarne, Tel. 017 36-33 21 12, Ostern–Okt. Mo–Fr 10–18, Sa 10–14 Uhr).

Neben zahlreichen Künstlern hatte auch der dem Spätimpressionismus zugeordnete Maler Augustus John (1878–1961) zeitweilig ein Atelier in Newlyn. 1937 war Dylan Thomas mit seiner Frau bei ihm zu Gast; noch heute besitzt die **Newlyn Art Gallery** einen ausgezeichneten Ruf; sie stellt zeitgenössische Künstler der Region vor (24 New Road, Mo–Sa 10–17 Uhr).

Penzance ▶ C 21

Penzance ist mit seinen knapp 20 000 Einwohnern der größte Badeort an der Südküste Cornwalls. Durch den Endbahnhof der Eisenbahn, den Heliport und den Fährbetrieb zu den Isles of Scilly muss es viel Durchgangsverkehr aufnehmen. So ist das weite Halbrund der Mount's Bay in drei Teile gegliedert: Im Süden grenzt die einzige Promenade Cornwalls an eine felsige Landzunge, hinter der der Fährhafen breiten Raum einnimmt, dahinter ragt am Ende der sanft geschwungenen Bucht der spektakuläre St Michael's Mount auf. Penzance war schon in viktorianischen Zeiten viel besucht, und auch hier gab und gibt es eine lebhafte Kunstszene.

Unbedingt sehenswert in der Stadt selbst ist **Penlee House**, das als Galerie und Museum die Newlyn School of Art repräsentiert und hervorragende Ausstellungen bietet (Morrab Road, www.penleehouse.org.uk, Mo–Sa 10–17 Uhr). Die **Chapel Street** führt vom Hafen aus in den Ortskern. Bemerkenswert ist das **Egyptian House,** 1835 auf dem Höhepunkt der ägyptischen Modewelle gebaut, dessen pompöse Fremdartigkeit Scharen von staunenden Betrachtern von fern und nah gleichermaßen anlockte. Das **Trinity House National Lighthouse Centre** widmet sich dem Thema Küstenschutz; auch die Wohnung eines Leuchtturmwärters ist zu sehen (19 Chapel Street, www.lighthousecentre.org.uk, Ostern–Okt. tgl. 11–17 Uhr).

Penzance

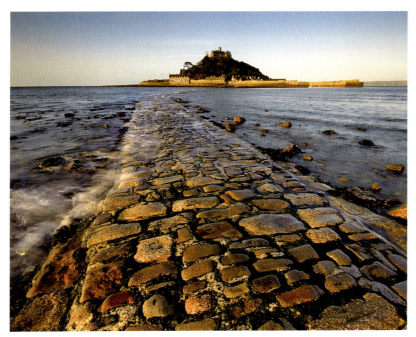

St Michael's Mount: Bei Ebbe kann man den alten Pfad benutzen

St Michael's Mount

Damals wie heute strömt eine noch größere Besucherschar auf den **St Michael's Mount** (NT), eine dem Örtchen Marazion vorgelagerte Gezeiteninsel, deren Granitfelsen mit den Zinnen und Türmen einer Burganlage ihren weithin sichtbaren, krönenden Abschluss finden. Bei Ebbe wandert man über einen Damm, bei Flut wird man in offenen Booten übergesetzt.

Das keltische Mönchskloster aus dem 6. Jh., schon damals wegen der Erscheinung des Heiligen Michael ein Pilgerziel, wurde im Zuge der normannischen Eroberung durch William the Conqueror dem Benediktinerorden von Mont St-Michel in der Normandie als englische Dependance überantwortet, und im Mittelalter gehörte es zu den wichtigsten Wallfahrtsstätten in England. Heinrich VIII. ließ das Kloster im Rahmen seines landesweiten Seefestungsprogramms als militärische Trutzburg ausbauen. Ab 1660 schließlich gehörte die Insel der Familie von Sir St Aubyn, die die Kloster- und Festungsmauern in ein verschachteltes, elegantes, luftiges Wohnhaus hoch über dem Meer verwandelte. Lord St Levan, Nachkomme der St Aubyns, hat den gesamten Besitz 1954 dem National Trust vermacht, die jahrhundertealte Geschichte seiner Familie allerdings selbstsicher und großräumig in die Zukunft verlängernd: Lässt man die Historie vom St Michael's Mount als säkularen, monarchischen Akt mit der normannischen Eroberung beginnen, also vor bald einem Jahrtausend, so ist es nur recht und billig, wie geschehen, weitere tausend Jahre Wohnrecht als angemessene Zeitspanne auszuhandeln! (St Michael's Mount NT, Marazion, Tel. 017 36-71 05 07, Gezeiten-Info Tel. 017 36-71 02 65, www.stmichaelsmount.co.uk. Gärten – nicht NT – Mai/Juni Mo–Fr 10.30–16.30, Juli–Okt. Do/Fr

Cornwalls Westküste

10.30–16.30, Haus Ostern–Okt. So–Fr 10.30–16.30 Uhr, Nov.–März mit Voranmeldung).

Trengwainton
Einer der herrlichen subtropischen Gärten Cornwalls: ein geschützter Landschaftsgarten mit gewaltigen Rhododendron-, Magnolien- und Kamelienhainen sowie unterschiedlichen ummauerten ›Garten-Zimmern‹. Von der Terrasse aus überblickt man die Mount's Bay mit der Inselburg St Michael's Mount (NT, Madron, ca. 3 km nordwestl. von Penzance, Tel. 017 36-36 31 48, www.nationaltrust.org.uk, März–Okt. So–Do 10–17.30, ansonsten 10–17 Uhr).

Infos
Penzance Tourist Information: Station Road, Tel. 017 36-36 22 07, Fax 01 736-36 36 00, www.penzance.co.uk und www.penwith.gov.uk.

Übernachten
Luxuriöser Chic ▶ **The Abbey:** Abbey Street, Tel. 017 36-36 69 06, www.theabbeyonline.co.uk. Ein reizendes kleines Stadthotel mit Zimmern im Country-House-Look, mit Garten. DZ ab 120 £.
Mit Reitstall ▶ **The Old Vicarage:** St Hilary, Tel. 017 36-71 15 08, www.oldvicaragepenzance.co.uk. Für Pferdeliebhaber, familienbetriebenes Country House. DZ ab 50 £.
Jugendherberge ▶ **Penzance Youth Hostel:** Castle Horneck, Alverton, Tel. 0 17 36-36 26 66, yha.org.uk. Jugendherberge in schöner Lage mit 80 Betten, Bett ab 15,50 £.
Hostel ▶ **Penzance Backpackers:** Alexandra Road, Tel. 017 36-36 38 36, www.pzbackpack.com. Sehr gut ausgestattet und freundlich. Bett ab 13 £.

Essen & Trinken
Sehr gut ▶ **Harris's:** 46 New Street, Tel. 017 36-36 44 08, www.harrissrestaurant.co.uk, tgl. 12–14, 19–21.30 Uhr. Guter Fisch, gute Pasta, ohne viel Schnickschnack und mit französischem Touch. Menü ab 30 £.
Preisgekrönt ▶ **The Abbey Restaurant:** Abbey Street, Tel. 017 36-33 06 80, Lunch Fr–So 12–14, Dinner Di–So 19–22 Uhr. Sehr schickes, lässiges Restaurant mit toller neobritischer Küche. Lunch-Menü um 20 £.
Locker ▶ **Bakehouse:** Old Bakehouse Lane, Chapel Street, Tel. 017 36-33 13 31, www.bakehouserestaurant.co.uk, Mo–Sa 11.30–22 Uhr. Im einstigen Backhaus gibt es gute moderne Küche, besonders Fisch. Tagesgerichte 5–20 £.
Café-Atmosphäre ▶ **Captain's Fish Bar:** 62 Daniel Place, Tel. 017 36-33 03 33, tgl. ab 11 Uhr. Fish & Chips. Gerichte ab 4 £.

Aktiv
Fahrradverleih ▶ Pedals Bike Hire, Tel. 017 36-36 06 00, Wharfside Centre nahe Bahnhof. 2 Std. 10 £.

Verkehr
Flüge: ab Heliport, 1 km östl. von Penzance: tgl. Flüge zu den Isles of Scilly, Tel. 017 36-36 38 71, www.islesofscillyhelicopter.com, Flugzeit 20 Min.
Züge: Endstation des Cornish Riviera Express von London ist der Bahnhof (Wharf Road). Züge nach Truro, Plymouth.
Busse: National Express nach London, Falmouth. Nahverkehr nach Land's End, Helston, Mousehole, St Ives.
Fähren: tgl. Verbindungen zu den Isles of Scilly (Infos, Tickets: Isles of Scilly Travel Centre, 16 Quay Street, Tel. 08 45-710 55 55, www.ios-travel.co.uk).

Isles of Scilly ▶ B 21

Jenseits von England: Fliegt man mit dem Helikopter von Penzance aus auf die etwa 50 km entfernten Scilly-Inseln (Flugzeit 20 Min.), glaubt man die paradiesischen Eilande der Südsee zu erspähen: Zwischen dem glasklaren, türkisgrünen Wasser liegen kleine und kleinste Inselchen verstreut, deren weiße, unberührte Strände mit dem Meer verschmelzen und wie Lagunen friedlich in der Sonne dösen. Der Archipel besteht aus rund 140 Inseln und Felsen, nur fünf sind bewohnt: St Mary's, Tresco, St Martin's, St Agnes und

Isles of Scilly

Bryher. Mittelpunkt und Hauptstadt ist Hugh Town auf St Mary's.

Zwischen den Inselchen, Lagunen und Stränden erlebt man Ferien. Bei genauerem Hinsehen geht es dann allerdings doch hand- und wetterfester zu: Zwar haben die Scillies etwa 1700 Sonnenstunden pro Jahr, aber Regenschauer kommen schnell, und das Wasser, so verführerisch es auch ausschaut, ist ziemlich kalt. Dennoch: Schon ab Dezember blühen die Narzissen, ab März sind die Inseln in ein Blütenmeer getaucht, und die Saison auf den Scillies ist lang – vom Frühling bis in den Herbst.

Die Scillonier waren arm – es gab nur Wasser, Felsen, steiniges Land. Sie lebten vom Fischfang, vom Strandgut, vom Schmuggel, ein bisschen vom Bootsbau. 1000 Schiffe sind in den letzten 200 Jahren an den schroffen Felsmonolithen, an den über 140 unbewohnten und fünf bewohnten Inseln dieses nordischen Archipels zerschellt und gestrandet. Nach guter Tradition der *shipwreckers* mögen nicht wenige mit falsch gesetzten Leuchtzeichen absichtlich in den schäumenden Tod gelockt worden sein, um sie dann auszurauben. Das alles änderte sich im 19. Jh., als ein gewisser Augustus Smith die Inseln pachtete, auf der Insel Tresco die Ruinen eines ehemaligen Benediktinerklosters zu einem feudalen Landsitz ausbaute und sich ernsthaft um die Aufzucht von Frühlingsblumen mühte.

Heute ist die Blumenzucht der wichtigste Wirtschaftsfaktor der Inseln. Denn ›touristisch erschlossen‹ sind St Mary's, die Hauptinsel, Tresco, St Martin's, St Agnes und Bryher nur bedingt – die Scillonier wollen es so. In den Pensionen und kleinen Hotels, den Privathäusern, die Bed & Breakfast bereithalten, nisten sich hauptsächlich Stammgäste ein, die Atmosphäre ist freundlich, friedlich, geruhsam. Da die für alle Inseln gemeinsame Umweltkommission zusammen mit den Stadtvätern beschlossen hat, nicht mehr als 2000 Gästebetten zuzulassen, wären Naturfreunde, Ornithologen und Ruhesuchende hier ganz unter sich – wenn nicht die Fähren aus Penzance Tausende von Tagesbesuchern einschleusen würden, die sich aber recht schnell verteilen.

Tipp: St Martin's Hotel

Auf der etwa 4 km^2 großen Insel St Martin's mit 90 Einwohnern, einer Straße und vier Autos ohne Nummernschilder bietet ein schönes Hotel Erholung pur. Die Architektur präsentiert sich als gemäßigter Neo-Tudor – dieses Projekt wurde von Prince Charles mitentworfen und unterstützt, als Beispiel einer umweltbezogenen, traditionsbewussten Bauweise, die lokale Themen aufnimmt und sie unauffällig der Moderne anpasst. Das St Martin's Hotel ist gastfreundlich und luxuriös. Die lange Gartenterrasse führt direkt an den Strand mit eigenem Bootsanleger; man blickt auf die umliegenden Inseln, das türkisfarbene Meer; gegenüber liegen Tresco und überall verstreut die unbewohnten Inselchen, die nur auf einen Robinson Crusoe zu warten scheinen ... (St Martin's Hotel, Tel. 017 20-42 20 92, www.stmartinshotel.co.uk, DZ ab 220 £ mit Dinner).

Infos
Tourist Information: Hugh Street, Hugh Town, St Mary's, Tel. 017 20-42 25 36, www.simplyscilly.co.uk.

Aktiv
Für alle, die gerne tauchen, schnorcheln, surfen, rudern oder segeln, sind die Scillies ein Paradies, dazu gibt es noch breite Strände.
Segeln, Windsurfen ▶ The Sailing Centre: St Mary's Quay, Tel. 017 20-42 20 60, www.sailingscilly.com. Standorte in St Mary, Tresco. 2-Tage-Segelkurs in der Gruppe ab 180 £, Surf-Tageskurs (4 Std.) 140 £.
Tauchen ▶ Scilly Diving: Higher Town, St Martin's, Tel. 017 20-42 20 48, www.scillydiving.com. Schnorchelsafari 2 Std. 23 £, Tiefseetauchen 3 Std. 45 £.

Verkehr
Flüge: Skybus, zweimotorige Flugzeuge nach St Mary's von Penzance, Land's End,

Cornwalls Westküste

Exeter, Newquay, Plymouth, Tel. 08 45-710 55 55, www.ios-travel.co.uk. Helikopter: tgl. ab Penzance nach St Mary's, Tel. 017 36-36 38 71, www.islesofscillyhelicopter.com, Flugzeit 20 Min.
Fähren: Von Penzance nach St Mary's (Fahrzeit 2–2,5 Std.), auch Tagesausflüge (Infos, Tickets: Isles of Scilly Travel Centre, 16 Quay Street, Penzance, Tel. 08 45-710 55 55, www.ios-travel.co.uk)
Zwischen den Inseln: Regelmäßiger und reger Bootsverkehr. Abfahrt und Infos am Kai in Hugh Town. Auch Privatarrangements in den kleinen offenen Booten sind jederzeit möglich (es spritzt und sprüht – daher unbedingt auch für kürzere Ausflüge wetterfeste Kleidung mitnehmen!).

St Mary's

Hauptinsel und Knotenpunkt ist **St Mary's** mit seiner Hauptstadt Hugh Town. Die Festungsanlage – als Verteidigung gegen die spanische Armada errichtet – thront auf der Halbinsel The Garrison und bildet einen markanten Blickpunkt. Die Insel ist nur knapp 5 km lang und 3 km breit; eine schöne Wanderung mit grandiosen Ausblicken führt einmal rundum. Sehenswert ist das **Isles of Scilly Museum:** Hier wird die Geschichte der einsamen Inseln lebendig, das Leben der Fischer; Leben und Tod der vielen Seeleute, deren Schiffen zerschellt und auf Grund gelaufen sind (Church Street, Mo–Sa 10–16.30 Uhr).

Übernachten, Essen

Die Preise sind in den Ferienmonaten hoch, wegen der begrenzten Anzahl ist Reservierung absolut notwendig.
Sehr komfortabel ▶ Tregarthen's Hotel: Garrison Hill, Hugh Town, Tel. 017 20-42 25 40, www.tregarthens-hotel.co.uk. Gut geführtes Haus, licht und freundlich, mit großer Panoramaterrasse und atemberaubender Aussicht über Hafen und Inseln. DZ mit Dinner ab 220 £.
Reizend ▶ Atlantic Hotel: Hugh Street, Hugh Town, Tel. 017 20-42 24 17, www.atlantichotelscilly.co.uk. Kleines, hübsches Hotel mit gutem Restaurant und Terrasse mit Aussicht über Hafen und Inseln. DZ ab 160 £.
Modern und günstig ▶ Isles of Scilly Country Guesthouse St Mary's: Sage House, High Lane, Tel. 017 20-42 24 40, www.scillyguesthouse.co.uk. Modernes freundliches Guesthouse mit 15 Zimmern in der Ortsmitte (3 x in der Woche Dinner, keine Lizenz zum Alkoholausschank). DZ 75–90 £.

Tresco

Hauptanziehungspunkt der Isles of Scilly ist die Insel **Tresco,** und dort die subtropischen Gartenanlagen, die **Abbey Gardens** der Familie Dorrien-Smith. Palmen und Agaven ge-

Isles of Scilly

Isles of Scilly – ein Archipel mit subtropischer Vegetation

deihen hier, seltene Bäume und Pflanzen aus Übersee, deren Samen und Triebe von den Seeleuten mitgebracht und hier aufgezogen worden sind. Leuchtende Blumen, dazwischen Skulpturen, Freitreppen und eine farbenfrohe Sammlung zahlreicher Galionsfiguren jener gottverlassenen Schiffe, die an dem Inselarchipel zugrunde gegangen sind (Tel. 017 20-42 41 05, www.tresco.co.uk, ganzjährig tgl. 10–16 Uhr).

Übernachten

Wie in der Karibik ▶ Hell Bay Hotel: Bryher, Tel. 017 20-42 29 47, www.hellbay.co.uk. Auf der kleinen Insel Bryher herrscht in diesem sehr kleinen, sehr feinen Luxus-Hotel karibische Stimmung. Von hier kann man alle Wassersportarten und Bootsfahrten mieten. Sehr gutes Restaurant. DZ mit Dinner ab 300 £.

Luxus pur ▶ Island Hotel: Tel. 017 20-42 28 83, www.tresco.co.uk. Luxus pur, mit geheiztem Außenpool, Tennisplätzen und Gärten in traumhafter Lage mit eigenem Strand. DZ mit Dinner ab 300 £.

Komfortabel ▶ New Inn: Tel. 017 20-42 28 44, www.tresco.co.uk. Schöner alter Inn mit modernen Anbauten, Terrassengarten, hübschen Zimmern und Seeblick. DZ mit Dinner ab 200 £.

Cornwalls Südküste

Zwischen den Mündungstrichtern von Helford, Fowey und Tamar erstreckt sich einer der schönsten und abwechslungsreichsten Küstenabschnitte Südenglands, die ›cornische Riviera‹. Tief eingeschnittene, bewaldete Flussarme wechseln mit malerischen Häfen. Das Eden Project bei St Austell mit riesigen Gewächshäusern und die Lost Gardens of Heligan sind zwei hochkarätige Attraktionen.

Lizard Peninsula ▶ C/D 21

Das Küstenvorland der Halbinsel Lizard ist im Gegensatz zu Land's End unberührte, reine Natur, und die raue, zerklüftete Landspitze Lizard Point ist der südlichste Punkt Großbritanniens. Kleine Dörfchen, Buchten und Badestrände sind hier weniger überlaufen als nebenan auf der Halbinsel Penwith mit Land's End. **Helston** ist der geografische Mittelpunkt von Lizard und mit rund 12 000 Einwohnern die größte Stadt der Region.

Rund um Lizard Point

Eine Stichstraße führt zum **Lizard Point**. Östlich und westlich der felsigen Landspitze mit dem begehbaren Leuchtturm (www.trinityhouse.co.uk, Mai/Juni, Sept. Fr/Sa geschl., Juli/Aug. Sa geschl. 12–17 Uhr) liegen einige sehr schöne Strände, teils Sand-, teils Kieselstrand: auf der Westseite südlich von Porthleven z. B. **Loe Bar** oder **Polurrian**, **Mullion Cove** und **Kynance Cove,** dazwischen winzige Dörfer und Häfen.

Eine fantastische Tageswanderung führt von Mullion Cove über Lizard Point bis Cadgwith an der Ostseite, knapp 18 km lang, aber auch jeder kürzere Spaziergang um Lizard Point ist herrlich. Im Mai und Juni leuchten die Blumenteppiche, unten schäumt und strahlt die See, und der weiche Grasboden federt unter den Schritten. Kilometerlang kann man barfuß gehen. Ausgangspunkt ist der Minihafen **Porth Mullion**; die Zeit reicht, um am Strand von Kynance Cove in der Sonne zu faulenzen, und im kleinen Hafen von Cadgwith, mit strohgedeckten Cottages und bunten Booten, wartet im Cove Inn ein kühles Bier! In der Nähe befinden sich zwei schöne Badestrände, Praa Sands und Kennack Sands.

Helston Trevarno Gardens & National Museum of Gardening

Die viktorianischen Gartenanlagen von Trevarno Manor haben es in sich: Seen, Teiche, seltene Baumarten und ein herrlicher Tea Room im verglasten Fontänengarten, dazu noch ein einzigartiges Museum zur Garten- und Gartenbaugeschichte (Crowntown bei Helston, Tel. 013 26-57 42 74, www.trevarno.co.uk, tgl. 10.30–17 Uhr).

Poldark Mine Visitor Centre

Touristisch aufbereitet wird die Industriegeschichte Cornwalls (s. S. 402 f.) im Besucherzentrum der Poldark Mine. Alte Schachtanlagen sind noch vorhanden und so ausgebaut, dass man sie besichtigen kann. *Cornish Heritage* hat rings um die Schachtanlage ein Dorf der Zinnschürfer rekonstruiert. Natürlich beinhaltet »ein Erlebnis für Jung und Alt« auch immer Tea Shop, Gartenanlagen, Kunsthandwerk und Kinderspielplätze (Poldark Mine, Wrendon, Helston, Tel. 013 26-5731 73, www.poldark-mine.co.uk, mit Aktivitäts- und

Erlebniszen-trum, April–Mitte Juli, Sept./Okt. So–Fr, Mitte Juli–Aug. tgl. 10–17.30 Uhr).

Infos
Tourist Information: 79 Meneage Street, Helston, Tel. 013 26-56 54 31, www.lizard-peninsula.co.uk (für den gesamten Bereich Lizard).

Übernachten, Essen
Opulent ▶ **Mullion Cove Hotel:** Mullion Cove, Tel. 013 26-24 03 28, www.mullioncove.com. Hoch über dem Hafen von Mullion Cove gelegen. Großes viktorianisches Hotel mit grandiosen Ausblicken. DZ ab 160 £ (mit 4-Gänge-Dinner ab 180 £).
Familienfreundlicher Luxus ▶ **Polurrian Hotel:** Mullion, Tel. 013 26-24 04 21, www.polurrianhotel.com. Ein Traum: In herrlichen terrassierten Gärten hoch über Mullion Cove: schneeweißes georgianisches Haus, mit allem Komfort, geheizten Innen- und Außenpools, umfangreiche Wellnessangebote, kinderfreundlich. DZ mit Dinner ab 170 £.
Traumhaft ▶ **The Halzephron Inn:** Gunwalloe, Helston, Tel. 013 26-24 04 06, www.halzephron-inn.co.uk. Hoch über den Klippen liegt das 500 Jahre alte Schmuggler-Inn mit 2 charmanten Doppelzimmern (DZ ab 45 £). Die Küche ist superb mit Hummer, Krebsen und frischen Produkten der Region. Sie sollten unbedingt reservieren! Tagesgerichte ab 7 £.

Essen & Trinken
Versteckte Herrlichkeit ▶ **New Yard Restaurant Trelowarren:** Mawgan, Helston, Tel. 013 26-22 12 24, www.newyardrestaurant.co.uk, Di–Sa 10.30–21, So 10.30–14.30 Uhr. In den ehemaligen Stallanlagen des großen Trelewarren Estate bietet das Restaurant fantastische Küche mit Schwerpunkt auf Fisch. Schon die Anfahrt durch die Domäne ist wunderbar, und nach dem Essen kann man durch die lichten Woodlands, die Gärten zur Bucht des Helford schlendern. Wer braucht da noch mittelmeerische Gefilde? Mit Arts & Crafts- und Garden-Shop. Tagesgericht Lunch ab 6 £.

Aktiv
Tagesausflug mit Kindern ▶ **Roskillys Farm:** Tregellast Barton, Helston, Tel. 013 26-28 04 79, www.roskillys.co.uk, tgl. 9–18 Uhr. Für Kinder besonders schön ist die Farm mit vielen Tieren, Kühen, die gemolken werden, und natürlich das hausgemachte tolle Eis! Im Croust House werden alle Kuchen und Speisen selbst hergestellt. Im Sommer auch Barbecues und 2 x wöchentl. Jazz am Abend.

Termine
Furry Day oder **Flora Day** (erstes Maiwochenende, Sa): in Helston wird ab dem frühen Morgen in traditionellen Kostümen durch die Straßen getanzt.

Falmouth und Umgebung
▶ D 21

Falmouth war bis zum Ende des 18. Jh. einer der bedeutendsten Häfen in Großbritannien. Das riesige Delta des Fal-Flusses bot ein natürliches Hafenbecken, und als westlichster Poststützpunkt für die Überseeschifffahrt herrschte im Hafen Hochbetrieb. Auch heute ist Falmouth ein ›working harbour‹, der sich erst langsam auch auf anspruchsvollere Besucher einstellt.

Mit dem **National Maritime Museum** an der Wasserfront, einer der größeren zur Jahrtausendwende entstandenen ›Millenniumsbauten‹ in England und mehrfach preisgekrönt, hat die Umgestaltung der Hafenfront einen neuen Akzent erhalten. Das hervorragend ausgestattete Museum mit seinem ›Leuchtturm‹ besitzt sehr schöne Schiffsexemplare und zeigt neben Wechselausstellungen auch interaktiv die Geschichte des Schiffbaus und der Werftaktivitäten (www.nmmc.co.uk, Feb.–Dez. tgl. 10–17 Uhr).

Attraktiv ist auch die **Falmouth Art Gallery,** die neben ihren Dauerexponaten moderner Kunst wie Henry Moore auch niveauvolle Wechselausstellungen zeitgenössischer Künstler aus der Region zeigt (Municipal Buildings, The Moor, www.falmouthartgallery.com, Mo–Sa 10–17 Uhr).

Cornwalls Südküste

Spektakulär anzuschauen sind **Pendennis Castle** und seine Schwesterburg **St Mawes** (beide EH, April–Sept. tgl. 10–18, Okt.–März 10–16 Uhr). Die zwei Festungen bewachen, hoch auf gegenüberliegenden Landzungen thronend, die Falmouth Bay und sind durch eine Fähre miteinander verbunden. Errichtet wurden sie von Heinrich VIII. als Teil seiner Küstensicherungsanlagen, die sich von Cornwall bis Kent erstreckten. Beide Burgen sind kleeblattförmig angelegt, waren militärtechnisch absolut neuartig und bestechen noch heute durch ihre ›stählerne‹, polierte Eleganz. Sie wurden erst im Bürgerkrieg genutzt: St Mawes ergab sich den *roundheads* von Oliver Cromwell, Pendennis hat sich 23 Wochen lang im Belagerungszustand halten können. Erst als der Hungertod drohte, ergab sich der Kommandant. Beide Festungen sind ihrer ›romantischen‹ Geschichte und der herrlichen Lage wegen beliebte Ausflugsziele.

Infos

Falmouth Tourist Information: Killigrew Street, Tel. 013 26-31 23 00, www.go-cornwall.com, www.discoverfalmouth.co.uk.

Übernachten

Fürstlich ▶ **Meudon Hotel:** Carwinian Road, Mawnan Smith, ca. 7,5 km südwestl. von Falmouth, Tel. 013 26-25 05 41, www.meudon.co.uk. Luxus pur in alten Gemäuern mit subtropischem Park und privatem Strand. DZ mit Dinner ab 200 £.

Tropische Gärten ▶ **St Michael's Hotel & Spa:** Gyllyngvase Beach, Seafront, Tel. 013 26-31 27 07, www.stmichaelshotel.co.uk. Inmitten tropischer Gärten mit herrlicher Aussicht aufs Meer. Freundliches Haus mit Spa, Hallenpool, gutem Restaurant. DZ mit Dinner ab 200 £.

Weinberanktes »Schlösschen« ▶ **Green Lawns Hotel:** Western Terrace, Tel. 013 26-21 14 27, www.greenlawnshotel.co.uk. Kleines Schloss mit allem Komfort, Hallenbad, Gärten, Restaurant und gemütlichen, großzügigen Zimmern. DZ ab 140 £.

Schönes Urlaubsdomizil ▶ **Rosslyn Hotel:** 110 Kimberley Park Road, Tel. 013 26-31 26 99, www.rosslynhotel.co.uk. Ordentliche Zimmer in großem Privathaus mit Gärten und Restaurant, hoch gelegen, mit Ausblicken. DZ ab 70 £.

Glendurgan Garden – wer findet den Weg aus dem Labyrinth?

Falmouth und Umgebung

Hostel ▶ Falmouth Backpackers: 9 Gyllyngvase Terrace, Tel. 013 26-31 99 96, www.falmouthbackpackers.co.uk. 5 Gehmin. vom stadtnahen Gyllyngvase Beach entfernt. Nett und freundlich. Bett ab 15 £.

Essen & Trinken

Romantisch ▶ Pandora Inn: Restronguet Creek, Mylor 6 km nördl. von Falmouth, Tel. 013 26-37 26 78, www.pandorainn.com. Idyllisch am Ufer des River Fal gelegen. Mittags Bar-Lunch, abends auch Restaurantbetrieb, mit guten Fischgerichten. Falmouth-Muscheln 6 £, Dinner ab ca. 20 £.

Am Hafen ▶ The Quayside Inn: Arwenack Street, Pub, auch Tische draußen mit Blick auf den Hafen. Tagesgericht ab 7 £.

Fangfrisch aus dem Meer ▶ Ferryboat Inn: Helford Passage, Tel. 013 26-25 06 25, www.wrightbros.eu.com, tgl. ab 11 Uhr. Alter Inn mit großer geschützer Terrasse mit Blick auf die St Austell Bucht, klassischem Pub-Food und fangfrischen Fisch-Krabben, Krebsen, Hummer sowie Fish & Chips! Tagesgerichte ab 7 £.

Regional beste Produkte ▶ The Kings Head Pub: Ruan Lanihorne, Tel. 018 72- 50 12 63, www.kings-head-roseland.co.uk, tgl. 12–14.30, 18–23 Uhr. Ein wunderbarer Pub mit schöner Terrassenwirtschaft und hervorragender Küche und guten Biersorten, z. B. Cornische Krebs-Paté mit Ciabatta 8 £.

Aktiv

Meersafari ▶ Orca Sea Safaris: Discovery Quay, Tel. 013 26-21 49 28, www.orcaseasafaris.co.uk. Mit kleinen schnellen Booten für 12 Personen geht es entlang der Küste, um die Tierwelt im Meer und in den Buchten zu erleben. Mit Kommentar und Ausrüstung. 2 Std.-Trip 35 £.

Bootstouren ▶ Enterprise Boats: Prince of Wales Pier, Tel. 013 26-37 42 41, www.enter prise-boats.co.uk. Eine wunderschöne Bootsfahrt in kleinen halboffenen Booten führt in etwa 1 Std. Fahrt bis nach Truro. Auch herrlich: zu den Trelissick Gardens oder nach St Mawes auf der anderen Seite der Falmouth Bay. Einfache Fahrt 2,50 £.

Tipp: Fal River Festival

Großen Anklang findet das regionale Festival rund um den Fal-Fluss, das erstmalig 2005 die Region kulturell zusamengeschmiedet hat. Zwei Wochen lang, ab dem letzten Maiwochenende, gibt es zu Land und zu Wasser unterschiedlichste Veranstaltungen und Events zwischen Falmouth und Truro sowie auf der Roseland-Halbinsel. Musik auf Schiffen, in Gärten, in Kirchen und in der Kathedrale von Truro; geführte Wanderungen, Kinderfeste, Wassersportwettbewerbe, Literaturlesungen, Ausstellungen zu Kunst und Kunsthandwerk (www.falriverfestival.co.uk).

Verkehr

Züge: Bahnhof Dell Station, Avenue Road. Stichbahn, nur Verbindungen nach Truro; von dort weiter.

Busse: neben Tourist Information. Verbindungen in alle Orte des Umlandes; auch National Express nach Newquay, Penzance, Plymouth, London.

Fähren: regelmäßig nach St Mawes, zahlreiche Flussfahrten auf dem Fal, Wassertaxi, Tel. 018 72-86 19 14 (www.falriverlinks.co.uk). Eine Fülle von Möglichkeiten!

Glendurgan Garden

Dieser himmlische Garten zählt zu den schönsten und üppigsten in Großbritannien. Ein Gartental, das sich zum Helford hinzieht, mit großartigem, rarem Baumbestand und exotischen Sträuchern, Hortensienhecken, Magnolien- und Kamelienpracht. Berühmt und für Kinder toll ist das große historische Lorbeerlabyrinth (NT, Mawnan Smith bei Falmouth, www.nationaltrust.org.uk, Mitte Feb.–Okt. Di–Sa 10.30–17.30 Uhr, Bank Holiday Monday und Mo im Aug. geöffnet).

Trebah Garden

Auch dieses exotische Dschungeltal müssen Sie erleben: Es zieht sich bis zum Picknick-Strand am Helford hin, ein wildes dampfendes Gewimmel seltener Bäume, Pflanzen, Farne und Palmen. Die Blütenorgien im Früh-

Cornwalls Südküste

> ### Tipp: Autofähre Fal River
>
> Eine wichtige Verkehrsverbindung über den Fal River stellt die King Harry Ferry dar: Die Autofähre verknüpft auf der Höhe von den Trelissick Gardens die Ost- und Westabschnitte der B 3289. Rund um die Fal-Mündung und flussaufwärts bis nach Truro gibt es eine gute Vernetzung der öffentlichen Verkehrsmittel, um ohne Auto die Gegend zu erkunden. Für die Fußgänger-Fähren, Busse und Bahn gibt es die günstige Fal Oyster Card für 1 oder mehrere Tage. In allen Tourist Infos, Bootsanlegern und Busstationen erhältlich (King Harry's, 2 Ferry Cottage, Feock, Truro, Tel. 018 72-86 31 32, www.kingharryscornwall.co.uk, ganzjährig, tgl., regelmäßig alle 20 Min.).

jahr sind atemberaubend. Die Anlage wurde erst Ende der 1980er-Jahre wiederhergestellt. Die neuen Besitzer benötigten ein Jahrzehnt zur Rekultivierung, bevor der Garten für Besucher geöffnet werden konnte – eine grandiose Leistung! (Mawnan Smith bei Falmouth, Tel. 013 26-25 04 48, www.trebah-garden.co.uk, tgl. 10.30–17 Uhr).

Trelissick Gardens

Der geschützt liegende, rund 8 ha große Garten mit Azaleen, Kamelien, Magnolien, Rhododendren und Baumfarnen geht über in eine 150 ha große Park-und Waldlandschaft mit Obstgärten, wilden Wiesen und fantastischen Ausblicken auf den Fal River mit Bootsanleger (NT, Feock, nahe Truro, Tel. 018 72-86 20 90, www.nationaltrust.org.uk, Mitte Feb.–Okt. tgl. 10.30–17.30, Nov.–Dez. tgl. 10–17.30, Jan./Feb. Do–So 11–16 Uhr; auch mit der Fähre Falmouth–Truro–St Mawes zu erreichen).

Truro ▶ D 21

Truro, das knapp 16 000 Einwohner zählende Verwaltungs- und Einkaufszentrum ist erst seit 1859 Hauptstadt von Cornwall. Kompakt, sehr gepflegt und mit dem Charme einer gewachsenen, wohlhabenden Marktstadt mit einer Fülle sehr schöner Geschäfte lohnt Truro einen Tagesbesuch mit Shoppingbummel. Die einstige Bergwerksstadt (s. S. 402 f.) besitzt elegante georgianische Häuserzeilen, z. B. in **Boscawen** und **Lemon Street,** eine Seltenheit in Cornwall. Sehr nett sind auch die Bäche und Flussarme des Truro mitten in der Stadt.

Nachdem Truro Hauptstadt geworden war, musste ein Bischofssitz, also auch die **Kathedrale,** folgen. Der beeindruckende, luftige Bau mit drei französisierenden Spitztürmen im neogotischen Stil wurde, nach 50-jähriger Bauzeit, erst 1910 fertig gestellt. Die Kirche ist eine der seltenen abgeschlossenen Kathedralbauten der Church of England des 20. Jh. und die erste anglikanische Kathedrale, die seit dem Mittelalter überhaupt errichtet wurde. Sie liegt inmitten des verkehrsfreien Geschäfts- und Einkaufszentrums. Und sie harmoniert mit ihrer Umgebung und der gelassenen, immer noch ländlichen Atmosphäre von Truro (www.trurocathedral.org.uk, tgl. 7.30–18 Uhr). Das **Royal Cornwall Museum** präsentiert die Geschichte Cornwalls und besitzt eine herausragende Mineraliensammlung. Es widmet sich auch dem Thema Bergbau, der Sozialgeschichte und hat eine gute Sammlung der Newlyn School of Art (River Street, www.royalcornwallmuseum.org.uk, Mo–Sa 10–17 Uhr).

Infos

Truro Tourist information: Boscawen Street, Tel. 018 72-27 45 55, www.truro.gov.uk.

Übernachten, Essen

Urbaner Chic ▶ **Mannings Hotel:** Restaurant & Bar, Lemon Street, Tel. 018 72-27 03 45, www.manningshotels.co.uk. In georgianischem Stadthaus ein traditionsreiches, sehr chic gestyltes Hotel. Sehr gute Küche in der Bar oder dem Restaurant, tgl. geöffnet (Tagesgerichte ab 7 £). DZ 99 £.

Aktiv

Fahrradverleih ▶ **Bissoe Bike Hire:** Old Conns, Works, Bisso bei Truro, Tel. 018 72-

Tipp: Ausflug auf die Roseland Peninsula

Einen beglückenden Tag können Sie auf der Roseland Peninsula erleben: Eine amphibische Landschaft, eine Miniaturschönheit ist die Halbinsel Roseland zwischen dem Mündungsdelta des Fal und der Gerrans Bay. Eine schmale Stichstraße führt bis hinunter nach St Mawes.

Auf einem anderen, noch schmäleren Sträßchen geht es bis zur Landspitze mit Leuchtturm. Als Postkartenmotiv schon legendär ist die kleine Kirche **St Just-in-Roseland** mit ihrer verwunschenen Atmosphäre: Rhododendren, Fuchsien und Hortensien säumen den Pfad, der von der Anhöhe durch den Friedhof hinunter zu der Kirche aus dem 13. und 15. Jh. führt. Sie liegt direkt am Flussufer, ihr Spiegelbild schimmert neben den Booten im stillen Wasser, beschützt von Büschen und Bäumen, die dieses hingetupfte zarte Aquarell einrahmen.

Ein romantischer Spazierweg führt über rund 3 km nach **St Mawes.** Die Festung St Mawes (s. S. 414) wacht über eine Handvoll weißer Cottages und den kleinen Jachthafen mit sonnig-buntem, mediterranem Flair. Der ist in den Sommermonaten allerdings sehr überlaufen. Eine regelmäßige Fährverbindung geht hinüber nach Falmouth (Tel. 013 26-31 32 01), und auf Bootspartien lassen sich die stillen Flusswinkel und Creeks entdecken. Im Sommer besteht eine Schiffsverbindung bis nach Truro.

Informationen: Roseland Visitor Centre, The Square, St Mawes, Tel. 013 26-27 04 40, www.roselandinfo.com.

Ein nettes B&B ▶ Elerkey Guest House: Veryan-in-Roseland, Tel. 018 72-50 12 61. Behagliches kleineres Steinhaus in großzügigem Garten im malerischen Ort Veryan. DZ ab 51 £.

Zwei reizende Pubs ▶ Roseland Inn: Tel. 018 72-58 02 54, nahe der King Harry Ferry, ist mehrfach ausgezeichnet, blumenüberwuchert, mit Garten und gutem Pub-Food. Das zweite liegt direkt am Hafen St Mawes: **Victory Inn:** Tel. 013 26-27 03 24. Von der Terrasse aus überblickt man den Hafen. Natürlich gibt es frischen Fisch!

In herrlicher Lage ▶ Hotel Tresanton: St. Mawes, Tel. 013 26-27 00 55, www.tresanton.com. Sehr chices, wunderschön gestyltes kleines Luxushotel in schönster Lage mit Blick auf die Bucht mit Hafen. Ein Sommer-Lunch auf der Terrasse ist pures Vergnügen. Tolle Fischküche. 2-Gänge-Menü 26,50 £.

Ein Traum, mehrfach ausgezeichnet ▶ The Nare Hotel mit Quarterdeck Restaurant: Carne Beach, Veryan-in-Roseland, Tel. 018 72-50 11 11, www.narehotel.co.uk/quarterdeck, tgl. ab 10 Uhr. Das äußerst charmante kleine Luxushotel zählen viele zu den schönsten Cornwalls. Oberhalb vom Carne Beach und Garran's Bay bietet es 36 Zimmer und Suiten in zeitgenössischem Landhausstil. Pool-Landschaft und Spa, feines Restaurant und sogar Helicopter-Service. Im Quarterdeck Restaurant mit geschützter großer Terrasse und herrlichen Ausblicken lässt sich ein Ausflugstag ganz und gar herrlich vertrödeln. Sehr zu empfehlen der Portloe Hummersalat! Lunch: Tagegerichte ab 11 £, Dinner ab 16 £ (Reservierung Tel. 018 72-50 00 00 erforderlich).

Reizend ▶ The New Inn: Veryan, Tel. 018 72- 50 13 62, www.newinnveryan.co.uk. Mitten im hübschen Ort Veryan liegt der traditionsreiche alte New Inn mit schönem Garten und Terrassenwirtschaft. Die Zimmer sind angenehm. Der Inn bietet deftige Bistropub-Küche (Hauptgang ab 11 £). DZ 70 £.

---

87 03 41, www.cornwallcyclehire.com. Von der A 39 Richtung Falmouth abzweigend. Großer Verleih mit allem erforderlichen Zubehör, nur ganztägiger Verleih oder für mehrere Tage. Mit Café.

Einkaufen

Shopping- und Schlemmerzentren ▶ Rund um die Kathedrale: In den kleinen Straßen mit Boutiquen, Galerien, Bistros und Restaurants; zahlreiche Pubs, Tea Rooms

Cornwalls Südküste

und Restaurants gibt es im zentrumsnahen Teil der Lemon, Boscawen, King und St Clement Street.

Märkte ▶ **Farmers' Market:** Am Lemon Quay Square wird Mi und Sa ein Markt abgehalten. Die größte Markthalle Cornwalls ist **Pannier Market,** Back Quay, nahe Lemon Quay (Mo–Sa 9–17 Uhr).

Termine
Die **Hall for Cornwall** in der denkmalgeschützten einstigen City Hall, Back Quay, ist die größte Theater-, Konzert- und Veranstaltungshalle der Grafschaft.

Verkehr
Züge: Der Bahnhof liegt 2 km im Westen vom Zentrum in der Straße Richmond Hill, Verbindungen nach London, Penzance, Falmouth, St Ives.
Busse: ab Lemon Quay nach London, Liskeard, Plymouth, Falmouth.
Fähren: Verbindungen ab Town Quay nach Falmouth 5 x tgl.

St Austell und Umgebung

Eden Project   ▶ D 20
Das spektakulärste und innovativste Millenniumsvorhaben in England, Eden Project, wurde 6 km nordöstlich von St Austell verwirklicht. 76 Mio. Pfund standen zur Verfügung. In der tiefen Mulde einer aufgelassenen Kaolingrube, von den Berghängen eingeschlossen, sprießen aus dem Erdboden wabenförmige Riesenblasen: Es sind die größten Gewächshäuser der Welt. Entworfen wurden sie von dem Stararchitekten Nicholas Grimshaw, von dem u. a. der Bahnhof Waterloo Station für den Eurostar in London stammt. In den futuristischen ›Biomen‹ unter ihren ›atmenden‹ Membrankuppeln, die raupenförmig aneinandergekettet sind, werden die Klimaregionen der Erde mit ihren Nutzpflanzen, mit Flora, Fauna und Ackerbau präsentiert.

Das nachhaltig angelegte Eden gibt den ehemaligen Kraterlandschaften des aufgelassenen Kaolinbergbaus eine völlig neue Struktur, eine neue Zukunftsperspektive. Es gibt breite, nagelneue Straßen, neue Bepflanzungen in einer vormals deindustrialisierten Umgebung – das ist ein großes Vorhaben, das viele Menschen involviert und das Selbstverständnis langfristig verändert. Heute ist das Eden Project die größte Besucherattraktion Cornwalls mit einer Million Besuchern jährlich.

Spaziert man schließlich auf die Talsenke zu, ist der Eindruck atemberaubend: neue Gärten, kühne, milchig-helle oktogonale Waben, wie in einem Amphitheater in die Landschaft eingefügt. Im Innern der transparenten Biome lebt und schwitzt eine tropische Pflanzenwelt, die von Dutzenden Gärtnern gepflegt wird. Ein kinderfreundliches Besucherzentrum, ein separates Veranstaltungshaus, Vorträge, Führungen und zahllose Aktivitäten erläutern das Konzept der Nachhaltigkeit des Projektes und den Kreislauf der Natur. Ins Leben gerufen, mit Grimshaw geplant und durchgesetzt wurde dieses einzigartige gigantische Projekt von Tim Smit, der schon die nahe gelegenen Lost Gardens of Heligan zu neuem Leben erweckt hatte (s. S. 420). Die zwei mehrgliedrigen Biome sollen in den nächsten Jahren noch ergänzt werden – als nächstes folgt das Wüstenklima (Tel. 017 26-222 29 00, www.edenproject.com, ganzjährig tgl. 10–18, Juli–Sept. Di–Do 10–20 Uhr, längere Öffnung bei Abendveranstaltungen).

Verkehr
Züge: ab St Austell Verbindungen nach Penzance und London.
Busse: nach Newquay, Helston, Falmouth, Truro. Von St Austell Station regelmäßige Busverbindungen zum Eden Project (6 km).

China Clay Country Park   ▶ D 20
In der Region der ›weißen Berge‹ des Kaolinbergbaus ist das China Clay Mining and Heritage Centre darauf abgestimmt, die Geschichte der Bergarbeiter und ihrer Familien lebendig vor Augen zu führen. Kaolin wird zur Papierherstellung und für Porzellan benötigt. Im Erlebniszentrum mit angelegten Naturpfaden, Ausstellungen, interaktiver Präsentation

Daphne du Mauriers Cornwall

Thema

Zwischen den Meeresklippen, in den Creeks und Coves, an den Mündungsarmen des Fowey war Daphne du Maurier zu Hause, die in ihren zahlreichen Romanen und Kurzgeschichten das romantische, ungezähmte und geheimnisvolle Cornwall beschwört.

Cornwall war Daphne du Mauriers Inspiration – ihre Werke wiederum haben die Konturen Cornwalls mit unvergesslichen Namen, Stimmungen und Nuancen gesättigt. Der Jamaica Inn im Bodmin Moor ist durch ihren gleichnamigen Roman aus seinem Schattendasein erlöst worden, auch Frenchman's Creek, das verschwiegene Schmugglernest am Helford River, ist als Schauplatz und Romantitel zugleich, »Die Bucht des Franzosen« (1941), in die Literaturgeschichte eingegangen.

Daphne du Maurier, 1907 geboren, hatte schon als Kind lange Sommer in Cornwall verbracht, wo ihre Eltern in der Nähe von Fowey ein Ferienhaus besaßen. Dem glanzvollen Elternhaus, dem Partyleben zwischen Paris, London und der Riviera sagte sie sehr früh ab, begann zu schreiben und erwarb nach ihrer Heirat 1926 Ferryside, ein Haus in Fowey, das den Fähranlegeplatz von Bodinnick überblickte.

Hier schrieb sie ihre ersten Romane, die sie berühmt machten. Auf einem ihrer Spaziergänge entdeckte sie auf der anderen Seite der Bucht ein verwunschenes Haus, den Herrensitz Menabilly, ca. 5 km westlich von Fowey, den sie sehnsüchtig bewunderte. Mitte der 1930er-Jahre konnte sie das Anwesen für sich und ihre Familie zum Wohnsitz machen – hier lebte die Schriftstellerin schließlich 26 Jahre lang. Das Haus taucht unter verschiedenen Namen immer wieder in ihren Romanen als Schauplatz auf. Menabilly, tief in einem Landschaftspark versteckt, wird in ihrem Roman »Rebecca« (1938) zum verstörenden und tröstenden Manderley: »Last night I dreamt I went to Manderley again.«

Besonders die Romane »Rebecca« und »Meine Cousine Rachel« werden in England hoch geschätzt, es sind technisch brillante, stimmungs- und gefühlvolle Psychothriller, würdige Nachfolger von Charlotte Brontës berühmtem Roman »Jane Eyre« (1847).

Viele der 27 Romane von Daphne du Maurier wurden verfilmt: Regisseure wie Alfred Hitchcock (»Die Vögel«) und Nicolas Roeg (»Wenn die Gondeln Trauer tragen«) nahmen sich ihrer Werke an und trugen zu deren Weltruhm bei.

1989 starb die Schriftstellerin, geadelt zur Dame of the British Empire, 82-jährig in Kilmarth in der Nähe von Menabilly. Ihre Asche wurde vom Landvorsprung Griffin Head verstreut – hierher hatten sie viele ihrer Spaziergänge geführt.

Noch heute kann man in der Umgebung von Fowey auf den Spuren der Autorin wandeln. Geführte Wanderungen bietet im Sommer das Tourist Information Centre an, ebenso macht es Vorschläge für Touren auf eigene Faust. Für Fans der spannenden Romane empfiehlt sich das Daphne du Maurier Festival of Arts and Literature, das jeweils im Mai in Fowey (s. S. 422) stattfindet. Zehn Tage lang wird mit Vorträgen, Lesungen, Konzerten, Ausstellungen und Wanderungen an die Schriftstellerin und ihr Werk erinnert. Auch ein kleines Literary Centre wurde in der Stadt eingerichtet, das sich der literarischen Bedeutung von Fowey widmet.

Cornwalls Südküste

Lost Gardens of Heligan: Dschungeldickicht und tropische Schluchten

des Kaolinabbaus und Führungen durch die historischen Industrieanlagen und vielen kinderfreundlichen Attraktionen vergehen die Stunden wie im Flug (Wheal Martin, Carthew, an der B 3274, 3 km nördl. von St Austell, Tel. 017 26-85 03 62, www.chinaclaycountry.co.uk, tgl. 10–18 Uhr).

Charlestown ▶ D 20
Charlestown ist ein kleiner Hafen, ein paar Kilometer südöstlich von St Austell, der Ende des 18. Jh. speziell für die Verschiffung von Kaolin angelegt wurde und noch bis 1990 in Betrieb war. Ein begehrter Drehort für Filme! Jetzt ist rund um das Hafenbecken mit historischem Segler in einer interessanten Mischung die regionale Industrie- und Seefahrtsgeschichte im **Shipwreck & Heritage Centre** zu erleben (www.shipwreckcharlestown.com, März–Okt. tgl. 10–18 Uhr).

The Lost Gardens of Heligan
▶ D 21
Stellen Sie sich vor: Da gibt es einen höchst erfolgreichen Unternehmer aus der Londoner Musikbranche. Er heißt Tim Smit, hat genug von London und will etwas völlig Neues machen. Er kauft ein Anwesen in Cornwall, mit Herrenhaus, Gärten, tropischer Schlucht und Agrarland – das alles ist seit 1920 völlig verwahrlost, unbewohnt und zugewachsen und liegt wie im Dornröschenschlaf. In jahrelanger Arbeit, generalstabsmäßig geplant, medienwirksam begleitet, mit viel, viel Geld und Dutzenden von enthusiastischen Hilfskräften, beginnen sich die alten, neuen Gärten aus dem Dschungeldickicht wieder herauszuschälen.

Das sind die **Lost Gardens of Heligan**. Sie sind die inzwischen wohl berühmtesten und meist geliebten Gärten Englands. Das Unternehmen floriert, mit einer aktiven Gartenbau- und Agrarstrategie, die eben auch Pflanzen, Früchte und Gemüse zum Verkauf kultiviert. Aber nicht nur das: Die verschlungenen Pfade durch die Dschungelschlucht mit Riesenfarnbäumen und Palmen, vorbei an riesigen tropischen Gewächsen, mit Rhododendren und Kamelien, Magnolien und Azaleen durchwachsen, sind märchenhaft schön. In den

St Austell und Umgebung

Nutzgärten wird jeden Tag erklärt, was die Gärtner machen, es werden Ananas, Melonen und andere Südfrüchte gezogen, und das alles in Gewächshäusern und Anlagen, die die verschwundene Kunst viktorianischen Gartenbaus erneut demonstrieren. Nicht nur für die britischen Gartenliebhaber und ›Greenfingers‹ sind die Lost Gardens eine Sensation, ein Traum (mit wunderschönem Tea Room, Picknickwiesen, Shop und Gartencenter, www.heligan.com. April–Okt. tgl. 10–18, Nov.–März 10–17 Uhr).

Infos

St Austell Tourist Information: Southborne Road, Tel. 017 26-763 33, www.staustelltown.co.uk.

Übernachten:

Sehr komfortabel ▶ **Anchorage House B&B:** Nettles Corner, Tregrehan Mills, St. Austell, Tel. 017 26-81 40 71, www.anchoragehouse.co.uk. Modernes Countryhouse, hell & schnörkellos gestaltet, in schönen Gärten mit Schwimmbad, Sauna und Bistro. Fünf großzügige Zimmer. Nahe Eden Project. DZ um 100£.

Am historischen Hafen ▶ **Pier House Hotel und Harbourside Inn:** Harbourside, Charlestown, Tel. 017 26-679 55, www.pierhousehotel.com. Stattliches, altes, frisch renoviertes Hotel mit 28 Zimmern am touristisch wiederbelebten Charlestown Hafen aus dem 18. Jh. DZ ab 105 £.

Nett im Zentrum ▶ **The Beech Tree Guest House:** 23 Beech Road, St Austell. Tel. 017 26-774 61, www.thebeechtreeguest.house.co.uk. In einer Wohnstrasse im Zentrum liegt das blumen- und palmengeschmückte moderne Privathaus mit 3 Zimmern. DZ um 55 £.

Verkehr

Busse: von Mevagissey, St Austell, Newquay.

Mevagissey ▶ D 21

Ein ganz reizender Hafenort ist Mevagissey: Die Straße führt in engen Windungen hinunter zum Fischereihafen; an den Hängen ziehen sich die blumengeschmückten pastellfarbenen und weißen Häuser hinauf. Am Hafen riecht es nach Meer und Fisch, die Möwen schreien. Es gibt Fish & Chips, saftige Krebsfleisch-Sandwiches – sie sind ganz frisch und herzhaft.

Auf der gegenüberliegenden Hafenseite jenseits der Klippenhöhe liegt malerisch und sehr still die Hafenbucht von Portmellon Cove. Rundum, in den Buchten, Stränden und Fjorden, sind die Schmuggler und Seepiraten zu Hause gewesen, hier sind viele Schiffe gestrandet und im Sturm zerschellt. Für Autos sind die steilen, sehr engen Gassen schlecht geeignet; es gibt wie in so vielen Hafenorten einen bewachten Parkplatz vor dem Ortseingang.

Infos

Mevagissey Tourist Information: St George's Square, Tel. 017 26-84 48 57, www.megavissey.net.

Übernachten

Hoch oben ▶ **Honeycombe House:** 61 Polkirt Hill, Tel. 017 26-84 37 50, www.honey

Cornwalls Südküste

Am Hafen von Mevagissey

combehouse.co.uk. Vom Polkirt Hill überblickt man die gesamte Bucht und Hafenlandschaft – fantastisch! Viktorianische Villa mit Dachterrasse fürs gemeinsame Frühstück. 5 Min. Fußweg zum Hafen. DZ ab 70 £.

Wunderschön ▶ Tregorran Guest House: Cliff Street, Tel. 017 26-84 23 19, www.tregorran.co.uk. Sehr gepflegtes B&B in toller Lage mit herrlichen Ausblicken. Schöne Zimmer mit separatem Eingang, DZ ab 65 £.

Fowey ▶ D 20

Fowey (gesprochen: ›Foi‹), die ›Perle der cornischen Riviera‹, ist ein Paradies für Segler und Angler, Hunderte von Segel- und Motorbooten liegen hier vor Anker oder dümpeln in den weit ins Inland ausgreifenden Flussarmen und stillen Buchten. Fowey hat einen hübschen alten Dorfkern, der zum Hafen hinführt. Pier und Promenade sind *very busy* – in den Bistros, Imbissstuben und Pubs herrscht Hochbetrieb, und in den letzten Jahren ist es sehr chic geworden, in Fowey Urlaub zu machen oder zu wohnen: Die Immobilienpreise sind sprunghaft gestiegen.

Im kopfsteingepflasterten Gassengewusel haben die Häuser mit blumengeschmückten Fassaden ihren individuellen Charakter erhalten können. Die Viktorianer bauten in die Hänge hinein, und geht man an einem Sommerabend die Hügel hinauf, erscheint hinter der glitzernden Wasseroberfläche, auf der anderen Landseite am Fuß der Hügel, der kleine Fischerort Polruan, rauer und strenger als das anmutige, eher sanfte Fowey.

Die Autofähre nach Bodinnick verbindet die Landseiten miteinander. In diesem wunderschönen Teil Cornwalls hat Daphne du Maurier gelebt, hier sind ihre Romane entstanden; mit ihnen hat sie die Landschaft in die englische Kulturgeschichte eingeschrieben (s. S. 419). Ihr gewidmet ist das kleine **Literary Centre** in der South Street mit Ausstellung und Videofilm (Mitte Mai–Juli, Anfang–Mitte Sept. 10.30–17, Aug. 10–19.30; übrige Zeit 10.30–16 Uhr).

Infos

Fowey Tourist Information: 5 South Street, Tel. 017 26-83 36 16, www.fowey.co.uk

Übernachten

Zum Verwöhnen ▶ **Old Quay House:** 28 Fore Street, Tel. 017 26-83 33 02, www.theoldquayhouse.com. Romantisches altes Haus direkt an der Wasserfront mit coolem, sehr schickem Interieur, wunderschönen Zimmern und einer ausgezeichneten Küche. DZ ab 180 £.

Brandneu gestylt ▶ **Number 17 Esplanade:** Esplanade, Tel. 017 26-83 33 15, www.number17esplanadefowey.co.uk. Direkt am Jachthafen gelegen, lichte Zimmer mit Seeblick oder Balkon. Das Waterside Restaurant (s. unten) gehört zum Haus. DZ ab 160 £.

Beliebt ▶ **The King of Prussia:** Town Quay, Tel. 017 26-83 36 94, www.kingofprussiafowey.co.uk. Nicht zu verfehlen im Zentrum zwischen Ort und Hafen: Im puderblauen eleganten Townhouse ist ein beliebter Pub (Live Musik am Wochenende), Tea Room, Restaurant. Die Zimmer sind frisch und fröhlich gestylt. DZ ab 90 £.

Jugendherberge ▶ **Penquite House:** Golant, ca. 6 km nördl. von Fowey, von der Straße nach St Austell abzweigend, Tel. 08 70-770 58 32, www.yha.org.uk. Stattliches Landhaus, herrliche Lage. Bett ab 15,50 £.

Essen & Trinken

Entlang des Hafens und der Promenade laden viele Bistros, Restaurants und Cafés zum Ausruhen und Genießen ein.

Edel ▶ **Waterside Restaurant:** Esplanade, Tel. 017 26-83 33 15. Mit Preisen bedachtes Restaurant am Jachthafen, hervorragende Fischküche. 2-Gänge-Menü ab 22 £.

Schöne Lage ▶ **Rashleigh Inn:** Polkerris, Par bei Fowey, Tel. 017 26-81 39 91, www.rashleighinnpolkerris.co.uk. Vom Parkplatz aus wandert man ein paar Meter bis kurz vor den Strand zum Inn. Deftige Pub-Küche, guter Fisch. Tagesgerichte ab 7 £.

Old England ▶ **The Old Ferry Inn:** Bodinnick, Tel. 017 26-87 02 37. Schon seit über 400 Jahren wird hier Rast gemacht an der Fähranlegestelle hinüber nach Fowey. Romantische Lage, schöne Aussicht. Tagesgerichte ab 6 £.

Aktiv

Stadtrundfahrt und -rundgang ▶ **Die Du-Maurier-Connection:** Offener Doppeldeckerbus, der die Sehenswürdigkeiten und landschaftlichen Schönheiten als Tagestour anfährt: Par, Eden, China Clay Country Park, Charlestown. Tel. 017 26-81 74 89. **Stadtrundgänge** auf den Spuren der großen Autorin (s. S. 419) kann man über die Tourist Information buchen.

Termine

Daphne du Maurier Festival of Arts & Literature (zweite Maihälfte): zehn Tage lang geführte Wanderungen, Lesungen, Theater, Konzerte, Filme – mit bekannten Autoren und TV-Stars. Sehr beliebt, www.dumaurierfestival.co.uk.

Royal Regatta and Carnival (Mitte Aug.): eine Woche lang steht Fowey Kopf – Segelregatta vom Feinsten, Straßenfeste und Entertaiment, dazu der beste Carnival in Südengland (Tel. 017 26-83 21 33).

Tipp: Portmellon Cove

Am stillen Portmellon Cove, ca. 3 km vom Hafen Mevagissey entfernt, liegt in einem moderneren Bungalow-Wohnbezirk **Portmellon Cove Guest House.** Ein freundliches B&B, preisgekrönt, mit luxuriösen Zimmern und Bädern, eigener Gartenterrasse und direktem Blick aufs Meer (121 Portmellon Park, Portmellon, Tel. 017 26-84 34 10, www.portmellon-cove.com, DZ ab 70 £). Am Garten vorbei ist man in drei Minuten zu Fuß am allein liegenden **Rising Sun Inn**, sechs Meter vom Wasser entfernt. Tel. 017 26-84 32 35, www.risingsunportmellon.co.uk. Es ist ein schönes altes Haus mit viel Betrieb, rustikaler Bar, Terrasse, gepflegtem Restaurant mit moderner, asiatisch angehauchter Küche und Fisch, Fisch, Fisch natürlich. Dinner, zwei Gänge ab 20 £.

Cornwalls Südküste

Tipp: Cornish Pasty

Eine frisch gebackene Cornish Pasty müssen Sie probieren – es handelt sich schließlich um das ›Nationalgericht‹ Cornwalls. In der Teigtasche sind klein gewürfelte Kartoffeln, Rüben, manchmal auch gewürfeltes Fleisch, und viele Gewürze – eine nahrhafte Mahlzeit, die die Fischer und Bauern zur Arbeit mitgenommen haben. Achten Sie jedoch darauf, dass Sie die Pasty frisch bei einem Bäcker oder Imbiss kaufen, denn eingeschweißte Spezies aus der Fabrik sind meistens nicht so gut.

Verkehr

Busse: von St Austell, Bahnhof Par, dort Anschluss an Zugverkehr.
Fähren: kontinuierlicher Fährbetrieb nach Bodinnick und Polruan.

Zwischen Fowey und Tamar

Östlich der tief eingeschnittenen fjordähnlichen Mündung des Fowey River zeigt sich Cornwall noch einmal von seiner schönsten Seite, bevor der Tamar und Plymouth die Grenze zu Devon markieren. Unbedingt besuchen sollten Sie Polperro, ein malerisches enges Fischerdorf wie aus dem Bilderbuch, und dann etwas weiter östlich den Fischereihafen und Badeort Looe mit seinem hellen Licht und sonniger, heiterer Urlaubsatmosphäre.

Polperro ▶ D 20

Mittelpunkt von Polperro ist der alte Hafen mit Fischer- und Segelbooten, der zum Meer hin von steilen Felsen umringt und geschützt ist und sich keilförmig in den Ort hineinzieht. Um ihn herum gruppieren sich verschachtelte Treppen, schmale Durchgänge, steile Gassen mit buckeligen Cottages, Pubs, Teestuben, kleinen Geschäften und Bootshäusern. Im Sommer drängen sich hier die Besucher, spähen in die Hummerkörbe, essen ein Eis, sitzen auf dem Kaimäuerchen. Natürlich fehlt auch das **Schmuggler- und Fischereimuseum** nicht (Ostern-Okt. tgl. 10–17 Uhr). Polperro ist wie die meisten alten Fischerorte autofrei; am oberen Ortseingang befindet sich der Großparkplatz, und wer die 10 Minuten nicht laufen kann oder mag, lässt sich mit Pferd und Wagen kutschieren. Aber eigentlich sollten Sie von der Seeseite kommen, d. h. zu Fuß auf dem Coast Path nach Polperro wandern (s. S. 425)!

Übernachten

Familiär ▶ Claremont Hotel: The Coombes, Tel. 015 03-27 22 41, www.theclaremonthotel.co.uk. Hübsches strahlendweißes Haus im Zentrum, eigener Parkplatz. Ordentliche Zimmer. DZ ab 75 £.

Essen & Trinken

Exzellent ▶ Couch's Great House Restaurant: Saxon Bridge, Tel. 015 03-27 25 54, tgl. ab 18 Uhr. Der Küchenchef hat sein Können bei den großen Namen der modernen britischen Küche erworben, und das merkt man! Wunderbare Fisch- und Fleischgerichte mit besten Produkten, stets kreativ zubereitet. 3-Gänge-Menü 24,50 £.
Fisch, was sonst? ▶ The Kitchen: Fish Na Bridge, The Coombes, Tel. 015 03-27 27 80, www.thekitchenpolperro.co.uk. Gute Regionalküche in rosafarbenem Cottage an der Hauptstraße, Fisch und Krustentiere. Hauptgerichte ab 12 £.

Termine

Polperro Arts Festival (dritte Juniwoche): Musik, Kunst, Theater, *Morris dancing* (www.polperro.org).

Looe ▶ E 20

East und West Looe sind durch den gleichnamigen breiten Gezeitenfluss voneinander getrennt. Beide Ortsteile ziehen sich mit ihren pastelligen Hausfassaden die Hänge hinauf. East Looe ist das geschäftige, wuselige Zentrum mit den ›Back Streets‹, engen Gassen und Kopfsteinpflaster. Der Fischereihafen ist gut im Geschäft, er ist nach Newlyn der größte. Looe selbst ist schon seit Langem

Zwischen Fowey und Tamar

ein beliebtes Ausflugsziel. Der breite, geschützte Sandstrand East Looe Beach, die neu angelegte Mole, nicht zuletzt *shark fishing,* das Hochseeangeln nach Haifischen, oder auch das Angeln nach Makrelen, locken Junge, Alte und Familien, und Looe ist im Sommer immer überfüllt.

Infos
Looe Tourist Information Centre: The Guildhall, Fore Street, East Looe, Tel. 015 03-26 20 72, www.looecornwall.com.

Übernachten
Herrlich opulent ▶ Fieldhead Hotel: Portuan Road, Hannafore, West Looe, Tel. 015 03-26 26 89, www.fieldheadhotel.co.uk. Behagliches sommerliches Hotel in preisgekrönten Gärten mit Blick auf die See. Außenpool. Geräumige Zimmer. DZ ab 150 £.

Blick auf Hafen und Meer ▶ Barclay House Hotel: St Martin's Road, East Looe, Tel. 015 03-26 29 29, www.barclayhouse.co.uk. Gepflegte Villa mit großen Gärten. Freundlich, mit geheiztem Außenpool und individuellen Zimmern. Exzellente Küche in The Restaurant (s. u.). DZ ab 140 £ (inkl. Dinner).

Essen & Trinken
Modern und edel ▶ The Restaurant: im Barclay House Hotel, s. o., Tel. 015 03-26 29 29, So geschl., nur Dinner. Elegantes, zurückhaltend gestyltes Restaurant, weite Aussicht auf die Flussmündung. Sehr guter Fisch, anglo-französische Küche. Menü ab 25 £.

Fisch am Kai ▶ Trawlers of the Quay: The Quay, East Looe, Tel. 015 03-26 35 93, So, Mo geschl. Direkt am Hafen, in schlichtem Bistrostil. Fisch- und Krustentiere, regionale Produkte. 2-Gänge-Menü ab 18 £.

Aktiv
Angeln ▶ Nirgendwo sonst können Sie so mühelos zum **Hochseefischen** ausfahren: *shark fishing* ist wohl das Aufregendste. Auch Tagesfahrten, z. B. zum Makrelenfischen.

Geführte Kanufahrten, Flusstrips ▶ Buchung über die Tourist Information oder direkt am Quay.

Tipp: Auf dem Küstenpfad zwischen Polperro und Looe

An einem der schönsten Küstenabschnitte Cornwalls liegt zwischen Polperro und Looe die kleine Bucht **Talland Bay.** Hoch darüber thront das friedliche, luxuriöse **Talland Bay Hotel** mit terrassiertem Palmengarten, alten Zedern, Außenpool, kleiner Bar, gutem Restaurant, Brasserie und behaglichen Zimmern. Auf der Terrasse sitzen und den Sunday Lunch oder das Dinner genießen können selbstverständlich auch Nicht-Hotelgäste. (Tel. 015 03-26 20 72, www.tallandbayhotel.co.uk, DZ um 160 £). Die Aussicht auf das Meer und grüne Hügel ringsum ist grandios. Von hier aus gibt es zwei herrliche Wanderwege: Zum einen führt der Coast Path auf dem Klippenvorland hinunter in den Fischerort **Polperro** (ca. 4 km). Hinter einer letzten Biegung taucht plötzlich der Hafeneingang auf – tief unten zwischen schroffe Felswände gezwängt, ein spektakulärer Anblick.

In entgegengesetzter Richtung steigt man von der Talland Bay auf zum grasbewachsenen Vorland; an der Kirche vorbei, um mehrere Buchten herum, zwischen Ginster, Farn und Weideland stapft man, die glitzernde, schäumende See weit unten, etwa zwei Stunden lang dahin, bis man den Doppelbadeort **Looe** erreicht. Der Coast Path ist ausgeschildert.

Termine
Festival by the sea (erstes Juniwochenende): Geschichten über die Seefahrt, Bootstrips, Chöre, Bands, Tanz.

Verkehr
Züge: Der Bahnhof liegt am Rand von East Looe; Züge bis Liskeard, von dort alle Hauptverbindungen.

Busse: regelmäßiger Busverkehr besteht nach Polperro, St Austell, Liskeard und Plymouth.

Fähren: Verbindungen zwischen East und West Looe.

Register

A la Ronde 357
Abbotsbury 251, 316 f.
Adam, Robert 49, 52, 192, 276, 285, 328, 381
Aktivurlaub 86 ff.
Alfred der Große 12, 22, 210, 324
Alfriston 157, **160**
Alkohol 91
Alltagskultur 34 f.
Altarnun 388
Alton Priors 242
Alum Bay 218
Angeln 86
Anna von Kleve 26, 170
Anreise 76 ff.
Antony House 49, **383**
Apotheken 96
Appledore 343
Architektur und Kunst 42 ff.
Arlington Court 271
Arts & Crafts 55, 105, 178, **181**, 260, 264, 413
Artus, König 22, 252, 258, **260f.**, 336, 384, 385, 386
Arundel 54, 102, **179 f.**
Ärztliche Versorgung 96
Ashburton 358, 361
Ashford 126
Astor, Nancy 138, 327
Aubrey, John 239
Augustinus 22, 112, 113
Ausgehen 90
Auskunft 66 ff.
Austen, Jane 56, 132, 215, 276, 284, 285, 319, 381
Automobilclubs 81
Avebury 20, 42, **239 f.**
Axminster 233

Badbury Rings 261, **303**, 307
Bahnreisen 77 f., 79
Banken 93
Bankes, William John **304 f.**, 307, 311

Barfreston 45
Barnstaple 340 ff.
Barnstaple Bay 340 ff.
Barrington Court 335
Barry, Charles 54, 304, 307
Bateman's 148 f.
Bath 20, 42, 49, **273 ff.**
Battle 152 f.
Beachy Head 16, 105, 145, **156 f.**
Beaminster 321
Beaulieu 39, 47, 197, **226 f.**
Beckford, William 230, 279, **280 f.**, 286
Bed & Breakfast (B&B) 83
Bedruthan Steps 336, **392 f.**
Behinderte 74
Bekleidung 95
Bell, Vanessa 173, **174 f.**
Bevölkerung 12
Bexhill-on-Sea 153
Bickleigh 355
Bickley Mill 355
Biddenden 133, **136**
Bideford 339, 340, 342, **344**
Bideford Bay s. Barnstaple Bay
Bigbury-on-Sea 374
Bignor Roman Villa 42, **185**
Bill of Portland 315
Birling Gap 156, 160
Bishop's Lydeard 263
Bloomsbury Group 55, 170, 172, **174 f.**
Blue Ven Klippen 309
Bluewater 130
Bodiam Castle 45, **149 f.**
Bodinnick 422
Bodmin Moor 261, **388 f.**, 419
Boleyn, Anne **26**, 128, 140
Borde Hill Gardens 177
Boscastle 339, **385 f.**, 387
Botallack 405
Bournemouth 297 ff.
Bovey Tracey 358
Bovington Camp 325, 326 f.
Bowood House 284 f.

Bradford-on-Avon 287
Brendon Hills **265**, 269
Brighton 53, **160 ff.**
Bristol 18, 19, 45, **288 ff.**
Brixham 371 f.
Broadlands 49, 52, **209**
Broadstairs 125
Brockenhurst 224
Brookland 124
Broomhill Sculpture Gardens 340
Brown Willy 388
Brown, Capability **50**, 51, 52, 182, 192, 209, 244, 284, 330
Brown, Ford Madox 139, 180
Brownsea Island 303
Brunel, Isambard Kingdom 55, 249, 289
Bryher (Scilly-Inseln) 409, 411
Buckfast Abbey 43, **363 f.**
Buckfastleigh 361
Buckland Abbey 43, 265, 379, 380, **381**
Buckler's Hard 197, 225, **226 f.**
Bude 384 f.
Burgh Island 373
Burlington, Earl of 50, 246, 282, 381
Burne-Jones, Edward 139, 169, 181, 259
Busreisen 78, 79

Cabot, John 288, 2290, 292
Cadbury Castle 261
Cadgwith 412
Camborne 402
Camelford 390
Campbell, Colen 49, 246
Camping 85
Canterbury 20, 22, 24, 42, 43, 45, 46, 56, 104, **106 ff.**
Cape Cornwall 405
Carroll, Lewis 191
Castle Combe 286
Castle Dore 261

426

Der Haupteintrag ist **fett** hervorgehoben.

Castle Drogo 55, 358 ff.
Cerne Abbas, Riese von 43, 242, 251, **329**
Cerne Valley 329 ff.
Chagford 61, 360 f.
Chambers, William 49, 328
Chanctonbury Ring 157
Channel Tunnel 13, **77**, 79, 102, 126
Chard 321
Charles, Prince of Wales 167, 208, 209, 332, 357, 394
Charleston 172, 174, 176
Charlestown 420 f.
Charmouth 309
Chartwell 140 ff.
Chatham 129 f.
Chaucer, Geoffrey 56, 110
Chawton 215
Cheddar 256
Cheddar Gorge 249, **256**
Cherhill 242
Chesil Beach 16, **315**
Chewton Glen 197, 222
Chichester 20, 42, 45, **185 ff.**
Chilham 106, **115 f.**
China Clay Country Park 418 f.
Christchurch 45, **298 f.**
Christie, Agatha **56**, 361, 367, 369, 373
Chun Quoit 404
Churchill, Winston 31, 102, 105 **141**, 142, 327, 329
Chysauster 20, **399**
Cinque Ports 22, 116, 119 121, **145**, 148, 151
Cissbury Ring 20, 157
Clandon Park 192
Clarks Village 259
Cloud's Hill 325, 326
Clovelly 344 f.
Clubs, Bars, Discos 90
Coleridge Cottage 263
Coleridge Way 263, 269 f.
Coleridge, Samuel T. 263, 269

Coleton Fishacre 372
Combe Florey 263
Combe Sydenham 265
Compton Acres 251, 302, **306**
Conan Doyle, Arthur 56, 132, 356
Constable, John 49, 183, 229
Corfe Castle 23, 43, 304, 307, 308, **311**
Cornwall 15, 18, 20, 56, **384 ff.**
Cotehele House 46, 379 f.
Country Houses 38, 73
Cowdray Castle 189
Cowes 217 f.
Cranbrook **134 f.**, 148
Cranmere Pool 359
Cromwell, Oliver 12, **27**, 211, 212, 316, 390, 414
Culbone 269

Dartington Crystal 339, 342, **344**
Dartington Hall 364 f.
Dartmoor Way 361, 362
Dartmoor 15, **356 ff.**
Dartmouth 368, 373 ff.
Darwin, Charles 142, 320, 380
Daten und Fakten 12
Deal 45, **118 f.**
Devil's Dyke 157
Devon 20, **340 ff.**
Dickens, Charles **29**, 129, 204, 324
Diplomat. Vertretungen 68
Ditchling Beacon 157
Domesday Book 23
Doom Bar 392
Doone Valley 270 f.
Dorchester 56, **322 ff.**, 327
Dorset Coast Path 307
Dorset 297 ff.
Dover 18, 22, 42, 43, **119 ff.**
Down House 142, 143
Dozmary Pool 261, 388
Drake, Francis 25, 265, 350, 377, 379, **380**, 388

Drewsteignton 360
du Maurier, Daphne 56, 388, **418**
Dungeness 125
Dunkery Beacon 267, 270
Dunster 263, **265 f.**
Durdle Door 251, 308, 310, 321
Dymchurch 125
Dyrham Park 249, **282 f.**

East Dean 160
Eastbourne 154 ff.
Eastwell Manor 128
Eden Project 19, 418
Einkaufen 89 f.
Einreise 76
Einwohner s. Bevölkerung
Elektrizität 91
Elisabeth I. 25, 27, 108, 139, 184, 289, 331, 332
Elisabeth II. 12, 31, 164, 244, 351
Essen und Trinken 58
Exbury Gardens 228
Exeter 20, 42, **349 ff.**
Exford 270
Exmoor 15, **268 ff.**
Exmoor Zoo 270 f.

Fährverbindungen 76
Fairfield 124
Falmouth **413 ff.**, 417, 418
Farm (Unterkunft) 84
Feiertage 41
Ferienhäuser/-wohnungen 84
Feste u. Veranstaltungen 40 f.
Film 56
Firle Place 173, **176**
Fishbourne Roman Palace 42, **187 f.**
Folkestone 122 f.
Fonthill Abbey 53, 280 f.
Forde Abbey & Gardens 48, **321 f.**
Fordingbridge 224

427

Register

Fossil Forest 308, 309
Fossilien 249, 254, 297, 308, 319, 320,
Fowey 419, **422 f.**
Fowles, John 56, 319
Fox-Talbot, William Henry 285
Fremdenverkehrsämter 67 ff.
Frenchman's Creek 419
Freshwater Bay 218

Gainsborough, Thomas **52**, 278
Gärten und Parks 72
Gastro-Pubs 59
Geevor Tin Mine 404
Geld und Umtauschkurs 93
Georg IV. (Prinzregent) 28, 163, 164, **167**, 273
Geschichte 12, 20 ff.
Gesellschaft 19, 34 f.
Gesundheit 96
Gidleigh 61, 360 f.
Glastonbury 43, 47, **256 ff.**
Glendurgan Garden 415
Glyndebourne 55, **171 ff.**
Godmanstone 329
Golden Cap 309
Golf 86, 118 f.
Golitha Falls 389
Goodwin Sands 117, 121
Goodwood House 48, **188**
Gormley, Antony 197, 212, 237
Goudhurst 134
Great British Heritage Pass 57, **91**
Great Chalfield Manor 287
Great Dixter House & Garden 153
Great Torrington 342
Greenway 368 f.
Grimshaw, Nicholas 273, 274, 418
Groombridge Place 105, **132**
Guesthouses 84
Guildford 190 f.
Gwennap Pit 403

Händel, Georg Friedrich 28, 170, 289, 313
Handy 97
Hannah Peschar Sculpture Garden 193
Hardy, Thomas 56, 249, 297 322, 323, **324**
Hartland Abbey 347 f.
Hartland-Halbinsel 346 ff.
Hastings 22, **151 ff.**
Hatchlands 192 f.
Hawker's Cove 392
Hawker, Stephen 348
Hawkhurst 139
Haytor Vale 361
Heale Gardens 235 ff.
Heinrich II. 23, **109**, 121
Heinrich VII. 24, 45, 110
Heinrich VIII. **24 f.**, 26, 46, 48, 106, 110, 111, 128, 129, 140, 143, 152, 170, 179, 184, 200, 203, 209, 216, 217, 234, 257, 317, 321, 403, 407, 414
Heligan, Lost Gardens of 420 f.
Helston 402, 412
Hepworth, Barbara 55, 197, 237, 339, 397, 398
Herrenhäuser s. Country Houses
Herstmonceux Castle 46, **154**
Hestercombe Gardens 251, **264**
Hever Castle & Gardens 26, 55, 138, **139 f.**
High Weald 14, 104, **133 ff.**
High Willhays 15
Highclere Castle 54, 217
Higher Bockhampton 324
Hotels 83
Hove 161, 166
Hugh Town 409, 410
Huish Episcopi 259
The Hurlers 389
Hythe 22, 123, **125,** 145

Iford Manor 287
Ightham Mote 144
Ilfracombe 343
Informationsquellen 66 ff.
Inns 84, 90
Internet 66, 97
Isle of Portland 16, **315**
Isle of Purbeck 308 ff.
Isle of Thanet 125
Isle of Wight 217 ff.
Isles of Scilly s. Scilly-Inseln
Ivybridge 361, 363
Ivychurch 124

Jakob I. (James I.) 27, 332
Jamaica Inn **388**, 389, 419
James, Henry 123, 147, 148, 231, 235, 270
Jarman, Derek 125
Jekyll, Gertrude 264, 335
Jones, Inigo **48**, 234
Jugendherbergen 85
Jurassic Coast 16, 57, **307 ff.**

Karl II. 27, 48, 188, 262
Karten 69
Katharina von Aragon 26, 110, 128
Kent's Cavern 371
Kent 116 ff.
Kent, William 49, 50, 234, 235
Killerton House & Park 48, **355 f.**
Kimmeridge Bay **308**, 310, 321
Kindern, Reisen mit 74 f.
Kingsbury Episcopi 259
Kingston Lacy 57, **304 f.**, 303 f., 307, 311
Kingswear 368, 372
Kipling, Rudyard 148 f., 163, 169
Kirchen u. Kathedralen 91
Klassensystem 35
Knightshayes Court 356 f.
Knole 46, 142 ff.
Kommunikation 97
Kreditkarten 93
Kulinarisches Lexikon 62 f.
Kulturelle Veranstaltungen 90

Der Haupteintrag ist **fett** hervorgehoben.

Kunst 42 ff.
Kynance Cove 412

Lacock 48, 249, 285
Lamberhurst 133, **139**
Lamorna 405
Land's End 401, **405**
Landesflagge 12
Landesvorwahl 12
Landschaftsgarten 50 f.
Langton Green 139
Langton Matravers 308
Lanhydrock House 390
Lanyon Quoit 399
Launceston 43, 389
Lawrence, T. E. 326 f.
Leeds Castle 48, 119, 128
Leihwagen 80
Lesetipps 69 ff.
Lewes 170 f., 157, 173
Liskeard 402
Literatur 56
Lizard Peninsula 412 f.
Lizard Point 412
Loe Bar 412
Long Man of Wilmington **159**, 242
Longleat 39, 52, **241 ff.**
Looe 337, 424 f.
Lorrain, Claude 51, 184, 247, 356
Lostwithiel 402
Lulworth Cove 251, 308, 309, 310, 321
Lundy Island 344
Lustleigh 361
Lutyens, Edwin 55, 148, 153, 169, 180, 264, 335, 338, 358, 360, 372
Lydd 124
Lydford Gorge 358
Lyme Regis 56, 167, 249, 318, 319, **317 f.**
Lymington 224
Lyndhurst 224
Lynmouth 250, 267, 269, **270**
Lynton 250, 267, 269, **270,** 271

Maiden Castle 20, 322, **325**
Maidstone 127 f.
Malmesbury Abbey 45
Malmsmead 270
Marazion 407
Margate 125
Maria I. (Maria Tudor) 25, 26, 212
Märkte 89
Marlborough 240 f.
Maße und Gewichte 92
Men-an-Tol 399
Menabilly 261, **419**
Mendip Hills 255 ff.
Merry Maidens 405
Methodisten 403
Mevagissey 421 f.
Midhurst 189 f.
Milton Abbas 328 f.
Milton Abbey 328 f.
Minack Theatre 405
Minehead 266, **268 f.**
Minions Heritage Centre 489
Minterne Gardens 329
Mitford, Nancy 39, 56
Monarchie 34
Monk's House 173, 174
Monmouth Beach 309
Montacute House 48, 250, **333 ff.**
Moore, Henry 55, 237, 339, 365
Moreton 327
Moretonhampstead 361
Morris, William 55, 105, 139, 169, 178, **180 f.,** 260
Morwenstow 348
Mottisfont Abbey & Gdn 215
Mount Edgcumbe House & Country Park 381 ff.
Mountbatten of Burma, Earl Louis 208, **209**
Mousehole 405 f.

Muchelney Abbey 259
Mullion Cove 412

Nash, John 49, 129, **163,** 167
Nash, Richard (›Beau‹) 275, 276
National Trust (NT) 57, 304 f.
Natur und Umwelt 14 ff.
Needles, The 195, 218
Nelson, Admiral 28, 197, 199, 216, 225, 227
Nether Stowey 263
New Art Centre Sculpture Park & Gallery 237
New Forest 15, 197, **222 ff.**
New Milton 61, 222
New Romney 124, 125
Newlyn 406
Newport 218 f.
Newquay 393 ff.
Nicholson, Ben 186, 397
Nicolson, Harold 135, 136
Northiam 153
Notruf 96
Nymans Garden 176

Öffnungszeiten 73, 89, 92
Okehampton 358 ff.
Old Romney 22, **124**
Old Sarum 233
Osmington 307

Padstow **390 ff.**
Paignton 371 f.
Paignton and Dartmouth Steam Railway 370
Palladio, Andrea 48, 234, 235, 247
Parham House 48, **184**
Pendeen 404
Penshurst Place 46, **139**
Penwith-Halbinsel 338, 399 ff.
Penzance 406 ff.
Perranporth 393
Petworth 48, 50, 52, 179, **183**
Petworth House 183

Register

Pevensey Castle 21, 42, **154**
Pewsey 242
Pilcher, Rosamunde 56, **390**, 396
Pipers, The 405
Plymouth 19, 207, 337, **376 ff.**
Poldark Mine Visitor Centre 412 f.
Polesden Lacey 193
Polperro 425
Polruan 422
Poole 251, 297, **302 ff.**
Pope, Alexander 50, 247, 282
Porlock 269
Porlock Weir 269
Port Lympne 123 f., 125
Portchester 21, 42
Porth Mullion 412
Porthcurno 405
Porthleven 412
Portmellon Cove 423
Portsmouth 18, 19, 196, **198 ff.**
Post 97
Präraffaeliten 55, 169, 180, 260, 297
Preise und Reisekasse 85, 93
Prideaux Place 390
Princetown 357, 358, 394
Prospect Cottage 125
Pubs 59, 90
Pückler-Muskau, Fürst v. 273

Quantock Hills 263, 269

Radfahren 86
Radio und Fernsehen 97
Raleigh, Sir Walter 25, 250, **331,** 332, 369, 380, 381
Ramsgate 118, 125
Rauchen 92
Reculver 21, 42
Redruth 402
Reiseplanung 72 ff.
Reiseausrüstung 95
Reisezeit 94
Reiten 86

Religion 12
Repton, Humphrey 193, 244
Restaurants 59
Restormel 43, 395
Reynolds, Joshua 52, 183, 383
Richborough 21, 42
Rochester 23, 43, **129,** 204
Romney Marsh 45, **123,** 124
Romney, Hythe & Dymchurch Railway 125
Romsey Abbey 45, 209
Roseland-Halbinsel 417
Rosemoor Garden 344
Rottingdean 169 f.
Rough Tor 388
Routenplanung 72 ff.
Routenvorschläge 73 f.
Royal Tunbridge Wells s. Tunbridge Wells
Ryde (Isle of Wight) 218
Rye 22, **145 f.**
Rye Foreign 147

Sackville-West, Vita 56, 134, 175
Salcombe 374 f.
Salisbury 49, **229 ff.**
Saltram House 381
Sandown (Kent) 117
Sandown (Isle of Wight) 218
Sandwich 22, **116**
Schankzeiten 90
Scilly-Inseln 20, 261, 395, **408 ff.**
Scotney Castle Gardens 134
Scott, George Gilbert 186, 230, 274
Sculpture at Goodwood 55, **188**
Segeln 88
Selworthy 268 f.
Seven Sisters **156,** 160
Sevenoaks 142 ff.
Shakespeare Cliff 120 f.
Shakespeare, William 47, 110 221, 234, 404
Shanklin (Isle of Wight) 218

Sheffield Park 177 f.
Shelley, Mary Wollstonecraft 270, 298
Shelley, Percy Bysshe 298
Sherborne 43, 48, 52, **330 ff.**,
Sicherheit 96
Sidney, Sir Philip 47, 139, 234, 235
Silbury Hill 20, 239
Simonsbath 270
Simpson, Wallis 373
Sissinghurst Castle Garden 56, **135 ff.**
Slaughter Bridge 261
Smit, Tim 418, 420
Snave 124
Somerset 262 ff.
Somerton 259
South Downs 14, 16, 170, 188 f.
South Downs Way **156 f.,** 159
South Hams 372 ff.
South West Coast Path 266
Southampton 18, 19, **207 f.**
Speldhurst 139
Sport 86 ff.
Sprachführer 98 f.
Sprachkurse 75
St Agnes **396,** 402
St Agnes (Scilly-Inseln) 408, 409
St Aldhelm's Head 308
St Austell 19, 418 ff.
St Ives 55, 56, **396 ff.**
St Just (Penwith) 405
St Just-in-Roseland 417
St Margaret's at Cliffe 45, **120**
St Martin's (Scilly-Inseln) 408 f.
St Mary's (Scilly-Inseln) 409, **410**
St Mawes 414 f.
St Michael's Mount 57, **407 f.**
St Neot 388
Staat und Politik 12
Standen **178 f.,** 180 f.
Stepper's Point 392
Stinsford 324
Stonehenge 20, 42, **237 ff.**

430

Der Haupteintrag ist **fett** hervorgehoben.

Stourhead 50, 196, **245 ff.**
Stowe 50, 234
Strände 86
Straßenverkehr 80
Stratfield Saye 216
Studland Bay 311
Surfen 88
Surrey 190 ff.
Sussex 145 ff.
Swanage 311

Talland Bay 425
Tamar 15, 336, 376, 376, 379
Tanken 81
Tarka Trail 339, **342**
Tarr Steps 270
Taunton 262 f.
Tavistock 358, 361
Telefon 97
Tenterden 133, **136**, 148
The Vyne 49, **216**
Thomas Becket, hl. 23, 106, **109**, 112
Tintagel 262, 339, 384, **386,** 387
Tintinhull House & Gdn 335
Torbay 366 ff.
Torpoint 379
Torquay 366 f.
Totnes 368, **369**
Tourismus 13, **18**
Trebah Garden 415 f.
Trelissick Gardens 416
Trengwainton 408
Trerice 396
Tresco (Scilly-Inseln) 395, 408, 409, **410 f.**
Trethevy Quoit 388
Trevarno Gardens 412
Truro 54, 402, **416**

Tunbridge Wells 53, **130 ff.**
Turner, William 52, 183, 231, 281
Two Bridges 358
Two Moors Way 361

Umgangsformen 92
Umtauschkurs 93
Unterkunft 82 ff.
Uppark 49, 189
Upton Country Park 302 f.

Valley of the Rocks 270
Verkehr 76 ff.
Verkehrsmittel im Land 79 f.
Verkehrsregeln 81
Viktoria, Königin 12, **29 f.**, 131, 180, 208, 218
Vorwahlnummern 97

Währung 12, 93
Wakehurst Place Gardens 177
Waldorf Astor, Familie 136, 140
Walmer 45, 116 f.
Walpole, Horace 216, 285
Walpole, Robert 28
Wandern 87
Wanderreisen 73
Wareham 311, 327
Wassersport 88
Watergate Bay 393
Weald and Downland Open Air Museum 188
Webb, Philip 55, 178, 180
Wegerecht 87
Weiße Pferde 196, 241, **242**
Wellington, Duke of 117, 145, 207, 216
Wellness 88
Wells 46, **252 ff.**

Wesley, John 403
West Country 340 ff.
West Dean Gardens 188
West Somerset Railway 263
Westbury 242
Westward Ho! 343 f.
Weymouth **311 ff.**, 316
Wheal Coates Engine House 396
Whitsand Bay 379
Widecombe 361
Wilhelm der Eroberer 12, 23, 129, 150, 152, 203, 211, 222, 351, 395
Wilton 234
Wilton House 49, **234 ff.**
Wiltshire 229 ff.
Wimborne Minster 303
Winchelsea 22, **148**
Winchester 20, 22, 42, 43, **209 ff.**
Windmill Hill 20, 240, 324
Winsford 270
Wirtschaft 12, **18 f.**
Wisley Gardens 193
Wodehouse, P. G. 191
Wood, John 49, 275, 277, 282
Wookey Hole 255 f.
Woolacombe 340, **343**
Woolf, Virginia 55, 56, **174 f.**
Worth Matravers 308
Wren, Christopher **49**, 230
Wyatt, James 230, 234, 280, 328
Wyatt, Thomas 178, 188

Zeit 12, 92
Zeitungen 67, 97
Zennor 399
Zollfreimengen 76

Zitatnachweis

Wir danken dem S. Fischer Verlag für die freundliche Genehmigung zum Abdruck folgender Zitate:
S. 140 aus: Vita Sackville West, Schloß Chevron; S. 368 aus: Daphne du Maurier, Jamaica Inn
© deutschsprachige Rechte S. Fischer Verlag, Frankfurt/Main

Abbildungsnachweis/Impressum

Abbildungsnachweis

akg-images, Berlin: S. 54, 305; 253 (Monheim)
Berger, Ulrich, Lissendorf: S. 389
Falkenstein, Heinz-Dieter, Köln: S. 5 u., 19, 25, 341, 370/371, 382/383, 385
FANPhoto, Lüneburg: S. 69 (Janicek)
Freyer, Ralf, Freiburg: S. 40, 159, 290/291
GettyImages, München: S. 161 (Benn); 196/197, 205 (Brooks); 16/17 (Busselle); 363 (Cade); 240/241 (Calvert); 8/9 (Chard); 52/53 (Constable); 155 (Danks); 248 (Edwardes); 242 (Freeman); 109 (Gray); 245 (Hawkes); 190 (Herbert); 162 (Lamb); 328 (Lemmens); 182/183 (Miller); 181 (Morris); 50/51, 64/65, 77 (Noton); 236 (Nowitz); 194, 323 (Rainford); 123 (Reichenfeld); 26 (David Tomlinson); 104 li., 126/ 127, 149 (Ruth Tomlinson); 312/313 (Walker)
Haafke, Udo, Ratingen: S. 5 m, 275, 320, 334/335, 338 re., 350
DuMont Bildarchiv, Ostfildern: S. 1 li., 1 Mi., 1 re., 2 o., 2 u., 3 Mi., 3 o., 4 o., 4 u., 5 o., 6 o., 7 Mi., 7 o., 11, 21, 30, 37, 44, 60, 82/83, 95, 107, 110, 185, 200/201, 213, 219, 196 li., 230/231, 250 li., 256/257, 258, 268, 272, 276/277, 309, 318/319, 327, 336, 345, 375, 391, 420/421, U4 (2x) (Leue)
Bildagentur Huber, Garmisch-Partenkirchen: Titelbild (Gerolimetto), Umschlagklappe vorne (Olimpio)
Kirchgessner, Markus, Frankfurt: S. 96, 104 re., 131, 220/221, 225, 228
Kliem, Thomas, Kalkar: S. 43, 146, 354
laif, Köln: S. 143 (Arzt), 7 u., 14, 47, 57, 250 re., 294/295, 301, 330, 346/347, 359, 364, 400/401, 422 (Gonzalez); 6 u., 397, 414 (Krinitz); 137 (Kürschner); 410/411 (Rapho/Desnier); 3 u., 100/101, 102, 140, 150 (Zielske)
LOOK, München: S. 338 li., 367 (Pompe)
Lyons, David, Cumbria: S. 286
Mauritius, Mittenwald: S. 175 (age), 235 (imagebroke/Heymann), 403 (Plant), 407 (Loop Images)
Nowel, Ingrid, Stuttgart: S. 172, 198
Picture-Alliance, Frankfurt: S. 192 (Bandphoto)

Kartografie
DuMont Reisekartografie, Fürstenfeldbruck
© DuMont Reiseverlag, Ostfildern

Umschlagfotos
Titelbild: Leeds Castle, Kent, Umschlagklappe vorne: Lulworth Cove, Dorset

Über die Autorin: Die Journalistin Ingrid Nowel lebte viele Jahre in London und reist immer wieder nach Südengland – am liebsten schreibt sie über Seefahrt, Gärten und Country Houses. Im DuMont Reiseverlag erschienen von ihr u. a. die Kunst-Reiseführer »London« und »Berlin«.

Danksagung: Für generöse Hife dankt die Autorin den Mitarbeiterinnen und Mitarbeitern von Visit-Britain, den regionalen Marketing- und Tourist Boards, ACPRail, National Trust und English Heritage. Großen Dank auch meinen Freunden diesseits und jenseits des Kanals, besonders Doris Wolf, Janet Morgan, Regine Wilhelm und – noch einmal Christian.

Lektorat: Petra Juling, Lioba Waleczek

Hinweis: Autorin und Verlag haben alle Informationen mit größtmöglicher Sorgfalt geprüft. Gleichwohl sind Fehler nicht vollständig auszuschließen. Alle Angaben erfolgen ohne Gewähr. Bitte schreiben Sie uns! Über Ihre Rückmeldung zum Buch und über Verbesserungsvorschläge freuen sich Autorin und Verlag:

DuMont Reiseverlag, Postfach 3151, 73751 Ostfildern, E-Mail: info@dumontreise.de

1. Auflage 2011
© DuMont Reiseverlag, Ostfildern
Alle Rechte vorbehalten
Grafisches Konzept: Groschwitz, Hamburg
Printed in Germany